Staub's Kommentar

zum

Handelsgesetzbuch.

Nachtrag zur 12. und 13. Auflage

enthaltend die

Vorschriften der Verordnung über Aktienrecht

vom 19. September 1931.

Verfaßt unter Mitarbeit von

Dr. Walter Schmidt und **Dr. Heinz Pinner,**

Rechtsanwälte in Berlin

von

Dr. h. c. Albert Pinner,

Justizrat in Berlin.

Berlin und Leipzig 1932.

Walter de Gruyter & Co.

vormals G. J. Göschen'sche Verlagshandlung — J. Guttentag, Verlagsbuchhandlung — Georg Reimer — Karl J. Trübner — Veit & Comp.

Archiv-Nr. 22 20 32.

Roßberg'sche Buchdruckerei, Leipzig.

Vorwort.

Die ruhige systematische Arbeit an der Reform des Aktienrechts wurde unterbrochen durch die Notverordnung vom 19. September 1931. Unsere schnellebende, aufgeregte Zeit wollte die volle Ausgestaltung des Reformwerks nicht abwarten; wirtschaftliche Katastrophen, wohl auch Rücksicht auf das kreditgebende Ausland ließen es erwünscht erscheinen, einzelne Mängel des bisherigen Rechtszustandes sofort abzustellen. Wollte man dies, so blieb nur der Weg der Notverordnung; ein Gesetz unter Mitwirkung des Parlaments innerhalb absehbarer Zeit zustande zu bringen, erschien nicht möglich. Für diese Notverordnung sah man schließlich davon ab, das ganze bereits vorbereitete Gesetzgebungswerk etwa in der Form des jetzt bekanntgegebenen zweiten Entwurfs zum Gesetz zu erklären. Man entschloß sich, die Verordnung lediglich auf einzelne als besonders dringlich erachtete Vorschriften zu beschränken. Dieser Beschluß war den gegebenen Umständen nach der richtige. Einem Gelegenheitsgesetz, das eine Teilreform des Aktienrechts bringt, stehen gewiß die lebhaftesten Bedenken entgegen (vgl. Pinner, Beruf unserer Zeit zur Reform des Aktienrechts in ZBH. 1926, 1); wir müssen sie aber, wenn wir glauben, daß eine schleunige Änderung gewisser Vorschriften des Aktienrechts im öffentlichen Interesse nötig ist, in den Kauf nehmen. Eine solche Verordnung, die sich auf möglichst wenige Punkte beschränkt, ist jedenfalls ungefährlicher als eine Maßregel, durch welche das Gesamtproblem der Reform im Wege der Notverordnung gelöst wird, ehe es ganz ausgereift ist und solange gerade die Erfahrungen der allerletzten Zeit sich nicht voll in Durcharbeitung des Problems ausgewirkt haben.

Der Gesetzgeber hat demnach in der Verordnung kein geschlossenes Ganzes gegeben; er ordnet gewisse Institute: Erwerb, Einziehung von eigenen Aktien und Pflichtprüfung, vollständig; andere, wie Minderheitsrechte, Aufsichtsrat, Publizitätsbestimmungen in einzelnen Vorschriften. Für den Kommentator ergibt sich daraus die schwere Aufgabe, das Neue in das Vorhandene hereinzuarbeiten, zu untersuchen, wie die neuen Vorschriften auf das feste Gefüge des bestehenden Rechts einwirken und wie sie es ändern.

Am besten läßt sich diese Aufgabe durch eine neue Gesamtauflage des Kommentars lösen; sie ist und bleibt unser Ziel. Da aber die Vorbereitungen für eine solche noch nicht vollständig erledigt sind und sich nicht in so kurzer Zeit erledigen lassen, andererseits aber für die Besitzer der letzten Auflage der berechtigte Wunsch besteht, möglichst bald die neuen Vorschriften in den Kommentar hereingearbeitet und den bisherigen angegliedert zu erhalten, so geben wir hier zunächst als Nachtrag zum Kommentar die bearbeiteten Vorschriften der neuen Verordnung.

Wir haben es aber für richtig gehalten, nicht nur das, was neu ist, als solches zu kommentieren, sondern es sind auch die Fragen behandelt, wie das Neue auf andere nicht ausdrücklich geänderte Vorschriften einwirkt. Ferner sind bei den Paragraphen, die ganz oder zum Teil geändert sind, wie §§ 226, 227, 260, 261, 266—270, nicht nur die einzelnen Änderungen behandelt, sondern die Gesamtvorschriften der betreffenden Paragraphen, und zwar auf Grund von Literatur und Praxis, die bis heute berücksichtigt ist. Danach ergibt sich ein vollständiges Bild der dort behandelten Institute, ferner eine einheitliche Darstellung des zurzeit geltenden Rechts.

Während des Drucks des Nachtrags hat die Reichsregierung unter dem 15. Dezember 1931 die Erste Durchführungsverordnung zur Verordnung vom 19. September 1931 und die Verordnung über einmalige Bilanzierungserleichterungen, sowie unter dem 23. Dezember 1931 die Zweite Verordnung über einmalige Bilanzierungserleichterungen, erlassen. Ein Hineinarbeiten in den Text des Kommentars war nicht mehr möglich. Die Verordnungen sind deshalb im Anhang abgedruckt und mit Bemerkungen versehen. Im Text des Kommentars ist an den betreffenden Stellen durch Anmerkungen auf sie verwiesen.

Herrn Professor Dr. Eberhard Schmidt in Hamburg danken wir herzlich für seine freundliche Mitarbeit bei Erläuterung der strafrechtlichen Vorschriften.

Berlin, im Dezember 1931.

Justizrat Dr. h. c. **Albert Pinner**,

Dr. **Walter Schmidt**, Rechtsanwalt.

Dr. **Heinz Pinner**, Rechtsanwalt.

Abkürzungen.

Antw.DAV. = Antworten des Deutschen Anwalt-Vereins auf die Fragen des Reichsjustizministers zur Reform des Aktienrechts. 2 Bände. Leipzig 1929.

BankA. = Bank-Archiv, Zeitschrift für Bank- und Börsenwesen.

Bauer = Zeitschrift für Aktiengesellschaften und Gesellschaften mit beschränkter Haftung. Herausgegeben von Josef Bauer, Leipzig.

Becker, REinkSteuergeſ. = Das Einkommensteuergesetz vom 10. August 1925. Von Senatspräsident Dr. Enno Becker. Stuttgart 1928/29.

Behrend = Lehrbuch des Handelsrechts. Von Justizrat Dr. Behrend. Berlin 1899.

Bergmann = Die Einflußnahme öffentlicher Körperschaften auf den Aufsichtsrat. Von Dr. A. Bergmann. Marburg 1929.

BRG. = Betriebsrätegesetz.

Bolze = Die Praxis des Reichsgerichts in Zivilsachen. Von A. Bolze.

Brand = Das HGB. mit Ausnahme des Seerechts. Von Arthur Brand. Berlin 1911.

BrodmannAR. = Aktienrecht, Kommentar von Dr. jur. Erich Brodmann, Reichsgerichtsrat i. R. Berlin 1928.

BrodmannGmbH. = Gesetz betreffend die Gesellschaften mit beschränkter Haftung. Kommentar von Dr. jur. Erich Brodmann, Reichsgerichtsrat i. R. 2. Auflage. Berlin 1930.

Cosack = Lehrbuch des Handelsrechts von Conrad Cosack. 10. und 11. Auflage. Stuttgart 1923. (Wo die ausführlichere 7. Auflage angezogen ist, ist dies meist ausdrücklich gesagt.

D. = Denkschrift zu dem Entwurf eines HGB. und eines EG. in der Fassung der dem Reichstag gemachten Vorlagen. Berlin 1897.

DJT. = Deutscher Juristentag.

DJZ. = Deutsche Juristenzeitung.

DNotZ. = Zeitschrift des Deutschen Notar-Vereins.

DSt. = Deutsche Steuerzeitung.

DeutschVolksw. = Deutscher Volkswirt.

DV. = Durchführungsverordnung.

Düringer-Hachenburg-Lehmann = Das Handelsgesetzbuch vom 10. Mai 1897. Von Düringer-Hachenburg, 3. Auflage Band I §§ 38 bis 47. Erläutert von Rechtsanwalt Professor Dr. Julius Lehmann. Mannheim 1930.

Egger = Das Dividendenbezugsrecht des Aktionärs. Von Dr. J. G. Egger. 2. Auflage, Zürich 1930.

Eiser = Nichtigkeit und Anfechtbarkeit von Generalversammlungsbeschlüssen der eingetragenen Genossenschaften. Von Dr. Ernst Eiser. Berlin 1930.

Enneccerus-Lehmann = Lehrbuch des bürgerlichen Rechts. Von Enneccerus-Kipp-Wolff. Band II, Recht der Schuldverhältnisse. Von Ludwig Enneccerus. 11. Bearbeitung von Professor Heinrich Lehmann. Marburg 1930.

Enquete = Ausschuß zur Untersuchung der Erzeugungs- und Absatzbedingungen der deutschen Wirtschaft. Verhandlungen und Berichte des Unterausschusses für allgemeine Wirtschaftsstruktur (I. Unterausschuß). 3. Arbeitsgruppe. Wandlungen in den wirtschaftlichen Organisationsformen. Erster Teil. Wandlungen in den Rechtsformen der Einzelunternehmungen und Konzerne. Berlin 1928.

I. Entw. = Entwurf eines Gesetzes über Aktiengesellschaften und Kommanditgesellschaften auf Aktien. Veröffentlicht durch das Reichsjustizministerium. Berlin 1930.

II. Entw. = Amtlicher Entwurf eines Gesetzes über Aktiengesellschaften und Kommanditgesellschaften auf Aktien. Veröffentlicht auf Anordnung des Reichsjustizministeriums. Berlin 1931.

Erl. = Erläuternde Bemerkungen zum I. Entwurf.

Fischer = Das Aktienrecht. Systematisch dargestellt von Rudolf Fischer. Leipzig 1916.

Flatow-Cahn-Freund = Das Betriebsrätegesetz. Von Ministerialrat Dr. Flatow und Amtsgerichtsrat Dr. Cahn-Freund. 13. Auflage. Berlin 1931.

Flechtheim, Strukturwandlungen der Wirtschaft und das Aktienrecht = Die Strukturwandlungen der Wirtschaft und das Aktienrecht. Von Professor Dr. Flechtheim in Enquete.

Flechtheim-Wolff-Schmulewitz = Die Satzungen der deutschen Aktiengesellschaften. Von Professor Dr. J. Flechtheim, Professor Dr. Martin Wolff und Dr. Maximilian Schmulewitz.

Förster-Kann ZPO. = Die Zivilprozeßordnung für das Deutsche Reich. Von Dr. A. Förster und Dr. Richard Kann. 2 Bände. Berlin 1913.

Friedländer, Konzernrecht = Konzernrecht. Von Dr. Heinrich Friedländer. Mannheim 1927.

Fugart = Das Recht des Aktionärs auf Auskunft. Von Fugart. 1928.

Generalbericht = Ausschuß zur Untersuchung der Erzeugungs- und Absatzbedingungen der deutschen Wirtschaft. Verhandlungen und Berichte des Unterausschusses für allgemeine Wirtschaftsstruktur (I. Unterausschuß). 3. Arbeitsgruppe. Wandlungen in den wirtschaftlichen Organisationsformen. Dritter Teil. Wandlungen in der aktienrechtlichen Gestaltung der Einzelunternehmungen und Konzerne. Generalbericht 1930.

GBSch. = Sammlung der Entscheidungen des Goldbilanzschiedsgerichts. Berlin 1925.

GBV. = Goldbilanzverordnung.

Goldmann = Kommentar zum HGB. Von S. Goldmann. Berlin 1901—1906.

GoldschmitAG. = Die Aktiengesellschaft. Von Justizrat Dr. Friedrich Goldschmit. München 1927.

GoldschmitAR. = Das Recht des Aufsichtsrats. Von Dr. Friedrich Goldschmit. Berlin 1922.

Gruchot = Beiträge zur Erläuterung des deutschen Rechts. Begründet von Gruchot.

GrundErwStG. = Grunderwerbsteuergesetz.

Hach. = Kommentar zum Gesetz betreffend die Gesellschaften mit beschränkter Haftung (früher Staub-Hachenburg). Unter Mitarbeit von Dr. Fritz Bing und Dr. Walter Schmidt II von Dr. Max Hachenburg. 2 Bände. Berlin 1926.

HansRZ. = Hanseatische Rechtszeitschrift. Begründet und herausgegeben von Mittelstein.

Herzfelder = Stimmrecht und Interessenkollision bei Personenverbänden des Deutschen Reichsprivatrechts. Von Dr. Franz Herzfelder. München 1927.

HessRspr. = Hessische Rechtsprechung.

HRR. = Höchstrichterliche Rechtsprechung in Juristische Rundschau und höchstrichterliche Rechtsprechung.

Holdh. = Wochenschrift später Monatsschrift für Handelsrecht. Begründet von Holdheim.

Homburger = Neugestaltung des Aktienrechts. Von Dr. Max Homburger. Berlin 1931.

Horrwitz = Das Recht der Generalversammlungen der Aktiengesellschaften und Kommanditgesellschaften auf Aktien. Von Hugo Horrwitz. Berlin 1913.

Hueck, Anfechtbarkeit und Nichtigkeit = Anfechtbarkeit und Nichtigkeit von Generalversammlungsbeschlüssen bei Aktiengesellschaften. Von Alfred Hueck. Mannheim 1924.

Jacusiel = Gültige und fehlerhafte Generalversammlungsbeschlüsse von Aktiengesellschaften. Von Dr. Hans Jacusiel. Berlin 1928.

JheringsJ. = Jherings Jahrbücher für die Dogmatik des bürgerlichen Rechts.

Isay = Allgemeines Berggesetz für die preußischen Staaten. Von Dr. Hermann Isay und Dr. Rudolf Isay. 2 Bände. Mannheim 1919/1920.

JW. = Juristische Wochenschrift.

KB.z.AG. von 1884 = Bericht der Reichstagskommission zu dem Entwurf eines Gesetzes betreffend die Kommanditgesellschaften auf Aktien und die Aktiengesellschaften. Berlin 1884.

KGJ. = Jahrbuch für die Entscheidungen des Kammergerichts in Sachen der freiwilligen Gerichtsbarkeit. Begründet von Johow und Küntzel, später herausgegeben von Johow (†) und Ring.

Kießler = Verantwortlichkeit der in den Aufsichtsrat entsandten Betriebsratsmitglieder. Von Kießler. Leipzig 1928.

KoenigePrivVUntG. = Kommentar zum Privat-Versicherungsunternehmungsgesetz. Von Senatspräsident i. R. Heinrich Koenige und Oberregierungsrat A. Petersen. 3. Aufl. Berlin 1927.

Kronstein = Die abhängige juristische Person. Von Dr. Heinrich Kronstein. München 1931.

Küntzel = Der Aufsichtsrat der Aktiengesellschaft. Von Küntzel. 1902.

Langen = Probleme der Interessengemeinschaft. Von Dr. Eugen Langen. Mannheim 1929.

Lehmann = Das Recht der Aktiengesellschaft. Von Karl Lehmann. 2 Bände. Berlin 1898/1904.

LehmannLehrb. = Lehrbuch des Handelsrechts. Von Karl Lehmann. 3. Aufl. Von Heinrich Höniger. Berlin 1921.

Lehmann-Hirsch = Verordnung über Aktienrecht vom 19. September 1931. Erläutert von Rechtsanwalt Prof. Dr. Julius Lehmann, Land- und Amtsgerichtsrat Dr. Ernst Hirsch. Mannheim 1931.

Lehmann-Ring = Das HGB. Kommentar von Karl Lehmann und Viktor Ring. 2 Bände. Berlin 1913/14.

LZ. = Leipziger Zeitschrift für deutsches Recht.

Makower = HGB. mit Kommentar von H. Makower. 13. Aufl., bearbeitet von Felix Makower. Berlin 1906/1907.

MakowerNotV. = Notverordnung über Aktienrecht vom 19. September 1931 und Übersicht über Gründungssteuern. Von Felix Makower. Berlin 1931.

Meißer = Die Schranken des Stimmrechts in den Generalversammlungen der Kapitalgesellschaften beim Interessenstreit. Von Meißer. Weimar 1928.

Moeser = Die Generalversammlung der Aktiengesellschaft. Von Moeser. Berlin 1925.

Müller-Erzbach = Deutsches Handelsrecht. 2 Bände. Tübingen 1921/1924.

Nord = Die Rechte des Aktionärs und die Folgen ihrer Verletzung. Von Dr. Nord. Berlin 1925.

OLG. oder OLGR. = Oberlandesgericht bzw. Die Rechtsprechung der Oberlandesgerichte. Herausgegeben von Mugdan und Falkmann.

Petersen-Pechmann = Gesetz betreffend die Kommanditgesellschaften auf Aktien und die Aktiengesellschaften vom 18. Juli 1884. Erläutert durch Petersen und Wilhelm Freiherr von Pechmann. 1890.

Pinner, Aktiennovelle = Aktiennovelle und Bankenaufsicht. Verordnung vom 19. September 1931. Textausgabe mit Einführung in die Aktiennovelle. Von Justizrat Dr. Albert Pinner. Berlin 1931.

PinnerBeiträge = Beiträge zum Aktienrecht. Von Justizrat Dr. Albert Pinner. Berlin 1918.

Recht = Das Recht, Juristisches Zentralblatt für Praktiker.

REinkStGes. = Reichseinkommensteuergesetz.

RFH. = Reichsfinanzhof bzw. Sammlung von Entscheidungen und Gutachten des Reichsfinanzhofs.

RG. = Reichsgericht bzw. Entscheidungen des Reichsgerichts in Zivilsachen.

RGSt. = Entscheidungen des Reichsgerichts in Strafsachen.

RheinArch. = Archiv für Zivil- und Kriminalrecht der preußischen Rheinprovinz.

Ring = Das Reichsgesetz betreffend die Kommanditgesellschaften auf Aktien und die Aktiengesellschaften. Kommentar von Viktor Ring. 2. Aufl. Berlin 1893.

Ring-Schachian = Die Praxis der Aktiengesellschaften. Von Viktor Ring und Herbert Schachian. Berlin 1929.

RJA. = Entscheidungen in Angelegenheiten der freiwilligen Gerichtsbarkeit und des Grundbuchrechts. Zusammengestellt im Reichsjustizamt.

ROHG. = Entscheidungen des Reichsoberhandelsgerichts.

RundschGmbH. = Rundschau für Gesellschaften mit beschränkter Haftung.

SächsOLG. = Annalen des Oberlandesgerichts Dresden.

Sattler = Die Revision bei Gründung der Aktiengesellschaften. Von Sattler. Berlin 1893.

Simon = Die Bilanzen der Aktiengesellschaften und Kommanditgesellschaften auf Aktien. Von Hermann Veit Simon. Berlin 1899.

Staub-Bondi = Staubs Kommentar zum Handelsgesetzbuch. Berlin 1926. Band I. 12./13. Aufl. Bearbeitet von Geh. Justizrat Dr. Felix Bondi.

Staub-Koenige = Staubs Kommentar zum Handelsgesetzbuch. Berlin 1926. Band III und IV. 12./13. Aufl. Bearbeitet von Senatspräsident i. R. Dr. Heinrich Koenige.

Staub-Pinner = Staubs Kommentar zum Handelsgesetzbuch. Berlin 1926. Band II. 12./13. Aufl. Bearbeitet von Justizrat Dr. Albert Pinner.

Staudinger = J. von Staudingers Kommentar zum BGB. 12. Band. München 1925/1931.

StuW. = Steuer und Wirtschaft.

V. = Verordnung über Aktienrecht, Bankenaufsicht und eine Steueramnestie vom 19. September 1931.

V. II = Verordnung vom 6. Oktober 1931, 5. Teil, Kapitel II.

Wieland = Handelsrecht. Von Karl Wieland. 2 Bände. München 1921/1931.

WuR. = Zeitschrift: Die Wirtschaft und das Recht.

ZAktW. = Zeitschrift für das gesamte Aktienwesen, jetzt: Zeitschrift für Gesellschaftswesen.

ZBH. = Zentralblatt für Handelsrecht.

ZHR. = Zeitschrift für das gesamte Handelsrecht. Begründet von L. Goldschmidt.

Im übrigen wird auf das Verzeichnis der Abkürzungen bei Staub-Pinner, 12./13. Aufl., Band I, Bezug genommen.

Einführung zu §§ 226 und 227.

(Verhältnis zu den §§ 213 und 288.)

Einführung zu §§ 226 und 227.

I. Der **Erwerb eigener Aktien** erfolgte bis zur V. in der Praxis ziemlich anstandslos, insbesondere war er zu Kursregulierungen sowie, insbesondere in der letzten Zeit, zur Erzielung buchmäßiger Gewinne durch Ankauf und Einziehung von im Kurs zurückgegangenen Aktien üblich. In zwei Bestimmungen hatte das HGB. Vorkehrungen gegen den Erwerb eigener Aktien geschaffen.

Einmal ist dies durch den § 226 geschehen, der den Erwerb eigener vollbezahlter Aktien — an dieser Stelle soll nur dieser in der Praxis häufigste Fall besprochen werden — im regelmäßigen Geschäftsbetrieb durch eine Sollvorschrift verbot und ihn außerhalb des regelmäßigen Geschäftsbetriebes gestattete. Der Begriff des regelmäßigen Geschäftsbetriebes war vieldeutig und unklar; er wurde sehr ausdehnend interpretiert, so daß — praktisch betrachtet — § 226 kaum ein Hindernis für den Erwerb eigener Aktien war (vgl. Flechtheim in BankA. 31, 10).

Wenig beachtet wurde aber in der Praxis die Tatsache, daß das HGB. an einer anderen Stelle Vorschriften enthielt, die ebenfalls für den Erwerb eigener Aktien von Bedeutung waren. Diese Vorschriften gingen von der anderen Seite des Erwerbs der eigenen Aktien, nämlich der von der AG. zu leistenden Zahlung aus und hatten, da der Fall unentgeltlichen Erwerbs, der im wesentlichen bei Sanierungen vorkommt, eine Ausnahme darstellt, eine erhebliche, von der Praxis nicht genügend gewürdigte Bedeutung. Hierauf ist eigentlich zum erstenmal ausführlich systematisch von Nord (ZBH. 1931, 176ff.) hingewiesen. Es kann nämlich die von der AG. zu leistende Zahlung als Rückzahlung der Einlagen des Aktionärs angesehen werden (§ 213); hierdurch wird das Interesse der Gläubiger der AG. erheblich berührt. Soweit sich die Praxis mit dieser Frage beschäftigt hat, hat sie sich überwiegend auf den Standpunkt gestellt, daß § 213 nur im Falle des Erwerbs eigener Aktien vom Zeichner oder Übernehmer, nicht aber von einem späteren Erwerber gelte (Staub-Pinner § 213 Anm. 1; § 232 Anm. 43). Eine Zusammenstellung der Literatur und Praxis findet sich in dem oben erwähnten Aufsatz von Nord. Das RG. hat geschwankt; aus der Entscheidung JW. 1930, 3730 ist sein Standpunkt nicht mit unbedingter Sicherheit zu ersehen (vgl. einerseits Heilbrunn in der Anmerkung zu der Entscheidung, sowie andererseits Nord a. a. O. 179; ferner § 226 Anm. 20).

Festgestellt muß werden, daß der oben erwähnte Erwerb eigener Aktien zu Kursregulierungszwecken oder zum Zwecke der Erzielung von Buchgewinnen unter Ausnutzung niedriger Kurse im wesentlichen von der Praxis nicht beanstandet worden ist. Ein im Juli 1931 ergangenes erstinstanzliches Urteil des LG. Chemnitz, das einen Generalversammlungsbeschluß, der die Verwaltung zum Ankauf eigener Aktien ermächtigte, für nichtig erklärte, ist mit Recht von Hachenburg (DJZ. 1931, 1159) und Heinz Pinner (Voss. Ztg. v. 11. August 1931) bekämpft worden.

In diesen Fragenkomplex greift die V. ein. An sich allerdings ändert sie nur den § 226, während § 213 formell unverändert bleibt. Wenn jedoch jetzt § 226 den Erwerb eigener Aktien und in Verbindung damit § 227 die Einziehung eigener Aktien auf eine neue Grundlage stellt und in gewissen Fällen ausdrücklich den Erwerb gestattet, so ergibt sich daraus, daß in diesen Fällen keineswegs der entgeltliche Erwerb als gegen § 213 verstoßend, also als eine Rückzahlung der Einlagen anzusehen ist. Es erscheint ausgeschlossen, daß die V. im § 226 einen Erwerb eigener Aktien in gewissen Fällen ausdrücklich gestattet, und daß dieser hier gestattete Erwerb im Hinblick auf andere Vorschriften des HGB. nichtig sein kann. Die neue Rechtsauffassung, wie sie sich in den jetzigen §§ 226 und 227 spiegelt, muß hierbei vorgehen, selbst wenn man unter der Geltung der bisherigen Bestimmungen im Hinblick auf § 213 zu einem anderen Ergebnis gekommen war. Danach ist als Rechtssatz anzusehen, daß der Erwerb eigener Aktien, soweit er nach § 226 gestattet ist, nicht nach § 213 als verboten angesehen werden kann (vgl. § 226 Anm. 12).

Anders liegt es in denjenigen Fällen, in denen der Erwerb eigener Aktien nach § 226 nicht gestattet ist. Nach § 226 Abs. 2 wird allerdings die Wirksamkeit des Erwerbs eigener vollbezahlter Aktien durch einen Verstoß gegen § 226 nicht berührt. Der Erwerb ist also gültig. Wenn bisher die Vorschriften des § 213 neben denen des § 226 zu beachten waren und dies, wie oben ausgeführt ist, jetzt für die Fälle, in denen § 226 den Erwerb jetzt positiv gestattet, nicht mehr möglich erscheint, so muß man allerdings annehmen, daß für unerlaubt erworbene Aktien, auch wenn der Erwerb nach § 226 gültig ist, doch untersucht werden muß, ob nicht die Ungültigkeit aus § 213 zu folgern ist. Die alte Streitfrage also, ob die Vorschrift des § 213 auch den Kauf von Aktien von späteren Erwerbern trifft, bleibt für diesen Fall bestehen. Wie unten (§ 226 Anm. 20) ausgeführt, wird hier der Standpunkt vertreten, daß § 213 nicht beim Erwerb von einem späteren Erwerber — wohl aber vom Zeichner oder Übernehmer — zur Anwendung kommt.

II. Die **Einziehung** von Aktien ist im § 227 neu geregelt. Es ist zu untersuchen, wie sich diese neue Vorschrift zu der des § 288, die sich mit der Kapitalherabsetzung befaßt, verhält.

Die Regelung, wie sie das HGB. bisher vorsah, entbehrte der Systematik. Die Einziehung war einerseits ein selbständiges Institut, nämlich dann, wenn sie aus dem Reingewinn erfolgte. In diesem Falle vernichtete sie als solche das Aktienrecht. Außerdem aber war sie Unterart der Kapitalherabsetzung, nämlich dann, wenn der Gegenwert aus dem Grundkapital gezahlt wird. In diesem Falle wird das Aktienrecht durch die Kapitalherabsetzung vernichtet. Im erstgenannten Falle ist sie also Zweck, im zweiten Falle Mittel.

Diese beiden Funktionen der Einziehung sind auch heute noch erhalten mit der Maßgabe, daß nunmehr auch die Einziehung aus dem Reingewinn der Beachtung gewisser weiterer Vorschriften — nicht jedoch etwa den Vorschriften über die Kapitalherabsetzung — unterworfen wird. Die Kapitalherabsetzung gemäß § 288 durch Einziehung von Aktien bleibt bestehen wie bisher, da formell die V. den § 288 nicht ändert. Materiell ist allerdings die Vorschrift des § 288 durch die V. nicht unberührt geblieben; denn bisher war es — Gestattung im Gesellschaftsvertrage vorausgesetzt — zulässig zu beschließen:

> Das Kapital wird herabgesetzt um 50 % dadurch, daß zwangsweise im Wege der Auslosung oder durch freiwilligen Ankauf — beides gegen Entgelt — die Hälfte der Aktien eingezogen wird.

Heute darf eine derartige Herabsetzung des Grundkapitals durch zwangsweise oder freiwillige entgeltliche Einziehung nur in Höhe von 10 % des Grundkapitals erfolgen. (Näheres vgl. § 227 Anm. 5.)

Mit anderen Worten: Eine Kapitalherabsetzung ist in jeder beliebigen Höhe durch Herabsetzung des Nennwertes der Aktien oder durch Zusammenlegung von Aktien zulässig; nicht zulässig ist sie durch entgeltliche Einziehung in einer 10 % des Grundkapitals übersteigenden Höhe, weil insoweit der zur Einziehung erforderliche Aktienerwerb nicht zulässig ist. Gültig ist allerdings eine durch entgeltliche Einziehung von Aktien erfolgende Kapitalherabsetzung, auch wenn über 10 % des Grundkapitals eingezogen werden, jedoch macht sich die Verwaltung hierdurch ersatzpflichtig.

Wirtschaftlich betrachtet ergibt sich aus den Vorschriften als Sinn und Zweck der neuen gesetzlichen Bestimmungen des § 227 im Verhältnis zu den unverändert gebliebenen Vorschriften des § 288:

Man läßt die Kapitalherabsetzung durch Zusammenlegung oder Verminderung des Nennwertes der Aktien in der bisherigen Art bestehen, sei es um Unterbilanzen auszugleichen, sei es um zuviel vorhandenes Kapital zu verteilen, und man sieht hierin keine Gefahr, weder für die Aktionäre, die ja gleichmäßig betroffen werden, noch für die Gläubiger, die durch § 289 geschützt sind; man beschränkt aber die Kapitalherabsetzung durch Einziehung einzelner Aktien, indem man den zum Zweck der Einziehung erforderlichen Erwerb beschränkt, weil diese Art der Kapitalherabsetzung die Gefahr eines Mißbrauchs durch Bevorzugung einzelner Aktionäre und gegebenenfalls auch durch Schädigung der Gläubigerinteressen in sich schließt. **Einführung zu §§ 226 und 227.**

III. Nachdem in dieser Darstellung gezeigt ist, wie die neue Fassung der §§ 226 und 227 sich zu den nicht neugefaßten §§ 213 und 288 verhält, ergibt sich hier, was bei einer Teilreform von Gesetzen kaum zu vermeiden ist, daß eine Änderung einzelner Vorschriften zwangsweise auch in nichtgeänderte Teile des früheren Gesetzes eingreift, indem es diese innerlich ändert.

Artikel I.

1. Die §§ 226, 227 des Handelsgesetzbuchs sind in folgender Fassung anzuwenden:

§ 226.

§ 226.

(1) Die Aktiengesellschaft darf eigene Aktien oder Interimsscheine erwerben, wenn es zur Abwendung eines schweren Schadens von der Gesellschaft notwendig ist; der Gesamtnennbetrag der zu erwerbenden Aktien darf zehn vom Hundert oder einen etwa von der Reichsregierung festgesetzten niedrigeren Hundertsatz des Grundkapitals nicht übersteigen. Im übrigen darf die Aktiengesellschaft eigene Interimsscheine nicht, eigene Aktien nur erwerben, wenn auf sie der Nennbetrag oder, falls der Ausgabebetrag höher ist, dieser voll geleistet ist und wenn

1. die Gesellschaft damit eine Einkaufskommission ausführt oder
2. der Gesamtnennbetrag der zu erwerbenden Aktien zusammen mit anderen eigenen Aktien, die der Gesellschaft bereits gehören, zehn vom Hundert oder einen etwa von der Reichsregierung festgesetzten niedrigeren Hundertsatz des Grundkapitals nicht übersteigt und die Aktien zur Einziehung erworben werden; als hierzu erworben gelten die Aktien nur, wenn sie binnen sechs Monaten nach Erwerb eingezogen werden.

(2) Die Wirksamkeit des Erwerbs eigener Aktien wird durch einen Verstoß gegen die Vorschriften des Abs. 1 nicht berührt, es sei denn, daß auf sie der Nennbetrag oder, falls der Ausgabebetrag höher ist, dieser noch nicht voll geleistet ist.

(3) Dem Erwerb eigener Aktien und eigener Interimsscheine steht es gleich, wenn eigene Aktien oder eigene Interimsscheine zum Pfand genommen werden oder wenn Aktien der Gesellschaft von einem andern für Rechnung der Gesellschaft oder unter Übernahme einer Kursgarantie durch die Gesellschaft erworben werden.

(4) Steht eine Handelsgesellschaft oder bergrechtliche Gewerkschaft auf Grund von Beteiligungen oder in sonstiger Weise unmittelbar oder mittelbar unter

§ 226. dem beherrschenden Einfluß einer Aktiengesellschaft oder Kommanditgesellschaft auf Aktien (abhängige Gesellschaft), so darf sie Aktien oder Interimsscheine der herrschenden Gesellschaft nur nach Maßgabe der für den Erwerb eigener Aktien vorgesehenen Bestimmungen der Abs. 1 bis 3 erwerben oder als Pfand nehmen. Sie darf ferner Aktien der herrschenden Gesellschaft nicht zeichnen; die Wirksamkeit einer solchen Zeichnung wird durch einen Verstoß gegen diese Vorschrift nicht berührt.

(5) Das Stimmrecht und der Anspruch auf den Reingewinn aus eigenen Aktien, die der Gesellschaft oder einem anderen für ihre Rechnung gehören, ruhen.

Lit.: a) **Zum bisherigen Recht:** Von der früheren Literatur, die zum großen Teil durch die neuen Vorschriften veraltet erscheint, seien nur angeführt: Ruth, Eigene Aktien und Verwaltungsaktien, Berlin 1928; Zumloh, Rechtsbeziehungen der AG. zu ihren eigenen Aktien, Borna 1927; Nord, ZBH. 1931, 176. b) **Zur Verordnung:** Flechtheim im BankA. 31, 10 u. 65; Quassowski in JW. 1931, 2914; Neufeld in JW. 1931, 3040; Netter in ZBH. 1931, 241. Heinz Pinner in JW. 1931, 2930;

Einleitung. **Durch die Bestimmung des vorliegenden Paragraphen wird der Erwerb eigener Aktien völlig neu geregelt.** Nach der Aktiennovelle v. 11. Juni 1870 war der Erwerb eigener Aktien verboten. Ein dem Verbot zuwider erfolgter Erwerb wurde für nichtig angesehen (vgl. ROHG. 17, 381). Da ein solches Verbot als eine über das Ziel hinausschießende gesetzgeberische Maßnahme angesehen wurde (vgl. Lehmann II, 81), so verbot die Novelle v. 17. Juli 1884 den Erwerb eigener vollbezahlter Aktien nur im „geschäftlichen Betriebe". Der Erlaß des HGB. brachte eine weitere Änderung, indem statt der Worte „im geschäftlichen Betriebe" die Worte „im regelmäßigen Geschäftsbetriebe" gesetzt wurden. „Im regelmäßigen Geschäftsbetriebe" sollte die AG. eigene Aktien außer im Falle der Einkaufskommission nicht erwerben oder zum Pfande nehmen dürfen. Der Erwerb und die Pfandnahme eigener Interimsscheine und eigener nicht vollbezahlter Aktien im regelmäßigen Geschäftsbetriebe war ausnahmslos nicht gestattet. Die Regelung hat zu erheblichen Zweifeln Veranlassung gegeben, insbesondere war der Begriff des regelmäßigen Geschäftsbetriebes stark umstritten (über den Begriff vgl. Staub-Pinner § 226 Anm. 2). Die wirtschaftliche Entwicklung Deutschlands, die vielfach zum Erwerb eigener Aktien führte, gab im Hinblick auf die mit dem Erwerb eigener Aktien insbesondere für die Gläubiger in Zusammenhang stehenden Gefahren Veranlassung zu der vorliegenden Neuregelung.

Anm. 1. I. **Grundsätzliches Erwerbsverbot.**

Eigene Interimsscheine und eigene nicht vollbezahlte Aktien dürfen mit einer Ausnahme (Anm. 7) nicht, eigene vollbezahlte Aktien, abgesehen von zwei Ausnahmefällen (Anm. 14 und 15), nicht erworben oder zum Pfande genommen werden. (Abs. 1 Satz 2.)

Anm. 2. a) Der Erwerb und die Pfandnahme darf nicht erfolgen. Bisher hieß es, daß eigene vollbezahlte Aktien im regelmäßigen Geschäftsbetrieb außer im Falle der Einkaufskommission nicht erworben werden sollten, während eigene Interimsscheine und nicht vollbezahlte Aktien nicht erworben werden konnten. Nach dem Sprachgebrauch der Gesetze bedeutet „kann nicht", daß eine Übertretung des Verbotes in der Regel Nichtigkeit zur Folge hat, dagegen „soll nicht", daß eine Verletzung der Vorschrift, da es sich nur um eine Ordnungsvorschrift handelt, niemals Nichtigkeit nach sich zieht. Die Worte „darf nicht", die der § 226 jetzt gebraucht, besagen, daß ein gesetzliches Verbot im Sinne des § 134 BGB. vorliegt, daß aber ein Verstoß gegen die Vorschrift regelmäßig nicht die Nichtigkeit nach sich zieht, wenn sich dies nicht anderweitig aus dem Gesetz ergibt (vgl. Staudinger § 134 Anm. 6b; Netter in ZBH. 1931, 246). Ein sicheres Kennzeichen für die Folgen des Zuwiderhandelns sind also die Worte „darf nicht" nie (vgl. Staudinger § 134 Anm. 6c; a. A. anscheinend

Quassowski in JW. 1931, 2921). Die Folgen des Verstoßes gegen die Vorschrift sind vorliegend in Abs. 2 geregelt (vgl. Anm. 19ff.). § 226.

b) Der Erwerb darf nicht erfolgen. Wegen des Begriffs „Erwerb" vgl. Anm. 12. Ob auch das Report- und Deportgeschäft in eigenen Aktien hiernach nicht zulässig ist, ist nicht unzweifelhaft. Beide Geschäfte sind Spekulationsgeschäfte. Das Reportgeschäft ist ein Kaufvertrag, verbunden mit der Abrede des Wiederverkaufs für einen späteren Zeitpunkt. Der Verkäufer wird Reporteur genannt (vgl. RG. 19, 150; vgl. RGSt. 12, 287). Man wird das Reportgeschäft in eigenen Aktien für unzulässig halten müssen (vgl. Lehmann-Ring Nr. 2; Behrend § 137 Anm. 12; Brodmann AR. Anm. 4b; Goldschmit AG. Anm. 2). Denn die Gesellschaft darf eigene Aktien nicht erwerben, nicht, wenn auch nur vorübergehend, deren Eigentümerin werden, weil, abgesehen von den ausdrücklich zugelassenen Ausnahmen, die unjuristische Anschauung, daß eine AG. ihre eigene Aktionärin ist, vermieden werden soll, es auch grundsätzlich ungesund erscheint, daß eine AG. mit ihren eigenen Aktien Handel treibt (vgl. Fischer 164) und schließlich auch Aktionäre, die ihre Aktien an die AG. veräußern, gegenüber den anderen Aktionären und den Gläubigern unberechtigt begünstigt werden können (vgl. Ruth 26; Nord in ZBH. 1931, 176). Aus denselben Gründen muß auch das Deportgeschäft in eigenen Aktien für unzulässig gehalten werden. Das Deportgeschäft ist das Geschäft, bei dem die Gesellschaft als Deporteur eigene Aktien verkauft, sich aber gleichzeitig verpflichtet, sie zu einem späteren Termin auf Verlangen des Käufers wieder zurückzunehmen. Mag auch, worauf ROHG. 17, 386 in einem Fall, in dem es sich zwar um einen Verkauf eigener Aktien mit Rückkaufsverpflichtung, mangels Spekulationscharakters aber nicht um ein eigentliches Deportgeschäft handelte, Wert legt, der Rückkauf nur zum Zweck der Wiederherstellung des früheren Zustandes erfolgen, so erfolgt doch immerhin ein Eigentumserwerb, auf den die gesetzgeberischen Gründe des Verbots in gleicher Weise zutreffen wie bei jedem anderen Erwerb eigener Aktien (vgl. Lehmann II, 84; Behrend § 137 Anm. 12; Brodmann AR. Anm. 4b). Nach dem neuen Recht würde das Report- und Deportgeschäft auch gegen § 226 Abs. 3 (Übernahme einer Kursgarantie) verstoßen, wenn nicht einer der erlaubten Erwerbsfälle in Frage käme (vgl. Lehmann-Hirsch Anm. 13). Anm. 3.

c) Zum Pfande nehmen ist nicht gestattet. Darunter ist nur ein eigentlicher Pfandvertrag zu verstehen, obwohl nicht zu verkennen ist, daß durch den Abschluß von Geschäften, durch die gesetzlich Pfandrechte begründet werden, dieselben mißlichen Folgen entstehen können. Indessen können die Worte „zum Pfande nehmen" nicht anders verstanden werden als im Sinne einer vertragsmäßigen Pfandrechtsbestellung. Zum Pfande nehmen kann man nur, was zum Pfande gegeben ist, und Geben und Nehmen ist eben ein Vertrag. Das gesetzliche Pfandrecht entsteht aber von selbst an den Gegenständen, die man nicht zum Pfande, sondern aus anderen Gründen erhalten hat. Es ist nicht die Entstehung jedes Pfandrechts für rechtlich unmöglich erklärt, sondern nur das vertragsmäßige Nehmen des Pfandes als vom Gesetz nicht gewollt bezeichnet. Wäre ersteres der Fall, so würde auch die Entstehung des gesetzlichen Pfandrechts nach § 1257 BGB. nicht möglich sein. Nur darf das gesetzliche Pfandrecht nicht in einer Weise erworben werden, die auf eine Umgehung des Verbots hinausläuft. So würde es z. B. unzulässig sein, wenn die Gesellschaft für zahlungsunfähige Auftraggeber kommissionsweise ohne Sicherheit eigene Aktien ankaufte, um an diesen ein gesetzliches Pfandrecht zu erlangen. Dies würde die Haftpflicht der Verwaltung begründen (vgl. Brodmann AR. Anm. 5a u. b; Zumloh a. a. O. 10). Für das kaufmännische Zurückbehaltungsrecht gilt hier dasselbe wie für das gesetzliche Pfandrecht (vgl. RG. 36, 38), ebenso für das im Wege der Zwangsvollstreckung erworbene Pfandrecht (so auch Neufeld in JW. 1931, 3042). Was für das vertragliche Pfandrecht gilt, gilt auch für eine Sicherungsübereignung, da für sie im Innenverhältnis zwischen den Parteien pfandrechtsähnliche Grundsätze Platz greifen (Staub-Koenige § 368 Anm. 94). Das Ergebnis in bezug auf die Zulässigkeit einer Sicherungsübereignung wäre aber auch dasselbe, wenn man statt der Grundsätze über das vertragliche Pfandrecht die über den Erwerb anwenden würde, da ja Erwerb und Pfandnahme hier gleichgestellt sind. Anm. 4.

§ 226. Anm. 5. Das Annehmen eigener Aktien als Kaution von Angestellten wurde bisher für zulässig gehalten, weil es wohl eine Pfandnahme, aber keine im regelmäßigen Geschäftsbetriebe sei (vgl. Staub-Pinner Anm. 6; a. A. Brodmann AR. Anm. 5a). Nachdem die neue Vorschrift einen Unterschied zwischen regelmäßigem und nicht regelmäßigem Geschäftsbetrieb nicht mehr kennt, unterfällt das Nehmen von Aktien als Kaution von Angestellten dem Verbot der Pfandnahme von eigenen Aktien (vgl. Flechtheim in BankA. 31, 13; a. A. Lehmann-Hirsch Anm. 9, deren Ansicht mit dem ganzen Aufbau der neuen Bestimmungen nicht in Übereinstimmung zu bringen ist).

Anm. 6. Für **Aktienbanken** gelten folgende Besonderheiten:

a) Soweit eine Aktienbank im Auftrage eines Kunden als Kommissionärin Aktien oder Interimsscheine erwirbt, ist dies nach Abs. 1 Ziff. 1 zulässig. Das an diesen Aktien nach § 397 entstehende gesetzliche Pfandrecht fällt nicht unter die Beschränkungen des § 226 (vgl. Anm. 4 u. 21).

b) Einen Verwahrungsvertrag mit einem Kunden über eigene Aktien zu schließen, ist der Bank nicht verwehrt. Soweit es sich um vollbezahlte Aktien handelt, erwirbt nach Abs. 2 die Bank auf Grund ihrer Geschäftsbedingungen auch das Pfandrecht an ihnen, allerdings unbeschadet des Regresses der Verwaltung, da es sich um eine nicht erlaubte vertragsmäßige Pfandnahme handelt (a. A.: Lehmann-Hirsch Anm. 10). Im Interesse der Verwaltung von Aktienbanken dürfte es daher zur Vermeidung des Regresses dienen, in die Geschäftsbedingungen ausdrücklich aufzunehmen, daß das Pfandrecht sich nicht auf eigene Aktien der Bank erstreckt. Soweit nicht vollbezahlte eigene Aktien oder Interimsscheine, gleichgültig, ob vollbezahlt oder nicht, in Verwahrung gegeben werden, entsteht überhaupt kein Pfandrecht.

c) Die Beleihung eigener Aktien ist der Bank grundsätzlich verboten, es sei denn, daß die Ausnahme des § 226 Abs. 1 Satz 1 vorliegt. Eine trotzdem erfolgende Beleihung vollbezahlter Aktien ist gültig, verpflichtet aber die Verwaltung zu Schadensersatz. Eine Beleihung von Interimsscheinen oder nicht vollbezahlten Aktien ist ungültig.

d) Eine Vereinbarung nach § 2 Depotgesetz über eigene Aktien zu treffen, ist der Bank nicht gestattet (so auch Neufeld a. a. O. 3041). Für eine trotzdem erfolgende Vereinbarung gilt Abs. 2.

Anm. 7. II. **Ausnahmen vom Erwerbsverbot.**

A. **Der Erwerb zur Abwehr eines schweren Schadens.**

Gestattet ist der Erwerb und die Pfandnahme eigener Aktien oder Interimsscheine bis zur Höhe von 10 % oder eines etwa von der Reichsregierung festgesetzten niedrigeren Hundertsatzes des Grundkapitals, falls er zur Abwendung eines schweren Schadens von der Gesellschaft notwendig ist. (Abs. 1 Satz 1 und Abs. 3 Halbsatz 1.)

Anm. 8. a) Eine Definition des Begriffs „Abwendung eines schweren Schadens" gibt die V. ebensowenig wie sie Beispiele bringt, was sie darunter verstanden wissen will. Nach einer Auslassung der Reichsregierung der Presse gegenüber anläßlich des Erlasses der Notverordnung will sie hierunter z. B. nicht die normale Kurspflege, wohl aber die Abwehr unberechtigter Baisseangriffe verstanden wissen (ähnlich Quassowski a. a. O. 2920). Der Wortlaut rechtfertigt diese Auslassung nicht. Es ist durchaus möglich, daß auch eine normale Kurspflege insbesondere zu Zeiten stark schwankender Kurse zur Abwendung eines schweren Schadens notwendig ist (vgl. auch Netter a. a. O. 245). Es wird auch nicht immer leicht sein festzustellen, ob Kursstürze durch Baisseangriffe hervorgerufen sind. Unzulässig dürfte aber ein Erwerb eigener Aktien sein, der erfolgt, um den Kurs der Aktien der Gesellschaft hinaufzutreiben, selbst wenn der Kurs ungerechtfertigt niedrig erscheint und ein höherer Aktienkurs im Interesse der Gesellschaft z. B. zwecks Erhalt von Krediten liegen würde. Zulässig hingegen ist z. B. der Erwerb eigener Aktien von einer Minderheit, die anderenfalls ihr Aktienpaket an ein Konkurrenzunternehmen verkaufen würde (vgl. Anm. 9). Die Beantwortung der Frage, ob es gilt, einen schweren Schaden abzuwenden, wird nur unter Berücksichtigung der besonderen Umstände des Einzelfalles erfolgen können. Man wird davon auszugehen haben, daß die V. den Erwerb eigener Aktien und Interimsscheine an eine besonders strenge Voraussetzung hat knüpfen wollen. Nicht jeder drohende Schaden rechtfertigt den Erwerb; es muß ein schwerer Schaden, also ein solcher sein, der im Falle seines Eintritts geeignet ist, die Lage der Gesellschaft ernstlich zu gefährden (vgl. Flechtheim a. a. O. 12). Kann der Schaden auf andere Weise abgewandt werden, ist also hierfür der Erwerb eigener Aktien nicht „notwendig“, so ist der Erwerb nicht gestattet (vgl. Neufeld a. a. O. 3041). § 226.

b) Es muß sich um Abwendung eines schweren Schadens „von der Gesellschaft“ handeln. Der Gesellschaft kann ein schwerer Schaden nicht nur dann drohen, wenn es sich um direkt gegen sie gerichtete Ereignisse handelt, sondern auch in anderen Fällen, z. B. beim Machtkampf zweier Aktionäre untereinander. Zwar hat der RFH. (JW. 1929, 2183) ausgesprochen, daß die AG. an Kämpfen ihrer Aktionäre uninteressiert sei und daß es **keinesfalls** zulässig sei, daß sie die Kosten im Kampfe, den Aktionäre um die Macht in der Gesellschaft führen, trage. Dieser Grundsatz muß gegen Nußbaum (JW. 1929, 2109) und Becher (St. u. W. 1929, 415) mit Flechtheim (BankA. 28, 265 und 31, 12) und Fleck (JW. 1929, 2109) bestritten werden. Es kann vorkommen, daß im Einzelfall die Gesellschaft von einem Machtkampf der Aktionäre nicht berührt wird. Dann droht ihr kein schwerer Schaden. In der Regel aber wird die Gesellschaft von einem Machtkampf ihrer Aktionäre so stark in Mitleidenschaft gezogen werden, daß ein Erwerb von Aktien durch sie sehr wohl schweren Schaden von ihr abhalten kann (vgl. auch Bett und Hachenburg in JW. 1929, 2191 Anm. sowie RFH. in JW. 1929, 1761, der den hier vertretenen Standpunkt teilt, ebenso Lehmann-Hirsch Anm. 47). Die in den beiden Entscheidungen behandelten steuerrechtlichen Fragen können hier dahingestellt bleiben. Anm. 9.

c) 10 % ihres Grundkapitals darf die Gesellschaft an eigenen Aktien erwerben, wobei es der Reichsregierung vorbehalten ist, den Prozentsatz herabzusetzen. Im Gegensatz zu der Bestimmung des Abs. 1 Ziff. 2 ist hier nicht gesagt, daß die Gesellschaft nur soviel Aktien erwerben darf, daß sie mit den ihr etwa bereits gehörenden eigenen Aktien 10 % oder den von der Reichsregierung etwa festgesetzten niedrigeren Prozentsatz erhält. Sie kann also ohne Rücksicht auf ihren sonstigen Besitz an eigenen Aktien zur Abwendung eines schweren Schadens den von der V. zugelassenen Prozentsatz erwerben. Diese Folgerung entspricht auch dem Sinn der V. Sie will den Gesellschaften das Recht geben, zur Abwendung eines schweren Schadens eigene Aktien zu erwerben. Wenn schon im Hinblick auf die Gläubiger, denen der ohne Berücksichtigung der Gläubigerschutzvorschriften an die Aktienverkäufer gezahlte Kaufpreis vom Vermögen der Gesellschaft abgeht, die Festlegung eines Höchstprozentsatzes für notwendig gehalten wurde, so muß dieses Interesse der Gläubiger über den durch den Höchstprozentsatz gewährten Schutz hinaus zurücktreten, da es sich um die notwendige Abwehr eines der Gesellschaft drohenden schweren Schadens handelt. Die Anrechnung bereits vorhandener Aktien würde das hier der Gesellschaft gegebene Recht illusorisch zu machen geeignet sein. Hat die Gesellschaft auf diese Weise den vorgesehenen Prozentsatz erworben, so ist ein weiterer Erwerb zur Abwendung eines schweren Schadens ausgeschlossen, solange sie diese Aktien besitzt. Sind sie ganz oder teilweise nicht mehr im Besitz der Gesellschaft, sei es, daß sie sie wieder veräußert, sei es, daß sie sie eingezogen hat, so kann im Falle, daß wiederum ein schwerer Schaden droht, ein neuer Erwerb bis zu dem vorgesehenen Prozentsatz erfolgen, wobei aber dann noch vorhandene Aktien, die auf Grund derselben Bestimmung erworben wurden, anzurechnen sind (vgl. Quassowski a. a. O. 2920; Neufeld a. a. O. 3042). Wenn Flechtheim (a. a. O. 12) und ihm folgend Lehmann-Hirsch (Anm. 52) und Köppel (BankA. 31, 75) die Vorschrift dahin auslegen, daß die Gesellschaft, die bereits zur Abwendung eines schweren Schadens 10 % eigene Aktien erworben hat, im Falle eines neuen drohenden schweren Schadens wiederholt 10 % erwerben darf ,und zwar ohne Rücksicht darauf, ob die zuerst erworbenen sich noch in ihrem Besitz befinden, so kann diese Ansicht nicht gebilligt werden. In Abwägung der Interessen der Gesellschaft und des Gläubigers hat sich der Gesetzgeber dazu entschlossen, Anm. 10.

§ 226. in einem bestimmten Umfang, nämlich bis zu 10 %, die Interessen der Gesellschaft denen der Gläubiger vorgehen zu lassen. Um es der Gesellschaft zu ermöglichen, schweren Schaden von sich abzuwenden, verlangt er hier im Gegensatz zum Erwerb zum Zweck der Einziehung auch nicht die Anrechnung bereits vorhandener eigener Aktien. Hat aber die Gesellschaft von ihrem Recht Gebrauch gemacht, so ist dieses, solange und insoweit sie die erworbenen Aktien noch besitzt, verbraucht. Das an und für sich berechtigte Interesse der Gesellschaft, auch weitere schwere Schäden durch Erwerb eigener Aktien abwenden zu können, muß hier hinter dem Interesse der Gläubiger zurücktreten. Die hier bekämpfte Ansicht wird dem Grundgedanken der neuen Regelung, das Gesellschaftsinteresse dem Gläubigerinteresse nur in ganz bestimmtem Umfang vorgehen zu lassen, nicht gerecht.

Anm. 11. d) Eigene Aktien oder Interimsscheine darf die Gesellschaft erwerben. Im völligen Gegensatz zu den bisherigen Vorschriften ist es hier gleichgültig, ob es sich um vollbezahlte oder nicht vollbezahlte Aktien oder Interimsscheine handelt. Werden nicht vollbezahlte Aktien oder Interimsscheine erworben, so ruht der Restzahlungsanspruch, solange die Gesellschaft oder eine abhängige Gesellschaft sie besitzt (vgl. auch Netter a. a. O. 246); bei Veräußerung lebt er wieder auf (Ruth 27 f.). Der Erwerb ist auch möglich, wenn Urkunden überhaupt nicht ausgegeben sind; denn wenn § 226 von eigenen Aktien spricht, so ist damit das Anteilsrecht an der Gesellschaft gemeint (vgl. Lehmann-Hirsch Anm. 5). Letzteres gilt für alle Arten des erlaubten Erwerbs, insbesondere auch die der Abs. 3 u. 4.

Anm. 12. e) Erwerben darf die Gesellschaft. Jede Art des Erwerbes, d. h. des Erstehens zu Eigentum, ist zulässig. Es braucht nicht immer Kauf vorzuliegen, obschon dies der häufigste Fall sein wird. Es ist auch Erwerb durch Tausch, Vergleich usw., also jede Art derivativen Erwerbs möglich. Zeichnung bezw. Übernahme eigener Aktien bei der Gründung oder einer Kapitalerhöhung, also originärer Erwerb, ist kein Erwerb im Sinne des § 226 und daher, wie bisher, nicht gestattet (vgl. Flechtheim a. a. O. 15; Lehmann-Hirsch Anm. 37). Mit der Erlaubnis zum Erwerb ist auch die Erlaubnis zur Bezahlung des Preises gegeben.

Wenn bisher im Streit um die Zulässigkeit des Erwerbs eigener Aktien nach der alten Fassung des § 226 die Frage eine erhebliche Rolle spielte, ob nicht in dem Erwerb der Aktien eine nach § 213 unzulässige Rückzahlung der Einlage liege (zuletzt RG. in JW. 1930, 3730 und Nord in ZBH. 1931, 176ff. und die bei ihm angef.), schaltet dies jetzt infolge der positiv gegebenen Erlaubnis für die nach Abs. 1 gestatteten Fälle aus (vgl. auch oben allgemeine Einführung zu §§ 226, 227 sowie Netter a. a. O. 245). Es ist infolgedessen auch gleichgültig, ob der Erwerb vom ersten Zeichner oder Übernehmer oder von einem späteren Aktienbesitzer erfolgt. Selbstverständlich gilt dies nur, wenn tatsächlich die Voraussetzungen eines der nach Abs. 1 erlaubten Fälle gegeben sind und diese nicht etwa nur als Vorwand genommen werden, um in Wahrheit z. B. eine unzulässige verdeckte Gewinnausschüttung vorzunehmen. Ebenso bedeutsam wie die Ausschaltung des § 213 ist es, daß die Beachtung irgendwelcher Gläubigerschutzvorschriften nicht vorgeschrieben ist. Die Gläubiger müssen es sich gefallen lassen, daß Aktionäre in Höhe des Preises der zur Abwendung eines schweren Schadens von der Gesellschaft erworbenen Aktien Zahlungen erhalten. Die Sonderhaftung des Vorstandes nach § 241 Abs. 3 Ziff. 1 u. 3 und des Aufsichtsrats nach § 249 Abs. 3 entfällt. Bestehen bleibt lediglich die allgemeine Haftung der Verwaltung nach § 241 Abs. 1 u. 2, § 249 Abs. 1 u. 2. Vorstehende Ausführungen gelten für alle Arten des erlaubten Erwerbs.

Anm. 13. f) Zum Pfande nehmen ist hier ebenfalls dem Erwerb gleichgestellt (vgl. Anm. 4).

Anm. 14. B. **Erwerb in Ausführung einer Einkaufskommission.**

Von den beiden für den Erwerb eigener vollbezahlter Aktien zugelassenen Ausnahmen ist die eine die, daß **der Erwerb in Ausführung einer Einkaufskommission erfolgt.** In Ausführung einer solchen darf die Gesellschaft eigene vollbezahlte Aktien erwerben und zum Pfande nehmen. Das bezieht sich auch auf den Fall, daß der Kommissionsauftrag zum Ankauf im Wege des Selbsteintritts ausgeführt wird (vgl. Goldschmit AG. Anm. 8; a. A. Brodmann AR. Anm. 4a). Zwar erfolgt in diesem Falle der Erwerb nicht in Ausführung der Einkaufskommission, vielmehr wird diese ausgeführt durch den Selbsteintritt, d. h. die Erklärung der AG., die Aktien selbst liefern zu wollen. Aber um liefern zu können, muß die AG. ihre eigenen Aktien erwerben, und die Erfüllung dieser Pflicht muß der Gesellschaft gestattet sein, da ihr die Übernahme nicht verboten ist. **§ 226.**

Auch als Verkaufskommissionärin kann die AG. auftreten, da der Verkauf eigener Aktien nicht verboten ist (Anm. 34). Jedoch ist der als Verkaufskommissionärin auftretenden AG. verwehrt, die Aktien als Selbstkäuferin zu behalten. Hiernach ändert sich für diesen Fall die Vorschrift des § 400 HGB. (vgl. RG. 2, 40; Brodmann AR. Anm. 4a).

C. **Erwerb zur Einziehung.** **Anm. 15.**

Als zweite Ausnahme für den Erwerb eigener vollbezahlter Aktien ist zugelassen, daß **eigene vollbezahlte Aktien erworben werden dürfen, wenn der Gesamtnennbetrag der zu erwerbenden Aktien mit anderen eigenen Aktien, die der Gesellschaft bereits gehören, 10 % oder einen etwa von der Reichsregierung festgesetzten niedrigeren Hundertsatz des Grundkapitals nicht übersteigt und die Aktien zur Einziehung erworben werden, wobei als hierzu erworben Aktien nur gelten, wenn sie binnen sechs Monaten nach Erwerb eingezogen werden.**

Mit dieser Vorschrift ist neben der Anm. 7ff. behandelten Erlaubnis zum Erwerb eigener Aktien eine weitere positive Erwerbserlaubnis, wie sie das Gesetz bisher nicht vorsah, gegeben.

a) Eigene vollbezahlte Aktien dürfen erworben werden. Während im Falle des Abs. 1 Satz 1 der Erwerb eigener Aktien und Interimsscheine, gleichgültig ob vollbezahlt oder nicht, gestattet ist, gilt die Erlaubnis hier nur für eigene vollbezahlte Aktien. **Anm. 16.**

b) Der Gesamtnennbetrag einschließlich der bereits im Besitz der AG. befindlichen eigenen Aktien darf 10 % bzw. den von der Reichsregierung festgesetzten niedrigeren Hundertsatz des Grundkapitals nicht übersteigen. Während Abs. 1 Satz 1 die Anrechnung bereits vorhandener Aktien nicht vorschreibt, sind hier Aktien, die die Gesellschaft, aus welchem Rechtsgrund auch immer, erworben hat, wozu auch die in Abs. 3 u. 4 erwähnten Aktien gehören (vgl. Quassowski a. a. O. 2921; Neufeld a. a. O. 3042), in die beim Erwerb zum Zwecke der Einziehung zulässige Höchstzahl einzurechnen. Hat also z. B. die AG. 2 % Aktien zur Abwendung eines schweren Schadens erworben, so darf sie zum Zwecke der Einziehung nur noch 8 % erwerben. Ist allerdings die Einziehung der gesamten 10 % durchgeführt und sind damit die eigenen Aktien aus dem Grundkapital der AG. verschwunden (vgl. § 227 Abs. 3 Satz 4), so steht mangels entgegenstehender Vorschrift nichts im Wege, daß nunmehr wieder 10 % des nunmehrigen Kapitals zum Zwecke der Einziehung erworben werden und so fort. Das Ergebnis vermag nicht sehr zu befriedigen, entspricht aber der neuen Regelung. **Anm. 17.**

c) Die Aktien müssen zur Einziehung erworben werden; als hierzu erworben gelten sie nur, wenn sie binnen 6 Monaten nach Erwerb eingezogen werden. Der hier erlaubte Erwerb ist also nur zum Zwecke der Einziehung gestattet. Dafür, ob der Erwerb zu diesem Zwecke erfolgt ist, stellt die V. den Satz auf, daß nur die Aktien, die innerhalb von 6 Monaten nach Erwerb auch tatsächlich eingezogen sind, als zum Zwecke der Einziehung erworben gelten. Dies ist unwiderleglich. Sind die Aktien nicht innerhalb dieser Frist eingezogen, so gelten sie nicht als zum Zwecke der Einziehung erworben, auch wenn die Verwaltung in der Lage wäre, nachzuweisen, daß tatsächlich der Erwerbszweck die Einziehung gewesen ist. Also ein später eintretender Umstand, die tatsächliche Einziehung, macht nachträglich den Erwerb zu einem erlaubten; ein rechtlich schwer konstruierbarer Satz. Auch eine Veränderung der Umstände rechtfertigt die mangelnde Einziehung nicht. **Anm. 18.**

Obschon die Einziehung nach § 227 eines Generalversammlungsbeschlusses bedarf, der, da er eine Satzungsänderung, nämlich die Ermäßigung des Grundkapitals, enthält, zu seiner Wirksamkeit der Eintragung bedarf, so sind die 6 Monate doch nicht etwa vom Tage des Erwerbs bis zum Tage der Eintragung der Einziehung im Handelsregister zu

§ 226. rechnen. Denn die V. verlangt nicht, daß die Aktien binnen 6 Monaten eingezogen *sind*, sondern daß sie binnen 6 Monaten eingezogen *werden*. Es genügt daher, daß binnen 6 Monaten der Einziehungsbeschluß durch die Generalversammlung gefaßt ist. Würde man die Eintragung im Handelsregister binnen der 6 Monate verlangen, so käme man auch zu einem unhaltbaren Ergebnis. Die Eintragung im Handelsregister kann sich erheblich verzögern, sei es, daß sie vom Gericht beanstandet wird oder daß eine Anfechtungsklage erhoben wird und der Registerrichter es ablehnt, vor der Entscheidung über die Klage die Eintragung vorzunehmen. Der Vorstand würde also in vielen Fällen gar nicht in der Lage sein, den Zeitpunkt der Eintragung auch nur mit einiger Gewißheit vorauszusehen. Deshalb genügt es, wie dies auch der Wortlaut rechtfertigt, daß die Generalversammlung den Einziehungsbeschluß binnen 6 Monaten nach Erwerb faßt.

Da die Einziehung, abgesehen von einer durch den Gesellschaftsvertrag angeordneten Zwangseinziehung, eines Generalversammlungsbeschlusses bedarf (§ 227 Abs. 3), so liegt es also nicht allein beim Vorstand, ob die Einziehung erfolgt. Wenn der Vorstand Aktien zur Einziehung erwirbt und die Generalversammlung zum Zwecke der Beschlußfassung über die Einziehung beruft, diese jedoch die Einziehung ablehnt, so ist der Erwerb zu Unrecht erfolgt; es entsteht aber ferner die Frage, ob in einem solchen Falle *die Haftung des Vorstandes nach § 227 a* gegeben ist. Die V. besagt hierüber nichts. Aus dem Sinn der V. ist die Haftung hier zu verneinen (vgl. Flechtheim a. a. O. 14; Neufeld a. a. O. 3044; a. A.: Lehmann-Hirsch § 227a Anm. 6; anscheinend auch Quassowski a. a. O. 2921). Es liegt keine Zuwiderhandlung gegen den § 226 vor, wenn der Vorstand nach pflichtgemäßer Prüfung von dem Recht des Abs. 1 Ziff. 2 Gebrauch macht und seinerseits alles Erforderliche tut, um den Einziehungsbeschluß der Generalversammlung herbeizuführen. Lehnt diese die Einziehung ab bzw. kommt es zu keinem Beschluß, der die Einziehung ausspricht, so ist der Vorstand machtlos (vgl. Pinner, Aktiennovelle 19). Es kann ihn dann ebensowenig eine Verantwortung treffen wie in dem Fall, in dem es ihm nicht gelingt, eine Beschlußfassung über die Genehmigung der Jahresbilanz herbeizuführen (vgl. § 260 Anm. 3; Brodmann AR. § 260 Anm. 8). Vgl. auch Anm. 12; die dort gemachten Ausführungen beziehen sich auch auf den Erwerb zum Zwecke der Einziehung.

Anm. 19. III. **Wirkung eines verbotswidrigen Erwerbs.**

Der Erwerb eigener vollbezahlter Aktien ist voll wirksam, auch wenn er unter Verstoß gegen die Vorschriften des Abs. 1 erfolgt (Abs. 2).

Anm. 20. a) *Eigene vollbezahlte Aktien* sind rechtswirksam erworben und zum Pfand genommen, auch wenn die Vorschriften des § 226 Abs. 1 verletzt sind. Die V. spricht dies positiv aus. Das Ergebnis deckt sich mit der Folge, die unter dem bisherigen Gesetz die Verletzung der Sollvorschrift des früheren § 226 Abs. 1 hatte (vgl. Bolze 8 Nr. 551; 12 Nr. 507; Jacusiel, Gültige und fehlerhafte Generalversammlungsbeschlüsse von Aktiengesellschaften 559). Die Gültigkeit ist sowohl für das obligatorische Geschäft wie für den dinglichen Erwerbsakt gegeben. Dies wurde von der herrschenden Ansicht für das bisherige Recht bejaht (vgl. Fischer 165; Goldschmit AG. Anm. 1; Nord a. a. O. 179; a. A.: Brodmann AR. Anm. 1, sowie jetzt auch Lehmann-Hirsch Anm. 58). Die Änderung des § 226 ändert an der Ansicht, daß neben dem dinglichen Erwerbsakt auch das obligatorische Geschäft gültig sein soll, nichts (a. A.: Quassowski a. a. O. 2921; Lehmann-Hirsch Anm. 61; Neufeld a. a. O. 3043). Wenn Quassowski a. a. O. sagt, daß das Verbot sich überhaupt nur gegen den dinglichen Erwerbsakt richte und das obligatorische Rechtsgeschäft nicht berühre, sich vielmehr dessen Wirksamkeit nach bürgerlich-rechtlichen Vorschriften bestimme, so erscheint diese Ansicht nicht nur in der V. nicht begründet, sondern sogar dem Zweck der Vorschrift des Abs. 2 zuwiderlaufend. Denn wenn im Interesse der Sicherheit des Verkehrs mit Aktien auch der unerlaubte Erwerb eigener vollbezahlter Aktien für rechtswirksam erklärt wird, so widerspricht es dem, wenn man die Möglichkeit der Unwirksamkeit des obligatorischen Geschäfts für gegeben hält, die die Rechtswirksamkeit des dinglichen Erwerbs im Wege der condictio wieder in Frage zu ziehen geeignet ist. Lehmann-Hirsch (Anm. 61) und Neufeld

(a. a. O. 3043) wollen diese Folgen vermeiden, indem sie dem obligatorischen Geschäft den Charakter einer Naturalobligation geben. Hierfür fehlt es in der V. an jeder Handhabe. Wenn ein Geschäft den Charakter einer Naturalobligation haben soll, so muß ihm dieser ausdrücklich beigelegt sein; eine beliebige Ausdehnung solcher Geschäfte ohne ausdrückliche Gesetzesvorschrift ist nicht möglich. Sollte also das Verpflichtungsgeschäft als Naturalobligation betrachtet werden, so hätte dies in der V. ausdrücklich gesagt werden müssen, was nicht geschehen ist. Nach Obigem trifft es auch nicht zu, daß Ansprüche auf Abnahme eigener vollbezahlter Aktien, wenn das Erwerbsgeschäft gegen § 226 verstößt, klaglos gestellt sind oder aus Urteilen nicht vollstreckt werden könnten. Ist bestimmt, daß der Erwerb eigener vollbezahlter Aktien immer gültig ist, und bezieht sich dies, wie ausgeführt, auf das obligatorische wie das dingliche Geschäft, so muß auch die Möglichkeit gegeben sein, die Erfüllung der eingegangenen Verpflichtung zum Erwerb durchzusetzen. (Im Ergebnis mit diesen Ausführungen übereinstimmend Flechtheim a. a. O. 65ff. und Netter a. a. O. 247.) § 226.

Für den Fall einer unter dem bisherigen Recht gültig eingegangenen Verpflichtung zum Erwerb eigener Aktien stimmen auch Lehmann-Hirsch Anm. 58 der hier vertretenen Ansicht der Gültigkeit und Klagbarkeit auch unter dem neuen Recht zu (ebenso Netter a. a. O. 248).

Anm. 12 ist ausgeführt, daß es in den Fällen, in denen jetzt der Erwerb eigener Aktien gestattet ist, gleichgültig ist, ob der Erwerb vom Zeichner oder Übernehmer oder einem späteren Erwerber erfolgt. Anders kann eine so positive Gestattung nicht aufgefaßt werden; man muß insoweit annehmen, daß die jetzt gegebene Erlaubnis anderen etwa entgegenstehenden Vorschriften vorgeht. Anders ist dies jedoch in den Fällen zu beurteilen, in denen an und für sich ein unzulässiger Aktienerwerb vorliegt und das Gesetz lediglich die Wirksamkeit eines trotzdem erfolgten Erwerbs durch Verstoß gegen das Erwerbsverbot nicht berührt wissen will. Hier ist zu prüfen und zu beachten, ob die Wirksamkeit nicht etwa schon auf Grund anderer gesetzlicher Vorschriften entfällt. Nun verbietet § 213 die Zurückgewähr der Einlage an den Aktionär, und § 215 gibt diesem einen Anspruch lediglich auf den sich aus der Jahresbilanz ergebenden Reingewinn. Unter diesem Gesichtspunkt hat das RG. verschiedentlich (RG. 77, 71; in JW. 1912, 876) ausgesprochen, daß eine Verpflichtung zum Erwerb von Aktien ungültig sei, gleichgültig ob es sich um Erwerb vom Zeichner oder Übernehmer oder einem späteren Aktionär handelt. Demgegenüber hat es in RG. 76, 306 und wohl auch in JW. 1930, 3730 (vgl. Nord in ZBH. 1931, 179; a. A.: Heilbrunn in JW. 1930, 3730, der zu Unrecht das Urteil zu weit auslegt) den Standpunkt vertreten, daß die Kaufvereinbarung mit einem späteren Aktionär gültig sei und nur von dem ersten Erwerber Aktien nicht erworben werden dürften. Aus den zu § 213 Anm. 1 u. 2 sowie § 215 Anm. 1 angegebenen Gründen ist der letzteren Ansicht der Vorzug zu geben. Ist also ein nach § 226 unzulässiger Aktienerwerb erfolgt, so kommen, wenn es sich um einen Erwerb von einem späteren Aktionär handelt, die Vorschriften der §§ 213, 215 nicht in Frage, wohl aber, wenn es sich um einen Erwerb vom Zeichner oder Übernehmer handelt (vgl. auch oben allgemeine Einführung zu §§ 226, 227). Wegen der Ersatzpflicht der Verwaltung, die durch die angeordnete Gültigkeit des Erwerbs nicht berührt wird, vgl. § 227a.

Der Erwerb und die Pfandnahme eigener *Interimsscheine* sowie der Erwerb und Anm. 21. die Pfandnahme eigener *nicht vollbezahlter Aktien* erzeugt außer im Falle des Abs. 1 Satz 1 *Nichtigkeit*. Dies ergibt sich aus dem Gebrauch der Worte „darf nicht" in Verbindung mit der Vorschrift des Abs. 2 (Anm. 2). Denn wenn lediglich gesagt ist, daß die Wirksamkeit des Erwerbs eigener vollbezahlter Aktien durch einen Verstoß gegen die Vorschriften des Abs. 1 nicht berührt wird, so ergibt sich damit anderweitig aus dem Gesetz, daß in allen anderen Fällen unerlaubten Erwerbs und unerlaubter Pfandnahme die Wirksamkeit durch den Verstoß berührt wird, also Nichtigkeit eintritt. Die Nichtigkeit ergreift sowohl den obligatorischen Vertrag als auch den dinglichen Erwerbsakt (vgl. Schmulewitz, Verwaltungsaktie 95; Lehmann-Hirsch Anm. 60) und kann von beiden Vertragsteilen geltend gemacht werden (vgl. Behrend § 137). Auch ist es gleich-

§ 226. gültig, ob sich der Erwerb als selbständiges Geschäft oder Bestandteil eines anderen Geschäfts darstellt; es richtet sich nach allgemeinen Grundsätzen (§ 139 BGB.), welchen Einfluß jene Nichtigkeit auf das ganze Geschäft hat (vgl. Behrend § 137 Anm. 18). Auch hier (vgl. Anm. 4) kann ein gesetzliches Pfandrecht entstehen, trotz § 1257 BGB., weil auch die vorliegende Vorschrift sich lediglich gegen die vertragsmäßige Pfandnahme wenden und durch die Androhung der Nichtigkeit nur einem bestimmten geschäftlichen Gebahren wirksam entgegentreten, im übrigen aber begriffliche Bedenken gegen die Entstehung des Pfandrechts nicht aufstellen will. Nicht unter das Verbot mit Nichtigkeitsfolge fällt der Erwerb nicht vollbezahlter Aktien unter der Bedingung vorheriger Einzahlung (vgl. RG. in DJZ. 1913, 867).

Anm. 22. IV. **Dem Erwerb eigener Aktien gleichgestellter Erwerb durch Dritte.**

Dem Erwerb eigener Aktien steht es gleich, wenn ein Dritter Aktien für Rechnung der Gesellschaft oder unter Übernahme einer Kursgarantie durch sie erwirbt (Abs. 4).

Anm. 23. a) Der Erwerb — nicht die Pfandnahme — durch Dritte ist unter bestimmten Voraussetzungen dem Erwerb eigener Aktien gleichgestellt. Es ist scharf zu unterscheiden zwischen Erwerb und Zeichnung (vgl. Anm. 12). „Zeichnung", der die Übernahme (vgl. § 188) gleichsteht, ist der originäre Erwerb bei Schaffung der Aktie, „Erwerb" das Erlangen des Eigentums vom Zeichner oder einem späteren Erwerber, also jeder abgeleitete Erwerb. Nur der abgeleitete Erwerb kommt für die Bestimmung des Abs. 3 in Frage. Eine Zeichnung durch Dritte für Rechnung der Gesellschaft oder unter Übernahme einer Kursgarantie ist gestattet (vgl. Lehmann-Hirsch Anm. 39). II. Entw. § 41 sieht eine Regelung für diese Aktien (vgl. Erl. 119; Quassowski in JW. 1930, 2618), die als Vorratsaktien bezeichnet werden (vgl. B. II 5, 1. Teil, Kapitel II § 2 Abs. 2; Quassowski a. a. O.; vgl. auch § 260a Abs. 3 Ziff. 1), vor. Der Begriff der Vorratsaktie ist hierbei sehr eng gefaßt, da man unter Vorratsaktien bisher nicht nur die erwähnten, sondern auch solche Aktien verstand, die nicht mit Mitteln der Gesellschaft gezeichnet sind, jedoch zu deren Verfügung stehen, und Aktien, die bereits im Verkehr waren, aber von der Gesellschaft für ihre Zwecke erworben wurden (vgl. Antw. DAB. I, 62ff.; Netter, Zur Reform des Aktienrechts 10). Im Sinne des Gesetzes wird man also in Zukunft als Vorratsaktien nur die Aktien zu bezeichnen haben, die ein Aktionär als Gründer oder Zeichner für Rechnung der Gesellschaft übernommen hat. Eine Regelung über die Schaffung derartiger Vorratsaktien trifft § 226 Abs. 3 nicht. Sie bleibt gestattet (vgl. Flechtheim a. a.O. 12; Lehmann-Hirsch Anm. 38). Bemerkt sei, daß derjenige, der Aktien für Rechnung der Gesellschaft zeichnet, für die volle Einzahlung haftet (Staub-Pinner § 189 Anm. 25; Quassowski in JW. 1930, 2619; Lehmann-Hirsch Anm. 39; vgl. auch Antw. DAB. I, 66).

Anm. 24. b) Erwerb für Rechnung der Gesellschaft oder unter Übernahme einer Kursgarantie durch sie ist dem Erwerb eigener Aktien gleichgestellt. Auch die nachträgliche Vereinbarung, daß der Erwerb als für Rechnung der Gesellschaft erfolgt gelten solle sowie die nachträgliche Übernahme einer Kursgarantie gegenüber einem Dritten, der bereits die Aktien besitzt, wird von der Vorschrift getroffen (vgl. Lehmann-Hirsch Anm. 11). Unter Erwerb für Rechnung der Gesellschaft ist jeder nach ihrer Weisung erfolgte Erwerb durch einen Dritten zu Lasten ihres Vermögens zu verstehen, welche Rechtsform auch immer die Vereinbarung zwischen der Gesellschaft und dem Dritten hat. Da der Erwerb solcher Aktien dem Erwerb eigener Aktien gleichgestellt ist, müssen alle Vorschriften, die für diesen gegeben sind, auch auf jene Fälle Anwendung finden. Hierzu gehört auch die Bestimmung, daß die Wirksamkeit des Erwerbs durch einen Verstoß gegen die Vorschriften, soweit es sich um vollbezahlte Aktien handelt, nicht berührt wird. Daß diese Bestimmung im vorhergehenden Abs. 2 gegeben ist, besagt hiergegen nichts, weil durch die Gleichstellung im Abs. 3 die hier behandelten Fälle als Fälle des Abs. 1 angesehen sind (a. A.: Lehmann-Hirsch Anm. 63). Geht man davon aus, daß Abs. 2 die Gültigkeit des obligatorischen wie des dinglichen Geschäfts festsetzt (Anm. 20) und wendet man das auf die Fälle des Abs. 3 an, so bedeutet dies, daß sowohl der Erwerb der Aktien durch den Dritten gültig ist, worüber wohl überhaupt kein Zweifel bestehen kann, als auch die Übernahme der Kursgarantie bzw. die Verpflichtung der Gesellschaft zur Zahlung an den Dritten. Erwägt man, daß die Fälle des Abs. 3 den Fällen des Abs. 1 in ihrer Wirkung gleichstehen sollen und berücksichtigt man, daß, wenn die Gesellschaft die eigenen Aktien statt durch einen Dritten selbst erwerben würde, der Erwerb gültig wäre, so zeigt sich die Richtigkeit der hier vertretenen Ansicht. Somit ist die bisher vielfach geübte Tätigkeit der Konsortien, die für Rechnung der Gesellschaft Aktien erwarben oder sich von ihr eine Kursgarantie für erworbene Aktien geben ließen, denselben Beschränkungen unterworfen wie der Erwerb durch die Gesellschaft selbst. Damit ist eine sonst leicht möglich gewesene Umgehung der Vorschriften des § 226 Abs. 1 u. 2 verhindert. **§ 226.**

Ist ein Erwerb durch einen Dritten für Rechnung der Gesellschaft oder unter Übernahme einer Kursgarantie nach diesen Vorschriften erlaubt erfolgt, so kann die Übertragung auf die Gesellschaft selbst jederzeit stattfinden, ohne daß hierbei auf die Beschränkungen des § 226 Abs. 1 u. 2 Rücksicht genommen zu werden braucht, da sie ja schon beim Erwerb durch den Dritten beachtet sein müssen (vgl. Flechtheim a. a. O. 12; Neufeld a. a. O. 3042). Wenn die Gesellschaft jedoch Vorratsaktien, auf die die Regelung des § 226 Abs. 3 nicht Anwendung findet (Anm. 23), erwerben will, so darf dies nur unter Beachtung der Vorschriften des § 226 Abs. 1 u. 2 erfolgen (vgl. Flechtheim a. a. O. 12).

V. **Erwerb durch eine abhängige Gesellschaft.** **Anm. 25.**

A. **Der Erwerb und die Pfandnahme von Aktien und Interimsscheinen einer herrschenden AG. oder KGaA. durch eine abhängige Handelsgesellschaft oder bergrechtliche Gewerkschaft darf nur nach Maßgabe der für den Erwerb eigener Aktien in § 226 Abs. 1 bis 3 vorgesehenen Bestimmungen erfolgen** (Abs. 4 Satz 1). Die hier getroffene Regelung ist gegenüber dem bisherigen Rechtszustande neu, aber ähnlich schon im I. Entw. § 56 Abs. 3 und in Erl. 126 behandelt.

a) Unter *abhängiger Gesellschaft* wird jede Handelsgesellschaft, d. h. AG., KGaA., GmbH., o.HG. und Kommanditgesellschaft sowie bergrechtliche Gewerkschaft verstanden, die auf Grund von Beteiligungen oder in sonstiger Weise unmittelbar oder mittelbar unter dem beherrschenden Einfluß einer AG. oder KGaA. steht. Wenn Lehmann-Hirsch (Anm. 17) diese Bestimmung nur auf *inländische Handelsgesellschaften* anwenden wollen, so kann dem nicht beigetreten werden. Sie stützen ihre Ansicht darauf, daß „Handelsgesellschaft" ein terminus technicus des deutschen Rechts sei und daß die Haftungsvorschriften des § 227a nicht auf Verwaltungsmitglieder ausländischer Handelsgesellschaften angewendet werden können, wenn diese Geschäfte tätigen, die nach dem Recht dieses Landes erlaubt seien. Beide Argumente erscheinen nicht stichhaltig; das Ergebnis würde einen wesentlichen Teil der neuen Vorschrift illusorisch machen. Der Ausdruck „Handelsgesellschaft" besagt gegen die Anwendung auf außerdeutsche Gesellschaften nichts. Der Ausdruck „Aktiengesellschaft" ist auch ein „terminus technicus" des deutschen Rechts und doch ist die Errichtung und Eintragung von Zweigniederlassungen ausländischer „Aktiengesellschaften" zulässig. Beachtlicher erscheint der zweite Einwand, weil sein Ausgangspunkt, die Grenze der Macht des deutschen Gesetzgebers, innerliche Berechtigung hat. Trotzdem wird man ihm nicht folgen können. § 226 läßt im Verhältnis der herrschenden zur abhängigen Gesellschaft die juristische Selbständigkeit der beiden Rechtspersönlichkeiten außer Betracht. Er stellt es rein auf die wirtschaftliche Seite ab und betrachtet, wenigstens soweit der Erwerb eigener Aktien und die hieraus sich ergebenden Folgerungen in Frage kommen, abhängige und beherrschende Gesellschaft als *ein* Unternehmen, dessen maßgebliche Führung bei der beherrschenden Gesellschaft liegt. Handelt der Vorstand der abhängigen Gesellschaft, so wird dies so betrachtet, daß seine Handlung, die unter dem Einfluß der beherrschenden Gesellschaft vorgenommen wird, als eine Handlung dieser Gesellschaft angesehen wird. Wollte man dies darauf beschränken, daß die abhängige Gesellschaft eine deutsche sein muß, so wäre der Zweck der Vorschrift verfehlt. Denn es ist natürlich ein leichtes, eine abhängige Gesellschaft im Ausland zu gründen und dann durch diese die Handlungen vor- **Anm. 26.**

§ 226. zunehmen, die einer deutschen abhängigen Gesellschaft verboten sind. Da aber herrschende und abhängige Gesellschaft als eine wirtschaftliche Einheit betrachtet werden, ist es für das Gesetz gleichgültig, welchem Staat die abhängige Gesellschaft angehört. Daß sich vielleicht die Schadensersatzansprüche des § 227a nicht durchsetzen lassen werden, wenn es sich um eine ausländische abhängige Gesellschaft handelt, kann richtig sein, braucht aber insbesondere dann nicht zuzutreffen, wenn ein deutscher Gerichtsstand gegeben ist. Dies wäre aber auch gleichgültig, da es für die Auslegung des § 226 nicht darauf ankommen kann, ob die Vorschriften des § 227a sich gegebenenfalls durchsetzen lassen.

Bisher wurde in der Rechtsprechung von Mutter- und Tochtergesellschaften gesprochen und noch der I. Entw. § 56 Abs. 3 spricht von Tochtergesellschaften. Jetzt ist durch die Neufassung des § 226 der Begriff der abhängigen Gesellschaft an Stelle des Begriffs der Tochtergesellschaft eingeführt und hierfür eine Definition gegeben. Sowohl Antw. DAV. II, 79 als auch die Antworten des Deutschen Industrie- und Handelstages hatten im Gegensatz zu den Antworten des Zentralverbandes des Deutschen Bank- und Bankiergewerbes 135 und der Vereinigung Berliner Handelsredakteure vor dem Versuch der Definition der Begriffe „herrschende“ und „abhängige“ Gesellschaft — damals noch Mutter- und Tochtergesellschaft genannt — gewarnt. Der DAV. hatte seine Ansicht damit begründet, daß der Begriff je nach dem beabsichtigten Zweck verschieden zu formulieren sei, während der Zentralverband darauf hinwies, daß die Entwicklung des Konzernrechts noch nicht abgeschlossen und die Beziehungen zu vielgestaltig seien, um sie zur Zeit auf einen Namen bringen zu können. Diese Bedenken sind durch die nun erfolgte Definition bestätigt. In dem Bestreben, tunlichst alle Möglichkeiten der wirtschaftlichen Verflechtung, deren große Zahl der Gesetzgeber nicht verkennt, zu erfassen, wird eine möglichst weitgehende, mit allgemeinen Begriffen arbeitende Definition gewählt. Hierdurch wird sie sowohl zu unbestimmt als auch insbesondere zu weitgehend. Der Kritik von Sintenis (BankA. 29, 463) kann man sich in weitem Maße anschließen (vgl. auch Flechtheim a. a. O. 13; Brodmann, Sanierung unseres Aktienwesens, 30; Homburger, Neugestaltung des Aktienrechts, 4; Kronstein, Die abhängige juristische Person, 3 Anm. 3). So wie die Definition jetzt lautet, hat man als unter sie fallend jede der oben angeführten Gesellschaften anzusehen, die — aus welchem Grunde auch immer — einflußmäßig von einer AG. oder einer KGaA. beherrscht wird. Im Einzelfall kommt es also auf die Tatfrage der Beherrschung, nicht auf die rechtliche Möglichkeit der herrschenden Gesellschaft, ihren Willen zu erzwingen, an (a. A.: Lehmann-Hirsch Anm. 23). Die Beherrschung kann erfolgen durch Aktienbesitz, wobei durchaus nicht ein 100%iger Besitz notwendig ist — im Einzelfalle kann schon eine Sperrminorität ausreichen (vgl. Neufeld a. a. O. 3043; a. A.: Lehmann-Hirsch Anm. 29) — durch Personalunion leitender Beamter, vertragliche Abmachungen usw. Neben unmittelbarer Beherrschung wird auch eine mittelbare für ausreichend zur Anwendung der Vorschrift erklärt. Damit werden auch die „Enkelgesellschaften“ (vgl. Quassowski a. a. O. 2919; Lehmann-Hirsch Anm. 24) von der Vorschrift erfaßt. Herrschende Gesellschaft kann nur eine AG. oder KGaA. sein, da ja nur diese Gesellschaftsformen über Aktien, die erworben werden können, verfügen.

Anm. 27. b) Gleichgestellt sind die abhängigen Gesellschaften der herrschenden Gesellschaft beim Erwerb eigener Aktien dieser Gesellschaft. Bereits unter dem bisherigen Recht hatte RG. 108, 41 eine Verletzung des § 226 bejaht in einem Falle, in dem eine AG. sich im Besitz nahezu sämtlicher Kuxe zweier Gewerkschaften befand und bei einer Kapitalerhöhung der AG. die neuen Aktien den Gewerkschaften überlassen wurden. Der Standpunkt hatte seinerzeit nahezu allgemeine Ablehnung erfahren (vgl. Staub-Pinner Anm. 1; Flechtheim in JW. 1924, 679 Anm. und 1925, 572) und war vom RG. 115, 223 ausdrücklich aufgegeben worden. Jetzt erfolgt die Neuregelung aus den Erwägungen der Entscheidung 108, 41 (vgl. Erl. 126). Die rechtliche Verschiedenheit der beiden Rechtspersönlichkeiten bleibt außer Betracht; es wird allein auf die wirtschaftliche Seite abgestellt. Wenn es der abhängigen Gesellschaft gestattet ist, Aktien oder Interimsscheine der herrschenden Gesellschaft nach Maßgabe der für den

Erwerb eigener Aktien vorgesehenen Bestimmungen zu erwerben, und es für diesen Erwerb auf einen Prozentsatz des Grundkapitals ankommt, so ist es dem Wortlaut nach zweifelhaft, welches Grundkapital gemeint ist, das der herrschenden oder das der beherrschten Gesellschaft. Trotz Bedenken, die daraus entstehen, daß es der im Regelfall doch mit dem geringeren Kapital ausgestatteten abhängigen Gesellschaft erlaubt sein soll, 10 % des Kapitals der herrschenden Gesellschaft, also einen für ihr eigenes Kapital gegebenenfalls außerordentlich hohen Betrag zu erwerben, wird man doch der Ansicht sein müssen, daß es von der V. auf das Kapital der herrschenden Gesellschaft abgestellt ist. Dies ergibt sich einmal daraus, daß die V., wie Anm. 26 ausführt, allein die wirtschaftliche Seite berücksichtigt und beherrschende und abhängige Gesellschaft insoweit als eine Einheit ansieht, daß der Erwerb von Aktien der herrschenden Gesellschaft durch eine abhängige Gesellschaft als ein Erwerb der herrschenden Gesellschaft betrachtet wird. Hinzu kommt, daß ja die abhängige Gesellschaft durchaus nicht immer eine AG. oder KGaA. zu sein braucht, so daß eine Abstellung auf ihr Kapital in vielen Fällen gar nicht möglich wäre. Daraus folgt, daß es nicht auf das Kapital der abhängigen Gesellschaft ankommt, sondern auf das der herrschenden (vgl. Quassowski a. a. O. 2921; Flechtheim a. a. O. 13; Neufeld a. a. O. 3043; Netter a. a. O. 244; die entgegengesetzte Ansicht von Heinz Pinner a. a. O. 2931 wird nicht mehr aufrechterhalten). Infolgedessen sind beim Erwerb von Aktien der herrschenden Gesellschaft durch eine abhängige Gesellschaft bei Berechnung des zulässigen Prozentsatzes diejenigen eigenen Aktien einzurechnen, die die herrschende Gesellschaft selbst und durch andere abhängige Gesellschaften bereits besitzt (Flechtheim a. a. O. 13; Lehmann-Hirsch Anm. 51, 55). Folgerichtig muß man auch für den Fall, daß Voraussetzung des Erwerbs eigener Aktien die Abwendung eines schweren Schadens von der Gesellschaft ist, annehmen, daß es sich um einen der herrschenden Gesellschaft drohenden Schaden handeln muß. Infolge der einheitlichen Betrachtung von herrschender und abhängiger Gesellschaft wird also ein der herrschenden Gesellschaft drohender schwerer Schaden als ein auch der abhängigen Gesellschaft drohender angesehen. Wenn dieser zur Abwendung den Erwerb eigener Aktien durch die abhängige Gesellschaft „notwendig" erscheinen läßt, so gilt dies als „Notwendigkeit" für die abhängige Gesellschaft (so auch Flechtheim a. a. O. 13). **§ 226.**

B. **Zeichnung von Aktien der herrschenden Gesellschaft ist der abhängigen Gesellschaft nicht gestattet** (Abs. 4 Satz 2). Anm. 28.

Während es in Abs. 3 (vgl. Anm. 23) nicht verboten ist, daß ein Dritter für Rechnung der Gesellschaft oder unter ihrer Kursgarantie Aktien zeichnet, ist dies der abhängigen Gesellschaft untersagt. Sie darf sie nicht zeichnen. Über die Bedeutung des Wortes „darf" vgl. Anm. 2; als eine bloße Sollvorschrift, die nur eine Ordnungsvorschrift darstellt, ist die Vorschrift nicht zu bezeichnen (a. A.: Flechtheim a. a. O. 15), da sie im Gegensatz zu jener besagt, daß ein gesetzliches Verbot im Sinne des § 134 BGB. vorliegt. Durch ausdrückliche Vorschrift ist festgestellt, daß eine unzulässige Zeichnung — unbeschadet der Haftung der Verwaltung — wirksam ist. Diese Bestimmung entspricht den Grundsätzen über die Natur der Zeichnung und dem berechtigten Verlangen nach möglichster Aufrechterhaltung einer einmal erfolgten Zeichnung (vgl. Staub-Pinner § 189 Anm. 25).

VI. **Stimmrecht und Dividendenanspruch aus eigenen Aktien.** Anm. 29.

Stimmrecht und Dividendenanspruch aus eigenen Aktien, die der Gesellschaft oder einem anderen für ihre Rechnung gehören, ruhen (Abs. 5).

a) Das Ruhen des Stimmrechts und Dividendenanspruchs aus eigenen Aktien, die der Gesellschaft gehören, war schon im bisherigen Recht von der herrschenden Ansicht angenommen (vgl. RG. 103, 64; Staub-Pinner § 226 Anm. 4 u. 10). Nachdem das Gesetz dies jetzt ausdrücklich ausspricht, erübrigt sich ein Eingehen auf die gegenteilige Ansicht. Das Recht auf Dividende aus eigenen Aktien entsteht, die AG. zahlt sie aber nicht aus (über steuerliche Behandlung solcher Dividende vgl. RFH. 24, 145); sie verbleibt im Vermögen der AG. und kann bei der nächsten Verteilung den Aktionären zugute kommen Anm. 30.

§ 226. (vgl. Schröter a. a. O. 24 Anm. 21; Zumloh a. a. O. 20; ähnlich für GmbH. Unger, Der Erwerb eigener Geschäftsanteile durch die GmbH., 42; Rospatt in WuR. 1930, 558; a. A.: Isay § 102 Anm. 20; Becher in LZ. 1925, 840, die ein Dividendenrecht überhaupt nicht entstehen lassen, und Werneburg in ZHR. 90, 208, der der Gesellschaft das Dividendenbezugsrecht gibt).

Ein Bezugsrecht aus eigenen Aktien kann die Gesellschaft nicht ausüben, da sie selbst nicht zeichnen darf (vgl. Unger a. a. O. 44 und die dort angef.; GoldschmitAG. Anm. 5; Becher in LZ. 1925, 841; Schröter a. a. O. 35; Lehmann-Hirsch Anm. 66). Werden die neuen Aktien insgesamt von einem Dritten gezeichnet mit der Verpflichtung, sie den alten Aktionären ganz oder zum Teil anzubieten, so kann die AG. ebenfalls auch dieses Bezugsrecht gegen Dritte aus eigenen Aktien nicht ausüben, soweit nicht etwa ausnahmsweise einer der erlaubten Erwerbsfälle vorliegen sollte, da dies einen Erwerb eigener Aktien, der jetzt nach § 226 unerlaubt wäre, darstellen würde (vgl. Quassowski a. a. O. 2922; Lehmann-Hirsch Anm. 66). Wohl aber kann die Gesellschaft das Bezugsrecht genau so verkaufen, wie ihr auch der Verkauf eigener Aktien (vgl. Anm. 34) nicht verwehrt ist (vgl. Lehmann-Hirsch Anm. 66; a. A.: Flechtheim a. a. O. 15). Diese Ansicht wurde schon für das alte Recht vertreten bei Bejahung des Ruhens der Mitgliedschaftsrechte aus eigenen Aktien. Hieran hat sich nichts dadurch geändert, daß das bisher nur von der Praxis angenommene Ruhen jetzt gesetzlich vorgeschrieben ist.

Anm. 31. b) Für eigene Aktien, die der Gesellschaft oder einem Dritten für ihre Rechnung gehören, gilt die Vorschrift. Wegen dieser Begriffe vgl. Anm. 24 und § 260a Anm. 13. Soweit sie das Ruhen der Rechte auch derjenigen Aktien anordnet, die zwar ein anderer, aber für Rechnung der Gesellschaft besitzt, ist sie gegenüber dem bisherigen Rechtszustande neu. Nicht erwähnt sind hier die Rechte derjenigen Aktien, die ein anderer erworben hat, für die aber eine Kursgarantie der Gesellschaft besteht. Es erscheint zweifelhaft, ob diese Nichterwähnung dazu führen muß, Stimm- und Dividendenrecht dieser Aktien zu bejahen (so Neufeld a. a. O. 3044) oder ob es zu verneinen ist (so Heinz Pinner a. a. O. 2931). § 226 behandelt den Erwerb dieser Aktien in Abs. 3 völlig gleich dem Erwerb eigener Aktien durch die Gesellschaft oder durch einen Dritten für ihre Rechnung. Diese Tatsache in Verbindung damit, daß die Gesellschaft leicht in die Lage kommen kann, Aktien, für die sie eine Kursgarantie geleistet hat, zu übernehmen, würde den Stimmrechtsausschluß rechtfertigen. Hingegen wäre der Dividendenanspruch bei solchen Aktien, die der Aktionär ja auf seine Rechnung mit seinen Mitteln erworben hat, nicht mit Recht versagt. Da Abs. 5 aber gleichmäßig Stimm- und Dividendenrecht ausschließt, wird man trotz der Bedenken wegen des Stimmrechts dieses und das Dividendenrecht bei Aktien, für die die Gesellschaft die Kursgarantie übernommen hat, bejahen müssen. Dies erscheint auch im Hinblick auf § 260 a Abs. 3 Ziff. 2 gerechtfertigt, der ebenfalls von eigenen Aktien, die der Gesellschaft oder einem anderen für ihre Rechnung gehören, handelt und dort offensichtlich die unter Kursgarantie erworbenen Aktien nicht mit umfaßt.

Nichts bestimmt ist ferner über das Stimm- und Dividendenrecht für die im Besitz einer abhängigen Gesellschaft befindlichen Aktien. Hier hat es aber der I. Entw. ausdrücklich abgelehnt, eine gesetzliche Neuregelung zu schaffen (vgl. Erl. 126). Es bleibt also bei dem bisherigen Zustand, wonach das Dividenden- und Stimmrecht derartiger Aktien, soweit nicht § 252 Abs. 3 in Frage kommt, zu bejahen ist (vgl. RG. 103, 64; 115, 253; Flechtheim a. a. O. 15; a. A.: Neufeld a. a. O. 3044). Entsprechend dem in Anm. 23 ausgeführten Unterschied zwischen der Behandlung der Vorratsaktien und der derivativ erworbenen Aktien sind die Bestimmungen des Abs. 5 nicht auf Vorratsaktien anzuwenden.

Auch die gebundenen Aktien, d. h. solche, deren Eigentümer durch ausdrückliche oder stillschweigende Vereinbarung mit der Gesellschaft zu ihren Gunsten in der Ausübung der Aktienrechte oder in der Veräußerung oder sonstigen Verfügung über die Aktien gebunden sind (vgl. auch § 260a Anm. 14), deren Stimmrecht nach II. Entw. § 95 Abs. 5 (vgl. Erl. 120) ruhen soll, fallen, da diese Bestimmung nicht in den § 226 aufgenommen worden ist, nicht unter Abs. 5 (vgl. Flechtheim a. a. O. 15; Lehmann-Hirsch Anm. 64). **§ 226.**

VII. **Unentgeltlicher Erwerb.** Anm. 32.

Erwerb durch Schenkung oder Erbschaft eigener Aktien war nach bisherigem Recht zulässig (vgl. BayObLG. in OLG. 14, 355). Der unentgeltliche Erwerb erschien in jeder Hinsicht unbedenklich (vgl. BrodmannAR. Anm. 1a). Nach der neuen Regelung ist das nicht mehr so unzweifelhaft. Unter den Begriff des Erwerbs eigener Aktien, den § 226, von den zugelassenen Ausnahmen abgesehen, nicht gestattet, fällt an und für sich auch der Erwerb durch Schenkung und Erbschaft. Unter die zugelassenen Ausnahmen fällt er nicht. Danach ist er nach dem Wortlaut des Gesetzes nicht gestattet. Trotzdem wird man ihn für erlaubt halten können. Zweck und Sinn der Neuregelung ist die Verhinderung der Aufwendung eigener Mittel der Gesellschaft zum Erwerb eigener Anteilsrechte. Dem widerspricht der unentgeltliche Erwerb der keine Mittel erfordert, nicht. Andererseits besteht ein dringendes Bedürfnis, den unentgeltlichen Erwerb eigener Aktien nicht zu verhindern, da er vielfach bei notwendigen Sanierungen, zu deren Herbeiführung Aktionäre Aktien unentgeltlich zur Verfügung stellen, das einzige, zumindest aber das gegebene Mittel darstellt. Alles dies spricht für die Zulässigkeit des unentgeltlichen Erwerbs trotz des entgegenstehenden Wortlauts. Selbstverständlich gilt dies nur für vollbezahlte Aktien; sind die Aktien nicht vollbezahlt, so fallen die Voraussetzungen fort, die den unentgeltlichen Erwerb vollbezahlter Aktien bedenkenfrei erscheinen lassen (vgl. Quassowski a. a. O. 29; Flechtheim a. a. O. 13; Netter a. a. O. 245; Neufeld a. a. O. 3041; Lehmann-Hirsch Anm. 41, die aber anscheinend auch den unentgeltlichen Erwerb nicht vollbezahlter eigener Aktien für zulässig erklären wollen).

VIII. **Erwerb bei der Fusion.** Anm. 33.

Ebensowenig wie der Fall des unentgeltlichen Erwerbs fällt der Fall des Erwerbs eigener Aktien bei einer Fusion unter die Vorschriften des § 226. Bereits unter dem bisher geltenden Recht wurde dies mit Recht angenommen (vgl. BrodmannAR. Anm. 3a; GoldschmitAG. Anm. 2; Lehmann-Ring Anm. 2; Lehmann II, 75; Goldschmidt, Die sofortige Verschmelzung von AG., 46). Die Gründe hierfür rechtfertigen dieselbe Ansicht auch für die neue Regelung. Die Gesellschaft erwirbt durch die Ausgabe und den Umtausch der eigenen Aktien sowie durch die Übernahme ihrer etwa im Besitz der übernommenen Gesellschaft befindlichen eigenen Aktien nichts, was sie nicht schon hat bzw. auf Grund der Fusion zu erhalten berechtigt ist (so BrodmannAR. Anm. 3a; vgl. auch Lehmann-Hirsch Anm. 43).

IX. **Veräußerung eigener Aktien.** Anm. 34.

Die Veräußerung eigener Aktien ist gestattet (vgl. GoldschmitAG. Anm. 9). Diese kann vorkommen, wenn die Gesellschaft Aktien erworben hat, ebenso wenn sie als Verkaufskommissionärin auftritt (vgl. RG. in LZ. 1931, 325). Vgl. hierzu Anm. 14 am Ende.

X. **Erwerb eigener Genußscheine und Schuldverschreibungen.** Anm. 35.

Der Erwerb eigener Genußscheine und Schuldverschreibungen durch die Gesellschaft ist unbedenklich (vgl. RG. bei Holdh. 02, 259; BrodmannAR. Anm. 5b; GoldschmitAG. Anm. 11; Neufeld a. a. O. 3041).

XI. **Steuerfragen.** Anm. 36.

Die Überlassung eigener Aktien oder sonstiger Gesellschaftsrechte, z. B. Genußscheine, unterliegt nach KapVerkStG. § 6b der Gesellschaftssteuer, wenn sie unentgeltlich oder gegen eine hinter dem Wert zurückbleibende Gegenleistung überlassen werden. Die Steuerschuld entsteht jedoch erst, wenn die Aktien wieder von der Gesellschaft veräußert werden (§ 9b; Reichssteuerblatt 1929, 347; St.u.W. 1928 Nr. 654). Über die Wertberechnung in solchen Fällen vgl. § 11c. Werden also Aktien zum Zwecke der Einziehung erworben und eingezogen, so entsteht eine Gesellschaftssteuer nicht. Börsenumsatzsteuer ist für den Erwerb eigener Aktien, Genußscheine und Schuldverschreibungen zu zahlen (§ 35). Schenkungssteuerpflicht für die unentgeltliche Überlassung eigener Aktien zur Einziehung ist

§ 226. nicht gegeben. Soweit die Gesellschaft als Beschenkte in Frage käme, fehlt es, da die Aktien ja eingezogen werden müssen, an einer Bereicherung; es fehlt aber auch auf Seiten des Aktionärs an der Absicht, eine Freigebigkeit zu erweisen (vgl. RFH. 22, 302). Soweit die übrigen Aktionäre als Beschenkte in Frage kämen, so gilt an und für sich nach ErbschStGes. § 3 Abs. 3 als steuerpflichtige Schenkung, was infolge einer vom Schenker angeordneten Auflage — hier der Einziehung — ohne Gegenleistung erlangt wird. Nun erfährt zwar der innere Wert der Aktien der anderen Aktionäre durch die Einziehung eine Steigerung. Aber der innere Wert ist lediglich einer von vielen Gesichtspunkten, die den Kurs bzw. Wert einer Aktie ausmachen; eine Steigerung des inneren Wertes braucht durchaus nicht immer zu einer Kurssteigerung der Aktien zu führen. Überdies fehlt es auch in diesem Falle an der Absicht, jemandem etwas unentgeltlich zuwenden zu wollen. Würde man entgegen diesen Ausführungen eine Schenkungssteuerpflicht bejahen, so käme die Kapitalverkehrssteuer, die im Falle der Weiterveräußerung der Aktien durch die Gesellschaft entstehen würde, in Fortfall (§ 6b).

Anm. 37. **Zusatz 1.** Nach Art. XI der V. beginnt die in Abs. 1 Nr. 2 bestimmte Frist von sechs Monaten frühestens mit dem 1. Oktober 1931. Es gelten also auch vor dem 1. Oktober 1931 erworbene Aktien, gleichgültig wie lange der Erwerbstag zurückliegt, als zur Einziehung erworben, vorausgesetzt, daß sie binnen sechs Monaten, gerechnet vom 1. Oktober 1931, eingezogen werden.

Anm. 38. **Zusatz 2.** Wegen der Erwähnung eigener Aktien im Geschäftsbericht vgl. § 260a Anm. 13; wegen ihrer Bewertung in der Bilanz § 261 Anm. 17; wegen ihrer Ausweisung in der Bilanz § 261a Anm. 15.

§ 227.

§ 227.

(1) Aktien können zwangsweise oder nach Erwerb durch die Gesellschaft eingezogen werden. Die Zwangseinziehung ist nur zulässig, wenn sie in dem ursprünglichen Gesellschaftsvertrag oder durch eine vor der Übernahme oder Zeichnung der Aktien bewirkte Änderung des Gesellschaftsvertrags angeordnet oder gestattet war.

(2) Bei der Einziehung sind die Vorschriften über die Herabsetzung des Grundkapitals zu befolgen. Dies gilt nicht, wenn

1. die Aktien der Gesellschaft unentgeltlich zur Verfügung gestellt oder
2. zu Lasten des nach der jährlichen Bilanz verfügbaren Gewinns oder eines Reservefonds eingezogen werden oder
3. die Gesellschaft die einzuziehenden Aktien innerhalb der letzten sechs Monate vor der Einziehung erworben hat und der Gesamtnennbetrag zehn vom Hundert oder den von der Reichsregierung gemäß § 226 Abs. 1 Nr. 2 festgesetzten niedrigeren Hundertsatz des Grundkapitals nicht übersteigt.

(3) In den Fällen des Abs. 2 Nr. 1 bis 3 erfolgt die Einziehung auf Grund eines Beschlusses der Generalversammlung, soweit es sich nicht um eine durch den Gesellschaftsvertrag angeordnete Zwangseinziehung handelt. Der Beschluß bedarf der einfachen Stimmenmehrheit; der Gesellschaftsvertrag kann für die Beschlußfassung noch andere Erfordernisse aufstellen. Der Beschluß kann nur gefaßt werden, wenn der Gegenstand gemäß § 256 Abs. 2 ausdrücklich angekündigt worden ist. Durch die Einziehung ermäßigt sich das Grund-

kapital um den Gesamtnennbetrag der eingezogenen Aktien. Der Vorstand hat den Beschluß sowie die erfolgte Ermäßigung zur Eintragung in das Handelsregister anzumelden. § 227.

(4) Im Falle des Abs. 2 Nr. 3 ist den Gläubigern, deren Forderungen vor der Bekanntmachung der Eintragung des Beschlusses in das Handelsregister begründet sind, wenn sie sich innerhalb von drei Monaten nach der Bekanntmachung der Eintragung zu diesem Zwecke melden, Sicherheit zu leisten, soweit sie nicht Befriedigung verlangen können.

(5) Unter die Passiven der Jahresbilanz ist als Reservefonds einzustellen

1. in den Fällen des Abs. 2 Nr. 1 und 2 ein dem Nennbetrage der eingezogenen Aktien gleichkommender Betrag,
2. im Falle des Abs. 2 Nr. 3 der Betrag eines aus der Einziehung erzielten buchmäßigen Gewinns.

Der Reservefonds kann ganz oder teilweise nur unter Einhaltung der Vorschrift des § 289 aufgelöst werden.

Lit.: a) **zum bisherigen Recht:** Die bisherige Literatur ist durch die Neuregelung zum größten Teil überholt. Von ihr seien angeführt: Hirschland, Einziehung von Aktien, München 1908; Lust, Die Aktieneinziehung, bei Holdheim 1919, 1 ff.; b) **zur V.:** Flechtheim in BankA. 31, 15 ff.; Quassowski in JW. 1931, 2922 ff.; Netter in ZBH. 1931, 241; Heinz Pinner in JW. 1931, 2931 ff.

Der vorliegende Paragraph regelt die Einziehung von Aktien völlig neu. Einleitung.

Die Bestimmungen des bisherigen § 227 hatten eine ganze Reihe von Streitfragen entstehen lassen, deren Beseitigung schon im I. Entw. § 57 vorgesehen war (vgl. Erl. 127; Ullmann in JW. 1930, 2636). Die jetzige Vorschrift geht noch über die im I. Entw. § 57 vorgesehene Regelung hinaus, insbesondere im Hinblick auf den Zusammenhang dieser Vorschriften mit den neuen Bestimmungen des § 226. Für die gesetzliche Regelung der Einziehung von Aktien sind zwei Gesichtspunkte maßgebend. Einmal muß, da die Einziehung zu einer Ermäßigung des Grundkapitals führt, besondere Rücksicht darauf genommen werden, daß die Interessen der Gläubiger keinen Nachteil erleiden; denn je geringer die Ziffer des Grundkapitals, desto eher kommen die Aktionäre zum Dividendenbezug, desto eher gelangt alsdann Gesellschaftskapital zur Verteilung, desto geringer wird damit die Sicherheit für die Gläubiger. Andererseits ist auch Rücksicht auf die Aktionäre zu nehmen, denen regelmäßig ohne ihren Willen das Aktienrecht nicht genommen werden soll.

I. **Begriff.** Unter Einziehung von Aktien versteht man solche Rechtsakte der Gesellschaft, durch die einzelne Aktienrechte nichtig werden oder untergehen (vgl. RG. in JW. 1908, 310). Die Einziehung ist wesentlich verschieden von der Kaduzierung (§ 219), die sich gegen den Aktionär, nicht gegen das Aktienrecht richtet; der Aktionär geht bei der Kaduzierung seines Anteilsrechts verlustig, dieses selbst besteht fort. Sie ist ferner wesentlich verschieden von der Kraftloserklärung der Aktienurkunde (§ 228), die weder das Anteilsrecht noch den Berechtigten verändert, sondern sich nur gegen die verlorene Urkunde richtet. Sie ist endlich verschieden von dem Erwerb eigener Aktien durch die Gesellschaft (§ 226), der den Bestand des Aktienrechts unberührt läßt und nur ein zeitweiliges Ruhen aktienrechtlicher Befugnisse bewirkt. Es erscheint durchaus zulässig, daß die Praxis auch Kombinationen der eben behandelten Möglichkeiten schafft. So hat die in § 227 unter anderem behandelte Möglichkeit der Einziehung durch Auslosung an und für sich die Vernichtung des Aktienrechts zur Folge. Es ist aber auch gestattet, eine Auslosung zu dem Zwecke vornehmen zu lassen, daß die ausgeloste Aktie auf eine andere Person übergeht (vgl. RG. 120, 177 und Heinz Pinner in JW. 28, 1556; ferner Nord in JW. 28, 2617; Veit Simon und Goldschmit ebenda; Heinz Pinner in ZBH. 29, 385). Aktienrechtliche Bedenken stehen nicht Anm. 1.

§ 227. entgegen, wenn man der bei Staub-Pinner Anm. 38 zu § 182 dargelegten Ansicht beitritt, nach der Ergänzungen des Aktienrechtes, soweit nicht zwingende Gesetzesvorschriften entgegenstehen, zulässig sind. Hier handelt es sich um eine nicht im Gesetz geordnete Maßnahme, die zwischen Kaduzierung und Einziehung liegt und die gegen irgendwelche zwingende Normen nicht verstößt.

Anm. 2. II. Zulässigkeit der Einziehung.

Die Einziehung kann zwangsweise oder nach Erwerb durch die Gesellschaft erfolgen, wobei für die Zwangseinziehung vorgeschrieben ist, daß sie in dem ursprünglichen Gesellschaftsvertrag oder durch eine vor der Übernahme oder Zeichnung bewirkte Änderung des Gesellschaftsvertrages angeordnet oder gestattet sein muß (Abs. 1).

Anm. 3. A. Zwangseinziehung.

a) Zwangseinziehung ist gestattet, und zwar in unbeschränkter Höhe (vgl. Flechtheim a. a. O. 18). Sie kann auf die verschiedenste Weise vor sich gehen. Er können die Aktien ausgelost werden oder es kann vorgeschrieben sein, daß in bestimmten Zeiträumen bestimmte Stücke gekündigt werden oder es kann den Gesellschaftsorganen überlassen werden, jährlich eine bestimmte Anzahl von Aktien zu kündigen. Bisher waren im Gesetz als Beispiele Einziehung durch Auslosung, Kündigung oder in „ähnlicher Weise" angegeben, die von der Literatur und Praxis unter dem Begriff Zwangseinziehung zusammengefaßt wurden. Jetzt verwendet die V. diesen Ausdruck, ohne im einzelnen noch Beispiele anzuführen. Eine sachliche Änderung ist hierdurch nicht erfolgt.

Die Einziehung mittels Kündigung (und zwar seitens der Gesellschaft wie seitens des Aktionärs; vgl. Anm. 8 zu § 185; Karger in ZAktW. 33, 50) bedarf einer besonderen Erörterung. Es ist versucht worden, durch Benutzung dieser Vorschrift den Grundsatz, daß eine Verwirkung der Mitgliedschaft außer in den im Gesetz (§ 219) geordneten Fällen nicht ausgesprochen werden kann, zu beseitigen (vgl. Leist, Untersuchungen zum neueren Vereinsrecht, und Staub-Pinner § 212 Anm. 22). Der Gedankengang ist folgender: Da die Einziehung durch Kündigung zugelassen ist, kann auch im Gesellschaftsvertrag bestimmt werden, daß die Kündigung bei Eintritt gewisser Ereignisse zulässig ist, z. B. wenn Aktionäre Nachschüsse nicht leisten, wenn sie den Interessen der Gesellschaft zuwiderhandeln (vgl. Leist a. a. O.), ferner wenn ein Aktionär stirbt, wenn er aufhört, Mitglied eines Vereins zu sein (vgl. Hachenburg § 3 Anm. 32, § 34 Anm. 18). Diese letztere Bestimmung ist vom RG. (49, 77) für unzulässig erklärt (dagegen Flechtheim, Rechtliche Organisationen der Kartelle, 2. Aufl., S. 244). Die Begründung der Entscheidung ist allerdings insofern unvollständig, als in ihr nicht erwähnt ist, daß gemäß § 227 auch die Kündigung gestattet wird, demgemäß auch nicht untersucht ist, ob hierdurch eine derartige Bestimmung rechtsgültig wird.

Bei freier Würdigung der in Betracht kommenden Gesichtspunkte muß einer Auslegung des § 227, wie sie hier versucht wird, entschieden entgegengetreten werden (vgl. LehmannLehrb. S. 340 Anm. 2; BrodmannAR. Anm. 2; vgl. auch Müller-Erzbach S. 285; a. A.: Dietz in ZBH. 1927, 176). Sie enthielte eine Durchbrechung der wichtigsten aktienrechtlichen Grundsätze. Die AG. ist, wenn man von der hier nicht in Betracht kommenden Nebenleistungs-AG. des § 212 absieht, eine Kapitalvereinigung; jedes Mitglied hat die ihm obliegende Kapitalleistung zu bewirken; zu weiterem ist es nicht verpflichtet (Staub-Pinner § 211 und Anm. dazu). Nur für den Fall der Nichtleistung dieser Verpflichtung gestattet das Gesetz, unter Anwendung besonderer Vorsichtsmaßregeln den Aktionär aus der Gesellschaft auszuschließen (§§ 218 ff.). Dieser dem innersten Wesen der AG. entspringende Grundsatz würde vollkommen vereitelt, wenn man die Aufnahme derartiger Satzungsbestimmungen, wie oben angegeben, gestatten würde. Jede AG. könnte dann als Gesellschaft mit Nachschußverpflichtung errichtet werden; sie könnte, da obige Gründe der Ausdehnung leicht fähig sind, durch die Satzung feststellen, daß Aktionäre, die ihr nicht passen, ausscheiden müssen (so auch OLG. Karlsruhe in OLG. 43, 309).

Es wäre doch an sich schon sehr merkwürdig, wenn eine derartig einschneidende Vorschrift gleichsam nebensächlich vom Gesetz getroffen worden wäre. Die Auslegung des

§ 227 in der alten wie in der neuen Fassung zwingt aber auch zu dieser Annahme nicht. Der ganze Aufbau des Paragraphen zeigt, daß das Gesetz jede willkürliche Bevorzugung oder Benachteiligung eines Aktionärs ausschließen will und gleiche Behandlung aller fordert. Es muß daher auch die Kündigung allen Aktionären oder wenigstens allen Aktionären einer Gattung gleichmäßig bevorstehen (vgl. Wieland II, 176 Anm. 1). **§ 227.**

Das RG. hat auch seine Ansicht aufrechterhalten (RG. in JW. 1928, 2623 und Anm. von Netter; ähnlich auch KG. in OLG. 27, 371).

b) In der ursprünglichen oder vor Übernahme oder Zeichnung geänderten Satzung muß die Zwangseinziehung gestattet oder angeordnet sein. Die Anordnung muß eine bestimmte sein. Es muß ersichtlich sein, wie die Zwangseinziehung erfolgen soll, in welcher Höhe und in welcher Zeit sie ausgeführt sein muß. Darüber hinaus müssen die Bedingungen einer angeordneten Einziehung, soweit die Zwangseinziehung ohne Beschluß der Generalversammlung durch Verwaltungsakt erfolgen soll (Anm. 13), so klar festgestellt werden, daß die Einziehung sowie die Bestimmung der einzuziehenden Aktien nicht mehr ein Akt der Willkür oder des freien Ermessens der Verwaltungsorgane sind (vgl. Quassowski in JW. 1931, 2924; für das bisherige Recht vgl. KGJ. 31 A 170; 45 A 172; GoldschmitAG. Anm. 6; BrodmannAR. Anm. 2a). Diese bisher schon geltenden Grundsätze werden durch die neue Regelung nicht berührt. Auch die Gestattung muß ausdrücklich erfolgt sein. Da aber die gestattete Zwangseinziehung stets eines Generalversammlungsbeschlusses bedarf (Anm. 7 u. 13), sind diese eben behandelten weitergehenden Anforderungen an die Satzungsbestimmung für diesen Fall nicht mehr zu stellen. Das Bedenken, die Einziehung dürfe nicht der Willkür oder dem freien Ermessen der Verwaltungsorgane unterstehen, fällt fort. Es genügt eine Satzungsbestimmung, die die Zwangseinziehung als solche gestattet. Die näheren Bestimmungen zu treffen ist dann Sache der Generalversammlung. **Anm. 4.**

Für alle Fälle der Zwangseinziehung muß die Satzungsbestimmung vor der Zeichnung oder Übernahme der Aktien getroffen sein, gleichgültig, aus welchen Mitteln die Einziehung erfolgt. Eine jede Art von Zwangseinziehung ist ein Eingriff in das Recht des Aktionärs, der nur dann der Gerechtigkeit entspricht, wenn sich der Aktionär ihr vorher unterworfen hat. Mit Zustimmung der Aktionäre, die von der Einziehung betroffen werden, kann aber die Satzungsänderung, wenn es sich um die Gestattung einer Zwangseinziehung handelt, gültig auch nach Ausgabe der Aktien getroffen werden, da ja insoweit nur der Schutz der betroffenen Aktionäre in Frage steht (vgl. KGJ. 25 A 258; 31 A 170; GoldschmitAG. Anm. 4). Für das frühere Recht mag dies im Hinblick auf die Interessen der Gläubiger nur für den Fall richtig gewesen sein, daß die Einziehung aus dem Gewinn erfolgte (vgl. D. 137; KGJ. 35 A 170). Nach der jetzigen Fassung des § 227 sind genaue Gläubigerschutzvorschriften gegeben, die deren Rechte wahren, so daß die Bestimmung in der Satzung nur noch als im Interesse der Aktionäre gegeben anzusehen ist. Das gilt aber nicht für den Fall einer nachträglichen Anordnung der Zwangseinziehung, die unter die Voraussetzungen des Abs. 2 Ziff. 1 bis 3 fällt. Denn in diesem Fall erfolgt die Einziehung ohne Beschluß der Generalversammlung durch Verwaltungsakt (Anm. 13) und ohne irgendwelche Gläubigerschutzmaßregeln. Hier würde eine nachträgliche Satzungsbestimmung, auch wenn alle Aktionäre zustimmen, zu einer Benachteiligung der Gläubiger führen können; deshalb ist dies als unzulässig anzusehen (a. A.: Lehmann-Hirsch Anm. 5 cc).

B. Einziehung nach Erwerb. **Anm. 5.**

c) Einziehung nach Erwerb ist gestattet. Durch die neue Begriffsbestimmung ist Klarheit über die rechtliche Definition der freiwilligen Einziehung geschaffen, was bisher nicht der Fall war (vgl. BrodmannAR. Anm. 3b u. c; GoldschmitAG. Anm. 7). Freiwillige Einziehung setzt jetzt einen Erwerb voraus, dem die Einziehung als solche nachfolgt. Jede Art des Erwerbes ist demnach zulässig; damit ist die frühere Streitfrage, ob neben dem bisher in § 227 als einzigen Erwerbsakt erwähnten Kauf auch noch andere Erwerbsarten in Frage kommen könnten, im Sinne der herrschenden Praxis (vgl. Staub-Pinner Anm. 2; BrodmannAR. Anm. 3b; GoldschmitAG. Anm. 5) entschieden. Erwerb im Sinne des § 227

§ 227. kann nur ein nach § 226 erlaubter Erwerb sein. Durch die Neufassung der §§ 226 u. 227 sind diese also in einen engen Zusammenhang gebracht, der früher nicht bestand. Einziehung nach Erwerb ist nur erlaubt, soweit die Gesellschaft nach § 226 Aktien erwerben darf (so auch Lehmann-Hirsch Anm. 7). Dies hat außerordentliche über den Rahmen der §§ 226, 227 hinausgehende Folgen (a. A.: Netter in ZBH. 1931, 249). Denn bisher konnte ganz unabhängig von den Bestimmungen der §§ 226, 227 die AG. gemäß § 288 ihr Kapital durch entgeltliche Einziehung von Aktien in unbeschränkter Höhe herabsetzen. Flechtheim (BankA. 31, 16) vertritt den Standpunkt, daß ein Erwerb zum Zwecke nachfolgender Einziehung in einer über 10 % des Grundkapitals betragenden Höhe im Hinblick auf § 226 Abs. 1 Ziff. 2 und § 227 Abs. 2 Ziff. 3 unter keinen Umständen gestattet sei, während Grau (Deutsch. Volksw. 1931, 1749) sich für den Fall, daß die Einziehung zu Lasten eines Reservefonds erfolgt, für die Zulässigkeit ausspricht. Über den von Grau erwähnten Fall hinaus könnte man auch an den Fall denken, daß eine Generalversammlung beschließt, das Kapital durch entgeltliche Einziehung von Aktien in einem höheren Prozentsatz als 10 % herabzusetzen und die Frage stellen, ob der Vorstand dann berechtigt ist, die Aktien zu erwerben und zur Einziehung zu bringen. Die Berufung auf den Generalversammlungsbeschluß allein würde im Hinblick auf § 227a nichts nutzen (vgl. auch § 227a Anm. 9 und Lehmann-Hirsch § 227a Anm. 5). Nun ist aber der Sinn der Regelung der §§ 226, 227, zu verhindern, daß Zahlungen über das gesetzlich erlaubte Maß an die Aktionäre zum Nachteil der Gläubiger erfolgen. Diesem Sinn würde in dem letzterwähnten Fall nicht zuwidergehandelt werden, da wie auch nach bisherigem Recht (vgl. Staub-Pinner § 289 Anm. 10) der Preis für die Aktien an die Aktionäre erst nach Ablauf des Sperrjahres nach § 289 gezahlt werden dürfte. Auch in dem von Grau behandelten Fall würde gegen diesen Sinn nicht verstoßen werden (a. A.: Flechtheim a. a. O.); denn über einen freiwilligen oder satzungsmäßigen Reservefonds kann die Generalversammlung stets nach Maßgabe der Satzung ohne Rücksicht auf die Gläubiger verfügen. Etwaige Interessen von Aktionären wären aber genügend durch die Möglichkeit einer Anfechtungsklage oder gegebenenfalls einer Klage aus § 826 BGB. geschützt. Auch die Fassung des § 227 Abs. 2 spricht für die Möglichkeit; denn wenn grundsätzlich gesagt ist, daß die Einziehung nach den Vorschriften über die Herabsetzung des Grundkapitals zu erfolgen habe und hiervon dann Ausnahmen gemacht werden, so ist daraus zu schließen, daß, wenn diese Ausnahmen nicht vorliegen, z. B. also mehr als 10 % eingezogen werden sollen, dies nach den Vorschriften über die Herabsetzung des Grundkapitals möglich sein sollte, und zwar ohne nachteilige Folgen für die Verwaltung. Andererseits ist aber nicht zu verkennen, daß im Gegensatz zum bisherigen Recht die §§ 226, 227 sowohl dadurch, daß die Einziehung in § 227 auf den Erwerb, der im § 226 geregelt ist, abgestellt ist als auch dadurch, daß die Bestimmungen des § 226 Abs. 1 Ziff. 2 und des § 227 Abs. 2 Ziff. 3 untereinander korrespondieren, in Zusammenhang gebracht sind. Man wird daher, wie schon erwähnt, unter Erwerb im Sinne des § 227 nur einen nach § 226 erlaubten Erwerb zu verstehen haben. § 226 gestattet aber zum Zwecke der Einziehung nur einen Erwerb von höchstens 10 %. So viele wirtschaftliche Erwägungen also auch dafür sprechen mögen, daß eine Kapitalherabsetzung durch entgeltliche Einziehung von Aktien auch in größerem Umfange als 10 % zulässig sein müßte — es handelt sich in solchen Fällen ja nahezu ausnahmslos um dringende Sanierungsfälle, für die das Fehlen dieser Möglichkeit sich außerordentlich unangenehm bemerkbar machen wird —, so wird man doch nach dem Aufbau des Gesetzes die Zulässigkeit verneinen müssen (vgl. Heinz Pinner a. a. O. 2532; im Ergebnis übereinstimmend Flechtheim a. a. O. 16; vgl. auch oben allgemeine Einführung zu §§ 226, 227; a. A.: Netter a. a. O. 250, dessen wirtschaftlich durchaus berechtigte Erwägungen an den neuen Vorschriften scheitern müssen, und Scholz in RundschGmbH. 1931, 923, dessen Unterscheidung zwischen Einziehung fremder und eigener Aktien mit der neuen Begriffsbestimmung der freiwilligen Einziehung — „nach Erwerb" — nicht zu vereinen ist). Freiwillige Einziehung ist nur nach Erwerb zulässig und Erwerb über 10 % mit Ausnahme des hier nicht interessierenden Falls der Einkaufskommission nicht gestattet. Die Gültigkeit einer trotzdem erfolgenden Einziehung unerlaubt erworbener Aktien, die allerdings dann unter Beachtung der Vorschriften der Kapitalherabsetzung erfolgen muß, wird durch obige Ausführungen nicht berührt (vgl. Quassowski a. a. O. 2923; Flechtheim a. a. O. 16). § 227.

Zu beachten ist, daß diese Ausführungen nur für den Fall der entgeltlichen Einziehung von Aktien gelten. Unentgeltlich zur Verfügung gestellte vollbezahlte Aktien können in unbeschränkter Höhe eingezogen werden. Weder enthält § 227 Abs. 2 Ziff. 1 eine ähnliche Beschränkung wie Ziff. 3, noch ist überhaupt der in jeder Hinsicht unbedenkliche (so BrodmannAR. § 226 Anm. 1 a) unentgeltliche Erwerb eigener vollbezahlter Aktien den Vorschriften des § 226 unterworfen (§ 226 Anm. 32). Für die Einziehung unentgeltlich zur Verfügung gestellter nicht vollbezahlter Aktien gelten die Beschränkungen im Erwerb nach § 226 und somit die obigen Ausführungen über die Unzulässigkeit der Einziehung in größerer Höhe als 10 % (§ 226 Anm. 32; vgl. Quassowski a. a. O. 2920; Flechtheim a. a. O. 13). Ebensowenig gelten die obigen Ausführungen für die Fälle der Zwangseinziehung. Hier können Aktien in beliebiger Höhe zur Einziehung gelangen (vgl. Flechtheim a. a. O. 16).

d) Einer satzungsmäßigen Anordnung oder Gestattung der Einziehung von Aktien nach Erwerb bedarf es jetzt nicht mehr. Damit ist den Bedenken Rechnung getragen, die von der Praxis gegen die bisherige gesetzliche Vorschrift geäußert worden sind (vgl. BrodmannAR. Anm. 2 a). Anm. 6.

III. **Form der Einziehung.** Anm. 7.

A. **Grundsätzliche Regelung.**

Bei der Einziehung sind grundsätzlich die Vorschriften über die Herabsetzung des Grundkapitals zu befolgen (Abs. 2 Satz 1). Das bisherige Recht hatte dies ebenso bestimmt mit der einzigen Ausnahme, falls die Einziehung aus dem Jahresgewinn erfolgt. Jetzt sind zu dieser einen Ausnahme andere hinzugekommen (Anm. 8 ff.), grundsätzlich aber ist es bei der alten Regelung geblieben. Liegen also die Ausnahmefälle nicht vor, so bedarf es eines mit Dreiviertelmehrheit des bei der Beschlußfassung vertretenen Grundkapitals zu fassenden Beschlusses, falls der Gesellschaftsvertrag nicht noch weitere Erfordernisse aufstellt. Es muß durch den Beschluß der Zweck der Herabsetzung festgestellt werden und gegebenenfalls getrennte Abstimmung der Aktionäre verschiedener Aktiengattungen stattfinden. Der Beschluß ist von sämtlichen Mitgliedern des Vorstandes zur Eintragung ins Handelsregister anzumelden. Die Gläubiger sind aufzufordern, sich zu melden, und zu befriedigen oder sicherzustellen. Zahlungen an Aktionäre dürfen erst nach Ablauf des Sperrjahres erfolgen. Auch die erfolgte Herabsetzung bedarf der Anmeldung zum Handelsregister durch sämtliche Vorstandsmitglieder. Dies alles gilt sowohl für die zwangsweise Einziehung wie für die nach Erwerb.

B. **Ausnahmen der grundsätzlichen Regelung.** Anm. 8.

Von der Beachtung der Vorschriften über die Kapitalherabsetzung kann in drei Fällen Abstand genommen werden (Abs. 2 Ziff. 1 bis 3).

a) wenn es sich um Einziehung unentgeltlich zur Verfügung gestellter Aktien handelt. Diese Ausnahme war auch schon im bisherigen Recht zugelassen (vgl. OLG. Braunschweig in OLG. 14, 356; BrodmannAR. Anm. 4). Mit Flechtheim (a. a. O. 16 f.) wird man die zugelassene Erleichterung nur auf die Fälle beschränken müssen, in denen die unentgeltlich zur Verfügung gestellten Aktien nicht etwa aktiviert worden sind. An und für sich sind eigene Aktien zu aktivieren. Dies wurde schon nach bisherigem Recht bejaht (vgl. Staub-Pinner § 226 Anm. 2) und ist jetzt in § 261 a Abs. 1 IV 5 und Abs. 3 ausdrücklich festgestellt (vgl. § 261 a Anm. 15). Dies gilt auch für unentgeltlich erworbene Aktien (vgl. § 261 Anm. 8). Werden aber eigene Aktien der Gesellschaft lediglich zum Zwecke der Einziehung unentgeltlich zur Verfügung gestellt, so sind diese nicht zu aktivieren, da ie ja beim Erwerb durch die Gesellschaft schon den Todeskeim in sich tragen und von Anm. 9.

§ 227. ihr vernichtet werden müssen (so auch Lehmann-Hirsch Anm. 10). Sollen unentgeltlich erworbene eigene Aktien, die der Gesellschaft ohne die Zweckbestimmung, daß sie eingezogen werden müssen, überlassen worden und von ihr aktiviert sind, eingezogen werden, dann fällt offensichtlich die Voraussetzung fort, auf Grund deren für die Einziehung unentgeltlich zur Verfügung gestellter Aktien die Erleichterung zugelassen worden ist. Aktivierte unentgeltlich zur Verfügung gestellte Aktien können nur nach Maßgabe der Ziff. 2 u. 3 eingezogen werden, es sei denn, daß die Einziehung im Wege der Kapitalherabsetzung erfolgt (so auch Lehmann-Hirsch Anm. 10). Ein Höchstprozentsatz der Aktien, die zur Einziehung gelangen dürfen, ist nicht vorgesehen und kommt auch nicht aus anderen Erwägungen in Frage (Anm. 5).

Anm. 10. b) wenn es sich um Einziehung zu Lasten des nach der jährlichen Bilanz verfügbaren Gewinns oder eines Reservefonds handelt. Die Einziehung zu Lasten des Gewinns war auch schon nach bisherigem Recht als Ausnahme von der Verpflichtung zur Beachtung der Kapitalherabsetzungsvorschriften vorgesehen. Die Verfügbarkeit des Reingewinns bedeutet nicht, daß er in barem Gelde vorhanden sein muß, wie dies Simon, Bilanzen 220, annimmt. Er braucht nicht anders verfügbar zu sein als wie auch sonst zur Verteilung an die Aktionäre (vgl. Staub-Pinner § 213 Anm. 13). Darum ist er auch dann erst für die Einziehung verfügbar, nachdem der gesetzliche Reservefonds aus dem Reingewinn dotiert ist. Die herrschende Ansicht hat auch die Zulässigkeit der Einziehung zu Lasten eines Reservefonds unter Außerachtlassung der Kapitalherabsetzungsvorschriften schon unter dem bisherigen Recht bejaht (vgl. Staub-Pinner Anm. 12; Fischer 179; Simon 220; a. A.: GoldschmitAG. Anm. 10). Unter Reservefonds im Sinne der vorliegenden Vorschrift sind alle Reservefonds mit Ausnahme des gesetzlichen, dessen Verwendung ja zwingend vorgeschrieben ist (§ 262 Abs. 1), zu verstehen. Freiwillige Reservefonds sind ohne weiteres verwendbar; satzungsgemäß zweckgebundene Fonds müssen zunächst durch Satzungsänderung ihres Zweckes entkleidet werden (vgl. Flechtheim a. a. O. 16; Lehmann-Hirsch Anm. 11). Die hier vorgesehene Einziehung kann ebenso wie die in Ziff. 1 (Anm. 9) vorgesehene wiederholt erfolgen mit der Grenze, daß die gesetzlich vorgeschriebene Mindesthöhe des Grundkapitals nicht unterschritten werden darf.

Anm. 11. c) wenn es sich um innerhalb der letzten sechs Monate erworbene Aktien im Höchstbetrage von 10% des Grundkapitals bzw. des von der Reichsregierung festgesetzten niedrigeren Prozentsatzes handelt. Dieser Fall ist durch die vorliegende Vorschrift neu eingeführt. In seiner Fassung entspricht er der Vorschrift des § 226 Abs. 1 Ziff. 2. Die Aktien, deren Erwerb dort der Gesellschaft gestattet ist, fallen unter die neue Vorschrift. Die Vorschrift gilt aber nicht nur für die zur Einziehung erworbenen Aktien. Sie gilt für alle in den letzten sechs Monaten erworbenen Aktien, aus welchem Rechtsgrund der Erwerb auch immer erfolgt ist (vgl. Flechtheim a. a. O. 18). War der Erwerb unberechtigt erfolgt, so bleibt die Ersatzpflicht der Verwaltung trotz Einziehung bestehen (vgl. auch Anm. 5). Auch hier ist nicht bestimmt, daß diese Art der Einziehung nur einmal vorgenommen werden kann; sie kann daher nach erfolgter Ermäßigung des Grundkapitals ebenfalls, bis die Mindesthöhe des Grundkapitals erreicht ist, beliebig oft wiederholt werden (vgl. Quassowski a. a. O. 2923). Für die Übergangszeit bestimmt Art. XI Abs. 2, daß Aktien, die die Gesellschaft am 1. Okt. 1931 besaß, noch bis zum Ablauf von sechs Monaten nach dem 1. Oktober nach Maßgabe des § 227 Abs. 2 Ziff. 3 — in der Verordnung ist infolge eines jetzt durch RGBl. 1931 Teil I, 663 berichtigten Druckfehlers § 227 Abs. 3 Ziff. 3 gesagt — eingezogen werden können. Es ist also gleichgültig, wie lange diese Aktien sich am 1. Okt. 1931 schon im Besitz der Gesellschaft befanden und aus welchem Rechtsgrund diese sie erworben hat. Es ist auch gleichgültig, ob diese Aktien den festgesetzten Prozentsatz allein oder mit anderen zur Einziehung erworbenen Aktien übersteigen. Sie können ohne Rücksicht hierauf nach Maßgabe des Abs. 2 Ziff. 3 auch in 10% übersteigender Höhe eingezogen werden (vgl. Scholz, RundschGmbH. 1931, 924; Pinner, Aktiennovelle 25 g; Heinz Pinner a. a. O. 2934; a. A.: Quassowski a. a. O. 2923; Lehmann-

Hirsch Anm. 13). Die Frist von sechs Monaten ist bis zum Einziehungsbeschluß, nicht bis zur Eintragung des Beschlusses zu rechnen (§ 226 Anm. 18). **§ 227.**

d) Es ist möglich, daß in einem Fall die Voraussetzungen der Ziff. 2 u. 3 gemeinschaftlich gegeben sind. Ist nämlich der Erwerb von Aktien in der in Ziff. 3 vorgesehenen Höhe zu Lasten des Reingewinns oder eines Reservefonds erfolgt, so ist sowohl der Tatbestand der Ziff. 2 wie der der Ziff. 3 erfüllt. Die Durchführung der Einziehung ist aber für beide Fälle nicht gleichmäßig geregelt (vgl. Anm. 17 ff.). Man wird annehmen können, daß in einem solchen Fall die Gesellschaft die Wahl hat, welchen Weg sie gehen will (vgl. Quassowski a. a. O. 2925). **Anm. 12.**

IV. **Einziehungsbeschluß und Ermäßigung des Grundkapitals** (Abs. 3). **Anm. 13.**

a) Wenn auch in den Fällen des Abs. 2 Ziff. 1 bis 3 die Vorschriften über die Kapitalherabsetzung nicht beachtet zu werden brauchen, so treten doch an deren Stelle andere erleichterte Vorschriften, die zu beachten sind. Mit einer Ausnahme bedarf es aber auch hier eines Generalversammlungsbeschlusses (Abs. 3 Satz 1). Damit ist die bisherige Streifrage, ob die Durchführung einer Einziehung, die nicht nach den Vorschriften der Kapitalherabsetzung erfolgt, reiner Verwaltungsakt ist (so Staub-Pinner Anm. 9) oder in jedem Falle eines Generalversammlungsbeschlusses bedarf (so BrodmannAR. Anm. 3 e), dahin entschieden, daß es in allen Fällen eines Generalversammlungsbeschlusses bedarf, es sei denn, daß es sich um eine im Gesellschaftsvertrag angeordnete Zwangseinziehung handelt. Nach dem Wortlaut der V. kann es zweifelhaft erscheinen, wie im Fall angeordneter Zwangseinziehung vorzugehen ist. In Abs. 2 Satz 1 ist grundsätzlich bestimmt, daß bei jeder Einziehung die Vorschriften über die Kapitalherabsetzung, also u. a. die Vorschrift über Beschlußfassung durch die Generalversammlung, zu beachten sind. Hiervon sind in Abs. 3 Ausnahmen gemacht, die aber auch eine Beschlußfassung durch die Generalversammlung vorsehen. Von der Ausnahme ist nun wiederum für den Fall der angeordneten Zwangseinziehung eine Ausnahme vorgesehen. Daraus könnte man schließen, daß, wenn dieser Fall nicht unter die Ausnahmevorschrift des Abs. 3 fällt, für ihn die Beachtung der Vorschriften der Kapitalherabsetzung, insbesondere die Fassung eines Generalversammlungsbeschlusses, notwendig ist. Trotz des für diese Auslegung sprechenden Wortlauts wird man aber diese Folgerung nicht zu ziehen haben. Es besteht nicht das geringste juristische Interesse, den Fall der angeordneten Zwangseinziehung von schwereren Voraussetzungen abhängig zu machen als die anderen Fälle. Es ist vielmehr die offenbare Absicht des Gesetzes, die Einziehung in diesem Fall zu erleichtern, vorausgesetzt selbstverständlich, daß er unter eine der in Abs. 2 Ziff. 1 bis 3 behandelten Ausnahmen fällt, widrigenfalls es gemäß Abs. 1, Abs. 2 Satz 1 der Beachtung der Vorschriften über die Kapitalherabsetzung bedarf (vgl. Netter a. a. O. 249; a. A.: Lehmann-Hirsch Anm. 8). Diese Absicht ist auch berechtigt, da diese Anordnung ja im ursprünglichen oder vor Übernahme oder Zeichnung der Aktien geänderten Gesellschaftsvertrag enthalten sein muß, und zwar unter genauester Angabe der Einzelheiten (Anm. 4). Hier liegt also ein schutzwürdiges Interesse anderer Aktionäre oder Dritter, das die Notwendigkeit der Fassung eines Generalversammlungsbeschlusses rechtfertigen könnte, nicht vor. Im Falle der angeordneten Zwangseinziehung nach Abs. 2 Ziff. 1 bis 3 ist also die Einziehung mit Recht reiner Verwaltungsakt. Anders im Falle einer gestatteten Zwangseinziehung; für sie ist Generalversammlungsbeschluß erforderlich (vgl. Quassowski a. a. O. 2924; Flechtheim a. a. O. 18; a. A.: Scholz, RundschGmbH. 1931, 924). Verstößt der Generalversammlungsbeschluß gegen die Bestimmungen des Abs. 2 Ziff. 1 bis 3, weil dessen Voraussetzungen nicht vorliegen, so ist er nicht nur anfechtbar, sondern nichtig, da es sich um zwingende, im öffentlichen Interesse gegebene Vorschriften handelt (a. A.: Lehmann-Hirsch Anm. 13).

b) Einfache Stimmenmehrheit genügt für den Generalversammlungsbeschluß. Der Gesellschaftsvertrag kann weitere Erfordernisse aufstellen. Bei der Beschlußfassung haben die einzuziehenden Aktien, wenn sie die Gesellschaft schon erworben hat, nach § 226 Abs. 5 kein Stimmrecht. Befinden sie sich, wie im Falle der gestatteten Zwangseinziehung, noch **Anm. 14.**

§ 227. im Eigentum der Aktionäre, so sind diese stimmberechtigt. Das bisher hiergegen geäußerte Bedenken (Staub-Pinner § 252 Anm. 26) kann nicht mehr aufrechterhalten werden; es beruhte darauf, daß die Einziehung ein Verwaltungsakt sei, was sie nach der neuen Regelung außer im Falle der angeordneten Zwangseinziehung nicht mehr ist.

Anm. 15. c) Ausdrückliche Ankündigung des Beschlusses als Gegenstand der Tagesordnung gemäß § 256 Abs. 2 ist vorgeschrieben. Da das Gesetz die einfache Stimmenmehrheit für ausreichend erklärt, bedarf es nur einer Ankündigung mindestens eine Woche vor der Generalversammlung (§ 256 Abs. 2 Satz 1). Schreibt aber der Gesellschaftsvertrag, wozu er berechtigt ist (Anm. 14), eine größere Mehrheit vor, so muß die Ankündigung mindestens zwei Wochen vor der Generalversammlung erfolgen (§ 256 Abs. 1 Satz 1). Verletzung der Vorschriften über die Ankündigung bewirkt Anfechtbarkeit der gefaßten Beschlüsse (vgl. Staub-Pinner § 256 Anm. 3).

Anm. 16. d) Auch die nicht unter Beachtung der Vorschriften über die Kapitalherabsetzung erfolgende Einziehung führt zu einer Minderung der Grundkapitalsziffer um den Gesamtnennbetrag der eingezogenen Aktien, vom Gesetz in Anlehnung an die Bestimmungen der Goldbilanzverordnung Ermäßigung genannt. Der frühere Streit hierüber (vgl. Staub-Pinner Anm. 7; Flechtheim a. a. O. 17) ist hierdurch erledigt. Der Einziehungsbeschluß sowie die erfolgte Ermäßigung ist vom Vorstand — also nicht von sämtlichen Vorstandsmitgliedern wie in §§ 289, 291 vorgeschrieben — zum Handelsregister anzumelden. Dies war schon für das frühere Recht angenommen, ist aber nicht unstreitig gewesen (vgl. Staub-Pinner Anm. 15). Für die Entscheidung der Frage, wann die Einziehung und wann die Ermäßigung wirksam wird, gilt dasselbe, was für die Frage gilt, wann ein Kapitalherabsetzungsbeschluß wirksam wird und die Kapitalherabsetzung als erfolgt anzusehen ist. Der satzungsändernde Einziehungsbeschluß wird nach § 277 Abs. 3 mit der Eintragung wirksam; diese ist konstitutiv (vgl. Staub-Pinner § 289 Anm. 1; Quassowski a. a. O. 2924; Lehmann-Hirsch Anm. 18; a. A.: Flechtheim a. a. O. 17, der der Eintragung des satzungsändernden Beschlusses nur deklaratorische Bedeutung zuspricht, was mit der zwingenden Vorschrift des § 277 Abs. 3 nicht zu vereinen ist). Wenn aber auch die V. sagt, daß durch die Einziehung sich das Grundkapital ermäßigt, so ist damit noch nicht gesagt, daß im Moment des Einziehungsbeschlusses bzw. seiner Eintragung ins Handelsregister die Einziehung schon als erfolgt anzusehen ist. Die Berufung auf den Wortlaut führt also zu keinem Ergebnis (a. A.: Flechtheim a. a. O. 17). Es kommt vielmehr darauf an, wie die Einziehung durchgeführt wird. Erst mit durchgeführter Einziehung, mit Vernichtung des Aktienrechts tritt die Ermäßigung ein. Ist die AG. bei Fassung des Einziehungsbeschlusses bereits Eigentümerin der Aktien, welcher Fall dem gleichzustellen ist, daß sich die Aktien noch im Besitz einer abhängigen Gesellschaft oder eines Dritten, der sie für Rechnung der Gesellschaft oder unter Übernahme einer Kursgarantie durch sie übernommen hat, befinden, so ist allerdings mit Eintragung des Einziehungsbeschlusses die Einziehung als erfolgt anzusehen; damit tritt in demselben Zeitpunkt die Ermäßigung des Kapitals ein, die also gleichzeitig als erfolgt angemeldet werden kann. Hat die Gesellschaft aber die Aktien noch nicht erworben, wie im Fall der gestatteten Zwangseinziehung, in dem die Einziehung erst durch Zugang der Kündigungs- oder Auslosungserklärung als einer empfangsbedürftigen Willenserklärung (vgl. Staub-Pinner Anm. 3; BrodmannAR. Anm. 31) erfolgt, so muß zur Eintragung des Einziehungsbeschlusses noch die erst nachträglich durch Zugang der empfangsbedürftigen Willenserklärung erfolgende Vernichtung des Aktienrechts hinzukommen, um die Einziehung und damit die Ermäßigung zu bewirken. Eine Vernichtung der Aktienurkunde ist aber nicht erforderlich (vgl. Staub-Pinner Anm. 4; a. A.: Lehmann-Hirsch Anm. 14). Ist die Einziehung nach obigen Ausführungen als erfolgt anzusehen, so tritt damit auch die Ermäßigung des Grundkapitals ein. Die Anmeldung der erfolgten Ermäßigung hat nur deklaratorische Bedeutung (so auch Quassowski a. a. O. 2924; BrodmannAR. Anm. 3 k).

V. **Gläubigerschutzvorschriften.** § 227.

A. **Sicherstellung im Falle des Abs. 2 Ziff. 3.** Anm. 17.

Im Falle der Einziehung innerhalb der letzten sechs Monate erworbener Aktien nach Abs. 2 Ziff. 3 ist den Gläubigern, deren Forderungen vor der Bekanntmachung der Eintragung des Beschlusses in das Handelsregister begründet sind, wenn sie sich innerhalb von drei Monaten nach der Bekanntmachung zu diesem Zweck melden, Sicherheit zu leisten, soweit sie nicht Befriedigung verlangen können (Abs. 4).

a) Für den Fall des Abs. 2 Ziff. 3 gilt diese Vorschrift. Im Gegensatz zu den Fällen des Abs. 2 Ziff. 1 u. 2 ist ein verstärkter Gläubigerschutz notwendig, weil hier der Erwerb der Aktien, wenn er nicht zu Lasten des Reingewinns oder eines Reservefonds erfolgt ist, zu Lasten des Grundkapitals geschieht. Wenn auch die Gläubiger sich die Zahlung des Kaufpreises an die Aktionäre gefallen lassen müssen, so war doch ein Schutzbedürfnis nicht zu verkennen, dem die Vorschrift gerecht wird. Anm. 18.

b) Für Gläubiger, deren Forderungen vor der Bekanntmachung der Eintragung des Beschlusses in das Handelsregister begründet waren, gilt die Vorschrift. Die Eintragung des Einziehungsbeschlusses in das Handelsregister ist durch dieses nach § 10 bekanntzumachen. Die Forderung braucht nicht fällig zu sein. Es genügt, wenn sie vor dem vorgesehenen Zeitpunkt begründet war, d. h. der Grund in Tatsachen liegt, die vorher eingetreten waren. Ist dies der Fall, so kann sie bedingt, befristet oder von einer Gegenforderung abhängig sein. Anm. 19.

c) Die Gläubiger haben sich binnen drei Monaten zu melden. Im Gegensatz zu der Bestimmung des § 289 Abs. 2 bedarf es keiner Aufforderung an die Gläubiger, sich zu melden. Ihre Sache ist es, sich die Kenntnis der Bekanntmachung des Beschlusses zu verschaffen. Meldet sich ein Gläubiger innerhalb der vorgeschriebenen Frist nicht, so erlischt sein Recht auf Sicherstellung. Kann er Befriedigung verlangen, d. h. ist seine Forderung fällig, so kann er dieses Recht selbstverständlich auch nach Fristablauf geltend machen. Anm. 20.

d) Den Gläubigern ist Sicherheit zu leisten, soweit sie nicht Befriedigung verlangen können. Wie die Sicherheit zu leisten ist, vgl. Staub-Pinner § 289 Anm. 5; das dort ausgeführte gilt auch für den vorliegenden Fall. Anm. 21.

e) Die Gültigkeit des Einziehungsbeschlusses wird durch diese Vorschrift nicht berührt. Ebensowenig wie die Gläubiger die Zahlung des Kaufpreises für den Erwerb der Aktien hindern können, können sie irgendetwas gegen die Einziehung unternehmen (vgl. Flechtheim a. a. O. 18). Auf die Sicherheitsleistung haben sie einen klagbaren Anspruch. Anm. 22.

B. **Bildung eines Reservefonds.** Anm. 23.

I. **Grundsätzliches.**

Für alle Fälle der erleichterten Einziehung ist die Bildung eines Reservefonds vorgeschrieben, dessen teilweise oder ganze Auflösung nur unter Einhaltung der Vorschrift des § 289 gestattet ist (Abs. 5).

Für das bisherige Recht war die Frage, ob die Bildung eines Reservefonds notwendig sei, äußerst bestritten (vgl. Staub-Pinner Anm. 7). Diese Streitfrage ist jetzt gelöst; es muß ein Reservefonds gebildet werden. Es ist ein gesetzlicher Reservefonds, der seiner Natur nach zwischen dem gesetzlichen Reservefonds des § 262 und dem freiwilligen Reservefonds steht. Seine Auflösung ist zwar jederzeit zulässig, auch ohne daß ein Bilanzverlust vorzuliegen braucht. Die Auflösung unterliegt aber den Vorschriften des § 289. Der Beschluß, zu dessen Fassung einfache Mehrheit genügt — § 288 ist nicht für anwendbar erklärt —, ist von sämtlichen Vorstandsmitgliedern zur Eintragung anzumelden. Die Gläubiger sind zur Anmeldung ihrer Forderungen aufzufordern; es ist ihnen Befriedigung oder Sicherheit zu gewähren, wenn sie sich zu diesem Zweck melden. Das Sperrjahr ist innezuhalten. Wegen der Einzelheiten dieser Vorschrift vgl. Staub-Pinner § 289 Anm. 2 bis 11.

II. **Höhe des Reservefonds in den einzelnen Fällen.** Anm. 24.

Der Reservefonds hat im Falle des Abs. 2 Ziff. 1 u. 2 dem Nennbetrag der eingezogenen Aktien, im Falle der Ziff. 3 dem Betrag des buchmäßigen Gewinnes zu entsprechen.

§ 227. Anm. 25. a) Dem Nennbetrag der eingezogenen Aktien hat der Reservefonds in den Fällen der Ziff. 1 u. 2 zu entsprechen. Zweck der Vorschrift ist zu verhindern, daß der zur Einziehung gelangende Teil des Grundkapitals von seiner Haftung den Gläubigern gegenüber frei wird. Hierfür ist erforderlich, aber auch ausreichend, daß der Reservefonds in seiner Höhe dem Nennbetrag entspricht, um den sich das Grundkapital ermäßigt. Es findet also auf der Passivseite der Bilanz keine Veränderung der Höhe nach, sondern lediglich eine Aufteilung des Postens Grundkapital in einen Posten ermäßigtes Grundkapital und einen Posten Reservefonds statt. Gleichgültig ist, wenn es sich um Einziehung nach Abs. 2 Ziff. 2 handelt, ob die Aktien zum Nennbetrage oder darüber oder darunter erworben werden. Wie der Erwerb auch immer erfolgt, der Reservefonds hat stets die Höhe des Nennbetrages der eingezogenen Aktien zu betragen. Für die Gläubiger ist damit alles Erforderliche geschehen. Das haftende Kapital bleibt dasselbe; die zur Zahlung benötigten Beträge aber werden dem Reingewinn oder einem Reservefonds entnommen, sind also Beträge, die in jedem Fall an die Aktionäre mit Recht zur Auszahlung gelangen durften (vgl. Flechtheim a. a. O. 17; Quassowski a. a. O. 2924). Die frühere Streitfrage (Staub-Pinner Anm. 9), ob, wenn ein Reservefonds gebildet werden müßte, dieser dem Nennbetrag der Aktien oder dem für sie gezahlten Entgelt entsprechen müßte, ist durch die positive neue Bestimmung hinfällig geworden (so auch Lehmann-Hirsch Anm. 12).

Anm. 26. b) Dem buchmäßigen Gewinn muß der Reservefonds im Falle des Abs. 2 Ziff. 3 entsprechen. In diesem Fall ist mit Absicht aus dem Zweck der Neuregelung heraus davon abgesehen, den Nennbetrag, um den das Grundkapital ermäßigt wird, als Reserve für die Gläubiger weiter zu buchen (vgl. Quassowski a. a. O. 2923). Deshalb ist hier nur vorgeschrieben, daß ein etwaiger Buchgewinn in Reserve zu stellen ist. Ein solcher Buchgewinn entsteht, sobald der Erwerb der Aktien unter pari erfolgt bzw. die erworbenen Aktien unter pari zu Buch genommen werden. Durch die Einstellung dieses Buchgewinns in den Reservefonds wird verhindert, daß er ohne Berücksichtigung der Gläubigerschutzvorschriften an die Aktionäre zur Ausschüttung gelangt. Mit der Rückzahlung eines Teils des Grundkapitals in der Höhe, wie sie jetzt §§ 226 Abs. 1 Ziff. 2 und 227 Abs. 2 Ziff. 3 gestatten, müssen die Gläubiger sich im Hinblick auf den Zweck der gesetzlichen Vorschrift, die Einziehung von Aktien und die daraus sich ergebende Ermäßigung des Grundkapitals zu erleichtern, abfinden (vgl. Quassowski a. a. O. 2925).

2. Hinter § 227 des Handelsgesetzbuchs ist als § 227a folgende Vorschrift einzufügen:

§ 227a.

§ 227 a.

(1) Die Mitglieder des Vorstandes sind zum Ersatze verpflichtet, wenn entgegen den Vorschriften der §§ 226, 227 eigene Aktien oder Interimsscheine der Gesellschaft oder einer anderen Gesellschaft erworben, als Pfand genommen oder eingezogen werden.

(2) Die Mitglieder des Aufsichtsrats sind zum Ersatze verpflichtet, wenn mit ihrem Wissen und ohne ihr Einschreiten eine der im Abs. 1 bezeichneten Handlungen vorgenommen worden sind.

(3) Auf die Geltendmachung des Ersatzanspruchs gegen die Mitglieder des Vorstandes und Aufsichtsrats finden die Vorschriften des § 241 Abs. 4, 5 entsprechende Anwendung.

Einleitung. **Mit dem neuen § 227a wird eine besondere Bestimmung für die Ersatzpflicht der Verwaltung bei Verletzung der Vorschriften der §§ 226 und 227 gegeben.** Im wesentlichen entspricht sie der Vorschrift der §§ 241 Abs. 3 Ziff. 3, Abs. 4 u. 5 und 249 Abs. 3, so daß ein Grund für ihren Erlaß nicht zu erkennen ist. Im II. Entw. § 73 (bisher § 241) ist vorgesehen, daß an Stelle von Abs. 3 Ziff. 3 die neue Bestimmung des § 227a Abs. 1 treten soll.

I. **Haftung des Vorstandes.** § 227 a.

Vorstandsmitglieder sind bei Verstößen gegen die Vorschriften der §§ 226, 227 ersatzpflichtig (Abs. 1). Anm. 1.

a) Zum Ersatz verpflichtet sind sie. Wenn die V. hier in Anlehnung an die Fassung des § 241 von einer Verpflichtung „zum Ersatze" spricht, so kann hier wie dort nichts anderes gemeint sein als die Verpflichtung zum Ersatz des durch die rechtswidrige Handlungsweise entstandenen Schadens. Der Sprachgebrauch des Lebens und der Gesetze versteht unter „Ersatz" nichts anderes als die Herausgabe dessen, was ein anderer verloren hat. Es muß hiernach einerseits der volle Schaden ersetzt werden, auch insoweit er die Beträge übersteigen sollte, die zu Unrecht gezahlt sind; andererseits tritt Ersatzpflicht nur dann ein, wenn und soweit durch jene Handlungen ein Schaden entstanden ist. Nur ist aus der Fassung der Vorschrift zu entnehmen, daß, wenn die Gesellschaft oder ein Gläubiger den Ersatz aus § 227 a fordert, den Vorstandsmitgliedern der Beweis obliegt, daß kein Schaden entstanden ist (vgl. Lehmann II 273 Anm. 2; Lehmann-Ring § 241 Nr. 5; Küntzel, Aufsichtsrat, 61; OLG. Köln in JW. 1930, 2800 und Anm. Heinz Pinner hierzu; a. A.: Hagen bei Gruch. 42, 346; GoldschmitAR. 368ff. und GoldschmitAG § 241 Anm. 11; BrodmannAR. § 241 Anm. 3b). Die angeführten Stellen des Schrifttums und der Rechtsprechung beziehen sich auf die gleichlautende Vorschrift des § 241 Abs. 3. Was für jene gilt, gilt auch für die hier behandelte Vorschrift. Für die neue Vorschrift steht Quassowski (a. a. O. 2919, 2921) auf dem hier vertretenen Standpunkt; mit Recht spricht er ständig von „Schadensersatzpflicht" (ebenso Neufeld a. a. O. 3044; a. A.: Lehmann-Hirsch Anm. 4). Die Folge der hier vertretenen Ansicht ist, daß, auch wenn unter Verletzung der Vorschriften des § 226 eigene Aktien erworben oder zum Pfande genommen sind oder eine Einziehung unter Verletzung der Vorschriften des § 227 erfolgt, nicht ohne weiteres und ohne Zulassung eines Gegenbeweises der Kaufpreis oder die Lombardsumme für die Aktien oder der zu Unrecht bei einer Einziehung an die Aktionäre gezahlte Entgelt deshalb von der Verwaltung zu zahlen ist, weil „diese Ereignisse vom Gesetz als Schaden erklärt sind" (GoldschmitAR. 369), sondern nur dann und insoweit, wie der Gesellschaft ein Schaden entstanden ist, und es den Ersatzpflichtigen freisteht, den Beweis zu führen, daß dies nicht der Fall ist. Es ist im Einzelfalle sehr wohl möglich, daß kein Schaden entstanden ist, so z. B. wenn die Verwaltung unerlaubt erworbene eigene Aktien zum Erwerbskurse wieder veräußert hat. Es liegt nicht der geringste Grund vor, in einem solchen Fall „Ersatz", d. h. Erstattung des aus dem Gesellschaftsvermögen entnommenen Kaufpreises ohne Rücksicht darauf, daß das Gesellschaftsvermögen gar nicht mehr geschädigt ist, zu verlangen. Eine weitere Folge der hier vertretenen Ansicht ist, daß auch eine Vorteilsausgleichung zuzulassen ist; die gegenteilige Ansicht muß dies in Konsequenz ihrer Auffassung von der Ersatzpflicht verneinen (so GoldschmitAR. 373; a. A.: Lehmann-Hirsch Anm. 8, die aber hierdurch zu ihren eigenen Ausführungen Anm. 4 in Widerspruch geraten). Wenn die Verwaltung den Kaufpreis für die zu Unrecht erworbenen Aktien ersetzen muß, so kann sie verlangen, daß sie hiergegen Zug um Zug die Aktien erhält. Muß sie den Lombardbetrag für zum Pfande genommene Aktien erstatten, so hat sie einen Anspruch auf Übertragung der Forderung gegen den Verpfänder einschließlich des Pfandes. Verlangt die Gesellschaft Befreiung von einer Kursgarantie oder der einem Dritten gegenüber, der für ihre Rechnung Aktien erworben hat, eingegangenen Verpflichtungen, so kann die Verwaltung die Übertragung der Rechte gegen den Dritten, soweit solche bestehen, verlangen. Hat eine abhängige Gesellschaft Aktien der herrschenden Gesellschaft unerlaubt erworben oder gezeichnet, und wird hierfür Schadensersatz von der Verwaltung der abhängigen Gesellschaft verlangt, so kann diese Übertragung der Aktien auf sich verlangen. Bei Verstößen gegen § 227 wird eine Vorteilsausgleichung praktisch kaum in Frage kommen; theoretisch würde sie auch hier Platz greifen. Anm. 2.

b) Verschulden ist Voraussetzung der Erstattungspflicht. Dies ist für § 241 bejaht worden (vgl. Staub-Pinner § 241 Anm. 8; GoldschmitAG. § 241 Anm. 8; BrodmannAR. § 241 Anm. 1a) Anm. 3.

§ 227a. und muß auch für den hier behandelten Fall gelten (vgl. Flechtheim a. a. O. 14; zu Unrecht bezweifelt dies Netter ZBH. 1931, 247, 248). Eine unterschiedliche Behandlung wäre um so weniger gerechtfertigt, als ja nach dem II. Entw. § 73, der an die Stelle des bisherigen § 241 treten soll, die Haftungsvorschrift des § 227a ein Teil des § 73 werden soll (vgl. Lehmann-Hirsch Anm. 3). Bewußtsein der Schädigung ist ebensowenig Voraussetzung der Haftung (vgl. RG. in „Recht" 09 Nr. 5 u. 6), wie die Haftung dadurch ausgeschlossen wird, daß man das Beste der Gesellschaft gewollt habe (vgl. OLG. Dresden in OLG. 12, 435). Ein Verschulden liegt z. B. nicht vor, wenn bis zu 10 % des Kapitals an eigenen Aktien gemäß § 226 Abs. 1 Ziff. 2 zum Zwecke der Einziehung erworben werden und alles getan ist, um die rechtsgültige Beschlußfassung der Generalversammlung herbeizuführen, ein Beschluß der Generalversammlung aber nicht zustande kommt oder die Einziehung abgelehnt wird (vgl. auch § 226 Anm. 18; ferner Heinz Pinner in JW. 1931, 2930; Flechtheim a. a. O. 14). Wegen der neben der Haftung aus § 227a bestehenden Haftung aus § 241 vgl. Anm. 11.

Anm. 4. c) Die **Vorstandsmitglieder** trifft die Ersatzpflicht, nicht den Vorstand als solchen. Die einzelnen Mitglieder haften als Gesamtschuldner, d. h. aber nicht etwa in der Weise, daß alle Vorstandsmitglieder für das schuldhafte Verhalten eines von ihnen haften, sondern derart, daß die, aus deren schuldhaftem Verhalten ein Schaden entstanden ist, als Gesamtschuldner haften. Die Schuldfrage ist also für jedes Vorstandsmitglied gesondert zu prüfen (vgl. BrodmannAR. § 241 Anm. 2b). Bei **ordnungsmäßig geteilter** Geschäftsführung (über den Begriff vgl. Staub-Pinner § 231 Anm. 8) haftet jedes Mitglied nur für sein Verschulden, die andern nur, soweit sie nicht genügend Aufsicht geübt haben oder, soweit sie trotz Kenntnis von Verfehlungen nicht eingeschritten sind bzw. dem Aufsichtsrat oder der Generalversammlung nicht Mitteilung gemacht haben (vgl. RG. 91, 77; BrodmannAR. § 241 Anm. 2a; Wieland II 132 Anm. 56; Fischer 232). Wenn also zwei Vorstandsmitglieder allein einen unerlaubten Aktienankauf vorgenommen haben, so haftet ein drittes Vorstandsmitglied nicht, es sei denn, daß in der Tatsache, daß ihm der Ankauf verborgen geblieben ist, ein Verschulden zu erblicken ist. Im übrigen vgl. Staub-Pinner § 241 und Erl., soweit sie sich auf Abs. 3 Ziff. 3 beziehen.

Anm. 5. d) **Erwerb, Pfandnahme und Einziehung eigener Aktien oder Interimsscheine der eigenen oder einer anderen Gesellschaft unter Verletzung der Vorschriften der** §§ 226, 227 macht ersatzpflichtig. Wegen der nach §§ 226, 227 erlaubten und verbotenen Handlungen vgl. die Anmerkungen zu den genannten Paragraphen. Neu gegenüber der Haftungsvorschrift so, wie sie bisher § 241 Abs. 3 Ziff. 3 vorsah, ist die Ausdehnung auf die eigenen **Aktien einer „anderen Gesellschaft"**. Sie bezieht sich auf die Bestimmung des § 226 Abs. 4 und begründet die Ersatzpflicht der Vorstandsmitglieder abhängiger Gesellschaften, wenn sie den Vorschriften des § 226 Abs. 4 zuwider Aktien oder Interimsscheine der herrschenden Gesellschaft erwerben oder zum Pfande nehmen. Die besondere Hervorhebung dieses Falles war notwendig, weil sich ohne weiteres aus § 226 Abs. 4 in Verbindung mit § 227a ohne Erwähnung dieses Falles die Haftung nicht ergeben hätte (a. A.: Netter a. a. O. 247). § 226 Abs. 4 sagt, daß die abhängige Gesellschaft Aktien oder Interimsscheine der beherrschenden Gesellschaft nur nach Maßgabe der Bestimmungen der Abs. 1 bis 3 erwerben oder zum Pfande nehmen kann. Über die Haftung ihrer Vorstandsmitglieder bei einer Verletzung der Vorschriften ist dort nichts gesagt; aus der Vorschrift des § 226 Abs. 4 hätte sie vielleicht gefolgert werden können; die Berechtigung der Folgerung hätte aber bezweifelt werden können. Durch die hier erfolgte Hervorhebung ist die Frage der Haftung der Vorstandsmitglieder abhängiger Gesellschaften nunmehr klar festgestellt. Etwas anderes ist damit trotz des Wortlautes, der nicht von der „abhängigen" Gesellschaft, sondern allgemein von einer „anderen" Gesellschaft spricht, nicht gemeint. Die Haftung der Vorstandsmitglieder der abhängigen Gesellschaft tritt ein gegenüber der abhängigen Gesellschaft und deren Gläubigern. Eine Haftung gegenüber der beherrschenden Gesellschaft ist nur gegeben (vgl. Quassowski a. a. O. 2921), wenn diese

Gläubigerin der abhängigen ist (§§ 227a, 241 Abs. 4). Eine Haftung der Vorstandsmitglieder der herrschenden Gesellschaft für unerlaubten Erwerb von deren Aktien durch die abhängige Gesellschaft ist, obschon sie wegen des „beherrschenden Einflusses" wohl am Platze wäre, nicht vorgesehen (vgl. Flechtheim a. a. O. 14; Netter a. a. O. 247; Lehmann-Hirsch Anm. 5), es sei denn, daß in dem Erwerb durch die abhängige Gesellschaft auch ein Verstoß der herrschenden Gesellschaft, z. B. wenn der Erwerb für deren Rechnung erfolgt, vorliegt (vgl. Lehmann-Hirsch § 226 Anm. 35). 227a.

II. **Haftung der Aufsichtsratsmitglieder.** Anm. 6.

Aufsichtsratsmitglieder sind zum Ersatz verpflichtet, wenn mit ihrem Wissen und ohne ihr Einschreiten Vorstandsmitglieder eine der in Abs. 1 bezeichneten Handlungen vornehmen (Abs. 2).

Wegen der Bedeutung der Ersatzverpflichtung vgl. Anm. 2; wegen der nicht gestatteten Handlungen vgl. Anm. 5.

Wissen und mangelndes Einschreiten ist Voraussetzung der Haftung der Aufsichtsratsmitglieder. Anders als bei den Vorstandsmitgliedern genügt hier nicht ein lediglich fahrlässiges Verhalten. Vielmehr ist hier zur Voraussetzung gemacht, daß jene unerlaubten Handlungen mit ihrem Wissen und ohne ihr Einschreiten geschehen sind; das Wissen muß sich auch darauf erstrecken, daß sie erkannt haben, daß die Handlung unerlaubt war. Bloßes Wissenmüssen genügt nicht (vgl. BrodmannAR. § 249 Anm. 1; GoldschmitAG. § 249 Anm. 4). Wie die Aufsichtsratsmitglieder einschreiten müssen, ist nicht gesagt. Aber es ergibt sich aus sonstigen Grundsätzen. Sie müssen alle in ihrer Macht stehenden Mittel zur Abwendung der nicht erlaubten Handlung anwenden, insbesondere auch die ihnen durch die V. neu gegebenen; sie können sich nicht etwa damit schützen, daß sie gegen einen Antrag gestimmt haben oder gar damit, daß sie ohne weiteres austreten (Fahnenflucht; so RG. 13, 51). Sind sie der Ansicht, daß die vom Vorstand beabsichtigte Handlung gegen die §§ 226, 227 verstößt, so müssen sie einschreiten, gleichviel ob sie glauben, daß die beabsichtigte Handlung für die Gesellschaft günstig sein würde. Haben die Mitglieder des Aufsichtsrats vergeblich alles angewendet, was nach pflichtgemäßem Ermessen möglich war, um die Handlung zu hindern, so entfällt die Haftung (vgl. BrodmannAR. § 249 Anm. 1; GoldschmitAG. § 249 Anm. 4). Die Haftung trifft nicht nur die von der Generalversammlung gewählten, sondern auch die vom Betriebsrat entsandten Mitglieder des Aufsichtsrats (vgl. Staub-Pinner § 249 Anm. 13). Anm. 7.

III. **Haftung gegenüber der Gesellschaft und deren Gläubigern.** Anm. 8.

Die Vorschriften des § 241 Abs. 4 und 5 sind auf die Geltendmachung der Ersatzansprüche für anwendbar erklärt (Abs. 3).

a) Nicht nur der Gesellschaft, sondern auch den Gläubigern gegenüber besteht die Haftung, letzteren gegenüber, soweit sie von der Gesellschaft nicht Befriedigung erlangen können. Der Schadensersatzanspruch der Gesellschaft wird im allgemeinen durch Berufung auf einen Generalversammlungsbeschluß beseitigt, auch wenn dieser anfechtbar, aber nicht offenbar ungültig ist. Beruht die Handlung auf einem solchen, so wäre es arglistig von seiten der Gesellschaft, wenn sie ihre Organe für die Ausführung ihres Beschlusses schadensersatzpflichtig machen würde. Sie kann sich nicht auf die Ungültigkeit ihrer Beschlüsse gegenüber ihren eigenen Organen berufen (vgl. Staub-Pinner § 241 Anm. 4; BrodmannAR. § 241 Anm. 1e; Motive zum AG. von 1884 I 226, 364; RG. 46, 40; RG. bei Bauer 8, 19; OLG. Hamburg in OLG. 6, 190 und LZ. 1917, 823; a. A.: GoldschmitAG. § 241 Anm. 4; Hagen bei Gruch. 42, 361). Auf den Fall des § 227a kann man aber diese zu § 241 für gültige und anfechtbare, nicht offenbar ungültige Generalversammlungsbeschlüsse entwickelte Ansicht nicht übertragen. Denn Generalversammlungsbeschlüsse, die gegen die Vorschriften des § 226 über den Erwerb von Aktien verstoßen, sind nicht nur anfechtbar, sondern nichtig, da sie im öffentlichen Interesse gegebene zwingende Vorschriften verletzen (so auch Flechtheim a. a. O. 14, der allerdings zu Unrecht für das alte Recht Nichtigkeit eines Beschlusses, der gegen eine bloße Sollvorschrift verstößt, annimmt). Auf einen nichtigen Anm. 9.

§ 227 a. Beschluß kann sich aber die Verwaltung nicht berufen, es sei denn, daß sie ohne Verschulden die Nichtigkeit nicht erkannte oder zu erkennen brauchte, was in dem Falle des § 226 nicht in Frage kommen dürfte (vgl. Staub-Pinner § 241 Anm. 4; im Ergebnis zustimmend Lehmann-Hirsch Anm. 6). Handelt es sich im Falle des § 227 um einen Generalversammlungsbeschluß, der aus irgendwelchen Gründen nicht nichtig, sondern nur anfechtbar, aber offensichtlich ungültig und der Gesellschaft schädlich ist, so wird die Verwaltung sich auf ihn nicht berufen können bzw., auch wenn kein Aktionär anficht, gegebenenfalls von ihrem Anfechtungsrecht nach § 271 Abs. 4 Gebrauch machen müssen (vgl. Staub-Pinner § 241 Anm. 4; Lehmann-Hirsch Anm. 2). Durch einen gültigen Entlastungsbeschluß wird der Schadensersatzanspruch der Gesellschaft beseitigt (vgl. Staub-Pinner § 241 Anm. 6; Flechtheim a. a. O. 14).

Die Schadensersatzpflicht gegenüber den Gläubigern wird laut positiver Vorschrift weder durch einen Beschluß der Generalversammlung noch durch einen Verzicht der Gesellschaft, also auch nicht durch Entlastung (vgl. Flechtheim a. a. O. 14; Lehmann-Hirsch Anm. 6), beseitigt. Voraussetzung des Anspruchs des Gläubigers ist, daß er von der Gesellschaft Befriedigung nicht erhalten kann. Vorherige Klage oder Zwangsvollstreckung gegen die Gesellschaft ist nicht erforderlich (vgl. Staub-Pinner § 241 Anm. 13). Wegen der weiteren Einzelheiten vgl. Staub-Pinner § 241 Anm. 11 bis 17.

Anm. 10. b) Die Ansprüche gegen die Verwaltung verjähren in fünf Jahren. Vgl. hierüber Staub-Pinner § 241 Anm. 18, 19.

Anm. 11. IV. **Haftung aus §§ 241 Abs. 1, 249 Abs. 1.**

Neben der Haftung aus § 227 a bleibt die Haftung aus §§ 241 Abs. 1, 249 Abs. 1 bestehen.

Selbst wenn die Haftung aus § 227 a aus irgendeinem Grunde entfallen sollte, z. B. wenn im Falle des Erwerbs eigener Aktien zur Einziehung die Generalversammlung trotz aller Bemühungen der Verwaltung die Einziehung nicht gültig beschließt (§ 226 Anm. 18), ist immer noch zu prüfen, ob nicht die allgemeine Sorgfaltspflicht verletzt ist. Dies gilt insbesondere auch, wenn in der Handlung der Verwaltung ein Verstoß gegen die §§ 226, 227 nicht zu erblicken ist. Der Erwerb eigener Aktien kann sehr wohl nach den gesetzlichen Vorschriften erlaubt und doch nicht mit der allgemeinen Sorgfaltspflicht zu vereinen sein (vgl. RG. in JW. 1904, 43; GoldschmitAG. § 241 Anm. 14). Das ist besonders für den Aufsichtsrat zu beachten, für den § 227 a keine Haftung bei Fahrlässigkeit eintreten läßt. Die Haftung für Fahrlässigkeit kann sich aber aus § 249 Abs. 1 ergeben (vgl. Staub-Pinner § 249 Anm. 4; BrodmannAR. § 249 Anm. 1; GoldschmitAG. § 249 Anm. 4; Neufeld in JW. 1931, 3044).

Artikel II.

Hinter § 230 des Handelsgesetzbuchs ist als § 230 a folgende Vorschrift einzufügen:

§ 230 a.

§ 230 a.

Soweit im Handelsgesetzbuch die Ausübung von Rechten der Aktionäre davon abhängig ist, daß die Aktionäre während eines bestimmten Zeitraums Inhaber der Aktien gewesen sind, steht dem Eigentum an Aktien ein Anspruch auf Übereignung von Aktien gegen eine Bank gleich. Die Eigentumszeit eines Rechtsvorgängers wird dem Aktionär zugerechnet, wenn er die Aktien unentgeltlich, als Gesamtrechtsnachfolger, im Wege der Auseinandersetzung einer Gemeinschaft oder von seinem Treuhänder erworben hat.

Einleitung. **Die Bestimmung des § 230 a ist neu.** Sie war sehr ähnlich bereits im I. Entw. § 196 enthalten. Sie enthält durch die Gleichstellung des Eigentums an Aktien mit dem Anspruch auf Übereignung und der Anrechnung der Übergangszeit des Rechtsvorgängers in verschiedenen

Fällen eine Erleichterung für die Aktionäre, die sich in der Praxis als notwendig herausgestellt hat (vgl. Schmölder in JW. 1930, 2629; 1931, 2929; Heinz Pinner in JW. 1931, 2933). **§ 230 a.**

I. **Für die im HGB. vorgesehenen Fälle, in denen es für die Rechtsausübung darauf ankommt, daß der Aktionär während eines bestimmten Zeitraumes Inhaber der Aktien gewesen ist, wird dem Eigentum an Aktien der Anspruch auf Übereignung von Aktien gegen eine Bank gleichgestellt** (Satz 1). **Anm. 1.**

a) Die Fälle, in denen die Vorschrift Anwendung findet, sind folgende: § 262 b (Auswahl der Bilanzprüfer), § 266 (Bestellung von Prüfern), § 269 (Geltendmachung von Ansprüchen aus der Gründung oder Geschäftsführung), § 295 (Ernennung von Liquidatoren). **Anm. 2.**

b) Die angezogenen Bestimmungen verlangen für die in ihnen vorgesehene Rechtsausübung, soweit sie durch die V. geschaffen bzw. geändert sind (§§ 262 b, 266, 269), daß der Aktionär drei Monate Inhaber der Aktien, soweit sie im alten Recht vorhanden und unverändert sind (§ 295), daß er sechs Monate Besitzer gewesen sein muß. Die wechselnde Bezeichnung Inhaber (im HGB.) und Besitzer (in der V.) ist ohne materielle Bedeutung. Beides bedeutet im Sinne der vorliegenden Vorschrift Eigentümer (vgl. Staub-Pinner § 226 Anm. 12; GoldschmitAG. § 266 Anm. 7; Lehmann-Hirsch Anm. 1). **Anm. 3.**

c) Dem Eigentum steht der Anspruch auf Übereignung gleich. In zahllosen Fällen erwirbt der Aktienkäufer kein Eigentum an den Aktien, indem er sich weder die Aktien übergeben noch ein dem Bankdepotgesetz entsprechendes Stückeverzeichnis senden läßt. Er erhält lediglich einen obligatorischen Anspruch auf Übereignung von Aktien. Nach dem Wortlaut der in Anm. 2 angezogenen Bestimmungen wäre er daher nicht in der Lage, seine Rechte auszuüben. Die überwiegende Praxis hat allerdings schon zur Zeit des früheren Rechts den Übereignungsanspruch dem Eigentum gleichgestellt (vgl. Staub-Pinner § 266 Anm. 12; Heinz Pinner a. a. O. 2933; Opitz in BankA. 25, 114). Die Ansicht war aber nicht unbestritten (vgl. GoldschmitAG. § 266 Anm. 7). Die Schaffung der Sammeldepots brachte neue Schwierigkeiten in dieser Hinsicht (vgl. Opitz a. a. O.; Ruth in ZBH. 1926, 140). Die Rechtsunsicherheit ist jetzt dadurch beseitigt, daß das Gesetz die bisher herrschende Ansicht nunmehr ausdrücklich billigt. **Anm. 4.**

d) Gegen eine Bank muß sich der Anspruch auf Übereignung richten. Es genügt also nicht ein Übereignungsanspruch an einen beliebigen Dritten. Als Bank im Sinne dieser Vorschrift ist jedes Unternehmen anzusehen, das nach der Verkehrsauffassung als Bank oder Bankgeschäft betrachtet wird (vgl. Staub-Koenige Anh. zu § 424 Anm. 24). **Anm. 5.**

II. **Die Eigentumszeit des Rechtsvorgängers wird dem Aktionär bei unentgeltlicher Rechtsnachfolge, Gesamtrechtsnachfolge und Rechtsnachfolge im Wege der Auseinandersetzung einer Gemeinschaft oder von seinem Treuhänder zugerechnet** (Satz 2). **Anm. 6.**

a) Für die Gesamtrechtsnachfolge entspricht die Regelung der schon bisher geübten Praxis (vgl. Staub-Pinner § 266 Anm. 12; BrodmannAR. § 266 Anm. 3 d; GoldschmitAG. § 266 Anm. 7). **Anm. 7.**

b) Erwerb vom Treuhänder und im Wege der Auseinandersetzung einer Gemeinschaft treffen die Fälle, in denen der Erwerber schon vor dem Erwerb des Alleineigentums wirtschaftlicher Eigentümer oder rechtlicher Miteigentümer war. Bisher wurde bei jeder Einzelnachfolge die Anrechnung der Zeit des Rechtsvorgängers für unzulässig gehalten (vgl. Staub-Pinner § 266 Anm. 12; BrodmannAR. § 266 Anm. 3 d; GoldschmitAG. § 266 Anm. 7). Die jetzt erfolgte Gleichstellung der oben erwähnten beiden Fälle der Einzelnachfolge und der Gesamtrechtsnachfolge erscheint berechtigt. Unter Erwerb im Wege der Auseinandersetzung einer Gemeinschaft kann nach dem Sinn der Bestimmung nur die Auseinandersetzung einer Gemeinschaft gedacht sein, an der der Erwerber beteiligt war; die Art der Gemeinschaft ist belanglos (so auch Lehmann-Hirsch Anm. 2). **Anm. 8.**

c) Schließlich ist noch im Falle des unentgeltlichen Erwerbs die Anrechnung der Eigentumszeit des Rechtsvorgängers zugelassen. Die Hineinbeziehung dieses Falles in den § 230 a entspricht der Entstehungsgeschichte dieser Vorschrift. § 230 a übernimmt die Gedankengänge des § 196 des I. Entw., der sich seinerseits eng an die Bestimmungen des § 38 AufwG. **Anm. 9.**

§ 230 a. anlehnte (vgl. Schmölder in JW. 1930, 2631). In § 38 AufwG. ist aber durch Verweisung auf § 3 Abs. 1 Ziff. 11 der Fall des unentgeltlichen Erwerbs mit erfaßt. Wenn § 196 des I. Entw. auch den Fall des unentgeltlichen Erwerbs nicht ausdrücklich enthielt, er vielmehr nur durch die nach Ziff. 3 der Reichsregierung vorbehaltenen Bestimmung unter ihn hätte gebracht werden können, so spricht das im Hinblick auf die Entstehungsgeschichte des § 196, der, wie erwähnt, in Anlehnung an § 38 AufwG. geschaffen wurde, nicht dagegen, daß in die Fälle des § 230a der Fall des unentgeltlichen Erwerbs nicht bewußt und gewollt mit aufgenommen worden ist. Die Vermutung von Lehmann-Hirsch (Anm. 2), es handele sich hier um einen Druckfehler insofern, als das Komma zwischen den Worten „unentgeltlich" und „als Gesamtrechtsnachfolger" versehentlich eingefügt sei, erscheint hiernach nicht gerechtfertigt. Dies um so weniger, als die Druckfehlerberichtigung zur V. (RGBl. 1931 I 663) den angeblichen Druckfehler nicht berichtigt.

Artikel III.

Hinter § 239 des Handelsgesetzbuchs ist als § 239a folgende Vorschrift einzufügen:

§ 239 a.

§ 239 a.

Der Vorstand hat dem Aufsichtsrat in regelmäßigen, mindestens vierteljährlichen Zwischenräumen sowie bei wichtigem Anlaß über den Gang der Geschäfte und die Lage des Unternehmens mündlich oder schriftlich zu berichten. Ist der Bericht schriftlich erstattet, so ist jedes Mitglied des Aufsichtsrats berechtigt, ihn einzusehen.

Einleitung. Das bisherige Recht sah ausdrücklich eine Berichterstattung des Vorstandes an den Aufsichtsrat nur auf dessen Verlangen vor (§ 246 Abs. 1 Satz 2). Der Vorstand hatte aber auch nach bisherigem Recht die Pflicht, bei wichtigem Anlaß dem Aufsichtsrat zu berichten. Das folgt aus § 241, aus der Verpflichtung, bei der Geschäftsführung die Sorgfalt eines ordentlichen Geschäftsmannes anzuwenden. Wenn neben einem geschäftsführenden Organ gesetzlich ein Aufsichtsorgan bestellt ist, so ist davon auszugehen, daß die Zusammenarbeit beider Organe auf gegenseitige Unterstützung aufgebaut sein soll (§ 246 Anm. 4 u. 7a). Darin lag die Pflicht zu einer Berichterstattung an den Aufsichtsrat über wichtige Geschäftsvorfälle schon nach bisherigem Recht begründet. In Fällen, in denen dem Aufsichtsrat die Mitgeschäftsführung satzungsgemäß oblag, galt dies in verstärktem Maß. Die V. führt neu eine regelmäßige Berichterstattung ein und hebt die Pflicht zur Berichterstattung „aus wichtigem Anlaß" besonders hervor.

Bei der Auslegung der Bestimmung ist die Tendenz der V. zu berücksichtigen. Sie will die Gesellschaft durch schärfere Kontrolle des Vorstandes schützen. Nachlässigkeiten, Unregelmäßigkeiten und verfehlten Geschäftsmaßnahmen der Gesellschaftsorgane soll durch die Möglichkeit leichterer Aufdeckung vorgebeugt werden. Soweit sie trotzdem vorkommen, sollen rechtzeitige Aufdeckung und rechtzeitiges Eingreifen die Schädigung der Gesellschaft und der Allgemeinheit zu verhindern oder zu beheben geeignet sein. Dieser Zweck des Gesetzes wird freilich nicht zu einer Überspannung führen dürfen. Eine Lähmung gesunden Geschäftsgeistes und Unternehmersinnes durch die Aufstellung unerfüllbarer Forderungen ist nicht gewollt. Ein vernünftiger Ausgleich zwischen den Bedürfnissen einer tüchtigen ordnungsmäßigen Geschäftsführung und den Erfordernissen einer wirksamen Aufsicht ist in Zweifelsfällen zu finden.

Anm. 1. I. Die Verpflichtung des Vorstandes.

1. Der Vorstand ist verpflichtet, zu berichten.

a) Besteht der Vorstand aus mehreren Personen, so ist der Bericht von dem Gesamtvorstand zu erstatten. Bei größeren Unternehmungen wird jedes Vorstandsmitglied den Bericht über sein Dezernat an den Gesamtvorstand geben. Dieser stellt den Gesamtbericht unter

Verantwortung aller zusammen. Bei Meinungsverschiedenheiten innerhalb des Vorstandes entscheidet die Geschäftsordnung, z. B. der Generaldirektor, wenn das „Generaldirektorprinzip", oder Stimmenmehrheit, wenn das „Gleichberechtigungsprinzip" dies für die Organisation des mehrgliedrigen Vorstandes vorsieht (vgl. Enquête **363** und Generalbericht 47). Wird aus dem Dezernatsbericht ein wichtiger Vorfall (vgl. Anm. 5 u. 6) bei der Aufnahme in den Gesamtbericht gestrichen, obwohl er für die Beurteilung der Lage der Gesellschaft von maßgeblicher Bedeutung ist, so ist die Pflicht des Vorstandes zur Berichterstattung nicht erfüllt. Der Dezernent muß in solchem Fall selbständig dem Aufsichtsrat berichten, wenn er entlastet sein will. Er und die übrigen überstimmten Mitglieder des Vorstandes haften in gleicher Weise wie diejenigen, die für Streichung im Dezernatsbericht gestimmt haben. **§ 239 a.**

b) Einer Aufforderung durch den Aufsichtsrat zur Berichterstattung bedarf es nicht. Versäumung der Pflicht löst Schadensersatzpflicht nach § 241 aus, wenn der Gesellschaft durch die Unterlassung der Berichterstattung ein Schaden entsteht. Z. B. unterläßt ein Vorstandsmitglied die rechtzeitige Mitteilung eines ausreichenden Verdachts, den es gegen ein anderes Vorstandsmitglied hinsichtlich der Redlichkeit seiner Geschäftsführung hat; es unterbleibt hierdurch die rechtzeitige Abberufung des Vorstandsmitgliedes durch den Aufsichtsrat, bevor neuer Schaden entsteht. Hier kann Schadensersatzpflicht gegeben sein.

2. Der Bericht ist dem Aufsichtsrat zu erstatten. **Anm. 2.**

Die Verpflichtung des Vorstandes besteht gegenüber dem Gesamtaufsichtsrat, nicht gegenüber seinen einzelnen Mitgliedern. Das ist durch den von der V. eingefügten Satz 3 des § 246 Abs. 1 klargestellt, entspricht aber bereits dem bisherigen Rechtszustand. Eine Berichterstattung an einen Ausschuß des Aufsichtsrats genügt nicht. Auch die dem Betriebsrat angehörenden Mitglieder des Aufsichtsrats sind hinzuzuziehen. Versäumt ein Aufsichtsratsmitglied die Aufsichtsratssitzung, in der der Vorstand mündlich Bericht erstattet, so kann es von dem Vorstand nicht verlangen, daß dieser ihm gegenüber den Bericht wiederholt. Bei schriftlicher Berichterstattung hat jedes Mitglied des Aufsichtsrats das Recht auf Einsicht in den Bericht (vgl. Anm. 7).

II. Form und Inhalt der Berichterstattung. **Anm. 3.**

1. Die Form.

Der Bericht ist mündlich oder schriftlich zu erstatten. Der Vorstand hat zunächst die Wahl zwischen mündlicher und schriftlicher Berichterstattung (a. M.: Lehmann-Hirsch). Wählt er schriftliche Berichterstattung, so ist der Pflicht formell genügt, wenn der Bericht dem Aufsichtsratsvorsitzenden zugeleitet ist. Dessen Sache ist es, den Bericht den übrigen Mitgliedern des Aufsichtsrats weiterzuleiten oder seinen Inhalt in einer Sitzung des Aufsichtsrats bekanntzugeben. Will der Vorstand mündlich berichten und gibt hierzu eine Aufsichtsratssitzung nicht ohnehin Gelegenheit, so hat er den Aufsichtsratsvorsitzenden um Anberaumung einer Aufsichtsratssitzung zu ersuchen. Versäumt dieser die Einberufung des Aufsichtsrats, so wird hierdurch der Vorstand von der Verpflichtung zur Berichterstattung nicht befreit. Die Grundsätze des Annahmeverzuges greifen hier nicht Platz. Der Vorstand darf, wenn er seine Haftung aus unterlassener Berichterstattung ausschließen will, kein Mittel unversucht lassen. Ist die mündliche Berichterstattung aus irgendwelchem Grunde nicht möglich, muß demnach der Vorstand die schriftliche Form wählen.

Satzung und Anweisungen des Aufsichtsrats an den Vorstand können die Form der Berichterstattung regeln. Dann ist diese Bestimmung für den Vorstand maßgebend. Sein Wahlrecht entfällt. Die Bestimmung der Berichtsform in der Geschäftsordnung wird die Regel bilden.

2. Zeitpunkt der Berichterstattung. **Anm. 4.**

a) Der Bericht muß in regelmäßigen, mindestens vierteljährlichen Zwischenräumen erstattet werden.

Satzungen und Anweisungen des Aufsichtsrats an den Vorstand können kürzere als vierteljährliche Zeitabschnitte hierfür vorschreiben, also monatliche oder wöchentliche Bericht-

§ 239a. erstattung. Eine Erleichterung kann dagegen nicht gewährt werden. Die Vorschrift der mindestens vierteljährlichen Berichterstattung ist zwingendes Recht (vgl. Anm. 8).

Anm. 5. b) Ein Bericht muß außerdem bei wichtigem Anlaß erstattet werden. Ob ein solcher Anlaß vorliegt, ist nur für den Einzelfall zu entscheiden. Die Frage ist regelmäßig zu bejahen, wenn ein Vorfall eingetreten ist, der „den Gang der Geschäfte und die Lage des Unternehmens" maßgeblich berührt und nach vernünftigem Ermessen des Vorstandes für die Beurteilung des Aufsichtsorgans bei Erfüllung seiner Pflichten von Bedeutung sein kann. Dabei ist, soweit der Aufsichtsrat Mitbestimmung oder Entscheidungsbefugnis in der Geschäftsführung hat (§ 246 Anm. 10), nicht nur an Fälle zu denken, die eine Gefährdung der Gesellschaft mit sich bringen können. Vielmehr sind dem Aufsichtsrat alle wichtigen Vorfälle, die eine Entschließung für die Geschäftsführung seinerseits erforderlich machen können, zu berichten. Sintenis (BankA. 29, 464) erachtet den Begriff „wichtiger Anlaß" für zu unbestimmt. Der Zweck des Gesetzes (vgl. Einleitung) wird bei Berücksichtigung der Umstände des Einzelfalles die Lösung geben.

Anm. 6. 3. Inhalt des Berichts.

Über den Gang der Geschäfte und die Lage des Unternehmens ist zu berichten. Der Bericht an den Aufsichtsrat hat, wie der Geschäftsbericht, den Grundsätzen einer gewissenhaften und getreuen Rechenschaftslegung zu entsprechen (§ 260a Abs. 4 Satz 1). Umfang und Inhalt bestimmt sich nach dem, was dem Vorstand vernünftigerweise zuzumuten ist und dem Zweck des Berichts, den Aufsichtsrat zu unterrichten und ihm die wirksame Kontrolle der Geschäftsführung zu ermöglichen, entspricht. Der Inhalt des Berichts muß verschieden gestaltet sein, je nachdem es sich um die regelmäßigen oder die aus wichtigem Anlaß zu erstattenden Berichte handelt.

a) Der regelmäßige Bericht muß alle wichtigen Geschäftsvorfälle der Berichtszeit umfassen. Er muß dem Aufsichtsrat ein zuverlässiges Bild über die Entwicklung des Unternehmens während der Berichtszeit und seine gegenwärtige Lage geben. Was hierzu gehört, ist nach der Art des Unternehmens und dem Verlauf der Dinge in der Berichtszeit zu entscheiden. Ein Bericht „Nichts Neues" ist unzureichend. Die V. will einer farblosen nichtssagenden Berichterstattung entgegenwirken. Andererseits wird nicht gefordert werden können, daß für jeden regelmäßigen Bericht eine Zwischenbilanz aufgestellt und im Bericht erläutert wird. Ist die Aufstellung von Zwischenbilanzen üblich oder ist sie aus besonderem Anlaß geboten, wird sie zweckmäßig, insbesondere wenn sich aus ihr für die Lage des Unternehmens wichtige Schlüsse ergeben, dem Aufsichtsrat vorzulegen sein. Gesamtumsatz oder Umsatz der einzelnen Geschäftszweige wird anzugeben sein.

b) Für den regelmäßigen Bericht an den Aufsichtsrat sind im übrigen die Bestimmungen des § 260a über den „Geschäftsbericht" nicht schlechthin maßgebend. Das folgt aus einem Vergleich der von der V. neu eingefügten Bestimmung des Satzes 3 des § 246 Abs. 1 mit § 260a Abs. 2. Wenn der Vorstand nach § 246 Abs. 1 Satz 3 nur auf Verlangen des Aufsichtsrats auch über die Beziehungen zu einer Konzerngesellschaft zu berichten hat, kann für den regelmäßigen Bericht nicht § 260a Abs. 2 gelten, der für den Geschäftsbericht eine Berichterstattung über die Beziehungen zu den Konzerngesellschaften zwingend vorschreibt. Im übrigen ergibt sich die Nichtanwendbarkeit des § 260a aus dessen einzelnen Bestimmungen. Die dort aufgezählten Vorfälle und Tatbestände werden dem Aufsichtsrat regelmäßig aus seiner Tätigkeit ohnehin bekannt sein. Insoweit erübrigt sich deren Erwähnung in dem regelmäßigen Bericht. Berichterstattung über die Tatbestände des § 260a Abs. 3 — sie sind Einzelvorgänge, welche die V. für die Beurteilung der Lage des Unternehmens für besonders wichtig erachtet — wird zu erfolgen haben, wenn sie in der Berichtszeit ohne Wissen des Aufsichtsrats neu eingetreten sind oder eine Wirkung auf die Lage der Gesellschaft durch sie in der Berichtszeit hervorgetreten ist.

c) Nicht anwendbar ist § 260a Abs. 4 Satz 2. Darf in dem der Generalversammlung vorzulegenden Geschäftsbericht ein selbst wichtiger Vorfall unerwähnt bleiben, wenn das überwiegende Interesse der Gesellschaft oder der Allgemeinheit es erfordert, so kann für die Berichte an den Aufsichtsrat das gleiche nicht gelten. Sonst könnte der Aufsichtsrat die ihm im Gesetz bisher gegebene, in der V. verschärfte Aufgabe der Kontrolle nicht erfüllen. Zwischen den beiden Verwaltungsorganen der Gesellschaft, Vorstand und Aufsichtsrat, muß unbedingt Offenheit bestehen. Es gibt nichts, was dem Aufsichtsrat von dem Vorstand verschwiegen werden dürfte. Dem entspricht die Schweigepflicht des Aufsichtsrats und seine Haftung für Pflichtwidrigkeiten (§ 249, § 312; vgl. aber auch § 246 Anm. 7 a). **§ 239 a.**

Der Bericht „aus wichtigem Anlaß" kann sich auf diejenigen Punkte beschränken, die zur Berichterstattung Veranlassung geben.

4. Bei schriftlicher Berichterstattung hat jedes Mitglied des Aufsichtsrats das Recht, den Bericht einzusehen (§ 239a Satz 2). Auch den dem Betriebsrat angehörigen Mitgliedern des Aufsichtsrates steht dieses Recht zu. Die Geschäftsordnung kann die Vorschrift verschärfen. Sie kann vorschreiben, daß der schriftliche Bericht jedem Mitglied des Aufsichtsrats zuzuleiten ist. **Anm. 7.**

III. Rechtsnatur der Vorschrift. **Anm. 8.**

§ 239a enthält zwingendes Recht. Satzung und Geschäftsordnung können für den Vorstand schärfere Bestimmungen vorsehen. Einschränkungen und Erleichterungen sind dagegen unzulässig (vgl. Anm. 4). § 239a ist eine im öffentlichrechtlichen Interesse gegebene Vorschrift. Eine Satzungsbestimmung, die ihr zuwiderläuft, ist nichtig (Staub-Pinner § 273 Anm. 17). Enthält eine Satzung bei Inkrafttreten der V. eine derartige Bestimmung, so verliert diese ihre Wirksamkeit. Eine Anweisung des Aufsichtsrats, daß z. B. halbjährliche Berichterstattung genüge, befreit den Vorstand von seiner Verpflichtung nicht. § 239a betrifft aber nicht jede Berichterstattung des Vorstandes an den Aufsichtsrat. Soweit Satzung oder Geschäftsordnung eine über das Gesetz hinausgehende Mitverwaltung durch den Aufsichtsrat vorsieht und in diesem Rahmen Berichte des Vorstandes an den Aufsichtsrat zu erstatten sind, kommt eine Anwendung des § 239a nicht in Betracht. Satzung und Geschäftsordnung sind in der Regelung dieser Berichterstattung frei. Sie kann z. B. an die Kommission des Aufsichtsrats erfolgen, der der betreffende Zweig der Mitverwaltung übertragen ist, oder an den Aufsichtsratsvorsitzenden allein, wenn dieser für die Behandlung der betreffenden Frage, z. B. Genehmigung bestimmter Geschäfte, zuständig ist (Lehmann-Hirsch § 246 Anm. 7). Das ist aber nicht dahin zu verstehen, daß der Vorstand über derartige Angelegenheiten in seinem regelmäßigen Bericht an den Gesamtaufsichtsrat nichts zu erwähnen habe. Sind diese Angelegenheiten für die Beurteilung des Ganges der Geschäfte und der Lage des Unternehmens erheblich, so ist über sie zu berichten.

IV. Strafbestimmung. **Anm. 9.**

Die Berichte des Vorstands an den Aufsichtsrat gemäß § 239a gehören zu den unter § 314 Abs. 1 Ziff. 1 fallenden „Darstellungen". Ein wissentlich unwahrer oder verschleiernder Bericht ist unter Strafe gestellt. In besonders schweren Fällen greift Art. IX der V. Platz: Zuchthausstrafe bis zu fünf Jahren.

V. Ordnungsstrafen.

Der Vorstand kann durch Ordnungsstrafen des Registerrichters zur Berichterstattung gezwungen werden. Nach § 319 dient das Ordnungsstrafverfahren dazu, die Befolgung der Vorschrift des § 246 Abs. 1 durchzusetzen. Nach § 246 Abs. 1 Satz 2 kann der Aufsichtsrat von dem Vorstand jederzeit Bericht verlangen. Versäumt also der Vorstand die nach § 239a vorgeschriebene Berichterstattung, braucht der Aufsichtsrat, um das richterliche Ordnungsstrafverfahren in Gang setzen zu können, den Vorstand nur an die Berichterstattung zu mahnen. Kommt der Vorstand auch dieser Mahnung nicht nach, ist für den Antrag auf Festsetzung der Ordnungsstrafe Raum (a. A.: Homburger in JW. 1931, 2936, der mit Unrecht eine Ergänzung des § 319 für erforderlich erachtet).

2. Hinter § 240 des Handelsgesetzbuchs ist als § 240a folgende Vorschrift einzufügen:

§ 240 a.

§ 240 a.

(1) Mitgliedern des Vorstandes darf Kredit nur mit ausdrücklicher Zustimmung des Aufsichtsrats gewährt werden. Das gleiche gilt für Kredite an gesetzliche Vertreter eines von der Gesellschaft abhängigen Unternehmens oder eines Unternehmens, von dem die kreditgewährende Gesellschaft abhängt. Die Zustimmung kann für gewisse Kreditgeschäfte oder Arten von Kreditgeschäften im voraus, jedoch nicht für länger als drei Monate erteilt werden.

(2) Wird Kredit in Form eines Darlehens gewährt, so hat der Beschluß des Aufsichtsrats, durch den die Zustimmung erteilt wird, Bestimmungen über die Verzinsung und Rückzahlung des Darlehens zu enthalten. Der Darlehnsgewährung steht die Gestattung aller Entnahmen gleich, die über die einem Mitgliede des Vorstandes oder einem anderen gesetzlichen Vertreter zustehenden Vergütungen hinausgehen, insbesondere auch von Vorschüssen auf Vergütungen.

(3) Die Vorschriften der Abs. 1, 2 gelten auch für Kredite zugunsten des Ehegatten oder eines minderjährigen Kindes des Vorstandsmitglieds oder anderen gesetzlichen Vertreters oder zugunsten eines Dritten, der für dessen Rechnung handelt.

(4) Die Mitglieder des Vorstandes sind zum Ersatz verpflichtet, wenn sie entgegen den Vorschriften der Abs. 1 bis 3 an andere Mitglieder des Vorstandes oder ihnen gleichgestellte Personen Kredit gewähren.

(5) Die Mitglieder des Aufsichtsrats sind zum Ersatz verpflichtet, wenn mit ihrem Wissen und ohne ihr Einschreiten eine der im Abs. 1 bis 3 bezeichneten Handlungen vorgenommen wird.

(6) Auf die Geltendmachung des Ersatzanspruchs nach Abs. 4, 5 finden die Vorschriften des § 241 Abs. 4, 5 entsprechende Anwendung.

Einleitung. Die Bestimmung soll Mißständen vorbeugen, die sich in der Praxis, insbesondere bei den Zusammenbrüchen von Unternehmungen in den letzten Jahren gezeigt haben. Der I. Entw. verbot in § 83 die Gewährung von Darlehen auch an Mitglieder des Aufsichtsrates. Die V. sieht hiervon ab. Offenbar sind die Bedenken, die Sintenis (BankA. 29, 465) und die Berliner Industrie- und Handelskammer (Mitt. 1931, 139) gegen die Vorschrift erhoben, durchgedrungen. Andererseits erweitert die V. das Verbot des § 83 I. Entw. dahin, daß nicht nur die Gewährung von Darlehen, sondern jeder Art Kredit von der ausdrücklichen Zustimmung des Aufsichtsrates abhängig gemacht ist und daß auch die Kreditgewährung an gesetzliche Vertreter der Mutter- oder Tochtergesellschaften, an Strohmänner sowie an Ehegatten und minderjährige Kinder der Vorstandsmitglieder der gleichen Beschränkung unterliegt. Eine Ergänzung der Vorschrift findet sich in § 261a A III 10, wonach Forderungen der Gesellschaft gegen die genannten Personen in die Jahresbilanz in einem gesonderten Aktivposten aufzunehmen sind.

Anm. 1. I. Die Arten der verbotenen Rechtsgeschäfte.

1. a) Das Verbot betrifft jede Art von Kredit. Dazu gehören Darlehen, Warenkredite, Rembourskredite, sonstige Wechselkredite, Kontokorrentkredite. Lehmann-Hirsch heben mit Recht auch Bürgschaften zugunsten eines Vorstandsmitgliedes hervor (§ 240a Anm. 1). Eine vollständige Aufzählung ist nicht möglich. Die Vorschrift ist ausdehnend auszulegen. Die V. will, wie auch Abs. 2 Satz 2 zeigt, Geschäftsbeziehungen zwischen Gesellschaft und Vorstand über den im Anstellungsvertrag festgelegten Rahmen hinaus nach Möglichkeit eindämmen. Sie will eine Verschuldung des Vorstandes an die Gesellschaft vermeiden. Ver-

kauft die Gesellschaft an den Vorstand, so soll er bar bezahlen, mietet er von der Gesellschaft ein Haus, so soll der Mietzins pünktlich entrichtet werden. Jedoch ist nicht jede Stundung einer Zahlungsverpflichtung Kreditgewährung. Hat z. B. ein Vorstandsmitglied der Gesellschaft ein Haus verkauft und entsteht ein Streit über seine Mängelhaftung, so wird ein Vergleich, der dem Vorstandsmitglied eine ratenweise Abdeckung der Vergleichssumme gestattet, nicht als Kreditgewährung im Sinne des § 240a anzusehen sein. Dagegen würde eine Stundung der Urteilssumme, zu deren Zahlung das Vorstandsmitglied im Prozeß verurteilt ist, unter das Verbot fallen. **§ 240 a.**

b) Der Beschränkung des § 240a unterliegen auch Kreditvorverträge. Die Zustimmung zu einem Vorvertrag macht aber die Einholung der Zustimmung des Aufsichtsrats zu dem Kreditgeschäft selbst nicht überflüssig, soweit nicht die Voraussetzungen des Abs. 1 Satz 3 gewahrt sind (vgl. Anm. 13). **Anm. 2.**

Kreditgewährungen seitens des Vorstandes an die Gesellschaft sind unbeschränkt zulässig.

2. a) Der Darlehnsgewährung ist die Gestattung aller Entnahmen, die über die dem Vorstandsmitglied zustehenden Vergütungen hinausgehen, gleichgestellt (Abs. 2 Satz 2). Nur was der Vorstand auf Grund des Anstellungsvertrages zu beanspruchen hat, darf er der Gesellschaftskasse entnehmen. Die Entnahme darf frühestens zu dem Zeitpunkt erfolgen, in dem der Anspruch fällig ist. Daraus folgt bereits, daß Vorentnahmen auf Gehalt, Provision oder Tantieme unzulässig sind. Die V. hebt sie als „Vorschüsse auf Vergütungen" noch ausdrücklich hervor. Über den Begriff „Vergütungen" vgl. § 231 Anm. 24. **Anm. 3.**

b) Der Ersatz barer Auslagen ist keine Vergütung im Sinne des § 240a. Der Vorstand braucht, wenn er z. B. Dienstreisen für die Gesellschaft unternimmt, nicht mit eigenen Mitteln in Vorlage zu treten. Er darf den voraussichtlich aufzuwendenden Betrag entnehmen. Die Entnahme ist erst zulässig, wenn die Aufwendung nötig wird. Unverzügliche Abrechnung und Rückerstattung des etwa zu viel Entnommenen ist erforderlich. Gestattung späterer Verrechnung auf Gehaltsbezüge wäre verbotene Kreditgewährung (Abs. 1). Die Bedürfnisse des praktischen Lebens werden die Entscheidung geben und gegen Umgehungen die Grenze leicht ziehen lassen. **Anm. 4.**

II. Der Kreis der von dem Verbot Betroffenen. **Anm. 5.**

1. Das Verbot richtet sich in erster Reihe gegen die Mitglieder des Vorstandes, auch gegen die stellvertretenden und die nach § 248 Abs. 2 in den Vorstand entsandten Mitglieder des Aufsichtsrats (vgl. Staub-Pinner § 248 Anm. 5). Über die Dauer der Mitgliedschaft vgl. Staub-Pinner § 234 Anm. 8, § 231 Anm. 17a und 21. Die Mitgliedschaft entsteht mit der Bestellung, nicht erst mit der Eintragung. Sie endet mit dem Zugang des Widerrufs der Bestellung, mit dem Wirksamwerden einer Niederlegungserklärung oder kraft Vereinbarung, insbesondere durch Ablauf der vertragsmäßigen Zeit. Das Verbot besteht also auch gegenüber Vorstandsmitgliedern, die ihr Amt zu Unrecht niedergelegt haben.

2. Das Verbot richtet sich ferner gegen die gesetzlichen Vertreter eines von der Gesellschaft abhängigen Unternehmens oder eines Unternehmens, von dem die Gesellschaft abhängt (Abs. 1 Satz 2). Der Begriff der „abhängigen Gesellschaft" ist in § 226 definiert. Vgl. § 226 Anm. 25. Gleichgültig ist, in welcher Rechtsform das andere Unternehmen besteht. Sei es auch keine AG., sondern eine GmbH., eine Gewerkschaft oder Genossenschaft, ihre gesetzlichen Vertreter sind in gleicher Weise von dem Verbot betroffen. Da § 240a von „Unternehmen" spricht, gilt hier nicht die Beschränkung des § 226 auf Handelsgesellschaften und bergrechtliche Gewerkschaften. Die den Kredit gewährende Gesellschaft muß immer eine AG. sein, gleichgültig ob sie die herrschende oder die abhängige Gesellschaft ist (vgl. Lehmann-Hirsch Anm. 56). **Anm. 6.**

3. Zu den in Anmerkung 5 u. 6 genannten Personen kommen deren Ehegatten und minderjährige Kinder hinzu, ferner auch dritte Personen, denen für Rechnung der in Anm. 5 u. 6 genannten Personen der Kredit gewährt wird (Abs. 3). **Anm. 7.**

§ 240 a. Die Vorschrift soll Umgehungen, wie sie Sintenis (BankA. 29, 465) für § 83 I. Entw. voraussagte, verhindern. Die Verquickung von Amt und persönlicher Vermögensverwaltung soll, auch soweit Ehegatten und minderjährige Kinder in Betracht kommen, ausgeschlossen sein. Durch Einschiebung eines Strohmannes sollen der Vorstand oder die ihm gleichgestellten Personen nicht den Kredit der Gesellschaft erhalten dürfen. Nicht dem Dritten, sondern dem Vorstandsmitglied ist der Kredit gegeben, wenn der Dritte in indirekter Stellvertretung des Vorstandsmitgliedes handelt, wenn die Vorteile des Kredits dem Vorstandsmitgliede zufließen und es gegenüber dem Dritten verpflichtet ist, diesen von den Ansprüchen der Gesellschaft freizustellen.

Zu den „Kindern" sind neben den leiblichen Kindern auch die Adoptivkinder zu zählen, nicht die Stiefkinder. Sie sind nicht „Kinder des Vorstandsmitglieds". Mangels ausdrücklicher Bestimmung muß man annehmen, daß das familienrechtliche Band das Kriterium der Kindschaft im Sinne des Abs. 3 bilden soll. Auch Mündel der Vorstandsmitglieder fallen nicht unter die „Kinder".

Anm. 8. 4. Liquidatoren sind von dem Verbot des § 240a nicht betroffen. Sie werden aber Kredite von der Gesellschaft wegen der aus der Liquidation folgenden Beschränkung ihres Geschäftskreises regelmäßig nicht nehmen dürfen (§ 298 Abs. 1).

Anm. 9. III. Die Zulässigkeit der Kreditgewährung.

1. Nur mit ausdrücklicher Zustimmung des Aufsichtsrats darf der Kredit gewährt werden.

a) Ein gültiger Aufsichtsratsbeschluß ist erforderlich. Kenntnis selbst sämtlicher Aufsichtsratsmitglieder und stillschweigende Duldung genügen nicht. Hängt nicht allein die Gültigkeit des Kreditgeschäfts, sondern auch die Frage der Schadensersatzpflicht der beteiligten Organe von einwandfreier Feststellung der Zustimmung des Aufsichtsrats ab, so wird ein ausdrücklicher, das Kreditgeschäft selbst bezeichnender Beschluß mit Recht von der V. gefordert. Die Delegation der Entscheidungsbefugnis des Aufsichtsrats auf einen Ausschuß oder ein einzelnes Mitglied ist wegen der strikten Fassung des Gesetzes („darf" ... „nur mit ausdrücklicher Zustimmung des Aufsichtsrats") unzulässig (a. A.: Lehmann-Hirsch Anm. 2). Das Erfordernis der Zustimmung des Aufsichtsrats als solchen ist zwingendes Recht. Die Satzung kann hiervon nicht abweichen.

Protokollierung des Beschlusses ist nicht Voraussetzung der Gültigkeit (§ 246 Anm. 14 zu e), wird aber die Regel bilden.

Anm. 10. b) Ein Rechtsgeschäft der in Anm. 1 u. 2 geschilderten Art bedarf der Zustimmung des Aufsichtsrats. Sie kann vor Abschluß des Rechtsgeschäfts oder nachher erteilt werden. Der Begriff „Zustimmung" ist in Übereinstimmung mit der Terminologie des BGB. §§ 183, 184 gebraucht. Das zeigt der Vergleich mit § 83 I. Entw., der den Ausdruck „Genehmigung" verwandte. Es wäre zu eng gewesen, nur bei nachträglicher Zustimmung des Aufsichtsrats die Gültigkeit einer Kreditgewährung anzuerkennen. Den Regelfall wird die Einholung der vorherigen Zustimmung bilden müssen, weil angesichts der Haftungsvorschriften gewissenhafte Vorstandsmitglieder ihren Kollegen ein Darlehn nicht geben werden, auf die Gefahr hin, daß der Aufsichtsrat die Genehmigung versagt. Die V. hat daher mit Recht anstelle der „Genehmigung" die Zustimmung des Aufsichtsrats vorgesehen.

Anm. 11. 2. Die V. unterscheidet die **besondere und die allgemeine Zustimmung.** Grundsätzlich bedarf jedes einzelne Rechtsgeschäft der in Anm. 1 u. 2 genannten Art der Zustimmung des Aufsichtsrats. Das ergibt per argumentum e contrario die Ausnahmebestimmung des Abs. 1 Satz 3.

Anm. 12. a) Die allgemeine Zustimmung kann im voraus für gewisse Kreditgeschäfte oder Arten von Kreditgeschäften erteilt werden. „Gewisse" Kreditgeschäfte sind Kreditgeschäfte, die nach Rechtsgrund, Höhe des Kredits und sonstigen Vertragsbedingungen genau bestimmt sind. Gewisse „Arten" von Kreditgeschäften sind Kreditgeschäfte, die nur ihrer Art nach, nicht nach der Höhe des Kredits bestimmt sind. Die Fassung erscheint wenig glücklich. Die grundsätzliche Zustimmung kann hiernach z. B. für Warenkredite und Rembourskredite erteilt werden. Der Aufsichtsrat kann dabei bestimmen, daß die Kreditgewährung nur gegen Sicherheitsleistung erfolgen darf. Derartige Beschränkungen, insbesondere die Begrenzung der Höhe des Kredits, sind aber nicht erforderlich. Nur eine zeitliche Begrenzung sieht die V. für die im voraus erteilte generelle Zustimmung vor. Sie kann nicht für länger als drei Monate gegeben werden. **§ 240 a.**

b) Die Bedeutung der zeitlichen Begrenzung ist nicht zweifelsfrei: Bezieht sich die Dreimonatsfrist auf die Dauer des Kredits derart, daß ein im voraus bewilligter Kredit drei Monate seit der Beschlußfassung des Aufsichtsrats abgedeckt werden muß? Oder bedeutet sie einen Zeitraum, innerhalb dessen, von der Beschlußfassung des Aufsichtsrats gerechnet, die Kreditgeschäfte der fraglichen Art ohne Rücksicht auf die Laufzeit des Kredits getätigt werden dürfen? Nur die zweite Antwort wird richtig sein. Die Worte „jedoch nicht für länger als drei Monate" schließen an die Worte „im voraus" an. Das beweist, daß die vom Aufsichtsrat zu bestimmende Frist vom Tage der Beschlußfassung an läuft. Das ergibt weiter, daß für eine spätere Zeit als längstens drei Monate die Zustimmung zu dem Abschluß der fraglichen Kreditgeschäfte im voraus nicht erteilt werden darf. Der Aufsichtsrat darf nicht für eine fernliegende Zeit, für die er weder die Lage der Gesellschaft noch die Kreditwürdigkeit des Vorstandsmitglieds voraussehen kann, im voraus seine Zustimmung zu einer Kreditgewährung geben. **Anm. 13.**

Der Inhalt eines den Erfordernissen des Abs. 1 Satz 3 entsprechenden Beschlusses ist hiernach folgender: Er muß die Kreditgeschäfte, welche die Gesellschaft mit dem Vorstand tätigen darf, nach ihrer Art bezeichnen und eine drei Monate nicht überschreitende Frist bestimmen, innerhalb deren solche Kreditgeschäfte abgeschlossen werden dürfen.

Für Kreditgeschäfte, die erst in späterer Zeit als drei Monate zu tätigen sind, ist hiernach eine allgemeine vorherige Zustimmung des Aufsichtsrats unzulässig und unwirksam. Die Zustimmung muß vielmehr in diesem Fall das einzelne Kreditgeschäft bestimmt bezeichnen.

c) Wann ist ein Kreditgeschäft getätigt? **Anm. 14.**

Nach Sinn und Zweck des § 240a ist die Vorschrift des Abs. 1 Satz 3 eng auszulegen. Innerhalb der Höchstfrist von drei Monaten muß der Kredit „gewährt" sein. Es genügt nicht, daß ein Kreditvorvertrag innerhalb der Frist abgeschlossen ist. Das Kreditgeschäft selbst — der Realkontrakt (vgl. Anm. 34) — muß innerhalb der Frist getätigt sein. Das folgt aus der Fassung des Abs. 1 Satz 1. Hiernach darf der Aufsichtsrat z. B. nicht im voraus für eine längere Zeit als drei Monate seine Zustimmung zu bestimmten Vorentnahmen der Vorstandsmitglieder geben (Lehmann-Hirsch Anm. 2). Derartige Abmachungen, die bisher in den Anstellungsverträgen üblich waren, sind jetzt nur noch vorbehaltlich der jeweils in mindestens dreimonatlichen Zeiträumen einzuholenden Zustimmung des Aufsichtsrats zulässig.

Ob sich der Gesetzgeber über die Abgrenzung der allgemeinen Zustimmung und der zeitlich nicht beschränkten besonderen Zustimmung für ein einzelnes bestimmtes Kreditgeschäft klar geworden ist, muß zweifelhaft erscheinen. Es hätte nahegelegen, auch die vorherige besondere Zustimmung der gleichen Beschränkung zu unterwerfen.

3. Weitere Erfordernisse des Aufsichtsratsbeschlusses stellt die V. für einen in Form eines Darlehns gewährten Kredit auf (Abs. 2 Satz 1). **Anm. 15.**

a) Das Wesen eines solchen Kredits ist der Schuldgrund einer Geldhingabe mit der Verpflichtung der Rückerstattung des gleichen Betrages. Ob die Bezeichnung „Darlehn" gewählt wird, ist gleichgültig. Auch ein Kontokorrentkredit ist „ein in der Form eines Darlehens gewährter Kredit". Wird eine Kaufpreisschuld in eine Darlehnsschuld umgewandelt, so ist der Kredit fortan „in Form eines Darlehns gewährt". Die Umwandlung bedarf der Zustimmung des Aufsichtsrats. Die Erfordernisse des Abs. 2 Satz 1 müssen hierbei beachtet werden.

b) Der zustimmende Beschluß des Aufsichtsrats muß Bestimmungen über die Verzinsung und Rückzahlung solcher Kredite enthalten. Das Erfordernis entfällt, wenn bereits der **Anm. 16.**

§ 240 a. dem Aufsichtsrat vorgelegte Kreditvertrag die Zins- und Rückzahlungsbedingungen vorsieht. Ihre formelhafte Wiederholung im Aufsichtsratsbeschluß ist dann überflüssig. Es muß nur aus dem Beschluß des Aufsichtsrats hervorgehen, daß der bestimmt bezeichnete Kreditvertrag genehmigt wird. Wenn die V. vorschreibt, daß der Beschluß Bestimmungen über die Verzinsung enthalten muß, so ist damit nur vorgeschrieben, daß er die Frage der Verzinsung ausdrücklich entscheiden muß. Die Bestimmung kann auch negativ dahin gehen, daß das Darlehn zinslos gewährt wird. Es sind sehr wohl Ausnahmefälle denkbar, in denen es dem Interesse der Gesellschaft entspricht, einem Vorstandsmitglied zu einem bestimmten, auch der Gesellschaft dienenden Zweck ein Darlehn zu geben und dafür keine Zinsen zu vereinbaren, weil eine Zinszahlung unangemessen, insbesondere in dem Ausnahmefall dem Vorstandsmitglied nicht zuzumuten wäre. Es kann in derartigen Fällen keinen Unterschied machen, ob der Aufsichtsrat durch Vereinbarung von $^1/_4$% jährlicher Zinsen formell dem § 240a genügt oder von jeder Zinszahlung absieht. § 240a Abs. 2 ist danach sinngemäß dahin auszulegen, daß der die Darlehnsgewährung genehmigende Beschluß eine ausdrückliche Bestimmung darüber enthalten muß, ob und bejahendenfalls in welcher Höhe Zinsen zu zahlen sind. Zweck und Sinn der Vorschrift gehen bei dieser Auslegung dahin, daß der Aufsichtsrat gezwungen sein soll, die Frage der Verzinsung zu prüfen und im Interesse der Gesellschaft unter eigener Verantwortung zu entscheiden, und seine Entscheidung ausdrücklich festzulegen hat.

Für die Rückzahlung des Darlehns kann Entsprechendes nicht gelten. Würde die Rückzahlung ausgeschlossen werden, so würde nicht mehr ein Darlehn, sondern Schenkung vorliegen.

Als Bestimmung über die Rückzahlung genügt regelmäßig eine Kündigungsvorschrift. Sie wäre nur dann nach Sinn und Zweck des Abs. 2 Satz 1 nicht als ausreichende Rückzahlungsbestimmung anzusprechen, wenn ausschließlich die einseitige Kündigungsbefugnis des Vorstandsmitgliedes vorgesehen, der Gesellschaft aber eine Kündigungsmöglichkeit nicht gegeben wäre.

Anm. 17. c) Der Darlehnsgewährung sind Entnahmen der Vorstandsmitglieder über die ihnen zustehenden Vergütungen hinaus (oben Anm. 3) nach Abs. 2 Satz 2 insoweit gleichgestellt, als auch für sie der zustimmende Aufsichtsratsbeschluß Verzinsung und Rückzahlung festsetzen muß. Entnahmen ohne Verzinsung und ohne Vereinbarung der Rückzahlungs- oder Verrechnungstermine sind in Zukunft ausgeschlossen.

Anm. 18. d) Die V. bestimmt nichts über die Höhe der Verzinsung und die Dauer der Kredite. Deren Festsetzung ist dem pflichtmäßigen Ermessen des Aufsichtsrats überlassen. Vgl. hierzu Anm. 16 und 23.

Anm. 19. 4. Der Abschluß der Kreditgeschäfte.

a) Das Verbot des § 181 BGB. schließt aus, daß das Vorstandsmitglied, auch wenn es die Gesellschaft allein zu vertreten berechtigt ist, mit sich als Vertreter der Gesellschaft das Geschäft tätigt. Bei Abschluß des Geschäfts muß die Gesellschaft durch andere vertretungsberechtigte Personen (andere Vorstandsmitglieder oder Prokuristen) vertreten werden. Befreiung von der Vorschrift des § 181 BGB. kann durch eine besondere Vollmacht gewährt werden, bei deren Erteilung auch das kreditnehmende Vorstandsmitglied mitwirken kann (§ 232 Anm. 48). Fehlt es an anderen vertretungsberechtigten Personen, so kann die Gesellschaft bei Abschluß des Geschäfts nur durch den Aufsichtsrat vertreten werden (§ 247). Wirkt so der Gesamtaufsichtsrat bei dem Abschluß selbst mit, so bedarf es nicht außerdem eines besonderen zustimmenden Beschlusses zu dem Geschäft. Anders, wenn der Gesamtaufsichtsrat einem seiner Mitglieder Vollmacht erteilt und der die Vollmacht erteilende Beschluß noch nicht die im § 240a vorgeschriebenen Erfordernisse erfüllt.

Anm. 20. b) Nur die Kreditgeschäfte, die **nach** Inkrafttreten der Verordnung abgeschlossen werden, bedürfen der Zustimmung des Aufsichtsrats. Ist vorher ein Kredit in gültiger Weise einem Vorstandsmitglied gewährt, so bewendet es hierbei. Das gilt auch für Vorentnahmen auf Gehalt und Vorschüsse auf sonstige Vergütungen. Die V. sieht nicht einmal eine Anzeige an den Aufsichtsrat vor in Fällen, in denen das Kreditgeschäft ohne Wissen des Aufsichtsrats abgeschlossen war oder die Entnahme ohne sein Wissen erfolgte. Nur die Vorschrift des § 261a Abs. 1 A IV 10 erzwingt die Offenlegung auch in diesen Fällen. **§ 240 a.**

Die Offenlegung wird häufig zu einer Abänderung oder gar Aufhebung der Geschäfte führen. Sie wird vielfach auch die Ungültigkeit der vor dem Inkrafttreten der V. getätigten Kreditgeschäfte, insbesondere der Entnahmen ergeben. Handelte das Vorstandsmitglied als Vertreter der Gesellschaft mit sich selbst, so war das Geschäft nichtig, die Entnahme ohne rechtlichen Grund erfolgt. Dann ist der Neuabschluß des Geschäfts erforderlich, der nur noch mit Zustimmung des Aufsichtsrats vor sich gehen kann (vgl. Anm. 19).

5. § 240a enthält **zwingendes Recht.** Die Satzung kann die Erfordernisse der Gültigkeit der Kreditgeschäfte nicht aufheben oder erleichtern. Sie kann nicht im voraus derartige Geschäfte gestatten. Die Zustimmung des Aufsichtsrats bliebe auch dann erforderlich; die Satzungsbestimmung wäre nichtig. Die Satzung kann aber die Gültigkeit der Kreditgeschäfte auch nicht von weiteren Erfordernissen abhängig machen. Das Vertragsrecht, das § 240a regelt, ist dem Satzungsrecht unzugänglich. Nur im Innenverhältnis können erschwerende Voraussetzungen aufgestellt werden. So kann die Satzung z. B. bestimmen, daß der Aufsichtsrat die Zustimmung nur geben darf, wenn das kreditnehmende Vorstandsmitglied Sicherheit leistet. Eine gegen diese Satzungsvorschrift erteilte Zustimmung macht gleichwohl das Kreditgeschäft wirksam. **Anm. 21.**

Kann ein Beschluß der Generalversammlung die Zustimmung des Aufsichtsrats ersetzen? **Anm. 22.**

Die Frage wird zu verneinen sein. § 240a begründet eine gesetzliche ausschließliche Zuständigkeit des Aufsichtsrats, wie das Wort „nur" im Satz 1 des Abs. 1 zeigt. In derartigen Fällen kann die Generalversammlung die gesetzlich festgelegte Kompetenz des anderen Organs nicht an sich ziehen (Staub-Pinner § 250 Anm. 7).

IV. **Die Sorgfaltspflicht des Aufsichtsrats bei der Entscheidung über die Kreditgeschäfte.** **Anm. 23.**

Die V. sagt nichts darüber, in welchen Fällen die Zustimmung des Aufsichtsrats zu erteilen ist oder nicht. Hierbei hat das pflichtgemäße Ermessen des Aufsichtsrats zu entscheiden. § 249 Abs. 1 gilt auch für diese seine Entschließung. Der Aufsichtsrat wird also vor allem zu erwägen haben, ob die Gewährung des Kredits durch das Interesse der Gesellschaft gerechtfertigt ist. Die Frage wird er z. B. bejahen können, wenn ein an sich der Gesellschaft sehr nützliches und für sie schwer entbehrliches Vorstandsmitglied das Darlehn benötigt, um seine Verhältnisse zu regeln, vorausgesetzt, daß in der Person des Vorstandsmitgliedes keine Bedenken begründet sind. Ein anderes Beispiel: Die Gesellschaft leiht dem Vorstandsmitglied Geld, damit dieser einem der Gesellschaft schädlichen Minderheitsaktionär dessen Aktien abkauft. — Der Wunsch, dem Vorstand gefällig zu sein oder ihm für geschäftliche Erfolge zu lohnen, hat regelmäßig auszuscheiden. Nach Sinn und Zweck des Gesetzes soll hier der Vorstand wie ein außenstehender Dritter behandelt werden.

Das gilt auch für die Bedingungen des Kreditgeschäfts. Entsprechen sie nicht den üblichen Bedingungen, so ist die Zustimmung regelmäßig zu versagen. Schreibt Abs. 2 für Darlehn und Entnahmen Verzinsungs- und Rückzahlungsbestimmungen vor, so deutet auch diese Vorschrift darauf hin, daß das Rechtsgeschäft dem Vorstandsmitglied nicht eine außergewöhnliche Vergünstigung geben darf, sondern regelmäßig die üblichen angemessenen Zins- und Zahlungsbedingungen vorgesehen werden sollen (vgl. aber Anm. 16 über Ausnahmefälle, in denen eine Zinsvereinbarung unangemessen sein würde). Wird die Zustimmung unter unüblichen, für die Gesellschaft unangemessenen Bedingungen erteilt, so ist das Kreditgeschäft zwar gültig, die Schadensersatzpflicht des Aufsichtsrats ist aber nach § 249 Abs. 2 gegeben. Das gleiche gilt, wenn der Aufsichtsrat gemäß Abs. 1 Satz 3 in einer die Interessen der Gesellschaft vernachlässigenden Weise im voraus die Zustimmung zu bestimmten Arten von Kreditgeschäften mit einem Vorstandsmitglied gibt.

§ 240a. Soweit die Satzung oder ein Generalversammlungsbeschluß Richtlinien für die Entscheidung geben oder gar jedes Kreditgeschäft mit einem Vorstandsmitglied untersagen, ist diese Bestimmung zu beachten. Eine Außerachtlassung begründet die Haftung aus § 249 Abs. 2.

Über die durch Abs. 4 des § 240a erweiterte Haftung des Aufsichtsrats vgl. Anm. 32 ff.

Anm. 24. V. **Die Wirkung mangelnder Zustimmung des Aufsichtsrats.**

1. **Nichtigkeit.**

Ein Kreditgeschäft, dem der Aufsichtsrat die Zustimmung nicht gegeben oder gar versagt hat, ist nichtig (Schmölder in JW. 1931, 2928).

Der Wortlaut der V. bietet der Auslegung Zweifel. Die Wahl des Wortes „dürfen" statt „können" in Abs. 1 Satz 1 würde auch der Auslegung Raum geben, daß das Kreditgeschäft ohne Zustimmung des Aufsichtsrats zwar wirksam ist, aber sein Abschluß die beteiligten Vorstandsmitglieder ersatzpflichtig macht. Nach dem Sprachgebrauch der Gesetze bedeutet „darf nur" bei Verstoß gegen das Verbot Nichtigkeit des Geschäfts, wenn sich dies anderweitig aus dem Gesetz ergibt (§ 226 Anm. 2). Im Gegensatz zu § 226 Abs. 2 fehlt in § 240a die ausdrückliche Vorschrift, daß die Wirksamkeit des Geschäfts durch einen Verstoß gegen das Verbot nicht berührt wird. Einen weiteren Anhalt für die Auslegung bietet Abs. 4 des § 240a. Diese Haftungsvorschrift richtet sich nur gegen die den Kredit gewährenden Vorstandsmitglieder. Wäre das Kreditgeschäft trotz Verstoßes gegen das Verbot gültig, würde Abs. 4 des § 240a die den Kredit nehmenden Vorstandsmitglieder von einer Ersatzpflicht freihalten. Sie würden im Genuß der Kreditvorteile bleiben, während die übrigen Vorstandsmitglieder der Gesellschaft Ersatz zu leisten hätten. Dieser Widersinn zeigt, daß die V. von der Nichtigkeit eines Kreditgeschäftes, dem die Zustimmung des Aufsichtsrats versagt worden ist, ausgeht (a. A.: Lehmann-Hirsch Anm. 8).

Anm. 25. 2. a) Durchbrechung des Prinzips der Unbeschränkbarkeit der Vertretungsbefugnis des Vorstandes.

Nach § 235 Abs. 2 Satz 1 ist eine satzungsmäßige Beschränkung der Vertretungsbefugnis des Vorstandes Dritten gegenüber unwirksam. Das Gesetz kannte nur einzelne Fälle gesetzlicher Beschränkung dieser Vertretungsmacht (Staub-Pinner § 235 Anm. 10). Die V. führt mit § 240a eine weitere gesetzliche Beschränkung ein. Die Ausnahme ist gerechtfertigt, weil die ratio legis des § 235 Abs. 2 Satz 1 hier entfällt. Das den Kredit nehmende Vorstandsmitglied schließt das Kreditgeschäft mit den anderen vertretungsberechtigten Vorstandsmitgliedern nicht im Vertrauen auf deren Vertretungsmacht ab.

Anm. 26. b) Ein ohne die Zustimmung des Aufsichtsrats abgeschlossenes Kreditgeschäft ist von den den Kredit gewährenden Vorstandsmitgliedern ohne Vertretungsmacht abgeschlossen. Ist die Zustimmung des Aufsichtsrats vor Abschluß des Geschäfts versagt, so ist es nichtig (Anm. 24). Ist der Beschluß des Aufsichtsrats noch nicht herbeigeführt, so hängt seine Wirksamkeit gegenüber der Gesellschaft von der Genehmigung des Aufsichtsrats ab (§ 177 BGB.). Der Vertrag ist schwebend unwirksam. Wird die Genehmigung erteilt, so ist er als von vornherein gültig anzusehen.

Anm. 27. c) Inwieweit sind die §§ 177 ff. BGB. im übrigen auf die Fälle des § 240a anzuwenden?

aa) Man könnte zweifeln, ob für die Anwendung des § 177 Abs. 2 BGB. Raum ist. Soll, wenn § 240a „die ausdrückliche Zustimmung des Aufsichtsrats" für erforderlich und genügend erachtet, für den Kreditnehmer die Möglichkeit gegeben sein, den Aufsichtsrat zur Genehmigung des Vertrages aufzufordern, obwohl dieser bereits gegenüber den den Kredit gewährenden Vorstandsmitgliedern die Zustimmung erteilt oder versagt hat? Die Frage ist zu verneinen, wenn ein Vorstandsmitglied der Gesellschaft der Kreditnehmer ist, dagegen zu bejahen, wenn die übrigen von § 240a betroffenen Personen den Kredit in Anspruch nehmen (Anm. 6 u. 7). Die Erklärung des Aufsichtsrats, die gegenüber den die Gesellschaft bei dem Geschäftsabschluß vertretenden Vorstandsmitgliedern abgegeben ist, ist auch dem kreditnehmenden Vorstandsmitgliede gegenüber abgegeben. Es gibt nur einheitliche Erklärungen an den Gesamtvorstand. Soweit aber als Kreditnehmer Personen in Betracht kommen, die nicht dem Vorstand der Gesellschaft selbst angehören (deren Ehegatten oder Vorstandsmitglieder von Konzerngesellschaften), ist auch § 177 Abs. 2 Satz 1 Halbsatz 2 anwendbar. **§ 240 a.**

Ist ein Beschluß des Aufsichtsrats noch nicht gefaßt, so kann auch ein Vorstandsmitglied der Gesellschaft als Kreditnehmer den Aufsichtsrat zur Erklärung über die Genehmigung auffordern. Die Genehmigung gilt als verweigert, wenn sie nicht binnen zwei Wochen nach Empfang der Aufforderung erteilt ist.

bb) Ein Widerruf des Kreditnehmers (§ 178 BGB.) kommt nicht in Betracht. Der Mangel der Vertretungsmacht ist, solange ein ausdrücklicher zustimmender Aufsichtsratsbeschluß nicht vorliegt, offensichtlich. Eine Berufung auf Unkenntnis des Gesetzes erscheint ausgeschlossen. **Anm. 28.**

cc) Die Haftung der kreditgewährenden Vorstandsmitglieder nach § 179 BGB. gegenüber den Kreditnehmern entfällt regelmäßig. Der Kreditnehmer kennt den Mangel der Vertretungsmacht. Zum mindesten kennt er ihn grobfahrlässigerweise nicht (§ 179 Abs. 3). **Anm. 29.**

Eine Ausnahme könnte gelten, wenn die kreditgewährenden Vorstandsmitglieder dem Kreditnehmer einen Aufsichtsratsbeschluß vorlegen, der sich nachträglich als nichtig herausstellt (z. B. wegen nicht ordnungsmäßiger Einberufung der Aufsichtsratsmitglieder). In solchem Falle würde, wenn die kreditgewährenden Vorstandsmitglieder die Nichtigkeit des Beschlusses und den Mangel ihrer Vertretungsmacht nicht gekannt haben, eine Haftung nur auf das negative Vertragsinteresse begründet sein (§ 179 Abs. 2).

3. Die Zustimmung des Aufsichtsrats macht das Kreditgeschäft nur gültig, wenn sie den Erfordernissen des § 240a entspricht. Die Zustimmung zu einem Darlehn ist wirkungslos, wenn sie über dessen Verzinsung entgegen Abs. 2 eine Bestimmung nicht vorsieht (vgl. Anm. 9 bis 18). **Anm. 30.**

4. **Die Folgen der Nichtigkeit.** **Anm. 31.**

a) Was der Kreditnehmer auf Grund der Kreditgewährung erlangt hat, ist der Gesellschaft zu erstatten. Ein Darlehn ist zurückzuzahlen, eine Entnahme zurückzuerstatten. Die Beträge sind ohne rechtlichen Grund erlangt. Die Vorschriften des BGB. über ungerechtfertigte Bereicherung greifen Platz. Eine Stundung wird hinfällig. Auf die empfangenen oder gestundeten Beträge sind nach Lage des Falles Zinsen zu vergüten (Staudinger BGB. § 818 Anm. 2 a α, 5 a γ). Lehmann-Hirsch (Anm. 8), welche die Nichtigkeit verneinen, geben der Gesellschaft gegen die Kreditnehmer nur den Erfüllungsanspruch, müssen also folgerichtig auch jede Stundung und einen langfristigen Kredit bestehen lassen.

b) Ist ein Vorstandsmitglied der Gesellschaft selbst der Kreditnehmer, so fragt sich, ob gegen ihn nur Ansprüche aus ungerechtfertigter Bereicherung oder weitergehende Ersatzansprüche gestellt werden können. Abs. 4 des § 240a spricht zwar nur von einer Ersatzpflicht derjenigen Vorstandsmitglieder, die entgegen dem Verbot des § 240a den Kredit gewähren. Diese Vorschrift schließt aber nicht die allgemeine Schadensersatzpflicht der kreditnehmenden Vorstandsmitglieder nach § 241 aus. Diese verstoßen in gleicher Weise wie das kreditgewährende Vorstandsmitglied gegen das Gesetz. Jeder Gesetzesverstoß macht sie nach § 241 schadensersatzpflichtig. Sie haben daher nicht nur das Empfangene zurückzugewähren, sondern vollen Schadensersatz zu leisten, insbesondere die Zinsen zu vergüten, die die Gesellschaft bei Krediten anderweitig erzielen könnte. Lehmann-Hirsch (Anm. 9) helfen in diesen Fällen, wenn „ein bewußter und beabsichtigter Verstoß" vorliegt, mit §§ 138, 826 BGB. **Anm. 32.**

VI. **Die Schadensersatzpflicht von Vorstand und Aufsichtsrat.** **Anm. 33.**

1. a) Vorstand und Aufsichtsrat trifft die Ersatzpflicht, wenn das Kreditgeschäft zum Schaden der Gesellschaft vom Vorstand abgeschlossen und vom Aufsichtsrat genehmigt ist und hierbei Vorstand und Aufsichtsrat die Sorgfalt eines ordentlichen Geschäftsmannes

§ 240a. schuldhafterweise verletzt haben (§§ 241, 249). Vgl. oben Anm. 23 und die Anm. bei Staub-Pinner zu §§ 241 u. 249.

Anm. 34. b) Die V. bestimmt, daß auch die nachträgliche Zustimmung das Kreditgeschäft wirksam macht (Anm. 10 u. 26). Dann bietet die Rechtslage in Fällen, in denen der Vertragsabschluß zugleich die Vertragsausführung ist, Besonderheiten. Der Darlehnsvertrag ist ein Realkontrakt: Die Hingabe des Darlehns fällt mit dem Abschluß des Vertrages zusammen. Die Vereinbarung einer Stundung ist notwendig Gewährung der Stundung. Die Gestattung einer Entnahme ist erst der Kreditvorvertrag; das Kreditgeschäft selbst wird durch die Entnahme getätigt und gleichzeitig von dem Kreditgeber erfüllt.

Vor Erteilung der Zustimmung des Aufsichtsrats sind diese Realkontrakte dem Verbot des § 240a zuwider abgeschlossen. Die Vorstandsmitglieder sind zum Ersatz verpflichtet, wenn die Zustimmung nicht nachträglich erteilt wird. Daraus folgt, daß sie unverzüglich die Entscheidung des Aufsichtsrats herbeizuführen haben. Versagt der Aufsichtsrat die Genehmigung, so bleibt — selbst bei rechtzeitiger Befragung des Aufsichtsrats — die Haftung fortbestehen. Nicht rechtzeitige Befragung des Aufsichtsrats würde aber eine grobe Pflichtverletzung darstellen. Sie kann — neben der Ersatzpflicht — einen wichtigen Grund zur Abberufung des Vorstandes und zur Kündigung seines Anstellungsvertrages bilden. Das gilt in gleicher Weise für die den Kredit gewährenden wie die den Kredit nehmenden Vorstandsmitglieder.

Anm. 35. 2. Die besondere Schadensersatzpflicht nach § 240a Abs. 4 bis 6.

Sie trifft die Vorstandsmitglieder, die ohne ausdrückliche Zustimmung des Aufsichtsrats den Kredit gewähren, und die Aufsichtsratsmitglieder, mit deren Wissen der Kredit gegeben ist, ohne daß sie einschreiten. Die Ersatzpflicht besteht nicht nur gegenüber der Gesellschaft, sondern auch gegenüber deren Gläubigern (Abs. 6). Die V. schafft hiermit einen weiteren Fall des § 241 Abs. 4 und § 249 Abs. 3. Vgl. hierzu Staub-Pinner § 241 Anm. 11 ff. Voraussetzung der Haftung gegenüber den Gläubigern ist die Unmöglichkeit für diese, von der Gesellschaft Befriedigung zu erlangen. Ein Verzicht der Gesellschaft auf die Schadensersatzansprüche gegen die Mitglieder des Vorstandes und Aufsichtsrats ist für die Ansprüche der Gläubiger ohne Bedeutung. Ist die Gesellschaft von dem Kreditnehmer befriedigt, so entfällt auch jeder Anspruch der Gläubiger.

Anm. 36. a) Haftung der den Kredit gewährenden Vorstandsmitglieder (Abs. 4).

Die Ersatzpflicht tritt ein, wenn die Vorstandsmitglieder entgegen den Vorschriften der Abs. 1 bis 3 den Kredit gewähren. Das setzt ein Verschulden der Vorstandsmitglieder voraus. Ist ihnen unbekannt, daß der Kreditnehmer für Rechnung eines anderen Vorstandsmitgliedes der Gesellschaft den Vertrag schließt, und beruht ihre Unkenntnis nicht auf Fahrlässigkeit, so entfällt die Ersatzpflicht.

Anm. 37. b) Haftung der Aufsichtsratsmitglieder (Abs. 5).

Bei ihnen genügt nicht fahrlässige Unkenntnis. Die Ersatzpflicht ist nur gegeben, wenn mit ihrem Wissen und ohne ihr Einschreiten dem Verbot des § 240a zuwidergehandelt wird. Es wird also Kenntnis der Tatbestandsmerkmale des § 240a Abs. 1 bis 3 vorausgesetzt. Erfährt ein Aufsichtsratsmitglied von einer verbotenen Kreditgewährung, so hat es für die Einberufung einer Aufsichtsratssitzung (nötigenfalls gemäß § 244a) Sorge zu tragen und alles zu tun, was zur Beseitigung einer Schädigung der Gesellschaft nötig ist (zu vgl. Staub-Pinner § 249 Anm. 4 u. 5).

Anm. 38. c) Haftung der Kreditnehmer gegenüber den Gläubigern der Gesellschaft.

Eine solche geht aus § 240a nicht hervor, sie kann aber nach allgemeinen Vorschriften gegeben sein. In Betracht kommt § 826 BGB., wenn z. B. die kreditgewährenden Vorstandsmitglieder und der Kreditnehmer zum Schaden der Gesellschaft zusammenwirken, indem einem bekanntermaßen Kreditunwürdigen der Kredit gegeben wird.

Anm. 39. d) Die Ersatzpflicht der Abs. 4 u. 5 gegenüber den Gläubigern entfällt, wenn nachträglich der Aufsichtsrat der Kreditgewährung seine Zustimmung gibt. Sie würde auch in diesem Falle bestehen bleiben, wenn die Genehmigung den Tatbestand des § 826 BGB.

erfüllt. Die Ersatzpflicht gegenüber der Gesellschaft entfällt gleichfalls mit der Genehmigung des Aufsichtsrats, soweit nicht ein oben in den Anm. 20 u. 29 besprochener Fall vorliegt. **§ 240a.**

3. Die Verjährung der Ansprüche der Gesellschaft wie der Gläubiger tritt in fünf Jahren ein (Abs. 6). Vgl. § 241 Anm. 18 ff. Beruhen die Ansprüche nicht auf den §§ 241, 249, 240a, sondern auf unerlaubter Handlung, so läuft die dreijährige Verjährungsfrist des § 851 BGB. **Anm. 40.**

Artikel IV.

1. Hinter § 244 des Handelsgesetzbuchs ist als § 244a folgende Vorschrift einzufügen:

§ 244a.

§ 244a.

(1) Jedes Mitglied des Aufsichtsrats ist berechtigt, unter Angabe des Zwecks und der Gründe zu verlangen, daß der Vorsitzende unverzüglich den Aufsichtsrat beruft. Die Sitzung muß spätestens zwei Wochen nach der Einberufung stattfinden.

(2) Wird einem von mindestens zwei Mitgliedern des Aufsichtsrats geäußerten Verlangen nicht entsprochen, so können die Mitglieder, die das Verlangen gestellt hatten, unter Mitteilung des Sachverhalts selbst den Aufsichtsrat berufen.

(3) Stellt die Einberufung einen offenbaren Mißbrauch dar, so fallen die Kosten der Sitzung den Mitgliedern zur Last, die die Einberufung veranlaßt haben. Der Anspruch der Gesellschaft auf Erstattung der Kosten kann nur mit Zustimmung von drei Vierteln der Gesamtzahl der Mitglieder des Aufsichtsrats geltend gemacht werden.

Staub-Pinner haben die Ansicht vertreten, daß schon nach bisherigem Recht jedes Mitglied des Aufsichtsrats eine Aufsichtsratssitzung berufen kann, wenn der Vorsitzende die Einladung verweigert. Eine entsprechende Anwendung der §§ 28, 37 BGB. konnte zu diesem Ergebnis führen (vgl. § 246 Anm. 14 unter d). Der I. Entw. ging nicht von dieser Auffassung aus, wenn er in § 77 das Recht des einzelnen Aufsichtsratsmitgliedes zur Einberufung einer Aufsichtsratssitzung schuf (Erl. 101). Die V. schränkt gegenüber dem I. Entw. das Einberufungsrecht des einzelnen Mitgliedes ein (Abs. 2). Das beweist, daß auch sie, da sie die Befugnisse des einzelnen Aufsichtsratsmitgliedes gegenüber dem bisherigen Recht nicht einschränken, sondern erweitern will, im bisherigen Recht das Einberufungsrecht des einzelnen Mitgliedes nicht begründet sah. **Einleitung.**

Die Erl. (S. 101) weisen darauf hin, daß die Regelung des § 77 I. Entw. dem § 50 des GmbHG. entnommen sei (im Unterschied zu § 254 HGB., der nicht ein selbständiges Recht der Minderheit zur Einberufung einer Generalversammlung kennt, sondern einen Antrag an das Gericht vorschreibt und die Ausübung des Selbsthilferechts von der Ermächtigung des Gerichts abhängig macht).

I. Das Antragsrecht der Aufsichtsratsmitglieder. **Anm. 1.**

1. **Jedes Mitglied des Aufsichtsrats** hat das **Recht, die Einberufung des Aufsichtsrats zu verlangen.**

a) Recht und Pflicht zur Einberufung des Aufsichtsrats liegt bei dessen Vorsitzendem. Dieser hat für die Einberufung Sorge zu tragen, wenn zur ordnungsmäßigen Erfüllung der Aufgaben des Aufsichtsrats ein Anlaß hierzu gegeben ist. Diese der tatsächlichen Übung entsprechende Regelung ist jetzt als gesetzliche Regelung dem § 244a zu entnehmen: er führt den Begriff des „Vorsitzenden" des Aufsichtsrats in dem Gesetz ein und hebt als Aufgabe des Vorsitzenden die Einberufung des Aufsichtsrats hervor (§ 246 Anm. 14d).

§ 244 a. Den übrigen Mitgliedern des Aufsichtsrats gibt die V. das Recht, die Einberufung des Aufsichtsrats von dessen Vorsitzendem zu verlangen. Es ist ein unvollkommenes Recht. Es gewährt dem einzelnen Mitglied des Aufsichtsrats keinen klagbaren Anspruch. Auch durch Ordnungsstrafen des Registergerichts kann die Verwirklichung des Rechts nicht erzwungen werden. Wird dem Verlangen nicht stattgegeben, so bleibt dem Antragsteller nur die Möglichkeit, den übrigen Aufsichtsratsmitgliedern hiervon Mitteilung zu machen und sie zu ersuchen, sich dem Antrag anzuschließen (vgl. Abs. 2). Versagt auch dieser Schritt, so muß und kann sich der Antragsteller bescheiden, wenn er nicht — je nach der Dringlichkeit und Wichtigkeit der Sache — dem Vorstand die Einberufung einer Generalversammlung nahelegen muß (Staub-Pinner § 253 Anm. 1). Die Ausübung des den Mitgliedern des Aufsichtsrats in § 244a gegebenen Rechts schafft ihnen aber die Möglichkeit wirksamer Verteidigung gegen Regreßansprüche.

Anm. 2. b) Auch den Betriebsratsmitgliedern des Aufsichtsrats steht das Recht zu.

Anm. 3. 2. **Inhalt des Ersuchens.** Der Antrag muß Zweck und Gründe des Verlangens angeben (Staub-Pinner § 254 Anm. 10).

a) Der Zweck der Einberufung ist gleichbedeutend mit dem Gegenstand, dessen Erörterung durch den Aufsichtsrat verlangt wird: z. B. Abberufung eines Vorstandsmitgliedes, Ankauf eigener Aktien zur Abwendung eines schweren Schadens von der Gesellschaft usw.

Anm. 4. b) Die Gründe der Einberufung. Das Gesetz verlangt mit diesem Erfordernis nicht, daß der Antrag eine Begründung dafür gibt, aus welchen Motiven die Einberufung begehrt wird (Hachenburg GmbHG. § 50 Anm. 3). Der Antrag muß aber darlegen, warum der Aufsichtsrat sofort in Tätigkeit treten soll (Lehmann-Hirsch Anm. 2). Die Dringlichkeit ist zu begründen. Oft wird sie sich aus dem Zweck der Einberufung selbst ergeben.

Anm. 5. c) Das Verlangen ist **an den Vorsitzenden des Aufsichtsrats** zu richten. Ist der Vorsitzende verhindert, muß das Ersuchen dem stellvertretenden Vorsitzenden übermittelt werden. Fehlt es an einem Vorsitzenden oder sind beide Vorsitzenden verhindert, so bleibt nur die Möglichkeit des Abs. 2, den Aufsichtsrat durch zwei seiner Mitglieder einzuberufen (ebenso Lehmann-Hirsch Anm. 2).

Schriftform ist nicht vorgeschrieben.

Anm. 6. 3. **Die Erfüllung des Verlangens.**

a) Der Vorsitzende hat unverzüglich den Aufsichtsrat einzuberufen. „Unverzüglich" heißt „ohne schuldhaftes Zögern". Eine Höchstfrist schreibt die V. nur für die Bestimmung des Sitzungstages vor. Sie beträgt zwei Wochen seit der Einberufung (Abs. 1 Satz 2). Über den Inhalt der Einladung vgl. § 246 Anm. 14 unter c.

Anm. 7. b) Der Vorsitzende muß dem Verlangen des einzelnen Aufsichtsratsmitgliedes stattgeben, wenn das Verlangen den Erfordernissen des § 244a Abs. 1 entspricht und der Antrag gerechtfertigt erscheint. Die Wiederholung einer Tagesordnung, die erst kürzlich Gegenstand der Beschlußfassung des Aufsichtsrats gewesen ist, macht, wenn nicht besondere Umstände, die die Wiederholung der Beratung rechtfertigen, vorliegen, das Verlangen überflüssig und unbeachtlich. Das gleiche gilt, wenn ein Gegenstand angegeben ist, der außerhalb des Interessenkreises der Gesellschaft liegt oder mit dem ein gesetz- oder sittenwidriger Zweck verfolgt wird (vgl. auch Anm. 17). Ist das Verlangen von zwei Aufsichtsratsmitgliedern ordnungsmäßig gestellt, so muß der Vorsitzende ihm Folge geben. Eine Nachprüfung, ob die Sitzung notwendig oder vorteilhaft ist, liegt in diesem Falle dem Vorsitzenden nicht ob (Pinner, Aktiennovelle S. 31). Aber auch das Recht zweier Aufsichtsratsmitglieder gibt keinen klagbaren Anspruch. Das folgt aus Abs. 2, der die Verwirklichung des Rechts durch Gewährung der Selbsthilfe abschließend regelt.

Anm. 8. c) Kommt der Vorsitzende dem Verlangen eines einzelnen Aufsichtsratsmitgliedes nicht nach, obwohl es gerechtfertigt ist (Anm. 7), oder läßt er den Antrag zweier Aufsichtsratsmitglieder unberücksichtigt, so macht er sich nach § 249 schadensersatzpflichtig, wenn der Gesellschaft aus der Unterlassung ein Schaden entsteht.

Anm. 9. II. **Das Recht der Aufsichtsratsmitglieder zur selbständigen Einberufung des Aufsichtsrats**

1. Seine Voraussetzungen. § 244a.

Mindestens zwei der Aufsichtsratsmitglieder müssen das Verlangen nach Einberufung des Aufsichtsrats gestellt haben. Es können auch Betriebsratsmitglieder unter den Antragstellern sein. Das Verlangen muß den Erfordernissen des Abs. 1 entsprochen haben (Anm. 3 bis 5). Nicht erforderlich ist, daß das Verlangen zweckmäßig und gerechtfertigt erscheint. Eine mißbräuchliche Ausübung des Selbsthilferechts macht die Einberufung nicht ungültig. Das folgt aus Abs. 3. Dagegen schafft die Angabe eines gesetz- und sittenwidrigen Zwecks nicht die Voraussetzung hierzu. — Endlich darf dem Antrag auf Einberufung des Aufsichtsrats nicht Folge gegeben sein. Das trifft auch dann zu, wenn der Vorsitzende den Aufsichtsrat unter Überschreitung der zweiwöchigen Frist des Abs. 1 einlädt oder den ihm angegebenen Zweck der Einberufung nicht oder nur unvollständig mitteilt. Die Antragsteller müssen aber eine angemessene Frist für die unverzügliche Einberufung des Aufsichtsrats durch den Vorsitzenden abwarten. Vgl. auch Anm. 5.

2. **Das Selbsthilferecht.** Anm. 10.

a) Sind die Voraussetzungen des Abs. 2 gegeben, so sind die Antragsteller berechtigt, selbst den Aufsichtsrat zu berufen. Es müssen mindestens zwei der Antragsteller sein. Daß weitere der Antragsteller sich bei der Einberufung selbst nicht mehr beteiligen, erscheint trotz des Wortlautes des Abs. 2 bedeutungslos.

b) Die Einberufung hat unter Mitteilung des Sachverhalts zu erfolgen. Es ist also Anm. 11. anzugeben, daß einem ordnungsmäßigen Verlangen auf Einberufung des Aufsichtsrats durch dessen Vorsitzenden nicht Folge gegeben ist oder die selbständige Einberufung erfolgt, weil ein Vorsitzender des Aufsichtsrats fehlt. Im übrigen muß die Einladung die Tagesordnung der Sitzung enthalten. Sie muß auch den Vorschriften der Satzung entsprechen. Die darin vorgesehene Form ist zu beobachten (a. A.: Lehmann-Hirsch Anm. 3). Empfehlen wird sich in jedem Falle die Einladung durch eingeschriebenen Brief, damit der Nachweis ordnungsmäßiger Einberufung erbracht werden kann.

c) Ist eine Sitzung des Aufsichtsrats durch Ausübung des Selbsthilferechts gemäß § 244a ordnungsmäßig berufen, so ist die Voraussetzung für eine gültige Beschlußfassung über die Gegenstände der Tagesordnung gegeben. Einen Anspruch auf Beschlußfassung gibt das Selbsthilferecht aber nicht. Der Aufsichtsrat kann eine Beschlußfassung ablehnen (Hachenburg GmbHG. § 50 Anm. 10). — Die Leitung der Sitzung liegt dem Vorsitzenden des Aufsichtsrats, nicht einem der Antragsteller ob. Anm. 12.

III. **Die Rechtsnatur der Vorschrift.** Anm. 13.

§ 244a ist zwingendes Recht. Die Vorschrift ist im öffentlich-rechtlichen Interesse gegeben. Eine Satzungsbestimmung, die das Antragsrecht und Selbsthilferecht der Aufsichtsratsmitglieder beschränkt, ist nichtig. Dagegen kann die Satzung erleichterte Voraussetzungen vorsehen, z. B. jedem Mitglied des Aufsichtsrats das Selbsthilferecht gewähren (ebenso Lehmann-Hirsch Anm. 1). Die für das Minderheitsrecht des § 254 gegebene abweichende Auslegung greift hier nach Sinn und Zweck des § 244a nicht Platz (Staub-Pinner § 254 Anm. 5).

Satzungsbestimmungen, die bei Inkrafttreten der V. bestehen, werden unwirksam, soweit sie die Rechte aus § 244a beschränken oder aufheben.

IV. Die Nichtausübung des Rechts. Anm. 14.

Dem Antrags- und Selbsthilferecht des § 244a entspricht die Pflicht, von ihm Gebrauch zu machen, soweit dies zur ordnungsmäßigen Erfüllung der Pflichten eines Aufsichtsratsmitgliedes gehört. Hat ein Mitglied des Aufsichtsrats im Rahmen seiner allgemeinen oder ihm satzungsgemäß zugewiesenen besonderen Kontrollpflicht Anlaß zu einem Verdacht oder einer Beanstandung, so muß es sein Bedenken zur Erörterung stellen. Es darf nicht abwarten, ob ein anderes Aufsichtsratsmitglied zu den gleichen Bedenken gelangt. Die ihm gesetzlich an die Hand gegebenen Möglichkeiten zur Aufklärung darf es nicht schuldhaft ungenutzt lassen (§ 246 Einleitung). Andernfalls, aber auch nur dann, macht es sich haftbar (§ 249).

§ 244a. V. **Die Kosten der Sitzung.**

Anm. 15. Die Aufsichtsratsmitglieder, die die Einberufung veranlassen, haben die Kosten der Sitzung zu tragen, wenn die Einberufung einen offenbaren Mißbrauch darstellt. Der I. Entw. kannte diese Vorschrift nicht. Sie ist im Hinblick auf die Tendenz der V. nicht verständlich. Man hat bisher nichts von mißbräuchlicher Inanspruchnahme des Aufsichtsrats auf Grund eigener Initiative der Aufsichtsratsmitglieder gehört und hat sie auch für die Zukunft nicht zu fürchten. Bei vorsätzlich mißbräuchlicher Einberufung des Aufsichtsrats wäre auch ohne § 244a nach allgemeinen Rechtsgrundsätzen in schwerwiegenden Fällen ein Anspruch der Gesellschaft auf Kostenerstattung zu begründen. Die Anwendung der Vorschrift darf nicht dazu führen, daß sie — entgegen der Tendenz der V. — als Abschreckungsmittel wirkt.

Anm. 16. 1. Die Kostenlast trifft nicht nur die Aufsichtsratsmitglieder, die das Selbsthilferecht des Abs. 2 ausgeübt haben, sondern auch diejenigen, auf deren Verlangen der Vorsitzende des Aufsichtsrats die Sitzung anberaumt hat. Die Erfüllung des Verlangens der Antragsteller durch den Vorsitzenden bedeutet nicht die Anerkennung, daß ihr Verlangen gerechtfertigt ist.

Anm. 17. 2. Ein Mißbrauch des Antragsrechts liegt vor, wenn ein begründeter Anlaß zu der Einberufung fehlt. Vgl. die Beispiele in Anm. 7. „Offenbar" ist der Mißbrauch, wenn er für jeden Einsichtigen offen zutage liegt. Es muß sich also um einen schwerwiegenden Mißgriff handeln. „Jede schikanöse Ausübung des Einberufungsrechts" gehört dazu (Lehmann-Hirsch Anm. 4). Vorsatz ist nicht erforderlich. Es genügt, daß objektiv ein offenbarer Mißbrauch gegeben ist (so auch Lehmann-Hirsch a. a. O.). Nicht ohne Einschränkung ist der Meinung von Lehmann-Hirsch zu folgen, daß stets dann ein offenbarer Mißbrauch vorliege, wenn ein Zweck angegeben wird, für den der gesamte Aufsichtsrat nicht zuständig ist. Es ist zwar richtig, daß das Antrags- und Selbsthilferecht des § 244a nicht dazu führen kann, die Befugnisse des Aufsichtsrats zu erweitern und auf Tätigkeitsgebiete überzugreifen, die satzungsgemäß einzelnen Mitgliedern des Aufsichtsrats oder besonderen Ausschüssen übertragen sind. Wohl aber kann, wenn ein für bestimmte Aufgaben eingesetzter Ausschuß des Aufsichtsrats seine Pflichten nicht erfüllt, dies einem dem Ausschuß nicht angehörigen Mitglied des Aufsichtsrats Anlaß zur Einberufung des Gesamtaufsichtsrats geben, damit Abhilfe geschaffen und eine neue Geschäftseinteilung vorgenommen wird. Das berührt nicht die Satzungsbestimmungen, die die Einsetzung von Aufsichtsratsausschüssen und deren Aufgaben regeln. Aber ebensowenig werden die Rechte aus § 244a durch derartige Satzungsbestimmungen eingeschränkt.

Anm. 18. 3. **Die Folgen des offenbaren Mißbrauchs der Einberufung.**

a) Abs. 3 begründet einen Anspruch der Gesellschaft auf Kostenerstattung. Seine Geltendmachung hängt aber von der Zustimmung einer qualifizierten Mehrheit des Aufsichtsrats ab (Abs. 3 Satz 2). Diese Zustimmung ist Prozeßvoraussetzung, nicht Voraussetzung für die Entstehung des Anspruchs (ähnlich der Regelung des § 86 des BRG.). Erstatten die schikanösen Antragsteller — in Unkenntnis der Vorschrift des § 244a — aus freien Stücken die Kosten, so ist die Gesellschaft nicht ungerechtfertigt bereichert, auch wenn die Zustimmung der erforderlichen Mehrheit des Aufsichtsrats zu der Kostenerstattung nicht vorliegt.

Anm. 19. b) Eine Beschlußfassung des Aufsichtsrats über die Zustimmung ist nicht erforderlich. Wird diese Form gewählt, so kann die Beschlußfassung in der von den Antragstellern veranlaßten Aufsichtsratssitzung erfolgen. Der Ankündigung dieses Gegenstandes der Tagesordnung bedarf es nicht. Das folgt aus Abs. 3.

Anm. 20. c) Dreiviertel der Gesamtzahl der Aufsichtsratsmitglieder müssen zustimmen. Die Kostenerstattungspflicht wird hiernach in Fällen, in denen auf Antrag eines Mitgliedes die Sitzung einberufen wird, erst bei einem vierköpfigen Aufsichtsrat, in Fällen, in denen die Mindestzahl von zwei Mitgliedern das Selbsthilferecht ausübt, bei einem achtköpfigen Aufsichtsrat praktisch. Bei der Feststellung der Gesamtzahl der Aufsichtsratsmitglieder zählen die dem Betriebsrat angehörenden mit.

d) Die Zustimmung der erforderlichen Mehrheit des Aufsichtsrats stellt nicht den Anspruch endgültig fest. Sie schließt den Einwand des Antragstellers nicht aus, daß ein offenbarer Mißbrauch nicht vorliegt (anders die Regelung in § 50 GmbHG.). **§ 244 a.** **Anm. 21.**

e) Die Kosten der Sitzung umfassen alle der Gesellschaft durch die Einladung und die Abhaltung der Sitzung entstehenden Kosten: Portogebühren für die Einladungsschreiben, Tagegelder und bare Auslagen oder Pauschalvergütungen der Aufsichtsratsmitglieder u. dgl. m. **Anm. 22.**

f) Eine Vorschußpflicht der Mitglieder, welche die Einberufung veranlassen, wird nicht anzunehmen sein (a. A.: Lehmann-Hirsch Anm. 5). Die V. sieht sie ausdrücklich nicht vor. Die Kosten der Sitzung stehen erst nach deren Abhaltung fest. Ob ein offenbarer Mißbrauch vorliegt, wird sich vielfach erst in der Sitzung selbst beurteilen lassen, nachdem die Antragsteller mündlich ihre Anträge begründet haben. Das spricht, zumal eine abschreckende Tendenz der V. nicht zu unterstellen ist (Anm. 14), gegen die Annahme einer Vorschußpflicht. **Anm. 23.**

2. Im § 246 Abs. 1 des Handelsgesetzbuchs wird dem Satz 2 folgende Vorschrift angefügt:

Auf Verlangen des Aufsichtsrats ist auch über die Beziehungen zu einer abhängigen Gesellschaft oder einer Konzerngesellschaft zu berichten. Das Recht auf Berichterstattung steht auch dem einzelnen Mitglied des Aufsichtsrats mit der Maßgabe zu, daß die Berichterstattung nur an den Aufsichtsrat als solchen und, wenn der Vorstand die Berichterstattung ablehnt, nur dann verlangt werden kann, wenn das Verlangen mindestens von einem anderen Mitglied und bei einem Aufsichtsrat von zwanzig oder mehr Mitgliedern mindestens von zwei anderen Mitgliedern des Aufsichtsrats unterstützt wird.

Die Fassung des § 246 ist demnach jetzt folgende: **§ 246.**

(1) Der Aufsichtsrat hat die Geschäftsführung der Gesellschaft in allen Zweigen der Verwaltung zu überwachen und sich zu dem Zwecke von dem Gange der Angelegenheiten der Gesellschaft zu unterrichten. Er kann jederzeit über diese Angelegenheiten Berichterstattung von dem Vorstande verlangen und selbst oder durch einzelne von ihm zu bestimmende Mitglieder die Bücher und Schriften der Gesellschaft einsehen sowie den Bestand der Gesellschaftskasse und die Bestände an Wertpapieren und Waren untersuchen. Auf Verlangen des Aufsichtsrats ist auch über die Beziehungen zu einer abhängigen Gesellschaft oder einer Konzerngesellschaft zu berichten. Das Recht auf Berichterstattung steht auch dem einzelnen Mitglied des Aufsichtsrats mit der Maßgabe zu, daß die Berichterstattung nur an den Aufsichtsrat als solchen und, wenn der Vorstand die Berichterstattung ablehnt, nur dann verlangt werden kann, wenn das Verlangen mindestens von einem anderen Mitglied und bei einem Aufsichtsrat von zwanzig oder mehr Mitgliedern mindestens von zwei anderen Mitgliedern des Aufsichtsrats unterstützt wird. Er hat die Jahresrechnungen, die Bilanzen und die Vorschläge zur Gewinnverteilung zu prüfen und darüber der Generalversammlung Bericht zu erstatten.

(2) Er hat eine Generalversammlung zu berufen, wenn dies im Interesse der Gesellschaft erforderlich ist.

§ 246. (3) Weitere Obliegenheiten des Aufsichtsrats werden durch den Gesellschaftsvertrag bestimmt.

(4) Die Mitglieder des Aufsichtsrats können die Ausübung ihrer Obliegenheiten nicht anderen übertragen.

Hierzu kommen folgende Vorschriften:

§ 3 des Gesetzes über die Entsendung von Betriebsratsmitgliedern in den Aufsichtsrat vom 15. Februar 1922:

Soweit nicht im Betriebsrätegesetz und im folgenden etwas anderes bestimmt ist, finden auf die in den Aufsichtsrat entsandten Betriebsratsmitglieder die gesetzlichen Bestimmungen Anwendung, welche für die übrigen Aufsichtsratsmitglieder gelten.

§ 70 Betriebsrätegesetz:

In Unternehmungen, für die ein Aufsichtsrat besteht und nicht auf Grund anderer Gesetze eine gleichartige Vertretung der Arbeitnehmer im Aufsichtsrate vorgesehen ist, werden nach Maßgabe eines besonderen hierüber zu erlassenden Gesetzes ein oder zwei Betriebsratsmitglieder in den Aufsichtsrat entsandt, um die Interessen und Forderungen der Arbeitnehmer sowie deren Ansichten und Wünsche hinsichtlich der Organisation des Betriebes zu vertreten. Die Vertreter haben an allen Sitzungen des Aufsichtsrats Sitz und Stimme, erhalten jedoch keine andere Vergütung als eine Aufwandsentschädignug. Sie sind verpflichtet, über die ihnen gemachten vertraulichen Angaben Stillschweigen zu bewahren.

Vorbemerkung. Die V. hat das Institut des Aufsichtsrats grundsätzlich nicht geändert, vielmehr nur Einzelbestimmungen gegeben, insbesondere ist der § 246 unverändert übernommen worden, nur daß eine neue Vorschrift hinzugefügt ist, die sich mit der Berichterstattung an den Aufsichtsrat befaßt. Dagegen ist sonst weder in der Stellung des Aufsichtsrats gemäß § 246 noch in den Haftungsbestimmungen nach § 249 irgend etwas geändert. Danach gilt also für den Aufsichtsrat auch nach der neuen Fassung des Gesetzes alles das, was Wissenschaft und Praxis bisher für die Auslegung der §§ 246ff. festgestellt haben.

Im einzelnen hat die V. folgende neue Bestimmungen für den Aufsichtsrat:

a) In § 227a Abs. 2 u. 3 sind besondere Bestimmungen für die Haftung des Aufsichtsrats für den Fall der Verletzung der §§ 226 und 227 enthalten.

b) Die Berichterstattung des Vorstandes an den Aufsichtsrat ist in § 239a neu geregelt.

c) In § 240a ist eine gesetzliche Verpflichtung festgestellt, Kredite an Mitglieder des Vorstandes nur mit ausdrücklicher *Zustimmung des Aufsichtsrats* zu geben; auch hier ist in Abs. 5 u. 6 die Haftung des Aufsichtsrats geregelt.

d) In § 244a ist das Recht der Mitglieder des Aufsichtsrats, eine Sitzung des Aufsichtsrats einzuberufen, geregelt.

e) In § 246 Abs. 1 sind Bestimmungen eingefügt, die den Inhalt der Berichterstattung erweitern und das Recht des einzelnen Aufsichtsratsmitglieds auf Berichterstattung regeln.

f) In § 260 a Abs. 3 Nr. 6 ist bestimmt, daß die Gesamtbezüge der Mitglieder des Aufsichtsrats im Geschäftsbericht enthalten sein müssen.

g) Bei den Vorschriften über Bilanzprüfer § 262a f. ist eine Mitwirkung des Aufsichtsrats bei Wahl und Widerspruch gegen die Wahl vorgesehen.

In § 262c Abs. 2 ist bestimmt, daß Aufsichtsratsmitglieder nicht als Bilanzprüfer gewählt werden können.

In § 262e ist bestimmt, daß der Bericht der Bilanzprüfer dem Aufsichtsrat vorzulegen ist und daß dieser Bemerkungen hierzu zu machen hat. § 246.

In § 262g Abs. 3 sind Bestimmungen über die Schweigepflicht des Aufsichtsrats der Prüfungsgesellschaft enthalten.

h) § 266 Abs. 1 enthält Bestimmungen über das Stimmrecht der Mitglieder des Aufsichtsrats bei Anträgen auf Prüfung.

i) In § 268, der die Ansprüche der Gesellschaft auf Regreß betrifft, sind Vorschriften enthalten, die bei Regreß gegen den Aufsichtsrat die Minderheit auf 5 % in gewissen Fällen herabsetzen.

k) Art. VIII enthält Bestimmungen über den zur Zeit des Inkrafttretens des Gesetzes im Amt befindlichen Aufsichtsrat und ferner Bestimmungen über die Zahl der Aufsichtsratsmitglieder und die Höchstzahl der Aufsichtsratsämter, die in einer Person vereinigt werden können.

l) Die Strafe nach § 312 ist in Art. IX erhöht worden.

m) In § 318a ist eine neue Strafvorschrift für den Aufsichtsratsvorsitzenden einer Prüfungsgesellschaft bei Verletzung der Schweigepflicht eingeführt.

Alle diese Bestimmungen sind bei den betreffenden Paragraphen behandelt.

I. **Rechte und Pflichten des Aufsichtsrats** (Über die in den Aufsichtsrat entsendeten Betriebsratsmitglieder vgl. Anm. 14d). Behandeln die §§ 243 bis 245 die Zusammensetzung des Aufsichtsrats und seine Vergütung, so beschäftigt sich dieser Paragraph mit den Rechten und Pflichten des Aufsichtsrats. **Für den allgemeinen Charakter des Aufsichtsrats** ergibt sich aus den Vorschriften dieses Paragraphen sowie aus den sonstigen zerstreut vorkommenden Vorschriften des Gesetzes folgendes: Die Gesellschaft hat geschäftsführende und vertretungsberechtigte Organe. Diese Organe sind Generalversammlung, Aufsichtsrat, Bilanzprüfer und Vorstand. Doch ist die Abgrenzung der Befugnisse und Obliegenheiten dieser vier Organe nicht derart, daß es gerechtfertigt wäre, in kurzer Gegenüberstellung zu sagen, wie das RG. (3, 129) dies für das bisherige Recht tut: die Gesellschaft habe ein Willensorgan, die Generalversammlung, ein ausführendes Organ, den Vorstand, und ein kontrollierendes Organ, den Aufsichtsrat. Denn der Vorstand ist sicherlich auch ein Willensorgan, und der Aufsichtsrat ist nicht nur Aufsichtsorgan. Einleitung.

Vielmehr entspricht folgendes der Lage des Gesetzes:

Die geschäftsführenden Organe der Gesellschaft sind Generalversammlung, Aufsichtsrat, Bilanzprüfer und Vorstand; Vertretungsorgan ist hauptsächlich der Vorstand, ausnahmsweise auch der Aufsichtsrat und ganz ausnahmsweise auch die Generalversammlung (vgl. Anm. 4 zu § 250), ausschließlich Aufsichtsorgan sind nach der V. die Bilanzprüfer. Bei Versicherungsgesellschaften kommt noch das Aufsichtsamt hinzu, vgl. § 64 PrivVUntG.

Der Aufsichtsrat ist notwendiges Organ der AG. (auch für die vor Geltung des HGB. gegründeten Gesellschaften, vgl. RG. 48, 40) in dem Sinne, daß er bei der Gründung bestellt werden muß, daß gewisse Handlungen seiner Mitwirkung bedürfen, und daß der Vorstand und der Aufsichtsrat bei Vermeidung von Strafe (§ 315 Ziff. 1) für die Wahl der fehlenden Aufsichtsratsmitglieder sorgen müssen. Ist aber trotzdem ein vorschriftsmäßig besetzter Aufsichtsrat nicht vorhanden, so besteht gleichwohl die AG. fort; Vorstand und Generalversammlung können ihre Befugnisse ausüben; nur können Handlungen, bei denen nach dem Gesetz Mitwirkung des Aufsichtsrats vorgeschrieben ist, nicht vorgenommen werden (KG. in OLGR. 34, 348).

Der Aufsichtsrat ist hiernach geschäftsführendes und ausnahmsweise auch Vertretungsorgan. Seine Geschäftstätigkeit besteht zunächst und unabänderlich in der kontrollierenden Tätigkeit, die ihm im vorliegenden Paragraphen zugewiesen ist, insbesondere in der Ausübung des Rechts und in der Erfüllung der Pflicht zur Prüfung der Bilanz (§ 260) und des Berichts der Bilanzprüfer (§ 262c). Daneben hat ihm schon das Gesetz anderweite

§ 246. Tätigkeiten, reine Verwaltungsakte, zugewiesen, nämlich im § 238 die Erteilung der Zustimmung zur Bestellung von Prokuristen, in § 240a Recht und Pflicht zur Genehmigung von Darlehnsgewährung an Vorstandsmitglieder und im vorliegenden Paragraphen das Recht und die Pflicht, die Generalversammlung einzuberufen, so oft das Gesellschaftsinteresse dies erfordert; vgl. auch § 222 Abs. 4. Und endlich ist nach Abs. 3 des vorliegenden Paragraphen dem Gesellschaftsvertrage überlassen, ihm weitere Obliegenheiten, also weitere Verwaltungsgeschäfte, zu übertragen (vgl. Anm. 10). Soweit dies nicht geschehen ist, ist er nicht Vorgesetzter des Vorstandes.

Ausnahmsweise aber ist der Aufsichtsrat auch Vertretungsorgan nach außen, nämlich nach positiver gesetzlicher Vorschrift bei Anfechtungsklagen gegen die Gesellschaft (§ 271) und bei Klagen der Gesellschaft gegen die Vorstandsmitglieder sowie bei Rechtsgeschäften mit ihnen (§ 247; vgl. auch § 268 und RG. 82, 349); ferner besteht eine Mitanmeldepflicht gemäß §§ 195, 280, 284; eine Mitwirkung bei der Nachgründung (§ 207); bei Wahl und Beschwerde gegen Auswahl der Bilanzprüfer (§ 262b), Mitwirkung in den Fällen §§ 266—270. Ferner aber muß mit der allgemeinen Ansicht angenommen werden, daß der Aufsichtsrat die Gesellschaft sowohl dann rechtsgeschäftlich verpflichtet, als auch gemäß § 31 BGB. verantwortlich macht, wenn er kraft seiner gesetzlichen Befugnisse handelnd auftritt, z. B. wenn er zur Ausübung seiner Befugnisse, z. B. zu Revisionen etwa Hilfspersonen anstellt (so Lehmann-Ring Nr. 1; Behrend § 127 Anm. 17; Lehmann Lehrb. 354 Anm. 3; OLG. Karlsruhe bei Holdheim 1, 58; vgl. Anm. 13), auch wenn er sich in Angelegenheiten, die die Gesellschaft betreffen, Rechtsgutachten erteilen läßt. Der Aufsichtsrat, der nach dem Gesetz alle Zweige der Verwaltung beaufsichtigen soll, handelt, wenn er sich in Gesellschaftsfragen sachkundigen Rat einholt, nicht für sich, wenn auch mittelbar dadurch seine Verantwortung gemindert wird (Fischer 245); er handelt in Ausfluß der ihm nach dem Gesetz überwiesenen Pflichten, denen die Rechte gegenüberstehen, die die Erfüllung dieser Pflichten ermöglichen (einen entgegengesetzten Standpunkt nimmt das KG. in LZ. 1910, 90 ein). — Dagegen kann auch durch den Gesellschaftsvertrag (RG. im „Recht" 1914 Nr. 2130; vgl. Kießler 59) nicht dem Aufsichtsrat für andere Fälle Vertretungsmacht eingeräumt werden (vgl. RG. in LZ. 1918, 995); auch kann er nicht außerhalb seiner gesetzlichen Befugnisse die Gesellschaft verpflichtende Erklärungen abgeben (z. B. einen Beamten zu anderen Bedingungen, als es der Vorstand getan hat, anstellen [RG. in LZ. 1915, 52[16]; vgl. auch Staub-Pinner § 231 Anm. 2]). Und am allerwenigsten ist es statthaft, ihn zum ständigen Vertreter zu machen (Behrend § 127 Anm. 7a; RG. in JW. 97, 349; hier Anm. 12a). — Soweit der Aufsichtsrat nicht als Vertretungsorgan handelt, z. B. wenn er seine Aufsichtspflicht ausübt, macht er lediglich sich selbst, nicht die Gesellschaft verantwortlich; er ist in diesem Falle nicht Organ der Gesellschaft; diese haftet weder nach § 31 noch nach § 278 BGB. (OLG. Hamburg in OLGR. 36, 275). Soweit dagegen der Aufsichtsrat als Vertreter der Gesellschaft handelt, z. B. dem Vorstand gegenüber (§ 247), tritt die Haftung aus § 31 BGB. ein (dagegen OLG. Hamburg in SeuffA. 73, 53). Tritt der Aufsichtsrat in der Absicht, namens der Gesellschaft zu handeln, nach außen handelnd auf, so verpflichtet er, soweit ihm die Vertretungsmacht mangelt, sich selbst als Vertreter ohne Vertretungsmacht gemäß § 179 BGB. (vgl. Staub-Bondi Anm. 111 ff. im Anh. zu § 58). In den Prozessen, in denen der Aufsichtsrat die Gesellschaft nicht vertritt, kann jedes Aufsichtsratsmitglied als Zeuge vernommen werden.

Der vorliegende Paragraph beschäftigt sich nicht mit den Ausnahmefällen, in denen der Aufsichtsrat Vertretungsorgan der Gesellschaft ist, sondern nur mit dem Aufsichtsrat als Kontroll- und Geschäftsführungsorgan.

In den vier Absätzen des Gesetzes ist der Gegenstand wie folgt behandelt:

1. Gesetzlicher Umfang der Aufsichtstätigkeit (Abs. 1).

2. Die Pflicht, erforderlichenfalls die Generalversammlung einzuberufen (Abs. 2).

3. Der Vorbehalt für die Satzung zur Aufstellung weiterer Obliegenheiten (Abs. 3). **§ 246.**

4. Übertragungsverbot (Abs. 4).

II. **Über die Stellung des Aufsichtsrats als Aufsichtsorgan im allgemeinen:** Das Gesetz bestimmt die Pflicht („hat zu...") zur Überwachung und zur Unterrichtung, ferner zur Prüfung der Jahresrechnungen, Bilanzen und Vorschläge zur Gewinnverteilung sowie zur Berichterstattung. Zur Erfüllung dieser Verpflichtung ist der Aufsichtsrat berechtigt („kann"), Berichterstattung zu verlangen, Bücher und Bestände zu prüfen.

Bei der Erörterung dieser Bestimmung ist davon auszugehen, daß der Aufsichtsrat nach dem Gesetz nur beaufsichtigende Tätigkeit haben soll, daß die Mitglieder des Aufsichtsrats nicht verpflichtet sind, ihre ganze Tätigkeit dem Amt zu widmen, daß der Gesetzgeber nur verlangen kann, daß sie ihre Pflicht innerhalb der Grenze des Möglichen und Üblichen erfüllen. Hierauf weist § 249 hin, der zur Ergänzung des § 246 heranzuziehen ist. Die Mitglieder haben bei Erfüllung ihrer Pflicht die Sorgfalt eines ordentlichen Geschäftsmannes anzuwenden. Es läßt sich in keiner Weise hiernach eine allgemeine Regel für das Maß der Obliegenheiten des Aufsichtsrats geben. Sie wird je nach Art der Gesellschaft, nach dem Umfang der Geschäfte, nach der Eigenschaft der Beamten der Gesellschaft, insbesondere des Vorstandes, verschieden sein. Keinesfalls liegt es im Sinne des Gesetzes, daß der Aufsichtsrat über jede Einzelheit sich unterrichtet, daß er jede Handlung des Vorstandes überwacht, alle Zweige der Verwaltung im einzelnen überwacht. Es muß dies gegenüber der zum Teil viel weitergehenden, in der Literatur und vor allem in der Praxis verbreiteten Ansicht, hervorgehoben werden, die schließlich den Aufsichtsrat für jeden Schaden, der der Gesellschaft erwächst und der vielleicht bei einer über das übliche Maß hinausgehenden, jede Einzelheit berücksichtigenden Prüfung hätte entdeckt werden können, verantwortlich macht (vgl. die Zusammenstellung der verschiedenen Ansichten bei Rießer, Zur Aufsichtsratsfrage, in der Festgabe für R. Koch, ferner Passow S. 443). Man stelle sich nur vor, was ein Aufsichtsratsmitglied bei einem Betriebe, wie z. B. der Deutschen Bank und Discontogesellschaft oder der Allgemeinen Elektrizitätsgesellschaft, leisten müßte, wenn es eine derartig weitgehende Überwachung vornehmen wollte, um sofort einzusehen, daß hier Unmögliches verlangt wird. Vernunftgemäß kann dies das Gesetz nicht fordern; seiner Pflicht genügt daher, falls nicht besondere Umstände zu einem weitergehenden Verlangen Anlaß bieten, in der Regel der Aufsichtsrat, der die nötigen Prüfungen vornimmt, über die wesentlichen Geschäftsvorgänge in Beratung tritt, dafür sorgt, daß ihm genügend Bericht erstattet wird, um den Geschäftsgang zu beaufsichtigen und, wenn nötig, einzuschreiten, bei der Bilanzprüfung die verkehrsübliche Sorgfalt entfaltet (ebenso im Ergebnis Rießer a. a. O.; GoldschmitAR. 157, 168; Bondi in LZ. 1917, 1308 sowie die dort Angef.; Generalbericht des Enqueteausschusses S. 51 und Küntzel, Der Aufsichtsrat S. 40ff.).

Das RG. (JW. 1911, 223[36]) hat ausgesprochen, daß der Aufsichtsrat nur haftet, insofern er Umstände oder Dinge nicht beachtet hat, auf die ein ordentlicher Geschäftsmann in gleicher Lage Gewicht legt; dagegen der Regel nach dann nicht, wenn er die wahrscheinlichen Folgen einer geschäftlichen Maßnahme, die sich so mit Sicherheit überhaupt nicht voraussehen lassen, falsch beurteilt hat. Das RG. steht also hier ebenfalls auf dem Boden verständiger, den Lebensverhältnissen entsprechender Beschränkung der Pflichten des Aufsichtsrats (vgl. auch RG. bei Bauer 27, 64).

Die Erl. zum I. Entw. (S. 100) erklärt ebenfalls, daß § 246 Abs. 1 in der bisherigen Fassung (d. h. wenn man ihn wörtlich auslegen wollte) dem Aufsichtsrat praktisch undurchführbare Überwachungspflichten auferlegt. Sie erkennt damit die Notwendigkeit der von der Rechtsprechung vorgenommenen einschränkenden Auslegung an.

Die V. hat an der Überwachungspflicht und der Haftung des Aufsichtsrats für seine Kontrolltätigkeit grundsätzlich nichts geändert. Das muß gegenüber der scharfen Kritik, die Lehmann-Hirsch (Vorbem. zu Art. VIII S. 163) an den den Aufsichtsrat be-

§ 246. treffenden neuen Bestimmungen üben, betont werden. Die V. will lediglich die Erfüllung der Kontrollpflicht dem Aufsichtsrat erleichtern. Deshalb die Verpflichtung des Vorstandes, dem Aufsichtsrat regelmäßig zu berichten. Deshalb die Bestimmung, daß Kredite an Vorstandsmitglieder nur mit ausdrücklicher Zustimmung des Aufsichtsrats gegeben werden können. Deshalb die Einführung der Pflichtprüfung usw. Mit diesen Vorschriften sorgt die V. dafür, daß dem Aufsichtsrat in größerem Umfang und in zuverlässigerer Form, als es nach bisherigem Recht geschah, das Material zugeht, das er zur ordnungsmäßigen Erfüllung seiner Kontrolltätigkeit benötigt. Zur Erlangung dieses Materials hat er weniger zu tun als bisher. Auch sein erweitertes Informationsrecht (Abs. 1 Satz 4) bedeutet keine Erweiterung seiner Informationspflicht, sondern wiederum nur eine Erleichterung in der Ausübung seines Kontrollrechts. Die Aufsichtsratsmitglieder brauchen das eigene Informationsrecht nur auszuüben, wenn ihnen das Berichtsmaterial des Vorstandes oder der Bilanzprüfer oder eine von dritter Seite erteilte Information Anlaß hierzu gibt. Denn es kann nicht Sinn und Zweck der neuen Vorschriften sein, die Geschäftsführung durch überflüssige Kontrollen des Aufsichtsrats und unnötige zeitraubende Berichte des Vorstandes zu lähmen. Was das RG. (JW. 1911, 223[36]; vgl. die obige inhaltliche Wiedergabe) über die Haftung des Aufsichtsrats für seine Kontrolltätigkeit ausgeführt hat, gilt also nach wie vor. Nur die Kontrollmöglichkeiten sind erweitert. Sie verringern die Regreßgefahr, weil sie die Möglichkeit schaffen, Schäden von der Gesellschaft abzuwenden. Die Haftung des Aufsichtsrats ist nur begründet, wenn schuldhaft die Kontrollmöglichkeiten ungenützt bleiben. Das galt auch nach bisherigem Recht.

Die Kritik an den neuen Bestimmungen ist um so weniger gerechtfertigt, als gerade bei größeren Unternehmungen, bei denen sich die Kontrolle des Aufsichtsrats praktisch auf Einzelheiten nicht erstrecken kann, die von der V. eingeführte Regelung schon seit langem verwirklicht ist. Bei ihnen schreiben die Geschäftsordnungen regelmäßige Berichte des Vorstandes vor; die Prüfung der Bilanz erfolgt regelmäßig durch Sachverständige, die nicht im Anstellungsverhältnis zu der Gesellschaft stehen. Diese Regelung ist erprobt und bewährt (Generalbericht des Enqueteausschusses S. 52).

Es ist auch zu bestreiten, daß die neuen Vorschriften eine Gefahr für die Gesellschaft bedeuten, weil den Aufsichtsratsmitgliedern „alle wesentlichen Interna der Gesellschaft" bekannt werden. Gerade bei der für größere Unternehmungen geübten Praxis konnte man das gleiche schon für den bisherigen Rechtszustand sagen. So soll es auch sein. Lehmann-Hirsch (§ 246 Anm. 1) vertreten selbst die Meinung, daß auch nach bisherigem Recht der Vorstand vor dem Aufsichtsrat keine Geheimnisse haben darf. Die Notwendigkeit vorsichtiger Auswahl der Aufsichtsratsmitglieder im Interesse einer Wahrung der Geschäftsgeheimnisse bestand also früher wie jetzt in gleichem Maße.

Ist hiernach den Bedenken von Lehmann-Hirsch gegen die V. nicht zu folgen und ist es insbesondere nach der V. nicht angängig, daß die Rechtsprechung der Gerichte die Anforderungen an die Kontrollpflichten des Aufsichtsrats über die Grenzen des praktisch Möglichen hinaus höher als bisher spannt, so besteht für die von Lehmann-Hirsch empfohlene allgemeine Flucht aus dem Aufsichtsrat in ein Gremium, dem Kontrollpflichten nicht obliegen, keine Veranlassung. Wenn Mitglieder des Aufsichtsrats, die sich bisher um eine Kontrolle der Gesellschaft nicht kümmerten, aber sonst der Gesellschaft durch ihre Beziehungen und durch geschäftliche Ratschläge nützten, in einen besonderen Verwaltungsrat übertreten (Anm. 15), so dient dies nur der reinlichen Scheidung. Insofern ist der weiteren Ausgestaltung solcher Gremien durchaus das Wort zu reden. Die Wirtschaft wird aber in ihren bedeutenden und angesehenen Unternehmungen nicht des Aufsichtsrats entbehren können, der mit führenden Persönlichkeiten besetzt ist und gegenüber dem Vorstand Ansehen und Autorität genießt. Andererseits werden sich die Unternehmungen, insbesondere die Banken, die an Aktiengesellschaften interessiert sind und in deren Verwaltung vertreten sein wollen, nicht mit einem „Sitzredakteur" im Aufsichtsrat begnügen können. Ihre Vertreter werden mit ihrer eigenen Autorität, aber auch ihrer eigenen Verantwortung gegenüber Vorstand und Generalversammlung stehen wollen. Nicht zu bestreiten ist, daß gerade den Banken diese selbstverständliche Einstellung durch die Beschränkungen des Art. VIII der V. zum Teil unmöglich gemacht wird (vgl. Art. VIII Anm. 18). **§ 246.**

Es ist auch nicht richtig, daß die V. dort, wo sich der Aufsichtsrat von einem Überwachungsorgan zu einem Verwaltungsorgan (vgl. hierüber Anm. 10) entwickelt hat, diese Entwicklung zwangsläufig zurückschraubt (so Lehmann-Hirsch Vorbem. zu VIII). Die Entwicklung zum Verwaltungsorgan entstammt nicht einer „mehr oder minder laxen Praxis", sondern der Bestimmung des § 246 Abs. 3. Diese aber ist durch die V. unberührt geblieben. Die für den Aufsichtsrat geschaffenen Erleichterungen in bezug auf die Ausübung seiner Tätigkeit als Überwachungsorgan hindern in keiner Weise die Beibehaltung oder weitere Entwicklung der Tätigkeit als Verwaltungsorgan dort, wo sie bereits vorhanden ist oder sich unter Ausnutzung des § 246 Abs. 3 als schaffenswert empfiehlt.

Es kann hiernach keine Rede davon sein, daß die V. die Institution des Aufsichtsrats „zerschlagen" hat. Im Gegenteil, sie nimmt ihm nichts an Rechten und Betätigungsmöglichkeiten (§ 246 Abs. 3), sondern schafft eine Reihe wichtiger Vorsichtsmaßregeln, die die Erfüllung seiner Pflichten erleichtern und bedauerlichen Einzelfällen vorbeugen sollen, die das Ansehen der Aufsichtsräte in der Vergangenheit geschädigt haben.

Von den oben dargelegten Gesichtspunkten über den Inhalt und Umfang der Pflichten des Aufsichtsrats wird in der folgenden Einzeldarstellung ausgegangen.

1. (Abs. 1.) **Gesetzlicher Umfang der Aufsichtstätigkeit.** Die dem Aufsichtsrat hier auferlegten **Anm. 1.** Verpflichtungen sind *uneinschränkbar*. Der Gesellschaftsvertrag kann sie erweitern, aber nicht verringern. *Die Prüfungstätigkeit steht dem Aufsichtsrat nur als geschlossenem Organ zu* (vgl. jedoch Anm. 4); nur alle Mitglieder des Aufsichtsrats oder einzelne von diesem beauftragte Mitglieder können sie ausüben (KG. in OLGR. 12, 431; RG. 93, 338 und hier Anm. 11, 12 u. 14). Hieran ändert auch nichts der durch die V. eingefügte Satz 4 des Abs. 1. Für die Vorweisung der Bücher und die Untersuchung der Bestände ist dies besonders hervorgehoben (vgl. Anm. 5). Die Satzungen können hierin Änderungen treffen, können z. B. den Vorsitzenden oder sonstigen Mitgliedern des Aufsichtsrats eine selbständige Prüfung einräumen.

a) *Der Aufsichtsrat hat den Vorstand zu überwachen.* Das Gesetz hat sich mit **Anm. 2.** Recht damit begnügt, nur die allgemeine Überwachungspflicht aufzustellen, die sich aber auch auf die Zweckmäßigkeit und Richtigkeit der Geschäftsführung, auf die Diensteinrichtungen, die Anstellungs- und Pensionsverhältnisse der Beamten erstreckt (RG. in JW. 1924, 1147) sowie auf ein Einschreiten gegen geplante unerlaubte Handlungen des Vorstandes oder sonstiger Bevollmächtigten (RG. im „Recht" 1929 Nr. 1498). Was der Aufsichtsrat im einzelnen zu tun hat, um diese seine Pflicht zu erfüllen, ist Sache seines pflichtmäßigen Ermessens. Jedes Unternehmen, jede Gesellschaft, jede Zusammensetzung des Vorstandes wird in dieser Beziehung verschiedene Pflichten auferlegen. Die Sorgfalt eines ordentlichen Geschäftsmannes ist überall die Grundlage (§ 249). *Das Recht, dem Vorstande Weisungen zu erteilen,* ist hiernach vom Gesetze nicht gegeben, kann aber durch die Satzung vorgesehen sein (vgl. Anm. 10). Deshalb kann, soweit dies nicht in der Satzung oder im Anstellungsvertrage vorgesehen ist, der Aufsichtsrat den Vorstand nicht anweisen, vor Ergreifung von Maßregeln oder vor Abschluß von Geschäften seine Genehmigung einzuholen. Daß, sofern der Geschäftsbetrieb durch andere Personen besorgt wird, die Aufsicht sich auf diese erstrecken muß, kann nicht bezweifelt werden, zumal die engere Fassung des früheren Art. 225 („hat den Vorstand zu überwachen") im jetzigen Gesetz fallen gelassen ist. Indessen ist es immer nur der Vorstand, gegen den sich das Aufsichtsrecht wendet. *Zu den Angestellten des Geschäfts* steht der Aufsichtsrat in keiner unmittelbaren Beziehung, ihnen gegenüber hat der Aufsichtsrat bei etwaiger Weigerung, sich der Prüfung zu unterwerfen, kein unmittelbares Zwangsmittel (GoldschmitAG. Anm. 4; dagegen Brand Anm. 2b). Soweit der Geschäftsbetrieb

§ 246. durch ein anderes Organ, z. B. einen Ausschuß des Aufsichtsrats besorgt wird, ist auch auf dessen Tätigkeit die Aufsicht des Gesamtaufsichtsrats auszudehnen (vgl. auch Anm. 4b und 12).

Anm. 3. b) Er hat sich zu diesem Zwecke vom Gange der Angelegenheiten zu unterrichten. Die Worte „zu dem Zwecke" sind mit Absicht hinzugefügt (KB. z. Aktiengesetz von 1884, 21). Sie sollen einmal einer Ausdehnung der Prüfungsbefugnis über den Überwachungszweck hinaus vorbeugen, andererseits andeuten, daß die Prüfungspflicht so weit geübt werden muß, als jener Zweck es erfordert.

Anm. 4. c) **Er kann jederzeit vom Vorstande Berichterstattung fordern.** Dieses Recht des Aufsichtsrats wird durch § 239a wirksam ergänzt. Es begründet die Verpflichtung des Vorstandes zur Berichterstattung in regelmäßigen Zeitabschnitten und bei wichtigem Anlaß (vgl. die Anm. zu § 239a). Dadurch sucht das Gesetz die tatsächlichen und rechtlichen Schwierigkeiten aus dem Wege zu räumen, die sich ergeben müssen, wenn der Vorstand es an der erforderlichen Unterstützung des Aufsichtsrats und an Entgegenkommen fehlen lassen wollte. § 239a sichert die wirksame Ausübung der Befugnisse des Aufsichtsrats.

Wenn dem Aufsichtsrat über § 239a hinaus das Recht gegeben ist, jederzeit Berichterstattung vom Vorstande zu fordern, so ist das doch nur mit vernunftgemäßer Einschränkung zu verstehen. Es liegt auf der Hand, daß auch hier nur vernünftige Anforderungen gestellt werden können. Der Aufsichtsrat darf nicht Berichterstattung, soweit nicht dringliche Fälle vorliegen, außerhalb der Geschäftsstunden verlangen, oder wenn der Vorstand gerade anderweite unaufschiebbare Geschäfte vorhat, auch nicht zur Schikane wiederholt dieselbe Auskunft erfordern.

Anm. 4a. α) **Der Anspruch auf Berichterstattung** steht dem Aufsichtsrat als solchem zu. Nach dem durch die V. eingefügten Satz 4 ist außerdem jedem einzelnen Mitglied des Aufsichtsrats, auch den Betriebsratsmitgliedern, dieser Anspruch gegeben. Nur, daß das einzelne Mitglied nicht den Bericht an sich selbst, sondern nur an den Aufsichtsrat fordern kann. Die V. will mit dieser Vorschrift den Einwand der einzelnen Aufsichtsratsmitglieder gegenüber Regreßansprüchen abschneiden, daß sie mangels selbständiger Kontrollbefugnisse einem Verdacht nachzugehen nicht in der Lage waren (Erl. des I. Entw. S. 100).

Der Anspruch des einzelnen Aufsichtsratsmitgliedes kann nicht durch Ordnungsstrafen des Registerrichters gemäß § 319 HGB. verwirklicht werden. Das folgt aus den Einschränkungen, die § 246 Abs. 1 Satz 4 der Durchführung des Rechts selbst entgegenstellt. Lehnt nämlich der Vorstand die von einem einzelnen Aufsichtsratsmitglied verlangte Berichterstattung ab, so kann das Aufsichtsratsmitglied gegenüber dem Vorstand auf Berichterstattung nur dann beharren, wenn sein Verlangen von einem anderen Aufsichtsratsmitgliede unterstützt wird. Bei Aufsichtsräten von 20 oder mehr Mitgliedern ist sogar die Unterstützung durch mindestens zwei andere Mitglieder des Aufsichtsrats erforderlich.

Anm. 4b. β) **Der Inhalt des Rechts auf Berichterstattung.**

aa) Das Recht des Aufsichtsrats auf Berichterstattung ist durch den Zweck seiner Kontrolltätigkeit begrenzt. Auch dem einzelnen Mitglied sollen nach Abs. 1 Satz 4 nicht weitergehende Rechte zustehen als dem Gesamtaufsichtsrat. Zu Informationszwecken, die dem eigenen Interesse des einzelnen Aufsichtsratsmitgliedes dienen, ist das Recht nicht geschaffen (ebenso Lehmann-Hirsch Anm. 4). Wird zu solchem Zweck Auskunft verlangt, so kann der Vorstand sie ablehnen. Das gleiche gilt, wenn die Frage Angelegenheiten betrifft, die satzungsgemäß nicht zur Geschäftsführung des Vorstandes gehören, sondern dem Aufsichtsrat selbst, einzelnen seiner Mitglieder, besonderen Kommissionen oder nur den gewählten Mitgliedern des Aufsichtsrats übertragen sind. In diesen Fällen ist das Verlangen auf Berichterstattung nicht an den Vorstand zu richten, sondern im Aufsichtsrat zu stellen. Ist z. B. die Entscheidung über Finanztransaktionen gewissen Umfangs in der Satzung einem Finanzausschuß des Aufsichtsrats übertragen, so kann ein diesem Ausschuß nicht angehörendes Mitglied des Aufsichtsrats über diese Geschäfte nicht vom Vorstand, sondern nur im Aufsichtsrat Auskunft verlangen. Lehmann-Hirsch (Anm. 7) meinen, daß für derartige Fälle die Berichterstattung durch das Gesetz nicht geregelt sei und die Satzungen diese Regelung nach freiem Ermessen gestalten können. Dem kann nicht beigetreten werden. Wenn nach Abs. 1 Satz 1 der Aufsichtsrat die Geschäftsführung der Gesellschaft zu überwachen hat, muß dieser seiner Verpflichtung auch die Verpflichtung der geschäftsführenden Organe zur Aufklärung insoweit gegenüberstehen, als die Geschäftsführung einzelnen Aufsichtsratsmitgliedern oder Ausschüssen des Aufsichtsrats obliegt. § 246.

bb) Das Recht des Aufsichtsrats auf Berichterstattung gegenüber dem Vorstand umfaßt demnach alle Angelegenheiten, deren Erledigung dem Vorstand obliegt, also die gesamte Verwaltung der Gesellschaft, soweit sie von dem Vorstand zu führen ist, und die jeweilige Lage des Unternehmens. Zu diesen Angelegenheiten der Gesellschaft gehören auch ihre geschäftlichen und organisatorischen Beziehungen zu anderen Unternehmungen, insbesondere ihre Beteiligung an anderen Gesellschaften. Lehmann-Hirsch (Anm. 1) heben daher mit Recht hervor, daß schon nach bisherigem Recht der Aufsichtsrat über die Beziehungen der Gesellschaft zu einer abhängigen Gesellschaft oder einer Konzerngesellschaft Auskunft vom Vorstand verlangen konnte. Die V. legt dieses Recht im Abs. 1 Satz 3 ausdrücklich fest. Dem Bestreben der Verwaltungen, derartige Beziehungen geheim zu halten, will die V. angesichts der Zunahme der Verschachtelungen der Gesellschaften und der steigenden Konzentration der Unternehmungen mit positiver Vorschrift entgegentreten. Anm. 4c.

Über den Begriff der „abhängigen Gesellschaft" vgl. § 226 Anm. 25, über den Begriff „Konzerngesellschaft" vgl. Anhang zu § 261 d.

Nach dem Wortlaut des Abs. 1 Satz 3 könnte zweifelhaft sein, ob sich das Verlangen des Aufsichtsrats auch auf die Beziehungen der Gesellschaft zu einer „herrschenden" Gesellschaft zu erstrecken hat, also einem Unternehmen, von dem die Gesellschaft abhängt (§ 240a). Das ist zu bejahen. Die herrschende Gesellschaft ist im Verhältnis zu der abhängigen Gesellschaft eine Konzerngesellschaft im Sinne der V. (Anhang zu § 261 d Anm. 3).

Streitig könnte ferner sein, ob das Recht des Aufsichtsrats auf Berichterstattung die Geschäftsverhältnisse der abhängigen oder herrschenden Gesellschaft und der Konzerngesellschaften selbst umfaßt. Diese Frage ist nicht einheitlich zu beantworten. Die Interna der herrschenden Gesellschaften müssen ohne weiteres ausscheiden. Vielfach wird der Vorstand der abhängigen Gesellschaft über sie nichts wissen. Auch wenn solche Kenntnis vorhanden ist, insbesondere wenn Identität der Vorstände ganz oder teilweise gegeben ist, kommt die Auskunft über die Interna der herrschenden Gesellschaft nicht in Betracht. Sie gehören nicht zu den Angelegenheiten der abhängigen Gesellschaft. Das gleiche hat im Verhältnis zweier gleichgestellter Gesellschaften eines Konzerns zu gelten.

Anders liegt es im Verhältnis der herrschenden Gesellschaft zur abhängigen Gesellschaft, der leitenden Konzerngesellschaft zur beherrschten. Ist die abhängige Gesellschaft Organ der herrschenden, so liegt es auf der Hand, daß der Geschäftskreis der abhängigen Gesellschaft ein Teil des eigenen Geschäftskreises der herrschenden Gesellschaft ist. Auch ohne das Vorliegen der Organschaft ist die Einflußnahme der Verwaltung der herrschenden Gesellschaft auf die Geschäftsführung der abhängigen mehr oder minder stark. Es liegt eine Interessenverflechtung vor, durch die die herrschende Gesellschaft in ihrer geschäftlichen Lage dauernd berührt wird. Die Entwicklung der abhängigen Gesellschaft wirkt auf die herrschende ein. Die Angelegenheiten der ersteren sind solche der letzteren. Der Aufsichtsrat einer AG. kann daher von ihrem Vorstand auch Bericht über die Interna der von ihr abhängigen Gesellschaften verlangen.

§ 246. **Anm. 5.** d) Der Aufsichtsrat kann selbst oder durch einzelne von ihm zu bestimmende Mitglieder die Bücher und Schriften der Gesellschaft einsehen sowie sämtliche Bestände untersuchen. Das Recht des Aufsichtsrats auf Berichterstattung wäre unvollkommen, wenn es nicht durch den Anspruch auf Büchereinsicht und auf Vorweisung der Bestände ergänzt würde. Das Recht steht aber im Gegensatz zu dem durch die V. eingeführten Satz 4 des Abs. 1 nicht ohne weiteres jedem einzelnen Aufsichtsratsmitglied zu. Nur durch besonderen Auftrag des Aufsichtsrats kann es einem einzelnen Aufsichtsratsmitgliede verliehen werden. Damit soll der Ausbeutung des Geschäfts durch Benutzung der Geschäftsgeheimnisse vorgebeugt werden (KB. zum Aktiengesetz von 1884 S. 22; KGJ. 31 A 198 und OLG. Hamburg in OLG. 4, 469, sowie KG. bei Anm. 1). Zu weit geht daher Fürst (LZ. 1912, 11), wenn er ausführt, jedes Mitglied könne verlangen, daß es, wenn nicht persönliche Gründe, die es betreffen, vorliegen, zur Miteinsichtnahme hinzugezogen werden. Die Unrichtigkeit dieser Ansicht ist durch Satz 4 des Abs. 1 jetzt bestätigt. Glaubt ein Aufsichtsratsmitglied infolge der Ablehnung seiner Zuziehung zur Einsichtnahme seine Pflichten nicht erfüllen zu können, so hat es die in seiner Macht stehenden Mittel (vgl. Staub-Pinner § 249 Anm. 5) anzuwenden, gegebenenfalls das Recht der Niederlegung seines Amtes aus wichtigem Grunde (vgl. Staub-Pinner § 249 Anm. 5).

Anm. 6. e) Die Pflicht des Aufsichtsrats zur Auskunftseinholung und zur Büchereinsicht ist ein Teil seiner Überwachungspflicht. Die allgemeinen Grundsätze sind in der Einleitung zu § 246 besprochen. Die Erfüllung dieser Pflicht ist durch § 239a erleichtert, der dem Vorstand regelmäßige Berichte vorschreibt (Anm. 4). Versäumt der Vorstand diese Berichterstattung, so muß der Aufsichtsrat in Ausübung seiner Überwachungspflicht den Vorstand hierzu anhalten (§ 239a Anm. 10).

Durch die V. ist die Informationspflicht des **einzelnen** Aufsichtsratsmitgliedes nicht erweitert, wohl aber seine Möglichkeiten zur Aufklärung. Lehnt der Vorstand die von einem einzelnen Aufsichtsratsmitglied verlangte Berichterstattung ab, so kann es sich hierbei nicht beruhigen (a. A.: Lehmann-Hirsch Anm. 3). Es muß, wenn es eine Aufklärung zur Erfüllung seiner Kontrollpflicht für notwendig erachtet, die weiteren vom Gesetz eröffneten Wege beschreiten, also entweder ein oder zwei weitere Mitglieder des Aufsichtsrats zur Unterstützung seines Verlangens gewinnen — dann ist der Vorstand zur Berichterstattung verpflichtet — oder dem Gesamtaufsichtsrat die Angelegenheit unterbreiten. Die Anrufung des Gesamtaufsichtsrats war auch bisher für das einzelne Aufsichtsratsmitglied das Mittel, für Aufklärung zu sorgen. Lehmann-Hirsch weisen mit Recht darauf hin, daß dieser letztere Wege der gebräuchlichere bleiben wird (Anm. 3). Der in Abs. 1 Satz 4 eröffnete Weg wird vor allem den Aufsichtsratsmitgliedern dienen, die sich im Aufsichtsrat einer Mehrheit gegenübersehen.

Anm. 7. f) Innerhalb dieser Grenzen und im Rahmen des § 239a hat der Vorstand die Verpflichtung, die Überwachung des Aufsichtsrats zu ermöglichen. Er unterliegt sonst den Ordnungsstrafen nach § 319. Der Aufsichtsrat kann ihn auch entlassen, suspendieren (§ 231 Anm. 31) oder gemäß § 231 Abs. 3 seine Bestellung widerrufen, soweit ihm diese Befugnis gegeben ist (Staub-Pinner § 231 Anm. 16). Der Vorstand macht sich auch haftbar, wenn der Gesellschaft durch die Versäumung der Berichterstattung ein Schaden entsteht (§ 241). Ferner kann der Aufsichtsrat eine Generalversammlung einberufen (Anm. 9). Endlich hat er das Recht zu Klagen und einstweiligen Verfügungen (hierüber § 247).

Dem Informationsrecht eines einzelnen Aufsichtsratsmitgliedes entspricht nicht eine Pflicht des Vorstandes, die begehrte Auskunft zu erteilen. Die Pflicht ist nur unter den Beschränkungen des Abs. 1 Satz 4 begründet (Anm. 4a). Der Vorstand darf die Frage eines einzelnen Aufsichtsratsmitgliedes unbeantwortet lassen. Eine Pflichtverletzung liegt darin nicht. Die Pflicht ist erst gegeben, wenn der Vorstand seine Ablehnung auch gegenüber dem Verlangen der erforderlichen Anzahl von Aufsichtsratsmitgliedern aufrechterhält. Dann kann er durch Ordnungsstrafen des Registerrichters zur Berichterstattung angehalten werden (§ 319; Lehmann-Hirsch Anm. 3 übersehen die Möglichkeit, wenn sie sagen, daß das Gesetz die Folgen der Ablehnung nicht regelt). Den Antrag auf Erlaß der Ordnungsstrafe kann jedes Aufsichtsratsmitglied stellen, nicht etwa nur der Gesamtaufsichtsrat (vgl. Staub-Bondi § 14 Anm. 3). Im übrigen gelten die allgemeinen Bestimmungen über die Haftung des Vorstandes bei Pflichtverletzungen (§ 241). **§ 246.**

g) Es ist die Frage erhoben worden, ob der Vorstand berechtigt ist, von Berichterstattung Abstand zu nehmen, wenn eine Interessenkollision beim Aufsichtsrat vorliegt (vgl. Staub-Pinner § 243 Anm. 2e), insbesondere wenn die Auskunft nicht im Interesse der Gesellschaft, sondern im eigenen Interesse des betreffenden Aufsichtsratsmitgliedes verlangt wird. Netter in „Die aktienrechtliche Auskunftspflicht" (11) will dem Vorstand das Recht geben, dem Auskunftsverlangen nicht zu entsprechen, wenn es gegen Treu und Glauben verstößt, insbesondere also, wenn nicht nur die Möglichkeit einer Interessenkollision vorhanden ist, sondern ein Tatbestand, aus dem ersichtlich ist, daß bestimmte Auskünfte nur zur Befriedigung privater Interessen und gegen das Interesse der Gesellschaft verlangt werden. In einem solchen Falle, aber auch nur in einem solchen, wird man dem Vorstand das Recht geben können, Bericht nicht zu erstatten. Im übrigen bleibt die Pflicht zur Berichterstattung bestehen, ohne die ja die Pflichten des Aufsichtsrats nicht ausgeübt werden können. **Anm. 7a.**

Der Umstand, daß in § 260a Abs. 4 Satz 2 ausdrücklich bestimmt wird, daß die Berichterstattung im Geschäftsbericht in gewissen Fällen unterbleiben kann, daß aber in § 239a eine derartige Bestimmung nicht enthalten ist, der Umstand ferner, daß ersterer Bericht den Aktionären und der Öffentlichkeit erteilt wird, während die Berichte des § 239a nur dem Aufsichtsrat erteilt werden, läßt ohne weiteres darauf schließen, daß die Bestimmung des § 260a Abs. 4 Satz 2 nicht auf die Berichterstattung des § 239a angewendet werden kann (vgl. § 239a Anm. 6 zu c).

h) Er hat die Jahresrechnungen, Bilanzen und Gewinnverteilungsvorschläge zu prüfen und darüber der Generalversammlung zu berichten (Kuckuck in ZAktW. 31, 133). „Alljährlich" ist nicht gesagt, weil es sich auch um Zwischenbilanzen handeln kann (dagegen GoldschmitAR. 176 und ders. AG. Anm. 11). Diese Prüfung wird sich zunächst darauf zu erstrecken haben, ob eine geordnete Buchführung überhaupt stattfindet. Ferner wird die Prüfung dahin gehen müssen, daß eine Übereinstimmung der Bilanz mit den Büchern, insbesondere der Inventur, stattfindet. Im übrigen wird, insbesondere bei zusammengesetzten Betrieben, sich der Aufsichtsrat mit Stichproben begnügen können, es sei denn, daß Verdachtsgründe vorliegen, die eine genaue Durchprüfung nötig erscheinen lassen (so Simon 158 Anm. 24; BrodmannAG. Anm. 2c; Klostermann 34; Stier-Somlo in ZHR. 53, 51; Küntzel 42; Cahn, Der Aufsichtsrat der AG. 80, vgl. oben Einl.). Was die Feststellung der Bestände und ihrer Übereinstimmung mit der Inventur betrifft, so ist diese im Sinne einer vollständigen Nachprüfung in allen Einzelheiten selbst bei kleineren Gesellschaften nicht möglich und liegt nicht innerhalb der vom Aufsichtsrat geforderten Sorgfalt. Auch hier müssen, falls nicht besondere Verdachtsgründe vorliegen, Stichproben genügen (vgl. obige Einl. unter II und Simon 158 Anm. 24; GoldschmitAR. 175, 178; Küntzel 43 Anm. 193; dagegen Rehm 794 und Bauer, Aufsichtsrat 101). **Anm. 8.**

Auch das RG. (Holdheim 13, 135) nimmt an, daß der Aufsichtsrat „in gewissem Umfange" von den Büchern Kenntnis nehmen muß, und falls sich Bedenken ergeben, eine gründliche Prüfung nicht unterlassen darf. Darauf allerdings, ob die Mitglieder des Aufsichtsrats im einzelnen Falle die genügenden Kenntnisse zur Prüfung der Bücher haben, komme es nicht an. Seien sie hierzu nicht imstande, so hätten sie die Wahl nicht annehmen sollen.

α) Für die Prüfung der Jahresbilanz und der Gewinn- und Verlustrechnung führt die V. in § 262a das besondere Organ der Bilanzprüfer neben dem Aufsichtsrat ein. Die Pflichtprüfung der Bilanzprüfer läßt grundsätzlich die Verpflichtung des Aufsichtsrats zur Prüfung des Jahresabschlusses unberührt. Das beweist der Umstand, daß die V. § 246 hinsichtlich der Bilanzprüfungspflicht des Aufsichtsrats unverändert bestehen läßt und § 262e hinzusetzt. Nach § 262e Abs. 2 ist der Bericht der Bilanzprüfer dem **Anm. 8a.**

§ 246. Aufsichtsrat vorzulegen. Dieser hat nach § 262e Abs. 3 in seinen Bemerkungen zu dem Geschäftsbericht auch zu dem Bericht der Bilanzprüfer Stellung zu nehmen.

Bei Gesellschaften, für die die Pflichtrevision in Kraft tritt (Art. XIV Abs. 2 Ziff. 2)*, wird trotzdem die Neuregelung der V. praktisch eine wesentliche Erleichterung für den Aufsichtsrat in der Erfüllung seiner Überwachungspflichten bedeuten. Das war bereits anerkannten Rechts in Fällen, in denen die Satzung die Prüfung der Bilanz durch unabhängige Revisoren vorschrieb (vgl. Anm. 13; Generalbericht des Enqueteausschusses S. 62; Verhandlg. dess. S. 66). Der Aufsichtsrat ist berechtigt, sich zur Prüfung der Bücher und der Bilanz geeigneter Sachverständiger zu bedienen. Seine Haftung für ordnungsmäßige Erfüllung seiner Obliegenheiten bleibt dadurch an sich unberührt. Seine Überwachungspflicht beschränkt sich aber in diesen Fällen auf die sorgfältige Auswahl der Sachverständigen und ein sorgfältiges Studium des Berichts, den sie erstatten. Enthält dieser Beanstandungen der Buchführung und Bilanzaufstellung, so hat der Aufsichtsrat für Abhilfe zu sorgen, soweit er nach eigener Prüfung die Bemängelungen als berechtigt anerkennen muß. Im übrigen kann er die Prüfung der Prüfer als ausreichend hinnehmen, wenn ihm nicht deren Bericht zu Zweifeln an seiner Zuverlässigkeit Anlaß gibt.

Was für derartige freiwillige oder durch die Satzung vorgeschriebene Prüfungen galt und weiter gelten muß, gilt in Zukunft auch für die der Pflichtprüfung unterworfenen Gesellschaften (Schmölder in JW. 1930, 2626). Bei ihnen ist nach der V. der Pflichtenkreis des Aufsichtsrats noch dadurch eingeschränkt, daß nicht er, sondern die Generalversammlung die Auswahl der Bilanzprüfer trifft (§ 262b). Er kann nur Widerspruch gegen die Wahl erheben, wenn er Bedenken gegen die gewählten Personen hat. Kann er aber von der Zuverlässigkeit der Bilanzprüfer ausgehen, so ist er selbst von eigener Prüfung der Bücher und Bilanzunterlagen befreit. Dabei ist beachtlich, daß die Pflichtprüfung nicht nur die formale Übereinstimmung des Jahresabschlusses mit den Büchern, sondern seine materielle Richtigkeit hinsichtlich der Beobachtung der Bilanzvorschriften, insbesondere also die gesetzmäßige Bewertung der Bilanzposten umfaßt (§ 262a). Es genügt daher, daß der Aufsichtsrat den Bericht der Bilanzprüfer daraufhin nachprüft, ob die Grundsätze, die für die Bilanzprüfer ihrem Bericht zufolge maßgeblich gewesen sind, den gesetzlichen Bestimmungen und den kaufmännischen Gepflogenheiten entsprechen. Bestätigen die Bilanzprüfer schlechthin die Beobachtung der gesetzlichen Bilanzvorschriften (§ 262e), so kann sich der Aufsichtsrat hierbei beruhigen. Er muß nur dann eigene Prüfungen vornehmen oder eine erneute Nachprüfung durch andere Sachverständige veranlassen, wenn der Prüfungsbericht ihm wegen seines Inhalts oder der Person der Prüfer unzuverlässig erscheint (Pinner, Aktiennovelle 28; Lehmann-Hirsch § 262e Anm. 5; vgl. § 262a Anm. 18).

Anm. 8b. β) Die Form des Berichts. Es ist nicht vorgeschrieben und nicht üblich, daß der Aufsichtsrat den Bericht an die Generalversammlung mündlich erstattet (OLG. Braunschweig in LZ. 1924, 383). Gewöhnlich liegt schriftlicher oder gedruckter Bericht vor. Bei den der Pflichtprüfung unterworfenen Gesellschaften hat der Aufsichtsrat in seinen Bemerkungen zu dem Geschäftsbericht auch zu dem Bericht der Bilanzprüfer Stellung zu nehmen (§ 262e). Insoweit ist Schriftform erforderlich.

Anm. 8c. γ) Für den Fall des § 207 hat der Aufsichtsrat die gesetzliche Pflicht zur Prüfung und Berichterstattung (Staub-Pinner § 207 Anm. 7).

Anm. 9. 2. (Abs. 2.) **Er hat die Pflicht, eine Generalversammlung einzuberufen, so oft dies im Interesse der Gesellschaft erforderlich ist** (§ 253). Diese Pflicht, die zugleich das Recht in sich schließt (vgl. Jacusiel 14), ist zur wirksameren Ausübung des Aufsichtsrechts gegeben, schließt aber einen Akt selbständiger Geschäftsführung in sich (nicht der Vertretung, weil sich ja dieser Akt nur an die Gesellschafter wendet). Es ist dies eine der Tätigkeiten, durch die schon kraft des Gesetzes der Aufsichtsrat aus dem Rahmen einer bloßen Aufsichtsinstanz heraustritt (vgl. die Einleitung). Bei Verletzung dieser Pflicht

* Vgl. auch 1. DV. vom 15. Dez. 1931 Art. 3 (Anhang).

tritt Schadensersatz ein (RG. 35, 83; vgl. Staub-Pinner Anm. 5 zu § 235 und Anm. 4 zu § 253). Das Recht, die Generalversammlung zu berufen, tritt selbständig neben das Recht des Vorstandes (§ 253) und kann durch den Gesellschaftsvertrag nicht entzogen oder beschränkt werden. Kann das einzelne Aufsichtsratsmitglied im Aufsichtsrat die Berufung der Generalversammlung nicht durchsetzen, so bleibt ihm, wenn er sie für notwendig erachtet, nichts übrig, als gegebenenfalls sein Amt niederzulegen (vgl. jedoch Staub-Pinner Anm. 5 zu § 249). Ob diese Niederlegung als aus wichtigem Grunde erfolgt angesehen wird (§ 243 Anm. 9), hängt von der Prüfung der Sachlage, insbesondere davon ab, ob objektiv anzunehmen ist, daß die Berufung der Generalversammlung hätte erfolgen müssen. Die Kosten einer vom Aufsichtsrat berufenen Generalversammlung trägt die Gesellschaft (OLG. Köln im „Recht" 04, 579). Wieweit der Vorsitzende des Aufsichtsrats zur Einberufung berechtigt ist, vgl. Staub-Pinner Anm. 13 zu § 254. § 246.

Außerdem aber hat der Aufsichtsrat die Pflicht, über die Ausführung der Beschlüsse der Generalversammlung zu wachen. Nimmt der Aufsichtsrat an, daß die Nichtausführung im Interesse der Gesellschaft liegt, so hat er unverzüglich von neuem die Generalversammlung zu befragen (OLG. Hamburg bei Bauer 17, 220).

Ist dem Aufsichtsrat der abweichende Wille der Mehrheit bekannt und schließt er (im vorliegenden Falle mit dem Vorstand), um den Einfluß der Generalversammlung auszuschalten, einen beschleunigten Vertrag, so ist ein solcher nach der Ansicht des RG. („Recht" 1915 Nr. 1616), als wider die guten Sitten verstoßend, nichtig.

Die Mitglieder des Aufsichtsrats haben das Recht, an der Generalversammlung teilzunehmen (vgl. Staub-Pinner § 250 Anm. 17). Eine ausdrückliche gesetzliche Vorschrift ist nicht vorhanden; ebensowenig ist üblicherweise ein derartiges Recht in der Satzung verbrieft. Das Recht folgt aber einerseits aus der Vorschrift der Überwachung der Geschäftsführung (§ 246 Abs. 1), da auch die Generalversammlung in dem Sinne als Organ der Geschäftsführung anzusehen ist, als in ihr wichtige, die Verwaltung bindende Beschlüsse gefaßt werden. Außerdem aber kann bei jedem Punkte der Tagesordnung, insbesondere bei den Bilanzen, ein Angriff auf die Geschäftsführung des Aufsichtsrats erfolgen, bei dem er in die Lage gesetzt sein muß, sich zu verteidigen. Insbesondere gilt dies für die Entlastung. Es kann auch, falls die Generalversammlung einverstanden ist (vgl. Staub-Pinner Anm. 9 zu c 1 zu § 256), über Gegenstände Beschluß gefaßt werden, die nicht auf der Tagesordnung stehen, und gegen die ein Mitglied des Aufsichtsrats, was sein Recht und seine Pflicht ist, sachliche Einwendungen erheben könnte. Es ist daher sowohl im Gesetz begründet, als auch allgemein üblich und als Handelsgewohnheitsrecht zu betrachten, daß den Mitgliedern des Aufsichtsrats die Anwesenheit in der Generalversammlung zu gestatten ist; sie ist innerhalb der Grenzen ihrer Überwachungspflicht für sie Verpflichtung (ebenso Gundlach in JW. 1924, 156; BrodmannAR. Anm. 4a zu § 235, Anm. 8 zu § 243; GoldschmitAG. Anm. 16; dagegen OLG. Braunschweig in JW. 1924, 1183[15] sowie Fuchs Anm. hierzu und in ZAktW. 1925, 203, ferner teilweise Goldschmit ebenda 1121, vgl. auch ders. Aufsichtsrat 215 und in DJZ. 1922, 311). Das gilt auch für die Mitglieder des Betriebsrats (vgl. Anm. 18 und Flatow-Cahn-Freund Anm. 3 zu § 3 AufsRGes. und die dort Angef.; dagegen LG. Verden in JW. 1924, 1061 aus unrichtiger Auslegung des § 3 AufsRGes.; vgl. Fuchs Anm. hierzu). Anm. 9a.

3. (Abs. 3.) **Weitere Obliegenheiten des Aufsichtsrats werden durch den Gesellschaftsvertrag bestimmt,** nicht aber kann dieser die Obliegenheiten vermindern. (In den Sozialisierungsgesetzen ist ausdrücklich bestimmt, daß der Aufsichtsrat die aus § 246 sich ergebende Zuständigkeit besitzen muß [vgl. § 11 des Ges. vom 21. Aug. 1919; § 44 des Ges. vom 19. Juli 1919]). Der Gesellschaftsvertrag kann neben den Aufsichtspflichten und den wenigen Geschäftsführungspflichten, die dem Aufsichtsrat kraft Gesetzes obliegen, Geschäftsführungsakte der mannigfachsten Art unter die Zuständigkeit des Aufsichtsrats stellen (RG. in JW. 1924, 1147), und tatsächlich machen die Satzungen der Gesellschaften hiervon den umfassendsten Gebrauch (Beispiele bei Passow 434). Z. B. findet sich in den Satzungen Anm. 10.

§ 246. häufig die Bestimmung, daß der Vorstand den Weisungen des Aufsichtsrats folgen muß. Das OLG. Kiel (bei Bauer 32, 65) hat in einem solchen Falle entschieden, daß das Verlangen des Aufsichtsrats auf tägliche Berichterstattung gerechtfertigt sei. Ja es kann sogar bestimmt werden, daß der Aufsichtsrat über alles, was geschehen soll, Beschluß zu fassen hat, und der Vorstand nichts tun darf, als was der Aufsichtsrat anordnet oder vorher genehmigt, oder auch in anderer Form alles das tun muß, was der Aufsichtsrat bestimmt. Es kann ihm somit die ganze Geschäftsführung übertragen sein, selbstverständlich vorbehaltlich der Rechte der Generalversammlung und vorbehaltlich gewisser dem Vorstande vom Gesetze unentziehbar übertragener Geschäftsführungsakte (vgl. hierüber Staub-Pinner Anm. 7 zu § 231; GoldschmitAG. Anm. 19; RG. in HRR. 1930 Nr. 305). Der Vorstand kann auf diese Weise, was seine innere Stellung betrifft, im großen und ganzen, wenn auch nicht ganz und gar, zum bloßen Vollziehungsbeamten des Aufsichtsrats herabgedrückt werden. Der Aufsichtsrat wird dadurch zum Verwaltungsrat (vgl. Anm. 15 und Passow 400 ff., der aus der geschichtlichen Entwicklung nachweist, daß der Aufsichtsrat, aus dem der Verwaltungsrat hervorgegangen, noch jetzt satzungsgemäß meist Verwaltungsfunktionen auszuüben hat und ausübt). In Streitfällen, besonders wenn das an ihn gestellte Verlangen ungesetzlich ist, bleibt den Vorstandsmitgliedern die Berufung der Generalversammlung nach § 253 Abs. 2, und als äußerstes Mittel die Amtsniederlegung (OLG. Hamburg in ZHR. 35, 247). Nach außen freilich bleibt auch in solchen besonderen Fällen der Unterordnung des Vorstandes unter den Aufsichtsrat der Vorstand der Vertreter der Gesellschaft, seine Handlungen bleiben nach außen gültig, und umgekehrt wird der Aufsichtsrat auch in solchem Falle nicht Vertreter der Gesellschaft. Über die Frage, inwieweit der Vorstand durch Weisungen des Aufsichtsrats seiner Verantwortung enthoben wird, vgl. Staub-Pinner Anm. 5 zu § 241, Anm. 6 zu § 235.

Wenn Brodmann (AR. Anm. 5 zu § 246, Anm. 1e zu § 231) ebenfalls ausführt, daß einzelne Geschäftsführungsbefugnisse satzungsgemäß dem Aufsichtsrat übertragen werden und daß im Anstellungsvertrag vereinbart werden könne, daß der Vorstand den Weisungen des Aufsichtsrats zu folgen hat, so ist nicht einzusehen, aus welchem Grunde er die Aufnahme der letzteren Vorschrift in die Satzung für nichtig erklärt. Nach außen gilt keine der beiden Beschränkungen, die Verantwortung des Vorstandes bleibt, wie bei Staub-Pinner Anm. 6 zu § 235 ausgeführt ist, bestehen. Weder dem Wortlaut noch dem in den Motiven dargelegten Zweck des Gesetzes widerspricht eine derartige übrigens allgemein übliche Satzungsbestimmung.

Negativ ist zu bemerken, daß die Mitglieder des Aufsichtsrats sich nicht, soweit dies gegen Treu und Glauben verstößt, mit Geschäften befassen dürfen, die, wenn sie auch ihnen Vorteil bringen, dem Interesse der Gesellschaft widersprechen (vgl. Staub-Pinner Anm. 2e zu § 243). Ein Aufsichtsratsmitglied soll nicht, ohne hiervon Kenntnis zu geben, als Vermittler im Interesse eines Vertragsgegners seiner Gesellschaft tätig sein (OLG. Zweibrücken in BayZ. 5, 338); er soll auch nicht Vergütungen bei Geschäften mit der Gesellschaft von dem Vertragsgegner nehmen. Es liegt zwar nicht unbedingt in der Stellung des Aufsichtsrats, daß er nur im Interesse der Gesellschaft tätig sein darf; wohl aber darf er nicht gegen Treu und Glauben handeln; insbesondere, indem er seiner Gesellschaft bei Verhandlungen verschweigt, daß er auch die Interessen der Gegenseite vertritt und für diese tätig ist.

Anm. 10 a. Eine gesetzliche Schweigepflicht der Aufsichtsratsmitglieder ist nicht aufgestellt. Jedoch kann ein Bekanntgeben von Geschäftsgeheimnissen oder Tatsachen, deren Mitteilung der Gesellschaft schädlich ist, eine Verletzung der allgemeinen Sorgfaltspflicht enthalten (§ 249) und strafrechtlich als absichtliches Handeln zum Nachteil der Gesellschaft angesehen werden (§ 312). Den Betriebsratsaufsichtsratsmitgliedern legt § 70 BRG. Schweigepflicht für ihnen gemachte vertrauliche Mitteilungen auf. Schadensersatzanspruch folgt aus § 823 Abs. 2 BGB., evtl. aus § 826. Auch können gröbliche Fälle das Recht zur Entlassung geben.

Zu bemerken ist, daß nicht alle Mitteilungen über Vorgänge im Aufsichtsrat unter das Schweigeverbot fallen; es wird Sache des einzelnen Falles sein, zu untersuchen, was als unter das Schweigeverbot fallend anzusehen ist (RArbG. in LZ. 1931, 390[1]; DJZ. 1930, 573). **§ 246.**

Strafbar ist die Verletzung der Schweigepflicht nur, wenn die vertrauliche Tatsache als solche bezeichnet ist (§ 100 BRG.; vgl. Flatow-Kahn-Freund Anm. 6 zu § 70 BRG.). Im übrigen muß man aus der ausdrücklichen Hervorhebung des Schweigeverbots im § 70 folgern, daß die Schweigepflicht auch der Berichterstattung des Betriebsratsmitgliedes an die Arbeitnehmer vorgeht (vgl. Kießler 67 und den ebenda Anm. 160 angef. Schiedsspruch).

Eine neue Befugnis hat § 240a der V. dem Aufsichtsrat eingeräumt: Kredit an **Anm. 10b.** Vorstandsmitglieder darf nur mit Zustimmung des Aufsichtsrats gewährt werden. Über das Weitere vgl. Anm. zu § 240a.

4. (Abs. 4.) **Die Mitglieder des Aufsichtsrats können die Ausübung ihrer Obliegenheiten nicht auf andere Personen übertragen.** **Anm. 11.** Damit soll nur gesagt sein, daß die Aufsichtsratsmitglieder die Erfüllung ihrer Pflichten nicht auf andere abwälzen können (KB. z. Aktiengesetz von 1884 S. 22). Insbesondere gilt dies auch für die nach dem Gesetz dem Aufsichtsrat obliegenden Anmeldungen (KGJ. 28 A 236) und vor allem auch für das Stimmrecht in Sitzungen des Aufsichtsrats (vgl. jedoch Staub-Pinner Anm. 15 zu § 243). Die merkwürdigerweise viel verbreitete Ansicht, daß Aufsichtsratsmitglieder zu den Sitzungen des Aufsichtsrats Bevollmächtigte senden können, ist daher unrichtig. Ist ein Beschluß des Aufsichtsrats durch unzulässige Stimmenübertragung zustande gekommen, so ist dieser, z. B. die Anstellung eines Vorstandes, nichtig (RG. in LZ. 1917, 1126[9]).

In dieser Vorschrift liegt auch, daß nicht in der Satzung bestimmt werden darf, daß gewisse dritte Personen, z. B. ein Staatskommissar, Mitbestimmungs- oder ein Verbietungsrecht haben (über Kriegsgesellschaften und gemischt wirtschaftliche Unternehmungen vgl. Staub-Pinner Anm. 14b u. d zu § 178). Dies gilt aber nur für die Pflichten, die der Aufsichtsrat nach dem Gesetze hat. Soweit dem Aufsichtsrat gewisse Rechte durch die Satzung gewährt sind, z. B. soweit der Aufsichtsrat bei gewissen Geschäften ein Genehmigungsrecht hat, oder soweit er in die Verwaltung eingreifen kann, hat die Satzung freie Hand (vgl. Anm. 10). Sie kann also, ebenso wie sie z. B. vorschreiben kann, daß nur für gewisse Geschäfte die Genehmigung des Aufsichtsrats nötig ist, bestimmen, daß der Aufsichtsrat nur beschränkt zustimmungsberechtigt ist, z. B. in der Weise, daß er nicht zustimmen darf, wenn eine bestimmte dritte Person widerspricht.

Es ist heute allgemein anerkannt, daß der Aufsichtsrat berechtigt ist, zu einzelnen **Anm. 12.** Tätigkeiten Mitglieder aus seiner Mitte zu beauftragen, wie sich dies im übrigen schon aus Abs. 1 dieses Paragraphen ergibt, insbesondere daß er zu einem Kreise von Tätigkeiten **Ausschüsse** zu bilden in der Lage ist (Cahn, Der Aufsichtsrat der AG. 209f.; GoldschmitAR. 314ff.; vgl. auch Stier-Somlo a. a. O.; KG. in DNotVZ. 1925, 47 Nr. 4a auch über die Verantwortung; Beispiele der Satzungen bei Flechtheim, Wolff, Schmulewitz 354; OLG. Dresden bei Ring I 233).

Es steht auch nichts entgegen, daß der Aufsichtsrat sich allgemein in der Weise organisiert, daß ein Teil der Mitglieder die beaufsichtigende, der andere die geschäftsführende Tätigkeit ausübt, sowie daß gewisse Befugnisse dem Aufsichtsratsvorsitzenden übertragen werden (über die Bestellung des Vorstandes vgl. Staub-Pinner Anm. 20 zu § 231). Hierbei ist aber grundsätzlich festzustellen, daß die gesetzlichen Verpflichtungen aus § 246 (oder, wie es das RG. JW. 1924, 1144[11] nennt, die „handelsgesetzlichen Mindestbefugnisse" und auch die Mindestpflichten) dem Aufsichtsrat als Ganzem verbleiben müssen. Insbesondere also sind sämtliche Mitglieder des Aufsichtsrats, auch wenn einzelne Befugnisse Ausschüssen überwiesen sind, zur Überwachung nach Abs. 1 dieses Paragraphen verpflichtet. Haben sie Ausschüssen und Kommissionen einzelne Tätigkeitsgebiete überwiesen, so ist die Frage, ob sie ihrer Überwachungspflicht Genüge geleistet haben, eine Tatfrage. Im allgemeinen muß man davon ausgehen, daß, wenn die Mitglieder des Aufsichtsrats zu gewissen Handlungen,

§ 246. z. B. Prüfung der Kasse oder der Bücher oder zur Ausübung von Genehmigungen, die ihnen nach der Satzung zustehen, vertrauenswürdige sachverständige Mitglieder beauftragt haben und diese ihnen sachgemäß Bericht auch über die Art, wie die Prüfung stattgefunden hat, erstatten, sie ihrer Pflicht genügt haben. Sie haften daher nur für Versehen in der Auswahl und der Beaufsichtigung der Beauftragten (vgl. Küntzel 54; RG. 93, 338; das angeführte Erk. des OLG. Dresden und Pinner in JW. 1918, 817 Anm.). Dies trifft jedoch nur insoweit zu, als der Aufsichtsrat selbst für ihm gesetzlich obliegende Pflichten oder ihm nach der Satzung zustehende Rechte Ausschüsse bestellt oder bestimmte Personen beauftragt hat. Es ist aber (vgl. vorige Anm.) auch zulässig, daß die Satzung die Befugnisse, die an sich gesetzlich dem Aufsichtsrat nicht zustehen, bestimmten Personen überweist; es kann z. B. gesagt werden, daß die Anstellungsverhältnisse mit dem Vorstande der Vorsitzende des Aufsichtsrats zu regeln hat. Ist dies der Fall, so ist hierfür lediglich der verantwortlich, dem satzungsgemäß dies bestimmte Tätigkeitsgebiet übertragen ist. Der Aufsichtsrat als solcher haftet in diesem Falle nur, wenn er gegen Verstöße, die er mit der Sorgfalt eines ordentlichen Kaufmanns hätte erkennen müssen, nicht einschreitet.

Aus dem Gesagten folgt auch, daß es durchaus zulässig ist, wenn in der Satzung dem Aufsichtsrat allgemein die Bildung von Kommissionen und Ausschüssen gestattet wird. Es muß nur hierbei darauf hingewiesen werden, daß dadurch die allgemeinen Pflichten aus § 246 nicht berührt werden. Ein Gesellschaftsvertrag, der eine derartige Vorschrift enthält, ist daher eintragungsfähig (dagegen KG. in OLGR. 43, 311 Anm.).

Über Vertretung in den Fällen, in denen der Aufsichtsrat als Vertreter der Gesellschaft auftritt, vgl. Staub-Pinner Anm. 5 zu § 247.

Es kann nach dem Vorgetragenen BrodmannAR. Anm. 2c nicht darin zugestimmt werden, daß er meint, an der Prüfung der Jahresrechnung müsse sich jedes Mitglied „beteiligen". Auch hier kann die Prüfung durch eine eingesetzte Kommission erfolgen, die anderen Mitglieder haften wie oben dargelegt. Das von Brodmann angef. RG. 90, 208 stützt seine Ansicht nicht (vgl. RG. 93, 340).

Anm. 12a. Aus dem Vorgetragenen ergibt sich auch, daß es zulässig ist, was vielfach vorkommt, ein Mitglied des Aufsichtsrats als Delegierten des Aufsichtsrats zu bestimmen und ihm die satzungsgemäßen Befugnisse des Aufsichtsrats, insbesondere das Recht der Anweisung an den Vorstand zu übertragen (Friedländer, Konzernrecht 284; Freund in RuW. 1930, 323). Hiergegen GoldschmitAG. Anm. 25 und Nord in HansRZ. 1924, 849. Nords Auffassung, daß dies dem § 248 widerspricht, erscheint nicht begründet. Vorstand ist der Delegierte nicht, weil er keine Vertretungsmacht hat, Beamter der Gesellschaft nicht, weil er Beauftragter des Aufsichtsrats und nicht der Gesellschaft ist und weil er die Rechte des Aufsichtsrats gegenüber dem Vorstand wahrnimmt, also nicht Untergebener des Vorstandes ist.

Diese Bestellung hat sich in der Praxis allmählich weiter ausgebildet. Sie wird jetzt wohl recht häufig benutzt. Die Vergütung für die dem Aufsichtsrat durch besonderen Vertrag übertragene Tätigkeit als Delegierter wird in diesem Falle der Vorstand zu bewilligen haben; allerdings nach eingeholter Zustimmung des Aufsichtsrats, der die Delegation eines seiner Mitglieder genehmigen muß (vgl. Freund a. a. O.).

Anm. 12b. Die Frage der Ausschüsse ist von neuem für die in den Aufsichtsrat gesendeten Mitglieder des Betriebsrats erörtert worden. Es sind von solchen Klagen erhoben worden dahin, daß sie durch diese Ausschüsse in ihrer Tätigkeit als Aufsichtsratsmitglieder gehindert sind. Das RG. hat in JW. 1924, 1144 und RG. 107, 221 (vgl. hierzu Flatow-Kahn-Freund Anm. 3 AufsRGes. § 3 und Kießler 54 Anm. 135) diese Frage grundlegend dahin beantwortet, daß, soweit nach den vorigen Ausführungen zulässigerweise der Aufsichtsrat gewisse Befugnisse Ausschüssen oder bestimmten Mitgliedern überlassen hat, die Betriebsratsmitglieder kein Widerspruchsrecht und auch kein Recht haben, diesen Ausschüssen anzugehören, wobei das RG. die Ansicht billigt, daß die Betriebsratsmitglieder grundsätzlich die gleichen Rechte wie die übrigen Aufsichtsratsmitglieder haben (vgl. Anm. 14d). Das RG. führt aus, daß durch das AufsRGes. die Vorschriften über den Aufsichtsrat, die im HGB. enthalten sind, nicht geändert sind und kein Unternehmen genötigt ist, die seinen Aufsichtsrat betreffenden Satzungsvorschriften so zu belassen oder zu ändern, daß sie anderen als den aktienrechtlichen Bestimmungen Genüge leisten, nur müsse den Betriebsratsmitgliedern im Aufsichtsrat die Möglichkeit gegeben werden, sich vor versammeltem Aufsichtsrat aussprechen zu können. Es werde danach die an sich zulässige Bildung von Kommissionen bzw. die Befugnis, die Satzung so zu ändern, daß gewisse zu den gesetzlichen Pflichten des Aufsichtsrats nicht gehörende Befugnisse von einer Kommission ausgeübt werden, nicht berührt. Vorschriften der Satzung, daß die in den Aufsichtsrat entsendeten Betriebsratsmitglieder nicht dem Ausschusse angehören dürfen, sind unzulässig und nicht eintragefähig. **§ 246.**

Bei Interessengemeinschaften finden sich sehr häufig Gemeinschaftsorgane, die im allgemeinen die Geschäfte der einzelnen Gesellschaften zu überwachen und durch Anweisungen die Einheitlichkeit des Geschäftsbetriebs herzustellen und aufrechtzuerhalten haben. Die Organe bestehen häufig aus Vorstands- oder Aufsichtsratsmitgliedern der verbundenen Gesellschaften (Näheres vgl. Friedländer, Konzernrecht 235, und Langen 29). **Anm. 12c.**

Nicht untersagt sollte ferner sein, daß der Aufsichtsrat für die Ausübung seiner Tätigkeit sich sachverständiger Hilfe bedient (Mot. z. Aktiengesetz von 1884 S. 227; OLG. Hamburg in ZHR. 40, 476, vgl. Einl. zu diesem Paragraphen). Dabei ist zwischen Zuziehung und Vertretung wohl zu unterscheiden. Zu den Revisionen der Bücher einen Bücherrevisor oder eine Treuhand- — oder — Revisionsgesellschaft zuzuziehen, ist erlaubt (RG. im „Recht" 1920 Nr. 717; vgl. Anm. 8a). Nicht genügend aber ist es, daß der Aufsichtsrat allgemein eine fremde Person anstellt, die in gewissen Zeiträumen und selbständig die Revision der Bücher vornimmt, während er selbst sich darüber nicht einmal einen Bericht erstatten läßt. Der Aufsichtsrat erfüllt auf diese Weise seine Pflicht nicht. Erlaubt ist es, zu den Sitzungen einen juristischen Beirat zuzuziehen, nicht erlaubt, sich bei der Abstimmung durch einen Bevollmächtigten, und sei es auch ein anderes Mitglied des Aufsichtsrats, vertreten zu lassen (vgl. Anm. 11). Die Kosten derartiger Hilfskräfte trägt die Gesellschaft; jedoch wie Brodmann (AR. Anm. 6) mit Recht ausführt, nicht, wenn die Zuziehung nach Lage der Sache unnötig war. Die Zuziehung eines Prüfers zur Prüfung der Bilanz, eines Rechtskundigen bei komplizierten Rechtsfragen wird sich stets rechtfertigen lassen. Auch nachdem durch die Vorschriften der V. (§§ 262a f.) eine notwendige Bilanzprüfung eingeführt sein wird, wird man den Aufsichtsrat, da er nach § 262e den Bericht des Prüfers selbst prüfen muß und für diese Prüfung einsteht, für berechtigt halten müssen, selbst Sachverständige noch hinzuzuziehen (vgl. oben Anm. 8a und § 262a Anm. 18). **Anm. 13.**

Ein Abkommen, durch das ein Aufsichtsrat sich verpflichtet, sein Amt nicht auszuüben, ist nichtig (OLG. Karlsruhe in BadRpr. 24, 96). **Anm. 13a.**

Zusatz 1. Über die Art und Weise, wie der Aufsichtsrat seine Tätigkeit auszuüben hat (vgl. Rospatt in BankA. 29, 261), sagt das Gesetz, abgesehen von dem durch die V. eingefügten § 244a, nichts. Desto ausführlicher pflegen in diesem Punkte die Satzungen zu sein. **Anm. 14.**

I. Ist in den Satzungen nichts bestimmt, so gilt folgendes:

Nimmt man an, wie dies jetzt allgemeine Ansicht ist (vgl. Staub-Pinner Anm. 6a zu § 178; RG. 82, 388; OLG. 24, 172), daß die Vorschriften über Vereine für die AG. maßgebend sind, so ist weiter zu untersuchen, ob die Vorschriften §§ 28ff., die für die Organe der Vereine gegeben sind, auch auf die Organe der AG. anwendbar erscheinen. Grundsätzlich sagt das KG. (KGJ. 42, 165), daß sich die Beschlußfassung der Organe der AG. nach den Vorschriften des BGB. über die Organe des Vereins regelt. In betreff der Frage der Geschäftsführung des Vorstandes ist allerdings bei Staub-Pinner Anm. 28 zu § 232 ausgeführt, daß § 28 nicht gelte, weil das HGB. Vorschriften über die Vertretungsmacht gegeben habe, die entsprechend für die Geschäftsführung zu gelten haben und den Vorschriften des BGB. vorgehen. Beim Aufsichtsrat gibt es derartige

§ 246. Vorschriften nicht. Nun ist bei diesem allerdings zu erwägen, daß § 28 BGB. nur vom Vorstand spricht, es steht aber der entsprechenden Anwendung dieses Paragraphen und der §§ 32, 34 und 40, auf die er sich bezieht, nichts im Wege. Das BGB. kann nur vom Vorstand sprechen, da der Verein keinen Aufsichtsrat hat. Bei der AG. setzt sich die Verwaltung aus Vorstand und Aufsichtsrat zusammen, und was in vereinsrechtlicher Beziehung für den einen gilt, muß entsprechend auch für den anderen gelten. Demnach ist anzunehmen, daß auf den Aufsichtsrat die bezeichneten Vorschriften des BGB. Anwendung finden (KGJ. 42, 165; GoldschmitAR. 318 und die dort angef. sowie GoldschmitAG. Anm. 28; Cohn in JW. 1926, 486[5]; BrodmannAR. Anm. 3a, Rospatt in BankA. 29, 26).

Daraus ergeben sich folgende Grundsätze:

a) Grundsätzlich hat der Aufsichtsrat als Kollegium zu handeln (KG. in OLGR. 12, 431; RG. 66, 371; 90, 208), soweit er nicht zu einzelnen Handlungen einzelne Mitglieder oder Ausschüsse bestellt hat (vgl. Anm. 12).

b) Grundsätzlich ist eine Verhandlung der Mitglieder des Aufsichtsrats nötig. Ohne solche ist ein Beschluß nur gültig, wenn alle Mitglieder ihre Zustimmung zur Beschlußfassung ohne mündliche Verhandlung gegeben haben (§§ 28, 32 BGB.; Bauer 24, 128; vgl. RG. in JW. 07, 716[25]); ferner, wenn in der Satzung, was üblich ist, schriftliche, telegraphische oder telephonische Abstimmung gestattet ist. Dies ist zulässig (§§ 32, 40 BGB.). Als schriftliche Stimmabgabe gilt nur die, die mit Bezug auf bestimmte bekanntgegebene Anträge erfolgte (RG. in HRR. 1928 Nr. 239).

c) Zu der Versammlung ist eine Einladung aller Mitglieder mit Bezeichnung des Gegenstandes der Verhandlung erforderlich (§ 32 BGB.). Die Mitteilung der Tagesordnung ist insoweit nötig, daß aus ihr zu ersehen ist, um was es sich handelt (GoldschmitAG. Anm. 28; nach BrodmannAG. Anm. 3b soll die Lage des Falles entscheiden). Nicht zu billigen sind die Entsch. des OLG. Düsseldorf in LZ. 1913, 789, sowie des OLG. Köln in LZ. 1911, 232, die ausführen, daß eine Mitteilung, worüber verhandelt werden soll, nicht nötig sei. Selbst abgesehen von der Vorschrift der §§ 28, 32 BGB. folgt aus allgemeinen Grundsätzen, daß bei einer Einladung zu einer Sitzung, in der rechtswirksame Beschlüsse gefaßt werden sollen, jeder Eingeladene wissen muß, um was es sich handelt, schon um zu entscheiden, ob seine Anwesenheit nötig ist. Die Satzung kann jedoch dies abändern (§§ 32, 40 BGB.). Das OLG. Hamburg (bei Bauer 14, 123; bestätigt vom RG. 66, 369) hat, was in der 12./13. Auflage irrtümlich angenommen war, die Frage nicht entschieden. Altschul (JurRundsch. 1926, 472) stellt sich auf den entgegengesetzten Standpunkt. Gerade aber, indem das RG. (66, 369) zwischen wichtigen und nicht wichtigen Beschlüssen unterscheidet, folgt hieraus die Notwendigkeit der Mitteilung der Tagesordnung. Wie soll sonst ein Mitglied wissen, ob es sich um wichtige oder nicht wichtige Beschlüsse handelt?

Spricht das Gesetz von der Zustimmung einer bestimmten Anzahl von Mitgliedern des Aufsichtsrats, so ist eine Beschlußfassung nicht erforderlich (§ 244a Abs. 3; vgl. Anm. 18 dazu).

d) Einzuladen hat der Vorsitzende oder sein Stellvertreter. Das besagt der durch die V. eingefügte § 244a. Äußerst zweifelhaft war bisher die Entscheidung der Frage, was zu geschehen hat, wenn der Vorsitzende sich auf Aufforderung eines Aufsichtsratsmitgliedes weigert, eine Sitzung einzuberufen.

Der Streit der Meinungen hierüber ist nunmehr durch den neuen § 244a der V. hinfällig geworden. Hiernach kann jedes Mitglied des Aufsichtsrats die Berufung des Aufsichtsrats unter Angabe des Zweckes und der Gründe vom Vorsitzenden verlangen. Wird einem von mindestens zwei Mitgliedern geäußerten Verlangen nicht entsprochen, so sollen diese Mitglieder dann das Recht haben, den Aufsichtsrat selbst zu berufen. Aus diesen Vorschriften geht das Recht jedes Mitgliedes hervor, die Berufung zu verlangen; wird sie versagt, dann haben zwei Mitglieder das Recht, den Aufsichtsrat einzuberufen. Daraus ist ohne weiteres zu folgern, daß ein Mitglied jetzt dieses Recht etwa aus allgemeinen Erwägungen heraus nicht hat. Näheres über diese Vorschrift vgl. die Anm. zu § 244a.

e) **Protokolle** über die Sitzungen des Aufsichtsrats sind üblich, aber, soweit sie nicht in der Satzung vorgesehen sind, nicht notwendig; mangelnde Protokollierung sowie mangelnde Unterschrift eines Beschlusses dürften diesen nicht nichtig machen. Jedes Mitglied des Aufsichtsrats hat das Recht auf Einsicht derartiger Protokolle (Bauer 24, 199), ebenso auf Erteilung einer Abschrift; dies gilt auch für die Betriebsratsmitglieder des Aufsichtsrats (unrichtig LG. Verden in JW. 1924, 1061). **§ 246.**

f) Bei der **Beschlußfassung** entscheidet **die Mehrheit** der erschienenen Mitglieder (§§ 28, 32 BGB.; Müller-Erzbach 265; GoldschmitAG. Anm. 28; a. A.: BrodmannAR. Anm. 3a). Eine Entscheidung **durch das Los** bei Stimmengleichheit ist mangels entsprechender Vorschrift in der Satzung unzulässig (RG. 73, 236). Die oft in den Satzungen vorkommende Bestimmung, daß bei Stimmengleichheit der Vorsitzende entscheidet, ist zulässig.

Unzulässig ist die Vorschrift, die häufig bei gemischt wirtschaftlichen Gesellschaften vorkommt, daß z. B. Vertretern öffentlich-rechtlicher Körperschaften ein Vetorecht zusteht (vgl. Bergmann 48).

g) Zur **Beschlußfähigkeit** dürfte, mit Rücksicht auf die in § 243 vorgeschriebene Mindestzahl sowie auf die allgemeine Übung, die Anwesenheit von **drei** Mitgliedern genügen, aber auch erforderlich sein (dagegen RG. 82, 386; GoldschmitAR. 320 und AG. Anm. 28 und Fischer 246 sowie Rospatt in BankA. 29, 28 und ZBH. 1930, 162).

Wenn Brodmann (AR. Anm. 3b) davon ausgeht, daß die hier vorgetragene Ansicht auf einem Mißverständnis beruhe, so muß dem widersprochen werden. Verlangt das Gesetz eine Mindestzahl von drei, so ist sinngemäß zu folgern, daß zu Beschlüssen mindestens drei erforderlich sind.

Die Satzung kann jedoch die Zahl derer, die zur Beschlußfähigkeit nötig sind, erhöhen, aber auch vermindern (KG. in KGJ. 42 A 164; OLGR. 24, 173); sie kann z. B. auch bestimmen, daß der Aufsichtsrat beschlußfähig ist, wenn drei von der Generalversammlung gewählte Mitglieder anwesend sind.

h) Die **Stimmenthaltungsvorschriften** des § 252 Abs. 3 HGB. sind allerdings (wie Fürst in LZ. 1912, 12 zuzugeben ist) nicht anwendbar, wohl aber, bei Anwendung der vereinsrechtlichen Vorschriften, die der §§ 28, 34 BGB.; es darf also kein Mitglied mitstimmen, wenn es sich um die Vornahme eines Rechtsgeschäfts mit ihm oder die Einleitung oder Erledigung eines Rechtsstreits zwischen ihm und der Gesellschaft handelt. Zu demselben Ergebnis kommt aus allgemeinen Erwägungen GoldschmitAR. 247 Anm. 105 und AG. Anm. 29; Herzfelder 22 sowie Friedländer, Konzernrecht 285 und Ring-Schachian (Weisbarth) 474. Die sogenannten „Aufsichtsräte kraft Auftrags" haben, falls es sich um ein Geschäft handelt, das mit dem geschlossen wird, in dessen Interesse sie im Aufsichtsrat sind (Staub-Pinner Anm. 2e zu § 243), nicht die Pflicht zur Stimmenthaltung, da sie nicht als Beauftragte anzusehen sind (dagegen Liebmann in DNotVZ. 1925, 352).

Ein Mitglied des Aufsichtsrats soll nicht gehindert sein, wenn er als solcher für einen Vertrag gestimmt hat, als Aktionär in anderem Sinne zu stimmen und so den Vertrag zum Scheitern zu bringen. Dies hat das RG. in LZ. 1927, 44 entschieden. Die Entscheidung erscheint recht zweifelhaft, da auch hier eine Kollision von Pflichten vorliegt und es schwer mit Treu und Glauben zu vereinbaren ist, wenn jemand als Mitglied des Aufsichtsrats einerseits und als Privatbeteiligter andererseits verschiedene Interessen vertritt und durchsetzt.

i) **Vertretung** bei der Stimmabgabe in Sitzungen des Aufsichtsrats ist unzulässig (Anm. 11). Vgl. auch RG. in LZ. 1927, 1126[9] sowie Rospatt in BankA. 29, 30, der eine Vertretung in beschränktem Umfange (durch Boten) für zulässig erklärt.

k) Die **Satzung** kann, da § 28 Abs. 1 BGB. kein zwingendes Recht enthält, andere Bestimmungen über die Ausübung der Tätigkeit des Aufsichtsrats treffen, jedoch nicht über die Stimmenthaltungsvorschriften (§ 40 BGB.; OLGR. 24, 172).

§ 246. l) Beschlüsse des Aufsichtsrats, die ohne Beobachtung der gesetzlichen oder satzungsgemäßen Bedingungen zustande gekommen sind, sind nichtig (vgl. RG. angef. Anm. 11 Abs. 1 a. E. und OLG. Köln in LZ. 1911, 232 bei unterbliebener Ladung; KG. in OLGR. 11, 398; RG. 66, 371; vgl. auch Flechtheim in JW. 1930, 3683).

Schreibt die Satzung vor, daß der Vorstand berechtigt ist, an den Sitzungen des Aufsichtsrats mit beratender Stimme teilzunehmen, so macht der Ausschluß des Vorstandes aus einer Sitzung die in ihr gefaßten Beschlüsse nicht ungültig, wenn ein begründeter Anlaß zu dem Ausschluß gegeben war, z. B. wenn Gegenstand der Beschlußfassung die Abberufung eines Vorstandsmitgliedes oder ein Streit der Vorstandsmitglieder untereinander oder mit dem Aufsichtsrat ist.

Ist der Vorstand bei den Verhandlungen des Aufsichtsrats anwesend und erhebt er gegen die Beschlüsse keinen Widerspruch, so gelten diese von ihm als genehmigt (RG. in LZ. 1927, 317[12]).

m) Über die durch die V. erweiterten Rechte der einzelnen Mitglieder des Aufsichtsrats vgl. Anm. zu § 244a und oben Anm. 4—7.

Anm. 14a. II. Das Gesetz bestimmt nicht, daß der Aufsichtsrat einen Vorsitzenden haben müsse. Ebensowenig sagt das Gesetz, wie der Vorsitzende zu wählen ist (die neue Fassung des § 244a erwähnt den Vorsitzenden). Man wird in entsprechender Anwendung des § 27 BGB. annehmen, daß die Wahl durch den Aufsichtsrat mit Stimmenmehrheit geschieht, und daß jederzeitiger Widerruf zulässig ist. Natürlich kann die Satzung andere Bestimmungen treffen, z. B. daß der Vorsitzende durch die Generalversammlung zu wählen ist. Dies geschieht vielfach dann, wenn satzungsgemäß bei Stimmengleichheit die Stimme des Vorsitzenden entscheidet.

Fällt ein Vorsitzender durch Ablauf seiner Wahlzeit oder sonst fort und kommt die Wahl eines Nachfolgers nicht zustande, so ist, soweit die Satzung nichts Gegenteiliges vorschreibt, nicht etwa anzunehmen, daß der bisherige Vorsitzende weiter im Amt bleibt; vielmehr kann dann die Generalversammlung die Wahl vornehmen (RG. 73, 235; vgl. OLGR. 19, 325).

Über die Befugnisse des Vorsitzenden herrscht vollständige Vertragsfreiheit. Eine förmliche Konstituierung des Aufsichtsrats, insbesondere zu notariellem Protokoll, wie dies vielfach üblich, ist hiernach von Gesetzes wegen nicht erforderlich, kann aber in der Satzung vorgeschrieben sein. Hat sich aber der Aufsichtsrat konstituiert und einen Vorsitzenden gewählt (bei einzelnen Gesellschaften „Präsident“ genannt), so wird man annehmen können, daß der Vorsitzende des Aufsichtsrats zwar nicht legitimiert ist, soweit die Satzung nichts Gegenteiliges bestimmt (vgl. Staub-Pinner § 247 Anm. 5) oder der Aufsichtsrat ihn nicht hierzu bevollmächtigt hat, im Namen des Aufsichtsrats bindende Erklärungen abzugeben (RG. 66, 369), daß er auch nicht dessen gesetzlicher Vertreter ist (RG. bei Bauer 8, 242), wohl aber, daß er legitimiert ist, die gefaßten Beschlüsse den Beteiligten mitzuteilen (Fischer 247), und umgekehrt Mitteilungen für das Aufsichtsratskollegium entgegenzunehmen (Mitteilungen des Vorstandes, z. B. Urlaubsgesuche der Vorstandsmitglieder, Mandatsniederlegungen [RG. 13, 50]; auch Zustellungen Dritter; vgl. Alexander in ZHR. 40, 106), die Bilanz namens des Aufsichtsrats zu unterschreiben (vgl. § 260 Anm. 21 und BrodmannAR. Anm. 3g), überhaupt alles zu tun, was ein Vorsteher eines Kollegiums üblicherweise zu tun hat (KGJ. 40 A 87; vgl. dort auch über die Befugnisse eines stellvertretenden Vorsitzenden). Damit ist aber nicht gesagt, daß der Vorsitzende irgendwelche materiellen Rechte zur Vertretung des Aufsichtsrats hat, und daß etwa nach außen hin die Unterschrift des Vorsitzenden als Beweis gilt, daß der Aufsichtsrat die fragliche Handlung vorgenommen hat. („Der Vorsitzende ist nicht Organ der Gesellschaft, sondern Mitglied eines Organs“; KG. bei Ring I 225.) Diese ist vielmehr nur dann gültig, wenn sie auf einem rechtmäßig zustande gekommenen Beschluß des Aufsichtsrats beruht (RG. 66, 369; 90, 208); insbesondere also kann der Vorsitzende ohne vorherige Zustimmung des Aufsichtsrats keine Generalversammlung berufen (vgl. Staub-Pinner Anm. 13 zu § 254). Über die Vertretung des Vorsitzenden bei Rechtshandlungen, in denen der Aufsichtsrat die Gesellschaft vertritt, vgl. Staub-Pinner Anm. 5 zu § 247. Über Bestellung des Vorstandes durch den Vorsitzenden vgl. Staub-Pinner Anm. 20 zu § 231; über Befugnis, Einzelvertretung zu erteilen, vgl. Staub-Pinner Anm. 15a zu § 232. Über Aushändigung der Akten des Aufsichtsratsvorsitzenden nach Ablauf seiner Amtszeit Winckler in ZBH. 1930, 317, dessen Ausführungen beizutreten ist. § 246.

III. Wird ein Aufsichtsratsmitglied gehindert, sein Amt auszuüben, so kann es versuchen, eine Generalversammlung zur Beschlußfassung einberufen zu lassen. Außerdem hat es eine Klage gegen die störenden Aufsichtsratsmitglieder (dagegen GoldschmitAR. 162 Anm. 15) und, wenn die Störung vom Vorstand ausgeht, gegen die Gesellschaft. (Die von Goldschmit für die gegenteilige Ansicht angeführten Anm. 32 zu § 59 und Anm. 12 zu § 70 bei Staub-Bondi stehen nicht entgegen, da es sich dort um Handlungsgehilfen handelt.) Anm. 14b.

IV. Liegt ein rechtsgültiger Aufsichtsratsbeschluß vor, so haben die einzelnen Mitglieder alles zu tun, was zur Ausführung nötig ist. Die Gesellschaft (nur diese und nicht wie Fürst in LZ. 1912, 11 annimmt, ein anderes Mitglied des Aufsichtsrats, vgl. GoldschmitAR. 161 Anm. 13) hat das Recht zur Klage auf Pflichterfüllung (vgl. Anm. 2a zu § 243). Anm. 14c.

V. Die in den Aufsichtsrat entsendeten **Betriebsratsmitglieder** sind den anderen Mitgliedern des Aufsichtsrats gleichgestellt. Die Vorschrift des § 70 BRG., daß sie „die Interessen und Forderungen der Arbeitnehmer sowie deren Ansichten und Wünsche hinsichtlich der Organisation des Betriebes zu vertreten haben", ist durch § 3 AufsRGes. dahin erweitert, daß auf sie die gesetzlichen Bestimmungen Anwendung finden, welche für die übrigen Aufsichtsratsmitglieder gelten (vgl. Staub-Pinner Einl. zu § 243). Sie haben daher, soweit nicht das BRG. oder das AufsRGes. Ausnahmen bestimmt, dieselben Rechte und Pflichten wie die gewählten Mitglieder. Alles, was hier über Aufsichtsratsmitglieder gesagt ist, gilt daher auch für sie (vgl. Kießler 49; Flatow-Kahn-Freund zu § 3, AufsRGes., beide mit Lit.; Fuchs in ZAktW. 35, 206, III; Wolff in HansRZ. 1922, 657; a. A.: BrodmannAR. § 243 Anm. 8). Dies hat auch das RG. (vgl. Anm. 12b) anerkannt; ebenso RAG. in LZ. 1931, 390. Anm. 14d.

Ausnahmen liegen besonders vor in dem Verbot der Vergütung (Staub-Pinner Anm. 20 zu § 245); in der Art der Bestellung (Staub-Pinner Einl. zu § 243); in dem Verhältnis, in dem sie zur Gesellschaft stehen (Staub-Pinner Anm. 2a zu § 243); im Widerrufs- und Niederlegungsrecht (Staub-Pinner Anm. 8a, 13a zu § 243).

Über ihr Verhältnis zu Aufsichtsratsausschüssen vgl. Anm. 12. Bei der Frage der Beschlußfähigkeit werden sie mitgezählt, es sei denn, daß die Satzung etwas anderes bestimmt (Anm. 14 zu e).

In allen Fällen, in denen sämtliche Mitglieder des Aufsichtsrats anmelden müssen (z. B. §§ 280, 284, 291), muß dies auch von den Aufsichtsrats-Betriebsratsmitgliedern erfolgen; kommen sie dieser Verpflichtung nicht nach, so ist die Gesellschaft auf den Weg der Schadensersatzklage oder der Entsetzung aus dem Amt als Betriebsrat angewiesen (vgl. Staub-Pinner Anm. 8a zu § 243 und Kießler 58). Anm. 14e.

Nach Art. VIII der V. darf die Gesamtzahl der Mitglieder des Aufsichtsrats nicht mehr als 30 betragen. Da hier ganz allgemein von der Gesamtzahl und von den Mitgliedern des Aufsichtsrats gesprochen ist und nicht nur von den gewählten Mitgliedern des Aufsichtsrats wie in anderen Vorschriften dieses Paragraphen, so werden bei der Zahl 30 die Betriebsratsmitglieder mitgezählt (vgl. Art. VIII Anm. 15). Anm. 14f.

Zusatz 2. Neben dem Aufsichtsrat ist auch noch die Bildung eines Verwaltungsrats (vgl. Anm. 10) **zulässig,** jedoch mit der Einschränkung, daß die gesetzlich notwendige Tätigkeit des Aufsichtsrats einem anderen Organ nicht übertragen, auch dem Aufsichtsrat seine aus seinen Pflichten hervorgehenden Rechte nicht genommen werden können (Satzungsbeispiele bei Flechtheim, Wolff, Schmulewitz 119). So auch Holdheim in seiner Zeitschrift Anm. 15.

§ 246. 2, 66; Marcus in KGBl. 97, 69; RG. im „Recht" 1918 Nr. 1231 (OLG. Dresden bei Ring I, 234); Brand Anm. 7; vgl. auch § 235 Abs. 2 Satz 2: „oder eines anderen Organs". Wie dies Organ genannt wird, ist natürlich gleichgültig (oft „Ausschuß" oder ähnlich).

Anm. 16. **Zusatz 3.** Über Strafrecht des Registerrichters gegenüber Aufsichtsratsmitgliedern vgl. Staub-Pinner Anm. 2 zu § 319.

Anm. 17. **Zusatz 4.** Über die Frage, was geschieht, wenn kein ordnungsmäßig zusammengesetzter Aufsichtsrat vorhanden ist, vgl. Staub-Pinner Anm. 2 zu § 315.

Einführung zu §§ 260 f.

Einführung zu §§ 260 f. Die Vorschriften des HGB. über Geschäftsbericht, Bilanz und Gewinn- und Verlustrechnung (§§ 260 bis 261) sind sehr wesentlich durch die V. geändert worden, wobei zu bemerken ist, daß die in der V. enthaltenen Bestimmungen mit geringen Abweichungen bereits im I. Entw. enthalten waren. Es war ein Hauptbeschwerdepunkt gegen das bisherige Aktienrecht, daß die Publizität nicht genügend gesetzlich verankert war. Die Bilanzen sowie Gewinn- und Verlustrechnungen der AG. wurden immer undurchsichtiger, der Geschäftsbericht immer dürftiger; es war für einen Nichteingeweihten unmöglich, sich aus den wenigen gegebenen Ziffern der Bilanz ein Bild von den Verhältnissen der Gesellschaft zu machen; auch der Geschäftsbericht verschwieg mehr, als er angab. Demgegenüber hat der I. Entw. den Grundsatz der Bilanzklarheit und der Bilanzgliederung mehr herausgearbeitet; er hat genaue Bestimmungen über den Inhalt des Geschäftsberichts sowie über den Jahresabschluß gegeben, sowohl durch allgemeine Bestimmungen, die, wie die Erl. (S. 113) sagen, den Gerichten als Richtschnur für Fälle, die nicht ausdrücklich geregelt sind, dienen sollen, als auch durch genaue Bestimmungen, was in die Bilanzen und in den Geschäftsbericht aufgenommen werden muß. Dabei ist in § 261a bestimmt, daß in der Jahresbilanz die dort aufgeführten Posten besonders auszuweisen sind jedoch — was besonders hervorzuheben ist —, soweit nicht der Geschäftszweig der Gesellschaft eine abweichende Gliederung bedingt, und ferner unbeschadet einer weiteren Gliederung. Die Erl. (S. 114) sagen hierüber: Die Vorschriften über die Gliederung des Jahresabschlusses stellen keinen für alle Gesellschaften verbindlichen Kontenrahmen auf, die Bestimmungen gestatten vielmehr eine weitergehende oder sonst durch den Gegenstand des Unternehmens bedingte abweichende Gliederung. Ob eine Abweichung zulässig ist, ist eine Ermessensfrage, die von den zuständigen Gesellschaftsorganen und gegebenenfalls von den Gerichten zu entscheiden ist. Für eine Reihe von Gesellschaften sind die Gliederungsvorschriften überhaupt wenig geeignet.

Ferner ist die Reichsregierung in Art. XIII ermächtigt, den Zeitpunkt zu bestimmen, mit dem die Vorschriften der §§ 260 ff. in Kraft treten, und zwar kann der Zeitpunkt für verschiedene Gesellschaften verschieden sein. Endlich kann die Reichsregierung nach Art. XIV Ausnahmen von den Vorschriften über die Gliederung der Jahresbilanz und der Gewinn- und Verlustrechnung zulassen, und zwar für Aktiengesellschaften geringeren Umfangs oder von besonderer Art auch allgemein anerkennen, welche Gesellschaften als solche geringeren Umfangs oder von besonderer Art anzusehen sind.*

Das Gesetz stellt danach im wesentlichen nur einen Rahmen für die Vorschriften auf, den die Reichsregierung berechtigt ist, auszufüllen.

Neben diesen die Gliederung und Klarheit von Geschäftsbericht und Bilanzen betreffenden Vorschriften ist auch die Frage, wie grundsätzlich die Bilanz zu gestalten ist, erwogen worden. Entschieden ist sie dahin, daß eine wesentliche Änderung gegen die bisherigen Grundsätze nicht getroffen ist, insbesondere ist die Frage der stillen Reserven wie bisher der Rechtsprechung überlassen, auch keine Vorschrift gegeben, daß Wertansätze nicht unter den vom Gesetz bestimmten Höchstgrenzen liegen dürfen. Es ist also, abgesehen von Einzelbestimmungen, der bisherige Zustand beibehalten.

* Von dieser Befugnis hat die Reichsregierung keinen Gebrauch gemacht; vgl. 1. DV. vom 15. Dez. 1931 Art. 2 (Anhang).

Artikel V. § 260.

1. § 260 des Handelsgesetzbuchs ist in folgender Fassung anzuwenden:

§ 260.

(1) Die Generalversammlung beschließt über die Jahresbilanz und die Gewinn- und Verlustrechnung (Jahresabschluß), über die Gewinnverteilung und über die Entlastung des Vorstandes und des Aufsichtsrats.

(2) Der Vorstand hat in den ersten drei Monaten des Geschäftsjahrs für das verflossene Geschäftsjahr den Jahresabschluß sowie einen Geschäftsbericht dem Aufsichtsrat und mit dessen Bemerkungen der Generalversammlung vorzulegen. Der Gesellschaftsvertrag kann eine andere Frist bestimmen, jedoch nicht über die Dauer von sechs Monaten hinaus.

Die bisherige Fassung des § 260, die nach Art. XIII der V. gilt, bis durch die Reichsregierung Art. V in Kraft gesetzt ist, lautet:*

Die Generalversammlung beschließt über die Genehmigung der Jahresbilanz und die Gewinnverteilung sowie über die Entlastung des Vorstandes und des Aufsichtsrats.

Der Vorstand hat in den ersten drei Monaten des Geschäftsjahrs für das verflossene Geschäftsjahr eine Bilanz, eine Gewinn- und Verlustrechnung sowie einen den Vermögensstand und die Verhältnisse der Gesellschaft entwickelnden Bericht dem Aufsichtsrat und mit dessen Bemerkungen der Generalversammlung vorzulegen. Im Gesellschaftsvertrage kann eine andere Frist, jedoch nicht über die Dauer von sechs Monaten hinaus, bestimmt werden.

Der vorliegende Paragraph gibt Vorschriften über die Gegenstände der ordentlichen Generalversammlung (Abs. 1) **und über deren Vorbereitung** (Abs. 2). **Einleitung.**

Besondere Vorschriften über Bilanzen sind vorhanden u. a. im Hypothekenbankgesetz vom 13. Juli 1899 §§ 24 ff.; im Ges. über die Beaufsichtigung der privaten Versicherungsunternehmungen und Bausparkassen vom 6. Juni 1931 § 55; ferner bestimmt das Betriebsrätegesetz im § 72, daß die Betriebsräte in Betrieben von gewissem Umfange die Vorlegung einer Betriebsbilanz verlangen können. Die näheren Vorschriften über diese Betriebsbilanz enthält das Ges. vom 5. Febr. 1921, nach dessen § 1 für AG. die Betriebsbilanz keine begrifflichen Unterschiede von der aktienrechtlich aufzustellenden Bilanz aufweist. Es ist nur bestimmt, daß das dem Unternehmen nicht gewidmete Vermögen des Unternehmers außer Betracht bleibt, was für die AG. selbstverständlich ist (vgl. Krukenberg in BankA. 20, 168; Brodmann AR. § 261 Anm. 1; Nipperdey in ZBH. 1929, 177).

Die V. hat an § 260 Wesentliches nicht geändert, nur ist die unklare Fassung des bisherigen Gesetzes: „Die Generalversammlung beschließt über die Genehmigung" (vgl. Anm. 1a unten) geändert in: „Die Generalversammlung beschließt über die Jahresbilanz"; ferner hat man in Abs. 1 die Gewinn- und Verlustrechnung hinzugefügt und Jahresbilanz und Gewinn- und Verlustrechnung in einem Ausdruck „Jahresabschluß" zusammengefaßt. Endlich ist die Inhaltsangabe über den Geschäftsbericht, die im § 260 Abs. 2 sehr dürftig enthalten war, in den § 260a verwiesen.

I. (Abs. 1.) **Die Gegenstände der ordentlichen Generalversammlung** bilden die Genehmigung der Jahresbilanz, die Gewinnverteilung und die Entlastung. **Anm. 1.** Den Begriff der ordentlichen Generalversammlung kennt das Gesetz nur insofern, als alljährlich eine Generalversammlung stattzufinden hat, die über die in Abs. 1 bezeich-

* Wegen des Zeitpunkts des Inkrafttretens des § 260 vgl. 1. DV. vom 15. Dez. 1931 (Anhang).

§ 260. neten Gegenstände beschließt (vgl. auch V. Art. VIII Abs. 1 Satz 1). Im übrigen gibt es einen gesetzlichen Unterschied zwischen ordentlicher und außerordentlicher Generalversammlung nicht. Zulässig aber ist eine Bestimmung der Satzung, daß gewisse Beschlüsse nur in einer außerordentlichen Generalversammlung gefaßt werden dürfen; dies bedeutet, daß eine Beschlußfassung in der Versammlung, die über die Jahresbilanz entscheidet, unzulässig ist.

Anm. 1a. An sich gelten für den Bilanzgenehmigungsbeschluß die allgemeinen Regeln; es genügt also einfache Mehrheit, soweit nicht in der Satzung etwas anderes bestimmt ist (Staub-Pinner Anm. 2 zu § 251).

a) **Beschluß über die Jahresbilanz.** Dieser Ausdruck ist richtiger als die bisherige Formulierung: „Beschluß über die Genehmigung"; denn die Generalversammlung kann die Bilanz auch ändern, sie stellt sie fest (RG. 15, 99 und Brodmann AR. Anm. 3 a). Diese Feststellung ist lediglich Sache der Generalversammlung (dagegen Ritter Komm. Anm. 1). Daraus folgt, daß der Vorstand als solcher ein Klagerecht auf Feststellung der Bilanz nicht (wohl aber auf Entlastung) hat (RG. 49, 144); ferner, daß eine im Gesellschaftsvertrag angeordnete Übertragung der endgültigen Bilanzfeststellung an andere Organe unzulässig ist. Vorstand und Aufsichtsrat haben nur Bilanzvorschläge zu machen. Daher ist z. B. die Bestimmung, daß die Höhe der Abschreibungen durch Vorstand und Aufsichtsrat bestimmt wird, ungültig, ebenso die Bestimmung vieler Satzungen, daß der Aufsichtsrat die Höhe der Zuweisungen an einzelne Reservefonds zu bestimmen hat (ebenso Rosendorff, Stille Reserven 36 sowie Betrachtungen zur Bilanz und Dividendenpolitik 57; Lehmann Lehrb. 36 Anm. 3; Passow Bilanzen II 6 Anm. 4; Goldschmit AR. 254 Anm. 118; Horrwitz 365; Pinner Beiträge 14; Brodmann AR. Anm. 5 zu § 246 und Anm. 1 zu § 260 sowie KG. in HRR. 1931 Nr. 1242; vgl. Wieland II 217 Anm. 12; Müller-Erzbach 297; gegen Flechtheim in BankA. 16, 371; RuW. 1922, 18 und LZ. 1918, 8; sowie Ury in JW. 1924, 1094; vgl. auch Fischer 300, 389; Rehm, 2. Aufl., 288; Rosendorff in BankA. 23, 241 und die dort angef. Erk. Bühling in LZ. 1924, 229 führt ein Erk. des RG. an, in dem eine Vorschrift der Satzung, daß der Aufsichtsrat über die Stellung von Reserven zu beschließen hat, nicht beanstandet wird). Aber die Satzungen können bestimmte Grundsätze aufstellen, z. B. eine jährliche Mindestabschreibung von 10% auf die Maschinen (vgl. § 260b Anm. 8). Ferner kann bestimmt werden, daß Abweichungen von Vorschlägen des Aufsichtsrats nur mit qualifizierter Mehrheit zulässig sind (Passow Bilanzen II 6 Anm. 1).

Der Beschluß über die Genehmigung der Bilanz muß, um gültig zu sein, den Vorschriften der Gesetze und der Satzung entsprechen. Dabei können die verschiedensten Vorschriften in Betracht kommen: Abstimmungsvorschriften, Einberufungsvorschriften, vor allem aber die Vorschriften über die Ansätze der Bilanz und die Bildung von Reservekonten. Über diese s. Erl. zu §§ 260b ff.

Anm. 2. Ein ungültiger Beschluß über die Bilanzgenehmigung kann durch Klage angefochten werden (§ 271; vgl. jedoch § 261e). Inwieweit insbesondere die durch die Generalversammlung vorgenommenen Wertansätze bzw. Abschreibungen der Anfechtung durch Klage unterliegen, darüber s. § 260b Anm. 12 und 14.

Ein ungültiger Beschluß auf Bilanzgenehmigung kann durch Nichtanfechtung gültig werden, doch nur, soweit Vorschriften nachgiebigen Rechts in Frage kommen. Inwieweit dies der Fall ist, darüber s. § 260b Anm. 4ff.

Hat die Anfechtungsklage Erfolg, so ist der Beschluß der Generalversammlung für nichtig erklärt; die Festsetzung der Bilanz gilt daher als noch nicht erfolgt. Über die Frage, ob der Prozeßrichter berechtigt ist, in diesem Fall eine richtige Bilanz selbst aufzustellen, vgl. Staub-Pinner Anm. 2 zu § 273.

Anm. 3. Im Anschluß hieran ist die Frage zu erörtern: Was geschieht, wenn die Generalversammlung eine Bilanz nicht genehmigt, oder wenn sie, nachdem die Bilanz für nichtig erklärt ist, der neu vorgelegten die Genehmigung nicht erteilt? Ein klagbares Recht auf Feststellung der Bilanz, etwa mit Vollstreckung gemäß § 888 ZPO. (Rehm

798 II; Fischer 292, 391; Horrwitz 27, 376) hat der einzelne Aktionär nicht, denn das Gesetz überträgt die Feststellung der Bilanz lediglich der Generalversammlung, also der Gesamtheit der Aktionäre (RG. 49, 145; BrodmannAR. § 213 Anm. 5 b, § 260 Anm. 8; dagegen Wieland II 217 Anm. 17; 248 Anm. 25 sowie Egger 14 Anm. 2; GVSch. 117). Macht die Generalversammlung von diesem Recht keinen Gebrauch, so entsteht allerdings ein unhaltbarer Zustand, für den es aber eine gesetzliche Hilfe nicht gibt (vgl. Leist, Untersuchungen 74; Tecklenburg bei Holdheim 27, 51; Nord 29, 32; GoldschmitAG. Anm. 6; sowie Staub-Pinner § 253 Anm. 5; vgl. RG. in JW. 1916, 409[11]). Für Versicherungsgesellschaften vgl. §§ 55, 64 bis 67 PrivVUntG. **§ 260.**

Wenn Hueck (Anfechtbarkeit und Nichtigkeit 230) dies Ergebnis als unbefriedigend bezeichnet, so hat er recht; dies liegt aber in der Gestaltung der AG. als Mehrheitsgesellschaft. Es ist ebenso unbefriedigend, wenn die Generalversammlung einen Aufsichtsrat nicht bestellt (vgl. Staub-Pinner Anm. 2 zu § 315), oder wenn sonst infolge Differenzen zwischen den Aktionären für die Gesellschaft notwendige Beschlüsse nicht zustande kommen. Diese Folgen können aber nicht dadurch beseitigt werden, daß man Rechtsbehelfe gewährt, die das Gesetz nicht gibt, und die, wie im vorliegenden Fall („die Generalversammlung beschließt über die Jahresbilanz") den gesetzlichen Vorschriften direkt widersprechen (vgl. Staub-Pinner Anm. 2 zu § 251).

Anm. 4. Kann die Generalversammlung einen einmal gefaßten Bilanzgenehmigungsbeschluß wieder aufheben? An sich steht dem nichts im Wege; es kann sogar die Pflicht des Vorstandes sein, Beschlüsse, und zwar nicht nur solche auf Bilanzgenehmigung, die auf Voraussetzungen beruhen, die sich nachträglich als unrichtig erweisen, wieder aufheben zu lassen (RG. 32, 94; 11, 163; GoldschmitAG. Anm. 5; Lion, Bilanzsteuerrecht 24; BrodmannAR. Anm. 2 b; Eiser 99; Beispiele bei PassowBilanzen II 8; steuerrechtlich vgl. RFH. 1, 239 u. 272; 9, 323 und Stamm in BankA. 27, 95). Zweifelhaft ist nur, inwiefern durch eine solche Aufhebung die Dividendenrechte der Aktionäre, die durch die Feststellung der Gewinnverteilung Gläubigerrechte geworden sind, beschränkt werden können. Daß eine derartige Beschränkung durch willkürliche Aufhebung eines früheren Beschlusses nicht eintreten kann, ist klar; der Aktionär bedarf sogar nicht einmal der Anfechtung des neuen Beschlusses, um sein Recht auf die Dividende durchzusetzen (RG. 37, 63; ebenso im Ergebnis Nord 26). Wie aber, wenn der Beschluß auf Irrtum oder Betrug beruhte? Die Anwendbarkeit der §§ 119, 123 BGB. auf die Beschlüsse der Generalversammlung betreffend Bilanzgenehmigung dürfte nicht zweifelhaft sein; denn die Beschlüsse sind rechtsgeschäftliche Handlungen, sie schaffen Gläubigerrechte gegenüber der Gesellschaft (vgl. Staub-Pinner Anm. 31 a zu § 252; Hueck, Anfechtbarkeit und Nichtigkeit 122 und Horrwitz 75; grundsätzlich anders BrodmannAG. Anm. 2 b). Simon (26) gibt dies zu; er will nur den § 119 nicht anwenden, weil ein Irrtum über den Inhalt der Willenserklärung kaum jemals vorliegen wird. Dies ist richtig; wenn er aber auch die Anwendung des § 123 verwirft, weil die Täuschung nicht durch den Gewinnberechtigten selbst verübt ist, so kann dem nicht zugestimmt werden. Die Bilanz entsteht durch Zusammenwirken aller beteiligten Organe. Begeht eines von ihnen eine Täuschung, so ist sicherlich ihm gegenüber und, da das Geschäft als Ganzes und untrennbar aufzufassen ist, auch dem anderen Vertragsteile, also den Aktionären gegenüber, die Bilanz anfechtbar. Wenn daher eine Generalversammlung auf Grund einer vom Vorstand gefälschten Bilanz diese genehmigt hat, demnächst die Anfechtung und Aufhebung durch eine neue Generalversammlung erfolgt, so können die Aktionäre die auf Grund der ersten Bilanz festgesetzten Dividenden nicht fordern (BrodmannAG. § 213 Anm. 5 b). Haben sie diese in gutem Glauben bereits erhalten, so tritt die Vorschrift des § 217 Abs. 1 Satz 2 in Kraft.

b) **Beschluß über die Gewinn- und Verlustrechnung.** Anm. 4 a.

Die alte Fassung des § 260 schreibt diese Beschlußfassung durch die Generalversammlung nicht ausdrücklich vor. Sie war aber auch bisher erforderlich (Lehmann-Hirsch Anm. zu

§ 260. § 260). § 260 Abs. 2 bestimmt, daß der Vorstand eine Gewinn- und Verlustrechnung aufzustellen und der Generalversammlung vorzulegen hat. Gemäß § 265 ist die Bilanz sowie die Gewinn- und Verlustrechnung nach Genehmigung durch die Generalversammlung zu veröffentlichen.

Die V. erwähnt in § 260 Abs. 1 neben der Beschlußfassung über die Bilanz auch diejenige über die Gewinn- und Verlustrechnung und faßt beide unter dem Begriff „Jahresabschluß" zusammen. Was über den Bilanzgenehmigungsbeschluß in Anm. 1 bis 4 gesagt ist, gilt auch für den Beschluß über die Gewinn- und Verlustrechnung.

Anm. 5. c) **Die Gewinnverteilung.**

α) Formales: „Die Generalversammlung beschließt über die Gewinnverteilung", sagt das Gesetz. Es kann daher nach jetzigem Recht die früher vielfach vertretene Ansicht (ebenso Fuld in ZAktW. 14, 125, und wohl auch Simon 6), daß ein ausdrücklicher Beschluß nicht nötig sei, vielmehr der Aktionär den sich aus der genehmigten Bilanz ergebenden Gewinn fordern könne, nicht mehr verfochten werden (ebenso Lehmann-Ring Nr. 4 zu § 213; Egger 179 Anm. 2; vgl. RG. 40, 36; 87, 383; 98, 320 und OLG. Braunschweig in OLGR. 36, 276). Erst durch diesen Beschluß wird das Recht des Aktionärs auf die Dividende Gläubigerrecht (Staub-Pinner Anm. 12 zu § 213; GoldschmitAG. Anm. 7).

An der Abstimmung nehmen alle Aktionäre, auch die, denen die Dividende des betreffenden Jahres nicht zufließt, z. B. die Aktionäre einer beschlossenen und eingetragenen Kapitalserhöhung, die erst an der nächstjährigen Dividende beteiligt sind, teil. Sie sind nicht etwa vom Stimmrecht ausgeschlossen (Herzfelder 141).

Die Generalversammlung beschließt lediglich die Gewinnverteilung; einen Gewinnverteilungsvorschlag braucht der Vorstand nicht zu machen (RG. 101, 279 und BrodmannAR. Anm. 4 a). Die Generalversammlung kann nicht beschließen, daß die Dividende erst später zahlbar sein soll; denn die Aktionäre haben das Recht, sofortige Zahlung zu verlangen. Nur eine geringe Hinausschiebung, die im Interesse der ordnungsmäßigen Auszahlung erfolgt, dürfte gestattet sein. Dagegen kann im Gesellschaftsvertrage die Verteilung für einen späteren Zeitpunkt als den der Festsetzung durch die Generalversammlung bestimmt sein. Insoweit jedoch die Generalversammlung das Recht hat, Reserven zu stellen (Staub-Pinner Anm. 9 zu § 213), kann sie den Gewinn, sei es durch Anordnung von Reserven, sei es durch Vortrag auf neue Rechnung, zurückstellen und damit die Auszahlung verschieben (weitergehend Egger 180 Anm. 2).

Anm. 6. β) Materiell: Inwieweit die Generalversammlung berechtigt ist, Gewinn des Geschäftsjahres nicht zur Verteilung zu bringen, sondern in Reserve zu stellen, ist Anm. zu § 260 b und bei Staub-Pinner § 213 Anm. 9 erörtert. Dort ist ausgeführt, daß in erster Linie das Gesetz (besonders § 262 über den gesetzlichen Reservefonds), in zweiter Linie der Gesellschaftsvertrag, oder dessen Abänderung entscheidet. Liegt eine Bestimmung der Satzung nicht vor, so hat der Aktionär das Recht auf den nach Abzug des gesetzlichen Reservefonds verbleibenden Reingewinn (vorbehaltlich der Beschränkung des Anfechtungsrechts in Abs. 3 Satz 2 des § 271). Gibt der Gesellschaftsvertrag der Generalversammlung freie Hand, so hat diese zu entscheiden. Sehr häufig findet sich in Gesellschaftsverträgen die Bestimmung: Die Generalversammlung setzt die Dividende fest. In dieser, die gesetzlichen Worte wiedergebenden Vorschrift wird man noch nicht die Übertragung der Gewinnverteilung nach freiem Ermessen sehen können (vgl. Staub-Pinner Anm. 9 zu § 213 und OLG. Braunschweig in OLGR. 36, 276; Egger 179 Anm. 1; dagegen Simon 6 und BrodmannAR. Anm. 4 b).

Anm. 7. γ) Lehnt die Generalversammlung ab, einen Beschluß über die Gewinnverteilung zu fassen, so gilt das Anm. 3 Gesagte.

d) **Die Entlastung des Vorstandes und des Aufsichtsrats** (vgl. Geiling bei Holdheim 16, 220, Bachmann in der Festschrift für Georg Cohn, Zürich 1915 und Schifferer, Die Entlastung der Organe einer AG., Jena 1924). **§ 260.** Anm. 8.

α) Genehmigung des Jahresabschlusses und Entlastung der Gesellschaftsorgane sind verschiedene Begriffe. Die Ansätze der Bilanz können richtig und eine Versagung der Genehmigung daher ausgeschlossen sein, ohne daß die Generalversammlung Veranlassung hätte, Entlastung zu erteilen. So, wenn ein ungetreuer Vorstand eine Summe unterschlagen oder nicht genügend über die Geschäftsführung eines unredlichen Beamten gewacht hatte. Das Fehlen der Summen in den Aktiven der Bilanz entspricht der Sachlage, und die Bilanz muß genehmigt werden. Aber darin liegt noch keine Entlastung. Umgekehrt könnte dem Vorstande Entlastung bezüglich seiner Geschäftsführung erteilt und trotzdem der eine oder der andere der in die Bilanz eingestellten Werte als zu hoch oder zu niedrig gegriffen bezeichnet werden (Simon 13). In dem den Jahresabschluß genehmigenden Beschluß liegt daher nicht stillschweigend die Erteilung der Entlastung, und in dem Entlastungsbeschlusse nicht stillschweigend die Genehmigung des Jahresabschlusses (vgl. KG. bei Holdheim 5, 138 und RG. 44, 67; 49, 146; 112, 26 und in JW. 1930, 706 sowie Flechtheim Anm. hierzu [hier o.HG.]; Schifferer 5; GoldschmitAG. Anm. 2). Es können daher auch die Mitglieder der Verwaltung, soweit sie Aktionäre sind, bei der Bilanzgenehmigung mitstimmen (RG. 49, 146). Immerhin stehen Bilanzgenehmigung und Entlastung nicht immer außer allem inneren Zusammenhang. Ein innerer Zusammenhang zwischen ihnen kommt z. B. zum Durchbruch bei der Vertagung der Genehmigung des Jahresabschlusses auf Antrag der Minderheit nach § 264. Diese Vertagung hat unter Umständen zur Folge, daß auch der Entlastungsbeschluß nicht schlechthin gefaßt werden kann (vgl. Staub-Pinner Anm. 2 zu § 264 und RG. 44, 67). Ferner aber besteht ein Zusammenhang darin, daß für die auf Grund der Bilanz zu erteilenden Entlastungen ohne Vorlegung ordnungsmäßiger Bilanz ein Recht auf Entlastung nicht vorhanden ist (vgl. Anm. 12), und endlich darin, daß eine Anfechtung der Bilanz unter Umständen auch die Entlastung ergreift (vgl. unten Anm. 13 und RG. 112, 26).

Dies gilt aber nur für die mit der Genehmigung des Jahresabschlusses verbundene Entlastung der Organe für die gesamte Tätigkeit bis zu dem Tage, für den die Entlastung erteilt ist. Daneben gibt es auch Entlastungen im weiteren Sinne (vgl. § 252 Abs. 3 und Staub-Pinner Anm. 24 zu § 252), z. B. für bestimmte Geschäfte. Wenn auf der Tagesordnung z. B. Bericht über ein vom Vorstand abgeschlossenes Geschäft oder Vorlegung und Genehmigung einer Abrechnung steht und die Generalversammlung die Genehmigung ausspricht, so liegt hierin ein Verzicht auf Ansprüche und damit eine Entlastung (RG. 106, 262; 115, 250 und in JW. 1926, 2899). Es steht auch nichts im Wege, daß, wenn ein Vorstand oder Aufsichtsrat im Laufe eines Geschäftsjahres austritt, ihm für die Zeit bis zu seinem Austritt Entlastung ohne Vorlegung einer Abrechnung oder einer Bilanz erteilt wird (vgl. auch § 248 Abs. 3 und hier Anm. 13). Selbstverständlich gilt für alle diese Entlastungen die Vorschrift des § 252 Abs. 3. Diese Entlastungen im weiteren Sinne können auch in einer außerordentlichen Generalversammlung erteilt werden (angef. RG.).

β) Nur die Generalversammlung kann über die Entlastung beschließen. Übertragung des Rechts ist ausgeschlossen. Eine dem Aufsichtsrat von dem Vorstand erteilte Entlastung wäre wirkungslos (auch bei der Einmanngesellschaft: RG. 119, 229); desgleichen eine dem Vorstande vom Aufsichtsrat oder dem ausgeschiedenen Vorstand vom neuen Vorstande erteilte Entlastung. Verweigert oder verzögert die Generalversammlung die Erteilung der Entlastung, so haben die Gesellschaftsorgane ein Klagerecht auf Entlastung. Hierüber Anm. 12. Anm. 9.

γ) Die Entlastung kann einzelnen Beteiligten erteilt, anderen versagt werden (ROHG. 20, 222). Das RG. (55, 75) hatte den entgegengesetzten Grundsatz auf- Anm. 10.

§ 260. gestellt. Es könne dem Vorstand und Aufsichtsrat nur als solchem, d. h. als Kollegium, Entlastung erteilt werden; bei der Entlastung eines Mitgliedes dürfen daher die anderen Mitglieder nicht mitstimmen. Diese nur auf die Worte des § 260 „des Vorstandes“ und „des Aufsichtsrats“ sich stützende Ansicht — die V. hat diesen Wortlaut beibehalten — ist bereits früher bekämpft worden. Die Ausdrücke „Vorstand“ und „Aufsichtsrat“ einerseits und „Mitglieder des Vorstandes oder Aufsichtsrats“ werden im Gesetz nicht so gebraucht, daß aus ihnen allein Schlüsse gezogen werden können. Die Mitglieder sind einzeln verantwortlich (vgl. §§ 241, 249). Die von ihnen verlangte Sorgfalt kann nicht das Organ, sondern nur der einzelne leisten; der eine kann diese Sorgfalt angewendet haben, der andere nicht. Die Entlastung aber ist der Verzicht auf Ansprüche; wenn Ansprüche gegen einzelne Mitglieder als solche bestehen, haben auch diese nur Recht auf Entlastung (ders. Ans. OLG. Köln bei Holdheim 12, 214; Horrwitz 389; Brand Anm. 4 a; Pinner in DJZ. 1903, 470; Gareis ebenda 1904, 578). Auch das RG. (65, 244) hat ausgesprochen, daß in geeigneten Fällen getrennte Abstimmung zulässig sei, nämlich, wenn hinsichtlich der Verantwortlichkeit unter den einzelnen Mitgliedern Unterschiede beständen. Es hat damit im wesentlichen seine frühere Ansicht aufgegeben (vgl. RG. 75, 309; BrodmannAR. § 252 Anm. 5 g; GoldschmitAG. 236; Schifferer 34 und Fischer 311; Meißer 40).

Die Folge der jetzt vom RG. gebilligten Ansicht ist in betreff des Mitstimmens die, daß, soweit es sich um Entlastung des gesamten Organs handelt, alle Mitglieder dieses Organs vom Mitstimmen ausgeschlossen sind (vgl. OLG. Stuttgart in JW. 1925, 1893; dagegen Herzfelder 99, der bei gleichzeitiger Befangenheit aller Mitglieder das Mitstimmrecht annimmt), daß aber, soweit ein Mitglied des Organs einzeln verantwortlich gemacht werden soll, über dessen Entlastung die anderen Mitglieder des Organs mitstimmen dürfen (vgl. GoldschmitAR. 235 Anm. 86 und AG. Anm. 9; grundsätzlich dagegen Herzfelder 112, Eiser 89). An sich aber ist daran festzuhalten, daß, soweit nicht ausnahmsweise Fälle gesonderter Verfehlung vorliegen, über die Entlastung jedes Organs, nicht über die Entlastung der einzelnen Mitglieder des Organs gesondert abgestimmt wird (OLG. Stuttgart in JW. 1925, 1893 und Pinner, Anm. hierzu; sowie Güldenagel in RundschGmbH. 1926, 27). Wird, was jedenfalls zulässig ist, getrennt über Entlastung von Vorstand und Aufsichtsrat abgestimmt (RG. 112, 26), so kann an sich der Vorstand bei der Entlastung des Aufsichtsrats, dieser bei der Entlastung des Vorstandes mitstimmen, es sei denn, daß es sich um Verfehlungen handelt, für die der Aufsichtsrat gemeinsam mit dem Vorstand haftet (Staub-Pinner Anm. 2 zu § 249 und Pinner Anm. in JW. 1925, 1893; dagegen Eiser 89), vgl. auch § 266 Anm. 8.

Anm. 11. δ) Der Entlastungsbeschluß ist gültig, wenn er dem Gesetze gemäß zustande gekommen ist. Ob es sachgemäß war, die Entlastung zu erteilen, ist gleichgültig. Es kann der die Entlastung aussprechende Beschluß nicht deshalb angefochten werden, weil die Verwaltung Fehler begangen hat. Die Mehrheit kann daher auf an sich begründete Ansprüche durch die Entlastung verzichten; es sei denn, daß das in einer gegen die guten Sitten verstoßenden Weise vorsätzlich zum Nachteile der Gesellschaft erfolgt (RG. 68, 314; in DJZ. 18, 465; bei Holdheim 23, 153 und OLG. München in LZ. 1915, 1401), z. B. wenn die Mehrheit die Entlastung erteilt hat, um sich rechtswidrige Vorteile zu verschaffen, und natürlich vorbehaltlich der Rechte der Gläubiger gemäß §§ 241 Abs. 4, 249 Abs. 3 (vgl. Staub-Pinner Anm. 12 zu § 241) und der Minderheit, falls diese bereits vor der Entlastung das Verlangen nach § 268 gestellt hat (Koelges in LZ. 1914, 1293). Umgekehrt kann der die Entlastung verweigernde Beschluß nicht angefochten werden, weil die Gesellschaftsorgane keine Fehler begangen haben. Die Gesellschaftsorgane selbst, denen die Entlastung verweigert ist, müssen in solchem Falle auf Entlastung klagen (vgl. Anm. 12). Dagegen ist die Entlastung, die bei der Bilanzgenehmigung erfolgt, fehlerhaft beschlossen und deshalb ungesetzlich und anfechtbar, wenn in der betreffenden Generalversammlung nicht ordnungsmäßig Rechnung gelegt wurde (RG. 34, 57; 44, 66; BrodmannAG. Anm. 1; vgl. Geiling 225). **§ 260.**

Der Entlastungsbeschluß bedarf immer nur einer *einfachen Mehrheit*, selbst wenn es sich darum handelt, die Entlastung für satzungswidrige Handlungen, z. B. Abschluß eines Geschäfts, das nicht unter den Gegenstand des Unternehmens fällt, zu erteilen (RG. in LZ. 1931, 9).

ε) *Der Anspruch der Gesellschaftsorgane auf Entlastung.* Die Gesellschaftsorgane haben einen zivilrechtlichen Anspruch auf Entlastung. Dieser setzt für die Mitglieder, die am Tage der Generalversammlung, die über die Entlastung zu beschließen hat, noch im Amt sind, voraus, daß sie durch ordnungsmäßige Vorlegung der Bilanz und Gewinn- und Verlustrechnung sowie der sonstigen, vom Aufsichtsrat und der Generalversammlung geforderten Aufklärungen und Nachweise in gehöriger Weise die Ergebnisse ihrer Geschäftsführung zur Prüfung unterbreitet haben (vgl. auch Anm. 14 und Anm. 11 a. E.). Sind Mitglieder der Organe am Tage der Generalversammlung nicht mehr im Amt, so ist der Voraussetzung genügt, wenn sie, soweit sie Bücher zu führen hatten, diese ihren Nachfolgern übergeben und darüber hinaus diejenigen Aufklärungen, die von ihnen verlangt worden sind, gegeben haben. Ob die Bücher ordnungsmäßig geführt sind oder die Aufklärungen geeignet sind, ein etwa beanstandetes Verhalten zu rechtfertigen, ist für die Frage der *Voraussetzung* des Entlastungsanspruchs gleichgültig. **Anm. 12.**

Verweigert die Generalversammlung die Entlastung, so steht den Gesellschaftsorganen ein *Klagerecht* (RG. 89, 396) gegen die Gesellschaft zu, nicht etwa ein Anfechtungsrecht aus § 271 (vgl. Staub-Pinner § 271 Anm. 1). Die Vertreter der Gesellschaft können gegenüber der Klage auf Erteilung der Entlastung die Weigerung der Generalversammlung damit begründen, daß sie Ersatzansprüche behaupten und beweisen (RG. 89, 397 und in LZ. 1911, 305[4]); Beweis von Pflichtwidrigkeiten allein genügt nicht, nötig ist auch der Nachweis eines Schadens (RG. 114, 396). *Vertreten wird die Gesellschaft durch den Vorstand*, soweit nicht ein Fall des § 268 Abs. 2 vorliegt (vgl. obiges Erk. 114, 396 und hier § 268 Anm. 9). Ist die Gesellschaft in *Konkurs*, wird sie durch den Konkursverwalter vertreten (RG. in JW. 1911, 721[30]; LZ. 1911, 304[4]).

Dieselben Grundsätze gelten, wenn die Entlastung nicht durch ablehnenden Beschluß, sondern durch Verzögerung der Beschlußfassung verweigert wird (ebenso Geiling a. a. O. 222).

Die Verwaltungsorgane brauchen nur so lange zu warten, bis im ordentlichen Geschäftsgang die Entlastung ausgesprochen werden kann, d. h. bis zur ordentlichen Generalversammlung, in der sie die Bilanz vorlegen, bzw. für den Fall der Vertagung dieser bis zur nächsten Versammlung. Alsdann können sie klagen, aber auch nicht vorher. (Vorher können sie auch nicht Rückgabe der von ihnen gestellten Sicherheit verlangen.) Über prozessuale Fragen Geiling a. a. O. 224 und Marcus bei Holdheim 14, 40. Die Klage ist keine Feststellungsklage, sondern eine Leistungsklage auf Abgabe einer Willenserklärung (OLG. Celle in OLGR. 27, 350; RG. 89, 396; dagegen Boeters in JW. 1920, 699). Das Urteil hat allerdings in den Gründen festzustellen, daß Verfehlungen nicht vorlagen, d. h. in dem Umfange, in dem dem Gericht der Prozeßstoff zur Kenntnis gebracht war. Über dies hinaus kann das Gericht nicht entscheiden und hat nicht zu entscheiden. Es kann daher die Ansicht des RG. (89, 396), daß nach dem Urteil der Gesellschaft schlechthin keinerlei Ansprüche gegen den Entlasteten mehr zustehen, nicht gebilligt werden. Das Urteil auf Entlastung (§ 894 ZPO.) hat vielmehr keine weiteren Wirkungen als die Entlastung selbst (vgl. Breit in JW. 1917, 657 Anm. und Flechtheim in JW. 1920, 700; GoldschmitAR. 239 Anm. 91 und AG. Anm. 14 gegen Boeters a. a. O.).

§ 260. ζ) Die Bedeutung der erteilten Entlastung. Hierüber enthält das Gesetz keine
Anm. 13. Bestimmung. Es entscheiden daher allgemeine Rechtsgrundsätze und die Natur der hier in Rede stehenden Rechnungslegung.

αα) Zunächst kann es keinem Zweifel unterliegen, daß die Entlastung einen Verzicht auf weitere Ansprüche enthält (RG. 106, 262: „daß die Geschäftsführung als einwandfrei anerkannt wird"); sie spricht das Anerkenntnis aus, daß Regreßansprüche nicht bestehen (Schifferer 9). Ebenso ist nicht zweifelhaft, daß die Generalversammlung zu einer Entlastung auch bei fahrlässiger Handlungsweise der zu entlastenden Organe berechtigt ist, es sei denn, daß in einer gegen die guten Sitten verstoßenden Weise der Beschluß vorsätzlich zum Nachteile der Gesellschaft von der Mehrheit gefaßt ist (RG. 68, 314 und im „Recht" 1925 Nr. 2444).

Es liegt in der Entlastung ein abstrakter negativer Anerkenntnisvertrag (Herzfelder 106). Es ist auch durchaus begrifflich nicht ausgeschlossen, Entlastung ohne Rechnungslegung, insbesondere ohne Vorlegung der Bilanz, zu erteilen (Herzfelder 107); z. B. wenn ein Vorstand oder Aufsichtsrat in der Mitte eines Geschäftsjahres austritt, kann ihm Entlastung bis zu seinem Austritt erteilt werden; ein Recht hierauf hat er allerdngs nicht (vgl. oben Anm. 8).

Anm. 14. ββ) Über die Frage, auf welche Tatsachen sich die Entlastung bezieht, liegt jetzt eine ziemlich feststehende Rechtsprechung vor. Das Reichsgericht nimmt an, daß nur die aus den Vorlagen erkennbaren Pflichtverletzungen durch die Entlastung gedeckt werden (RG. 12, 77; 13, 51; bei Holdheim 13, 134 und 14, 140; bei Bauer 10, 283; JW. 1903, 391[26]; in LZ. 1908, 229[33], 445[6], 543[39] sowie RG. 70, 132; 89, 136; ferner KG. in DJZ. 1904, 316; Flechtheim in JW. 1920, 700 und Hagen bei Gruchot 42, 333 ff.).

Es ist hier das Hauptgewicht auf das Wort „erkennbar" zu legen. Wenn, obgleich aus den Vorlagen gewisse Verfehlungen ersichtlich waren, die Generalversammlung in oberflächlicher Prüfung diese Fehler nicht gesehen und Entlastung erteilt hat, dann gelten auch die nicht erkannten Tatsachen, wenn sie nur erkennbar waren, als durch die Entlastung gedeckt (vgl. RG. in JW. 1926, 2904[8] und Ring Anm. hierzu).

Da ferner die Generalversammlung, abgesehen von der Pflichtprüfung gemäß § 262a, das Recht hat, Prüfer zu bestellen, so muß, wenn die Generalversammlung von diesem Rechte Gebrauch gemacht hat, auch das, was für die Prüfer aus den Unterlagen erkennbar war, als durch die Entlastung gedeckt gelten (vgl. ROHG. 22, 80; Schifferer 16 und Fischer 252 Anm. 5; Wieland II, 133 Anm. 6[4]). Die Prüfer sind Beauftragte der Generalversammlung. Wenn sie begutachten, daß gegen den Jahresabschluß Bedenken nicht zu erheben sind, so erstreckt sich die daraufhin erteilte Entlastung auf alle Vorgänge, die sich aus den den Revisoren vorgelegten Unterlagen ergeben (vgl. aber Anm. 17). Übersehen die Prüfer Fehler und Mängel, so ist die Entlastung gleichwohl wirksam, es sei denn, daß Kollusion zwischen der Verwaltung und den Prüfern vorliegt.

Es kommt im übrigen hierbei selbstverständlich niemals auf private Kenntnis der Aktionäre, sondern immer nur auf das an, was aus den Vorlagen an die Generalversammlung erkennbar war (RG. 70, 132; Wieland II 133 Anm. 65).

Über die Frage, ob das Kennenmüssen der Bilanzprüfer der Erkennbarkeit durch die Generalversammlung gleichsteht und über die Frage der Entlastung der Verwaltung bei den der Pflichtprüfung unterworfenen Gesellschaften vgl. § 262a Anm. 1 und § 262e Anm. 10.

Es ist zweifelhaft, ob man, wie in früheren Auflagen geschehen ist, noch einen Schritt weitergehen soll, und, falls die Generalversammlung Prüfer nicht ernannt hat, auch das als durch die Entlastung gedeckt erachten soll, was Prüfer, wenn sie ernannt worden wären, durch die Prüfung hätten ermitteln können. Es ist dies aber nicht anzunehmen, denn die Bestellung der Prüfer ist, abgesehen von der Pflichtprüfung, nur ein Recht der Generalversammlung. Macht sie von dem Recht in der Annahme, daß

ihre Organe die ihr vorgelegten Unterlagen richtig aufgestellt haben, keinen Gebrauch, **§ 260.**
so können hieraus die Organe Rechte nicht herleiten (dagegen Brand Anm. 4 b ff.).

Sind also Prüfer nicht bestellt, so gilt nur das als entlastet, was aus den Unterlagen für die Generalversammlung erkennbar war. Das gilt auch für die etwa unterlassene Pflichtprüfung (§ 262a Anm. 16).

Geiling bei Holdheim (16, 253 ff.) macht auch darauf aufmerksam, daß gewisse, nicht erkennbare Tatsachen ebenfalls gedeckt erscheinen, z. B. Tatsachen ohne Erheblichkeit, die ohne Einfluß auf den Geschäftsgang geblieben sind; ferner erhebliche Tatsachen, wenn anzunehmen wäre, daß die Generalversammlung, wenn sie ihr auseinandergesetzt wären, keinen erkennbaren Grund gehabt hätte, ihre Zustimmung zu verweigern. Letzterem ist nicht beizutreten, denn es ist nicht abzusehen, ob nicht bei einer Erörterung über den betreffenden Punkt sich die Generalversammlung eine andere Meinung gebildet hätte (vgl. Staub-Pinner Anm. 5 zu § 253). Sind Tatsachen wesentlich, so sind sie der Generalversammlung vorzulegen; werden sie nicht vorgelegt, so erstreckt sich die Entlastung auf sie nicht.

γγ) Dagegen ist (mit Simon 19 und Horrwitz 387; a. A.: Lehmann-Ring Nr. 5) nicht anzunehmen, daß die Kenntnis des Aufsichtsrats als Kenntnis der Generalversammlung anzusehen ist. Der Aufsichtsrat ist nicht Organ der Generalversammlung; im Gegenteil soll ja gerade seine Tätigkeit mit geprüft werden. **Anm. 15.**

δδ) Die erteilte Entlastung bezieht sich an sich auch auf die Folgen von arglistigen Pflichtverletzungen. Vgl. jedoch Anm. 13 u. 17. **Anm. 16.**

εε) Überall aber sind ordnungsmäßige Vorlagen Voraussetzung der Entlastung, wenn sie in der Anm. 14 angegebenen Weise wirken soll (RG. im „Recht" 1925 Nr. 2444). Das gilt auch für die Unterlagen, die von der Generalversammlung bestellten Prüfern, insbesondere den mit der Pflichtprüfung betrauten Bilanzprüfern (§ 262), vorgelegt werden. Auf irreführende Vorlagen kann sich der Rechnungsleger nicht berufen (RG. 18, 63; Geiling bei Holdheim 16, 251; vgl. auch Bolze 17 Nr. 538), ebensowenig auf eine irreführende Unvollständigkeit. So ist, wenn die Vorlage, insbesondere der Geschäftsbericht und die Bemerkungen des Aufsichtsrats über den Prüfungsbericht der Bilanzprüfer (§ 262e) Vorgänge nicht erwähnen, die so wichtig sind, daß ihre Erwähnung redlicherweise erwartet werden konnte, irreführende Unvollständigkeit anzunehmen. Denn die Nichterwähnung bewirkt die Annahme, daß kein besonderer Anlaß zur Beanstandung vorlag. Auf solche Vorlage können sich die Gesellschaftsorgane nicht berufen. Die erteilte Entlastung ist insoweit überhaupt nicht erteilt, weil sie sich nach Treu und Glauben im Handelsverkehr auf solche erwähnungsbedürftigen und nicht erwähnten Vorgänge nicht bezog. Es liegt schon aus diesem Grunde nicht etwa nur Anfechtbarkeit nach §§ 121 u. 123 BGB. vor (vgl. Geiling a. a. O. 231). **Anm. 17.**

Das hier Ausgeführte bezieht sich nur auf die allgemeine in Verbindung mit der Bilanz stehende Entlastung. Es ist aber auch Entlastung für einzelne Geschäfte zulässig (vgl. Anm. 8 oben). **Anm. 17 a.**

Die Entlastungserklärung kann nach den Grundsätzen über ungerechtfertigte Bereicherung (BGB. § 812 Abs. 2) zurückgefordert werden, wenn es sich um einen Anspruch handelt, dessen Grundlage aus den vorgelegten Bilanzen nicht unmittelbar erkennbar war, der vielmehr mit diesem Urkundeninhalt nur in mittelbar losem Zusammenhang steht (RG. in JW. 1926, 2904 und Bing Anm. hierzu). **Anm. 17 b.**

2. (Abs. 2.) **Die Vorbereitung der Geschäftsprüfung** erfolgt durch Vorlegung des Jahresabschlusses und des Geschäftsberichts seitens des Vorstandes an den Aufsichtsrat und mit dessen Bemerkungen an die Generalversammlung. Sämtliche Mitglieder des Vorstandes, und zwar alle zur Zeit der Vorlegung im Amt befindlichen (OLG. Kolmar bei Bauer 20, 174) haben die Vorlegung vorzunehmen (zu vgl. **Anm. 18.**

§ 260. Staub-Pinner Anm. 10 zu § 239). Diese Unterlagen sind dem Aufsichtsrat als solchem zu Händen seines Vorsitzenden, nicht seinen einzelnen Mitgliedern vorzulegen (vgl. § 246 Anm. 14a und KGJ. 40 A 83). Da der Geschäftsbericht „vorgelegt" werden muß, folgt daraus, daß er schriftlich zu erstatten ist. Der Gewinnverteilungsvorschlag gehört (auch in der neuen Fassung des § 260) nicht zu den der Generalversammlung zu unterbreitenden Vorlagen (vgl. RG. 101, 279).

Wie ist es, wenn die Vorstandsmitglieder sich nicht über die Bilanz einigen (Wasser-Trüdinger in ZBH. 1927, 405). Die Gesellschaft kann dann die Bilanz, die ihr ja vom Vorstand vorgelegt werden mußte, nicht beschließen; es treten also die in Anm. 3 zu diesem Paragraphen bezeichneten Folgen ein. Nötigenfalls gibt die Nichteinbringung durch die Vorstandsmitglieder ein fristloses Kündigungsrecht der Gesellschaft gegen diese.

Entsprechendes gilt, wenn der Aufsichtsrat sich weigert, einen Bericht über die Bilanz zu erstatten. Über die Folgen einer unterlassenen Pflichtprüfung vgl. § 262a Anm. 17.

a) **Die Zeit der Vorlegung der Jahresrechnung.** Sie muß erfolgen in den ersten drei Monaten des Geschäftsjahres (das nicht länger als 12 Monate sein darf; vgl. § 39 und KG. im „Recht" 1903, 434 sowie Riesenfeld bei Gruch. 42, 836. Darüber, ob für kürzere Geschäftsperioden Dividende verteilt werden darf, vgl. Staub-Pinner Anm. 3 zu § 215). Die Satzungen können aber diese Frist auf sechs Monate verlängern. Auf die Aufstellung der Bilanz beziehen sich diese Fristen nicht. Die Aufstellung muß so zeitig erfolgen, wie dies aus allgemeinen Rechtsgrundsätzen folgt. Gerät daher die Gesellschaft in den ersten zwei Monaten in Konkurs, und die Bilanz wäre, obgleich dies nach der Sachlage sehr wohl möglich, nicht aufgestellt bzw. diese Aufstellung noch nicht einmal begonnen, so wären die Vorstandsmitglieder strafbar. Auch die Zeit der Vorlegung der Bilanz bezieht sich nur auf die Vorlegung an die Generalversammlung. Vorher muß sie schon dem Aufsichtsrat vorgelegt sein. Dieser wird übrigens die Vorlegung sofort nach der Aufstellung verlangen können, jedenfalls so schnell, wie die Aufstellung möglich ist. Das folgt aus seiner allgemeinen Überwachungspflicht (§ 246).

Spätestens innerhalb drei bzw. sechs Monaten muß die Vorlegung an die Generalversammlung erfolgt sein. Daraus folgt gleichzeitig die Anberaumung der ordentlichen Generalversammlung als unbedingte Pflicht, von der auch der Gesellschaftsvertrag nicht entbinden kann. Auch Rücksicht auf schwebende Sanierungsverhandlungen entbindet von der Pflicht nicht (KG. in RJA. 11, 220). — Die Erfüllung dieser Pflicht kann durch Ordnungsstrafen gegen die Vorstandsmitglieder durch das Registergericht erzwungen werden (§ 319). Zu dem Antrage auf Einschreiten durch Androhung und Verhängung von Ordnungsstrafen ist der Aufsichtsrat (vgl. KG. in KGJ. 30 A 125), aber auch jeder Aktionär für berechtigt zu erachten; hiernach richtet sich auch das Beschwerderecht (Staub-Bondi Anm. 9 ff. zu § 14).

Die Bilanz eines jeden Jahres muß gesondert vorgelegt werden; durch die Einreichung einer auf mehrere Jahre sich erstreckenden Bilanz wird der gesetzlichen Vorschrift nicht genügt (OLG. Kolmar bei Bauer 20, 174).

Über Verlegung des Geschäftsjahres vgl. Staub-Pinner Anm. 3a zu § 215.

Anm. 18a. Die Frist ist in § 260 ausdrücklich nur für die „Vorlegung" an die Generalversammlung bestimmt. Daraus ist aber nicht zu folgern (vgl. Friese in DNotVZ. 1924, 334), daß damit die Pflicht des Vorstandes erledigt sei. Er muß auch die Generalversammlung innerhalb der Frist berufen. Wird diese durch Umstände, für die er nicht verantwortlich ist, vertagt, so muß er nach Erledigung der Hindernisse (z. B. der Prüfung, § 266) unverzüglich eine neue Generalversammlung einberufen, überhaupt alles tun, daß die Bilanz von der Generalversammlung festgestellt wird. Kommt er dieser Pflicht nicht nach, so unterliegt er dem Ordnungsstrafrecht des Registerrichters. Wird dagegen die Bilanzfeststellung verzögert oder verhindert durch Umstände, die er nicht beseitigen kann, z. B. wenn kein Aktionär kommt oder kein Mehrheitsbeschluß zustande kommt, so fällt seine Verantwortung fort. **§ 260.**

Ist die Generalversammlung verspätet einberufen, so kann hierauf die Anfechtung des Beschlusses nicht gestützt werden. Ein Beschluß über die Bilanz ist daher auch in dieser verspäteten Versammlung zu fassen. Dieser Fall kann auch eintreten, wenn ein Beschluß der Generalversammlung, die Bilanz festzustellen, im Wege der Klage für nichtig erklärt ist. Es muß dann eine neue Bilanz einer demnächst einzuberufenden Versammlung vorgelegt werden. So kann es kommen, daß die Bilanz eines Jahres erst in späteren Jahren festgestellt werden kann. Anm. 19.

b) **Recht des Aktionärs auf Auskunft.** Die Vorlegung an die Generalversammlung schließt begrifflich die Verpflichtung in sich, die Ansätze in der Bilanz und die Angaben des Geschäftsberichts sachgemäß zu erläutern und zu ergänzen (vgl. auch Anm. 3 u. 4 zu § 314). Lit.: Netter, Die aktienrechtliche Auskunftspflicht, Berlin 1928; Klostermann, Das Recht des Aktionärs auf Auskunft, Soest 1928; Weisbart ZBH. 1931, 173. Anm. 20.

Die Frage, wieweit diese Aufklärungspflicht geht, ist früher mit Rehm (1. Aufl. 798), gegen Simon (18) dahin beantwortet, daß jeder Nachweis gegeben werden müsse, gleichviel, ob darunter das Gesellschaftsinteresse leide oder nicht. Diese Auslegung muß eingeschränkt werden. Das Recht auf Erörterung und auf Aufklärung hat seine Grenzen im Interesse der Gesellschaft, denn der Aktionär hat in der Generalversammlung nur im Interesse der Gesellschaft tätig zu sein. Soweit das Gesellschaftsinteresse durch Anfragen gefördert werden soll, ist die Aufklärung in weitestem Sinne ohne engherzige Geheimniskrämerei (RG. 82, 185) zu geben; soweit selbstsüchtige, schikanöse oder Wettbewerbsinteressen gefördert werden sollen, weicht das Recht auf Aufklärung dem höheren Interesse der Gesellschaft (vgl. auch Marcuse in LZ. 1912, 600; Horrwitz 215; GoldschmitAG. Anm. 23; Brodmann in ZBH. 1930, 270; OLGR. 32, 113; Netter 51 [weitergehend]; RGSt. 45, 213; Klostermann 27 u. 39 und OLG. Hamburg in OLGR. 14, 351).

Dies Recht auf Auskunft kann durch Einsetzung von Prüfern (§ 266) oder durch Vertagung (§ 264), die beide Minderheitsrechte sind, erzwungen werden. Es kann aber auch jeder Aktionär Aufklärung innerhalb der im vorigen Absatz bezeichneten Grenzen verlangen (vgl. die systematische Begründung dieses Rechts bei Netter 57; dagegen Klostermann 56 f.) und bei unberechtigter Nichterteilung die Anfechtungsklage aus § 271 erheben. Dies Individualrecht war früher vom RG. (vgl. 34, 58) nicht bestritten und wurde in der Praxis fast ausnahmslos (dagegen Rehm 1. Aufl. 799 und Simon 18) anerkannt. Eine grundlegende Änderung trat durch das Erk. des RG. vom 22. April 1913 (82, 182) ein (ebenso OLG. Hamburg in HansGZ. 1920 Nr. 129; OLG. Kolmar in LZ. 1914, 405). Dies erklärte unter grundsätzlicher Anerkennung der Aufklärungspflicht, daß das Recht, Aufklärungen zu verlangen, nur die Generalversammlung, nicht der Einzelaktionär habe. Weigert sich erstere, die Frage zu stellen, so habe sich der Aktionär zu bescheiden; es sei denn, daß ein besonderes, im Gesetz geregeltes Recht auf Aufklärung bestehe (wie dies für den vom RG. entschiedenen Fall angenommen wird), oder daß die Verweigerung der Fragestellung einen Verstoß gegen die guten Sitten enthalte. Das RG. begründet seine Ansicht damit, daß das Gesetz das Recht auf Auskunft nicht als Sonderrecht bezeichne, und daß mit einem derartigen Recht Mißbrauch getrieben werden könne.

Praktisch ist damit das Recht des Einzelaktionärs, Fragen zu stellen, so gut wie beseitigt (vgl. auch Nord, Grundlinien der Machtverteilung 44); die Mehrheit wird meist auf seiten der Verwaltung stehen. Die Ansicht von Rosendorff (Die stillen Reserven 60 ff.), daß aus der Tatsache, daß die Bilanz unrichtig oder unvollständig sei, sich die Rechtspflicht auf Erläuterung auch nach der Entsch. des RG. ergebe, entspricht dem Wortlaut und Sinn der Entsch. nicht (vgl. Pinner JW. 1916, 1389 und dagegen Rosendorff [2. Aufl. Anm. 1 S. 65]).

§ 260. Dem Grundsatz des RG. kann nicht zugestimmt werden (vgl. Horrwitz JW. 1916, 887; Bondi LZ. 1917, 1309; Heinitz DJZ. 1917, 196; Rosendorff a. a. O.; Fugart; Lehmann Lehrb. 345 Anm. 4; GoldschmitAK. 180 und AG. Anm. 21; Nord 36; Möser 76; Fischer 298; Netter 28, 43 und die dort angef. Lit. [weitere Lit. bei Klostermann 56]; BrodmannAK. Anm. 2 d zu § 259; Wieland II 197 Anm. 21; Pinner JW. 1916, 990 und Beiträge 74). Was ein Sonderrecht ist, geht nicht aus ausdrücklichen Vorschriften des HGB., das den Begriff überhaupt nicht kennt, hervor, sondern ist aus der Natur des Rechts zu entnehmen (Staub-Pinner § 250 Anm. 9). Da aber jeder Aktionär das Stimmrecht und damit das Recht auf Erörterung hat, muß er auch das Fragerecht haben, ohne welches das Recht auf Erörterung inhaltslos wird (Horrwitz a. a. O.). Daß das Recht mißbraucht werden kann, ist richtig; dies teilt es mit jedem Recht; außerdem hat es, wie oben erörtert, seine Grenze am Interesse der Gesellschaft.

Mit dem vom RG. angenommenen Grundsatz, dem sich die Praxis gefügt hat (vgl. RG. 105, 40; OLG. Celle in OLGR. 32, 113), wäre das Einzelrecht des Aktionärs auf Auskunft beseitigt, soweit nicht, was das RG. hervorhebt, die Auskunftspflicht auch ohne Beschluß der Generalversammlung als Rechtspflicht vorhanden ist, eine Ausnahme, die die Anhänger der Ansicht des RG., insbesondere Goldschmit a. a. O. weit ausdehnen; es bleibt das Minderheitsrecht aus § 264. Daß dies Recht unberührt bleibt, kann nicht bezweifelt werden, ist auch vom RG. in der Entsch. 82, 185 anerkannt (vgl. auch RG. 90, 211). Es können also Aktionäre, die 10 % des Aktienkapitals besitzen, Aufklärungen bemängelter Ansätze der Bilanz durchsetzen. Dasselbe muß bei der Entlastung gelten (RG. 34, 57).

Klostermann, der die Entscheidung des RG. billigt, will auch die Ausnahme für § 264 nicht zugeben (S. 73). Der von ihm vorgebrachte Grund, daß § 264 nur ein Recht auf Vertagung, nicht aber auf Auskunft gibt, ist nach dem klaren Wortlaut des § 264 hinfällig. Allerdings ist Abs. 1 dahin auszulegen, daß nur ein in Verfolg einer Bemängelung sich ergebendes Vertagungsrecht gewährt wird. Abs. 3 sagt aber, daß eine erneute Vertagung nur zulässig ist, wenn nicht die erforderliche Auskunft gegeben wird. Die Minderheit hat also bis zur Gewährung dieser Auskunft das Recht auf dauernde Vertagung; damit ist ihr also das Recht gegeben, die Auskunft zu verlangen. Diese Auskunft ist danach eine aus dem Gesetz hervorgehende Rechtspflicht der Verwaltung, ein durch Gesetz festgestelltes Recht der Minderheit, und gerade für solche Rechtspflichten macht das RG. eine Ausnahme von dem von ihm festgestellten Grundsatz.

Anm. 20 a. Eine besondere gesetzliche Auskunftspflicht führt der § 31 Abs. 2 2. DV. zur GBO. ein. Sind die in § 30 bezeichneten Schutz- oder Vorratsaktien (Anm. 11 c zu § 185) so umgestellt wie die anderen Aktien, so steht bei einer demnächstigen Veräußerung der Gegenwert der Gesellschaft zu. Der Vorstand ist verpflichtet, der Generalversammlung über die Veräußerung zu berichten und auf Verlangen von Aktionären, deren Anteile zusammen den zehnten Teil des Grundkapitals erreichen, Aufklärungen zu geben und Unterlagen vorzulegen (vgl. auch § 260 a Abs. 3).

Anm. 20 b. Eine gesetzliche Auskunftspflicht außerhalb der Generalversammlung gibt es nicht, ebensowenig eine persönliche Auskunftspflicht der Organe der AG. der Öffentlichkeit gegenüber (Netter 21; Klostermann 4 Anm. 6; vgl. jedoch §§ 263 u. 265).

Anm. 20 c. Hat die Verwaltung — verpflichtet oder nicht — Auskunft erteilt, die falsch ist und die Generalversammlung irreführte, so gibt dies, falls die Auskunft für die Beschlußfassung wesentlich war, einen Anfechtungsgrund (RG. 131, 196).

Anm. 20 d. Über Auskunftspflicht über die Geschäftsverhältnisse bei Tochtergesellschaften vgl. RG. 115, 332 u. 345; JW. 1927, 2986; Netter 32 Anm. 44 sowie Fricke in ZBH. 1928, 323 und die dort Angef.; Ring-Schachian 485 (Weisbart). Das RG. hat in der obenbezeichneten Entsch. JW. 1927 die Mitteilung der Ergebnisse von Tochtergesellschaften nicht unbedingt für geboten erachtet; mit Recht hat sich hiergegen Nußbaum in der Anm. hierzu gewendet, ebenso Kronheim 115. Man wird in diesen Fällen sowie über Konsortialverträge Auskunftspflicht der Verwaltung schon nach bisherigem Recht annehmen müssen; denn hier ist der wirtschaftliche Zusammenhang, der Einfluß der Geschäftsergebnisse der Tochtergesellschaft auf das Vermögen der Muttergesellschaft und der Verwaltungsaktien auf die Bilanz der Muttergesellschaft entscheidend. Das muß jetzt umsomehr gelten, als § 260a Abs. 2 Angaben über die Beziehungen der Gesellschaft zu einer abhängigen Gesellschaft und einer Konzerngesellschaft im Geschäftsbericht erfordert (§ 260a Anm. 11). § 260.

Die V. befaßt sich mit der Frage der **Auskunftspflicht**, abgesehen von § 260a, der den Inhalt des Geschäftsberichts behandelt, und abgesehen von den §§ 261a bis d, die die Gliederung der Bilanz vorschreiben, nicht. In dem I. Entw. der Regierung war die Frage der Auskunftspflicht eingehend geregelt worden, weil, wie die Erl. (S. 109) sagt: „zur Zeit eine schwer erträgliche Rechtsunsicherheit besteht“. Auch über die Frage, ob auch über Mutter-, Tochter- und Schwestergesellschaften Auskunft zu erteilen sei, befanden sich im I. Entw. Vorschriften. Im II. Entw. sind diese Vorschriften mit gewissen Abänderungen ebenfalls enthalten. Die V. enthält hierüber nur den § 260a Abs. 2. Anm. 20e.

c) **Gegenstand der Vorlegung.** Der Jahresabschluß (d. h. die Jahresbilanz und die Gewinn- und Verlustrechnung) und der Geschäftsbericht sind zunächst dem Aufsichtsrat und mit dessen Bemerkungen der Generalversammlung vorzulegen. Der Vorstand genügt seiner Pflicht durch Übersendung an den Vorsitzenden oder stellvertretenden Vorsitzenden des Aufsichtsrats; er ist nicht verpflichtet, jedem einzelnen Mitglied die Bilanz vorzulegen (KG. bei Bauer 18, 243; und hier Anm. 18). Prüfen muß der Aufsichtsrat als Körperschaft; die Unterschrift des Vorsitzenden genügt nur, wenn die Prüfung durch den Aufsichtsrat stattgefunden hat (RG. 90, 209; vgl. Staub-Pinner Anm. 5 zu § 247). Der Aufsichtsrat ist verpflichtet, die Bilanz zu prüfen und seine Bemerkungen zu machen (für die der Pflichtrevision unterworfenen Gesellschaften vgl. auch § 262e). Ein Zwang aber besteht nicht. Weigert oder verzögert er die Erfüllung der Pflicht, so muß die Vorlage an die Generalversammlung gleichwohl erfolgen (Behrend § 132 Anm. 4). Der Aufsichtsrat kann außerdem auch noch die Vorlegung der Inventur, wie überhaupt der Geschäftsbücher und aller Unterlagen verlangen (§ 246). Desgleichen kann die Generalversammlung Vorlegung aller Geschäftsbücher an sie selbst oder an die zu diesem Zweck gewählten Prüfer durch Beschluß anordnen (§ 266). Über die Pflicht des Vorstandes zur Vorlegung des Materials an die Prüfer vgl. § 267 Anm. 1 ff. und § 262d Anm. 1 ff. Ein einzelner, wenn auch noch so stark beteiligter Aktionär als solcher kann dies natürlich nicht verlangen (vgl. hierüber Anm. 20). Über den Inhalt der Bilanz vgl. §§ 260b ff. und die Anmerkungen dazu. Anm. 21.

Die **Gewinn- und Verlustrechnung,** deren Vorlegung dem Vorstand zur Pflicht gemacht ist, ist etwas von der Bilanz Verschiedenes (Simon 72; Klostermann 31; vgl. OLG. Karlsruhe bei Bauer 15, 195). Es war mehr und mehr Sitte geworden, diese Gewinn- und Verlustrechnung möglichst dürftig zu halten, sie faßte meist in nur wenigen Zahlen das Ergebnis zusammen. Diese laxe Praxis hat die Judikatur gebilligt (RG. 131, 194; OLG. Dresden bei Bauer 18, 75; OLG. Hamburg bei Bauer 27, 7; dagegen grundsätzlich OLG. Bamberg in LZ. 1908, 468). Obwohl das RG. a. a. O. auch die Gewinn- und Verlustrechnung als ein wesentliches Stück der Rechenschaftsablegung der Verwaltung ansieht, dessen Fehlen eine Anfechtung nach § 271 begründe, erachtet es doch mangels besonderer gesetzlicher Vorschriften über die Gliederung der Rechnung in einzelne Konten die Verkehrsauffassung für maßgebend, die auch sehr wenig spezifizierte Gewinn- und Verlustrechnungen zulasse. Auch die herrschende Rechtslehre hat diesen Standpunkt eingenommen (Staub-Pinner § 260 Anm. 22; Simon 287; Brand Anm. 5c, cc; dagegen Rosendorff, Betrachtungen 76). Anm. 22.

Durch die V. wird dieser Rechtsübung Einhalt getan. In § 261c ist die Gliederung der Gewinn- und Verlustrechnung in gewissem Umfange vorgeschrieben, nachdem in § 260b Abs. 2 die Vorschrift über den Jahresabschluß, also auch über die Gewinn- und Verlustrechnung aufgenommen ist, daß er so klar und übersichtlich aufzustellen sei, daß er den Beteiligten einen möglichst sicheren Einblick in die Lage der Gesellschaft gewährt (vgl. § 260b

§ 260. Anm. 2). Über den Inhalt der Gewinn- und Verlustrechnung im einzelnen vgl. Anm. zu § 261c.

Anm. 23. **Der Geschäftsbericht.** § 260 enthält in der alten Fassung über den Inhalt des Geschäftsberichts nur die Bestimmung, daß er den Vermögensstand und die Verhältnisse der Gesellschaft zu entwickeln habe. Es sind daher in ihm die wichtigen Vorkommnisse im Laufe des Geschäftsjahres sowie außergewöhnliche Maßnahmen, die für die Art der Führung der Geschäfte von Bedeutung sind, zu erwähnen. Die Rechtsprechung hatte in Auslegung des § 260 weitere Erfordernisse für den Inhalt des Geschäftsberichts aufgestellt. Er soll mit möglichster Offenheit und ohne Schön- und Schwarzfärberei, möglichst objektiv und ohne Nebenabsicht auf Kurs und eigene Verantwortlichkeit nicht nur die Ansätze der Bilanz erläutern, sondern alles enthalten, was für einen ordentlichen Geschäftsmann erforderlich erscheint, um den Männern, die ihm das Vertrauen der Verwaltung schenkten, die Geschäftslage darzulegen (RG. bei Bauer 11, 221). Derartige leitende Grundsätze waren insbesondere in den Strafentscheidungen des RG. mit Rücksicht auf die Strafbestimmung des § 314 enthalten (RGSt. 38, 196; 41, 298; 46, 297; vgl. auch RGZ. 115, 336). Auch Vorgänge, die erst nach Ablauf des Berichtsjahres bekanntgeworden sind, müssen im Geschäftsbericht berücksichtigt werden (RG. in JW. 1906, 614[49]). Desgleichen sind Vorkommnisse, die sich erst nach Ablauf des Geschäftsjahres ereignet haben, im Geschäftsbericht zu erwähnen, wenn sie von maßgeblicher Bedeutung für die Beurteilung der Lage der Gesellschaft sind.

Über die Frage, wieweit die Pflicht zur Offenlegung der Verhältnisse geht, wenn die Gesellschaft durch Bekanntwerden derselben geschädigt wird, vgl. für das bisherige Recht Staub-Pinner § 314 Anm. 2 ff., für das Recht der V. § 260a Anm. 6—8.

Die V. hat in § 260 den Grundsatz, daß der Geschäftsbericht den Vermögensstand und die Verhältnisse der Gesellschaft zu entwickeln habe, gestrichen und in § 260a übernommen. Dort sind einheitlich die Erfordernisse für den Inhalt des Geschäftsberichts behandelt.

Anm. 24. **Zusatz. Von einer eigentlichen Rechnungslegungspflicht** kann beim Vorstande nur insoweit die Rede sein, als er selbst Geschäfte abgeschlossen hat und Verwahrer von Gesellschaftsvermögen gewesen ist. Aber auch in diesem Falle liegt grundsätzlich seine Rechnungslegung in seiner Buchführung. Nur soweit diese nicht ausreicht, ist weitere Rechnungslegung seine Pflicht (ROHG. 25, 179). Insoweit wird § 259 BGB. durch die aktienrechtlichen Sondervorschriften des HGB. geändert. Ist weitere Rechnungslegung erforderlich, so kann der Vorstand eine von ihm gestellte Sicherheit nicht früher zurückfordern, als bis er dieser Pflicht nachgekommen ist (ROHG. 24, 364).

Über Auskunft an Einzelaktionäre in der Generalversammlung vgl. Anm. 3 zu § 314 und Anm. 20 zu diesem Paragraphen. Außerhalb der Generalversammlung sind die Gesellschaftsorgane niemals verpflichtet, Aktionären Auskünfte zu erteilen.

2. Hinter § 260 des Handelsgesetzbuchs werden als §§ 260a und b folgende Vorschriften eingefügt:

§ 260a.

§ 260a.

(1) In dem Geschäftsbericht sind der Vermögensstand und die Verhältnisse der Gesellschaft zu entwickeln und der Jahresabschluß zu erläutern. Bei der Erläuterung des Jahresabschlusses sind auch wesentliche Abweichungen von dem früheren Jahresabschluß zu erörtern.

(2) In dem Geschäftsbericht ist auch über die Beziehungen zu einer abhängigen Gesellschaft und einer Konzerngesellschaft zu berichten.

(3) In dem Geschäftsbericht sind ferner Angaben zu machen über

1. Aktien, die von dem Aktionär als Gründer oder Zeichner für Rechnung der Gesellschaft übernommen worden sind; sind solche Aktien im Laufe des Geschäftsjahrs verwertet worden, so ist auch über ihre Verwertung und die Verwendung des Erlöses zu berichten; § 260a.
2. den Bestand an eigenen Aktien der Gesellschaft, die ihr oder einem anderen für ihre Rechnung gehören; sind solche Aktien im Laufe des Geschäftsjahrs erworben oder veräußert worden, so ist auch über den Erwerbs- oder Veräußerungspreis und die Verwendung des Erlöses zu berichten;
3. gebundene Aktien; eine Aktie gilt als gebundene Aktie, wenn der Aktionär durch ausdrückliche oder stillschweigende Vereinbarung zugunsten der Gesellschaft, einer abhängigen Gesellschaft oder einer Konzerngesellschaft in der Ausübung der Aktienrechte oder in der Veräußerung oder sonstigen Verfügung über die Aktie gebunden ist;
4. im Laufe des Geschäftsjahrs ausgegebene Genußscheine;
5. aus der Bilanz nicht ersichtliche Haftungsverhältnisse einschließlich von Pfandbestellungen und Sicherungsübereignungen sowie von Verbindlichkeiten aus der Begebung von Wechseln und Schecks;
6. die Gesamtbezüge der Mitglieder des Vorstandes und die der Mitglieder des Aufsichtsrats (Gehalt; Vergütungen, die in einem Anteil am Jahresgewinn bestehen; Aufwandsentschädigungen; Provisionen und Nebenleistungen jeder Art);
7. die Zugehörigkeit der Gesellschaft zu preis- und absatzregelnden Verbänden, Konventionen und ähnlichen Verbindungen;
8. Vorgänge von besonderer Bedeutung, die nach dem Ende des Geschäftsjahrs eingetreten sind.

(4) Die Berichterstattung hat den Grundsätzen einer gewissenhaften und getreuen Rechenschaftsablegung zu entsprechen. Sie kann nur insoweit unterbleiben, als das überwiegende Interesse einer der beteiligten Gesellschaften oder der Allgemeinheit es erfordert.

§ 260a behandelt den **Inhalt des nach § 260 der Generalversammlung zu erstattenden Geschäftsberichts.*** Einleitung.

Die Anforderungen, die an einen ordnungsmäßigen Geschäftsbericht nach bisherigem Recht zu stellen waren und bis zum Inkrafttreten des Art. V der V. weiterhin zu stellen sind, sind in Anm. 23 zu § 260 behandelt. Diesen Anforderungen ist in der Praxis im allgemeinen nicht genügt worden (Enqueteausschuß Generalber. 33). Die Klagen, daß der Geschäftsbericht inhaltlos sei, verstummten nicht. Der Kampf der Minderheiten für eine erhöhte Publizität gerade im Hinblick auf dürftige, mangelhafte Geschäftsberichte, gab mancher Generalversammlung das Gepräge.

Der Geschäftsbericht ist neben der Bilanz und neben dem Fragerecht des Aktionärs das wichtigste Informationsmittel der Generalversammlung. Seine Ausgestaltung gesetzlich festzulegen, fand daher in den Erörterungen über eine Aktienreform ungeteilte Zustimmung; nur vor zu weitgehender Kasuistik wurde gewarnt (Enqueteausschuß Generalber. 90 ff.; Antw. DAV. II 28 ff.; Antw. Zentralverb. d. deutschen Bank- u. Bankiergewerbes 106; Sintenis in BankA. 29, 468; Mitt. der Industrie- u. Handelskammer Berlin 1931, 142). Dem-

* Über das Inkrafttreten des § 260a vgl. 1. DV. vom 15. Dez. 1931 Art. 1 u. 2 (Anhang).

§ 260a. gemäß hatte der § 110 des I. Entw. für den Geschäftsbericht neben der in § 260 bereits vorgeschriebenen Darlegung des Vermögensstandes und der Verhältnisse der Gesellschaft ausdrücklich die Erläuterung des Jahresabschlusses angeordnet und hierzu die Erörterung auch der Abweichungen gegenüber dem früheren Jahresabschluß gefordert. Der Geschäftsbericht sollte ferner auf wesentliche Veränderungen in den Verhältnissen der Gesellschaft während des laufenden Geschäftsjahres hinweisen. Der I. Entw. schrieb weiter einen Bericht über die Beziehungen der Gesellschaft zu anderen Unternehmungen vor, falls die Verhältnisse der Gesellschaft durch derartige Beziehungen maßgebend beeinflußt werden, ja, ordnete sogar für diesen Fall einen Bericht über das andere Unternehmen selbst an. Die Aufdeckung konzernrechtlicher Bindungen und ihrer Einwirkungen auf die Gesellschaft sollte damit gewährleistet sein; dadurch sollte die notwendige Klarheit über die Verhältnisse der Gesellschaft, die durch das Fortschreiten der Konzentrationsbewegung und die Verschachtelung von Unternehmungen mehr und mehr verlorengegangen war, im Geschäftsbericht wiedergewonnen werden. Endlich verlangte der I. Entw. die Berichterstattung über eine Reihe besonders wichtiger Tatbestände und Vorgänge, z. B. über den Besitz und die Verwertung von Vorratsaktien und gebundenen Aktien, die Fälligkeit langfristiger Verbindlichkeiten, besondere Haftungsverhältnisse und Syndikats- und Kartellbindungen. Ein Korrektiv gegen eine zu weitgehende, gegen das eigene Interesse der Gesellschaft ausschlagende Publizität bildete die Bestimmung des Abs. 6, nach der eine Berichterstattung insoweit unterbleiben konnte, als das überwiegende Interesse der Gesellschaft oder der Allgemeinheit es erfordert. Vgl. hierzu Schmölder in JW. 1931, 2631 und Erl. zum I. Entw. S. 110, 111.

Die Kritik an dem Entwurf und Ereignisse jüngster Zeit haben in der V. teils zu einer Erweiterung der an den Geschäftsbericht zu stellenden Anforderungen, teils zu einer Einschränkung gegenüber dem I. Entw. geführt (Quassowski in JW. 1931, 2914 f.). In wesentlichen Punkten ist § 110 des I. Entw. in § 260a übernommen.

Anm. 1. I. **Die allgemeinen Erfordernisse des Geschäftsberichts.**

1. Er hat den Vermögensstand und die Verhältnisse der Gesellschaft zu entwickeln. Die Darstellung hierüber darf sich nicht nur auf den Stand am Schluß des Berichtsjahres erstrecken, sondern muß die Gestaltung des Vermögensstandes und die Entwickelung der geschäftlichen Verhältnisse des Unternehmens während des Verlaufs des Geschäftsjahres ergeben („entwickeln"). Sie darf nicht nur die Einwirkung der allgemeinen Wirtschaftslage oder besonderer Konjunkturschwankungen auf die Lage der Gesellschaft und ihren Vermögensstand hervorheben, sondern muß auch alle wichtigeren Geschäftsvorgänge erwähnen, die von wesentlichem Einfluß auf die Geschäftsentwicklung gewesen sind. Dazu gehören z. B. der Ausgang eines lebenswichtige Interessen berührenden Prozesses, eine schwere Brandkatastrophe, der Abschluß wichtiger Verträge, insbesondere solcher, die auf die Rentabilität der Gesellschaft ungünstig einwirken (so unter Umständen Verträge mit einem Großaktionär), die Angliederung fremder Unternehmungen, die Gründung von Filialen, bedeutende Verluste bei geschäftlichen Maßnahmen (vgl. auch Staub-Pinner § 314 Anm. 4).

Was im einzelnen zu der Erörterung des Vermögensstandes und der Verhältnisse der Gesellschaft gehört, ist nur für den Einzelfall zu entscheiden. Die wesentlichen Momente sind hervorzuheben: z. B. bei Bau- und Siedlungsgesellschaften der Grundstücksbestand, die Entwicklung der Bautätigkeit und Siedlung und ihr finanzielles Ergebnis, bei Industrie- und Handelsfirmen der Umsatz, bei Großunternehmungen die Beteiligungen (vgl. aber Anm. 7).

Anm. 2. 2. Er hat den Jahresabschluß zu erläutern. Dieser ist nach § 260b Abs. 2 bereits so klar und übersichtlich aufzustellen, daß er den Beteiligten einen möglichst sicheren Einblick in die Lage der Gesellschaft gewährt. Der Geschäftsbericht bildet die erläuternde Ergänzung zur weiteren Klarlegung des Jahresabschlusses.

Anm. 3. a) Aus dieser Zweckbestimmung folgt negativ, daß der Geschäftsbericht nicht zu wiederholen braucht, was der Jahresabschluß selbst ergibt (vgl. Homburger a. a. O. 79), und positiv, daß der Geschäftsbericht den Jahresabschluß zu erläutern hat, soweit dieser aus sich selbst den sicheren Einblick in die Lage der Gesellschaft noch nicht gewährt. Gehört es hiernach zu der Aufgabe des Geschäftsberichts, die Grundsätze, die für die Bilanzierung maßgebend waren, anzugeben? Für das bisherige Recht ist dieses Erfordernis zu verneinen. Bei der Beratung des HGB. ist eine dahingehende Vorschrift abgelehnt worden (D. S. 146, 147). Auch für die V. ist der gleiche Standpunkt grundsätzlich einzunehmen. Sie hat eine dem § 13 Abs. 1 Satz 2 der GBilV. entsprechende Vorschrift (Verpflichtung zur Darlegung der wesentlichen Umstände, die für die Bewertung der Anlagewerte maßgebend waren) nicht übernommen. Selbstverständliche Voraussetzung ist, daß die gesetzlichen und satzungsmäßigen Bewertungs- und Bilanzierungsvorschriften (§§ 260 b u. 261) beobachtet sind. Die Hervorhebung im Geschäftsbericht, daß die Grundsätze ordnungsmäßiger Bilanzierung (§ 260 b) angewendet sind, ist also überflüssig. Da die gesetzlichen Bewertungsvorschriften (§ 261) Höchstgrenzen festsetzen und ein niedrigerer Ansatz der Aktivposten nach den Grundsätzen ordnungsmäßiger Bilanzierung statthaft ist, braucht auch die Bildung stiller Reserven nicht angegeben zu werden (Quassowski in JW. 1931, 2915; vgl. § 260 b Anm. 10). Insbesondere erscheint die Angabe der einzelnen Abschreibungssätze nicht erforderlich, soweit sie sich im Rahmen ordnungsmäßiger Bilanzierung halten, also den üblichen kaufmännischen Abschreibungen unter Berücksichtigung der Vorschrift des § 261 Ziff. 1 oder den für die Gesellschaft steuerlich anerkannten Abschreibungen entsprechen. Dagegen muß eine Abweichung von diesen Grundsätzen im Geschäftsbericht hervorgehoben werden (vgl. Anm. 6). § 260 a.

Lehmann-Hirsch (§ 260 b Anm.) weisen für die Aufstellung des Jahresabschlusses mit Recht darauf hin, daß der Vorschrift des § 260 b (Klarheit und Übersichtlichkeit des Jahresabschlusses zur Ermöglichung sicheren Einblicks in die Lage der Gesellschaft) mit Beobachtung der gesetzlichen Bilanzierungsgrundsätze genügt ist. Auch der Geschäftsbericht hat nicht etwa die Aufgabe, für jeden Bilanzposten die Erwägungen wiederzugeben, die bei seiner Bewertung eine Rolle spielten, oder die Zusammensetzung der Bilanzposten im einzelnen darzulegen (z. B. Zergliederung des Warenlagers nach Art und Mengen). Eine Bilanzanalyse soll der Geschäftsbericht nicht sein.

Hier klafft ein Widerspruch. Denn einen „sicheren Einblick in die Lage der Gesellschaft" gewährt nur die Kenntnis der Einzelheiten, insbesondere die Höhe der stillen Reserven. Gerade deren Angabe wird nicht gefordert (vgl. oben). Die Praxis wird den Ausgleich zu finden haben: die Verwaltung braucht bei den Erläuterungen zum Jahresabschluß nicht auf den Aktionär Rücksicht zu nehmen, der eine Bilanz nicht zu lesen versteht; sie muß andererseits sagen, was zur Erläuterung des Jahresabschlusses notwendig ist, damit aus ihm die Lage der Gesellschaft im allgemeinen richtig beurteilt werden kann.

b) Wesentliche Abweichungen von dem früheren Jahresabschluß sind zu erörtern (Abs. 1 Satz 2). Deren Kenntnis kann für die Beurteilung der Lage von besonderer Bedeutung sein. Durch die Vorschrift soll „der organische Zusammenhang" des vorgelegten Jahresabschlusses mit dem vorhergehenden in den Erläuterungen beachtet werden; die Vorschrift bedingt andererseits nicht eine Gegenüberstellung der einzelnen Bilanzposten und die Erläuterung ihrer Verschiedenheit (Quassowski in JW. 1931, 2915). Nur wesentliche Abweichungen sind zu erörtern. Das bezieht sich vor allem auf die Anlagekonten, z. B. Zugänge von Grundstücken und Gebäuden, Abstoßung wesentlicher Beteiligungen, aber auch beispielsweise auf eine wesentliche Verschiedenheit des Verhältnisses von Debitoren, Kreditoren und Warenlager u. dgl. m. Eine wesentliche Abweichung in den Bilanzgrundsätzen gegenüber dem Vorjahresabschluß bedarf gleichfalls der Erwähnung, wenn es auch zu weitgehend sein wird, die Angabe der Änderung der einzelnen Abschreibungssätze selbst zu fordern (a. A.: Schmölder in JW. 1930, 2631; Homburger a. a. O. 28). Anm. 4.

II. Art und Umfang der Berichterstattung. Anm. 5.

1. Die Berichterstattung hat den Grundsätzen einer gewissenhaften und getreuen Rechenschaftsablegung zu entsprechen (Abs. 4). Eine „Rechenschafts-

§ 260 a. ablegung" umfaßt nicht nur eine Wiedergabe von Geschehnissen und Tatsachen, sondern erfordert auch eine Rechtfertigung getroffener Maßnahmen. Wenn sie „gewissenhaft und getreu" sein soll, so muß sie die Vorgänge des Berichtsjahres wahrheitsgemäß schildern. Sie darf wichtige Vorkommnisse nicht verschweigen. Sie muß sich jeder Schönfärberei und Vertuschung enthalten. Sie muß ehrlich und offen die Gründe darlegen, die für die wichtigen geschäftlichen Maßnahmen des Berichtsjahres maßgebend waren. Zweck der Berichterstattung ist, den Aktionären eine Beurteilung über die Lage der Gesellschaft zu geben. Sie soll die Grundlage für die Beschlußfassungen der ordentlichen Generalversammlung bilden. Wenn diese den Jahresabschluß feststellen, die Gewinnverteilung beschließen und der Verwaltung Entlastung erteilen soll, muß dem Aktionär der Geschäftsbericht die Erkenntnisse objektiv vermitteln, die zur Beurteilung des Vermögensstandes und der Rentabilität der Gesellschaft sowie zur Beurteilung der Art der Geschäftsführung erforderlich sind.

Anm. 6. 2. **Die Grenzen der Offenlegung.** Die Berichterstattung kann insoweit unterbleiben, als das überwiegende Interesse einer der beteiligten Gesellschaften oder der Allgemeinheit es erfordert (Abs. 4 Satz 2). Die V. gestattet hiermit ein Verschweigen auch wichtigster Vorgänge, selbst auf die Gefahr hin, daß der Geschäftsbericht dadurch unvollständig wird und nicht mehr ein wahrheitsgetreues Bild über die Verhältnisse der Gesellschaft gibt. Nach bisherigem Recht machte die Unterdrückung von Tatsachen im Geschäftsbericht die Verwaltung haftbar und strafbar, auch wenn das Verschweigen im Interesse der Gesellschaft lag. Die Pflicht zur Wahrheit ging der Notwendigkeit, eine Schädigung der Gesellschaft zu vermeiden, vor (Staub-Pinner § 314 Anm. 2 u. 6). Die Verordnung ändert grundlegend diesen Rechtszustand. Das Interesse der Gesellschaft oder der Allgemeinheit an Geheimhaltung geht jetzt der Offenlegungspflicht der Verwaltung vor. Das gilt freilich wiederum mit der Einschränkung, daß das Verschweigen nicht zu falschen Angaben führen darf. Was der Geschäftsbericht sagt, muß richtig sein; er braucht nur nicht vollständig zu sein (vgl. Lehmann-Hirsch Anm. 14). Desgleichen berührt die Vorschrift des Abs. 4 Satz 2 nicht die Aufstellung des Jahresabschlusses. Seine Ziffern müssen den Bilanzvorschriften entsprechen; nur die Erläuterungen des Geschäftsberichts können sich über Vorgänge ausschweigen, die zum Verständnis der Bilanz notwendig sind, wenn die Voraussetzungen des Abs. 4 Satz 2 vorliegen.

Anm. 7. a) Ein überwiegendes Interesse der Gesellschaft an der Geheimhaltung muß vorliegen. Dessen Feststellung erfolgt durch eine Abwägung dieses Gesellschaftsinteresses gegen das Interesse des Aktionärs an der Offenlegung. Schadet die Offenlegung der Gesellschaft mehr, als sie dem Aktionär nützt, so kann sie unterbleiben (Quassowski in JW. 1931, 2915; Lehmann-Hirsch Anm. 14).

Das Interesse der Gesellschaft an der Geheimhaltung kann sich aus der Befürchtung einer Kreditschädigung oder Konkurrenzgefährdung ergeben. Die Geheimhaltung neuer Erfindungen, günstiger Vertragsschlüsse, schwebender Verhandlungen, einer geänderten Preispolitik u. dgl. kann dabei in Frage kommen (vgl. weitere Beispiele bei Lehmann-Hirsch Anm. 14).

Auch die Bekanntgabe des **Umsatzes** und der Beteiligungen ist unter Berufung auf derartige Gefahren in der bisherigen Praxis oft unterblieben. Die Berechtigung hierzu kann nur für den Einzelfall beurteilt werden. Liegen endgültige Verluste vor, aus denen für die Gesellschaft die Konsequenzen zu ziehen sind (z. B. die Liquidierung einer Fabrikationsabteilung u. dgl.), wird regelmäßig ein Grund für die Geheimhaltung nicht mehr bestehen. Steuerliche Interessen, insbesondere das Bestreben, Steuerersparnisse zu machen, begründen regelmäßig nicht ein überwiegendes Interesse an der Geheimhaltung.

Nicht nur das überwiegende Interesse der Gesellschaft selbst, sondern „einer der beteiligten Gesellschaften" genügt. Über die Einwirkungen geschäftlicher Fehlschläge einer Tochtergesellschaft auf die Muttergesellschaft braucht in dem für die Generalversammlung der Muttergesellschaft zu erstattenden Geschäftsbericht nichts erwähnt zu werden, wenn es ein überwiegendes Interesse der Tochtergesellschaft gebietet. Die Entscheidung trifft nach pflichtmäßigem Ermessen der Vorstand der Gesellschaft, für die der Geschäftsbericht erstattet wird, nicht der Vorstand der von der Offenlegung betroffenen Gesellschaft. „Beteiligte Gesellschaften" sind alle Gesellschaften, über deren Beziehungen zueinander nach Abs. 2 zu berichten ist (vgl. Anm. 10). **§ 260 a.**

b) Ein überwiegendes Interesse der Allgemeinheit ist dem Interesse der beteiligten Gesellschaften gleichgestellt. Auch hierbei ist eine Abwägung der Interessen der Aktionäre und derjenigen der Allgemeinheit erforderlich (vgl. Anm. 7). Das Interesse der Allgemeinheit kann in politischer, wirtschaftlicher oder sozialer Beziehung gegeben sein. Insbesondere wird ein allgemeinwirtschaftliches Interesse gegenüber dem Ausland schutzbedürftig sein. Eine Beschränkung auf „Industrien von nationaler Wichtigkeit" (so Lehmann-Hirsch Anm. 14) würde den Begriff zu eng fassen. Wenn eine Großbank unversehens durch eine Kündigung ausländischer kurzfristiger Kredite gefährdet wird, kann die Verwaltung dies im Interesse der Allgemeinheit verschweigen, um einen Banken-Run zu vermeiden. **Anm. 8.**

c) Eine weitere Grenze findet die Offenlegungspflicht in den Informationsmöglichkeiten des Vorstandes. Soweit er selbst von den Gegenständen, über die er nach § 260a berichten soll, keine Kenntnis hat und ihm Auskunftsmittel nicht zu Gebote stehen, entfällt die Verpflichtung zur Berichterstattung. Das gilt insbesondere für die Auslegung der Abs. 2 u. 3 (vgl. Anm. 11, 14). Vorhandene Informationsquellen muß der Vorstand auszunutzen suchen, um die in § 260a vorgeschriebene Aufklärung zu geben. **Anm. 9.**

III. Besondere Erfordernisse des Geschäftsberichts. **Anm. 10.**

Neben den allgemeinen Grundsätzen über Inhalt und Umfang des Geschäftsberichts stellt § 260a in Abs. 2 u. 3 noch besondere Erfordernisse auf. Sie betreffen die Berichterstattung über Tatsachen und Vorgänge, die die V. für so wesentlich erachtet, daß eine Berichterstattung darüber als unerläßlich angesehen wird.

1. Der Geschäftsbericht hat auch über die Beziehungen zu einer abhängigen Gesellschaft und einer Konzerngesellschaft Auskunft zu geben (Abs. 2). Über den Begriff der abhängigen Gesellschaft vgl. § 226 Anm. 26, über den der Konzerngesellschaft § 261 d Anhang Anm. 1 bis 3. Die V. geht teils weiter als der I. Entw., teils schränkt sie dessen Regelung ein. Nicht nur, wenn die Gesellschaft durch Beziehungen zu anderen Unternehmungen maßgeblich beeinflußt wird (§ 110 I. Entw.), ist über diese Beziehungen zu berichten. Vielmehr löst nach § 260a Abs. 2 das Vorhandensein einer abhängigen Gesellschaft oder die Zugehörigkeit zu einem Konzern schlechthin die Verpflichtung aus, über die Beziehungen zu der abhängigen Gesellschaft und den Konzerngesellschaften zu berichten. Der Geschäftsbericht muß hiernach diese Gesellschaften namentlich angeben und die Art der Beziehungen (z. B. Beteiligung oder Interessengemeinschaft oder sonstige obligatorische Bindungen) offenlegen. Zu den Beziehungen der Gesellschaft zu den genannten Unternehmungen gehört auch der Besitz von Aktien der Gesellschaft in der Hand dieser Unternehmungen. Diese Aktien fallen unter Ziff. 1 oder unter Ziff. 2 des Abs. 3 nur dann, wenn die abhängige Gesellschaft oder Konzerngesellschaft sie für Rechnung der Gesellschaft besitzt. Auch wenn diese Voraussetzung nicht zutrifft, ist über sie gemäß Abs. 2 zu berichten (Lehmann-Hirsch Anm. 7; a. A.: Kronstein in ZfH. 1931, 220, der den Besitz einer Konzerngesellschaft an Aktien der Gesellschaft als ein Internum der Konzerngesellschaft ansieht; vgl. auch Anm. 14). **Anm. 11.**

Es genügt aber nicht die Angabe darüber, auf welcher Beziehung das Abhängigkeits- oder sonstige Konzernverhältnis begründet ist. Auch die geschäftlichen Beziehungen zwischen den Konzerngesellschaften müssen erörtert werden. Das erfordert einen Bericht über alle wesentlichen Vermögensverschiebungen zwischen diesen Gesellschaften und die dabei vereinbarten Bedingungen sowie einen Bericht über die Art und die Bedingungen des beiderseitigen Geschäftsverkehrs. Dient die Angabe über die Art des

§ 260 a. Konzernverhältnisses der Klarstellung der aktienrechtlichen Beziehungen, so ist die Offenlegung der geschäftlichen Beziehungen dazu bestimmt, eine Verschleierung der Bilanz und eine Schädigung der Aktionäre durch Minderung des Gesellschaftsvermögens oder des Reingewinns oder durch Vortäuschung eines Reingewinns zu verhindern (Quassowski in JW. 1931, 2915; vgl. auch Netter in JW. 1931, 3031). Über die zwischen Mutter- und Tochtergesellschaften vielfach geübten, erlaubten und unerlaubten Transaktionen zwecks Regulierung der Bilanzen und über die Übung des Geschäftsverkehrs zwischen Konzerngesellschaften zwecks Erhöhung oder Minderung der Rentabilität vgl. Flechtheim, Verhdl. des Enqueteausschusses 35 und Geiler ebendort 83. Die V. verbietet nicht derartige Geschäfte und Buchungen, soweit sie erlaubt sind; sie verlangt aber die Offenlegung, damit die Aktionäre die Möglichkeit der Nachprüfung und Abstellung haben.

Zu berichten ist endlich auch über die finanziellen Verpflichtungen und Leistungen gegenüber Konzerngesellschaften, also über den Grad der finanziellen Beteiligung, zu der auch Kredite und Bürgschaften zu zählen sind, wie über die Verpflichtungen zu weiterer finanzieller Unterstützung (vgl. auch Abs. 3 Ziff. 5).

Im Gegensatz zu § 110 I. Entw. ist nach der V. im Geschäftsbericht nicht über die Innenverhältnisse der Konzerngesellschaften zu berichten. Nur soweit ein Bericht über die Beziehungen zu einer Konzerngesellschaft, insbesondere über die Notwendigkeit von Zuschüssen oder Kreditgewährungen, ein Eingehen auf die Verhältnisse der Konzerngesellschaft erforderlich macht, werden auch deren Innenverhältnisse offenzulegen sein. Eine natürliche Grenze bilden hierbei die Kenntnis und die Informationsmöglichkeiten der berichtenden Verwaltung (Anm. 9; vgl. auch § 246 Anm. 4 c).

Die Wirksamkeit der Vorschrift des Abs. 2 ist durch die Möglichkeit, die Berichterstattung gemäß Absatz 4 Satz 2 zu unterlassen, mehr oder weniger in Frage gestellt.

Anm. 12. 2. Abs. 3 stellt acht weitere Punkte für die Berichterstattung auf. Zu berichten ist über:

a) **Vorratsaktien** (Ziff. 1). Es sind solche Aktien, die von dem Aktionär als Gründer oder Zeichner für Rechnung der Gesellschaft übernommen sind. Derartige Aktien nennt § 2 Abs. 2 der V. II (Kapitalherabsetzung in erleichterter Form) Vorratsaktien. Nur originär für Rechnung der Gesellschaft erworbene Aktien fallen unter den Begriff (§ 226 Anm. 23; Lehmann-Hirsch Anm. 4). Dieser setzt ein obligatorisches Rechtsverhältnis zwischen Aktionär und Gesellschaft voraus, auf Grund dessen die Aktienübernahme für Rechnung der Gesellschaft erfolgte (z. B. Auftrag, Treuhandverhältnis). Das Rechtsverhältnis muß gültig begründet sein. Die gegenteilige Meinung von Lehmann-Hirsch (Anm. 4) fußt auf der nicht richtigen Annahme, daß bei einem Verstoß gegen § 226, der die Gültigkeit des Erwerbs der Aktien nicht berührt, das zugrunde liegende obligatorische Rechtsgeschäft nichtig ist (vgl. § 226 Anm. 20). Von diesem Standpunkt aus müssen Lehmann-Hirsch, um zu einem tragbaren Ergebnis zu kommen, die Ansicht vertreten, daß für die Angabe der Vorratsaktien die Gültigkeit des obligatorischen Erwerbsgeschäfts ohne Belang ist.

Zu berichten ist über den Erwerb an Vorratsaktien im Berichtsjahr. Sind bei Inkrafttreten des Art. V der V. Vorratsaktien vorhanden, die vor dem Berichtsjahr geschaffen wurden, so ist der Bestand an diesen Aktien anzugeben. Der Eigentümer der Aktien braucht nicht genannt zu werden. Die Kenntnis des Aktionärs ist nicht wesentlich, zumal ein Ruhen seines Stimmrechts gemäß § 226 Abs. 5 nicht in Betracht kommt (§ 226 Anm. 31). Zu berichten ist ferner über eine etwaige Verwertung der Vorratsaktien während des Berichtsjahres. Dazu gehört die Angabe des Erlöses. Die Generalversammlung soll erkennen können, ob die Verwertung günstig war (der Einstandspreis ist ihr aus den Bedingungen der Gründung oder Zeichnung bei der Kapitalserhöhung bekannt). Zu berichten ist endlich über die Verwendung des Erlöses während des Berichtsjahres, also darüber, ob der Erlös zur Verstärkung der Betriebsmittel gedient oder zu einem bestimmten Zweck Verwendung gefunden hat (vgl. Lehmann-Hirsch Anm. 4).

b) **den Bestand an eigenen Aktien** der Gesellschaft, die ihr oder einem anderen für ihre Rechnung gehören (Ziff. 2). Diese Angabe war nach § 110 I. Entw. nicht erforderlich. Zwei Fälle unterscheidet die Vorschrift: **§ 260 a.** **Anm. 13.**

α) Die Aktien müssen **der Gesellschaft** gehören. Ein Pfandrecht genügt — im Gegensatz zu § 226 Abs. 3 — nicht. Dem Eigentum der Gesellschaft ist auch das Eigentum der Konzerngesellschaften nicht gleichgestellt (ebenso Lehmann-Hirsch Anm. 7; vgl. aber Anm. 10). Gleichgültig ist, ob die eigenen Aktien von der Gesellschaft verpfändet oder Dritten Optionsrechte eingeräumt sind (convertible bonds, Interessengemeinschafts- und Poolverträge).

β) Oder die Aktien müssen **einem anderen für Rechnung der Gesellschaft** gehören. Hierunter fallen nicht die in Ziff. 1 besonders aufgeführten, von einem Aktionär für Rechnung der Gesellschaft gezeichneten Aktien. Diese sind gesondert im Geschäftsbericht anzugeben. Zu Ziff. 2 sind alle Fälle abgeleiteten Erwerbs der Aktien zu rechnen: Der Dritte muß im eigenen Namen für Rechnung der Gesellschaft die Aktien von einem Dritten erworben haben (z. B. als Kommissionär oder Fiduziar). Außerdem kommt folgender Fall in Betracht: Der Aktionär trifft als Eigentümer der Aktien mit der Gesellschaft ein Abkommen, auf Grund dessen er formell Eigentümer bleibt, aber die Ausübung der Aktienrechte und die Verfügung über die Aktien ausschließlich nach den Weisungen der Gesellschaft und für deren Rechnung handhaben muß. In beiden Fällen ist „die Gesellschaft wirtschaftlich Eigentümer der Aktien" (Lehmann-Hirsch Anm. 6). Gleichgültig ist im letzteren Fall, ob der Aktionär selbst die Aktien gezeichnet oder von einem Dritten erworben hat; entscheidend ist, daß das fiduziarische Abkommen nach der Übernahme der Aktien geschlossen worden ist (sonst liegt ein Fall der Ziff. 1 vor). Nicht getroffen von Ziff. 2 sind Fälle, in denen lediglich ein obligatorischer Anspruch auf Verschaffung von eigenen Aktien begründet ist (z. B. auf Grund eines Kaufvertrages); erforderlich ist vielmehr, daß die Gesellschaft einen Anspruch auf Herausgabe der bestimmten, formell im Eigentum des Aktionärs verbliebenen Aktien hat. Die Abgrenzung ist eine ähnliche wie für die obligatorischen, durch § 771 ZPO. geschützten Interventionsrechte (vgl. Stein-Jonas ZPO. § 771 Anm. II 1 a und die dort angeführte Judikatur). Optionsrechte der Gesellschaft fallen hiernach nicht unter Ziff. 2.

In § 226 Abs. 3 ist dem Erwerb für Rechnung der Gesellschaft gleichgestellt die Übernahme einer Kursgarantie durch die Gesellschaft zugunsten eines Aktionärs. Dieser Tatbestand fällt nicht unter Ziff. 2.

Zu berichten ist über den Bestand an solchen eigenen Aktien. Auch für den Fall, daß sie einem anderen für Rechnung der Gesellschaft gehören, braucht der Aktionär nicht genannt zu werden. Man könnte fragen, ob diese Angabe nicht mit Rücksicht auf § 226 Abs. 5 erforderlich sei, um den Aktionären die Feststellung zu ermöglichen, daß von dem Stimm- und Dividendenrecht dieser Aktien gemäß § 226 Abs. 5 kein Gebrauch gemacht wird. Jedoch könnte diese Feststellung durch Überlassung der Aktien an einen Legitimationsaktionär vereitelt werden. Die Sicherung für die Beobachtung des § 226 Abs. 5 wird daher durch Ausübung des Fragerechts erreicht werden müssen.

Zu berichten ist ferner über den Erwerb und die Veräußerung solcher Aktien während der Berichtszeit, über den Erwerbs- und Veräußerungspreis und die Verwendung des Erlöses (vgl. hierzu Anm. 11).

c) **Gebundene Aktien** (Ziff. 3). Es sind solche Aktien, deren Eigentümer zugunsten der Gesellschaft, einer abhängigen Gesellschaft oder einer Konzerngesellschaft in der Ausübung der Aktienrechte oder in der Verfügung über die Aktie gebunden ist. Die Definition stammt aus § 93 Abs. 6 I. Entw. Über den Begriff der abhängigen Gesellschaft vgl. § 226 Anm. 26, über den der Konzerngesellschaft § 261 d Anh. Anm. 1 bis 3. **Anm. 14.**

Nach der Art der Bindung unterscheidet Ziff. 3 zwei Fälle. Der Aktionär muß entweder in der Ausübung der Aktienrechte oder in der Verfügung über die

§ 260 a. Aktie gebunden sein. Zu der ersten Art gehören alle Bindungen hinsichtlich des Stimmrechts, des Dividendenrechts und des Anspruchs auf den Liquidationserlös. Zu der letzteren Art zählen alle Beschränkungen dinglicher und obligatorischer Art, die dem Aktionär hinsichtlich der freien Verfügung über die Aktie auferlegt sind. Die Fälle unterscheiden sich von denen der Ziff. 2 dadurch, daß hier die Ausübung der Aktienrechte und die Verfügung über die Aktien nicht für Rechnung der Gesellschaft und nicht nach deren Weisungen, sondern nach Maßgabe der getroffenen Vereinbarungen zu erfolgen hat.

Die Bindung muß zugunsten der Gesellschaft begründet sein. Auch Verträge mit Dritten zugunsten der Gesellschaft, aus denen die Gesellschaft unmittelbar Rechte herleiten kann (BGB. § 328), fallen unter die Vorschrift. Dagegen gehören nicht hierher Konsortialverträge und Poolverträge, an denen die Gesellschaft nicht beteiligt ist (vgl. Lehmann-Hirsch Anm. 7). Der Gesellschaft selbst sind gleichgestellt die abhängigen Gesellschaften und die Konzerngesellschaften.

Die Gesetzesdefinition hebt besonders hervor, daß die Bindung durch ausdrückliche oder stillschweigende Vereinbarung begründet sein kann. Sie will Umgehungen ausschließen. Kronstein (ZfH. 1931, 220) befürchtet sie dennoch. Er verneint eine „Vereinbarung", wenn die Gesellschaft eigene Aktien in eine abhängige Gesellschaft legt, ohne daß über die Verwendung der Aktien etwas vereinbart wird. Aber liegt nicht in dieser Hingabe der Aktien die stillschweigende Vereinbarung, daß über sie nur nach Weisungen der herrschenden Gesellschaft verfügt werden darf, zumal in der Beherrschung durch Anteilsbesitz bereits die Sicherheit für die Befolgung dieser Weisungen begründet ist? Abgesehen davon, ist der Bericht über diese der abhängigen Gesellschaft überlassenen Aktien nach Abs. 2 zu erstatten (vgl. Anm. 10).

Zu berichten ist über die Zahl der gebundenen Aktien und die Art der Bindung. Gleichgültig ist, ob am Bilanzstichtag die Bindung noch besteht. Denn der Geschäftsbericht hat die Verhältnisse der Gesellschaft während des ganzen Geschäftsjahres zu erörtern. Ist dies für Vorratsaktien und eigene Aktien aus dem Wortlaut der Ziff. 1 u. 2 besonders zu entnehmen — dort ist die Angabe über eine Verwertung dieser Aktien im Laufe des Geschäftsjahres vorgeschrieben —, so folgt das gleiche für die gebundenen Aktien aus dem mit dem Geschäftsbericht verfolgten gesetzlichen Zweck (Anm. 1). Aus dem gleichen Grund sind auch alle Veränderungen in dem Bestand dieser Aktien anzugeben. Nicht erforderlich erscheint auch hier die Nennung des Aktionärs, mit dem die Bindung vereinbart ist. Dagegen ist die Angabe, ob die Bindung zugunsten der Gesellschaft oder einer Konzerngesellschaft besteht, von Wichtigkeit (a. A.: Lehmann-Hirsch Anm. 7). Die Notwendigkeit dieser Angabe würde auch aus Abs. 2 folgen.

Lehmann-Hirsch (Anm. 7) weisen mit Recht darauf hin, daß die Verwaltung die in Ziff. 3 des Abs. 3 begründete Verpflichtung nicht immer leicht wird erfüllen können. Von Verträgen zwischen Konzerngesellschaften und Dritten über die Bindung von Aktien seiner Gesellschaft braucht der Vorstand keine Kenntnis zu haben. Zu weit geht die Forderung von Lehmann-Hirsch, daß der Vorstand eine Rundfrage bei allen Konzerngesellschaften nach dem Vorhandensein gebundener Aktien anzustellen habe. Liegt kein Anlaß zu der Annahme vor, daß derartige Bindungen zugunsten von Konzerngesellschaften bestehen, sind Nachforschungen nicht notwendig (vgl. Anm. 9).

Anm. 15. d) **im Laufe des Geschäftsjahres ausgegebene Genußscheine** (Ziff. 4). Über den Begriff der Genußscheine vgl. Staub-Pinner § 179 Anm. 22. Das HGB. kannte den Begriff bisher nicht. Wenn die V. die Angabe der im Laufe des Geschäftsjahres ausgegebenen Genußscheine im Geschäftsbericht fordert, entscheidet sie mittelbar die Streitfrage des bisherigen Rechts, ob die Ausgabe der Genußscheine von der Generalversammlung beschlossen werden müsse oder nicht (gegen die Notwendigkeit eines Generalversammlungsbeschlusses: Gottlieb, Der Genußschein im deutschen Recht 97; a. A.: Brodmann § 179 Anm. 9 d). Die V. geht davon aus, daß ohne Zustimmung der Generalversammlung Genußscheine ausgegeben werden können. Weil dies ohne Kenntnis der Generalversammlung erfolgt sein kann, schreibt die V. die Berichterstattung hierüber im Geschäftsbericht vor. Der II. Entw. schreibt freilich einen Generalversammlungsbeschluß vor (§ 193 Abs. 2), behält aber andererseits die Pflicht zur Berichterstattung bei (§ 112). **§ 260a.**

Nach Ziff. 4 ist nur die Angabe der Genußscheine nach Zahl und Art (Ausgestaltung des verbrieften Rechts) notwendig. Über den Anlaß und die Bedingungen ihrer Begebung wird meist gemäß Abs. 1 zu berichten sein.

e) **Haftungsverhältnisse, die aus der Bilanz nicht ersichtlich sind,** einschließlich von Pfandbestellungen und Sicherungsübereignungen sowie von Verbindlichkeiten aus der Begebung von Wechseln und Schecks (Ziff. 5). Anm. 16.

α) Sinngemäß ist die Vorschrift dahin auszulegen, daß nur die Haftungsverhältnisse, die zu Lasten der Gesellschaft, nicht die, welche zu ihren Gunsten bestehen, anzugeben sind. Das zeigt, abgesehen von der alleinigen Erwähnung der „Verbindlichkeiten aus der Begebung von Wechseln und Schecks", ein Vergleich mit § 110 I. Entw. Dort war auch eine Angabe der aus der Bilanz nicht ersichtlichen Rechtsbeziehungen vorgeschrieben, auf Grund deren Rechte für die Gesellschaft bestehen. Die V. sieht hiervon ab.

Der Begriff des „Haftungsverhältnisses" ist offenbar nur im eingeschränkten Sinne zu verstehen. Jede Verbindlichkeit erzeugt eine Haftung und stellt ein Haftungsverhältnis dar. Hier kommen nur Haftungsverhältnisse dinglicher und obligatorischer Art in Betracht, die durch Rechtsgeschäft oder Hoheitsakt begründet sind und deren Begründung das Rechtsgeschäft oder der Hoheitsakt unmittelbar zum Gegenstand haben. Haftungen, die auf Gesetz oder unerlaubter Handlung beruhen oder als Folge einer Vertragsverletzung erst mittelbar aus einem Vertrage abzuleiten sind, gehören regelmäßig nicht hierher: z. B. die Haftung als Kraftfahrzeughalter oder als Treuhänder. Sind Ansprüche gegen die Gesellschaft aus solchen Haftungen bereits entstanden, so sind sie unter den Verbindlichkeiten in die Bilanz aufzunehmen.

β) Das Erfordernis besteht nur insoweit, als die Haftungsverhältnisse aus der Bilanz nicht ersichtlich sind. Mit Ziff. 5 soll die Aufgabe der Bilanz, Klarheit über den Vermögensstand, insbesondere die Verbindlichkeiten der Gesellschaft zu geben, durch den Geschäftsbericht in Fällen erfüllt werden, in denen die Bilanz selbst versagt. Aus diesem Zweck folgt, daß die Haftungsverhältnisse nur, soweit sie am Bilanzstichtag begründet sind, angegeben werden müssen. Haftungsverhältnisse, die im Laufe des Geschäftsjahres begründet waren, sich aber bis zu dessen Schluß erledigt hatten, bedürfen nicht der Erwähnung im Geschäftsbericht. Anm. 17.

Die V. stellt in den §§ 261a und b besondere Vorschriften über den Ausweis von Verbindlichkeiten aus Haftungsverhältnissen in der Bilanz auf. Nach § 261a sind in gesonderten Posten auszuweisen: hypothekarische Sicherungen einer Anleihe der Gesellschaft (B V 1); Hypotheken, Grund- und Rentenschulden, die auf Grundstücken der Gesellschaft lasten, mit Ausnahme der Sicherungshypotheken (B V 2), Verbindlichkeiten aus der Annahme von gezogenen Wechseln und der Ausstellung eigener Wechsel (B V 6). Nach § 261b sind Verbindlichkeiten aus Bürgschaften, Wechsel- und Scheckbürgschaften sowie aus Garantieverträgen in der Bilanz zu vermerken. An Haftungsverhältnissen, die aus der Bilanz nicht ersichtlich sind, sind beispielsweise die folgenden aufzuzählen:

aa) Sicherungshypotheken, soweit sie nicht der Sicherung einer Anleihe der Gesellschaft dienen, also nach B V 2 des § 261a unter dem Passivposten „Anleihen" mitanzuführen sind,

bb) Verbindlichkeiten aus der Ausstellung und Girierung von gezogenen Wechseln,

cc) Verbindlichkeiten aus der Ausstellung und Girierung von Schecks,

dd) vertraglich bestellte und durch Zwangsvollstreckung begründete Pfandrechte,

ee) Sicherungsübereignungen,

§ 260a. ff) Reallasten,

gg) Nießbrauchsbestellungen,

hh) Verbindlichkeiten, die aus dem Gewinn der Gesellschaft zu befriedigen sind,

ii) die persönliche, der Hypothek zugrunde liegende Schuld des früheren Grundeigentümers, wenn bei Veräußerung des Grundstücks der Erwerber die Hypothek in Anrechnung auf den Kaufpreis übernommen hat (vgl. § 261a Anm. 35).

Diese Aufzählung macht nicht Anspruch auf Vollständigkeit. Die zu bb bis ee genannten sind in Ziff. 5 namentlich aufgeführt. Der Grund dafür, daß sie aus der Bilanz nicht ersichtlich sind, liegt darin, daß die Verbindlichkeiten, die der Sicherheitsbestellung zugrunde liegen, bereits in der Bilanz enthalten sein müssen. Zu einzelnen der genannten Haftungsverhältnisse ist noch folgendes hervorzuheben:

Zu bb und cc: Der I. Entw. (§ 110) hatte Giroverbindlichkeiten nicht besonders aufgeführt. Nach Ullmann (JW. 1930, 2635) hatte dies seinen Grund darin, daß für mittlere und kleinere Banken und für Unternehmen mit Überseehandel ein Eingehen von Giroverbindlichkeiten in besonders großem Umfang auch bei gesunder Finanzgebarung in Frage komme und durch den Ausweis dieser Verbindlichkeiten nachteilige Schlüsse zu Unrecht gezogen werden könnten. Da der I. Entw. Haftungsverhältnisse, die aus der Bilanz nicht ersichtlich sind, ausnahmslos traf, ist allerdings nicht verständlich, daß Giroverbindlichkeiten hierunter nicht fallen sollten. Die V. führt sie zur Vermeidung von Zweifeln und entgegen den für den I. Entw. geäußerten Bedenken ausdrücklich in Ziff. 5 auf.

Zu dd: Wenn Ziff. 5 auch nur von Pfandbestellungen, d. h. von der Verpfändung von Vermögenswerten spricht, so müssen den vertraglichen Pfandrechten doch die durch Zwangsvollstreckung begründeten Pfandrechte gleichgestellt werden. Sie gehören auch zu den aus der Bilanz nicht ersichtlichen Haftungsverhältnissen. Die gesetzlichen Pfandrechte (z. B. Vermieterpfandrecht, Frachtführerpfandrecht) brauchen nicht aufgeführt zu werden, solange sie nicht geltend gemacht werden können: also z. B. das Vermieterpfandrecht nur dann, wenn Mietzins rückständig ist, das Frachtführerpfandrecht nur dann, wenn die beförderte Ware wegen Nichtzahlung der Fracht zurückgehalten wird.

Zu ee: Es ist vielfach üblich, Vermögenswerte (z. B. Maschinen, Inventar, Außenstände, Waren) unter den Aktiven in der Bilanz aufzuführen, obwohl sie einem Gläubiger zur Sicherung übereignet oder abgetreten sind. Die Gesellschaft ist in diesem Falle zwar nicht mehr Eigentümer, aber sie hat gegen Befriedigung des in der Bilanz enthaltenen Kreditors den Anspruch auf Rückgabe der zur Sicherung übereigneten Aktiven. Der Rückgabeanspruch wird diesen Aktiven gleichgesetzt. Man beläßt sie in der Bilanz, wie man den Kreditor voll ausweist. Die V. fordert mit Recht für alle Fälle, in denen die Sicherungsübereignung bei den betreffenden Aktivposten in der Bilanz nicht vermerkt ist, die Angabe im Geschäftsbericht. Der Sicherungsübereignung von Sachen steht die Sicherungsabtretung von Forderungen und Rechten gleich.

Ob die Sicherungsübereignung in die Form eines Verkaufs mit Rückkaufsrecht od. dgl. gekleidet ist, macht keinen Unterschied, solange die übereigneten Gegenstände in der Bilanz unter den Aktiven geführt werden.

Zu hh: Verbindlichkeiten, die aus dem Gewinn der Gesellschaft zu erfüllen sind, brauchen in die Bilanz nicht aufgenommen zu werden; denn sie mindern nicht als Schulden das Vermögen der Gesellschaft. Nach Ziff. 5 sind sie im Geschäftsbericht zu erwähnen. Für Genußscheine ist dies in Ziff. 4 ausdrücklich und besonders angeordnet. Es gehören hierher z. B. Verpflichtungen aus Besserungsscheinen oder aus Obligationen, die mit genußscheinähnlichen Rechten ausgestattet sind.

Wenn Haftungsverhältnisse, deren Ausweis in der Bilanz nach §§ 261a und b vorgeschrieben ist, diesen Vorschriften zuwider in der Bilanz nicht angeführt werden, ist

ihre Angabe im Geschäftsbericht notwendig. Ziff. 5 findet auf sie Anwendung. **§ 260 a.**
Nach dieser Vorschrift sind nicht die Haftungsverhältnisse, die aus der Bilanz nicht ersichtlich zu sein brauchen, sondern alle diejenigen, die aus der Bilanz nicht ersichtlich si d, anzugeben.

γ) Anzugeben ist nicht nur, daß Pfandbestellungen usw. vorliegen. Im Hinblick auf den Zweck der Ziff. 5, die Bilanz zu ergänzen, muß zum mindesten gefordert werden, daß für jede einzelne Art der Haftungsverhältnisse der Gesamtbetrag der gesicherten Kreditoren sowie das Haftungsobjekt und dessen Gesamtwert angegeben werden. Nicht dagegen erscheint es erforderlich, die einzelnen Kreditoren zu benennen. Anm. 18.

δ) Eine Anwendung des Abs. 4 auf die nach Ziff. 5 erforderlichen Angaben des Geschäftsberichts kommt regelmäßig nicht in Betracht. Das Interesse des Aktionärs an Offenlegung der Haftungsverhältnisse wird meist das Interesse der Gesellschaft an deren Geheimhaltung überwiegen. Die Aktionäre haben Anspruch darauf zu wissen, ob Kredite ungesichert oder nur gegen Beleihung von Effekten oder Lombardierung von Waren aufgenommen wurden. Die Verwaltung einer Gesellschaft, die zu Sicherungsübereignungen schreitet oder bei der Pfändungen vorliegen, kann sich nicht mehr darauf berufen, daß eine Offenlegung dieser Maßnahmen ihren Kredit schädigen würde. Trotzdem ist zu fürchten, daß gerade die nach Ziff. 5 erforderlichen Angaben m Geschäftsbericht unter falscher Berufung auf Abs. 4 bisweilen unterbleiben werden. Anm. 19.

f) **Die Gesamtbezüge der Vorstandsmitglieder und die der Aufsichtsratsmitglieder** (Ziff. 6). Die Bezüge sind für Vorstand und Aufsichtsrat getrennt aufzuführen (a. A.: Lehmann-Hirsch Anm. 11). Es heißt nicht die Gesamtbezüge der Vorstands- und Aufsichtsratsmitglieder, sondern die Gesamtbezüge der Vorstandsmitglieder und die der Aufsichtsratsmitglieder. Die Trennung ist auch sachlich begründet. Im übrigen genügt die Angabe eines Postens für die Bezüge aller Mitglieder desselben Organs. Anm. 20.

Ziff. 6 zählt die Bezüge beispielsweise auf als Gehalt, Tantieme, Aufwandsentschädigungen, Provisionen und Nebenleistungen aller Art. Die Aufzählung ist nicht erschöpfend. Auch Gratifikationen gehören hierher, ferner Pauschalvergütungen für Auslagen (nicht die Erstattung barer Auslagen), auch freie Wohnung usw. Entscheidend ist, daß die Vergütung an die Vorstands- und Aufsichtsratsmitglieder in dieser ihrer Eigenschaft gezahlt ist. Was sie ohne Zusammenhang mit ihrem Amt „als Dritter" erhalten, fällt nicht unter Ziff. 6 (ebenso Lehmann-Hirsch Anm. 11). Hierhin gehören die Provisionen, die der Bankier der Gesellschaft, der gleichzeitig Mitglied des Aufsichtsrats ist, für die gewährten Bankkredite erhält, oder das Honorar, das die Gesellschaft ihrem Architekten — auch er ist im Aufsichtsrat — für Entwürfe und Bauausführungen, ihrem Anwalt für Prozeßführung und Syndikatstätigkeit zahlt (vgl. weitere Beispiele bei Lehmann-Hirsch Anm. 11). Derartige Vertragsverhältnisse dürfen aber nicht zu Umgehungszwecken eingegangen sein. Dann sind sie unbeachtlich. Die auf Grund von Scheinverträgen den Verwaltungsmitgliedern zugewendeten Beträge müssen nach Ziff. 6 mitberücksichtigt werden. Es wäre z. B. nicht angängig, besondere Vergütungen zu verschweigen, die ein Vorstandsmitglied auf dem Umweg über eine Tochtergesellschaft, in deren Geschäftsführung er gleichfalls tätig ist, bezieht, insbesondere dann nicht, wenn diese Vergütungen für seine Tätigkeit in der Tochtergesellschaft unangemessen hoch wären. Zu erwähnen sind hier auch die besonderen Dienstverträge, die Aufsichtsratsmitgliedern „für beratende Tätigkeit" Vergütungen gewähren, wenn sich diese Tätigkeit gerade mit den Obliegenheiten des Aufsichtsrats deckt. Unterbeteiligungen der Verwaltungsmitglieder an dem Gewinn aus Geschäften der Gesellschaft sind Nebenleistungen im Sinne der Ziff. 6. Ist mit der Beteiligung ein wirkliches eigenes geschäftliches Risiko der Verwaltungsmitglieder verbunden — dies ist für Konsortialbeteiligungen bei Übernahme junger Aktien bisweilen gegeben —, so wird regelmäßig ein ernst gemeintes Geschäft vorliegen, das die Verwaltungsmitglieder „als Dritte" getätigt haben. Ihr etwaiger Gewinn fließt ihnen in diesem Falle nicht für ihre Ver-

§ 260a. waltungstätigkeit zu (ebenso Lehmann-Hirsch Anm. 11). Auch hier ist darauf zu achten, daß die Beteiligung an dem Geschäft nicht eine versteckte Zuwendung von Vergütungen sein darf.

Ein überwiegendes Interesse der Gesellschaft, die Gesamtbezüge von Vorstand und Aufsichtsrat geheimzuhalten (Abs. 4), dürfte kaum jemals gegeben sein.

Anm. 21. g) **die Zugehörigkeit der Gesellschaft zu preis- und absatzregelnden Verbänden, Konventionen und ähnlichen Verbindungen** (Ziff. 7). Es ist die Zugehörigkeit zu Syndikaten, Kartellen u. dgl. Die Rechtsform dieser Verbindungen ist gleichgültig. Entscheidend ist, daß der Zweck der Verbindung die Regelung der Preise oder des Absatzes ist. § 110 I. Entw. hatte diese Einschränkung nicht vorgesehen. Damit scheidet nach der V. ein großer Teil kartellrechtlicher Bindungen für die Berichterstattung aus. Das scheinen Lehmann-Hirsch (Anm. 12) zu übersehen, wenn sie die Erfüllung der Vorschrift der Ziff. 7 für Großunternehmungen für unmöglich erachten. Sie widersprechen sich auch, wenn sie einerseits die V. dahin auslegen, daß nur „die Zugehörigkeit an und für sich" — ohne Nennung der Verbände — anzugeben sei, andererseits eine Berichterstattung unter Mitteilung der wesentlichen Artikel empfehlen. Demgegenüber scheint die bloße Angabe, die Gesellschaft gehöre Kartellen an, für die Zwecke eines Geschäftsberichts, der die „Verhältnisse der Gesellschaft entwickeln" soll, nicht ausreichend. Die Kartelle müssen namentlich aufgeführt werden. Für Großunternehmungen bedeutet dies nur bei dem ersten nach Inkrafttreten des Art. V der V. zu erstattenden Geschäftsbericht eine größere Arbeit; in späteren Geschäftsberichten kann auf die Liste des ersten unter Angabe etwaiger Veränderungen Bezug genommen werden.

Im übrigen bietet gerade gegenüber Ziff. 7 der Abs. 4 ausreichenden Schutz. Die Geheimhaltung derartiger Verbindungen, insbesondere von Kampfkartellen, wird vielfach ein „überwiegendes Interesse" der Gesellschaft darstellen, durch das die Pflicht zur Berichterstattung aufgehoben wird.

Anm. 22. h) **Vorgänge von besonderer Bedeutung, die nach dem Ende der Berichtszeit eingetreten sind** (Ziff. 8). Vorgänge von besonderer Bedeutung sind solche, die den Gang der Geschäfte und die Lage des Unternehmens maßgeblich berühren und nach vernünftigem Ermessen der Verwaltung für die Beurteilung der Aktionäre bei den Beschlußfassungen der ordentlichen Generalversammlung von Bedeutung sein können. Die Bewertung von Bilanzposten bei Festsetzung der Bilanz und vor allem die Gewinnverteilung können durch Ereignisse, die nach dem Berichtsjahr bis zur Abhaltung der Generalversammlung eingetreten sind, erheblich beeinflußt werden. Mitteilungen dieser Art waren im Geschäftsbericht bereits in der bisherigen Praxis üblich und auch nach bisherigem Recht erforderlich (§ 260 Anm. 23).

Anm. 23. 3. Die Regel des Abs. 4 hinsichtlich der Art der Berichterstattung und seine Schutzklausel (Anm. 5 bis 9) gelten auch für die Berichterstattung über die einzelnen Punkte des Abs. 3. Vgl. hinsichtlich der einzelnen Punkte die Anmerkungen dazu.

Anm. 24. 4. Der I. Entw. schrieb in § 110 über die acht Punkte des § 260a Abs. 3 hinaus noch die Angabe der Fälligkeit langfristiger Verbindlichkeiten und die Mitteilungen von Verlusten vor, die sich aus der späteren Erfüllung von Lieferungs- oder Abnahmeverpflichtungen oder auf sonstige Weise wahrscheinlich ergeben werden (Ziff. 6 u. 8). Nach § 260a bedarf es dieser Angaben nicht (Quassowski in JW. 1931, 2915).

Anm. 25. IV. **Verpflichtung zur Erstattung und Vorlegung des Geschäftsberichts und Zuwiderhandlungen gegen diese Verpflichtung.**

1. Die Verpflichtung liegt dem Vorstand ob (§ 260 Abs. 2). Der Aufsichtsrat hat den Geschäftsbericht zu prüfen und ihn mit seinen Bemerkungen zu versehen. Die Versäumung oder Verweigerung dieser schriftlichen Stellungnahme des Aufsichtsrats befreit den Vorstand nicht von der Vorlegung des Geschäftsberichts an die Generalversammlung. Das gleiche gilt, wenn der Aufsichtsrat in seinen Bemerkungen zum Geschäftsbericht die Vorschrift des § 262e außer acht läßt (Stellungnahme zu dem Bericht der Bilanzprüfer). Die Haftung des Aufsichtsrats bei Versäumung oder Ablehnung der Prüfung richtet sich nach § 249.

§ 260a ist zwingender Natur. Satzung und Geschäftsordnung können den Vorstand von der Verpflichtung zur Erstattung des Geschäftsberichts nicht befreien, auch nicht Erleichterungen gegenüber den einzelnen in § 260a vorgesehenen Erfordernissen des Geschäftsberichts gewähren. Der Vorstand ist auch dann nicht entlastet, wenn der Aufsichtsrat Anweisungen an den Vorstand über die Art und den Umfang der Berichterstattung für den einzelnen Geschäftsbericht beschließt. Denn der Vorstand muß auf Grund eigener Verantwortung nach eigener pflichtmäßiger Prüfung den Bericht abfassen. Nur die Vorschrift des Abs. 4 Satz 2 entbindet ihn von der Berichterstattung. Über die Stellung des Vorstandes in dem Falle, in dem er nach der Satzung den Weisungen des Aufsichtsrats zu folgen hat, vgl. Staub-Pinner § 235 Anm. 7 und 8. **§ 260 a.**

2. Bei Verletzung der Vorschrift des § 260a ist die Klage auf Erfüllung der Verpflichtung, also auf Berichterstattung gegeben. Die Klage der Gesellschaft ist von dem Aufsichtsrat gegen den Vorstand zu erheben. Die Anstrengung der Klage kann vor der Generalversammlung, ohne deren Anhörung erfolgen, da es zur Überwachungspflicht des Aufsichtsrats gehört, für die Erstattung des Geschäftsberichts zu sorgen. Liegt der Generalversammlung kein Geschäftsbericht oder ein mangelhafter Geschäftsbericht vor, kann sie die Erhebung der Klage mit einfacher Stimmenmehrheit beschließen (§ 268). Ist der Aufsichtsrat für die mangelhafte Berichterstattung mitverantwortlich (vgl. Anm. 25) oder sind seine Bemerkungen zu dem Geschäftsbericht unzulänglich, so wird die Generalversammlung die Prozeßführung nicht dem Aufsichtsrat überlassen, sondern besondere Vertreter hierzu bestellen (§ 268 Abs. 2). Die Klage kann auch von einer Minderheit, deren Anteile den zehnten Teil des Grundkapitals ausmachen, erzwungen werden (§ 268 Abs. 1). **Anm. 26.**

Wird der Geschäftsbericht in schuldhafter Weise nicht oder nicht ordnungsmäßig erstattet, so liegt eine Pflichtverletzung vor, welche die Abberufung des Vorstandes und die fristlose Kündigung seines Anstellungsvertrages rechtfertigen kann. Außerdem haften Vorstand und Aufsichtsrat, soweit auch er mitverantwortlich ist (vgl. Anm. 25), auf Schadensersatz gemäß §§ 241 u. 249. Die Ansprüche werden gemäß § 268 geltend gemacht.

Gegenüber der Klage auf Erfüllung oder auf Schadensersatz hat die Verwaltung die Einwendungen aus § 260 Abs. 4. Die Gesellschaft muß beweisen, daß der vorgelegte Geschäftsbericht den Grundsätzen einer gewissenhaften und getreuen Rechnungsablegung nicht entspricht (Abs. 4 Satz 1). Der Vorstand ist demgegenüber dafür beweispflichtig, daß die Berichterstattung wegen eines überwiegenden Interesses der Gesellschaft oder der Allgemeinheit an der Geheimhaltung unterbleiben darf (Abs. 4 Satz 2).

B. Die Verletzung der Vorschrift des § 260a begründet nicht die **Anfechtbarkeit** des Bilanzgenehmigungsbeschlusses, wohl aber die **des Entlastungsbeschlusses.** Wird der Jahresabschluß festgestellt, obwohl ein Geschäftsbericht nicht vorliegt oder der Geschäftsbericht unvollständig oder gar wahrheitswidrig ist, so ist wegen dieser Mängel des Berichts der Bilanzgenehmigungsbeschluß ohne weiteres nicht anfechtbar. Es muß hierzu die Unrichtigkeit des Jahresabschlusses selbst hinzukommen. Es ist nicht anzunehmen, daß die Vorschriften des § 260a, die den Inhalt des Geschäftsberichts erweitern, eine Erweiterung des Anfechtungsrechts der Aktionäre gegenüber dem Bilanzgenehmigungsbeschluß bringen sollen. Es bleibt bei den in den §§ 264, 266, 270 gegebenen Rechtsbehelfen der Minderheit. Wohl aber kann das Fehlen des Geschäftsberichts oder die Erstattung eines unvollständigen oder unrichtigen Geschäftsberichts, insbesondere im Zusammenhang mit der Verweigerung der Auskunft über im Bericht fehlende Erläuterungen des Jahresabschlusses oder bei Erteilung falscher Auskünfte, zur Nichtigkeit des Bilanzgenehmigungsbeschlusses wegen Verstoßes gegen die guten Sitten führen (vgl. z. B. RG. 131, 192). **Anm. 27.**

Was den Entlastungsbeschluß anlangt, so ist die Erstattung eines mangelhaften Geschäftsberichts eine Verletzung der Obliegenheiten des Vorstandes. Sie steht der Entlastung entgegen. Eine trotz mangelhafter Berichterstattung erteilte Entlastung ist gesetz-

§ 260a. widrig (§ 260 Anm. 8 und 9 — für ordnungswidrige Bilanz —). Aus den §§ 266 und 268 ist aber zu folgern, daß das Anfechtungsrecht nur der in diesen Vorschriften vorgesehenen Minderheit, nicht jedem einzelnen Aktionär zusteht (Lehmann-Hirsch Anm. 15).

Einführung zu §§ 260b bis 261e.

Einführung zu den bilanzrechtlichen Vorschriften der §§ 260b bis 261e.

Die Vorschriften über den Inhalt der Bilanz waren bisher lediglich in § 261 HGB. enthalten. Die Neuregelung der V. ist die folgende: Zunächst sind im § 260b allgemeine Grundsätze für die Aufstellung des Jahresabschlusses gegeben. § 261 enthält die besonderen Vorschriften für die aktienrechtliche Bilanz, die sich der Anordnung nach den bisherigen Ziffern 1 bis 6 des § 261 anschließen, allerdings inhaltlich verändert. § 261a bringt, was bisher vollständig gefehlt hat, ein Bilanzschema. Es führt die Posten auf, die in der Bilanz gesondert auszuweisen sind, wobei allerdings vorweg zu bemerken ist, daß diese Bestimmung nur gilt, soweit nicht der Geschäftszweig der Gesellschaft eine abweichende Gliederung bedingt, und unbeschadet einer weiteren Gliederung. § 261b enthält Vorschriften über die Bilanzierung von Avalen. § 261c bringt ein Schema für die Gewinn- und Verlustrechnung. § 261d gibt der Reichsregierung die Ermächtigung, Formblätter herauszugeben und für Konzerngesellschaften Vorschriften über die Aufstellung des eigenen und eines gemeinschaftlichen Jahresabschlusses zu erlassen. § 261e endlich enthält die wichtige Vorschrift, daß auf eine Verletzung der Vorschriften von §§ 261a bis 261c eine Anfechtung der Bilanz nicht gestützt werden kann.

Zu beachten sind hierbei ferner der Art. XIII, der die Reichsregierung ermächtigt, den Zeitpunkt zu bestimmen, in dem diese Bilanzvorschriften in Kraft treten, und der Art. XIV, der eine weitere Ermächtigung gibt, Gesellschaften von den Vorschriften über die Bilanzgliederung zu entbinden.*

Was nun die materiellen Änderungen betrifft, so heben die Erl. (111ff.) hervor, daß die Bestrebungen nach einer grundlegenden Bilanzreform verschiedene Ziele hatten; einerseits wurde angestrebt, die Selbstfinanzierung durch verheimlichte Gewinne auszuschalten, andererseits, daß das HGB. wie das Steuerrecht nicht Höchstbewertungen, sondern richtige Wertansätze vorschreiben solle oder daß die Bilanzvorschriften so gestaltet würden, daß die Gesellschaft zu einer mit betriebswirtschaftlichen Grundsätzen übereinstimmenden Rechnungsführung gehalten sei, insbesondere zum richtigen Ausweis des erzielten Ertrages. Alle diese Bestrebungen fassen die Erl. zusammen unter dem Streit um die stillen Reserven; sie führen aus, daß der I. Entw. an dem Grundsatz der Zulassung der stillen Reserven und dem der Maximalbewertung nicht gerüttelt habe; dagegen sei der Grundsatz der Bilanzklarheit vorangestellt und eingehende Bilanzgliederung vorgeschrieben (vgl. des Näheren Ullmann, „Bilanzvorschriften", JW. 1930, 2633). Die V. stimmt grundsätzlich mit dem I. Entw. (§§ 111 bis 116) überein.

§ 260b.

§ 260b.

(1) Für die Aufstellung des Jahresabschlusses kommen, soweit nicht in den §§ 261 bis 261e ein anderes bestimmt ist, die Vorschriften des Vierten Abschnitts des Ersten Buches und im übrigen die Grundsätze ordnungsmäßiger Buchführung und Bilanzierung zur Anwendung.

(2) Der Jahresabschluß ist so klar und übersichtlich aufzustellen, daß er den Beteiligten einen möglichst sicheren Einblick in die Lage der Gesellschaft gewährt.

Einleitung. **Der vorliegende und die folgenden Paragraphen geben die Vorschriften über die Aufstellung des aktienrechtlichen Jahresabschlusses.**

Lit.: Simon, Die Bilanzen der Aktiengesellschaften, 2. Aufl., 98; Rehm, Die Bilanzen der Aktiengesellschaften 1903 (bez. I), 2. Aufl. 1914 (bez. II); Fischer, Die Bilanzwerte,

* Vgl. 1. DV. vom 15. Dez. 1931 Art. 1 u. 2 (Anhang).

was sie sind und was sie nicht sind, 1905, 2. Band (bez. II) 1908; derselbe, Über die Grundlagen der Bilanzwerte, Leipzig 1909 (bez. Grundlagen); Knappe, Die Bilanzen der Aktiengesellschaften 1903; Beigel, Buchführungsrecht der Aktiengesellschaften; Passow, Die Bilanzen der privaten und öffentlichen Unternehmungen, 2. Aufl., Band I, Berlin 1918; Band II, Berlin 1923; Lion, Bilanzsteuerrecht; vgl. Lit. auch bei Staub-Bondi zu §§ 38ff.; weitere Lit. bei Ring-Schachian 290 Anm. 2. **§ 260 b.**

I. **Die allgemeinen Grundsätze des § 260b für die Aufstellung des Jahresabschlusses.** Anm. 1.

1. Für die Aufstellung des Jahresabschlusses einer AG. sind in erster Reihe die besonderen aktienrechtlichen Vorschriften der §§ 261 bis 261e maßgeblich. Soweit diese Sondervorschriften nicht Platz greifen, sind die sonstigen gesetzlichen Vorschriften anzuwenden. Sie enthält der 4. Abschnitt „Handelsbücher" des 1. Buches des HGB. (§§ 38ff.). Im übrigen sollen die Grundsätze ordnungsmäßiger Buchführung und Bilanzierung gelten (Abs. 1).

Mit dieser Rangordnung der anzuwendenden Rechtsgrundsätze und Handelsbräuche bringt die V. nichts Neues. Auch bisher wurden die allgemeinen Vorschriften der §§ 38ff. HGB. auf die aktienrechtliche Bilanz angewandt, soweit nicht Sonderbestimmungen für ihre Aufstellung in § 261 gegeben werden. § 261 a. F. bestimmt ausdrücklich, daß für die Aufstellung der aktienrechtlichen Bilanz die Vorschriften des § 40 mit den in § 261 vorgesehenen Maßgaben zur Anwendung kommen. Neben der Anwendung der gesetzlichen Bestimmungen stand auch die Geltung der Grundsätze ordnungsmäßiger Buchführung und Bilanzierung für die aktienrechtliche Bilanz fest. § 38 HGB. nimmt sogar ausdrücklich auf diese Grundsätze Bezug. § 260b gibt also lediglich den bestehenden Rechtszustand wieder (Lehmann-Hirsch Anm. zu § 260b).

2. **Bilanzklarheit** (vgl. Staub-Pinner § 314 Anm. 4; Isay Anm. 17 zu § 121; Klostermann 29). Anm. 2.
„Der Jahresabschluß ist so klar und übersichtlich aufzustellen, daß er den Beteiligten einen möglichst sicheren Einblick in die Lage der Gesellschaft gewährt" (Abs. 2). Auch dies stimmt mit dem bisherigen Recht überein. Das RG. (112, 123) hat als Zweck der Vorlegung der Bilanz angegeben: „Die richtige und zuverlässige Darlegung und Feststellung des Vermögensstandes des Unternehmens in allen wesentlichen Beziehungen in dem Zeitpunkt, auf den sich die Bilanz bezieht." Der Grundsatz ist bereits § 39 HGB. zu entnehmen. Die Erl. zum I. Entw. § 111 Abs. 2, mit dem § 260b Abs. 2 übereinstimmt, gestehen denn auch zu, daß „der unmittelbare rechtliche Gehalt des Leitsatzes nicht erheblich ist" (S. 113). Die Bestimmung soll „den Gerichten für Fälle, die nicht ausdrücklich geregelt sind, eine Richtschnur bieten".

Darüber, welche Ansprüche im einzelnen an einen ordnungsmäßigen Jahresabschluß zu stellen sind, enthält das bisherige Recht nur spärliche Vorschriften. § 39 HGB. bezeichnet die Bilanz als den „das Verhältnis des Vermögens und der Schulden darstellenden Abschluß". § 261 Ziff. 5 u. 6 a. F. verlangten den gesonderten Ausweis des Grundkapitals und jedes Reserve- und Erneuerungsfonds unter den Passiven sowie die gesonderte Angabe des Gewinnes oder Verlustes. Aus dem Gesetz leitet man ferner den Grundsatz ab, daß der gesetzliche Reservefonds nicht in anderen Posten enthalten sein dürfe. Im übrigen gab es keine gesetzliche Vorschrift, inwieweit die Spezialisierung in der Bilanz gehen müsse, auch nicht für die Gewinn- und Verlustrechnung (OLG. Hamburg bei Bauer 25, 7; vgl. auch Anm. 22 zu § 260). Ebensowenig gab es allgemein anerkannte Regeln hierüber (Passow I 50, 294). Man war daher der Ansicht, daß eine summarische Vermögensübersicht, die durch Gegenüberstellung von Aktiven und Passiven die Differenz zwischen beiden zeigt, genüge, nur war negativ notwendig, daß diese Übersicht keine Verdunkelung sein dürfe (RGSt. 44, 50). Man nahm auch an, daß die einzelnen Posten so bezeichnet werden, wie es der kaufmännischen Übung entspricht (falsche Bezeichnung, die keine sachliche Bedeutung hat, schadet nicht [RG. 83, 174]). Ferner nahm man an, daß an sich sachlich nicht zusammengehörige Posten nicht zusammengeworfen werden dürften, auch daß es unzulässig sei,

§ 260 b. Forderungen und Schulden zusammenzuwerfen und nur den sich ergebenden Saldo im Aktivum oder Passivum zu führen.

Die V. begnügt sich nicht mit der Aufstellung des Leitsatzes der Klarheit und Übersichtlichkeit des Jahresabschlusses. Da trotz der Geltung dieses Satzes im bisherigen Recht die kaufmännische Praxis, Rechtslehre und Judikatur Bilanzen und vor allem Gewinn- und Verlustrechnungen mit wenigen Sammelposten zugelassen haben (vgl. Anm. 22 zu § 260), sucht die V. durch eine Reihe gesetzlicher Kautelen die Gewähr für klare und übersichtliche Jahresabschlüsse zu schaffen. Sie gibt in den §§ 261 a ff. eingehende Vorschriften über die Gliederung der Bilanz und Gewinn- und Verlustrechnung. Angesichts dieser Einzelvorschriften wird man regelmäßig davon auszugehen haben, daß der Jahresabschluß klar und übersichtlich ist, wenn er deren Erfordernissen genügt (Lehmann-Hirsch Anm.). Die §§ 261 a und c lassen aber abweichende Gliederungen des Jahresabschlusses zu, soweit der Geschäftszweig der Gesellschaft sie bedingt. Für derartige Abweichungen bleibt der Leitsatz der Bilanzklarheit von Bedeutung.

Durch die Sondervorschriften der V. ist eine viel größere Bilanzklarheit gefordert, als sie bisher üblich und geboten war. Naturgemäß werden diese Vorschriften auch für die Anwendung der Strafbestimmung des § 314 von Bedeutung sein.

Anm. 2a. 3. **Bilanzwahrheit.**

Wenn der Jahresabschluß „einen möglichst sicheren Einblick in die Lage der Gesellschaft" gewähren soll, muß er der Wahrheit entsprechen. Dieses Erfordernis ist — darauf weisen Lehmann-Hirsch mit Recht hin — nur in begrenztem Umfang erfüllbar. Der Grundsatz des § 260 b Abs. 2 läßt die Bewertungsvorschriften und den in ihnen liegenden Spielraum freien Ermessens unberührt. An der Zulässigkeit der Bildung stiller Reserven ist durch die V. nichts geändert (unten Anm. 9 ff.). Die Verpflichtung zur Anwendung des Leitsatzes der Bilanzwahrheit findet also ihre Grenze in der durch das Gesetz selbst gegebenen Bilanzierungsfreiheit (zu vgl. auch § 260 a Anm. 3; ferner unten Anm. 3 c und 7 sowie die Anm. zu § 261).

Anm. 3. II. **Folgerungen aus der Anwendung der allgemeinen Bilanzvorschriften und der Grundsätze der ordnungsmäßigen Bilanzierung.**

Eine Erörterung der Einzelfragen soll hier unterbleiben. Es wird hierzu auf Staub-Bondi §§ 38 ff., Düringer-Hachenburg-Lehmann §§ 38 ff. und die ausführlichen Monographien der oben angeführten Schriftsteller verwiesen. Der Behandlung der aktienrechtlichen Sondervorschriften der §§ 261 ff. sollen hier nur die wesentlichen Grundsätze der für die AG. maßgeblichen herrschenden Bilanzlehre und eine Erörterung der Frage über die rechtliche Bedeutung der Bilanzvorschriften vorangestellt werden.

Anm. 3a. 1. **Das Wesen der aktienrechtlichen Bilanz.** Die Jahresbilanz der AG. ist eine **Gewinnverteilungsbilanz.** Das ergibt sich aus den Vorschriften über die Passivseite der Bilanz und den gesetzlichen Zweck der Bilanz.

Der Begriff **Passiva** (§ 261 a. F. Ziff. 5; V. § 261 Ziff. 5 u. 6; § 261 a) bedeutet nicht, was das Wort vermuten läßt. Bei der doppelten Buchführung, die ja bei AG. notwendig ist (vgl. Staub-Pinner § 239 Anm. 5), bedeuten die Passiva nicht nur die Schulden, sondern auch die Geschäftserfordernisse oder Geschäftsbedürfnisse. Unter den Passiven wird aufgezählt, wieviel die Gesellschaft, sei es infolge gesetzlicher oder satzungsgemäßer Vorschrift oder aus wohlerwogener freier Selbstbestimmung der Generalversammlung, an Werten besitzen muß, damit sie zum Wohle der Interessenten gedeihe. Besitzt sie mehr, als ihr zum Gedeihen erforderlich ist, so ist der Überschuß entbehrlich und verteilbar. Besitzt sie weniger, so hat sie eine Unterbilanz. Die Einstellung der Passiven in die Bilanz bezweckt die Bindung des Aktivvermögens für gewisse rechtlich vorgeschriebene bzw. rechtlich zulässige, dem Gedeihen der Gesellschaft dienende Zwecke, und dieser Zweck wird durch die Vorschrift erreicht, daß nur der Überschuß der Aktiva über die Passiva verteilt werden darf (§ 215). Die Passivseite der Aktienbilanz ist das arithmetische Mittel, um jenen Zweck der Bindung des Aktivvermögens zu erreichen (vgl. Strombeck in ZHR. 28, 470). **§ 260 b.**

Demgemäß gehört zu den Passiven die **Grundkapitalsziffer** (vgl. § 261 a. F. Ziff. 5; V. § 261 Ziff. 6 und § 261 a). Diese stellt keine Schuld der Gesellschaft dar. Der Aktionär ist nicht Gläubiger (mit Unrecht nennt daher Beigel [3] das Aktienkapital eine Schuld, die die Gesellschaft den Aktionären schuldig werde). Aber das Gedeihen der Gesellschaft macht es unbedingt erforderlich, daß ein der Grundkapitalsziffer gleichkommender Wertbetrag von der Verteilung ausgeschlossen, zurückbehalten bleibe bzw. aufgesammelt werde, damit er den Gesellschaftszwecken, denen er gewidmet ist, fortgesetzt dienen könne. — Unter den Passiven befinden sich ferner alle sogenannten **Reservefonds** (§ 261 a. F. Ziff. 5; V. § 261 a) — die man richtiger als Reservekonten bezeichnen würde —, die sämtlich nichts anderes bedeuten, als daß ein bestimmter Wertbetrag von der Verteilung ausgeschlossen, zurückbehalten bzw. aufgesammelt werden soll.

Die ordentliche Bilanz der AG. ist also keine Vermögensbilanz, die den Überschuß der Aktiven über die Schulden bedeutet (diese gelegentlich von Simon 95 vertretene Meinung ist wohl allgemein aufgegeben), sondern eine Verteilungsbilanz (§ 215), die ersehen läßt, wieviel die Gesellschaft an verteilungsfähigen oder ihrer Natur nach verteilbaren Werten besitzt (Aktiva) und wie hoch der Betrag der für die Gesellschaft erforderlichen und daher zurückzubehaltenden bzw. anzusammelnden Werte ist (Passiva). Lion und Düringer-Hachenburg-Lehmann (§ 40 Anm. 13) nennen die Jahresbilanz eine Ertragsbilanz. Rehm (1. Aufl. 33) will statt des Begriffes „Verteilungsbilanz" den Begriff „Gewinnermittlungsbilanz" setzen (ebenso Lehmann Lehrb. 358 Anm. 3 und RG. 101, 200). Ein sachlicher Unterschied besteht nicht. Für die Wahl der Bezeichnung ist der Zweck der Bilanz, den § 215 umschreibt, entscheidend: Die Bilanz der AG. ist die gesetzliche Grundlage für die Gewinnverteilung. Die Vorschriften sind gegeben, um die dem Gesetz entsprechende Saldoziffer des Gewinnes, der verteilt werden soll, festzustellen. Die Ermittlung dieser Ziffer ist Voraussetzung, nicht Zweck der Bilanz. In JW. 1905, 235[20] spricht auch das RG. von „Gewinnverteilungsbilanz".

2. **Einheitlichkeit der Bilanz.** Die Bilanz muß einheitlich sein, d. h. sie muß das gesamte Gesellschaftsvermögen einschließlich der Zweiggeschäfte umfassen. Sonderbilanzen für einzelne Geschäftszweige, Geschäftsabteilungen oder Zweiggeschäfte sind zwar zulässig; neben ihnen muß aber die Gesamtbilanz das Endergebnis der gesamten Tätigkeit der Gesellschaft enthalten (Simon 29; Passow 53; vgl. Staub-Bondi § 38 Anm. 5). § 261 d behält der Reichsregierung den Erlaß von Vorschriften über die Aufstellung eines einheitlichen gemeinsamen Jahresabschlusses für mehrere in einem Konzern zusammengeschlossene Gesellschaften vor. Über Behandlung von Zweigniederlassungen in der Bilanz vgl. Staub-Bondi § 38 Anm. 5; Düringer-Hachenburg-Lehmann § 38 Anm. 20. **Anm. 3 b.**

Die Bilanz der AG. ist noch in einem anderen Sinne einheitlich. Das Gesetz kennt nur eine Bilanz, die Jahresbilanz (§ 261), die ihrem Wesen nach Gewinnverteilungsbilanz ist (Anm. 3 a). Für ihre Aufstellung gelten öffentlichrechtliche und privatrechtliche Grundsätze (unten Anm. 4 ff.). Wegen der Einheit der Bilanz müssen diese verschiedenartigen Grundsätze notwendig vereinigt werden (Düringer-Hachenburg-Lehmann § 40 S. 429).

3. **Vollständigkeit der Bilanz.** Neben dem Grundsatz der Bilanzklarheit, aus dem die Pflicht zur gehörigen Gliederung und Spezialisierung der Bilanz fließt, besteht die Pflicht zur Vollständigkeit der Bilanz. Insoweit muß die Bilanz wahr sein. Man kann einen Gegenstand auf eine Mark abschreiben; er darf aber nicht vollständig, solange er der Gesellschaft gehört, aus der Bilanz oder dem ihr zugrunde liegenden Inventar verschwinden (vgl. RG. 131, 192; Rosendorff, Stille Reserven 8; Bernstein bei Holdh. 26, 201; Sontag 84; Passow I 272; vgl. unten Anm. 8). **Anm. 3 c.**

4. **Bilanzkontinuität.** Von ihr kann man nur sprechen, wenn die fortlaufenden Bilanzen nach den gleichen Grundsätzen aufgestellt sind (Düringer-Hachenburg-Lehmann § 40 S. 430). **Anm. 3 d.**

§ 260 b. Gesetzlich vorgeschrieben ist diese Kontinuität nicht. Jede Bilanz ist ein Stück für sich. Es sind stets die Verhältnisse zur Zeit, für die die Bilanz aufgestellt wird, maßgebend und allein maßgebend. Das geht aus § 40 und § 261 klar hervor. Die V. geht in § 260a Abs. 1 Satz 2 davon aus, daß Abweichungen von dem früheren Jahresabschluß zulässig sind. Sie schreibt die Erwähnung solcher Abweichungen, falls sie wesentlich sind, im Geschäftsbericht vor. Im einzelnen vgl. unten Anm. 15.

Für die Reichsmarkeröffnungsbilanz gab es keine Kontinuität gegenüber früheren Bilanzen, insbesondere nicht gegenüber der letzten Papiermarkbilanz. Es hat bewußt eine vollständige Loslösung der Eröffnungsbilanz von den früheren Bilanzen stattgefunden (vgl. § 261 Anm. 21a).

Anm. 3e. 5. **Bilanzstichtag.** Der Jahresabschluß ist für den Schluß eines jeden Geschäftsjahres aufzustellen (§ 39 Abs. 2). Fällt das Geschäftsjahr mit dem Kalenderjahr zusammen, so ist der Stichtag der 31. Dezember. Für diesen Bilanzstichtag ist der Wert der einzelnen Bilanzposten zu ermitteln, und zwar sind die Vermögensgegenstände in der Bilanz zu berücksichtigen, die in dem entscheidenden Zeitpunkt rechtlich zu dem Vermögen der Gesellschaft gehören (RG. 112, 23). Zur Ermittlung des Wertes aber sind alle im Augenblick der Bilanzierung vorhandenen Erkenntnisquellen herbeizuziehen (RG. in JW. 1912, 305[26] und Staub-Bondi § 40 Anm. 3 letzter Abs.).

Wertminderungen und Verluste, die in der Zeit zwischen dem Jahresschluß und der Vorlegung der Bilanz an die Generalversammlung eintreten, treffen das neue Geschäftsjahr (vgl. Staub-Pinner § 213 Anm. 11).

Da die Bilanz für einen bestimmten Tag aufgestellt wird, gibt sie stets nur ein Augenblicksbild. Wie die Aktivseite nur bedeutet, was zu der Zeit, für die die Bilanz gilt, an verteilbaren Werten vorhanden war, so zeigt die Passivseite, wieviel an Werten zu diesem Zeitpunkte erforderlich waren oder als erforderlich erachtet wurden (Anm. 3a). Auf wie lange sie erforderlich sind, wie lange sie zurückbehalten werden müssen, wie lange gespart werden muß, damit sie vorhanden seien, das ist aus der Bilanz nicht ersichtlich. Das ist bei den einzelnen Konten verschieden. Die den Schulden entsprechenden Beträge sind auszuzahlen, sobald dies aus zivilrechtlichen Gründen erforderlich ist; die aus freier Selbstbestimmung der Generalversammlung gebildeten Reservekonten sind auszuschütten, sobald die freie Selbstbestimmung der Generalversammlung die Ausschüttung anordnet; das gesetzliche Reservekonto ist zu streichen, sobald der Fall des § 262 vorliegt; dagegen ist das Aktienkapital niemals zu streichen, solange die Gesellschaft dauert, es sei denn, daß es nach den gesetzlichen Vorschriften herabgesetzt wird. Die Bilanz gibt hierüber keine Auskunft, vielmehr folgt dies aus anderen Bestimmungen und Grundsätzen.

Anm. 3f. 6. **Übereinstimmung der Ergebnisse der Jahresbilanz und der Gewinn- und Verlustrechnung.**

In der Gewinn- und Verlustrechnung wird das Jahresergebnis der einzelnen Konten zusammengestellt, in der Bilanz die sämtlichen beim Jahresabschlusse vorhandenen Aktiven und die Passiven (Schulden, Aktienkapital und Reservekonten).

Wie kommt es nun aber, daß das Ergebnis der Gewinn- und Verlustrechnung bei der AG. mit dem Ergebnis der Bilanz übereinstimmt, obwohl doch das Ergebnis eines Jahres nicht der Summe der gesamten bisherigen Geschäftsergebnisse gleich zu sein braucht? Das erklärt sich wie folgt:

Im ersten Jahre ist es selbstverständlich, daß die Endziffern jener beiden Berechnungen die gleichen sind: wenn das Geschäft erst ein Jahr besteht, so decken sich die Begriffe Jahresergebnis und Gesamtgeschäftsergebnis.

Die Gewinn- und Verlustrechnung des zweiten Jahres aber enthält nicht nur das Jahresergebnis der einzelnen Konten, sondern nimmt außerdem als ersten Gewinnposten den etwa unverteilt gebliebenen Gewinnbestand des Vorjahres auf, als ersten Verlustposten den etwa ungedeckt gebliebenen Verlust des Vorjahres. Mit mathematischer Notwendigkeit folgt hieraus, daß sich das Ergebnis der Gewinn- und Verlustrechnung des zweiten Jahres mit dem Bilanzergebnis des zweiten Jahres deckt. Denn es ist rechnerisch dasselbe, ob man § 260 b.

1. einerseits (bei der Gewinn- und Verlustrechnung) das Jahresergebnis der einzelnen Konten zusammenstellt und diesem den übriggebliebenen Wertüberschuß des Vorjahres hinzurechnet bzw. davon die ungedeckt gebliebenen Bedürfnisse des Vorjahres abzieht,
2. oder ob man andererseits (bei der Bilanz) die sämtlichen vorhandenen Werte und Bedürfnisse zusammenstellt.

Ebenso wird in den folgenden Jahren verfahren, und deshalb haben die Gewinn- und Verlustrechnung einerseits und die Bilanz andererseits immer notwendig dieselben Endziffern.

7. **Die rechtliche Bedeutung der Bilanzvorschriften.** Anm. 4.

Diese Frage deckt sich im Grunde genommen mit der Frage, welche Folgen die Verletzung der Bilanzvorschriften hat.

Die rechtliche Bedeutung der Bilanzvorschriften ist für die AG. zunächst die gleiche wie für den Einzelkaufmann (vgl. hierzu Staub-Bondi Einl. zu § 38): eine durch ihre Nichtbeachtung verursachte Unrichtigkeit und Übersichtslosigkeit hat bei hinzutretendem Vermögensverfall die strafrechtliche Verantwortlichkeit der Vorstandsmitglieder zur Folge, wobei mit Neukamp in ZHR. 48, 453 nicht „absolute Bilanzwahrheit", sondern nur Innehaltung der Höchstbewertungsvorschriften zu fordern ist (Anm. 2a); durch Bilanzansätze unter dem Wert wird das öffentliche Interesse nicht verletzt (vgl. Staub-Bondi § 40 Anm. 2; Passow I 116; jedoch auch Staub-Pinner § 314 Anm. 7). Es kommt hier hinzu, daß die falsche Aufstellung von Bilanzen auch unter die Strafvorschrift des § 314 und für Versicherungsgesellschaften unter die des § 106 PrivVUntG. fällt. Das ist die **öffentlichrechtliche Bedeutung der Bilanzvorschriften.**

Die Bilanzvorschriften haben aber auch privatrechtliche Bedeutung. Die in ihnen enthaltenen Grenzbestimmungen sind nach der einen Richtung zwingender, nach der anderen nachgiebiger Natur. Anm. 5.

a) **Es kommen zunächst die Aktiva in Betracht.** Die für die Bewertung der Aktiva gegebenen Vorschriften sind Höchstvorschriften und Mindestvorschriften, als erstere sind sie zwingender, als letztere nachgiebiger Natur. Soweit sie zwingender Natur sind, haben sie sogar öffentlichrechtliche Bedeutung.

Sie sind zunächst Höchstvorschriften. Das Gesetz will nicht, daß die Aktiva höher bewertet werden, als es im § 40 und in den Ziff. 1—3 des § 261 a. F. vorgeschrieben ist (dieser Grundsatz gilt auch nach der V.; vgl. Ullmann in JW. 1930, 2634). Es gibt diese Höchstvorschriften zum Wohle aller Interessenten, sowohl der Aktionäre selbst, als der Gläubiger, hauptsächlich im Interesse der letzteren, und insoweit haben sie zwingenden Charakter (Lehmann-Ring Nr. 2; Hueck, Anfechtbarkeit und Nichtigkeit 110; Staub-Bondi § 40 Anm. 2; Staub-Pinner § 309 Anm. 3). Anordnungen der Satzung, die diese Höchstansätze überschreiten, sind nicht zulässig und daher nichtig (RGSt. 38, 3; Erl. zum I. Entw. 115); unter bestimmten Voraussetzungen können sie sogar von Amts wegen gelöscht werden (§ 144 FGG.). Noch weniger wäre ein einfacher Generalversammlungsbeschluß gültig, der höhere Wertansätze vorschriebe, als gesetzlich zugelassen sind (OLG. Hamburg in HansRZ. 1921, 839). Ein solcher Generalversammlungsbeschluß wäre gesetzwidrig und daher nichtig, und auch durch unterlassene Anfechtung würde er, da er gegen zwingende, die Interessen Dritter wahrende Rechtsgrundsätze verstößt, nicht gültig (RG. 120, 366 und 120, 32; RG. in JW. 1926, 2902[7]). Er könnte demgemäß auch jederzeit von einer neuen Generalversammlung aufgehoben, er braucht und darf von den Vorstandsmitgliedern nicht ausgeführt zu werden (Brand Anm. 4; GoldschmitAG. Anm. 5; Horrwitz 346; RG. 72, 37). Den Gläubigern aber gegenüber würden die Gesellschaftsorgane nach §§ 241 u. 249 ersatzpflichtig werden, wenn Anm. 6.

§ 260 b. auf Grund eines solchen Beschlusses dem Gesetze zuwider Dividenden ausgezahlt würden (vgl. Neukamp in ZHR. 48, 464ff.). Auch Strafbarkeit nach § 314 tritt ein (RG. bei Holdheim 13, 192), auch wenn keine Dividende gezahlt ist. Für die Rückerstattung gezahlter Dividende kommt § 217 in Betracht (vgl. Staub-Pinner Anm. zu § 217).

Eine Bilanz, in der nicht vorhandene Darlehnsforderungen oder vorhandene zu hoch angesetzt sind, ist nichtig (OLG. Karlsruhe in Rdsch. GmbH. 1926, 734; vgl. auch RG. im „Recht" 1928 Nr. 568 und RG. 120, 366).

BrodmannAG. Anm. 2c nimmt an, daß, wenn die Höherbewertung überhaupt noch in den Grenzen einer allenfalls denkbaren Schätzung liegt, Anfechtbarkeit und nur, wenn die Überbewertung geradezu phantastisch sei, Nichtigkeit vorliege. Diese Auslegung findet keine Stütze im Gesetz. Die Überbewertung ist zwingend im öffentlichen Interesse verboten; deren Folge ist daher Nichtigkeit. Nur insofern ist Brodmann zuzustimmen, als jede Bewertung Schätzung ist (vgl. RGSt. 54, 50) und Schwankungen innerhalb der Schätzung unvermeidlich erscheinen (vgl. RG. 120, 367). Sind aber auch unter Berücksichtigung dieser Tatsachen Überbewertungen vorhanden, so genügt jede, nicht nur eine phantastische, um die Bilanz für nichtig zu erklären (RG. 131, 143).

Das RG. (72, 33) macht eine richtige Einschränkung, nämlich, daß sich der Grundsatz der Nichtigkeit wegen Überbewertung nicht auf Abschreibungen wegen Abnutzung bezieht. Diese seien, selbst wenn sie objektiv zu niedrig sind, nicht nur nicht ohne weiteres nichtig, sondern es sei auch ihre Anfechtung in gleicher Weise wie die zu hoher Abschreibung (vgl. Anm. 10 u. 11) beschränkt. Schreibe der Gesellschaftsvertrag das Maß der Abschreibungen nicht vor, so habe die Generalversammlung das Recht der Schätzung. Diese könne mit der bloßen Behauptung, daß sie objektiv unrichtig sei, nicht beseitigt werden (vgl. RG. bei Holdheim 23, 153).

Anm. 7. **Die Bilanzvorschriften, betreffend die Aktiva, sind aber auch Mindestvorschriften.**

α) Das Gesetz will, daß auch mindestens die von ihm vorgesehenen Werte angesetzt werden. Allein in dieser Beziehung hat es an der Beachtung seiner Vorschriften kein öffentliches Interesse, da es im Gegenteil nur zum Vorteil der Gläubiger gereicht, wenn Objekte unter ihrem Werte angesetzt werden, indem dies zur Stärkung des Gesellschaftsvermögens führt (vgl. Knappe 93; Staub-Bondi Anm. 2 zu § 40; Düringer-Hachenburg-Lehmann § 40 Anm. 6 und Neukamp in ZHR. 48, 464ff., der mit Rücksicht hierauf, wie oben Anm. 2a, das Bestehen eines „Dogmas von der Bilanzwahrheit" insofern mit Recht bekämpft, als die Bilanzwerte von den wirklichen Werten verschieden sein können). Inwieweit Aktionäre sich gegen im Gesellschaftsvertrage nicht festgesetzte Minderbewertungen schützen können, vgl. Anm. 9.

Anm. 8. β) Bestimmen daher die Satzungen geringere Bewertungen, so liegt darin ein vertraglicher Verzicht auf die gesetzliche Mindestbewertung, der von den Aktionären gültig erklärt werden und den Gläubigern nur recht sein kann (Horrwitz 347). Solche Satzungsbestimmungen liegen z. B. in den häufig vorkommenden Vorschriften prozentualer Abschreibungen ohne Rücksicht auf wirkliche Wertminderungen (vgl. über Abschreibungen Passow 166 und Großmann, Die Abschreibung vom Standpunkt der Unternehmung, Berlin 1925). Sie sind ebenso zulässig wie Satzungsbestimmungen über die Bildung von freiwilligen Reservefonds (vgl. Staub-Pinner Anm. 27 ff. zu § 262). Solche Satzungsbestimmungen können nur durch Satzungsänderung wieder beseitigt werden (RG. 22, 114; 40, 35). Wird im Einzelfalle dagegen seitens der Generalversammlung gefehlt, so ist der Beschluß anfechtbar, wird aber durch unterlassene Anfechtung gültig. Wenn das RG. (120, 366) auch bei willkürlicher Unterbewertung Nichtigkeit annimmt, so kann dem nicht gefolgt werden, weil hier keine zwingende, im öffentlichen Interesse gegebene Vorschrift verletzt wird (vgl. Anm. 7). Wegen der Anfechtung s. § 271 Abs. 3 Satz 2.

Dagegen erscheint eine Bestimmung des Gesellschaftsvertrages, daß gewisse Gegenstände überhaupt nicht in die Bilanz aufzunehmen sind, als den Grundsätzen des Gesetzes widersprechend, ungültig (Cohn in DJZ. 03, 442); überhaupt ist jede Nichtaufnahme von Aktiven in der Bilanz unzulässig (Anm. 3c; Ullmann in JW. 1929, 2099; RG. 131, 192; RGSt. 62, 358). § 260 b.

γ) Bestimmt die Satzung derartige Minderbewertungen nicht, so ist, wie bei Staub-Pinner Anm. 9 zu § 213 dargelegt ist, zu unterscheiden, ob nach der Satzung die Generalversammlung die freie Entscheidung über die Verteilung des Reingewinns hat. In diesem Falle kann sie Minderbewertungen, Abschreibungen, Reserven nach freiem Ermessen beschließen. Ist ihr diese Befugnis dagegen nicht gegeben, dann hat jeder Aktionär das Recht auf eine dem Gesetz entsprechende Bewertung. Dieser an sich unstreitige und unbestreitbare Satz hat in der Praxis in seinen Folgerungen zu lebhaftem Streit geführt. Er schließt die für viele Gesellschaften bedeutungsvolle, oft ihre Lebensinteressen berührende Frage in sich: Inwieweit ist es zulässig, in der Bilanz echte Reserven (vgl. Staub-Pinner § 262 Anm. 28), insbesondere in der Form **stiller Reserven,** zu stellen? Anm. 9.

Eine **stille Reserve** ist negativ eine solche, die nicht aus der Bilanz ersichtlich ist, positiv ist sie insbesondere vorhanden, wenn ein Aktivposten unter dem wirklichen Wert angesetzt wird, ohne daß die Wertabschreibung als selbständiger Posten in der Bilanz erscheint, oder wenn ein Passivposten, insbesondere ein Wertberichtigungsposten, überbewertet wird (§ 261a Anm. 32; vgl. Großmann in ZAktW. 32, 85: „Stille Reserven sind die aus der Bilanz nicht ersichtlichen Mehrwerte einer Unternehmung"; vgl. Wieland II 221 Anm. 17: „aus der Bilanz nicht erkennbare Rückstellung aus dem Reingewinn"). Anm. 10.

Formell ist dagegen, daß die Reserven in versteckter Form gestellt werden, also in der Bilanz nicht in Erscheinung treten, nichts zu sagen; es gibt keine Vorschrift, die das Sichtbarmachen von Abschreibungen vorschreibt, und die allgemeine Übung läßt das Verfahren zu (vgl. Passow 212 hier Anm. 16a); BrodmannAR. Anm. 7c zu § 213 hält sie für fragwürdig und im Verhältnis zum Aktionär für rechtswidrig (vgl. Runkel-Langsdorff in IheringsJ. 52, 231ff. und Fischer 303).

Das RG. in JW. 1927, 2988 (vgl. auch RG. in DJZ. 1924, 317) läßt stille Reserven ausdrücklich zu (vgl. auch RG. 116, 125), dagegen Nußbaum in Anm. zu dem ersten Erk. und in JW. 1927, 2970.

Netter (Probleme des lebenden Aktienrechts 74) vermißt in dieser Darstellung den zwingenden Beweis dafür, warum diese Reserven „stille" sein müßten. Diese Frage ist keine juristische, sondern eine wesentlich wirtschaftliche Frage. Rechtlich beruht die Gestattung der stillen Reserve auf Handelsbrauch, der, wie jetzt § 260b Abs. 1 der V. ausdrücklich hervorhebt, als Rechtsquelle anzusehen ist. Dieser Brauch ruht auf der Erwägung, daß eine innere Stärkung des Unternehmens gegen künftige unvorhersehbare Rückschläge und Risiken unentbehrlich ist, und auf der Anschauung des Handelsstandes, wenigstens in Deutschland, daß eine völlige Klarlegung des Vermögens nicht geboten ist: man fürchtet geschäftliche Nachteile, insbesondere Nachteile gegenüber der Konkurrenz. Diese wirtschaftlichen Gesichtspunkte sind bei Lion (Wahre Bilanzen) und in der bezeichneten Netterschen Schrift zusammengestellt (vgl. auch Egger 172).

Im übrigen enthält die Vorschrift des Gesetzes selbst in § 261 Nr. 1 u. 2 Schaffung von stillen Reserven.

Materiell (also darüber, ob überhaupt die Stellung von Reserven und in welchem Umfang sie zulässig sei) ist folgendes festzustellen: Anm. 11.

a) Die früher von einzelnen Schriftstellern (vgl. Simon 324; Ehrenberg in IheringsJ. 52, 331; OLG. Kolmar in OLGR. 10, 249) verfochtene Ansicht, daß grundsätzlich eine Anfechtung von Minderbewertungen und der Stellung von Reserven gar nicht oder nur zulässig sei, wenn die Voraussetzungen des § 826 BGB. vorliegen, ist heute aufgegeben (vgl. auch Rehm 2. Aufl. 93). Sie ist jedenfalls beseitigt durch die

§. 260 b. Vorschrift des § 271 Abs. 3 Satz 2. Denn dort ist das Anfechtungsrecht gegen zu hohe Abschreibungen und Rücklagen, also auch gegen stille Reserven, als gegeben vorausgesetzt und nur an einen Mindestbesitz von Aktien geknüpft. Demnach ist davon auszugehen, daß grundsätzlich Aktionäre, die den zwanzigsten Teil des Aktienkapitals vertreten, berechtigt sind, zu hohe Abschreibungen und Reserven anzufechten, soweit hierin eine Verletzung des Gesetzes oder der Satzung liegt (vgl. RG. 116, 125).

Anm. 12. b) Über die Frage, wann eine gesetzlich unzulässige Unterbewertung vorliegt, hat sich in den Kriegsjahren mit ihren abnormen wirtschaftlichen Verhältnissen, die ein in der Friedenszeit ganz ungewöhnliches Risiko, andererseits ganz außergewöhnliche Gewinne mit sich brachten, eine sehr lebhafte Erörterung entsponnen (vgl. besonders Haußmann in BankA. 15, 193; Rathenau, Vom Aktienwesen; Rosendorff, Die stillen Reserven [2. Aufl.]; dazu Kritik von Haußmann in BankA. 18, 340; Bernstein bei Holdh. 26, 200; Pinner in JW. 1917, 521 sowie Gegenkritik von Rosendorff, Betrachtungen über Bilanz und Dividendenpolitik während des Krieges; Flechtheim in BankA. 18, 371; vgl. auch Sontag, Die AG. im Kampf zwischen Macht und Recht 93 und Passow 117).

Es stehen sich zwei Standpunkte gegenüber; der wirtschaftliche (besonders Rathenau), der im Interesse unseres Wirtschaftslebens und der Notwendigkeit der inneren Erstarkung der Gesellschaften das Einzelrecht der Aktionäre bekämpft, und der formal juristische (besonders Rosendorff; vgl. Hachenburg in JW. 1918, 209), der jede ohne Satzungsermächtigung vorgenommene Unterbewertung oder Reserve für anfechtbar erklärt (Rosendorff, Die stillen Reserven 28, 37).

Geht man davon aus, wie zu a nachgewiesen, daß an sich die Anfechtung durch eine besonders bestimmte Minderheit zulässig ist (RG. 32, 52; 40, 32; 43, 127; 72, 38), so fragt sich: Wann liegt eine das Gesetz oder die Satzung verletzende Minderbewertung vor? Hier hat schon in früherer Zeit das RG. den wirtschaftlichen Standpunkt gewürdigt. Jede Bewertung ist schließlich eine Schätzung; sie wird es dann besonders, wenn bei der Bewertung die Chancen und Risiken des Geschäftslebens in Betracht kommen. Solange daher die Ansätze der Bilanz, mag man auch über ihre objektive Richtigkeit streiten können, das Maß vernünftiger Erwägungen nicht verlassen, ist das Gesetz nicht verletzt (RG. 72, 38; 94, 214; OLG. Hamburg in OLGR. 10, 240; RG. in LZ. 1917, 394[16]; sowie bei Holdh. 26, 167; RGSt. 62, 258, vgl. auch RG. 105, 40; OLG. Düsseldorf in LZ. 1912, 781[2]). Nur böswilliges oder willkürliches Verfahren gibt das Anfechtungsrecht. (Weitergehend Urh in JW. 1924, 1093, der jede bewußte Unterbewertung, die in der Absicht geschieht, Rücklagen zu machen, für gesetzwidrig erklärt.)

Es fragt sich dann weiter, wenn man die Böswilligkeit, als praktisch selten vorkommend, beiseite läßt: Wann liegt eine willkürliche Minderbewertung vor?

Nach Rosendorff (Reserven 52, vgl. auch BankA. 23, 241) ist jede Unterbewertung willkürlich, wenn die Generalversammlung sich nicht darauf beschränkt, die Aktiva abzuschätzen und nach dem Schätzungswert einzustellen, sondern sie zwecks Bildung einer Reserve absichtlich unter ihrem Wert in die Bilanz einstellt; selbst wenn dies in der Absicht geschieht, das Unternehmen zu stärken. Diese Ansicht vertritt auch noch in neueren Entsch. das RG. (bei Holdh. 26, 167; JW. 1919, 312[14]; sowie Flechtheim Anm. hierzu).

Hier ist der Punkt, wo sich die Wege scheiden, und wo einer Ansicht entgegengetreten werden muß, die eine wirtschaftliche Schwächung unserer Gesellschaften zur notwendigen Folge hat, und die einer aus den wirtschaftlichen Bedürfnissen und der Einsicht in das Wesen der Gesellschaften sich ergebenden Prüfung nicht standhält. Die Frage, was bei der Wertschätzung willkürlich erscheint, ist eine wirtschaftliche und der Änderung wirtschaftlicher Anschauungen unterworfen. (Daß bei Aufstellung der Bilanz vorwiegend wirtschaftliche Gesichtspunkte maßgebend sind, erkennt das RG. [83, 176]

an.) Mochte man früher den Begriff enger fassen, heute, da man besonders im Kriege erkannt hat und bei den Schwankungen und Krisen unseres gegenwärtigen Wirtschaftslebens erkennt, wie die Gesellschaften eines Panzers der Reserven bedürfen, um Angriffen möglichst standzuhalten, muß man zu anderer Auslegung kommen. **§ 260 b.**

Vermögensgegenstände sind nach ihrem wirklichen Wert einzusetzen (§ 40). Neben dem Wert der einzelnen Gegenstände aber ist zu berücksichtigen, daß sie in einem Unternehmen arbeiten, und daß bei der Bewertung auch die Chancen und vor allem das Risiko des Unternehmens in Rechnung zu stellen sind. Das Unternehmen ist mehr wert als die Summe der einzelnen Gegenstände (Passow Bilanzen I, 122 verwirft eine derartige Mehrbewertung); es ist aber auch weniger wert, denn auf dem lebenden Unternehmen, das bestimmt ist, weiterzuarbeiten, ruhen Risiken und Lasten; so besteht insbesondere in einem Kriege und in außergewöhnlichen Krisenzeiten, wie den jetzigen, die Notwendigkeit, Mittel bereitzuhalten, um die Geschäfte in die geordnete Wirtschaft überzuleiten (vgl. RG. 91, 410, das es für geboten erachtet, bei Maschinen künftige Ereignisse durch Abschreibungen zu berücksichtigen, insbesondere den Umstand, daß die Maschinen nach dem Kriege überflüssig werden). Alle derartige durch zukünftige Ereignisse vorauszusehenden Gefahren und Aufwendungen fordern Berücksichtigung in der Bilanz; Reserven, die hierfür gestellt sind, gelten nicht als willkürlich. **Anm. 13.**

Daher sind auch Abschreibungen am Gesamtvermögen zulässig, wenn die Summe der Aktiven in der Bilanz den ihnen als Bestandteil des Unternehmens zukommenden Wert übersteigt; Verluste an in der Bilanz überhaupt nicht als Aktiva berücksichtigten Werten dürfen dagegen nicht durch Abschreibungen am Gesamtwerte des Unternehmens in die Bilanz hereingebracht werden; so z. B. dürfen Einbußen am Goodwill, Firmenrecht, nur insoweit bilanzmäßig in Erscheinung treten, als diese Werte in der Bilanz berücksichtigt werden dürfen und berücksichtigt worden sind (vgl. Cahn in DJZ. 32, 1079 und RFH. 3, 170; § 261 Anm. 24).

Man muß nach alledem die Frage der Anfechtbarkeit dahin beantworten:

Soweit der Gesellschaftsvertrag nicht selbst Minderbewertung oder Stellung von Reserven gestattet oder der Generalversammlung freie Hand läßt (Staub-Pinner Anm. 9 zu § 213), hat die Minderheit des § 271 Abs. 3 Satz 2 das Recht, willkürliche Unterbewertungen anzufechten (vgl. auch KG. in OLGR. 38, 189, bestätigt vom RG. 94, 214). Eine Willkür liegt nicht vor, soweit die Schätzung (RGSt. 44, 50) das Maß vernünftiger wirtschaftlicher Erwägungen nicht überschreitet, und soweit die Verwaltung nach pflichtmäßigem Ermessen mit der Sorgfalt eines ordentlichen Kaufmanns zu der Ansicht kommt, daß Reserven nötig sind, um das Unternehmen für die Zukunft solide und widerstandsfähig zu erhalten und es gegen zu erwartende Gefahren zu stärken (vgl. Handelskammer Duisburg bei Bauer 25, 5; Isay Anm. 44 zu § 121; Ullmann in JW. 1929, 2099; Quassowski bei Gruch. 67, 392). Eine Nichtigkeit liegt nicht vor (vgl. oben Anm. 5; LG. Oldenburg in JW. 1926, 625[4] und Fischer Anm. dazu; JW. 1927, 1677 und Pinner Anm. dazu; RG. 115, 382). Für die Steuerbilanz gelten besondere, den Steuergesetzen entsprechende Grundsätze (vgl. Lion 181, 224, 239).

Das RG. (116, 129) hat jetzt (allerdings für die Goldmarkeröffnungsbilanz, aber auch für gewöhnliche Bilanzen gültig) sich dieser hier ausgesprochenen Ansicht angeschlossen.

Diese Rechtslage ist auch durch die V. nicht geändert worden. Alle Instanzen, die sich mit der Aktienrechtsreform beschäftigt haben, haben die Frage der stillen Reserven behandelt. In dem Entw., mit dem die V. inhaltlich übereinstimmt, ist die Frage der Stellung von Reserven nicht ausdrücklich geregelt worden; die Entscheidung, in welchem Maße stille Reserven durch Unterbewertungen gelegt werden können, soll weiterhin der Rechtsprechung überlassen bleiben. **Anm. 14.**

§ 260 b. Zur Begründung führen die Erl. zum I. Entw. (8, 112) folgendes an: „Der Entw. unterbindet die Bildung und Auflösung stiller Reserven nicht. Es soll nicht verkannt werden, daß eine ihrer Pflichten nicht bewußte Verwaltung mit den stillen Reserven Mißbrauch treiben und die Aktionäre wie die Öffentlichkeit über die Erträgnisse des Unternehmens täuschen kann. Zur Kritik einer Einrichtung genügt aber der Einwand nicht, daß ein Mißbrauch mit ihr möglich ist. Ein Verbot stiller Reserven ließe sich aus allgemeinen volkswirtschaftlichen Erwägungen nicht verantworten. Die Ansammlung eines bestimmten Überschußkapitals ist für viele Unternehmen ein unabweisbares Bedürfnis und oft nicht anders durchführbar, als daß es still geschieht. Weiter ist zu berücksichtigen, daß die Wertansätze auf Schätzung beruhen; eine Schätzung setzt aber notwendig einen gewissen Spielraum für die Bemessung des Wertes voraus" (vgl. auch Ullmann in JW. 1929, 2098; derselbe in JW. 1930, 2633).

Nur in einem Punkte, in der Form, liegt eine Vorschrift der V. vor. § 261a Abs. 3 Satz 3 sagt, daß die Beträge der Reservefonds, der Rückstellungen und der Wertberichtigungsposten nicht unter den Verbindlichkeiten der Gesellschaft aufgeführt werden dürfen. Es soll damit, wie die Erl. (112) sagen, die vielfach übliche Bildung stiller Reserven durch Einstellung fiktiver Kreditoren unter die Passiven vermieden werden.

Danach können stille Reserven nur durch Unterbewertung von Aktiven gebildet werden (vgl. § 261a Anm. 44). Daß offene Reserven daneben zulässig sind, ist klar, sie dürfen nur nicht, und dies besagt die neue Bestimmung, mit anderen Verbindlichkeiten vermischt werden; sie sind offen im Passivum als Berichtigungsreserve oder Delkrederekonto oder Dividendenergänzungsfonds auszuweisen.

Jedenfalls hat also materiell die V. nichts geändert. Alles, was oben über den Begriff und die Zulässigkeit der stillen Reserven gesagt ist, gilt nach dem Recht der V. fort.

Anm. 15. δ) Soweit die Satzungen Minderbewertungen nicht bestimmen, ist die Generalversammlung bei Aufstellung der Bilanz auch insofern frei, als sie an ihre Bewertungen früherer Jahre, insbesondere an frühere Abschreibungen, nicht gebunden ist. Einen Grundsatz der Bilanzkontinuität gibt es nicht (RG. 105, 42; OLG. Hamburg in HansGZ. 1921 Nr. 129; oben Anm. 3d; ebenso Rehm II 440; Lehmann II 308; Brand Anm. 4b; Horrwitz 350; GoldschmitAG. Anm. 14; Wieland II 216 Anm. 10; Staub-Pinner Anm. 35 zu § 262). Es ist dies die herrschende Ansicht, und nur bei Betriebsanlagen wird angenommen, daß eine Rückgängigmachung einmal erfolgter Abschreibungen unzulässig ist (so Lehmann-Ring Nr. 14; Simon 412; Pemsel bei Holdh. 7, 249; RG. 28, 55). Vgl. über das Anlagevermögen jedoch § 261 Anm. 11. Immerhin werden die Fälle des Heraufsetzens früher herabgesetzter Werte ungewöhnlich sein und sind im Geschäftsbericht zu erläutern. Letzteres schreibt jetzt die V. § 260a Abs. 1 Satz 2 ausdrücklich vor.

Beruht freilich die frühere Minderbewertung nur auf Irrtum, so steht der Rückgängigmachung in der neuen Bilanz überhaupt nichts im Wege (RG. 28, 55; RG. in JW. 93, 98)

Da der Grundsatz der Bilanzkontinuität nicht gilt, so kann der Ansicht von Fischer (257), der im übrigen auf dem hier vorgetragenen Standpunkt steht, nicht beigetreten werden, daß die zu niedrige Bilanzierung nur bei der Bilanz, bei der der Ansatz zuerst stattgefunden hat, nicht aber bei einer folgenden, die die Minderbewertung übernimmt, angefochten werden kann. Die Anfechtung kann bei jeder Bilanz erfolgen.

Anm. 16. b) **Die Bilanzvorschriften über die Passiva** sind umgekehrt zwingender Natur als Mindestvorschriften (mindestens das Aktienkapital, mindestens der gesetzliche Reservefonds, mindestens die Schulden müssen unter den Passiven aufgeführt sein) und nachgiebiger Natur als Höchstvorschriften. Es hat zwar jeder Aktionär ein Recht darauf, daß nicht mehr Passiva eingestellt werden, als dies vom Gesetz vorgeschrieben ist, weil eine höhere Einstellung sein Dividendenrecht schmälert, aber durch Gesellschaftsvertrag können über den gesetzlichen

Betrag hinaus Passivposten, Reservekonten, angeordnet werden. Inwieweit die Generalversammlung selbständig Reservekonten beschließen kann, regelt sich nach den Anm. 9ff. dargelegten Grundsätzen. § 260 b.

8. **Die Stellung der V. zur Bilanzlehre.** Anm. 17.

Die Bewertungsprobleme und damit die Bilanzlehre sind in letzter Zeit sehr vielfach erörtert worden, insbesondere auch bei den Beratungen über die Reform des Aktienrechts (Näheres über die verschiedenen Theorien Egger 17; Schmalenbach [Dynamische Bilanz, 4. Aufl.]; Lion [Wahre Bilanzen; Die dynamische Bilanz und die Grundlage der Bilanzlehre 1928]; weitere Lit. bei Düringer-Hachenburg-Lehmann § 40 Anm. 31ff.; bei Ring-Schachian 290; vgl. ferner die Ausführungen von Ullmann in JW. 1930, 2634).

Mit Rücksicht darauf, daß die Entwicklung der Betriebswirtschaft, die eine Änderung der Grundsätze der Bilanzlehre verlangte, noch in Fluß ist und mit Rücksicht ferner darauf, daß die Praxis augenscheinlich nicht auf eine Änderung der Bilanzprobleme hinarbeitete, hat der Entw. die Bewertungslehre nicht auf neue Grundlagen gestellt (vgl. Ullmann a. a. O. 2634). Insbesondere also ist daran festgehalten, daß die Gegenstände des Umlaufsvermögens nach dem Grundsatz des niedersten Wertes anzusetzen sind (Erl. 113). Das gleiche gilt von der V. Die in den früheren Auflagen und oben Anm. 3ff. dargelegten Grundsätze der Bilanz sind daher nicht aufgegeben worden, sie haben nur in einzelnen Punkten eine Ausgestaltung erfahren.

3. Der § 261 des Handelsgesetzbuchs ist in folgender Fassung anzuwenden:

§ 261.*

§ 261.

Für den Ansatz der einzelnen Posten der Jahresbilanz gelten folgende Vorschriften:

1. Anlagen und andere Vermögensgegenstände, die dauernd zum Geschäftsbetriebe der Gesellschaft bestimmt sind, dürfen ohne Rücksicht auf einen geringeren Wert zu den Anschaffungs- oder Herstellungskosten angesetzt werden, wenn der Anteil an dem etwaigen Wertverlust, der sich bei seiner Verteilung auf die mutmaßliche Gesamtdauer der Verwendung oder Nutzung für den einzelnen Bilanzabschnitt ergibt, in Abzug oder in der Form von Wertberichtigungskonten in Ansatz gebracht wird. Bei der Berechnung der Herstellungskosten dürfen im angemessenen Umfang Abschreibungen berücksichtigt und angemessene Anteile an den Betriebs- und Verwaltungskosten eingerechnet werden, die auf den Zeitraum der Herstellung entfallen; Vertriebskosten gelten hierbei nicht als Bestandteil der Betriebs- und Verwaltungskosten.

   Wertpapiere, die dauernd zum Geschäftsbetriebe der Gesellschaft bestimmt sind, dürfen ohne Rücksicht auf einen geringeren Wert zu den Anschaffungskosten angesetzt werden, soweit nicht die Grundsätze ordnungsmäßiger Buchführung Abschreibungen auf die Anschaffungskosten erforderlich machen.

2. Wertpapiere und andere Vermögensgegenstände, die nicht dauernd zum Geschäftsbetriebe der Gesellschaft bestimmt sind, sowie Waren und

* Vgl. hinsichtlich des Inkrafttretens des § 261 in der neuen Fassung 1. DV. vom 15. Dez. 1931 Art. 1 u. 2 (Anhang).

§ 261. eigene Aktien der Gesellschaft dürfen höchstens zu den Anschaffungs- oder Herstellungskosten angesetzt werden. Bei der Berechnung der Herstellungskosten findet die Vorschrift der Nr. 1 Abs. 1 Satz 2 Anwendung.

Sind die Anschaffungs- oder Herstellungskosten höher als der Börsen- oder Marktpreis am Bilanzstichtage, so ist höchstens dieser Börsen- oder Marktpreis anzusetzen.

Übersteigen die Anschaffungs- oder Herstellungskosten, falls ein Börsen- oder Marktpreis nicht festzustellen ist, den Wert, der den Gegenständen am Bilanzstichtage beizulegen ist, so ist höchstens dieser Wert anzusetzen.

3. Die Kosten der Gründung und der Kapitalerhöhung dürfen nicht als Aktiven eingesetzt werden.

4. Für den Geschäfts- oder Firmenwert darf ein Posten unter die Aktiven nicht eingesetzt werden. Übersteigt jedoch die für die Übernahme eines Unternehmens bewirkte Gegenleistung die Werte der einzelnen Vermögensgegenstände des Unternehmens im Zeitpunkt der Übernahme, so darf der Unterschied gesondert unter die Aktiven aufgenommen werden. Der eingesetzte Aktivposten ist durch angemessene jährliche Abschreibungen zu tilgen.

5. Anleihen der Gesellschaft sind mit ihrem Rückzahlungsbetrag unter die Passiven aufzunehmen. Ist der Rückzahlungsbetrag höher als der Ausgabepreis, so darf der Unterschied gesondert unter die Aktiven aufgenommen werden. Der eingesetzte Aktivposten ist durch jährliche Abschreibungen zu tilgen, die auf die gesamte Laufzeit der Anleihe verteilt werden dürfen.

6. Der Betrag des Grundkapitals ist unter die Passiven zum Nennbetrag einzusetzen.

Einleitung. § 261 enthält **die besonderen aktienrechtlichen Bewertungs- und Bilanzierungsvorschriften.** Sie sind, soweit sie die Aktiven betreffen, öffentlich-rechtliche Höchstbewertungsvorschriften (§ 260b Anm. 4, 6), die für die AG. an die Stelle der öffentlich-rechtlichen Höchstbewertungsvorschrift des § 40 oder neben sie treten.

§ 261 a. F. unterscheidet zwischen Anlagevermögen und Umlaufsvermögen. Für das Anlagevermögen gilt der Grundsatz, daß es über den Anschaffungs- oder Herstellungspreis hinaus nicht bewertet werden darf (Ziff. 2) und daß sein Wertansatz — ohne Rücksicht auf einen geringeren Zeitwert — zu dem Anschaffungs- oder Herstellungspreis unter gleichzeitiger Abschreibung einer durch Abnutzung entstandenen Wertminderung erfolgen darf (Ziff. 3). Für das Umlaufsvermögen gilt der Grundsatz des niedersten Wertes: es ist der Anschaffungs- oder Herstellungspreis oder der Börsen- oder Marktpreis des Bilanzstichtages in Ansatz zu bringen, je nachdem der eine oder der andere Preis der niedrigere ist.

Die V. hat in Übereinstimmung mit dem I. Entw. an diesen Grundsätzen festgehalten (vgl. aber Anm. 2a). § 261 der V. entscheidet lediglich einige Streitfragen, die sich an die Frage der Abschreibungshöhe und -verteilung und die Berechnung des Herstellungspreises geknüpft hatten, und bringt eine Sonderbestimmung für die Bewertung von Wertpapieren.

Im übrigen führt die V. in Ziff. 4 Grundsätze über die Bewertung des Geschäfts- und Firmenwertes neu in das Gesetz ein und entscheidet in Ziff. 5 die Frage der Behandlung des Disagio bei Anleihen. Hinsichtlich des Verbots der Aktivierung von Gründungskosten verbleibt es bei der Regel des § 261 a. F. Ziff. 4. Nur streicht die neue Ziff. 3 das Verbot der Aktivierung von Verwaltungskosten, dehnt aber das Verbot auf die Kosten einer Kapitalerhöhung aus. In Ziff. 6 wird der Rechtssatz, daß das Grundkapital unter die Passiven zum Nennbetrag einzusetzen ist, beibehalten (Ziff. 5 a. F.), das gleiche Prinzip für „jeden Reserve- und Erneuerungsfonds" als überflüssig aber nicht mehr ausgesprochen, zumal der neue § 261a diese Fonds in dem Bilanzschema unter den Passiven aufführt. Ebenso ist die der Ziff. 6 a. F. entsprechende Vorschrift des gesonderten Ausweises des Gewinnes oder Verlustes in § 261a Abs. 2 verwiesen. § 261.

Ullmann (JW. 1930, 2634) weist an den einzelnen Beispielen der Neuerungen des § 112 I. Entw. — ihm entspricht im wesentlichen § 261 der V. — nach, daß die neue Ausgestaltung des § 261 „in der Richtung einer richtigen Erfolgsrechnung geht".

I. Allgemeines. Anm. 1.

Dem Wertbegriff des Gesetzes liegt der objektive Wert zugrunde, den ein Vermögensstück für das Geschäft und bei dessen Fortbestehen hat (Staub-Bondi § 40 Anm. 3 und Düringer-Hachenburg-Lehmann § 40 Anm. 5 sowie die dort zit. Lit. und Rechtsprechung). § 40 schreibt vor, daß sämtliche Vermögensstücke höchstens zu diesem wirklichen Wert anzusetzen sind. Von dieser Vorschrift schaffen die Ziff. 1 u. 2 des § 261 für die AG. Ausnahmen. Sie setzen an Stelle des Höchstwertes, den § 40 mit dem wirklichen Wert am Bilanzstichtag bestimmt, andere Maßstäbe als Höchstwerte, die teils über, teils unter dem wirklichen Wert liegen.

II. Die Vorschriften des § 261 über Aktiva. Anm. 2.

Ziff. 1. Das Anlagevermögen.

1. In § 261 a. F. waren die Bewertungsgrundsätze für das Anlagevermögen in den Ziff. 2 u. 3 enthalten. Nach Ziff. 2 waren die Anlagewerte höchstens zum Anschaffungs- oder Herstellungspreis anzusetzen. Höchstwert des Bilanzansatzes ist der Anschaffungs- oder Herstellungspreis, wenn ihn der wirkliche Wert übersteigt, sonst der wirkliche Wert (Staub-Pinner Anm. 29). Nach Ziff. 3 war dagegen eine Bewertung über den wirklichen Wert hinaus zulässig: Anlagewerte dürfen ohne Rücksicht auf einen geringeren Wert zu dem Anschaffungs- oder Herstellungspreis angesetzt werden, wenn nur die Abnutzung durch Abschreibung berücksichtigt wird.

a) Die V. hat den fundamentalen Satz der Ziff. 2 a. F. für die Bewertung des Anlagevermögens fortfallen lassen. Er ist zwar aus Ziff. 2 des § 261 der V. abzuleiten, bezieht sich dort aber ausschließlich auf das Umlaufsvermögen. Da weder die Erl. zum I. Entw. noch die Verfasser des I. Entw. und der V. in ihren erläuternden Artikeln der JW. (Ullmann 1930, 2633; Quassowski 1931, 2916) einer sachlichen Änderung der Bilanzierungsgrundsätze für das Anlagevermögen Erwähnung tun, muß ein redaktioneller Fehler vorliegen. Seine Folgen könnten von größter Bedeutung sein. Ohne den Grundsatz der Ziff. 2 a. F., daß das Anlagevermögen höchstens zum Anschaffungs- oder Herstellungspreis anzusetzen ist, greift § 40 Platz, also der Bilanzansatz zum wirklichen Wert. Für Anlagestücke, die unter dem wahren Wert erworben sind, könnte hiernach der in der Wertdifferenz liegende Gewinn realisiert werden. Das widerspricht den Grundsätzen ordnungsmäßiger Bilanzierung, wie sie sich gerade in dieser Bilanzierungsfrage einheitlich nicht nur für die AG. mit Rücksicht auf § 261 Ziff. 2 a. F. und für die GmbH. mit Rücksicht auf § 42 Ziff. 1 des GmbHG., sondern auch für alle übrigen Handelsgesellschaften und Einzelkaufleute ausgebildet haben (Düringer-Hachenburg-Lehmann § 40 Anm. 16 u. 17). Man könnte zur Verteidigung der V. nicht etwa sagen, daß jetzt nach Fortfall der Ziff. 2 a. F. die Grundsätze ordnungsmäßiger Bilanzierung, zu denen auch jene Höchstbewertungsvorschrift gehört, gelten. Denn nach § 260b Abs. 1 gehen ihnen die positiven Gesetzesbestimmungen der §§ 38ff. vor, also auch § 40, der den Bilanzansatz zum wirklichen Wert zuläßt. So müßte ein Zusammenhalten der Vorschriften der V. dazu führen, die Anwendung dieses § 40 auf die Bewertung des Anlagevermögens entgegen der bisher geltenden Vorschrift des § 261 Ziff. 2 zuzulassen. Anm. 2a.

§ 261. Da dies offenbar nicht der „Wille des Gesetzgebers" ist, wird man zu helfen versuchen müssen, damit der Grundsatz der Bilanzierung des Anlagevermögens mit dem Anschaffungs- oder Herstellungspreis als Höchstwert aufrechterhalten bleibt. Dieser Grundsatz ist **Handelsgewohnheitsrecht praeter legem** (ebenso offenbar Düringer-Hachenburg-Lehmann § 40 Anm. 16; vgl. RFH. 9, 111). Soweit er reicht, gilt § 40 nicht. Darum ändert auch an seiner Geltung die Rangordnung des § 260b Abs. 1 nichts. Trotzdem wäre es besser gewesen, wenn die bisherige positive Gesetzesbestimmung für diesen Grundsatz bestehen geblieben wäre. Die gegebene Formulierung wäre die des § 42 Ziff. 1 GmbHG. gewesen.

Anm. 3. b) **Bedeutung des § 261 Ziff. 3 a. F.** Die Vorschrift läßt für Anlagewerte eine Bewertung über den wirklichen Wert hinaus bis zum Anschaffungs- oder Herstellungspreis zu, sofern nur eine der Abnutzung entsprechende Abschreibung erfolgt. Damit war für Anlagen, die der Abnutzung unterliegen, der Grundsatz des § 40 (Bilanzansatz nicht über den wirklichen Wert hinaus) außer Kraft gesetzt. Streit herrschte darüber, wie Anlagen, die nicht der Abnutzung fähig sind, oder wie Wertminderungen, die nicht auf Abnutzung beruhen, bilanzmäßig zu behandeln sind. Die einen legten § 261 Ziff. 3 a. F. ausdehnend aus: Für Anlagewerte ist der Anschaffungs- oder Herstellungspreis als höchster Bilanzansatz gestattet „ohne Rücksicht auf einen geringeren Wert"; das muß auch gelten, wenn die Voraussetzung einer wegen Abnutzung vorzunehmenden Abschreibung nicht erfüllbar ist, weil eine Abnutzung der Anlage und damit eine Abschreibung wegen Abnutzung nicht in Betracht kommt. Ein Grundstück also, das sich durch Verschlechterung der Verkehrsverhältnisse entwertet, kann weiterhin zum Anschaffungspreis angesetzt werden (RGSt. 41, 294); für eine Beteiligung in Aktien, deren Kurs fällt, kann unverändert der Anschaffungspreis als Bilanzansatz aufrechterhalten bleiben (OLG. 41, 204); das gleiche gilt für Maschinen, deren Wert infolge neuer Erfindungen sinkt (Staub-Pinner Anm. 35). Die anderen legen den § 261 Ziff. 3 a. F. eng aus und folgern umgekehrt: Der Anschaffungs- oder Herstellungspreis kommt als Bilanzansatz über den wirklichen Wert dann nicht in Betracht, wenn eine Abschreibung infolge Abnutzung nicht möglich ist. Auf Anlagewerte, die der Abnutzung nicht unterliegen, wie z. B. unbebaute Grundstücke und Beteiligungen, ist die Ausnahmevorschrift des § 261 Ziff. 3 nicht anwendbar; es greift lediglich § 261 Ziff. 2 Platz, d. h. je nachdem der Anschaffungspreis oder der wirkliche Wert niedriger ist, ist der geringere Wert einzusetzen; eine Bilanzierung über den wirklichen Wert hinaus, wie sie § 261 Ziff. 3 zuläßt, ist verboten (Hach. § 42 Anm. 32; Becker, REinksteuergeś. II 923). Endlich wird eine Mittelmeinung vertreten: der körperlichen Abnutzung ist jede dauernde Wertminderung gleichzusetzen, gleichviel auf welchem Grunde sie beruht; auch eine durch die Markt- und Wirtschaftslage verursachte Wertminderung ist durch allmähliche Abschreibungen zu berücksichtigen; erfolgen diese Abschreibungen, so kann der Bilanzansatz zu dem Anschaffungspreis minus Abschreibungen auch den wirklichen Wert übersteigen; § 261 Ziff. 3 ist also auf alle Anlagewerte anzuwenden (Simon 330 u. 403; Beigel 54; Lehmann-Ring § 261 Nr. 11).

Die von Hachenburg vertretene Auffassung entspricht am meisten dem Wortlaut und Aufbau des Gesetzes. Die zuletzt erwähnte Mittelmeinung entspricht der kaufmännischen Übung. Nach den Grundsätzen ordnungsmäßiger Buchführung wird jede dauernde Wertminderung durch allmähliche Abschreibungen bei allen Anlagewerten berücksichtigt (Lehmann-Hirsch Anm. 5); eine sofortige Abschreibung auf den wirklichen Wert wird nicht für erforderlich erachtet; andererseits wird ein fortdauernder Bilanzansatz zum Anschaffungspreis über den längst gesunkenen wirklichen Wert hinaus nicht als statthaft angesehen. Dieser der kaufmännischen Übung entsprechenden Auslegung des Gesetzes muß der Vorzug gegeben werden. Sie ist Handelsgewohnheitsrecht praeter legem geworden.

Der Sinn dieser Vorschriften ist folgender: Ist ein Anlagewert zu einem Preise angeschafft oder hergestellt, der unter dem wirklichen Wert liegt, so darf der hierin liegende

Gewinn bilanzmäßig nicht in Erscheinung treten; er soll erst ausgewiesen werden, wenn er realisiert wird; würde in diesem Fall ein Bilanzansatz zum wirklichen Wert gestattet sein, so würde verteilbares Vermögen geschaffen werden, obwohl der Anlagewert dem Unternehmen einverleibt bleibt; das ist grundsätzlich verboten. Andererseits kann bei Anlagewerten davon abgesehen werden, Verluste sofort bilanzmäßig auszuweisen. Es genügen allmähliche Abschreibungen. Das gilt sowohl für den ersten Bilanzansatz nach der Anschaffung oder Herstellung wie für spätere Wertminderungen. Es ist nicht erforderlich, eine zu teuer erstandene Anlage erstmalig zu dem wirklichen Wert anzusetzen oder einen späteren, wenn auch dauernden Verlust sofort auszuweisen, wenn nur für die vermutliche Zeitdauer, in der die Anlage dem Betriebe gewidmet ist, regelmäßige Abschreibungen auf den wirklichen Wert erfolgen. Für Anlagewerte ist damit eine gewisse Stabilität des Bilanzansatzes ermöglicht. Mit Recht. Für das Anlagevermögen kann eine Bewertung, die seinen jeweiligen Wert für den Fortbestand des Unternehmens zugrunde legt, ohne Rücksicht auf vorübergehende Konjunkturschwankungen oder plötzliche dauernde Werteinbußen Platz greifen, weil eine Verwertung dieses Vermögens, durch die der Verlust realisiert würde, nicht in Betracht kommt. **§ 261.**

Während aber die Gesellschaft einen nicht realisierten Gewinn an Anlagewerten nicht ausweisen darf, ist es ihr unbenommen, von der erleichternden Ausnahmevorschrift des § 261 Ziff. 3 a. F. keinen Gebrauch zu machen. Sie kann den erlittenen Verlust sofort realisieren und den wirklichen Wert als Bilanzansatz wählen. Das wird oft in ihrem wohlverstandenen Interesse liegen (Staub-Pinner § 261 Anm. 36; BrodmannAR. Anm. 5b; Lion 138).

Für den durch die V. geschaffenen Rechtszustand gelten die gleichen Grundsätze, wenn auch die neue Formulierung des § 261 Ziff. 1 hierüber nicht volle Klarheit schafft.

2. **Begriff des Anlagevermögens.** Die V. definiert die zum Anlagevermögen gehörigen Gegenstände als **„dauernd zum Geschäftsbetrieb der Gesellschaft bestimmt"**. § 261 a. F. Ziff. 3 hatte negativ noch hinzugefügt, daß sie „nicht zur Weiterveräußerung bestimmt" seien. Die V. hat dies als überflüssig fortgelassen. Die V. unterscheidet „Anlagen" und andere Vermögensgegenstände. Unter „Anlagen" ist jeder dauernd zum Geschäftsbetrieb der Gesellschaft bestimmte körperliche Gegenstand zu verstehen, der sich als im Zusammenhang mit den charakteristischen Zwecken der Gesellschaft befindlich darstellt (vgl. Staub-Pinner § 207 Anm. 3). Der Begriff darf nicht auf unbewegliche Sachen und mit solchen verbundene Sachen beschränkt werden (a. A.: Lehmann-Hirsch Anm. 3). Denn man muß davon ausgehen, daß § 261 den Begriff in gleicher Bedeutung wie § 207 und § 261c Abs. 1 I 3 verwendet. Dort ist es erforderlich, z. B. auch Maschinen und Geräte zu den Anlagen zu rechnen. Bei dieser Einteilung fallen nur unkörperliche Gegenstände, wie Patente, Gebrauchsmuster, Verlagsrechte und sonstige Rechte, wenn sie die Voraussetzung dauernder Widmung für den Geschäftsbetrieb erfüllen, unter die „anderen Vermögensgegenstände" des Anlagevermögens. Materialien und Warenvorräte, die zur Verarbeitung bestimmt sind, gehören nicht dazu. Sie sind, wenn auch im verarbeiteten Zustande, zur Weiterveräußerung bestimmt und fallen daher unter Ziff. 2 (vgl. Anm. 17). Der Umstand, daß sonstige bewegliche Sachen, wie z. B. Geräte und Utensilien, dem Verbrauch im Geschäftsbetrieb durch allmähliche Abnutzung unterliegen, scheidet sie aus dem Anlagevermögen nicht aus. § 261a Abs. 1 enthält in dem dort aufgestellten Bilanzschema unter A II eine Liste der verschiedenen Arten von Gegenständen, die gewöhnlich zum Anlagevermögen zu rechnen sind. **Anm. 4.**

Wertpapiere gehören zum Anlagevermögen, wenn sie z. B. zur Kautionsstellung, als Vermögensanlage oder zur dauernden Beteiligung an einem anderen Unternehmen bestimmt sind. Es gehören also hierher einmal Obligationen, Pfandbriefe, Aktien, soweit sie nicht zur Weiterveräußerung, sondern als Vermögensanlage bestimmt sind, zum anderen Beteiligungen, die in der Form von Wertpapierbesitz bestehen, also z. B. Aktien

§ 261. oder Kuxe einer Tochtergesellschaft (Friedländer, Konzernrecht 328, und OLG. 41, 204; vgl. auch Micke in BankA. 14, 175; GBSch. 80; Egger 83). Sie sind in Abs. 2 der Ziff. 1 besonders behandelt (vgl. Anm. 10). Beteiligungen, die nicht in der Form von Wertpapierbesitz bestehen, also z. B. GmbH.-Anteile, fallen unter Abs. 1 (Lehmann-Hirsch Anm. 3). Über den Begriff der Beteiligung vgl. § 261a Anm. 13. Nach dem Bilanzschema des § 261a Abs. 1 sind Beteiligungen unter A III gesondert neben dem Anlagevermögen auszuweisen, Wertpapiere, die nicht als Beteiligungen anzusehen sind, sind dagegen in dem gesetzlichen Schema nur unter dem Umlaufsvermögen aufgeführt. Das zeigt, daß die V. die Zugehörigkeit solcher Wertpapiere, insbesondere auch der festverzinslichen Wertpapiere, zum Umlaufsvermögen als den Regelfall ansieht. Da nach § 261a auch eine abweichende Gliederung der Bilanz zugelassen ist, sind die festverzinslichen Wertpapiere, wenn sie in Ausnahmefällen Vermögensanlagen darstellen, unter A II des Schemas als Anlagevermögen zu aktivieren.

Über die Unterscheidung von bleibenden und vergänglichen Anlagen vgl. Anm. 8.

Anm. 5. 3. **Die Anschaffungs- und Herstellungskosten.** Der § 261 a. F. spricht von Anschaffungs- oder Herstellungspreis.

a) Die Anschaffungskosten. Was unter den Anschaffungskosten zu verstehen ist, bedarf nicht der Erläuterung. (Über Tausch vgl. Lion 136 und StuW. 28, 1050; Düringer-Hachenburg-Lehmann § 40 Anm. 19; Flechtheim in DStZ. 28, 292). Es ist alles, was dazu aufgewendet wurde, um den Gegenstand anzuschaffen, also nicht nur der nackte Kaufpreis, sondern auch die Provisionen, Versicherungen, Steuern, Zölle, Stempel usw., die dabei verausgabt wurden, auch die unersetzt gebliebenen Kosten eines Prozesses, der für den Erwerb geführt werden mußte (a. A.: BrodmannAR. Anm. 4d). Dagegen kommen Rabatte, Skonti in Abzug.

Bei in die Gesellschaft eingebrachten Gegenständen muß der volle für sie angesetzte Wert als Anschaffungskapital in solcher Höhe in die Bilanz eingestellt werden (Simon 370; Lion 136 Anm. 213). Ob die Aktien der Gesellschaft den vollen Nennwert haben oder nicht, ist gleichgültig (vgl. Staub-Pinner § 191 Anm. 2). Ein durch den angesetzten Wert des eingebrachten Gegenstandes zu deckendes Agio ist dem Anschaffungspreis zuzurechnen (Hach. § 42 Anm. 33).

Legt die AG. selbst (bei Gründung einer anderen Gesellschaft) Gegenstände ein, so darf sie die dafür erhaltenen Geschäftsanteile der anderen Gesellschaft höchstens zu dem Preise in ihre eigene Bilanz einstellen, den die eingebrachten Werte sie selbst gekostet haben; denn das ist der von ihr aufgewendete Anschaffungspreis jener Geschäftsanteile (dagegen Rehm II 371, der in dem Einbringen eine Veräußerung sieht).

Bei Kauf in der Zwangsversteigerung durch die AG. als Hypothekar ist der ganze dabei erlittene Verlust der Erwerbspreis. Wenn also z. B. eine AG. ein Grundstück, auf dem hinter 20000 M eine Hypothek von 30000 M für sie haftet, um Steuer zu sparen, zum Höchstgebot von 21000 M ersteht, so ist nicht der Preis von 21000 M, sondern der Betrag von 50000 M als Erwerbspreis in die Bilanz einzustellen (vgl. auch §§ 13, 14 GrundErwStG.). Denn dann gehört dieser Ausfall zu den Opfern, die die Gesellschaft bringen mußte, um das Grundstück für 21000 M zu erwerben (ebenso Rehm II 371; Hausmann in BankA. 29, 472; BrodmannAR. Anm. 4e; Brand Anm. 5 A d). Würde sie das Opfer des Ausfalls nicht gebracht haben, so würde das Grundstück 50000 M gekostet haben (Simon 348). Allein es muß ein wirkliches Opfer vorliegen. Es liegt ein solches nicht vor, soweit der Wert der ausgefallenen persönlichen Forderung reicht. Aber auch soweit diese wertlos ist, liegt in dem Umfange kein Opfer vor, in dem die Hypothek dinglich wertlos war. Der dingliche Wert reicht bis zur Grenze des wahren Wertes des Grundstücks. Eine darüber hinausgehende dingliche Berechtigung ist insoweit wertlos, ihr Verlust kein Opfer (Simon 178).

Sind mehrere Gegenstände zu einem Gesamtpreise angeschafft, so muß der gezahlte

Preis auf die einzelnen Gegenstände im Verhältnis ihres wahren Wertes zueinander verteilt werden (Simon 349; Rehm II 371). **§ 261.**

b) Die Herstellungskosten. Auch zu ihnen gehören alle Aufwendungen, die der Herstellung dienten. Z. B. bildet bei Aufnahme eines Darlehns zum Zweck der Herstellung einer Fabrikeinrichtung die aufgenommene Summe einschließlich der dafür gezahlten Provision den Herstellungspreis für die Einrichtung (Bolze 6 Nr. 643). Anm. 6.

Ob unter dem Herstellungspreis nicht nur der Betrag der Materialien und Löhne zu verstehen ist, sondern auch der Teil der allgemeinen Verwaltungskosten (sog. Regiekosten, Generalunkosten), der mittelbar zu den mit der Herstellung in Verbindung stehenden Aufwendungen und Leistungen verwendet wurde: also die Ausgaben für die zur Aufsicht der Arbeiter bestimmten Personen, Meister, Techniker und Betriebsinspektoren, Versicherungsbeiträge, Unterhaltung der für die Herstellung der Waren erforderlichen Anlagen, Maschinen und Geräte bzw. Anteil an ihrer Abnutzung (Amortisation), war sehr bestritten. Für die Berücksichtigung der Generalunkosten hat sich Esser (ZHR. 34, 327); Fischer 261; Horrwitz 356; Holdheim bei Holdh. 2, 161; Knappe 94; Beigel 27; Cosack 7. Aufl. § 214 II 1 d; Passow II 34; Goldmann Anm. 21; vgl. KG. bei Bauer 13, 149; gegen sie Simon 346; Petersen-Pechmann 709; Lehmann-Ring Nr. 7; Lion 136 Anm. 210; Brodmann AR. Anm. 4b ausgesprochen; eine vermittelnde Ansicht hatte Hachenburg (LZ. 1913, 1); vgl. auch Rehm II 375; Brand Anm. 5 A d β. Die D. 158 entschied die Frage nicht, überließ vielmehr dem „verständigen Ermessen, im einzelnen Fall" zu prüfen, inwieweit die Einstellung zu erfolgen hat. Staub-Pinner (Anm. 21) hatte sich gegen die Einrechnung eines Anteils an den Generalunkosten entschieden mit Rücksicht auf die Notwendigkeit gleicher Behandlung des Anschaffungs- und Herstellungspreises und mit Rücksicht auf die positive Bestimmung der Ziff. 4, nach der eine Aktivierung der Verwaltungskosten verboten war (vgl. Hach. § 42 Anm. 34; dagegen Brodmann, GmbH. § 42 Anm. 2).

Die V. hat den Streit dahin entschieden, daß bei Berechnung der Herstellungskosten in angemessenem Umfang Abschreibungen berücksichtigt und angemessene Anteile an den Betriebs- und Verwaltungskosten eingerechnet werden. Sie hat demgemäß das Verbot der Aktivierung der Verwaltungskosten (früher Ziff. 4) aufgehoben. Beschränkt ist die Zulässigkeit eines Zuschlages anteiliger Generalunkosten auf solche, die auf den Zeitraum der Herstellung entfallen. Zu diesen gehören auch die sog. Bauzinsen, d. h. der Zinsverlust, der für die Zeit der Herstellung einer Anlage auf das in die Anlage investierte Kapital entsteht. Ausgeschlossen von dem Zuschlag sind die Vertriebskosten; die Kosten des Verkaufs der hergestellten Gegenstände sind begriffsnotwendig nicht Herstellungskosten. Diese Bestimmung paßt nicht auf die Bewertung des Anlagevermögens, das zum Verkauf begrifflich nicht bestimmt ist, sondern nur auf die des Umlaufsvermögens, für das die in Ziff. 1 vorgesehene Errechnung der Herstellungskosten gemäß Ziff. 2 in gleicher Weise gelten soll.

Die Vorschrift, daß auch angemessene Abschreibungen berücksichtigt werden können, gestattet einen weiteren Zuschlag auf den Herstellungspreis. Was an Maschinen und Utensilien bei Herstellung von Anlagen oder Fabrikaten abgenutzt wird, d. h. an Wert verlorengeht, setzt sich in den herzustellenden Anlagen und Fabrikaten in neuen Wert um. Was die Gesellschaft durch Abschreibungen auf ihre Anlagen an Wert absetzen muß, kann sie daher auf ihre Fabrikate im Bilanzansatz aufschlagen (Hach. § 42 Anm. 34).

Die Angemessenheit des Zuschlages richtet sich nach der Auffassung des Verkehrs (Lehmann-Hirsch Anm. 3; Hach. § 42 Anm. 34).

Mit Recht hebt Simon (348) hervor, daß es Fälle gibt, in denen sich der Herstellungspreis gar nicht ziffernmäßig nachweisen läßt, und daß alsdann entweder der Durchschnittsherstellungspreis oder, wenn auch dieser nicht ermittelt werden kann, eine Schätzung des Herstellungspreises eintreten muß. Es kann in solchen Ausnahmefällen, d. h. dann, wenn der Herstellungspreis nicht zu ermitteln ist, der Wert auch derart festgestellt werden, daß von dem Verkaufspreis prozentuale Abzüge gemacht werden; jedoch sind letztere unter

§ 261. allen Umständen so hoch zu bemessen, daß der wirkliche Herstellungspreis nicht überschritten wird (vgl. auch Lion 159). Immerhin ist eine derartige Bilanzierung gefährlich und nur zulässig, wenn eine andere Möglichkeit, den Herstellungspreis zu ermitteln, nicht vorhanden ist.

Anm. 6a. c) Spätere Aufwendungen auf Gegenstände des Anlagevermögens können, wenn sie werterhöhend sind, den Anschaffungs- oder Herstellungskosten zugeschlagen werden. Die Erhöhung ist als Zugang gemäß § 261a Abs. 3 gesondert aufzuführen.

Die Frage der Einrechnung von Reparaturkosten in den Anschaffungs- oder Herstellungspreis beantwortet sich demgemäß folgendermaßen: Laufende Reparaturen erhöhen nicht den Wert, sondern halten ihn nur auf der durch die gewöhnliche Abnutzung gegebenen Linie. Sie gehören zu den Betriebskosten, die in den Herstellungspreis deshalb nicht eingerechnet werden dürfen, weil sie nicht mehr „auf den Zeitraum der Herstellung" entfallen und den Wert der hergestellten Gegenstände nicht erhöhen. Reparaturen größeren Umfangs, durch welche die Nutzungsdauer der Anlagen erhöht wird, sind wie Erneuerungen der Anlagen zu behandeln. Deren Kosten können dem Anschaffungs- oder Herstellungspreis zugeschlagen werden (BrodmannAR. Anm. 6c; Düringer-Hachenburg-Lehmann § 40 Anm. 10).

Können Aufwendungen, die die Gesellschaft für eine abhängige Gesellschaft macht, dem Erwerbspreis zugeschlagen werden, der für die Beteiligung angelegt wurde? RG. 83, 172 hat dies für einen Fall bejaht, in dem die AG. sämtliche Anteile der anderen Gesellschaft erworben hatte, indem es deren Vermögen wirtschaftlich als Vermögen der AG. ansah. BrodmannAR. (Anm. 5c) will demgegenüber die juristische Selbständigkeit beider Gesellschaften, die jede ihre besondere Bilanz haben müssen, maßgebend sein lassen und hält demgemäß die Entscheidung für unrichtig. Man wird unterscheiden müssen. Werden die Aufwendungen derart finanziert, daß die abhängige Gesellschaft die erforderlichen Beträge in Form von Krediten der Muttergesellschaft erhält, so muß diese die Kredite als Debitoren in ihre Bilanz nehmen und gemäß § 261a Abs. 1 IV 9 als Forderung an eine abhängige Gesellschaft besonders ausweisen; die Beteiligung an der Tochtergesellschaft kann sie dagegen höchstens zum Erwerbspreis bilanzieren. Werden aber die erforderlichen Beträge der Tochtergesellschaft à fonds perdu, als Nachschuß oder weiteres Einlagekapital gegeben, so liegt eine Aufwendung für die Beteiligung vor; ihr Bilanzsatz kann erhöht werden. Dies gilt aber nicht, soweit etwa die Nachschüsse z. B. zur Abdeckung einer später entstandenen Unterbilanz dienen, also eine Wertsteigerung nicht bedeuten (Hach. § 42 Anm. 32).

Anm. 7. d) Unentgeltlicher Erwerb. Werden Gegenstände geschenkt, so ist ein Anschaffungspreis nicht vorhanden. Staub hatte daraus die Folgerung gezogen, daß sie nur als Erinnerungsposten in die Bilanz einzustellen sind. Diese Ansicht ist von Staub-Pinner (vgl. § 261 Anm. 26) nicht aufrechterhalten worden. § 261 Ziff. 1 u. 2 haben nur den Normalfall im Auge, daß Gegenstände durch lästige Verträge erworben werden; hier schiebt das Gesetz gegen leichtsinnige Höherbewertungen den Riegel vor; den naturgemäß nur ausnahmsweise eintretenden Fall, daß Gegenstände geschenkt werden, berührt es in der Ausnahmebestimmung des § 261 überhaupt nicht, für ihn gilt die allgemeine Regel des § 40 (Brand Anm. 5 A e ε; BrodmannAR. Anm. 4d; Passow II 37; zu vgl. REinkStG. § 19 Abs. 2 u. 3). Dasselbe gilt, wenn der AG. sonst ein Zufallsgewinn ohne Gegenleistung zufließt (Lotteriegewinn, Vermächtnis u. dgl.).

Geschieht die Schenkung unter einer Auflage, z. B. zur Errichtung einer Stiftung, so muß eine entsprechende Buchung auf der Passivseite erfolgen. Dasselbe gilt, wenn z. B. ein Kapital mit der Weisung geschenkt wird, daß es zu Unterstützungszwecken oder in schlechten Jahren zur Auffüllung der Dividende benutzt werden soll. Auch hier ist auf der Passivseite ein entsprechendes Konto zu führen, wodurch die Verteilung des geschenkten Kapitals an die Aktionäre verhindert wird. Aber auch wenn ohne Auflage geschenkt ist, z. B. um eine Unterbilanz zu decken, wird es der Sachlage entsprechend sein, um nicht das

Geschenkte sofort als Gewinn auszuschütten, einen Passivposten in gleicher Höhe aufzunehmen, der als freiwillige Reserve anzusehen ist (Beispiele bei Passow II 38). § 261.

BrodmannAK. (Anm. 5d) setzt dem unentgeltlichen Erwerb den originären Erwerb gleich und läßt demgemäß für Patente, die auf eigener Erfindung beruhen, den Wertansatz nach dem wirklichen Wert zu. Er beruft sich hierfür auf den Wortlaut des Gesetzes, das durch die Verwendung des Begriffs „Preis" eine Äquivalenz von Aufwendungen und Wert voraussetze; bei eigenen Erfindungen seien die auf sie aufgewendeten Kosten oft verschwindend gering, oft weit höher als der Wert der Erfindung. Die V. spricht nicht mehr von dem „Preis", sondern von Anschaffungs- und Herstellungskosten. Damit ist der Argumentation Brodmanns der Boden entzogen. Eigene Patente sind bilanzrechtlich nicht anders als andere Gegenstände zu behandeln, mögen sie zu günstigen oder ungünstigen Bedingungen erworben oder hergestellt sein. Es ist auch kein Grund ersichtlich, aus dem für Patente die Herstellungskosten, die aufgewendet sind, nicht maßgebend sein sollen.

4. Die Wertberichtigung. Anm. 8.

§ 261 Ziff. 3 a. F. behandelte nur Wertminderungen, die durch Abnutzung erforderlich werden, unterschied also Anlagewerte, die der Abnutzung unterliegen, und solche, die der Abnutzung nicht fähig sind (Anm. 3). Die V. spricht in § 261 Ziff. 1 allgemein von Wertverlusten, ohne sie auf die Ursache der Abnutzung zu beschränken, setzt aber dabei solche Wertverluste voraus, die sich „auf die mutmaßliche Gesamtdauer der Verwendung oder Nutzung" auswirken. Lehmann-Hirsch (Anm. 5) entnehmen hieraus eine neue Unterscheidung. Sie sei als die Unterscheidung zwischen bleibenden Anlagen und vergänglichen Anlagen bezeichnet (Becker, REinkStG. II 923, nennt die letzteren „verbrauchbare" Anlagen). Die ersteren haben keine „Gesamtdauer"; ihrer Nutzung oder Verwendung sind natürliche Grenzen nicht gesetzt. Zu ihnen sind Grundstücke und Beteiligungen zu zählen. Zu den letzteren gehören Gebäude, Maschinen, Patente u. dgl. Nach Ansicht von Lehmann-Hirsch behandelt die V. die vergänglichen Anlagen und von den bleibenden Anlagen nur die Wertpapiere.

Die Entstehungsgeschichte des § 261 Ziff. 1 zeigt, daß diese Auffassung dem Willen des Gesetzgebers nicht entspricht. § 112 I. Entw. hatte die jetzige Vorschrift des § 261 Ziff. 1 Abs. 1 gleichmäßig für Anlagen, Wertpapiere und andere Vermögensgegenstände, die zum Anlagevermögen zu rechnen sind, vorgesehen. Daraus ergibt sich, daß der I. Entw. für alle Anlagewerte eine mutmaßliche Gesamtdauer annahm, auf die etwaige Wertverluste verteilt werden könnten. Auf Wertpapiere paßt diese Annahme in dem Sinne, in dem Lehmann-Hirsch die Vorschrift auslegen, zweifellos nicht; denn der Wertpapierbesitz einer Gesellschaft hat keine „Gesamtdauer"; er ist von Natur unbegrenzt. Das beweist aber, daß der I. Entw. den Grundsatz des § 112 Ziff. 1 auf bleibende Anlagen in entsprechender Weise wie auf vergängliche Anlagen anwenden wollte, nämlich in dem Sinne, daß Wertverluste in einem nach vernünftigem kaufmännischen Ermessen zu bestimmenden Zeitraum allmählich abzuschreiben sind.

Die V. hat für Wertpapiere in § 261 Ziff. 1 Abs. 2 eine Sonderregelung vorgesehen, im übrigen den Wortlaut des I. Entw. § 112 bestehen lassen. Es muß daher hinsichtlich der bleibenden Anlagen, die nicht Wertpapiere sind, also hinsichtlich Grundstücken und nicht in Wertpapieren bestehenden Beteiligungen, für die V. die gleiche Auslegung gelten wie für den I. Entw.

Die Annahme von Lehmann-Hirsch (Anm. 5), die V. habe, abgesehen von den Wertpapieren, eine Regelung für die sonstigen bleibenden Anlagen vergessen, ist hiernach nicht richtig. Sie helfen, indem sie auf die sonstigen bleibenden Anlagen den für die Wertpapiere vorgesehenen Abs. 2 der Ziff. 1 und damit die Grundsätze ordnungsmäßiger Bilanzierung anwenden. Im Ergebnis kommen sich beide Ansichten gleich.

Obwohl die V. für vergängliche und bleibende Anlagen nur die gemeinsame Vorschrift des Abs. 1 der Ziff. 1 hat, ist doch die Unterscheidung zwischen beiden Arten, wie

§ 261. die weiteren Erläuterungen zeigen, wegen ihrer verschiedenen Natur von praktischem Wert.

Anm. 9. a) Für die **vergänglichen Anlagen** stellt die V. die Vorschrift der Ziff. 1 nicht nur auf eine körperliche Abnutzung, die sog. technische Abnutzung, ab, sondern dehnt sie auf jeden Wertverlust aus. Es verringert sich z. B. der Wert einer Maschinenanlage, weil sie infolge neuer Erfindungen veraltet, der Wert eines Autoparks, weil er nicht mehr der neuesten Mode entspricht, der Wert eines Patents, weil es sich infolge besserer Erfindungen schneller, als durch seinen Zeitablauf bedingt, entwertet (wirtschaftliche Abnutzung). Oder es treten Wertminderungen durch eine Veränderung der Markt- und Wirtschaftslage ein (Quassowski in JW. 1931, 2916; Ullmann in JW. 1930, 2635). Diese Wertminderungen sind nach der V. in gleicher Weise wie ein Wertverlust durch Abnutzung zu berücksichtigen. Wertberichtigungen aus allen diesen Gründen sind aber nur erforderlich, soweit der Wertverlust sich auf die mutmaßliche Gesamtdauer der Nutzung oder Verwendung auswirkt. Damit scheiden alle nur vorübergehenden Wertschwankungen aus. Es scheiden aber auch alle Wertminderungen aus, welche die Gesamtdauer der Nutzung nicht verkürzen. Ohne Rücksicht auf sie kann der Anschaffungs- oder Herstellungspreis mit den normalen Abschreibungen eingesetzt werden. Geschieht dies, so ist die Anlage, wenn sie unverwendbar wird, vollkommen abgeschrieben (vgl. Anm. 12).

Die Vorschrift der Ziff. 1 gilt als öffentlich-rechtliche Höchstbewertungsvorschrift nur, soweit der wirkliche Wert geringer als der Anschaffungs- oder Herstellungspreis ist. Das Gesetz sagt: „ohne Rücksicht auf einen geringeren Wert". Mit anderen Worten: Abschreibungen auf die Anschaffungs- oder Herstellungskosten sind nur dann zwingend vorgeschrieben, wenn der wirkliche Wert unter diese Kosten sinkt. Solange der wirkliche Wert den Anschaffungs- oder Herstellungspreis übersteigt, sind Abschreibungen auf diesen Preis nicht erforderlich. Denn § 261 Ziff. 1 will eine Erleichterung geben für Fälle, in denen der wirkliche Wert unter den Anschaffungspreis sinkt und einen den wirklichen Wert übersteigenden Bilanzansatz zulassen, sofern nur die normalen Abschreibungen erfolgen (Anm. 3). Fälle, für die diese Erleichterung nicht in Betracht kommt, sind also durch § 261 Ziff. 1 überhaupt nicht getroffen. Es entspricht jedoch kaufmännischer Übung, mit den Abschreibungen sofort zu beginnen, auch wenn der wirkliche Wert noch über dem Anschaffungspreis liegt.

Hinsichtlich des **Umfanges** der Abschreibungen vgl. Anm. 12.

Anm. 10. b) **Bleibende Anlagen.** Über den Begriff vgl. oben Anm. 8. Für sie kommen nicht Wertminderungen durch Verwendung oder Nutzung in Betracht, sondern in erster Reihe Wertminderungen durch Konjunkturverluste. Wie oben Anm. 8 darlegt, gibt es für bleibende Anlagen eine „Gesamtdauer", auf welche sich die Wertverluste auswirken, im eigentlichen Sinne nicht; es muß eine analoge Auslegung Platz greifen. Wertminderungen vorübergehender Natur brauchen nicht berücksichtigt zu werden. Dauernde Wertverluste sind durch allmähliche Abschreibungen auszugleichen (vgl. Anm. 3). Es ist nicht erforderlich, den gesamten Verlust in einem Betrage abzuschreiben und sofort mit dem niedrigeren wirklichen Wert zu bilanzieren. Vielmehr darf der Verlust nach vernünftigem kaufmännischen Ermessen auf eine Reihe von Jahren verteilt werden (ebenso Rohde in DStZ. 1931, 462). Eine Verletzung der öffentlich-rechtlichen Höchstbewertungsvorschriften des § 40 und des als Handelsgewohnheitsrecht fortgeltenden § 261 Ziff. 2 a. F. (vgl. Anm. 2) liegt nur dann vor, wenn eine Abschreibung in vernünftigem Maß überhaupt unterbleibt.

Die gleichen Grundsätze gelten auch für **Wertpapiere,** für die die V. die Sonderbestimmung des Abs. 2 gegeben hat. Diese Sondervorschrift wäre also nicht notwendig gewesen, um allmähliche Abschreibungen der Wertpapiere auf ihren niedrigeren wirklichen Wert für erforderlich und genügend zu erklären (a. A.: Lehmann-Hirsch, Anm. 5, vom Standpunkt seiner abweichenden Auslegung aus; vgl. oben Anm. 8). Wie die Ausführungen von Quassowski (JW. 1931, 2916) ergeben, hat die V. die im I. Entw. fehlende Sondervorschrift für Wertpapiere vielmehr zu dem Zweck eingefügt, um die Bilanzierung der Wertpapiere zu dem Anschaffungspreis trotz eingetretener Kursverluste aufrechtzuerhalten, wenn die Grundsätze ordnungsmäßiger Buchführung dies gestatten. Das ist der Fall bei festverzinslichen sicheren Wertpapieren, deren Auszahlung zu pari die Gesellschaft erwarten kann; dann wirkt sich ein Kurs unter pari für die Gesellschaft, die die Wertpapiere bis zur Kündigung oder Auslosung in ihrem Besitz behält, nicht aus (Quassowski a.a.O.). **§ 261.**

c) Nachträgliche Wertsteigerungen. **Anm. 11.**

Steigt der Wert einer Anlage, die infolge Abnutzung auf die Hälfte des Gestehungspreises abgeschrieben ist, nachträglich auf den ursprünglichen Wert, etwa dadurch, daß Anlagen dieser Art schwer erhältlich sind, ihre Ausnutzungsmöglichkeiten sich aber außerordentlich erhöhen, so entsteht die Frage, ob der Bilanzansatz auf den wirklichen Wert heraufgesetzt werden kann. Die Frage ist anläßlich der Schein-Wertsteigerungen der Inflationszeit besonders erörtert worden (Lion 139; Marcuse bei Holdh. 27, 85; RFH. 9, 109). Sie ist verschieden zu beantworten, je nachdem es sich um vergängliche oder bleibende Anlagen handelt. Den Grundsatz der Bilanzkontinuität kennt zwar das Gesetz nicht (§ 260b Anm. 3d). § 260 Ziff. 1 verlangt aber für vergängliche Anlagen, die notwendig einer Entwertung unterliegen, eine allmähliche Abschreibung mit der Wirkung, daß bei Beendigung des Gebrauchs die Wertherabsetzung auf den Schrottwert erreicht ist. Diese natürliche Entwertung kann durch Konjunktursteigerungen nicht nachhaltig beeinflußt werden; sie müssen vorübergehender Natur sein. Deshalb haben sie bei der Bewertung außer Betracht zu bleiben. Hinzukommt der Grundgedanke des Bilanzrechts, daß nicht realisierte Gewinne nicht bilanziert werden dürfen. Eine Erhöhung des Bilanzansatzes wegen vorübergehender Werterhöhungen kommt also nicht in Betracht (a. A.: Marcuse bei Holdh. 27, 85; Hach. § 42 Anm. 12, der es freilich nicht für zulässig erachtet, den heraufgesetzten Bilanzansatz als Bewertungsgrundlage unter Wiederbeginn der Abschreibungen zu benutzen; vgl. Simon 414).

Anders liegt die Frage für „bleibende" Anlagen (Anm. 8). Haben sie zunächst einen Wertverlust erlitten, der durch allmähliche Abschreibungen ausgeglichen ist (Anm. 10), und erfahren sie später eine Wertsteigerung, die nicht vorübergehender Art ist, so sind gegen eine Erhöhung des Bilanzansatzes auf den wirklichen Wert Bedenken aus den öffentlichrechtlichen Bilanzvorschriften nicht herzuleiten. Selbstverständlich ist, daß diese Erhöhung in dem Anschaffungspreis ihre Grenze findet (Anm. 2). Sie ist gemäß § 261a Abs. 3 als „Zugang" in der Bilanz besonders auszuweisen.

d) **Umfang und Art der Abschreibungen bei vergänglichen Anlagen.** Ihr Umfang bestimmt sich einmal nach der Höhe des voraussichtlichen Wertverlustes, zum anderen nach der mutmaßlichen Gesamtdauer der Verwendung oder Nutzung. Die Höhe des Gesamtverlustes, geteilt durch die Zahl der Jahre der Nutzungsdauer, ergibt die jährliche Mindestabschreibung. § 261 Ziff. 3 a. F. enthält über die Berechnung nichts. § 112 I. Entw. schrieb eine gleichmäßige Verteilung der Abschreibungen auf die einzelnen Jahre vor. Die V. sieht hiervon ab. Die Abschreibungen der einzelnen Jahre können erhöht werden. Die Bildung stiller Reserven ist zulässig. Ist auf diese Weise mehr als erforderlich abgeschrieben, so kann in den Folgejahren die Abschreibung auch unter dem errechneten jährlichen Mindestsatz bleiben, wenn nur die sämtlichen Abschreibungen der verflossenen Jahre den Bilanzansatz auf den Betrag gebracht haben, der sich bei gleichmäßiger Abschreibung des jährlichen Mindestsatzes ergeben muß (vgl. das Beispiel bei Lehmann-Hirsch Anm. 4). **Anm. 12.**

Die Abschreibungen haben von dem Ursprungswert auszugehen. Das ist der erste Bilanzansatz nach der Anschaffung, also der ursprüngliche wirkliche Wert, wenn dieser niedriger als der Anschaffungspreis ist, oder der Anschaffungspreis, wenn dieser niedriger als der wirkliche Wert ist.

Verringert sich im Laufe der Verwendungszeit die mutmaßliche Gesamtdauer der Verwendung, so ist der jährliche Mindestsatz der Abschreibung zu erhöhen (Ullmann 1930, 2635).

§ 261. Über Abschreibungen bei bleibenden Anlagen vgl. Anm. 8 u. 10.

Anm. 13. e) **Die Form der Wertberichtigung** ist die Abschreibung oder die Bildung eines Wertberichtigungskontos. Die Abschreibung erfolgt durch Herabsetzung des Wertansatzes des Aktivpostens, die Bildung eines Wertberichtigungskontos ist Einsatz eines entsprechenden Betrages unter die Passiven. Beide Wege führen rechnerisch zu demselben Ziele. Der letztere aber empfiehlt sich deshalb, weil er stets den Anschaffungs- oder Herstellungspreis des Gegenstandes ersehen läßt, was zur Klarheit der Bilanz beiträgt (vgl. Staub-Pinner Anm. 27 zu § 262). § 261 a. F. sprach von einem „Erneuerungsfonds". Die Wahl des Begriffs „Wertberichtigungskonto" durch die V. verdeutlicht den Zweck der Maßnahme besser. Es ist ein sog. unechtes Reservekonto, da es lediglich einen Berichtigungsposten gegen ein zu hoch angesetztes Aktivum bildet (vgl. Knappe bei Holdh. 19, 245; Passow I 224). Enthält aber das Wertberichtigungskonto durch Fürsorge der Satzung oder durch Generalversammlungsbeschluß einen höheren Betrag als den der tatsächlichen Wertminderung, dann liegt insoweit ein echtes Reservekonto vor, und zwar ein freiwilliges. Für dieses gelten die allgemeinen Grundsätze über freiwillige Reservekonten (vgl. Staub-Pinner Anm. 29ff. zu § 262).

Nach § 261a Abs. 3 dürfen Wertberichtigungsposten nicht unter den Verbindlichkeiten aufgeführt werden. Sie sind vielmehr nach Abs. 1 auf der Passivseite der Bilanz in einem besonderen Bilanzposten auszuweisen.

Anm. 14. 5. **Verhältnis des § 261 Ziff. 1 zu den steuerrechtlichen Vorschriften.**

Ziff. 1 ist dem § 16 des REinkStG. vom 10. Aug. 1925 nachgebildet, der nach § 13 des KörpStG. für AG. gilt. Er behandelt die Absetzungen für Abnutzung und betrifft nur die vergänglichen Anlagen (Abs. 3). Den Absetzungen für Abnutzung sind diejenigen für Substanzverringerungen bei Bergbauunternehmungen, Steinbrüchen und anderen einen Verbrauch der Substanz bedingenden Betrieben gleichgestellt (Abs. 4). Die Absetzungen sind „nach der gemeingewöhnlichen Nutzungsdauer des Gegenstandes" zu bemessen (Abs. 3). Für das Anlagevermögen gilt ferner die Bewertungsvorschrift des § 19 REinkStG., der den gemeinen Wert zugrunde legt; er bestimmt aber, daß nicht der bei der Veräußerung jedes Gegenstandes im einzelnen erzielbare Preis zu ermitteln, sondern davon auszugehen ist, daß der Gegenstand auch fernerhin der Fortführung des Betriebes dient. Für vergängliche Anlagen wird gestattet, von dem Anschaffungspreis auszugehen und die nach § 16 zulässigen Absetzungen für Abnutzung und Substanzverringerung vorzunehmen, ohne auf den gemeinen Wert Rücksicht zu nehmen. Damit ist auch für das Steuerrecht die Bewertung von Anlagewerten den handelsrechtlichen Grundsätzen des § 261 wesentlich angeglichen. Der sachliche Unterschied liegt darin, daß nach Handelsrecht die normale Abschreibung gemacht werden muß, während sie nach Steuerrecht gemacht werden darf. Handelsrechtlich sind geringere Abschreibungen verboten, höhere zulässig (Ullmann in JW. 1930, 2635); steuerrechtlich sind höhere Abschreibungen verboten, geringere mit Rücksicht auf § 13 REinkStG. aber auch nicht mehr zulässig.

Anm. 15. **Ziff. 2. Das Umlaufsvermögen.** Es darf höchstens zu den Anschaffungs- oder Herstellungskosten angesetzt werden, jedoch nur zu dem Börsen- oder Marktpreis, wenn dieser niedriger ist, mangels eines Börsen- oder Marktpreises aber zu dem wirklichen Wert, falls dieser niedriger ist als die Anschaffungs- oder Herstellungskosten. Die Bestimmung entspricht sachlich, wenn auch in anderer Formulierung, der Ziff. 1 des § 261 a. F. Neu ist die ausdrückliche Einbeziehung eigener Aktien in die Vorschrift.*

Anm. 16. 1. Sinn und Bedeutung der Vorschrift. Nach § 40 sind sämtliche Vermögensstücke zu ihrem wirklichen Wert anzusetzen. Diese Vorschrift erleidet bei AG. eine Änderung. Die Rücksicht auf alle Beteiligten, Gläubiger und Aktionäre, gebietet hier, daß nicht Ge-

* Vgl. die Ausnahmebestimmungen des Art. 1 der V. über einmalige Bilanzierungserleichterungen vom 15. Dez. 1931 (Anhang).

winne verteilt werden, die lediglich durch Wertsteigerung der vorhandenen Gegenstände, § 261.
durch Schätzungen und Rechnungen entstehen, sondern in der Regel nur solche, die durch Verwertung erzielt sind (RG. in JW. 05, 235[20]). Aus diesem Grunde ist vorgeschrieben, daß bei Gegenständen, die einen Markt- oder Börsenpreis haben, entweder dieser oder der Anschaffungs- bzw. Herstellungspreis als Höchstbetrag der Bewertung maßgebend ist, je nachdem der eine oder andere niedriger ist (RFH. 10, 116). Sinkt der Marktpreis unter den Anschaffungspreis, so muß der Verlust abgeschrieben werden. Soweit die zum Umlaufsvermögen gehörigen Gegenstände einen Börsen- oder Marktpreis nicht haben, gilt der Anschaffungs- oder Herstellungspreis als höchster Bilanzansatz. Der Geschäftswert bleibt daneben als selbständiger Höchstbetrag der Bewertung bestehen. Mehr als die Ware für das Geschäft wert ist, darf für sie nicht angesetzt werden. Eine Ware, die für das Geschäft einen geringeren Wert hat, als der Anschaffungspreis beträgt, darf nur zu dem geringeren Werte angesetzt werden. Es gilt in allen Fällen das sog. **Niederstwertprinzip.**

2. **Die Gegenstände des Umlaufsvermögens.** Den Begriff „Umlaufsvermögen" führt Anm. 17.
§ 261a Abs. 1 unter A IV in das Gesetz ein. Zum Umlaufs- oder Betriebsvermögen gehören alle Gegenstände, die zum Verbrauch, zur Verarbeitung und zur Weiterveräußerung bestimmt sind. Die V. drückt dies negativ aus: Gegenstände, die „nicht dauernd zum Geschäftsbetrieb der Gesellschaft bestimmt" sind. Das macht deutlich, daß Gegenstände, für welche im Geschäftsbetrieb keine Verwendung ist, die ohne Verwendungszweck daliegen, zum Umlaufsvermögen zu rechnen sind. Eine Liste der Gegenstände, die gewöhnlich als Umlaufsvermögen anzusehen sind, enthält § 261a Abs. 1 unter IV. Sie erledigt eine Reihe einzelner Streitfragen des bisherigen Rechts (vgl. z. B. BrodmannAR. Anm. 5a).

Die besondere Hervorhebung der **Wertpapiere** wäre nicht notwendig gewesen; daß Wertpapiere, die nicht als Anlagewerte oder zur Beteiligung bestimmt sind, also nicht unter Ziff. 1 fallen, nach den für das Umlaufsvermögen geltenden Bestimmungen zu behandeln sind, ist selbstverständlich.* Forderungen, die in das Reichsschuldbuch oder in das Staatsschuldbuch eines Landes eingetragen sind, sind wie Wertpapiere zu behandeln (Koenige, PrivUntVG. Anm. 3 zu § 55).

Dividendenscheine dürfen nicht besonders bewertet werden, solange nicht die Dividende festgestellt ist. Denn der Dividendenschein bildet mit der Aktie ein Ganzes und hat mit der Aktie einen gemeinsamen Anschaffungspreis. Dies gilt sowohl, wenn das Geschäftsjahr der betreffenden Gesellschaft noch läuft, als auch, wenn es abgelaufen ist. Nach der ausdrücklichen Bestimmung des § 261 Ziff. 2 darf nur der wirkliche Kurswert eingesetzt, der Dividendenschein andererseits kann mangels sicherer Feststellung des Wertes nicht berücksichtigt werden. Ist die Dividende festgestellt, so besteht ein Forderungsrecht, das einzusetzen ist.

Neben den Gegenständen des Umlaufsvermögens führt die V. besonders **Waren** und **eigene Aktien** auf. Sie will Waren und eigene Aktien stets als zum Umlaufsvermögen gehörig angesehen wissen. Diese von der V. für eigene Aktien neu eingeführte Bestimmung ist besonders wichtig, weil eigene Aktien nicht notwendig wie Waren zur Weiterveräußerung bestimmt zu sein brauchen. Die V. schreibt damit bindend vor, daß eigene Aktien niemals über den Kurs- oder wirklichen Wert bzw. den Anschaffungspreis hinaus (Quassowski in JW. 1931, 2917) eingesetzt werden dürfen.

Halbfabrikate sind Waren, haben aber regelmäßig keinen Markt- oder Börsenpreis. Sie fallen daher unter Abs. 3 (vgl. Simon 95; BrodmannAR. Anm. 4c und unten Anm. 21).

3. Was unter Anschaffungs- und Herstellungskosten zu verstehen ist, darüber vgl. Anm. 18.
Anm. 5 u. 6. Hinsichtlich der Herstellungskosten verweist Ziff. 2 auf Ziff. 1, so daß ein Anteil

* Vgl. für Wertpapiere, die zum Umlaufsvermögen gehören, die Ausnahmebestimmung des Art. 1 § 1 der V. über einmalige Bilanzierungserleichterungen vom 15. Dez. 1931 (Anhang).

§ 261. an den Generalunkosten auch bei der Bewertung des Umlaufsvermögens zugeschlagen werden kann.

Anm. 19. 4. Börsen- oder Marktpreis. Der Begriff des Marktpreises ist derselbe wie in § 453 BGB. (vgl. RG. 34, 121).

Ist der Marktpreis am Bilanzstichtag höher als zur Zeit der vorangegangenen Bilanz, so kann der höhere Marktpreis eingestellt werden, wenn er nur nicht höher ist als der Anschaffungspreis. Auf diese Weise kann es doch kommen, daß ein Gewinn verteilt wird, der nicht Ergebnis des Betriebes ist.

Geht der Kurs in der Folgezeit, zwischen Aufstellung der Bilanz und Vorlegung an die Generalversammlung, herunter, so ist deshalb allein die Bilanz nicht entsprechend zu ändern, wie dies die Mot. zum Aktiengesetz von 1884 (I 259) von der Sorgfalt ordentlicher Geschäftsleute als selbstverständlich fordern. Zulässig bleibt der höhere Bilanzansatz. Jedoch wird eine Herabsetzung unter Umständen geboten sein, nämlich wenn sich hierdurch der Geschäftswert, den die Ware zur Zeit der Bilanzaufstellung in Wahrheit gehabt hat, nunmehr als zu hoch herausstellt (Lehmann-Ring Nr. 9).

Das gleiche gilt insbesondere für Wertpapiere, wenn besondere Umstände vorliegen, die den Kurs des Bilanzstichtages als zu hoch erscheinen lassen. (RFH. 7, 344 und Lion 135 sowie Passow II 41.)

Sind an dem Bilanzstichtag verschiedene Börsen- oder Marktpreise notiert worden, so bildet der zuletzt notierte die Grenze der zulässigen Bewertung (Simon 357). Hat die Gesellschaft Waren oder Wertpapiere im Laufe des Geschäftsjahres verkauft und dann wiedergekauft, so gilt als Erwerbspreis der letzte Kaufpreis. Es kann dies zur Umgehung der gesetzlichen Vorschrift führen. Eine Bank hat Aktien zu 100 erworben; sie verkauft sie am 31. Dezember zum Tageskurse von 200 und erwirbt sie am selben Tage für 200 wieder. Diese Umgehung ist dann nicht verboten, wenn kein Scheinverkauf vorliegt, wenn also z. B. die Bank vor dem Verkauf den Wiederankauf sich nicht schon gesichert hat (Simon 342; Lehmann-Ring Nr. 4; Cosack 11. Aufl. 519; Flechtheim, Strukturwandlungen der Wirtschaft und das Aktienrecht 34).

Anm. 20. 5. Abweichung des Verkaufspreises vom Börsen- oder Marktpreis. Wie sind Waren, die verkauft und angefertigt, aber noch nicht abgesandt sind, zu bilanzieren? Über die Notwendigkeit der Bilanzierung vgl. Staub-Bondi § 40 Anm. 4. Bei solchen Waren darf der erzielte Kaufpreis nach seinem wahren Werte (also unter Berücksichtigung des Zieles, der Zahlungsfähigkeit des Käufers) eingestellt werden. Sicherlich trifft das zu, wenn der Kaufpreis geringer ist als der Herstellungspreis, denn der niedrigere Preis tut den geringeren Veräußerungswert unwiderleglich dar (Lehmann-Ring Nr. 8). Aber das gleiche muß mit Simon (352) entschieden angenommen werden, wenn der erzielte Kaufpreis höher ist (Brand Anm 5 A e 9; zustimmend Lehmann-Hirsch Anm. 6; dagegen Ring Anm. 7; Goldmann Anm. 16; Horrwitz 358; BrodmannAR. Anm. 4b). Hier kann der Herstellungspreis außer Betracht bleiben, weil der Gewinn durch den Verkauf bereits realisiert ist. Das RG. (80, 334) und das OLG. Kassel (Bauer 21, 184) stehen für GmbH., bei denen § 261 Nr. 1 u. 2 allerdings nicht gelten, auf dem gleichen Standpunkt; vgl. auch RG. bei Holdh. 1908, 126. Selbstverständlich ist, daß der den Herstellungspreis übersteigende Kaufpreis nicht bilanziert werden muß; der Gewinn braucht vor dem Ausscheiden der Ware aus der Bilanz nicht realisiert zu werden.

Eine andere Frage ist, ob der Verkaufspreis, der bei einer einzelnen Warenpartie erzielt ist, für die restliche Warenmenge als Bilanzansatz maßgeblich ist. Das ist nur zu bejahen, wenn der Verkaufspreis unter dem Herstellungspreis liegt und dem wirklichen Wert entspricht; denn ein einzelner Verkauf braucht nicht stets den dem wirklichen Wert gleichkommenden Erlös zu ergeben (BrodmannAR. a. a. O.). Ein den Herstellungspreis überschreitender Kaufpreis kann für die Bewertung einer restlichen Warenmenge nicht in Betracht kommen, weil dem der § 261 Ziff. 2 entgegensteht.

6. Der wirkliche Wert. Ist ein Börsen- oder Marktpreis nicht vorhanden und übersteigen die Anschaffungs- oder Herstellungskosten den Wert, der den Gegenständen am Bilanzstichtag beizulegen ist, so ist höchstens dieser Wert anzusetzen. Diese Bestimmung betrifft vornehmlich Vorräte (Rohstoffe, Halbfabrikate, Fertigfabrikate), die keinen Börsen- oder Marktpreis haben, auch Wertpapiere (nicht notierte Aktien u. dgl.). Ihre Bewertung ist oft nicht leicht und läßt willkürlichen Überbewertungen bei unsolider Geschäftsgebarung Raum. Die V. hat (wie auch der I. Entw. § 112) von einer Einzelregelung abgesehen und es bei der Aufstellung des Prinzips des § 261 Ziff. 2 a. F. belassen. Über den Begriff des wirklichen Wertes vgl. oben Anm. 1 (zum Teil abweichend Ullmann in JW. 1930, 2635 unter Berufung auf Schmalenbach, Dyn. Bilanzen 265ff.; dagegen Lehmann-Hirsch Anm. 6, die mit Recht nur die Bedeutung der Vorschrift als öffentlich-rechtliche Höchstbewertungsvorschrift gelten lassen und die Heranziehung etwa abweichender Grundsätze der ordnungsmäßigen Buchführung zur Auslegung ablehnen). § 261. Anm. 21.

Für die **Reichsmarkeröffnungsbilanz** hatte § 4 GBV. die Vorschriften des § 261 Nr. 1, 2 u. 3 a. F. außer Kraft gesetzt. Während diese Außerkraftsetzung nur eine vorübergehende Erscheinung war, hat die Vorschrift des § 4 Abs. 4 GBV. dauernde Wirkung. Hier ist bestimmt, daß für die Jahresbilanzen die in die Reichsmarkeröffnungsbilanz eingesetzten Werte als Anschaffungs- oder Herstellungspreise im Sinne des § 261 anzusehen sind. Daraus folgt, daß innerhalb der Grenzen des § 261 die in der Reichsmarkeröffnungsbilanz aufgeführten Posten in keiner Jahresbilanz höher, als sie dort bewertet sind, eingesetzt werden dürfen, wenn auch ihr wirklicher Wert seit Aufnahme der Eröffnungsbilanz gestiegen ist. In dieser Beziehung ist also die Umstellung auf Reichsmark einer Neugründung der AG. gleichzustellen, denn auch bei dieser bilden die Werte, zu denen Gegenstände eingebracht sind, die Anschaffungspreise. Anm. 21a.

Ziff. 3. Die Kosten der Gründung und der Kapitalerhöhung dürfen nicht als Aktiven eingesetzt werden. § 261 Ziff. 4 a. F. sah dieses **Verbot der Aktivierung** für die Kosten der Errichtung und Verwaltung vor. Der I. Entw. beschränkte das Verbot auf die Kosten der Gründung (§ 112 Ziff. 3). Das Verbot der Aktivierung der Verwaltungskosten wurde fortgelassen. Soweit solche Kosten als Herstellungskosten bei der Bewertung des Anlagevermögens zugeschlagen und in den Gegenständen des Anlagevermögens aktiviert werden dürfen, betraf das Verbot nur ihren gesonderten Ausweis unter den Aktiven (Staub-Pinner Anm. 42; vgl. § 261 Ziff. 1 und oben Anm. 6). Im übrigen gehören die Verwaltungskosten in die Gewinn- und Verlustrechnung als Verlust (vgl. Seyffert in BankA. 13, 254; Staub-Pinner Anm. 39). Weil dies selbstverständlich ist, kann die besondere Vorschrift entbehrt werden (Ullmann in JW. 1930, 2635). Anm. 22.

Statt der Kosten der „Errichtung" wählte der I. Entw. § 112 die „Kosten der Gründung". Unter denjenigen der Errichtung hatte man nicht nur die Gründungskosten, sondern die gesamten Kosten der Einrichtung verstanden, den Organisationsaufwand. Es sind die Kosten der Ingangsetzung des Betriebes und der Vorbereitung (ROHG. 20, 216). Das ausdrückliche Verbot ihrer Aktivierung war für notwendig erachtet worden, um einer abweichenden, vor dem Aktiengesetz von 1884 vielfach geübten Praxis entgegenzuwirken. Organisationskosten müssen hiernach im ersten Jahr völlig abgeschrieben sein (Fischer 261; Staub-Pinner Anm. 39). Wenn der I. Entw. und die V. das Verbot auf die Kosten der Gründung beschränken, so tritt damit eine sachliche Änderung nicht ein. Für die Organisationskosten gilt das gleiche wie für die Verwaltungskosten. Die Organisationskosten kommen bei der Bewertung der neuen Einrichtung in Betracht, also z. B. bei Herstellung eines neuen Fabrikgebäudes, von Maschinen, Mustern, Utensilien. Solche Gegenstände können zum Herstellungspreis einschließlich der auf sie aufgewandten Organisationskosten angesetzt werden (Anm. 6). Sonstige Organisationskosten, durch die Anlagewerte nicht geschaffen werden, kommen als Verlust in die Gewinn- und Verlustrechnung.

Zu letzteren gehören die Kosten der Gründung, für die das ausdrückliche Verbot der Aktivierung von der V. aufrechterhalten wird. Es zählen zu ihnen die Gründungs-

§ 261. entschädigungen, Maklerprovisionen, Notariats- und Gerichtskosten, Kosten für Anfertigung von Taxen und Revisionen, Rentabilitätsberechnungen, Stempel, Kapitalverkehrssteuer, Druckkosten für Prospekte und Aktien usw.

Gegenüber dem I. Entw. hat die V. den Kosten der Gründung noch diejenigen der Kapitalerhöhungen zugefügt.

Anm. 23. **Ziff. 4. Verbot der Aktivierung des Geschäfts- oder Firmenwertes.**

1. Der selbstgeschaffene Firmenwert durfte auch nach bisherigem Recht nicht aktiviert werden. Was ein Kaufmann durch seine Tätigkeit an Organisationswert und Kundschaft in seiner Firma schafft, was er hierfür durch Reklame und sonstige Werbung aufwendet, kann nicht in einem besonderen Posten als Geschäfts- oder Firmenwert aktiviert werden (Staub-Bondi § 40 Anm. 5; Düringer-Hachenburg-Lehmann § 40 Anm. 7e). Auch ist eine Verteilung dieses Wertes auf die einzelnen Aktiven nicht zulässig. Nur soweit derartige Aufwendungen als Generalunkosten in die Herstellungskosten der im Betriebe hergestellten Gegenstände eingerechnet werden dürfen (Anm. 6), ist eine Aktivierung statthaft. Anders war die Rechtslage, wenn ein Kaufmann ein Geschäft mit Firma und Kundschaft erwirbt. In solchen Fällen durfte der Firmen- oder Geschäftswert des erworbenen Unternehmens in Höhe des Erwerbspreises angesetzt werden; dieser Wert war nach den Grundsätzen ordnungsmäßiger Buchführung allmählich abzuschreiben (Staub-Bondi a. a. O. und die dort zit. Rechtsprechung).

Diese Grundsätze hatte der I. Entw. zur Behebung der mangels einer gesetzlichen Vorschrift bestehenden Rechtsunklarheit in § 112 Ziff. 5 formuliert, hinsichtlich der erforderlichen Abschreibungen aber bestimmt, daß „von dem hiernach eingesetzten Aktivposten jährlich mindestens ein Teilbetrag abgeschrieben werden" müsse, „der der im Bilanzabschnitt eingetretenen Wertminderung entspricht". Es sollte also eine Abschreibung erst erfolgen müssen, wenn eine Wertminderung eingetreten war, dann aber in voller Höhe der Wertminderung.

Anm. 24. 2. Die V. hat die Formulierung des I. Entw. übernommen, nur die Frage der Abschreibungen abweichend geregelt.

a) Es bleibt hiernach die Aktivierung eines Wertes der selbsterrichteten Firma oder der selbsterworbenen Kundschaft verboten (Satz 1). Die Aktivierung der Firma eines übernommenen Unternehmens ist davon abhängig, daß „die für die Übernehmer des Unternehmens bewirkte Gegenleistung die Werte der einzelnen Vermögensgegenstände des Unternehmens im Zeitpunkt der Übernahme übersteigt" (Satz 2). Als Bilanzansatz für den Firmenwert des übernommenen Geschäfts kommt lediglich die Differenz zwischen dem Gesamterwerbspreis und den wirklichen Werten der einzelnen zum Unternehmen gehörigen Gegenstände in Betracht. Gleichgültig ist, wie diese Gegenstände bei der Übernahme bewertet oder bezahlt sind. Es könnte sonst bei einer Unterbewertung dieser Gegenstände dahin kommen, einen zu hohen Firmenwert anzusetzen, weil der Differenzbetrag zwischen Gesamtkaufpreis des Unternehmens und Einzelpreis der erworbenen Gegenstände künstlich erhöht ist. Wenn auch diese Gegenstände in der Bilanz nicht höher als zu den angenommenen Werten als Einstandspreis eingesetzt werden dürfen, so würde sich doch die Unrichtigkeit der Bilanzierung des Firmenwerts sofort auswirken, wenn die in den zu niedrig angesetzten Gegenständen liegenden Gewinne durch Verkauf realisiert würden. Das verhindert die Vorschrift der Ziff. 4. Damit entfallen die Befürchtungen gegenüber solchen Unterbewertungen, wie sie vielfach aus Steuerersparnisgründen vorgenommen werden (Rohde in DStZ. 1931, 463). Sie sind auf die Bewertung der Firma ohne Einfluß.

Anm. 25. b) Ob das Unternehmen bei der Gründung der AG. oder anläßlich einer Kapitalerhöhung eingebracht wird, oder ob es käuflich erworben wird, macht keinen Unterschied. Liegt eine Einbringung bei der Gründung vor und erhält die AG. als Sachfirma die Firma des übernommenen Unternehmens, so kann deren Firma nach den Grundsätzen der Ziff. 4 aktiviert werden.

c) Der Firmenwert des übernommenen Unternehmens ist gesondert, d. h. in einem besonderen Bilanzposten unter die Aktiven aufzunehmen. Eine Vermischung mit anderen Aktivposten ist unzulässig und würde eine Bilanzverschleierung darstellen. Die Bezeichnung des Bilanzpostens wird sein: „Wert der übernommenen Firma" oder „Firmenwert der Firma". Die Unzulässigkeit einer solchen Bezeichnung nimmt Rohde (a. a. O.) zu Unrecht an. **§ 261.** **Anm. 26.**

d) Angemessene jährliche Abschreibungen werden zwingend vorgeschrieben. Sie sind nicht erst dann erforderlich, wenn eine Wertminderung eintritt (damit weicht die Regelung der Ziff. 4 von derjenigen der Ziff. 1 ab; vgl. Anm. 9 u. 23). Andererseits braucht die Abschreibung nicht sofort bis auf den wirklichen Wert zu erfolgen; angemessene jährliche, also allmähliche Abschreibungen, genügen (vgl. Quassowski in JW. 1931, 29[17]). Die kaufmännische Übung, das kaufmännisch Gebotene entscheidet. **Anm. 27.**

3. Das Verbot der Aktivierung gilt auch für andere „rein wirtschaftliche Güter". Auch sie können nur insoweit aktiviert werden, als sie Gegenstand des Rechtsverkehrs sein können und tatsächlich gewesen sind. Hierzu gehören z. B. die Beteiligungen an Syndikaten und Kartellen, Quoten und Kontingente (Passow I 152; Simon 166; Lion 191). Geht die AG. eine solche Beteiligung ein, darf sie sie nicht aktivieren. Das ist vielmehr nur zulässig, wenn sie sie von einem Dritten erwirbt. **Anm. 28.**

III. Die Vorschriften des § 261 über **Passiva.**

Ziff. 5. Anleihen der Gesellschaft sind mit ihrem Rückzahlungsbetrag unter die Passiven aufzunehmen. Das bisherige Recht kannte eine gesetzliche Regelung der Bilanzierung von Anleiheschulden nur in § 25 des Hypothekenbankgesetzes für Hypothekenpfandbriefe. Im übrigen bestand über diese Frage keine rechtliche Klarheit. Über den bisherigen Rechtszustand vgl. Staub-Bondi § 40 Anm. 7 und Düringer-Hachenburg-Lehmann § 40 Anm. 7c. **Anm. 29.**

1. **Anleihen** sind langfristige Darlehen größerer Kapitalien, die durch Inanspruchnahme des Kredits auf dem öffentlichen Markt beschafft werden (vgl. Michaelis im Handwörterbuch der Rechtswissenschaft). Die Regel bildet die Ausgabe von Teilschuldverschreibungen, die Namens-, Order- oder Inhaberpapiere sein können. **Anm. 30.**

2. Anleihen der Gesellschaft sind Schulden und als solche unter die Passiven aufzunehmen. Geschuldet wird der Betrag, der auf die Anleihe zurückzuzahlen ist. Einzusetzen ist daher als Passivum der Rückzahlungsbetrag. **Anm. 31.**

Vielfach sind in den Anleihebedingungen verschiedene Rückzahlungsbeträge vorgesehen. Man hat hierbei die normale Tilgung von der außergewöhnlichen zu unterscheiden. Dem Schuldner ist z. B. das Recht der Kündigung zwecks vorzeitiger Tilgung der Anleihe gegeben. Oder dem Gläubiger ist das Recht fristloser Kündigung für den Fall nicht pünktlicher Zinszahlung oder anderer Vertragsverletzungen vorbehalten. Für derartige Fälle wird bestimmt, daß die Anleihe mit einem prozentualen Sonderaufschlag auf den Nennbetrag zurückzuzahlen ist. Neben diesen Sonderfällen außergewöhnlicher Rückzahlung sehen aber die Anleihebedingungen vielfach auch für die normale Tilgung der Anleihe verschiedene Rückzahlungsbeträge vor. Bei dreißigjähriger Laufzeit einer Anleihe ist z. B. in den ersten fünf Jahren eine Rückzahlung ausgeschlossen; in den restlichen 25 Jahren ist je $^1/_{25}$ der Anleihe durch Auslosung zu tilgen; dabei hat in den ersten fünf Jahren die Tilgung zu 102 % zu erfolgen, während die Tilgungsquote sich in weiteren je fünf Jahren um je $^1/_2$ % verringert. Rückzahlungsbetrag der Anleihe ist in diesem Falle die Summe der für die einzelnen Fünfjahresabschnitte festgestellten Rückzahlungsbeträge. Das ist im Ergebnis der gleiche Betrag wie der „durchschnittliche Rückzahlungsbetrag", den Lehmann-Hirsch (Anm. 9) berechnen. Der für die Sonderfälle außergewöhnlicher Tilgung etwa zu zahlende Aufschlag ist dagegen nicht zu passivieren. Kündigt der Schuldner vorzeitig oder macht der Gläubiger wegen eines Verstoßes des Schuldners gegen die Anleihebedingungen die Anleihe fällig, so ist der alsdann zu zahlende Aufschlag Verlust des Jahres, in dem die Rückzahlung der Anleihe erfolgt.

§ 261. Ist dem Gläubiger ein vorzeitiges Kündigungsrecht gegeben, ohne daß ein Verstoß des Schuldners vorliegt, und auch für diesen Fall ein Aufschlag zu zahlen, so würde der Rückzahlungsbetrag der Anleihe der um den Aufschlag erhöhte Nennbetrag sein. Er wäre zu passivieren, weil dieser Betrag als Rückzahlungsbetrag der normalen Tilgung anzusehen wäre. Derartige Fälle dürften zwar nicht üblich sein, sind aber gegenüber Lehmann-Hirsch (Anm. 9) hervorzuheben, weil diese die Fälle der vorzeitigen Kündigung durch den Gläubiger, bei denen die Hinzurechnung des Aufschlages nicht erforderlich ist, nicht auf Zuwiderhandlungen des Schuldners beschränken.

Anm. 32. **3.** Die Differenz zwischen dem Ausgabepreis und dem höheren Rückzahlungsbetrag darf gesondert unter die Aktiven aufgenommen werden (Satz 2).

a) Der Ausgabepreis ist nicht der Emissionskurs, sondern der Betrag, den die AG. nach Abzug aller Kosten als Anleihe erhält. Abzuziehen sind also die Provision, die die emittierende Bank erhält, die Wertpapiersteuer, die Eintragungskosten für die zur Sicherung der Teilschuldverschreibungen bestellten Hypotheken oder Grundschulden usw.

Anm. 33. b) Die V. gestattet entsprechend dem bisherigen Rechtszustand, die Differenz zwischen Ausgabepreis und Rückzahlungsbetrag zu aktivieren. Es handelt sich dabei nicht um ein wirkliches Aktivum, sondern lediglich um einen Wertberichtigungsposten gegen ein zu hoch angesetztes Passivum (Staub-Bondi § 40 Anm. 7). Der unter dem Nennbetrag liegende Emissionskurs beruht darauf, daß die Anleihe nicht in gleicher Höhe wie sonstige Kapitalanlagen verzinslich ist; dem entspricht eine geringere Bewertung des geschuldeten Anleihebetrages. Da dieser Betrag nach der ausdrücklichen Vorschrift des Satzes 1 nicht herabgesetzt werden darf, kann die Wertberichtigung in einem Disagiokonto unter den Aktiven erfolgen. Zu der Aktivierung führt auch die weitere Erwägung, daß die in dem Disagio sich ausdrückende Zinsdifferenz bei Hereinnahme der Anleihe den Anleihegläubigern in dem geringeren Emissionskurs gleichsam vorweg vergütet wird. Das Disagio wird unter diesem Gesichtspunkt analog einer Vorauszahlung (z. B. den Anzahlungen der Gesellschaft § 261 a Abs. 1 A IV 7) behandelt. Diese Art der Bilanzierung vermeidet, daß der gesamte Differenzbetrag zwischen Ausgabepreis und Rückzahlungsbetrag als Verlust des Jahres erscheint, in dem die Anleihe aufgenommen wird (Quassowski in JW. 1931, 2917).

Düringer-Hachenburg-Lehmann (§ 40 Anm. 7c) erachten die Aktivierung des Disagio für unzulässig, wenn es nicht nur die Bewertung der Forderung mit Rücksicht auf deren geringere Verzinslichkeit ausdrückt, sondern eine Folge der mangelnden Bonität des Emittenten ist. Die V. macht diese Unterscheidung nicht. Sie braucht für AG., denen die jährliche Abschreibung des Disagio zwingend vorgeschrieben ist, nicht Platz zu greifen.

Anm. 34. c) Erforderlich ist aber, daß dieser Aktivposten durch jährliche Abschreibungen während der Laufzeit der Anleihe getilgt werden muß. Das ist notwendig, weil andernfalls in dem Jahre, in dem die Anleihe getilgt wird, der volle in dem Disagio liegende Verlust ausgewiesen würde. Der I. Entw. § 112 Ziff. 5 sah vor, daß von dem aktivierten Disagio jährlich mindestens ein Teilbetrag abgeschrieben würde, der der im Bilanzabschnitt eingetretenen Wertminderung entspricht. Damit sollten nur für die Jahre, in denen eine Tilgung der Anleihe erfolgte, dieser Tilgung prozentual entsprechende Teilbeträge abgeschrieben werden (dagegen Schmalenbach, Vortrag in der Handelshochschule Leipzig vom 6. Dez. 1930; vgl. Quassowski a. a. O.). Die V. sieht demgegenüber mit Recht jährliche Abschreibungen ohne Rücksicht auf eine Tilgung der Anleihe vor.

Anm. 35. **4.** Die Passivierung des Rückzahlungsbetrages (Anm. 31) ist zwingend vorgeschrieben. Die Aktivierung des Disagios ist in das Ermessen der Gesellschaft gestellt; sie kann den Verlust, der in dem Disagio liegt, dem Ausgabejahr der Anleihe in vollem Umfang aufbürden. Ist aber die Aktivierung des Disagio vorgenommen, so müssen die jährlichen Abschreibungen darauf erfolgen. Eine gleichmäßige Abschreibung ist auch hier nicht erforderlich. Ist in einzelnen Jahren mehr abgeschrieben als bei gleichmäßiger Verteilung des Disagios auf ein Jahr entfällt, so können in späteren Jahren die Abschreibungen entsprechend gekürzt werden oder unterbleiben (vgl. Anm. 12).

Ziff. 6. Der Betrag des Grundkapitals ist unter die Passiven zum Nennbetrag einzusetzen. **§ 261.** **Anm. 36.**

Warum das Grundkapital in die Passiven einzusetzen ist, darüber vgl. § 260b Anm. 3a. Der Begriff Passiva umfaßt außer den Schulden die Erfordernisse der Gesellschaft. Es ist ein gesetzliches Haupterfordernis der AG., daß das Grundkapital möglichst in seinem vollen Bestand erhalten werde. Dadurch, daß der Betrag des Grundkapitals unter den sog. Passiven vorhanden sein muß, wird bewirkt, daß Aktivwerte in gleicher Höhe von der Verteilung ausgeschlossen, zurückbehalten werden. Ein Gewinn wird nicht eher verteilt, als bis die etwa verminderten Aktiven mindestens wiederum die Wertziffer des Grundkapitals erreicht haben.

Das Grundkapital ist mit dem vollen Nennbetrag einzusetzen, nicht etwa nur mit dem den bisherigen Einzahlungen entsprechenden Betrag. Damit ist eine Streitfrage des bisherigen Rechts entschieden (Staub-Pinner Anm. 44). Die Bilanz muß aber auch ersichtlich machen, wieviel auf das Aktienkapital eingezahlt ist (RGSt. 26, 104). Der Betrag der rückständigen Einlagen ist als Forderung der Gesellschaft unter den Aktiven, und zwar so zu buchen, daß ersichtlich ist, daß es sich um Einlagerückstände handelt (vgl. § 261a Abs. 1 A I). Die Forderungen sind nach ihrem wirklichen Wert, also unter Berücksichtigung der Zahlungsfähigkeit der Aktionäre bzw. der nach §§ 218ff. Ersatzverpflichteten zu buchen (Lehmann-Ring Nr. 17).

§ 261 Ziff. 5 a. F. schrieb neben dem Grundkapital auch die Passivierung von Reserve- und Erneuerungsfonds vor. Das war nach der oben niedergelegten Anschauung vom Wesen der Passiva eine überflüssige Hervorhebung. Die V. sieht hiervon ab. § 261a Abs. 1 führt unter der Bezeichnung „Reservefonds" diese Konten im Bilanzschema unter den Passiven auf. **Anm. 37.**

Darüber, wann die Grundkapitalziffer bei Kapitalherabsetzungen zu ändern ist, vgl. Staub-Pinner § 291 Anm. 9 und Nachtrag § 227 Anm. 16. **Anm. 38.**

4. Hinter § 261 des Handelsgesetzbuchs sind als §§ 261a bis e folgende Vorschriften einzufügen:

§ 261a.

§ 261a.

(1) In der Jahresbilanz sind, soweit nicht der Geschäftszweig der Gesellschaft eine abweichende Gliederung bedingt, unbeschadet einer weiteren Gliederung folgende Posten gesondert auszuweisen:

A. Auf der Seite der Aktiven:

I. Rückständige Einlagen auf das Grundkapital.

II. Anlagevermögen.

1. Grundstücke ohne Berücksichtigung von Baulichkeiten;
2. Gebäude:
   a) Geschäfts- und Wohngebäude,
   b) Fabrikgebäude und andere Baulichkeiten;
3. Maschinen und maschinelle Anlagen;
4. Werkzeuge, Betriebs- und Geschäftsinventar;
5. Konzessionen, Patente, Lizenzen, Marken- und ähnliche Rechte.

III. Beteiligungen einschließlich der zur Beteiligung bestimmten Wertpapiere. Aktien einer Gesellschaft, deren Nennbeträge insgesamt den vierten Teil des Grundkapitals dieser Gesellschaft erreichen, sowie Kuxe einer bergrechtlichen Gewerkschaft, deren Zahl insgesamt den vierten Teil der Kuxe

§ 261 a. dieser Gewerkschaft erreicht, gelten im Zweifel als zur Beteiligung bestimmt.

IV. Umlaufsvermögen.
1. Roh-, Hilfs- und Betriebsstoffe;
2. halbfertige Erzeugnisse;
3. fertige Erzeugnisse, Waren;
4. Wertpapiere, soweit sie nicht unter III oder IV Nr. 5, 11 oder 12 aufzuführen sind;
5. der Gesellschaft gehörige eigene Aktien unter Angabe ihres Nennbetrags;
6. der Gesellschaft zustehende Hypotheken, Grundschulden und Rentenschulden;
7. von der Gesellschaft geleistete Anzahlungen;
8. Forderungen auf Grund von Warenlieferungen und Leistungen;
9. Forderungen an abhängige Gesellschaften und Konzerngesellschaften;
10. Forderungen an Mitglieder des Vorstandes oder an gesetzliche Vertreter eines von der Gesellschaft abhängigen Unternehmens oder eines Unternehmens, von dem die Gesellschaft, der die Forderung zusteht, abhängt, sowie an den Ehegatten oder ein minderjähriges Kind dieser Personen sowie an einen Dritten, der für Rechnung einer dieser Personen handelt;
11. Wechsel;
12. Schecks;
13. Kassenbestand einschließlich Guthaben bei Notenbanken und Postscheckguthaben;
14. andere Bankguthaben.

V. Posten, die der Rechnungsabgrenzung dienen.

B. Auf der Seite der Passiven:

I. Grundkapital; die Gesamtnennbeträge der Vorzugsaktien jeder Gattung sind gesondert anzugeben; sind Aktien ausgegeben, denen ein höheres Stimmrecht beigelegt ist als den Aktien einer anderen Gattung oder die durch eine ihren Nennbeträgen nicht entsprechende Abstufung des Stimmrechts vor den Aktien einer anderen Gattung bevorzugt sind (Stimmrechtsaktien), so ist außerdem die Gesamtstimmenzahl der Stimmrechtsaktien und der im Stimmrecht nicht bevorzugten Aktien zu vermerken.

II. Reservefonds.
1. Gesetzlicher Reservefonds;
2. andere Reservefonds.

III. Rückstellungen.

IV. Wertberichtigungsposten.

V. Verbindlichkeiten.
1. Anleihen der Gesellschaft unter Anführung ihrer etwaigen hypothekarischen Sicherung;

2. auf Grundstücken der Gesellschaft lastende Hypotheken, soweit sie nicht Sicherungshypotheken sind oder zur Sicherung von Anleihen dienen, Grundschulden und Rentenschulden; § 261 a.
3. Anzahlungen von Kunden;
4. Verbindlichkeiten auf Grund von Warenlieferungen und Leistungen;
5. Verbindlichkeiten gegenüber abhängigen Gesellschaften und Konzerngesellschaften;
6. Verbindlichkeiten aus der Annahme von gezogenen Wechseln und der Ausstellung eigener Wechsel;
7. Verbindlichkeiten gegenüber Banken.

VI. Posten, die der Rechnungsabgrenzung dienen.

(2) Der Reingewinn oder Reinverlust des Jahres ist am Schlusse der Bilanz ungeteilt und vom vorjährigen Gewinn- oder Verlustvortrage gesondert auszuweisen.

(3) Beim Anlagevermögen und bei den Beteiligungen sind die auf die einzelnen Posten entfallenden Zu- und Abgänge gesondert aufzuführen. Die Verrechnung von Forderungen mit Verbindlichkeiten ist unzulässig; Entsprechendes gilt für Grundstücksrechte und -belastungen, denen eine persönliche Forderung nicht zugrunde liegt. Die Beträge der Reservefonds, der Rückstellungen und der Wertberichtigungsposten dürfen nicht unter den Verbindlichkeiten der Gesellschaft aufgeführt werden. Fallen Forderungen oder Verbindlichkeiten unter mehrere Posten, so ist bei dem Posten, unter dem sie ausgewiesen werden, die Mitzugehörigkeit zu den anderen Posten zu vermerken, soweit dies zur klaren und übersichtlichen Bilanzierung erforderlich ist. Der Gesellschaft gehörige eigene Aktien dürfen nicht unter anderen Posten aufgeführt werden.

Das bisherige Recht kennt Sondervorschriften über die Gliederung der Bilanz der AG. nur für Versicherungsgesellschaften und Hypothekenbanken. § 55 PrivVUntG. Abs. 2 gibt dem Reichsaufsichtsamt für Privatversicherung die Befugnis, Vorschriften über Art und Form des Rechnungsabschlusses zu erlassen. Auf Grund dieser Ermächtigung sind für größere Unternehmungen jeder Versicherungsart Formulare zur Aufstellung der Bilanzen sowie der Gewinn- und Verlustrechnungen vorgeschrieben worden (vgl. Koenige PrivVUntG. § 55 Anm. 2 und G. über Beaufsichtigung der priv. Versicherungsgesellschaften vom 6. Juni 1931 § 55). Für Hypothekenbanken vgl. §§ 24—28 des Hypothekenbankgesetzes.* Einleitung.

I. Zweck des Bilanzschemas. Anm. 1.

Zur Erzielung größerer Bilanzklarheit und gesteigerter Publizität gibt § 261 a in Ergänzung des § 260 b ein **Bilanzschema.** Seine Gliederung soll erkenntlich machen, wie das Vermögen der Gesellschaft angelegt und zusammengesetzt ist, und insbesondere die Prüfung ermöglichen, inwieweit die Gesellschaft liquide ist; der Vergleich des dem Betriebe gewidmeten Anlagevermögens mit dem Umlaufsvermögen und die Gegenüberstellung der einzelnen Arten der Verbindlichkeiten gegen die einzelnen Posten des Umlaufsvermögens ergeben, ob die für fällige und kurzfristige Schulden erforderlichen realisierbaren Werte vorhanden sind. Von besonderer Bedeutung ist der Ausweis der Forderungen

* Wegen des Inkrafttretens der Vorschriften der §§ 261 a bis c vgl. Erste Durchführungsverordnung zur Aktienrechtsnovelle vom 15. Dez. 1931 Art. 1 und 2 (Anhang).

§ 261 a. an Konzerngesellschaften und abhängige Gesellschaften und der Verbindlichkeiten gegenüber diesen Gesellschaften. Dieser Ausweis deckt im Zusammenhang mit den Erläuterungen, die der Geschäftsbericht gemäß § 260 a über die Beziehungen zu diesen Gesellschaften zu geben hat, nicht nur den Grad der Verflechtung auf, sondern ermöglicht vor allem eine Nachprüfung der Ordnungsmäßigkeit der Bilanzierung. Flechtheim (Die Strukturwandlungen der Wirtschaft und das Aktienrecht S. 34) hat die Möglichkeiten und Schäden einer ungesunden Bilanzierung, wie sie der Rechtsverkehr zwischen Konzerngesellschaften mit sich bringt, dargelegt. So können z. B. durch Warenverkäufe an Tochtergesellschaften Gewinne realisiert werden, die, wenn man den Konzern als wirtschaftliche Einheit betrachtet, in Wahrheit Gewinne nicht sind: die Gesellschaft bilanziert nach Lieferung von Waren an die Tochtergesellschaft an Stelle der zum Herstellungspreis einzusetzenden Waren die höher bemessene Kaufpreisforderung gegen die Tochtergesellschaft, während diese weder die Waren verwerten noch den Kaufpreis zahlen kann. Gegen derartige Fälle unsolider Bilanzgebarung bieten der Ausweis der gegenseitigen Forderungen zwischen den Konzerngesellschaften und das Erfordernis weiterer Erläuterungen im Geschäftsbericht die Möglichkeit der Aufdeckung und des Einschreitens. Ein wichtiges Hilfsmittel stellt in gleicher Richtung das Verbot der Saldierung von Forderungen und Verbindlichkeiten sowie von Grundstücksrechten und Grundstücksbelastungen dar (Abs. 3). Hiermit soll Bilanzverschleierungen vorgebeugt werden (vgl. Erl. S. 114).

Anm. 2. II. Bedeutung der Vorschrift.

1. Das Bilanzschema ist unbeschadet einer weiteren Gliederung und mit dem Vorbehalt etwa erforderlicher abweichender Gliederung vorgeschrieben. Eine für alle Gesellschaften passende Bilanzgliederung ist bei der Mannigfaltigkeit der Unternehmen nicht denkbar. Viele Gesellschaften haben in ihrem Vermögen nicht alle Arten der Aktivwerte und nicht alle Arten der Passiven, die das Schema des § 261 a aufführt. Andere haben Arten von Aktivwerten und Passiven, die das Bilanzschema des § 261 a nicht erwähnt (vgl. § 261 d).

Anm. 3. a) Eine weitere Gliederung der Bilanz besteht in der Hinzufügung weiterer Bilanzposten oder in der Unterteilung der im gesetzlichen Schema vorgesehenen Posten in mehrere selbständige Posten. Sie ist ohne Einschränkung zugelassen, da sie die Bilanzklarheit nur erhöhen kann. Sie ist notwendig, wenn andere Arten von Aktiven und Passiven vorhanden sind, die den Rubriken und Posten des gesetzlichen Schemas nicht untergeordnet werden können (z. B. Darlehnsforderungen und -schulden). Für diese sind besondere Bilanzposten einzusetzen; sie dürfen nicht in fremden Posten des gesetzlichen Schemas, zu denen sie nicht gehören, versteckt werden (z. B. § 261 Ziff. 4 u. 5).

Anm. 4. b) Eine abweichende Gliederung stellt an sich jede Änderung des gesetzlichen Bilanzschemas dar. Rein sprachlich genommen, würde auch jede „weitere" Gliederung eine vom gesetzlichen Schema „abweichende" Gliederung sein. Da beide Arten unterschiedlich behandelt werden, kann eine „abweichende" Gliederung im Sinne der V. nur eine solche sein, welche Bilanzposten des gesetzlichen Schemas fortläßt oder zusammenfaßt oder eine Einteilung des Vermögens nach anderen Gesichtspunkten aufzeigt.

Die abweichende Gliederung ist nur statthaft, soweit der Geschäftszweig der Gesellschaft sie bedingt. Das trifft zu, wenn die Gesellschaft einzelne Aktiven oder Passiven des gesetzlichen Schemas nicht hat. Was nicht vorhanden ist, kann nicht bilanziert werden. Das trifft ferner zu, wenn die Gesellschaft Vermögensgegenstände, die das gesetzliche Schema unter eine bestimmte Rubrik verweist, als zu einer anderen Oberart gehörig besitzt. So führt z. B. das gesetzliche Schema Wertpapiere, die nicht Beteiligungen (III) sind, unter dem Umlaufsvermögen (IV) auf; sie wären unter dem Anlagevermögen (II) zu bilanzieren, wenn die Gesellschaft sie als Vermögensanlagen oder Kautionen besitzt (vgl. § 261 Anm. 4). Andererseits dürfte eine Maschinenhandlung ihre Maschinenbestände nicht unter II 3 als Anlagewerte aufführen, sondern müßte sie unter IV 3 als Waren dem Umlaufsvermögen zuweisen. Dagegen erscheint es nicht angängig, daß die einzelnen Posten des gesetzlichen Schemas zusammengefaßt oder die gleichen Vermögensteile und Schulden anders als in dem gesetzlichen Schema eingeteilt werden. Derartige Änderungen können durch den Geschäftszweig der Gesellschaft nicht bedingt sein. Andernfalls würde der § 261 a durch den Vorbehalt abweichender Gliederung illusorisch gemacht sein. **§ 261 a.**

2. Hiernach muß das gesetzliche Schema zugrunde gelegt werden, soweit nicht das Vorhandensein andersartiger Bilanzposten eine weitere Gliederung erfordert oder das Fehlen der Bilanzwerte eine Streichung der Posten des Schemas zuläßt, oder eine abweichende Zweckbestimmung der Aktiven oder Passiven ihre Unterordnung unter eine andere Rubrik, als im gesetzlichen Schema vorgesehen, notwendig macht. Eine Berufung auf § 260 a Abs. 4 ist für die Bilanz nicht möglich. Die Aufnahme eines Aktivum oder Passivum in die Bilanz darf nicht etwa unterbleiben, weil ein überwiegendes Interesse der Gesellschaft oder der Allgemeinheit es erfordert. Das ist selbstverständlich. Es kann aber auch eine Bilanzverschleierung, die Zuweisung eines Aktivum oder Passivum in einen Bilanzposten, unter den es nicht gehört, nicht unter Berufung auf ein höheres Interesse der Gesellschaft oder der Allgemeinheit vorgenommen werden (§ 314). Für Einzelfälle schreibt dies die V. ausdrücklich vor; z. B. verbietet sie mit § 261 a Abs. 3 Satz 3 die Einordnung von Reserven unter die Verbindlichkeiten (als fiktive Kreditoren) und mit § 261 a Abs. 3 Satz 5 die Aufführung eigener Aktien unter einem anderen als dem in Abs. 1 unter A IV 5 vorgeschriebenen Sonderposten. Diese Vorschriften geben das allgemeine Prinzip an, sind also nicht Ausnahmen von einem gegenteiligen Grundsatz, daß etwa die Gliederung des gesetzlichen Schemas nicht beachtet zu werden braucht, soweit dies Sondervorschriften nicht ausdrücklich vorschreiben. Anm. 5.

3. Ein Verstoß gegen § 261 a begründet nicht eine Anfechtung der Bilanz (§ 261 e). Über die Folgen einer Zuwiderhandlung vgl. Anm. 1 bis 6 zu § 261 e und Staub-Pinner § 314 Anm. 6 u. 8. Anm. 6.

III. Das Bilanzschema. Anm. 7.

Die Bezeichnungen der einzelnen Bilanzposten bedürfen meist keiner Erläuterung. Es werden daher nur die Posten erörtert, die in ihrer Begriffsbestimmung nicht zweifelsfrei sind, die Fragen rechtlicher Art auftauchen lassen, deren Bewertung Besonderheiten ergibt und deren gesonderter Ausweis von besonderer Bedeutung ist.

A. **Aktiva.** Anm. 8.

Unter ihnen darf alles aufgeführt werden, was als Vermögenswert zu betrachten ist, nicht nur Sachen im Rechtssinn, sondern auch Rechte und immaterielle Güter, insbesondere Forderungen, Patente, Verlagsrechte (Staub-Bondi § 40 Anm. 5). Über die Aktivierung des Firmenwerts und anderer rein wirtschaftlicher Güter (ungeschützte Fabrikationsgeheimnisse, Kontingente usw.) vgl. § 261 Anm. 24, 28.

a) Über die Frage, wann Gegenstände der Gesellschaft im Bilanzsinne zugehören, insbesondere Sachen Eigentum im Bilanzsinn werden, vgl. Staub-Bondi § 40 Anm. 4. Es entscheidet bei beweglichen Sachen nicht der juristische Begriff des Eigentumsüberganges, sondern der der wirtschaftlichen Zugehörigkeit (Rehm II 24; Passow I 273; RG. 83, 174; dagegen Horrwitz 349). Gegenstände, die der Gesellschaft zur Sicherung übereignet sind, dürfen nicht bilanziert werden. Aktiviert wird nur die Forderung, zu deren Sicherheit die Übereignung erfolgt. Umgekehrt dürfen Gegenstände, die die Gesellschaft einem Gläubiger zur Sicherung übereignet hat, in ihrer Bilanz verbleiben (vgl. jedoch § 260 a Abs. 3 Ziff. 5 und Anm. 7 dazu). Der Kommittent aktiviert die dem Kommissionär überlassene Kommissionsware; sie ist noch sein Eigentum; andererseits pflegt der Kommissionär die gleiche Ware auch in seiner Bilanz zu aktivieren, obwohl er vielleicht niemals Eigentümer im juristischen Sinn wird; als Gegenposten von gleicher Höhe hat er unter die Passiven den Preis einzusetzen, zu dem ihm die Kommissionsware zu stehen kommt. Treuhänderisches Eigentum wird entweder überhaupt nicht bilanziert oder als solches bezeichnet (Treuhandkonto oder Treuhandforderungen); im letzteren Falle ist ein Gegenposten (Treu- Anm. 9.

§ 261 a. handkonto oder Treuhandverbindlichkeiten) unter die Passiven aufzunehmen. Der Treuhandgeber aktiviert das Treugut in seiner Bilanz; er bleibt wirtschaftlich sein Eigentümer. Es entscheiden die Grundsätze ordnungsmäßiger Buchführung (§ 260b Abs. 1). Bei Grundstücken ist die Einstellung in die Bilanz im allgemeinen erst nach Umschreibung im Grundbuch zulässig.

Anm. 10. b) Für die Frage, mit welchem Wert schwebende Rechtsverhältnisse einzusetzen sind, gilt der Grundsatz, daß nicht die Geschäftsabschlüsse, sondern nur die infolge des Geschäfts eintretenden Vermögensveränderungen ersichtlich zu machen sind (OLG. 41, 204; Goldschmit AG. § 261 Anm. 18 zu d). Bestellte, aber noch nicht gelieferte Ware wird nicht bilanziert. Die Ware wird erst mit der Lieferung in die Aktiven, die Kaufpreisschuld erst mit der Übersendung der Rechnung, welche die Warensendung begleitet, in die Passiven gesetzt. Liegt in einem schwebenden Rechtsgeschäft bereits ein sicherer greifbarer Vorteil, so kann er aktiviert werden (Staub-Bondi § 40 Anm. 8; Düringer-Hachenburg-Lehmann § 40 Anm. 7b; vgl. das Beispiel Anm. 20 zu § 261). Das gleiche gilt entsprechend für einen bereits sicher zu erwartenden Verlust; hier wird eine Rückstellung gebildet (Anm. 29; vgl. Brodmann § 261 Anm. 7c). Vgl. im einzelnen Simon in der Festgabe für Koch 384ff.; Bellardi in BankA. 12, 205; Passow I 276 und Lion 166.

Anm. 11. I. **Rückständige Einlagen auf das Grundkapital.**

Vgl. § 261 Anm. 35. Über die Behandlung der Einzahlungsansprüche gegen die Aktionäre in der Reichsmarkeröffnungsbilanz vgl. Staub-Pinner § 218 Anm. 16.

Die sog. Nebenleistungen des § 212 sind nicht rückständige Einlagen. Sie treten weder auf der Passivseite noch, soweit sie noch nicht geleistet sind, auf der Aktivseite in Erscheinung.

Anm. 12. II. **Anlagevermögen.**

Über den Begriff vgl. § 261 Ziff. 1 und Anm. 4 dazu. Eine Scheidung des Anlagevermögens nach einzelnen Betrieben ist nicht gefordert (vgl. Enquête S. 113). Der getrennte Ausweis der Grundstücke (ohne Baulichkeiten) und der Gebäude ist mit Rücksicht auf die Unterscheidung der bleibenden und vergänglichen Anlagen und im Hinblick auf die Verschiedenheit der für sie geltenden Abschreibungsgrundsätze wichtig (§ 261 Anm. 8 bis 11).

Nach Abs. 3 sind die auf die einzelnen Posten des Anlagevermögens entfallenden Zu- und Abgänge gesondert aufzuführen. Zu den Zugängen rechnen nicht nur der Erwerb neuer Gegenstände, sondern auch Erweiterungen und Erneuerungen der alten Anlagen (vgl. § 261 Anm. 6a). Abschreibungen sind nicht „Abgänge" und bedürfen nicht gesonderter Aufführung; sie stehen in der Gewinn- und Verlustrechnung (§ 261c Abs. 1 unter I 3), werden aber, wenn Zu- und Abgänge vorhanden sind, üblicherweise neben diesen — vor dem Strich — auch in der Bilanz mitaufgeführt, wobei die Abschreibungen vielfach schon auf die Zugänge des Bilanzjahres ausgedehnt werden.

Anm. 13. III. **Beteiligungen.**

Eine Beteiligung ist eine auf die Dauer berechnete Mitgliedschaft an einem anderen Unternehmen. Es gehören hierher: die Zugehörigkeit der AG. zu einer o.HG. als persönlich haftender Gesellschafter, zu einer Kommanditgesellschaft als Komplementär oder Kommanditist, die stille Gesellschaft, der Besitz eines Geschäftsanteils an einer GmbH., oder eines Anteils an einer Genossenschaft, Aktien- und Kuxenbesitz. Die Beteiligung im Sinne des § 261a muß eine kapitalmäßige sein; eine nur stimmenmäßige Beteiligung, z. B. der obligatorische Anspruch der AG. gegen den Aktionär eines anderen Unternehmens, nach ihrer Weisung das Stimmrecht auszuüben (Lehmann-Hirsch § 226 Anm. 26), kommt hier nicht in Betracht, weil unmittelbare Mitgliedschaft erforderlich ist.

§ 261a hebt die zur Beteiligung bestimmten Wertpapiere besonders hervor. Nur ein Mitgliedschaftsrecht verbriefende Wertpapiere können Beteiligungen sein, also Aktien und Kuxe. Wertpapiere, die obligatorische und dingliche Zahlungsansprüche verbriefen (z. B. Obligationen, Grundschuldbriefe) sind keine Beteiligungen (daß sie auch zum Anlagevermögen gehören können, darüber vgl. oben Anm. 4 und § 261 Anm. 4). Bei Wertpapierbesitz ist die Entscheidung der Frage, ob eine Beteiligung vorliegt, im Hinblick auf die leichte Veräußerlichkeit oft schwierig. Gehört der Erwerb und die Verwaltung von Wertpapieren nicht zum Gegenstand des Unternehmens der AG., wie dies z. B. bei gewissen Familiengesellschaften der Fall ist, so kann über den Charakter als Beteiligung nur der mit dem Erwerb der Wertpapiere angestrebte Zweck entscheiden, nämlich die interne Absicht der Verwaltung, die Mitgliedschaft auf die Dauer beizubehalten. Einen Anhaltspunkt hierfür bildet die Größe des Wertpapierbesitzes, die Möglichkeit, durch ihn das andere Unternehmen stimmenmäßig zu beherrschen. Demgemäß stellt die V. für Aktien- und Kuxenbesitz die Vermutung des Satz 2 auf: ein Viertel des Aktienbesitzes an einer AG. oder des Kuxenbesitzes an einer Gewerkschaft gilt im Zweifel als zur Beteiligung bestimmt. Eine solche Beteiligung gibt regelmäßig eine Sperrminorität, zum mindesten gegen Satzungsänderungen, da erfahrungsgemäß nicht alle Aktionäre oder Gewerken in der Generalversammlung vertreten sind. Die Vermutung ist aber widerlegbar: auch ein geringerer Aktienbesitz kann im besonderen Fall als Beteiligung, ein größerer Aktienbesitz nicht als Beteiligung in Betracht kommen. § 261 a.

Die nicht durch Wertpapierbesitz vermittelte Mitgliedschaft ist regelmäßig — ohne Rücksicht auf die Größe der Anteile — eine Beteiligung im Sinne der Vorschrift (Beteiligung an Personalgesellschaften, GmbH. und Genossenschaft).

IV. Umlaufsvermögen. Anm. 14.

Über den Begriff vgl. § 261 Anm. 17. Über seine Bedeutung vgl. § 261 Anm. 16 ff.

Zu 4. **Wertpapiere.** Sie sind in einem besonderen Posten unter dem Umlaufsvermögen aufzuführen, soweit sie nicht als Beteiligungen unter III. oder als eigene Aktien in einem gesonderten Posten des Umlaufsvermögens (Ziff. 5) zu bilanzieren oder Wechsel oder Schecks (Ziff. 11 u. 12) sind. Die V. hätte hinzufügen müssen: „oder soweit sie nicht als Anlagevermögen unter II aufzuführen sind" (vgl. oben Anm. 4).

Zu 5. **Eigene Aktien.** Sie müssen in die Bilanz aufgenommen werden, wenn sie der Gesellschaft selbst gehören (RG. 131, 192; vgl. jedoch die Ausnahme in § 227 Anm. 9). Ihre Aktivierung kann unterbleiben, wenn sie einem Dritten für Rechnung der Gesellschaft gehören. Das gleiche gilt für Vorratsaktien (§ 260 a Abs. 3 Ziff. 1). Da § 260 a Abs. 3 Ziff. 1 u. 2 für den Geschäftsbericht diese Unterscheidung ausdrücklich machen (vgl. § 260 a Anm. 12 und 13), ist § 261 a, der nur die der Gesellschaft selbst gehörigen eigenen Aktien hervorhebt, auf diese zu beschränken (anders die Vorschläge der Kommission des DJT. 35). Anm. 15.

Über die Bewertung eigener Aktien vgl. § 261 Anm. 17. Sie sind notwendig nach den für das Umlaufsvermögen gegebenen Bewertungsvorschriften zu bilanzieren, gleichgültig, ob sie der Gesellschaft selbst oder für deren Rechnung einem Dritten gehören. Während hiernach höchstens der Anschaffungspreis oder, falls der Kurs- oder wirkliche Wert niedriger ist, dieser eingesetzt werden darf, muß — vor dem Strich — auch noch der Nennbetrag der eigenen Aktien angegeben werden.

Zu 6. **Hypotheken, Grundschulden und Rentenschulden.** Einzusetzen ist der Betrag der persönlichen Forderung der AG., zu deren Sicherung die dingliche Belastung bestellt ist. Das ist für Sicherheitshypotheken, insbesondere Höchstbetragshypotheken, und Grundschulden von Bedeutung. Höchstbetragshypotheken und Grundschulden werden vielfach in einer Höhe bestellt, die nicht nur den Kapitalbetrag nebst laufenden Zinsen, sondern auch Zinserhöhungen und Tilgungsaufschläge sowie Nebenkosten aller Art deckt. Diese Zuschläge sind nicht zu aktivieren. Anm. 16.

Zu 7. **Von der Gesellschaft geleistete Anzahlungen.** Sie sind kein echtes Aktivum. Daß sie aktiviert werden können, ergeben die Grundsätze ordnungsmäßiger Buchführung. Ihnen zufolge werden Geschäftsabschlüsse nicht verbucht, sondern nur die auf Grund der getätigten Verträge vollzogenen Vermögensveränderungen (vgl. Anm. 10 und § 261 Anm. 20). Wird vor Lieferung der bestellten Ware eine Anzahlung geleistet, so erkennt der Kaufmann sein Kassakonto und belastet das Konto seines Lieferanten. In der Bilanz ist demgemäß sein Kassakonto um den Betrag der Anzahlung niedriger, andererseits hat er buchmäßig Anm. 17.

§ 261 a. eine Forderung in gleicher Höhe gegen den Lieferanten, dessen Lieferung noch aussteht. Käme es zur Wandlung des Kaufvertrages, würde auch rechtlich die Forderung bestehen.

Der besondere Ausweis der Anzahlung ist notwendig, wenn nicht ein falsches Bild über die Liquidität der Gesellschaft entstehen soll. Ihre Verbuchung unter den Debitoren erweckt den Anschein, als ob in Höhe eines der Anzahlung entsprechenden Betrages ein realisierbares Aktivum zur Abdeckung von Schulden vorhanden wäre. Zur Vermeidung dieses Anscheins wird die Aktivierung in einem gesonderten Posten gefordert.

Anm. 18. Zu 8—10. **Forderungen.**

Über ihren Ansatz, insbesondere über die Bewertung zweifelhafter Forderungen vgl. Staub-Bondi § 40 Anm. 6ff., Düringer-Hachenburg-Lehmann § 40 Anm. 7, Fischer Bilanzwerte II 174, Passow I 258. Zweifelhafte Forderungen können unter die Aktiven voll eingesetzt werden; die zu hohe Bewertung wird dann durch einen Wertberichtigungsposten, ein sog. Delkrederekonto (RG. 22, 162), auf der Passivseite ausgeglichen. Über rechtlich zweifelhafte Forderungen vgl. RG. 68, 4, über tatsächlich zweifelhafte vgl. RFH. 16, 232. Über den steuerrechtlichen Begriff des Delkrederekontos vgl. RFH. 7, 131, Lion 217 Anm. 285 und RFH. bei Bauer 38, 26. Ein Delkrederekonto hat lediglich die Bedeutung einer Abschreibung (§ 261 Anm. 8 u. 13; Staub-Pinner § 262 Anm. 27). Späterer Eingang über den Schätzungswert vermehrt den Gewinn des neuen Geschäftsjahres (ROHG. 25, 327). Sollte freilich das Delkrederekonto die für Abschreibungen erforderlichen Beträge übersteigen, so läge insoweit ein wirkliches Reservekonto vor, das den allgemeinen Regeln der freiwilligen Reservefonds unterläge. — Als Forderungen sind auch Ersatzforderungen gegen Vorstand und Aufsichtsrat sowie Forderungen gegen Aktionäre auf Rückzahlungen gemäß § 215 einzusetzen (RG. bei Holdheim 23, 153; vgl. unten Anm. 22).

Über die Behandlung klagloser Differenzgeschäfte in der Bilanz vgl. Simon im BankA. 2, 67, der mit Recht zu folgendem Ergebnis kommt: Forderungen aus Börsengeschäften, deren Eingang zu erwarten ist, sind einzustellen; ist die Gesellschaft aus solchen Geschäften Geld schuldig, so erfolgt die Einstellung unter die Passiva. Für etwaige nach dem Gesetz an sich begründete Rückforderungsrechte erfolgt keine Einstellung, es sei denn, daß die Rückforderung bereits geltend gemacht und trotz § 814 BGB. eine Verurteilung zu erwarten ist. Alles dies ist nach pflichtgemäßer Prüfung zu beurteilen.

Rechtsverhältnisse von längerer Dauer, bei denen Forderungen und Verbindlichkeiten gleichwertig sind, z. B. Rechte und Verpflichtungen aus Miet- oder Pachtverträgen, werden solange nicht bilanziert, als sich Forderungen und Verbindlichkeiten die Wage halten. Rückständige Forderungen aus diesen Rechtsverhältnissen werden aktiviert, rückständige Verbindlichkeiten passiviert. Über schwebende Rechtsgeschäfte vgl. oben Anm. 10, über Rückgriffsrechte § 261b Anm. 4. Nebenrechte, wie Bürgschaftsforderungen, Pfandrechte u. dgl. sind nicht besonders zu aktivieren. Ihr Vorhandensein kann allenfalls dazu führen, für eine zweifelhafte Forderung den vollen Ansatz zum Nennbetrag beizubehalten.

Rentabilitätsgarantien (vgl. RG. bei Bauer 23, 51) sind nur einzusetzen, wenn durch sie ein nutzbarer Vermögenszuwachs entstanden ist.

Anm. 19. a) Die unter den Ziff. 6, 8 bis 14 aufgeführten Forderungen überschneiden sich ihrer Art nach. Während z. B. die Ziff. 8 (Forderungen auf Grund von Warenlieferungen und Leistungen) auf den Gegenstand der Gegenleistung abstellt, unterscheiden die Ziff. 9 und 10 nach der Person des Schuldners (Forderungen an abhängige und Konzerngesellschaften, Forderungen an Mitglieder des Vorstandes usw.). Die Forderungen der letzteren Art können auch zu der Gruppe der Forderungen der Ziff. 8 gehören. Über die Art der Bilanzierung, falls solche Überschneidung vorliegt, vgl. Anm. 45.

Anm. 20. b) Unter IV (Umlaufsvermögen) sind nur einzelne Forderungsarten aufgeführt (neben Ziff. 8 bis 10 vgl. Ziff. 6, 11 bis 14). Insbesondere fehlen Darlehensforderungen, soweit sie nicht unter Ziff. 6, 11 u. 14 fallen. Gegebenenfalls sind weitere Bilanzposten für solche im gesetzlichen Schema nicht aufgeführte Forderungen einzusetzen.

c) Forderungen an abhängige Gesellschaften und Konzerngesellschaften. Über § 261 a. den Begriff der abhängigen Gesellschaft vgl. § 226 Anm. 25, über den der Konzerngesell- Anm. 21. schaft § 261 d Anhang Anm. 1 ff. Über den Zweck des gesonderten Ausweises dieser Forderungen vgl. Anm. 1 und § 260 a Anm. 11.

d) Forderungen an Mitglieder des Vorstandes oder an gesetzliche Vertreter Anm. 22. einer Konzerngesellschaft sowie an die Ehegatten oder minderjährigen Kinder dieser Personen oder an einen Dritten, der für Rechnung einer dieser Personen handelt. Der Personenkreis dieser Schuldner entspricht den in § 240 a genannten Kreditnehmern der AG. (vgl. § 240 a Anm. 5 bis 8). Es zählen aber hierzu nicht nur Kreditforderungen, sondern Forderungen aller Art gegen diese Personen. So z. B. auch Regreßforderungen gegen die Mitglieder des Vorstandes aus §§ 227 a, 241.

Forderungen gegen Aufsichtsratsmitglieder und Angestellte brauchen entgegen § 113 I. Entw. nicht unter diesem Bilanzposten aktiviert zu werden, sondern können — ohne besondere Hervorhebung — den Posten untergeordnet werden, zu denen sie ihrem Rechtsgrunde nach gehören. Regreßforderungen sind hiernach nur, wenn ein derartiger besonderer Posten in der Bilanz nicht vorhanden ist, gesondert auszuweisen; auch in diesem Falle bedarf es nicht in der Bilanz, wohl aber regelmäßig im Geschäftsbericht der Angabe, daß sich die Regreßforderungen gegen Aufsichtsratsmitglieder oder Angestellte richten.

Zu 11 und 12. **Wechsel und Schecks.** Anm. 23.

Über die Bilanzierung von Wechseln vgl. Rehm 220 ff. und Staub-Bondi § 40 Anm. 6 ff. Daß Wechsel und Schecks in gesonderten Posten zu bilanzieren sind, hat seinen Grund in der Verschiedenheit ihrer Fälligkeit. Schecks sind wie fällige Bankguthaben anzusehen. § 113 I. Entw. faßte Wechsel und Schecks in einem gesonderten Posten zusammen.

Zu 13. **Kassenbestand einschließlich Guthaben bei Notenbanken.** Ihre Gleich- Anm. 24. stellung beruht darauf, daß Guthaben bei Notenbanken wegen deren unbedingter Sicherheit und wegen der Fälligkeit der Guthaben als bares Geld gelten können.

Zu 14. **Andere Bankguthaben.** Anm. 25.

Ein gesonderter Ausweis von „täglichem" und „festem" Geld ist nicht gefordert.

V. **Posten, die der Rechnungsabgrenzung dienen.** Das sind die sog. transitorischen Posten: Anm. 26. Auslagen, Unkosten und Leistungen, die am Bilanzstichtag bereits für das kommende Bilanzjahr gemacht sind, z. B. Löhne, Versicherungsprämien u. dgl.

B. **Passiva.** Über den Begriff vgl. § 260 b Anm. 3 a. Auch die Aufzählung der Passiven im Anm. 27. gesetzlichen Schema ist nicht vollständig. Es fehlen z. B. Darlehensschulden und die Einlage eines stillen Gesellschafters.

I. **Grundkapital.**

Warum das Grundkapital in die Passiven einzusetzen ist, darüber vgl. § 260 b Anm. 3 a und § 261 Anm. 35.

Gesondert anzugeben sind die Vorzugsaktien jeder Gattung mit ihrem Gesamtnennbetrag. Der Betrag ist vor dem Strich auszuweisen. Das gleiche gilt von den Stimmrechtsaktien. Bei ihrem Vorhandensein ist vor dem Strich neben dem Nennbetrag die Gesamtstimmenzahl der Stammaktien und die der Stimmrechtsaktien gegenüberzustellen. Diese Angaben, die mit der Funktion des Grundkapitals in der Bilanz nichts zu tun haben, hätten für den Geschäftsbericht in § 260 a erfordert werden sollen, wenn man sich nicht mit der aus der Satzung ersichtlichen Regelung begnügen wollte. Die Gegenüberstellung von Nennbeträgen und Stimmenzahl der Stimmrechtsaktien und Nennbeträgen und Stimmenzahl der Stammaktien ist durch die Entscheidung des RG. 125, 356 von besonderer Bedeutung geworden. Bei Beschlußfassungen, für die eine bestimmte Mehrheit des vorhandenen oder vertretenen Grundkapitals durch Gesetz oder Satzung vorgeschrieben ist, rechnen nicht die Mehrstimmen der Stimmrechtsaktien, sondern werden die Stimmen nur nach Nennbeträgen der Aktien gezählt (z. B. §§ 275, 288).

§ 261 a gibt eine Begriffsbestimmung der Stimmrechtsaktien, weil die Legaldefinition des § 94 Abs. 1 I. Entw. noch nicht Gesetz geworden ist. Stimmrechtsaktien

§ 261 a. sind solche Aktien, denen ein höheres Stimmrecht als den Aktien einer anderen Gattung beigelegt ist oder die durch eine ihren Stammbeträgen nicht entsprechende Abstufung des Stimmrechts vor den Aktien einer anderen Gattung bevorzugt sind (vgl. Staub-Pinner § 252 Anm. 10 u. 12).

Anm. 28. II. **Reservefonds.**

a) Über Begriff und Bedeutung der Reservefonds vgl. Staub-Pinner § 262 Anm. 1 bis 4 u. 27ff. Der Grund, aus dem sie unter die Passiven einzusetzen sind, ist der gleiche wie für das Grundkapital (vgl. § 260b Anm. 3a und Staub-Pinner § 262 Anm. 28).

Anm. 29. b) Abgrenzung gegen die „Rückstellungen".

§ 113 I. Entw. unterschied nur Reserven und Wertberichtigungskonten. § 261a der V. fügt diesen Posten noch die Rückstellungen hinzu. Im Sprachgebrauch werden Reservefonds, Rücklagen und Rückstellungen nicht scharf geschieden. Daß in der kaufmännischen Praxis als Reservefonds überwiegend Kapitalfonds bezeichnet werden, die zur Stützung der Gesellschaft allgemein dienen sollen, während Rückstellungen einem bestimmten Zweck gewidmet sind (Rohde DStZ. 1931, 464), ist nicht anzuerkennen. Auch die von MakowerNotV. (Anm. IIIc) gegebene begriffliche Abgrenzung ist unklar und, wie die von Rohde gegebene, vor allem deshalb abzulehnen, weil ihr eine sachliche Bedeutung nicht zukommt.

Der RFH. hat in seiner Entscheidung vom 17. Dez. 1929 (I A a 643/29), mitgeteilt bei Evers, Körperschaftssteuergesetz, Ergänzungsband S. 122, die Abgrenzung folgendermaßen vorgenommen: Reserven oder Rücklagen erfolgen für zwar sicher bevorstehende, aber erst in ein künftiges Bilanzjahr fallende Ausgaben, Rückstellungen sind Bewertungen einer am Bilanzschlußtag bereits bestehenden, nur ihrem Betrage nach noch nicht feststehenden Schuld oder eines in seiner Höhe noch nicht feststehenden Verlustes. Die Unterscheidung ist für das Steuerrecht von grundlegender Bedeutung, weil die Reserven im obigen Sinne bei der Körperschaftssteuer steuerpflichtig sind, während Rückstellungen im obigen Sinne abzugsfähig sind. Erstere werden aus dem Gewinn entnommen, letztere sind in ihrer Höhe geschätzte Schulden oder Verluste.

Eine Rückstellung kann hiernach — entgegen dem vielfach bestehenden Sprachgebrauch — keine Reserve sein. Zu den Reserven gehören z. B. Reservefonds zum Zweck außerordentlicher Aufwendungen, zur Deckung unvorhergesehener Verluste, zur Ergänzung von Dividenden-, Beamtenpensions- und Unterstützungsfonds u. dgl. m. (Flechtheim-Wolff-Schmulewitz 78 bis 102.) Sie sind echte Reserven und nach den für diese geltenden Grundsätzen zu behandeln (vgl. Staub-Pinner § 262 Anm. 27ff.). Zu den Rückstellungen dagegen gehören z. B. die Rückstellungen für Steuern des Bilanzjahres, die durch die Vorauszahlungen erst teilweise beglichen sind und auf die auf Grund der späteren Veranlagung Nachzahlungen für das Bilanzjahr zu leisten sein werden, Prozeßkosten, die bereits entstanden, aber durch Kostenfestsetzung oder Abrechnung des Anwalts ihrer Höhe nach noch nicht bestimmt sind, Bergschäden, deren Umfang sich vorläufig nur abschätzen läßt, bereits greifbare Verluste aus schwebenden Rechtsgeschäften. Hieraus ergibt sich, daß die von dem RFH. gemachte steuerrechtliche Unterscheidung auch handelsrechtlich von Bedeutung ist (vgl. BrodmannAR. § 261 Anm. 7c). Für Rückstellungen im obigen Sinne können nicht die für die Reserve geltenden Grundsätze maßgebend sein. Für ihre Verwendung kommen insbesondere nicht die Beschränkungen in Betracht, welche Gesetz oder Satzung für die Verwendung der Reserven vorsehen. Die Schulden, für welche die Rückstellungen gemacht sind, muß der Vorstand bezahlen, weil es sich um echte Verbindlichkeiten handelt; die Verluste, für die eine Rückstellung eingesetzt ist, entziehen sich gleichfalls einer Bestimmung der Satzung, der Generalversammlung oder des Aufsichtsrats.

Es ist zu unterstellen, daß die V. neben den Reservefonds, welche der I. Entw. allein aufführte, einen Bilanzposten „Rückstellungen" nicht vorgesehen hätte, wenn ihm nicht eine auch handelsrechtlich bedeutungsvolle Unterscheidung von den Reservefonds zukommen sollte. Mangels einer Begriffsbestimmung der V. wird die hier gegebene Unterscheidung

maßgebend sein, zumal die V. auch in anderen Bestimmungen eine Angleichung der aktien- **§ 261 a.**
rechtlichen und steuerlichen Bilanz erstrebt (vgl. § 261 Anm. 14). Zur Klarstellung der begrifflichen Unterscheidung vgl. das Beispiel § 261 b Anm. 3.

c) Die V. unterscheidet den gesetzlichen Reservefonds und andere Reservefonds. **Anm. 30.**
Der gesetzliche Reservefonds im Sinne des § 261 a ist ausschließlich der in § 262 vorgeschriebene. Er bedarf wegen der besonderen Art seiner Bildung und Verwendung stets des gesonderten Ausweises.

Zu den „anderen Reservefonds" gehören alle übrigen gesetzlich oder satzungsgemäß vorgesehenen oder von der Generalversammlung aus besonderem Anlaß gestellten Reserven, also der in § 227 Abs. 5 vorgesehene gesetzliche Reservefonds (§ 227 Anm. 23), die Reservefonds zum Ausgleich unvorhergesehener Verluste, ein Dividendenausgleichsfonds, die Beamtenpensions- und Wohlfahrtsfonds u. dgl. Wegen ihrer besonderen Zweckbestimmung wird der gesonderte Ausweis auch dieser Fonds und eine Unterteilung des Bilanzpostens B II 2 des gesetzlichen Schemas unerläßlich sein.

d) Über die Abgrenzung der Reserven gegen die Wertberichtigungsposten vgl. Anm. 32.

III. **Rückstellungen.** **Anm. 31.**

Über Begriff, Bedeutung vgl. Anm. 29. Die verschiedenen Arten der Rückstellungen nach ihrem Bestimmungszweck gesondert aufzuführen, ist nicht vorgeschrieben. Es genügt, daß der Geschäftsbericht die Aufteilung des Gesamtpostens Rückstellungen als Erläuterung bringt. Hier greift schützend § 260 a Abs. 4 ein. Zweckmäßig wird vielfach bereits der Ausweis in der Bilanz sein.

IV. **Wertberichtigungsposten.** Sie sind, wie ihr Name zeigt, nicht Schulden der Gesellschaft, **Anm. 32.**
sondern dienen lediglich dazu, den zu hohen Ansatz eines Aktivum richtigzustellen. Sie stellen neben den Abschreibungen eine Form des Ausweises eingetretener Wertminderung der Aktiven dar (§ 261 Anm. 13). Soweit sie über die tatsächliche Wertminderung hinausgehen, liegen in ihnen stille Reserven. Diese unter die Wertberichtigungsposten zu stellen, verwehrt die V. nicht; nur die Einstellung unter die Verbindlichkeiten (fiktive Kreditoren) ist nach Abs. 5 Satz 3 verboten (Anm. 43). Wenn die V. die Bildung stiller Reserven gestattet (§ 260 b Anm. 14), kann nicht ihr Ausweis unter dem „Reservefonds" gefordert werden. Ob die Bildung in der Form von Abschreibungen erfolgt, die die Bewertung eines Aktivum unter den wirklichen Wert bringen (§ 261 Anm. 13), oder in Form der Einstellung eines entsprechenden Wertberichtigungspostens, kann einen Unterschied nicht machen (§ 260 b Anm. 10).

Bei strenger Scheidung zwischen Reservefonds und Wertberichtigungsposten gehören die sog. Erneuerungsfonds nur insoweit unter die Wertberichtigungsposten, als sie zur Richtigstellung der Bewertung des Anlagevermögens erforderlich sind. Vielfach, z. B. bei Eisenbahnunternehmungen ist auf Grund der Konzessionsurkunde oder eines besonderen Regulativs vorgeschrieben, daß die Bildung des Erneuerungsfonds nicht von dem Wert der alten Anlage und dem Grad der Abnutzung, sondern von den Tagespreisen auszugehen hat, zu denen eine Erneuerung der betreffenden Anlage am Bilanzstichtag erfolgen müßte. Ein solcher Erneuerungsfonds ist, soweit er über die eigentliche Wertberichtigung hinausgeht, echte Reserve. Zu den Wertberichtigungsposten gehört auch das sog. Delkrederekonto (vgl. Anm. 18).

V. **Verbindlichkeiten.** **Anm. 33.**

Über ihren Ansatz vgl. Staub-Bondi § 40 Anm. 7, Düringer-Hachenburg-Lehmann § 40 Anm. 7 c. Über Bilanzierung von Verbindlichkeiten aus Rechtsverhältnissen von langer Dauer, aus schwebenden Rechtsgeschäften, aus klaglosen Differenzgeschäften vgl. oben Anm. 18. Über Bürgschaftsverpflichtungen und Garantieversprechen vgl. § 261 b und Anm. dazu. Über die persönliche Hypothekenschuld, insbesondere nach Verkauf des belasteten Grundstücks vgl. Anm. 35. Verbindlichkeiten, die lediglich aus dem etwaigen Jahresgewinn zu erfüllen sind, brauchen nicht in die Passiven eingesetzt zu werden (§ 260 a Anm. 17).

§ 261 a. Anm. 34. Zu 1. **Anleihen der Gesellschaft unter Anführung ihrer etwaigen hypothekarischen Sicherung.** Über den Begriff der Anleihe vgl. § 261 Anm. 30, über ihren Bilanzansatz vgl. § 261 Anm. 31. Maßgebend ist der Rückzahlungsbetrag. Vor dem Strich sind die hypothekarischen Sicherungen nach Art und Höhe anzugeben.

Anm. 35. Zu 2. **Hypotheken, Grundschulden und Rentenschulden,** die auf Grundstücken der Gesellschaft lasten. Einzusetzen ist bei Hypotheken nicht der im Grundbuch eingetragene Nennbetrag, sondern der Betrag der persönlichen Schuld. Das gilt auch für Grundschulden, die zur Sicherung einer persönlichen Schuld der Gesellschaft bestellt sind (ebenso Makower NotV. Anm. III e). Ausgenommen sind Sicherungshypotheken. Die persönliche Schuld, zu deren Sicherung sie dienen, wird unter dem Bilanzposten eingesetzt, zu dem sie ihrer Art nach gehört (z. B. unter V 4 oder 7); die Sicherungshypotheken selbst sind nur in den Erläuterungen zur Bilanz gemäß § 260 a Abs. 3 Ziff. 5 im Geschäftsbericht anzugeben. Ausgenommen sind ferner dingliche Belastungen, die der Sicherung von Anleihen dienen; sie fallen unter V 1.

Die Passivierung der Hypotheken und Grundschulden muß auch dann erfolgen, wenn sie für fremde Schuld bestellt sind (a. A.: MakowerNotV. Anm. III e). Als Gegenposten ist unter die Aktiven der Befreiungsanspruch gegen den persönlichen Schuldner einzusetzen, jedoch nur in einer Höhe, die seine Bonität berücksichtigt. Eine analoge Anwendung des § 261 b, die lediglich zu einem Vermerk solcher Belastungen in der Bilanz (vor dem Strich) führen würde, kommt gegenüber Wortlaut und Zweck der Vorschrift des § 261 a nicht in Betracht.

Hat die Gesellschaft das belastete Grundstück verkauft und der Käufer die Hypothek in Anrechnung auf den Kaufpreis übernommen, der Hypothekengläubiger jedoch die Schuldübernahme nicht genehmigt, so bleibt die Gesellschaft persönlicher Schuldner. Trotzdem ist eine Passivierung nicht erforderlich (Staub-Bondi § 40 Anm. 7); nach den Grundsätzen ordnungsmäßiger Buchführung wird die Hypothekenschuld mit der Auflassung des Grundstücks ausgebucht. Unter § 261 b (Avalkonten) gehört dieser Fall nicht. Dagegen liegt ein Haftungsverhältnis, das aus der Bilanz nicht ersichtlich ist, vor; es bedarf der Erwähnung im Geschäftsbericht (§ 260 a Abs. 3 Ziff. 5).

Anm. 36. Zu 3. **Anzahlungen von Kunden.**

Warum sie in die Passiven eingesetzt werden können, darüber vgl. Anm. 17. Das dort Gesagte gilt hier entsprechend.

Anm. 37. Zu 6. **Verbindlichkeiten aus der Annahme von gezogenen Wechseln und der Ausstellung eigener Wechsel.** Hierher gehören auch Gefälligkeitswechsel (Staub-Bondi § 40 Anm. 7; a. A.: BrodmannAR. § 261 Anm. 7c). Regreßverpflichtungen aus Wechseln brauchen nicht passiviert zu werden; sie fallen auch nicht unter § 261 b. Nur ihre Angabe im Geschäftsbericht ist gemäß § 260 a Abs. 3 Ziff. 5 erforderlich.

Anm. 38. VI. **Posten, die der Rechnungsabgrenzung dienen.** Das sind die sog. transitorischen Posten; Auslagen, Unkosten und Leistungen, die das Bilanzjahr betreffen, aber erst im nächsten Jahr gemacht sind. Hierher gehören z. B. die für das vierte Quartal des Bilanzjahres am 2. Januar des folgenden Jahres gezahlten Hypotheken- und Mietzinsen. Von den Rückstellungen (vgl. Anm. 29) unterscheiden sich diese transitorischen Posten dadurch, daß jene am Bilanzstichtag der Höhe nach noch nicht feststehen.

Anm. 39. IV. **Besondere Vorschriften für die Aufstellung der Bilanz** geben die Abs. 2 u. 3 des § 261 a.

1. **Ausweis des Gewinnes oder Verlustes.** § 261 a Abs. 2 entspricht dem § 261 Ziff. 6 a. F.

a) Der Reingewinn oder Reinverlust des Jahres ist am Schlusse der Bilanz auszuweisen. Nicht notwendig ist, daß der Gewinn oder der Verlust als solcher bezeichnet werden muß (vgl. OLG. Hamburg in OLGR. 36, 278). Wer überhaupt eine Bilanz versteht, der weiß, daß die letzte Ziffer der Aktiva als Ausgleichsziffer den Verlust, die letzte Ziffer der Passiva als Ausgleichsziffer den Gewinn darstellt. Das klingt allerdings sonderbar: der Verlust soll die letzte Ziffer der Aktiva, der Gewinn die letzte Ziffer der Passiva sein? Indessen das beruht auf den Regeln der doppelten Buchführung und hängt wie folgt zusammen: An sich ergeben die Aktiva und die Passiva, wenn sie nicht zufällig gleich lauten, ungleiche Summen: entweder überwiegen die Aktiva oder die Passiva. Die Kaufleute schaffen aber die Ungleichheit fort, indem sie die Überschußsumme an die Posten der kleineren Seite als letzten fingierten Posten anreihen. **§ 261 a.**

Daß die hier in Rede stehende Gewinnziffer dem Betrag gleichkommt, der das Ergebnis der Gewinn- und Verlustrechnung darstellt, darüber vgl. § 260 b Anm. 3 f. Die Gewinn- und Verlustrechnung faßt nicht nur das Ergebnis des Bilanzjahres zusammen, sondern enthält als ersten Posten noch den Gewinn- oder Verlustbetrag aus der letzten Bilanz (§ 261 c Abs. 2; vgl. Simon 78, Neukamp 150).

b) Gewinn oder Verlust ist ungeteilt auszuweisen. In der Praxis ist viel dagegen gesündigt worden (Beispiele bei Passow II 137). Bald steckte der Reingewinn, soweit er dem Reservefonds zufloß, in diesem, bald, soweit er unter die Aktionäre zu verteilen war, in dem Dividendenkonto (vgl. Simon 93). Durch die Zerstückelung des Gewinns in verschiedene Posten geht seine Erkennbarkeit verloren (Simon 94). Die Teilung ist durch die V. ausdrücklich verboten. Demgemäß ist es unzulässig, den Verlust etwa durch Ausbuchung des gesetzlichen Reservefonds oder einer anderen für außerordentliche Verluste vorgesehenen Rücklage aus der Bilanz ganz oder teilweise verschwinden zu lassen. Das folgt auch aus § 262: Die Verwendung des Reservefonds hat zur Deckung eines aus der Bilanz sich ergebenden Verlustes zu erfolgen, geschieht also nicht in, sondern nach der Bilanz. Anm. 40.

c) Gewinn oder Verlust sind vom vorjährigen Gewinn- oder Verlustvortrag gesondert auszuweisen. Über den Gewinnvortrag vgl. Staub-Pinner § 262 Anm. 32. Der gesonderte Ausweis gilt nicht nur gegenüber dem Gewinn- oder Verlustvortrag, sondern auch gegenüber allen anderen Bilanzposten. Anm. 41.

2. **Verbot der Verrechnung von Forderungen mit Verbindlichkeiten** (Abs. 3 Satz 2). Anm. 42.

a) Das Verbot tritt Bilanzverschleierungen entgegen. Es betrifft zunächst Fälle, in denen Gläubiger und Schuldner der Gesellschaft verschiedene Personen sind. Auch in diesen Fällen kommen mißbräuchlich Verrechnungen vor, um ein falsches, undurchsichtiges Bilanzbild zu geben. Fraglich ist, ob das Verbot auch gilt, wenn Gläubiger und Schuldner der Gesellschaft dieselbe Person ist. Die Verrechnung erscheint nur dann zulässig, wenn rechtlich die Aufrechnungsbefugnis auf seiten der Gesellschaft besteht.

b) Das entsprechende Verbot für Grundstücksrechte und -belastungen. Der Wert eines Grundstücks darf nicht in der Weise aktiviert werden, daß die auf ihm vorhandenen hypothekarischen Lasten in Abzug gebracht werden; deren Passivierung ist unerläßlich. Die V. spricht nur von Grundstücksbelastungen, denen eine persönliche Forderung nicht zugrunde liegt. Das bedeutet nicht, daß Belastungen, die eine persönliche Forderung sicherstellen, von dem Verbot nicht betroffen seien. Für sie ergibt sich das Verbot bereits aus der Unzulässigkeit der Verrechnung von Forderungen und Verbindlichkeiten. Anm. 43.

3. **Verbot der Einsetzung von Reserven, Rückstellungen und Wertberichtigungsposten in die Verbindlichkeiten (Abs. 3 Satz 3).** Nicht vorhandene Verbindlichkeiten dürfen als solche nicht ausgewiesen werden. Die Bildung stiller Reserven in der Form fiktiver Kreditoren ist damit unterbunden. Stille Reserven können nur noch in der Form von Abschreibungen oder der Erhöhung von Wertberichtigungsposten geschaffen werden (Ullmann in JW. 1930, 2634; Quassowski in JW. 1931, 2916; § 260 b Anm. 14 und oben Anm. 32). Anm. 44.

4. **Zugehörigkeit eines Bilanzpostens zu mehreren Posten des gesetzlichen Bilanzschemas (Abs. 3 Satz 4).** Anm. 45.

Fallen Forderungen oder Verbindlichkeiten unter mehrere Posten, so dürfen sie nur bei einem Posten ausgewiesen werden. Andernfalls würde die Bilanz unrichtig werden. Damit aber die durch die Aufstellung des gesetzlichen Schemas erstrebte gesteigerte Publizität erreicht wird, schreibt § 261 a Abs. 5 Satz 4 vor, daß die Mitzugehörigkeit zu den anderen Posten zu vermerken ist. Freilich wird die Einschränkung gemacht: „soweit dies zur klaren und übersichtlichen Bilanzierung erforderlich ist“.

§ 261 a. § 113 I. Entw. enthielt diese Einschränkung nicht. Quassowski (JW. 1931, 2918) begründet sie damit, daß eine Häufung der Vermerke über die Mitzugehörigkeit eines Bilanzpostens zu anderen Bilanzposten die Übersichtlichkeit der Bilanz stören könnte. Kann dann aber nicht unter Berufung hierauf der Vermerk stets fortgelassen werden? Ist damit nicht der Zweck des gesetzlichen Schemas aufgehoben, zumal die V. nichts darüber bestimmt, bei welchem Bilanzposten der Ausweis einer unter mehrere Posten fallenden Forderung oder Verbindlichkeit zu erfolgen hat? Die Einschränkung schafft hiernach eine bedenkliche Unklarheit. Es ist zu befürchten, daß der Ausweis solcher Forderungen und Verbindlichkeiten gerade bei den Posten, deren Hervorhebung die V. im Interesse gesteigerter Publizität erfordert, unterbleiben wird, z. B. der Ausweis als Forderungen oder Verbindlichkeiten an Konzerngesellschaften oder als Forderungen an Vorstandsmitglieder. Sie werden immer einem anderen Bilanzposten untergeordnet werden können; die Bilanzklarheit und -übersichtlichkeit wird den Ausweis dieser Forderungen, insbesondere zur Feststellung der Liquidität der Gesellschaft, vielfach nicht erfordern. Obwohl der Zweck der Vorschrift ihres besonderen Ausweises über die Erfordernisse der Bilanzklarheit hinausgeht, gibt die V., was sie mit einer Hand fordert, mit der anderen preis.

Wenn man hiernach überhaupt noch zu einer Auslegung der V. zu gelangen versuchen will, die den AG. einen festen Anhalt für die Aufstellung ihrer Bilanzen geben soll, so wäre aus dem Zweck des gesetzlichen Schemas, eine gesteigerte Publizität zu gewährleisten, folgender Grundsatz aufzustellen:

Ein Bilanzposten, der unter mehrere Posten des gesetzlichen Schemas fällt, ist bei dem Posten auszuweisen, der gegenüber den anderen Posten der speziellere ist.

Nach diesem Grundsatz wären die Forderungen gegen Konzerngesellschaften und Vorstandsmitglieder (A IV 9 u. 10) die spezielleren gegenüber allen anderen Debitorenposten, die Ansprüche aus Wechseln und Schecks (A IV 11 u. 12) die spezielleren gegenüber Forderungen auf Grund von Warenlieferungen und Leistungen (A IV 8) oder gegenüber Darlehensforderungen oder Bankguthaben (A IV 14), die Bankguthaben die spezielleren gegenüber Darlehensforderungen, die hypothekarisch gesicherten Forderungen (A IV 6) regelmäßig die spezielleren vor den ungesicherten Forderungen.

Der Vermerk der Mitzugehörigkeit zu den anderen Posten kann bei Anwendung dieses Grundsatzes in das Ermessen der Verwaltung gestellt werden.

Die Vorschrift beschränkt sich auf Forderungen und Verbindlichkeiten. Für die Verbindlichkeiten gilt der obige Grundsatz entsprechend.

Anm. 46. 5. **Gesonderter Ausweis eigener Aktien der Gesellschaft (Abs. 3 Satz 5).** Das Erfordernis gesonderten Ausweises folgt bereits aus § 261 Abs. 1 A IV 5. Die V. hat daneben noch die Sondervorschrift, daß eigene Aktien nicht unter anderen Posten der Bilanz aufgeführt werden dürfen.

Anm. 47. V. **Liquidationsbilanzen.** Vgl. über sie Staub-Pinner § 299 Anm. 6. Die V. enthält nichts darüber, ob die Bestimmungen der §§ 260 b bis 261 e auf Liquidationsbilanzen Anwendung finden. Die Frage ist zu bejahen, soweit sich nicht aus dem Zweck der Liquidationsbilanz, die eine Vermögensverteilungsbilanz ist, Abweichendes ergibt. Das gilt insbesondere für die Beachtung des gesetzlichen Bilanzschemas und der Vorschriften des § 261 a Abs. 3.

§ 261 b.

§ 261 b.

Verbindlichkeiten aus Bürgschaften, Wechsel- und Scheckbürgschaften sowie aus Garantieverträgen sind, auch soweit ihnen gleichwertige Rückgriffsforderungen gegenüberstehen, in voller Höhe in der Bilanz zu vermerken.

Einleitung. Der Fall Frankfurter Allgemeine Versicherungs-AG. hat zu der Vorschrift des § 114 I. Entw. und der entsprechenden Bestimmung des § 261 b der V. geführt (Erl. S. 114). Nach bisheriger Praxis zweifelte man, ob Bürgschaftsverpflichtungen und Garantieversprechen in der Bilanz ersichtlich zu machen sind. Für die Bilanzierung waren u. a. Staub-Bondi § 40 Anm. 7 und Düringer-Hachenburg-Lehmann § 40 Anm. 7c, gegen sie BrodmannAK. § 261 Anm. 7c u. d. Dieser verneinte die Passivierungspflicht, selbst wenn die Rückgriffsforderung nicht einmal gleichwertig ist. Nach den Grundsätzen ordnungsmäßiger Buchführung war die Einsetzung sog. Avalkonten auf beiden Seiten der Bilanz (vor oder hinter dem Strich) geboten. § 261 b.

1. § 261 b verlangt die Aufnahme von Verbindlichkeiten aus Bürgschaften, Wechsel- und Scheckbürgschaften sowie aus Garantieverträgen. Die Verpflichtung aus einem Kreditauftrag ist der Bürgschaft gleichzustellen. Eine ausdehnende Auslegung des Begriffs Bürgschaft kommt im übrigen nicht in Frage. So fällt die persönliche Schuld einer von dem Grundstückskäufer übernommenen Hypothek nicht unter § 261 b (vgl. § 261 a Anm. 35). Dagegen ist der Begriff Garantievertrag im weitesten Sinne zu nehmen. Alle Versprechen auf Schadloshaltung oder auf Einstehen für einen bestimmten Erfolg fallen hierunter, so die Ausbietungsgarantien, Gewährleistungsverpflichtungen, Dividendengarantien u. dgl. Anm. 1.

Ob Scheckbürgschaften überhaupt gültig eingegangen werden können, soll durch ihre Aufnahme in § 261 b wohl nicht entschieden werden.

2. Die genannten Verbindlichkeiten sind in voller Höhe anzugeben, also nicht nur in Höhe der zu erwartenden Inanspruchnahme. Der Betrag kann oft zweifelhaft sein. Eine Bürgschaft wird z. B. als Ausfallbürgschaft eingegangen, eine Garantie wird für das sichere Funktionieren einer Maschine übernommen, eine Ausbietungsgarantie läßt vor Durchführung der Zwangsversteigerung den Betrag, mit dem der Garant einzuspringen hat, offen. Hier wird der höchste in Betracht kommende Betrag einzusetzen sein („in voller Höhe"). Anm. 2.

3. a) Es ist aber nicht der Ausweis dieser Verbindlichkeiten unter den Passiven, sondern nur ihr Vermerk vorgeschrieben. Sie können „vor dem Strich" eingesetzt werden. Andernfalls würde sich ein unrichtiges Bilanzergebnis herausstellen, da es offen ist, ob die Verbindlichkeit eine Zahlungsverpflichtung auslösen wird. Vielfach wird die Gesellschaft im Interesse vorsichtiger Bilanzierung Garantiereserven in die Passiven einstellen. Sie sind echte Reserven, solange nicht feststeht, ob eine Inanspruchnahme aus der Garantie erfolgt; sie sind Rückstellungen, sobald die Inanspruchnahme feststeht, aber deren Höhe noch unbestimmt ist. Sie werden echte Verbindlichkeiten, sobald auch die Höhe feststeht (vgl. § 261 a Anm. 29). Im letzteren Falle gehören sie unter die Verbindlichkeiten (§ 261 a Abs. 1 B V). Anm. 3.

b) Stehen den Verbindlichkeiten Rückgriffsforderungen gegenüber, so können beide in der Bilanz ausgewiesen werden. Während aber die Passivierung der Verbindlichkeiten in voller Höhe zu erfolgen hat, dürfen die Rückgriffsforderungen nur nach ihrem wirklichen Wert unter Berücksichtigung der Bonität des Schuldners bewertet werden. Unterbleibt die Passivierung, werden also die Verbindlichkeiten lediglich vor dem Strich vermerkt, so brauchen die Rückgriffsforderungen überhaupt nicht angegeben zu werden. Empfehlenswert ist aber auch ihr Vermerk vor dem Strich. Selbst volle Gleichwertigkeit der Rückgriffsforderungen entbindet nicht von dem Vermerk der genannten Verbindlichkeiten in der Bilanz. Anm. 4.

4. Haftungsverhältnisse, die nicht unter die in § 261 b genannten Verbindlichkeiten fallen und nicht auf Grund anderer Vorschriften in der Bilanz ersichtlich gemacht werden, sind im Geschäftsbericht anzugeben (§ 260 a Abs. 3 Ziff. 5). Anm. 5.

§ 261 c.

§ 261 c.

(1) In der Gewinn- und Verlustrechnung sind, soweit nicht der Geschäftszweig der Gesellschaft eine abweichende Gliederung bedingt, unbeschadet einer weiteren Gliederung folgende Posten gesondert auszuweisen:

§ 261 c. I. Auf der Seite der Aufwendungen:

1. Löhne und Gehälter;
2. soziale Abgaben;
3. Abschreibungen auf Anlagen;
4. andere Abschreibungen;
5. Zinsen, soweit sie die Ertragszinsen übersteigen;
6. Besitzsteuern der Gesellschaft;
7. alle übrigen Aufwendungen mit Ausnahme der Aufwendungen für Roh-, Hilfs- und Betriebsstoffe, bei Handelsbetrieben mit Ausnahme der Aufwendungen für die bezogenen Waren.

II. Auf der Seite der Erträge:

1. Der Betrag, der sich nach Abzug der Aufwendungen für Roh-, Hilfs- und Betriebsstoffe, bei Handelsbetrieben nach Abzug der Aufwendungen für die bezogenen Waren, sowie nach Abzug der unter 2 bis 5 gesondert auszuweisenden Erträge ergibt;
2. Erträge aus Beteiligungen;
3. Zinsen, soweit sie die Aufwandszinsen übersteigen, und sonstige Kapitalerträge;
4. außerordentliche Erträge;
5. außerordentliche Zuwendungen.

(2) Der Reingewinn oder Reinverlust des Jahres ist am Schlusse der Gewinn- und Verlustrechnung ungeteilt und vom vorjährigen Gewinn- oder Verlustvortrage gesondert auszuweisen.

Einleitung. Über den Zweck der Aufstellung eines Schemas für die Gewinn- und Verlustrechnung vgl. die allgemeinen Bemerkungen in § 261a Anm. 1. Über das bisherige Recht und die bisherige Übung hinsichtlich der Gliederung der Gewinn- und Verlustrechnung vgl. § 260 Anm. 22 (Passow II 23 Anm. 3). Über das Inkrafttreten der Vorschrift vgl. Art. XIII.*)

Anm. 1. Was in den Erläuterungen zu § 260b über die allgemeinen Erfordernisse der Jahresbilanz ausgeführt ist, gilt entsprechend auch für die Gewinn- und Verlustrechnung. Die Grundsätze des § 260b betreffen den „Jahresabschluß", umfassen daher auch die Gewinn- und Verlustrechnung.

Über die Notwendigkeit der Übereinstimmung ihres Ergebnisses mit dem der Jahresbilanz vgl. § 260b Anm. 3f.

Hinsichtlich der Pflicht des Vorstandes zur Vorlegung der Gewinn- und Verlustrechnung und hinsichtlich der Beschlußfassung der Generalversammlung vgl. § 260 Anm. 4a.

Anm. 2. A. 1. **Die Gewinn- und Verlustrechnung** ist die Zusammenstellung der Gewinne und Verluste, die sich auf den einzelnen Konten der Buchführung ergeben (Simon 69, Lion 6). Die Gesellschaft führt teils Konten, die lediglich Aufwendungen enthalten — deren Summe innerhalb eines Bilanzabschnittes bildet den Verlust des betreffenden Kontos — (z. B. Lohnkonto, Abschreibungskonto), teils Konten, die lediglich Erträgnisse enthalten — deren Summe innerhalb des Bilanzabschnittes stellt den Gewinn des betreffenden Kontos dar — (z. B. die Konten der Kapitalerträge), teils Konten, die Ein- und Ausgänge des Betriebes umfassen. Bei letzteren bildet die Differenz der beiden

*) Vgl. 1. DV. vom 15. Dez. 1931 Art. 1 u. 2 (Anhang).

Kontenseiten den Gewinn oder Verlust (z. B. Warenkonto, Zinsenkonto). Die Gewinn- oder Verlustergebnisse sämtlicher Konten werden in der Gewinn- und Verlustrechnung zusammengestellt. § 261 c.

Die Gewinn- und Verlustrechnung kann in verschiedener Form aufgestellt werden, als Nettorechnung oder als Bruttorechnung. Bei der ersteren werden die reinen Aufwendungskonten vorweg von den Bruttogewinnen in Abzug gebracht. Der Warenbruttogewinn (Umsatz abzüglich Wareneinstandspreise) wird nach Abzug von Löhnen, Gehältern und sonstigen Unkosten in die Gewinn- und Verlustrechnung eingesetzt. Bei der Bruttorechnung dagegen werden auf den einzelnen Konten nicht die Ein- und Ausgänge saldiert, vielmehr die Eingänge auf der Gewinnseite, die Ausgänge auf der Verlustseite der Gewinn- und Verlustrechnung gesondert ausgewiesen. Hierbei erscheint der volle Umsatz auf der Gewinnseite; ihm stehen die Anschaffungskosten getrennt auf der Verlustseite gegenüber, ferner die sonstigen Aufwendungen (vgl. Simon 97).

Das Schema des § 261c geht einen Mittelweg. Eine Bruttorechnung wird nicht verlangt mit Rücksicht auf das Interesse der Gesellschaft, den Umsatz nicht auszuweisen (§ 260a Anm. 7; Quassowski in JW. 1931, 2918). Es soll auf der rechten Seite der Rechnung nur der Bruttogewinn (z. B. der Warenbruttogewinn nach Abzug der Wareneinstandspreise, also der Gewinn des Warenkontos) eingesetzt werden (II 1 des Schemas). Die übrigen Aufwendungen auf die Waren oder Fabrikate (Löhne, soziale Abgaben, Generalunkosten) werden nicht vor Einstellung dieses Gewinnpostens in die Rechnung in Abzug gebracht, sondern auf der linken Seite der Rechnung gesondert ausgewiesen (I 1, 2, 7 des Schemas). Diese Art der Aufstellung der Gewinn- und Verlustrechnung „bringt gewissermaßen den Veredlungshergang im Betriebe zur Darstellung" (Quassowski a. a. O.).

2. Das Schema ist unbeschadet einer weiteren Gliederung und mit dem Vorbehalt etwa erforderlicher abweichender Gliederung vorgeschrieben. Das gleiche gilt für das Bilanzschema des § 261a. Was dort in Anm. 3 bis 5 zu dem Bilanzschema ausgeführt ist, gilt entsprechend auch für das gesetzliche Schema der Gewinn- und Verlustrechnung. Anm. 3.

Der Vorbehalt weiterer oder abweichender Gliederung genügt aber in vielen Fällen nicht. § 261c gibt ein Schema nur für reine Fabrikations- oder Handelsbetriebe. Offen bleibt die Frage, in welcher Weise Gesellschaften, auf die das gesetzliche Schema der Gewinn- und Verlustrechnung nicht paßt, den von der V. gewählten Mittelweg zwischen Netto- und Bruttorechnung (vgl. Anm. 2) gehen dürfen. Hier können nur weitere Formblätter, wie sie § 261d in Aussicht stellt, Klarheit bringen. In Ermangelung solcher Formblätter wird man davon ausgehen können, daß eine Bruttorechnung nicht aufzustellen ist, sondern die Konten, welche Ein- und Ausgänge des Betriebes vereinigen, nur mit ihrem Gewinn- oder Verlustsaldo in die Gewinn- und Verlustrechnung aufzunehmen sind. Die Grundsätze ordnungsmäßiger Buchführung entscheiden auch hier.

B. **Die Gliederung der Gewinn- und Verlustrechnung.** Anm. 4.

Die Bezeichnungen der einzelnen Posten des gesetzlichen Schemas bedürfen zum Teil keiner Erläuterung, da sie verkehrsüblich oder dem Gesetz entnommen sind, zum Teil sind sie unbestimmt, so daß ihre Festlegung erheblichen Zweifeln begegnen kann. In diesen Fällen wäre, wenn die V. von einer Gesetzesdefinition absehen wollte, die Begriffsbestimmung in einer DV. unerläßlich. Die Gesellschaften dürfen bei der Aufstellung des Jahresabschlusses über die Bedeutung der Gliederung der gesetzlichen Schemata nicht im Zweifel sein.

a) Im einzelnen ist zu den verschiedenen Posten folgendes zu bemerken: Anm. 5.

I. **Auf der Seite der Aufwendungen:**

1. **Löhne und Gehälter.** Sie können in einem Gesamtposten zusammengefaßt werden. Der von den Angestellten und Arbeitnehmern zu tragende Teil der sozialen Abgaben, den die Gesellschaft von Lohn und Gehalt in Abzug zu bringen hat, ist von diesem Posten nicht ab-

§ 261 c. zusetzen, ebensowenig die Lohnsteuer, deren Beträge die Gesellschaft einzubehalten und an die Steuerbehörde abzuführen hat. Bruttolöhne und -gehälter sind auszuweisen.

Über die Kritik, die zu Unrecht an dem Erfordernis des Ausweises dieses Postens geübt wurde, vgl. Quassowski in JW. 1931, 2918.

Anm. 6. 2. **Soziale Abgaben.** Hierher gehören die Beiträge zur Kranken-, Unfall- und Invaliditätsversicherung, zur Arbeitslosenversicherung u. dgl. m. Auszuweisen ist nur der von der Gesellschaft selbst zu tragende Anteil (vgl. Anm. 5).

Anm. 7. Zu 3. und 4. **Abschreibungen auf Anlagen und andere Abschreibungen.** Der besondere Ausweis der Abschreibungen und die Unterscheidung von Abschreibungen auf Anlagen und anderen Abschreibungen ist offenbar vorgesehen, um einen Anhalt für die Beurteilung zu geben, ob einerseits mit Rücksicht auf die Vorschrift des § 261 Ziff. 1 das Ausmaß der Abschreibungen genügt, andererseits inwieweit stille Reserven gebildet werden. Die Posten Ziff. 3 u. 4 können aber jeder als Gesamtposten ausgewiesen werden. Eine Unterteilung nach der verschiedenen Höhe der Abschreibungssätze und der verschiedenen Art der Aktivposten ist nicht erforderlich.

Anm. 8. 5. **Zinsen, soweit sie die Ertragszinsen übersteigen.** Der Saldo des Zinsenkontos ist, je nachdem sich ein Verlust oder ein Gewinn ergibt, auf der linken oder der rechten Seite der Rechnung auszuweisen (vgl. II 3 des Schemas). Auch hier ist eine Aufteilung der beiden Seiten des Zinsenkontos und der gesonderte Ausweis der Endergebnisse jeder der beiden Seiten in der Gewinn- und Verlustrechnung nicht gefordert (vgl. Anm. 2).

Anm. 9. 6. **Besitzsteuern.**

Eine gesetzliche Begriffsbestimmung gibt es nicht. Das BesitzsteuerG. vom 3. Juli 1913 (RGBl. S. 524) betraf nur eine Steuer auf den Vermögenszuwachs. Es ist nicht mehr in Kraft. Die Steuerrechtswissenschaft ist sich über den Begriff nicht einig (Lotz, Finanzwissenschaft 2. Aufl. S. 290; Becker, RAbgO. 21; Strutz, Grundlehren 19ff., 54f.). Den Gegensatz bilden die Verkehrs- und Verbrauchssteuern. Verwaltungstechnisch zählt man zu den Besitzsteuern:

a) folgende Reichssteuern: Körperschaftsteuer, Vermögensteuer, Erbschaftsteuer, Zuwachssteuern;

b) folgende Landessteuern: Grundvermögensteuern, Hauszins-, Gewerbe-, Schankgewerbe-, Hundesteuer usw. (vgl. Stier-Somlo im HWB. der Rechtswiss. Art. Steuern).

Die verwaltungstechnische Unterscheidung wird auch für die Gliederung der Gewinn- und Verlustrechnung maßgebend sein müssen (vgl. Anm. 4).

Unter den Kommunalabgaben werden die Zuschläge zur Grundvermögensteuer und Gewerbesteuer und sonstige den vorgenannten Arten entsprechende Steuern zu den Besitzsteuern zu rechnen sein.

Der Grund dafür, daß die Besitzsteuern der Gesellschaft in der Gewinn- und Verlustrechnung gesondert auszuweisen sind, liegt wohl darin, daß sie neben dem Gewinnausweis einen wichtigen Gradmesser für die Vermögens- und Einkommenslage der Gesellschaft bilden, der angesichts der Zulässigkeit der Bildung stiller Reserven aus der Bilanz allein vielfach nicht entnommen werden kann.

Verkehrs- und Verbrauchssteuern sind entweder unregelmäßige Belastungen oder laufende, auf die Fabrikation oder den Warenbetrieb erhobene Steuern. Sie sind in den Posten Ziff. 7 mit einzubeziehen.

Anm. 10. 7. **Alle übrigen Aufwendungen mit Ausnahme der Aufwendungen für Roh-, Hilfs- und Betriebsstoffe, bei Handelsbetrieben mit Ausnahme der Aufwendungen für die bezogenen Waren.**

Ziff. 7 ist der Sammelposten für alle Aufwendungen, die nicht unter den Ziff. 1 bis 6 gesondert auszuweisen sind. Sie bringt gleichzeitig in Verbindung mit II 1 des Schemas die wichtige, das Wesen der gesetzlichen Gliederung kennzeichnende Bestimmung, daß in Fabrikationsunternehmungen die Aufwendungen für Roh-, Hilfs- und Betriebsstoffe, in

Handelsbetrieben die Wareneinstandspreise nicht ausgewiesen zu werden brauchen (vgl. Anm. 2). § 261c.

II. **Auf der Seite der Erträge:** Anm. 11.

1. **Der Betrag, der sich nach Abzug der Aufwendungen für Roh-, Hilfs- und Betriebsstoffe, bei Handelsbetrieben nach Abzug der Aufwendungen für die bezogenen Waren sowie nach Abzug der unter 2 bis 5 gesondert auszuweisenden Erträge ergibt.**

Unter dem „Betrag" ist der gesamte Ertrag des Unternehmens mit Ausnahme der in Ziff. 2 bis 5 aufgeführten Erträge zu verstehen. Das hätte die V. sagen müssen. Der Betrag, der nach Abzug bestimmter Posten auszuweisen ist, hätte positiv gekennzeichnet werden müssen. Da die Gewinn- und Verlustrechnung wegen des Grundsatzes der Vollständigkeit (§ 260b Anm. 3c) alle Erträge ausweisen muß, der „Betrag" der Ziff. 1 aber nach Abzug der in Ziff. 2 bis 5 aufgeführten Erträge zu errechnen ist, muß die Ziff. 1 alle übrigen Erträge umfassen. Der „Betrag" der Ziff. 1 ist im übrigen regelmäßig der Umsatz nach Abzug der Aufwendungen für Roh-, Hilfs- und Betriebsstoffe oder bei Handelsbetrieben nach Abzug der Wareneinstandspreise, also der Warenbruttogewinn (vgl. Anm. 2 u. 10).

2. **Erträge aus Beteiligungen.** Über den Begriff der Beteiligungen vgl. § 261a Anm. 13. Anm. 12.

3. **Zinsen, soweit sie die Aufwandszinsen übersteigen und sonstige Kapitalerträge.** Hinsichtlich der Zinsen vgl. Anm. 8. Zu den sonstigen Kapitalerträgen gehören Pachtzinsen, Lizenzgebühren, Effektenzinsen (soweit sie nicht unter Ziff. 2 fallen) u. dgl. m. Anm. 13.

4. **Außerordentliche Erträge.** Hier wäre z. B. ein Lotteriegewinn auszuweisen. Anm. 14.

5. **Außerordentliche Zuwendungen.** Hierunter fallen Subventionen, Erbanfälle, Vermächtnisse, Schenkungen; ferner Schuldenerlaß, z. B. die Streichung der Kreditforderung eines Aktionärs zur Vermeidung eines Verlustausweises, insbesondere der Überschuldung. Anm. 15.

b) **Gesonderter ungeteilter Ausweis des Reingewinnes oder Reinverlustes** (Abs. 2). Hierzu vgl. § 261a Anm. 39 u. 40). Anm. 16.

§ 261d. § 261d.

Die Reichsregierung wird ermächtigt,

1. für die Aufstellung des Jahresabschlusses Formblätter mit der Maßgabe vorzuschreiben, daß die Bilanz und die Gewinn- und Verlustrechnung statt nach den Vorschriften der §§ 261a bis 261c nach diesen Formblättern zu gliedern sind;
2. für Konzerngesellschaften Vorschriften über die Aufstellung des eigenen und über die Aufstellung eines gemeinschaftlichen Jahresabschlusses zu erlassen.

1. Das in §§ 261a und c enthaltene Schema des Jahresabschlusses ist für zahlreiche Arten von Unternehmungen nicht geeignet. Das gilt vor allem für die Gewinn- und Verlustrechnung. Das Schema ist auf ein Fabrikunternehmen zugeschnitten, bei dem sich Anlage- und Umlaufsvermögen die Wage halten. Es steht in der Mitte zwischen solchen Unternehmungen, die vornehmlich Anlagewerte haben (z. B. Eisenbahngesellschaften), und solchen, die, wie die Banken, hauptsächlich Umlaufsvermögen besitzen. Wenn auch § 261a wie § 261c eine abweichende Gliederung nach den Erfordernissen des Geschäftszweiges der AG. zulassen, erscheint es doch zur Erfüllung des gesetzlichen Zweckes, eine gesteigerte Publizität und die Bilanzklarheit sicherzustellen, zweckmäßig, für andere Typen von Gesellschaften die für sie passenden Schemata des Jahresabschlusses vorzuschreiben, wie dies bereits für Hypothekenbanken und Versicherungsgesellschaften geschehen ist (vgl. § 261a Einleitung). Anm. 1.

§ 261 d. Demgemäß ermächtigt § 261d die Reichsregierung, weitere Formblätter, die an die Stelle der §§ 261 a bis c treten, für besondere Gruppen von Unternehmungen vorzuschreiben.

Anm. 2. 2. Außerdem wird die Reichsregierung ermächtigt, für Konzerngesellschaften Vorschriften über die Aufstellung des eigenen und über die Aufstellung eines gemeinschaftlichen Jahresabschlusses zu erlassen (über die Einheitlichkeit der Bilanz vgl. § 260b Anm. 3b). Die Erl. S. 115 zu § 116 I. Entw., dem der § 261d entspricht, sagen hierzu:

„Zur Zeit sind die Voraussetzungen für den Erlaß entsprechender Vorschriften noch nicht gegeben, da bewährte Grundsätze für die Aufstellung von Konzernbilanzen sich noch nicht herausgebildet haben. Angesichts der zunehmenden Verflechtung der Wirtschaft kann sich aber in naher Zukunft die Notwendigkeit und bei der schnellen Entwicklung der betriebswirtschaftlichen Lehren auch die Möglichkeit ergeben, Bilanzvorschriften für Konzerne zu treffen."

Vereinzelte Fälle von Konzernbilanzen kommen in der Praxis vor. Bei ihrer Aufstellung werden alle gegenseitigen Forderungen und Verbindlichkeiten der Konzerngesellschaften untereinander aufgerechnet und die Forderungen und Verbindlichkeiten der sämtlichen Konzernunternehmungen, die gegenüber nicht zum Konzern gehörigen Dritten bestehen, ausgewiesen (Quassowski in JW. 1931, 2918).

Über den Begriff der Konzerngesellschaften vgl. Anhang zu diesem Paragraphen.

Anm. 3. Nach Art. XIV Abs. 2 Ziff. 2 u. 3 ist die Reichsregierung ermächtigt, durch allgemeine Anordnung für Gesellschaften geringeren Umfangs und von besonderer Art Ausnahmen von den Vorschriften über die Gliederung des Jahresabschlusses (§§ 261 a bis c) zu machen*.

Anhang zu § 261 d.

Anhang zu § 261 d.

Konzerngesellschaften.

Anm. 1. I. **Begriff des Konzerns und der Konzerngesellschaft.**

Die V. führt den Begriff der Konzerngesellschaft in das Gesetz ein, ohne ihn zu definieren. Nur für den Begriff der abhängigen Gesellschaft gibt sie eine gesetzliche Begriffsbestimmung (§ 226 und Anm. 26 hierzu). Der Konzernbegriff ist in Literatur und Rechtsprechung aus den in der Konzentrationsbewegung der Wirtschaft geformten Rechtsgebilden entwickelt worden. Die verschiedenen Meinungen der Rechtslehre sind von Lehmann in StuW. 1927, 1229 ff. gegenübergestellt und kritisch gewürdigt. Es kommen vornehmlich die Arbeiten von Friedlaender (Konzernrecht), Geiler (Gesellschaftliche Organisationsformen und die wirtschaftsrechtliche Methode im Gesellschaftsrecht), Haußmann (Grundlegung des Rechts der Unternehmungszusammenfassungen), Isay (Recht des Unternehmens), Kronstein (Die abhängige juristische Person), Passow (Betrieb, Unternehmen, Konzern), Netter (ZBH. 1927, 11 ff.), Rosendorff (Rechtliche Organisation der Konzerne) und Weisbarth (AG. und Konzern in Ring-Schachian) in Betracht. Zu vgl. auch Bauer, „Die rechtliche Struktur der Truste". Der RFH. hat in seiner Entscheidung vom 30. Jan. 1930 (StuW. 1930, 459) den Konzern als ein Gebilde definiert, das „unter einheitlicher Leitung steht und dessen einzelne Teile als autonome Einheiten aus sich selbst nicht mehr begriffen werden können, so daß zur Erklärung ihrer Stellung in der Gesamtwirtschaft eine Bezugnahme auf den planmäßig aufgebauten Konzern notwendig ist". Der RFH. sieht diese Definition und ihre Abgrenzung gegenüber anderen Unternehmungszusammenfassungen noch nicht als endgültig an und wartet hierfür den weiteren Strukturwandel der Wirtschaft und die Entwicklung der Rechtslehre ab. Der I. Entw. hatte in § 116, der dem § 261d der V. entspricht, eine sehr weit gefaßte Begriffsbestimmung der Konzerngesellschaften aufzustellen versucht und darunter Gesellschaften

* Von dieser Ermächtigung hat die 1. DV. zur Aktienrechtsnovelle vom 15. Dez. 1931 keinen Gebrauch gemacht (vgl. Anhang).

verstanden, „deren Verhältnisse durch die Beziehungen zu einem oder mehreren anderen Unternehmungen maßgebend beeinflußt werden". Die V. überläßt die Begriffsbestimmung der Rechtslehre und Rechtsprechung. § 261 d.

a) **Begriff des Konzerns.** Ob man der Einheitstheorie folgt, ob man den Schwerpunkt auf die einheitliche Leitung oder den planmäßigen Aufbau eines Gesamtunternehmens legt, als besondere Kennzeichen des Konzerns ergeben sich die in der Entscheidung des RFH. (StuW. 1927, 1229 ff.) hervorgehobenen Momente der Selbständigkeit mehrerer Einzelunternehmungen und ihrer Zusammenfassung unter einheitlicher Leitung durch rechtliche Bindung (vgl. Lehmann-Hirsch § 226 Anm. 21). Beide Momente geben zugleich die Unterscheidungsmerkmale zu den durch Fusion zusammengeschweißten Einzel-Großunternehmen und zu den Kartellen ab. Die rechtliche Bindung kann dinglich oder obligatorisch, insbesondere gesellschaftsrechtlich gewonnen sein. Anm. 2.

b) **Begriff der Konzerngesellschaft.** Nach den in Anm. 2 gegebenen Begriffsmerkmalen des Konzerns ist die abhängige Gesellschaft eine Konzerngesellschaft. Eine herrschende Gesellschaft mit abhängigen Gesellschaften bildet eine Konzernform. Die V. verwendet aber den Begriff der Konzerngesellschaft neben dem der abhängigen Gesellschaft (§§ 246, 260a, 261a) und enthält für die abhängige Gesellschaft und ein abhängiges Unternehmen Sondervorschriften, die nicht für die Konzerngesellschaft gelten (§ 226 Abs. 4, § 240a). Das beweist, daß die V. zwischen beiden Arten einen begrifflichen Unterschied macht (a. A.: Lehmann-Hirsch § 226 Anm. 21, die jede abhängige Gesellschaft auch als Konzerngesellschaft ansehen). Während die „abhängige" Gesellschaft zur „herrschenden" Gesellschaft (§ 226 Abs. 4) im Verhältnis der Unterordnung steht, ist das Kennzeichen der Konzerngesellschaft im Sinne der V. das Verhältnis der Nebenordnung (Koordination) und Überordnung. Man kann hiernach nicht sagen, daß die Konzerngesellschaften im Sinne der V. nur im Verhältnis der Koordination stehen (so Quassowski in JW. 1931, 2919). Nach Sinn und Zweck der Bestimmungen, die allein die abhängige Gesellschaft in Gegensatz zu der Konzerngesellschaft stellen (vgl. oben), ist vielmehr anzunehmen, daß auch die herrschende (übergeordnete) Gesellschaft zu den Konzerngesellschaften zu rechnen ist. Zwei von einer dritten Gesellschaft abhängige Gesellschaften sind im Verhältnis zueinander Konzerngesellschaften. Anm. 3.

Ob die Konzerngesellschaft ihren Sitz im Inland oder Ausland hat, ist gleichgültig. Die V. nimmt ausländische Konzerngesellschaften von ihrer Regelung nicht aus.

II. **Inhalt der konzernrechtlichen Bestimmungen.** Anm. 4.

Die V. gibt ebensowenig wie der I. Entw. eine Regelung des Konzernrechts. Sie bringt auch von den Vorschriften des I. Entw. nur Einzelbestimmungen. Deren Zweck ist, wesentliche aktienrechtliche Bestimmungen, die einer laxen Praxis zum Opfer fielen, in ihrer rechtspolitischen Bedeutung zu sichern. Das gilt insbesondere von den §§ 246, 260a u. 261a, die im Interesse gesteigerter Publizität die durch die Konzentrationsbewegung der Wirtschaft vielfach verursachte Undurchsichtigkeit der Verhältnisse der Großunternehmungen zu beseitigen versuchen (vgl. § 260a Anm. 11). Inhalt und Bedeutung der Vorschriften sind in den Anmerkungen zu den einzelnen Bestimmungen erläutert.

§ 261e.

§ 261 e.

Auf eine Verletzung der Vorschriften der §§ 261a bis 261c sowie auf eine Nichtbeachtung von Formblättern, nach denen die Bilanz und die Gewinn- und Verlustrechnung zu gliedern sind, kann eine Anfechtung (§ 271) nicht gegründet werden.

Der I. Entw. enthielt eine entsprechende Bestimmung nicht. Ullmann (JW. 1930, 2637) nahm daher an, daß ein Beschluß der Generalversammlung, welcher die Bestimmungen über Einleitung.

§ 261 e. die Gliederung des Jahresabschlusses verletze, nach § 136 I. Entw. wegen Verstoßes gegen das Gesetz anfechtbar sei. § 128 Abs. 2 I. Entw. bestimmte andererseits ausdrücklich, daß der Registerrichter den Jahresabschluß nicht nachzuprüfen habe.

Anm. 1. 1. **Der Ausschluß einer Anfechtung des den Jahresabschluß genehmigenden Beschlusses wegen Verletzung der Vorschriften der §§ 261 a bis c** entspricht dem bisherigen Rechtszustand. Das Gesetz schützt den Aktionär gegen materiell unrichtige Bilanzen (vgl. §§ 264, 266, 271 Abs. 3 Satz 2), nicht aber gegen formell unrichtige Bilanzen. Dabei bleibt es auch nach der V. mit ihren neuen Sondervorschriften für die formelle Ausgestaltung der Bilanz. Die Befürchtung, daß ein selbst unwesentlicher Verstoß gegen diese Vorschriften zu Schikanen einzelner Aktionäre durch Erhebung von Anfechtungsklagen führen werde, wird hierbei den Ausschlag gegeben haben. Diese Gefahr wäre in der Tat namentlich für die erste Zeit der Geltung der V., in der manche Zweifel zunächst in der Praxis geklärt werden müssen, nicht gering gewesen.

Anm. 2. Die Abgrenzung zwischen materiellen und formellen Verstößen. Wenn eine Außerachtlassung der §§ 261 a bis d zusammen mit anderen Tatbestandsmerkmalen auf Grund weitergehender Vorschriften Anfechtung oder Nichtigkeit begründet, wird die Anfechtung oder Nichtigkeit durch § 261 e nicht ausgeschlossen. Erfüllt z. B. die Verletzung der Vorschriften der §§ 261 a bis d den Tatbestand der Bilanzfälschung oder Bilanzverschleierung (§ 314 Ziff. 1), so ist der Bilanzgenehmigungsbeschluß wegen Verstoßes gegen eine gesetzliche Vorschrift — hierzu rechnet auch eine Strafvorschrift (Staub-Pinner § 271 Anm. 3) — anfechtbar, unter Umständen sogar nichtig (§ 260 b Anm. 4 ff.). Letzteres gilt insbesondere dann, wenn ein Verstoß gegen die guten Sitten vorliegt. So wird der in RGSt. 62, 358 für eine Genossenschaft entschiedene Fall, in dem es sich um die Einstellung eines Pensionsfonds als fiktiven Kreditor unter die Verbindlichkeiten handelte (Verstoß gegen § 261 a Abs. 3 Satz 3), nach dem jetzt geltenden Recht trotz des Ausschlusses der Anfechtbarkeit (gemäß § 261 e) strafrechtlich wie auch zivilrechtlich nicht anders zu behandeln sein als nach bisherigem Recht.

Anm. 3. 2. Die Anfechtung des Jahresabschlusses wegen Verstoßes gegen die formellen Vorschriften der §§ 261 a bis d ist um so eher zu entbehren, als die V. und das Gesetz mittelbar anderweitige Sicherungen für die Beobachtung dieser Bestimmungen enthalten. Hierher gehört in erster Reihe die Pflichtrevision gemäß §§ 262 a ff. Die Bilanzprüfer haben darauf zu achten, daß der Jahresabschluß entsprechend der Gliederung der §§ 261 a bis d aufgestellt ist. Sie haben nach § 262 e in ihrem Bericht besonders hierüber zu berichten und den Bestätigungsvermerk (§ 262 f) zu verweigern, wenn die Vorschriften nicht beachtet sind. Schmölder (JW. 1931, 2925) nennt daher die §§ 261 a bis d Instruktionsvorschriften für die Bilanzprüfer. Der Aufsichtsrat hat — das folgt aus seiner allgemeinen Kontrollpflicht und § 262 e — gleichfalls dafür zu sorgen, daß der Jahresabschluß ordnungsmäßig ist, d. h. den gesetzlichen Vorschriften entspricht. Er hat demgemäß, falls der Bericht der Bilanzprüfer in dieser Richtung Beanstandungen enthält, für deren Abstellung zu sorgen. Erfolgen sie nicht, so hat er der Generalversammlung von diesen Beanstandungen Kenntnis zu geben, soweit sie wesentlich sind (§ 262 e Abs. 3; vgl. dort Anm. 6). Der Vorstand wird es praktisch auf solche Beanstandungen und auf einen Bericht des Aufsichtsrats hierüber nicht ankommen lassen können.

Die Aufstellung einer den Erfordernissen der §§ 261 a bis c nicht entsprechenden Bilanz und ein die Bilanz bemängelnder Bericht des Aufsichtsrats wird ferner notwendig zur Ausübung des Fragerechts der Aktionäre führen. Haben die Bilanzprüfer den in § 262 f vorgesehenen Bestätigungsvermerk nicht erteilt und berichtet der Aufsichtsrat nicht über die Beanstandungen, die die Bilanzprüfer wegen wesentlicher Verletzungen der Formvorschriften der §§ 261 a bis c vorgebracht haben, so würde ein Beschluß der Generalversammlung, der auf Fragen eines Aktionärs die Auskunftsverweigerung billigt, anfechtbar sein (§ 262 e Anm. 10).

Endlich setzt ein Verstoß gegen die Vorschriften der §§ 261 a bis c den Vorstand der Regreßpflicht und der vorzeitigen Entlassung aus (Lehmann-Hirsch Anm. zu § 261 e). Die Regreßpflicht trifft auch den Aufsichtsrat und die Bilanzprüfer, die den Verstoß vorsätzlich oder fahrlässig unbeanstandet lassen. Auch weisen Lehmann-Hirsch (a. a. O.) mit Recht darauf hin, daß eine Außerachtlassung der Vorschriften mittelbar den Kredit der Gesellschaft schädigen wird, weil ihr das Vertrauen der Kreditgeber fehlen muß. **§ 261 e.**

Hinsichtlich der strafrechtlichen Folgen eines Verstoßes vgl. Staub-Pinner § 314 Anm. 6 u. 8 und § 318 a.

Das Minderheitsrecht des § 266 Abs. 2 bezieht sich nicht auf die Prüfung der Bilanz (vgl. jedoch § 266 Anm. 11 u. 3). Auch das Vertagungsrecht der Minderheit gemäß § 264 kommt nicht bei Verletzung der Vorschriften der §§ 261 a bis d in Betracht; es bezieht sich nur auf Bemängelungen bestimmter Ansätze der Bilanz, also auf eine Verletzung der Bewertungsvorschriften der §§ 260 b und 261. **Anm. 4.**

Auch ohne ein dem § 128 Abs. 2 I. Entw. entsprechende ausdrückliche Vorschrift ist dem Registerrichter nicht die Befugnis zuzuerkennen, einen Jahresabschluß, der den §§ 261 a bis d nicht genügt, zu beanstanden. **Anm. 5.**

§ 261 e betrifft nur die Anfechtung eines Generalversammlungsbeschlusses, der einen die §§ 261 a bis d verletzenden Jahresabschluß genehmigt; dagegen besagt § 261 e nichts über die Frage, ob eine Satzungsbestimmung, welche die Beobachtung der §§ 261 a bis c für den Jahresabschluß der Gesellschaft erläßt oder deren Anforderungen erleichtert, gültig beschlossen werden kann. Die Frage ist zu verneinen. Die §§ 261 a bis d enthalten zwingende Vorschriften. Eine sie aufhebende Satzungsbestimmung ist nichtig (Staub-Pinner § 273 Anm. 17; vgl. auch § 261 a Anm. 5). Nach alledem wird man keinesfalls mit Schmölder (JW. 1931, 2925) sagen können, daß die §§ 261 a bis d nur Instruktionsvorschriften für die Bilanzprüfer sind. Sie müssen schon deshalb die in den Anm. zu diesem Paragraphen dargelegte weitergehende Bedeutung haben, weil sie auch für solche Gesellschaften gelten, die der Pflichtprüfung nicht unterworfen sind.* **Anm. 6.**

Einführung zu §§ 262 a bis g.

Einführung zu §§ 262 a bis g.

Die wichtigste Neuerung der V. gegenüber dem bisherigen Rechtszustand ist die Einführung der **Pflichtrevision des Jahresabschlusses durch ein neues Organ der Aktiengesellschaft, die Bilanzprüfer.** Ausländische Rechte kennen diese Rechtsinstitution seit langem; sie hat sich dort bewährt und zur Ausbildung eines hochwertigen Prüferstandes geführt (in England und Amerika die chartered accountants). Vorfälle der letzten Krisenzeit haben gezeigt, daß bei größeren Unternehmungen die dem Aufsichtsrat obliegende Kontrolle, da man seine Pflichten nicht überspannen, sondern auf einem ihm zumutbaren Umfang vernünftig begrenzen muß, nicht ausreicht, ein einwandfreies Rechnungswesen der Gesellschaft, das den Prüfstein für die Geschäftsführung und die Lage des Unternehmens bilden soll, zu gewährleisten. Angesichts der Bedeutung, welche zahlreiche Großunternehmungen infolge ihrer wachsenden Konzentration für die gesamte Volkswirtschaft mehr und mehr einnehmen, hatte der I. Entw. eine Pflichtprüfung des Jahresabschlusses vorgesehen (§§ 118 bis 125). Durch Gesetz über die Beaufsichtigung der privaten Versicherungsunternehmungen vom 6. Juni 1931 (RGBl. I S. 315) war die Pflichtprüfung inzwischen für Versicherungsgesellschaften eingeführt worden. Da die erforderliche Zahl hinreichend ausgebildeter Buchprüfer fehlte, hatte der I. Entw. in Art. 1 Abs. 2 des Einführungsgesetzes ein späteres Inkrafttreten der Vorschriften über die Pflichtprüfung vorsehen müssen und in § 125 Abs. 1 Nr. 3 der Reichsregierung den Erlaß einstweiliger

---

* Vgl. 1. DV. zur Aktienrechtsnovelle Art. 3 Anm. 1 (Anhang).

Einführung zu §§ 262a bis g. Überleitungsvorschriften für die Prüfung des Jahresabschlusses vorbehalten. Die V. geht in Art. XIII u. XIV den gleichen Weg. Inzwischen sind aber auf Grund des I. Entw. wesentliche Fortschritte in der Frage der Vorbildung und Auswahl geeigneter Buchprüfer gemacht, so daß in kurzem der Art. VI der V. wird in Kraft gesetzt werden können (vgl. Einleitung zu § 262c)*.

Nach Art. XIII Abs. 3 kann der Zeitpunkt für das Inkrafttreten des Art. VI je nach dem Geschäftszweig und der wirtschaftlichen Bedeutung der Gesellschaften verschieden bestimmt werden*. Soweit im § 266 Abs. 7 auf die §§ 262c und g verwiesen ist, gelten diese als am 1. Okt. 1931 bereits in Kraft getreten. Nach Art. XIV Abs. 2 Ziff. 2 u. 3 ist die Reichsregierung ermächtigt, für Gesellschaften geringeren Umfangs oder von besonderer Art Ausnahmen von den Vorschriften über die Pflichtprüfung zuzulassen (vgl. hierzu auch Einführung zu §§ 266 bis 270 II)*.

Die Pflichtprüfung wird, zumal eine Bilanzprüfung durch unabhängige Prüfer bei zahlreichen größeren Unternehmungen bereits eingeführt ist, nicht nur eine Belastung der Gesellschaften, sondern einen weitgehenden Schutz für sie darstellen: zunächst intern gegen Verfehlungen der Verwaltung, vor allem aber auch gegen den Mißbrauch des Anfechtungsrechts von seiten gewerbsmäßiger Opponenten, sodann wirkt sie vorteilhaft nach außen für das Vertrauen, das der Gesellschaft entgegenzubringen ist.

Artikel VI.

Hinter § 262 des Handelsgesetzbuchs sind als §§ 262a bis g folgende Vorschriften einzufügen:

§ 262a.

§ 262a.

(1) Der Jahresabschluß der Gesellschaft ist unter Einbeziehung der zugrunde liegenden Buchführung und des Geschäftsberichts durch einen oder mehrere sachverständige Prüfer (Bilanzprüfer) zu prüfen, bevor der Jahresabschluß der Generalversammlung zur Beschlußfassung vorgelegt wird.

(2) Die Bilanzprüfung darf sich nicht darauf beschränken, ob der Jahresabschluß äußerlich sachgemäß aufgestellt ist und mit der Inventur und den Geschäftsbüchern übereinstimmt, sondern hat sich auch auf die Anwendung der Vorschriften der §§ 260, 260a und b, § 261, §§ 261a bis e, § 262 zu erstrecken.

Anm. 1. I. **Die Bilanzprüfer.**

Der Jahresabschluß ist von einem oder mehreren sachverständigen Prüfern zu prüfen.

1. Die Bilanzprüfer sind ein neues selbständiges Organ der AG. Kein Vertretungsorgan in dem Sinne, daß sie für die Gesellschaft zu handeln hätten: sie können nicht die Gesellschaft gemäß § 31 BGB. durch ihre Handlungen haftbar machen; die Bilanzprüfer machen lediglich sich selbst, nicht die Gesellschaft verantwortlich. Sie sind ausschließlich Aufsichtsorgan und nur im Rahmen dieser Aufgabe auch Willensorgan: ihre Kenntnis und ihr Kennenmüssen muß sich die Gesellschaft entgegenhalten lassen. Haben sie den Bestätigungsvermerk des § 262f dem Jahresabschluß gegeben und wird daraufhin der Verwaltung Entlastung erteilt, so kann wegen Verfehlungen des Vorstandes, die aus den vorgelegten Unterlagen des Jahresabschlusses erkennbar waren, gegen den Vorstand nicht mehr Regreß genommen werden (§ 260 Anm. 14); dem steht das Kennenmüssen der Bilanzprüfer entgegen. Nur deren Regreßpflicht kommt regelmäßig noch in Betracht.

Die Bilanzprüfer sind ein selbständiges Organ, unabhängig von Vorstand und Aufsichtsrat, mit eigenen Befugnissen ausgestattet (§ 262d). Inhalt und Umfang ihres Auf-

---

* Vgl. 1. DV. zur Aktienrechtsnovelle vom 15. Dez. 1931 Art. 1 u. 3 (Anhang).

trages bestimmt sich nicht nach Weisungen anderer Organe der Gesellschaft, sondern allein nach dem Gesetz. Die Bilanzprüfer nur ein Hilfsorgan zu nennen, erscheint daher nicht richtig (Schmölder in JW. 1931, 2926). § 262 a.

Über das Verhältnis des Aufsichtsrats zu den Bilanzprüfern und die Abgrenzung der Tätigkeitsgebiete beider Aufsichtsorgane vgl. § 246 Anm. 8 a, über die Abgrenzung der Aufgabe der Bilanzprüfer gegenüber der Geschäftsführung der Verwaltungsorgane vgl. Anm. 10 u. 11.

2. Es müssen sachverständige Prüfer sein. Über ihre Eignung und Auswahl vgl. § 262c. Anm. 2.

3. Ob einer oder mehrere Prüfer bestellt werden, liegt im Ermessen der Generalversammlung Anm. 3.
oder des Gerichts, das mit der Bestellung befaßt wird (§ 262b). Die Entscheidung der Frage hängt von dem Umfang und der Eigenart des Unternehmens ab, dessen Jahresabschluß zu prüfen ist. Die Satzung kann Bestimmungen über die Zahl der Prüfer enthalten.

II. Objekt der Pflichtprüfung. Anm. 4.

Der Pflichtprüfung ist der Jahresabschluß unter Einbeziehung der zugrunde liegenden Buchführung und des Geschäftsberichts unterworfen (Abs. 1).

1. Nur der Jahresabschluß, d. h. die Jahresbilanz und die Gewinn- und Verlustrechnung (§ 260) sind zu prüfen, also nicht etwa übliche regelmäßige Zwischenbilanzen oder sonstige aus besonderem Anlaß aufgestellte Bilanzen, auch nicht die Liquidationseröffnungsbilanz, wohl aber die Jahresbilanzen, die im Liquidationsstadium aufgestellt werden.

2. Eine Prüfung des Jahresabschlusses bedingt ein Zurückgehen auf die ihm zugrunde Anm. 5.
liegende Buchführung. Dies setzt eine Nachprüfung der einzelnen Konten, die in den Bilanzposten zusammengefaßt sind, und eine Nachprüfung der einzelnen Buchungsvorgänge voraus, die in den Konten verzeichnet sind. Dies wiederum erfordert ein Zurückgehen auf die Belege, die für die Buchungen maßgebend waren (vgl. aber Anm. 8).

3. Die Pflichtprüfung hat auch den Geschäftsbericht einzubeziehen (vgl. hierüber Anm. 10 Anm. 6.
und 11).

III. Zeitpunkt der Prüfung. Anm. 7.

Die Prüfung hat zu erfolgen, bevor der Jahresabschluß der Generalversammlung zur Beschlußfassung vorgelegt wird. Nach § 262b soll die Wahl der Prüfer vor dem Ablauf jedes Geschäftsjahres stattfinden; der Vorstand hat den Prüfern den Prüfungsauftrag zu erteilen. Andererseits ist der Jahresabschluß in den ersten drei Monaten des dem Bilanzjahr folgenden Geschäftsjahres oder auf Grund einer weitergehenden Satzungsbestimmung spätestens vor Ablauf der ersten sechs Monate des folgenden Geschäftsjahres der Generalversammlung vorzulegen (§ 260 Abs. 2). Aus dem Zusammenhalt dieser Vorschriften folgt, daß mit der Erteilung des Prüfungsauftrags, wenn die Fristen für die Abhaltung der ordentlichen Generalversammlung innegehalten werden sollen, meist nicht so lange wird gewartet werden können, bis der Jahresabschluß von dem Vorstand fertiggestellt ist. Zu berücksichtigen ist dabei, daß auch noch der Aufsichtsrat die Prüfung des Jahresabschlusses auf Grund des Prüfungsberichts der Bilanzprüfer vornehmen muß (§ 262e). Es ist deshalb zweckmäßig, daß die Prüfung bereits einsetzt, während der Vorstand mit der Aufstellung des Jahresabschlusses befaßt ist und demgemäß der Auftrag zur Prüfung bald nach der Wahl der Bilanzprüfer erteilt wird. Dieses Verfahren hat außerdem den Vorteil, daß der Jahresabschluß von vornherein in Übereinstimmung mit den Ansichten der Prüfer von dem Vorstand aufgestellt wird (Lehmann-Hirsch Anm. 1)*.

IV. Umfang der Prüfung. Anm. 8.

Eine vollständige Untersuchung aller Geschäftsvorgänge ist unmöglich. Sie ist auch nicht notwendig. Ein sachverständiger Prüfer wird durch Stichproben, die er systematisch

---

* Vgl. 1. DV. zur Aktienrechtsnovelle vom 15. Dez. 1931 Art. 3 Abs. 2 (Anhang).

§ 262a. auswählt, sehr bald ein zuverlässiges Bild gewinnen. Die Stichproben müssen nach sachlichen Gebieten und zeitlichen Gesichtspunkten ausgewählt werden. Bei der Prüfung des Jahresabschlusses sind der Abschlußmonat und die vorangegangenen Monate die wichtigsten (vgl. Bork, Die allgemeine Bilanzrevision in Revisions- und Treuhandwesen S. 133, 148 ff., 154 ff.; Klebba in ZBH. 1931, 204 ff.). Für die Prüfung des Geschäftsberichts vgl. insbesondere Anm. 11.

Anm. 9. V. **Inhalt der Prüfung.**

1. Die Prüfung erstreckt sich zunächst auf die formelle Ordnungsmäßigkeit und Richtigkeit des Jahresabschlusses. Er muß äußerlich sachgemäß aufgestellt sein und mit den Büchern übereinstimmen (Anm. 5). Das schließt die Feststellung in sich, ob eine ordnungsmäßige Buchführung vorliegt. Nach § 262a Abs. 2 darf sich aber die Bilanzprüfung nicht hierauf beschränken. Sie hat sich auch auf die Anwendung der §§ 260, 260a und b, § 261, § 261a bis e und § 262 zu erstrecken.

Anm. 10. a) Der Hinweis auf § 260 gibt die allgemeine Zweckbestimmung für die Aufgabe der Bilanzprüfer, die in § 262a festgelegt ist. Nach § 260 beschließt die Generalversammlung über den Jahresabschluß, über die Gewinnverteilung und die Entlastung der Verwaltung. Die Bilanzprüfer haben auf Grund ihrer Prüfung des Geschäftsberichts und des Jahresabschlusses — neben diesen Vorlagen selbst — durch ihren Bericht die Grundlage für die Beschlußfassung der ordentlichen Generalversammlung zu schaffen. Die Bilanzprüfung muß alle die Tatsachen berücksichtigen, die für die Generalversammlung bei der Genehmigung des Jahresabschlusses, bei der Beschlußfassung über die Gewinnverteilung und für die Entlastung der Verwaltung ins Gewicht fallen können. Darauf muß auch der Bericht der Bilanzprüfer abgestellt sein (Lehmann-Hirsch — Anm. 2 — erachten die Bezugnahme auf § 260 für bedeutungslos und nehmen einen Redaktionsfehler an, zumal der I. Entw. in § 118 nicht auf den dem § 260 entsprechenden § 109 verwies).

Das gilt aber nur in der Beschränkung, die sich aus dem Wesen der Bilanzprüfung ergibt. Diese hat nicht die Nachprüfung der Zweckmäßigkeit der geschäftlichen Maßnahmen des Bilanzjahres zum Gegenstand (vgl. Anm. 11). Sie hat kein Werturteil über das Bilanzergebnis und die Geschäftsführung zu fällen, sondern nur die Tatsachen zu ermitteln, die der Generalversammlung die Beurteilung über die Bilanz und die Geschäftsführung ermöglichen.

Daraus folgt auch, daß es nicht Aufgabe der Bilanzprüfer ist, zu dem Vorschlag über Gewinnverteilung und die Entlastung selbst Stellung zu nehmen (Lehmann-Hirsch Anm. 2).

Anm. 11. b) Der Hinweis auf § 260a erfordert eine Nachprüfung des Geschäftsberichts zunächst in bezug auf die Richtigkeit der in ihm angegebenen Tatsachen. Dadurch wird in gewissem Umfang die Pflichtprüfung auch auf die Führung der Geschäfte der Gesellschaft durch Vorstand und Aufsichtsrat erstreckt. Der Ansicht Schmölders (JW. 1931, 2926), daß nach § 262a (im Gegensatz zu § 266 Abs. 1) Akte der Geschäftsführung ausdrücklich nicht der Pflichtprüfung unterworfen seien, kann nicht gefolgt werden. Denn abgesehen von der Einbeziehung des Geschäftsberichts in § 262a Abs. 1 bestimmt § 262a Abs. 2 ausdrücklich, daß sich die Pflichtprüfung auch auf die Anwendung des § 260a, die Vorschrift über den Inhalt des Geschäftsberichts, zu erstrecken habe, und nach § 262f haben die Bilanzprüfer außer der Gesetzmäßigkeit des Jahresabschlusses auch zu bestätigen, daß der Geschäftsbericht den gesetzlichen Vorschriften entspricht. Wollte hiernach die V. die Nachprüfung der Geschäftsführung durch die Bilanzprüfer ausschalten, hätte die Ausdehnung der Pflichtprüfung auf den Geschäftsbericht nicht angeordnet werden dürfen oder auf seine den Jahresabschluß erläuternden Angaben beschränkt werden müssen.

Der Gegenstand der Pflichtprüfung in bezug auf die Geschäftsführung der Verwaltungsorgane bestimmt sich nach dem gesetzlich vorgeschriebenen Inhalt des Geschäftsberichts. Nach § 260a Abs. 1 hat der Geschäftsbericht den Vermögensstand und die Ver-

hältnisse der Gesellschaft zu entwickeln und den Jahresabschluß zu erläutern. In § 262 a.
§ 260a Abs. 2 ist auch die Mitteilung über die Beziehungen der Gesellschaft zu einer abhängigen Gesellschaft und den Konzerngesellschaften erfordert. § 260a Abs. 3 schreibt Angaben über eine Reihe besonders wichtiger vertraglicher Beziehungen u. dgl. vor. Die Pflichtprüfung hat die Ermittlung und Feststellung dieser Verhältnisse zur Aufgabe. Dazu gehört die Feststellung der geschäftlichen Bindungen, ihre Rechtsgültigkeit und ihre Wirkung auf die Lage des Unternehmens. Erhebliche Risiken, die in spekulativen Geschäften liegen oder gar sicher voraussehbare Verluste sind zu beachten, desgleichen schwere Mißstände, die sich aus der Geschäftsführung ergeben haben oder drohen (so auch Schmölder a. a. O.). Sie bilden mit die „Verhältnisse" der Gesellschaft, über die im Geschäftsbericht zu berichten ist und die die Bilanzprüfer nachzuprüfen haben. Dabei ist auf den Gegenstand des Unternehmens und seine Eigenart besonders Rücksicht zu nehmen. So macht z. B. die Pflichtprüfung bei einer Abzahlungsfinanzierungsgesellschaft, deren Fundierung in einer hinreichenden Deckung und Sicherung ihrer Kredite und in einer Beschränkung der im Abzahlungsgeschäft eintretenden Verluste auf eine geringe Quote liegt, eine Nachprüfung der Innehaltung der für derartige Kreditgewährungen maßgeblichen kaufmännischen Grundsätze erforderlich.

Die Pflichtprüfung hat sich auch auf die Vollständigkeit des Geschäftsberichts, wie sie § 260a in seinen Einzelbestimmungen erfordert, zu erstrecken. Damit werden die Bilanzprüfer vor eine besonders schwierige Aufgabe gestellt. Die Nachprüfung des Geschäftsberichts ist nicht nur an Hand der Geschäftsbücher möglich. Der Geschäftsbericht umfaßt nach den in § 260a aufgestellten Erfordernissen eine große Reihe von Vorgängen und Rechtsbeziehungen, die in den Büchern keinen Niederschlag finden. Sie sind nur aus der Korrespondenz ersichtlich oder nur mittelbar aus Buchungen zu entnehmen. Das gilt z. B. von Haftungsverhältnissen der in § 260a Abs. 3 Ziff. 5 genannten Art, von eigenen Aktien, die einem Dritten für Rechnung der Gesellschaft gehören (Ziff. 2), von Poolverträgen der Aktionäre, insbesondere zugunsten einer Konzerngesellschaft (Ziff. 3), von der Zugehörigkeit zu Kartellen (Ziff. 7) und allgemein von Rechtsgeschäften, die noch nicht zur Ausführung gelangt sind und deshalb noch nicht zu Buchungen geführt haben (vgl. § 261a Anm. 10 u. 17). Fehlen im Geschäftsbericht Angaben hierüber, so haben die Bilanzprüfer nicht nur festzustellen, ob derartige Rechtsbeziehungen vorhanden sind, sondern auch weiterhin zu prüfen, ob gemäß § 260a Abs. 4 ihre Erwähnung im Geschäftsbericht im Hinblick auf ein überwiegendes Interesse der Gesellschaft oder der Allgemeinheit unterbleiben kann.

Mit dieser Ermittelung und Feststellung der Tatsachen, welche die Lage des Unternehmens ergeben, ist aber die Grenze der Pflichtprüfung in bezug auf die Geschäftsführung erreicht. Sie hat sich nicht darauf zu erstrecken, ob im allgemeinen die Leitung des Unternehmens durch Vorstand und Aufsichtsrat ordnungsmäßig, zweckentsprechend und erfolgreich gewesen ist, also z. B. nicht darauf, ob die Preiskalkulation richtig und der Marktlage angepaßt ist, ob der Vorstand hinsichtlich der Beaufsichtigung und Förderung des Unternehmens seine Pflichten erfüllt hat, oder ob eine geschäftliche Unternehmung klug oder unvorsichtig in Angriff genommen war. Insoweit ist die Pflichtprüfung in der Tat nicht eine Nachprüfung der Geschäftsführung (vgl. auch Anm. 10).

c) Der Hinweis auf § 260 b und § 261 ergibt, daß die Prüfung im Rahmen dieser Be- Anm. 12.
stimmungen auch **die materielle Richtigkeit des Jahresabschlusses** zum Gegenstand hat (vgl. Voß, Archiv für das Revisions- und Treuhandwesen 1931 S. 180; Klebba in ZBH. 1931, 204). Die Bilanzprüfer haben festzustellen, ob die gesetzlichen Höchstbewertungsvorschriften für die Aktiva und die Mindestbewertungsvorschriften für die Passiva beobachtet sind. Diese Prüfung setzt nicht nur eine große Erfahrung in der Buchführung, sondern Rechtskenntnisse, Branchenkenntnisse und allgemeine volkswirtschaftliche Kenntnis voraus. Sie erfordert bei der Bewertung der Bilanzposten zum wirklichen Wert die Berücksichtigung der Marktlage und der Rentabilität, bei der Nachprüfung der Abschreibungssätze die Abschätzung der Verwendungsdauer, insbesondere im Hinblick auf Einwirkungen tech-

§ 262 a. nischer Neuerungen, der Mode und geschäftlicher Maßnahmen der Konkurrenz, bei der Bewertung des Anlage- und Umlaufsvermögens für den ersten Bilanzansatz die Nachprüfung der Herstellungskosten und die Feststellung des Anteils der Generalunkosten, die den Herstellungskosten nach § 261 Ziff. 1 u. 2 zugerechnet werden dürfen. Das bedeutet eine Nachprüfung der gesamten Kalkulation.

Dagegen ist es nicht Aufgabe der Pflichtprüfung, die materielle Richtigkeit der Bilanz über den Rahmen der §§ 260 b und 261 hinaus nachzuprüfen, z. B. die Bildung stiller Reserven festzustellen (vgl. jedoch Anm. 15).

Anm. 13. d) Der Hinweis auf §§ 261 a bis e bedeutet die Ausdehnung der Pflichtprüfung auf die in diesen Vorschriften enthaltene formale Ausgestaltung des Jahresabschlusses. Haben die Bilanzprüfer gemäß § 261 a in Verb. mit § 260 b allgemein darauf zu achten, ob der Jahresabschluß den Erfordernissen der Bilanzklarheit und -übersichtlichkeit genügt, so macht ihnen die Anwendung der §§ 261 a bis e zur besonderen Pflicht, die Verwendung der in diesen Bestimmungen vorgeschriebenen Formblätter nachzuprüfen und festzustellen, inwieweit Abweichungen hiervon durch den Geschäftszweig der Gesellschaft bedingt sind. Hier ist § 261 b besonders zu beachten, da Bürgschaften und Garantieversprechen aus Buchungen in den Geschäftsbüchern nicht zu ersehen sind. Ferner ist die Nachprüfung der Innehaltung des § 261 a Abs. 3 von besonderer Wichtigkeit.

Anm. 14. e) Der Hinweis auf § 262 besagt, daß die Pflichtprüfung sich auf die ordnungsmäßige Bildung und Verwendung des gesetzlichen Reservefonds in formeller und materieller Beziehung zu erstrecken hat.

Anm. 15. 2. Nach § 262 f ist der Bestätigungsvermerk der Bilanzprüfer nach befriedigendem Ergebnis der Prüfung dahin zu fassen, daß der Jahresabschluß und der Geschäftsbericht den gesetzlichen Vorschriften entsprechen. Hieraus folgern Lehmann-Hirsch (Anm. 2), daß sich die Pflichtprüfung nicht darauf zu erstrecken habe, ob die **Satzungsbestimmungen über die Aufstellung der Bilanz** beachtet sind. Dem ist nicht zu folgen. Zunächst muß die Innehaltung der Satzungsbestimmungen insoweit nachgeprüft werden, als das Gesetz selbst auf die Satzung verweist. Wenn z. B. § 262 vorschreibt, daß in den gesetzlichen Reservefonds mindestens 5 % des Reingewinns einzustellen sind, bis der Reservefonds den zehnten oder den im Gesellschaftsvertrag bestimmten höheren Teil des Grundkapitals erreicht, so entspricht der Jahresabschluß den gesetzlichen Erfordernissen nur dann, wenn der im Gesellschaftsvertrag vorgesehene höhere Betrag des gesetzlichen Reservefonds bei der Aufstellung der Bilanz berücksichtigt ist. Das gilt aber auch von sonstigen Satzungsbestimmungen. Wenn z. B. die Satzung einer Eisenbahngesellschaft die Bildung eines Erneuerungsfonds und die Zuweisung jährlicher Beträge an ihn über das Maß der normalen Mindestabschreibungen hinaus fordert (§ 261 a Anm. 32), so ist der Jahresabschluß nur bei Beachtung dieser Satzungsbestimmung richtig aufgestellt. Ohne weiteres würde dies gelten müssen, wenn die Bildung dieses Erneuerungsfonds durch die Konzessionsurkunde der Eisenbahngesellschaft vorgeschrieben ist. Hier besteht eine öffentlich-rechtliche Verpflichtung. Nicht anders kann es sein, wenn nur die Satzung derartige Vorschriften gibt. Denn die Prüfung des Jahresabschlusses, die § 262 a vorschreibt, kann nur den Jahresabschluß im Auge haben, der von der betreffenden AG. auf Grund ihrer Satzungen aufzustellen ist. Soweit also das Gesetz Raum für dispositive Satzungsbestimmungen läßt, ist nur die Aufstellung des Jahresabschlusses gesetzmäßig, die den vom Gesetz zugelassenen oder im Gesetz vorgesehenen besonderen Satzungsbestimmungen entspricht. Demgemäß muß sich auch die Pflichtprüfung auf deren Beachtung erstrecken. Sie wäre sonst für die Generalversammlung, die nur auf Grund der für die AG. maßgeblichen Satzung den Jahresabschluß genehmigen darf, ein Bruchstück.

Anm. 16. VI. **Rechtliche Natur der Vorschriften über die Pflichtprüfung.**

Gegenüber dem I. Entw. stellt die Regelung der Pflichtprüfung durch die V. eine grundlegende Änderung dar. Nach § 119 Abs. 4 hatte das Gericht, wenn die Generalversammlung die Wahl von Bilanzprüfern unterlassen hatte, von Amts wegen deren Bestellung vorzunehmen. Damit waren die Vorschriften über die Pflichtprüfung zu zwingenden öffentlich-rechtlichen Vorschriften erhoben. § 262b der V. macht die gerichtliche Bestellung der Bilanzprüfer von einem Antrag abhängig. Unterbleibt er, so fällt auch die Pflichtprüfung aus. Sie braucht, wenn Vorstand, Aufsichtsrat und alle Aktionäre einverstanden sind, nicht stattzufinden (ebenso Lehmann-Hirsch § 262b Anm. 5). Damit sind die Vorschriften über die Pflichtprüfung des öffentlich-rechtlichen Charakters entkleidet. Sie sind damit nicht nachgiebiges Recht geworden (a. A.: Lehmann-Hirsch a. a. O.), sondern sind zwingendes Recht (abgesehen von der Sollvorschrift des § 262c Abs. 1): Die Satzung kann nicht von dem Gesetz abweichende Bestimmungen enthalten (vgl. z. B. § 262b Anm. 1). Derartige Satzungsbestimmungen wären nichtig (Staub-Pinner § 273 Anm. 17). Soweit sie bei Inkrafttreten der V. bestehen, werden sie unwirksam. Wohl aber kann im Einzelfall oder in dauernder Übung bei Übereinstimmung aller Beteiligten von der Pflichtprüfung abgesehen werden. Das nimmt keinem der Beteiligten das Recht, im gegebenen Fall die gesetzliche Bilanzprüfung wieder zu fordern und die hierfür in der V. vorgesehenen Befugnisse auszuüben (§ 262b Abs. 4 Satz 1). § 262 a.

Eine Anfechtung des Generalversammlungsbeschlusses, durch den die Wahl eines Bilanzprüfers abgelehnt wird, ist nicht gegeben. Sie ist durch die Sondervorschrift des § 262b Abs. 4 ausgeschlossen, die für diesen Fall die gerichtliche Bestellung des Bilanzprüfers vorsieht (vgl. § 262b Anm. 21).

VII. **Anfechtung des Bilanzgenehmigungsbeschlusses wegen fehlender oder mangelhafter Pflichtprüfung.** Anm. 17.

Schreibt die V. die Pflichtprüfung zwingend vor, so entspricht nur der von den Bilanzprüfern geprüfte Jahresabschluß dem Gesetz. Ein Beschluß, der einen nicht geprüften Jahresabschluß genehmigt, ist daher anfechtbar (Staub-Pinner § 271 Anm. 3). Ob der ohne Prüfung vorgelegte Jahresabschluß richtig ist oder nicht, ist hierbei gleichgültig. Jeder Aktionär hat ein Recht auf die Pflichtprüfung. Eine Ausnahme kann nur für den in Anm. 16 behandelten Fall gelten, daß alle Beteiligten, Vorstand, Aufsichtsrat und sämtliche Aktionäre der Unterlassung der Pflichtprüfung zugestimmt haben. Nur in diesem Fall ist eine Anfechtung des den Jahresabschluß genehmigenden Beschlusses der Generalversammlung wegen fehlender Pflichtprüfung ausgeschlossen, auch wenn inzwischen ein Wechsel in den Aktionären eingetreten ist. Dagegen bleibt das Anfechtungsrecht gegen den Bilanzgenehmigungsbeschluß bestehen, wenn ohne Zustimmung aller Aktionäre, etwa durch Mehrheitsbeschluß, von der Wahl eines Bilanzprüfers abgesehen wurde.

Dem Fall der Unterlassung der Pflichtprüfung ist die Genehmigung des Jahresabschlusses trotz fehlenden Bestätigungsvermerks des Bilanzprüfers gleichzusetzen. Nur der mit dem Bestätigungsvermerk versehene Jahresabschluß ist ordnungsmäßig. Die Genehmigung eines ohne den Bestätigungsvermerk vorgelegten Jahresabschlusses darf nicht erfolgen (vgl. § 260 Anm. 18). Erfolgt sie dennoch, ohne daß den Beanstandungen der Bilanzprüfer von der Mehrheit Rechnung getragen wird, so ist der Beschluß regelmäßig anfechtbar. Hier gilt nur die Ausnahme des § 261e: Beziehen sich die Beanstandungen nur auf die Gliederung des Jahresabschlusses, so ist eine Anfechtung nicht gegeben (§ 261e Anm. 1; vgl. jedoch § 261e Anm. 2).

Der unterlassenen Pflichtprüfung steht ferner die nicht ordnungsmäßige Pflichtprüfung gleich. Hierher gehören die Verstöße gegen § 262c (Wahl eines nicht wahlfähigen Prüfers). Die drei Fälle des § 262c sind grundsätzlich gleich zu behandeln, auch der Fall des § 261c Abs. 1, der nur eine Sollvorschrift darstellt (Staub-Pinner § 271 Anm. 3). Mag ein in der Buchführung nicht sachverständiger Prüfer oder ein von der Gesellschaft abhängiger Prüfer oder ein Aufsichtsratsmitglied der Ge-

§ 262a. sellschaft die Prüfung vorgenommen haben, in jedem Fall ist der Beschluß, der den Jahresabschluß auf Grund einer solchen Prüfung genehmigt, anfechtbar. Nur in Fällen, in denen das Widerspruchsverfahren des § 262b Abs. 2 u. 3 durchgeführt ist oder der Prüfer von dem Gericht gemäß § 262b Abs. 4 bestellt worden ist, muß Abweichendes gelten. Bestimmt § 262 Abs. 3, daß eine Beschwerde gegen die gerichtliche Entscheidung über eine Prüferwahl nicht zulässig ist, und § 262 Abs. 4, daß die gerichtliche Bestellung des Prüfers in den dort genannten Fällen endgültig ist, so ist eine von diesem Prüfer durchgeführte Bilanzprüfung hinsichtlich der Person des Prüfers ordnungsmäßig, selbst wenn ein Verstoß gegen § 262c Abs. 1 und Abs. 2 Satz 1 vorliegen sollte.

Über die Anfechtbarkeit des Entlastungsbeschlusses vgl. § 262e Anm. 10.

Anm. 18. VIII. **Weitere Satzungsbestimmungen über Revisionen.**

Satzungsbestimmungen, die mit der in den §§ 262a bis g vorgesehenen Regelung nicht im Widerspruch stehen, bleiben unberührt, auch soweit sie sich auf die Prüfung des Jahresabschlusses beziehen. Schreibt z. B. die Satzung vor, daß jährlich in der ordentlichen Generalversammlung zwei Bilanzprüfer gewählt werden, so ist diese Bestimmung für die Wahl der Bilanzprüfer maßgebend (vgl. aber § 262b Anm. 11). Dagegen würde eine Vorschrift der Satzung, daß eine bestimmte Prüfungsgesellschaft alljährlich mit der Prüfung des Jahresabschlusses zu betrauen sei, ungültig sein, weil sie die jährliche Wahl der Bilanzprüfer durch die Generalversammlung ausschließt und das Widerspruchsrecht des § 262b Abs. 2 vereitelt. Andererseits kann die Satzung *sonstige Prüfungen*, insbesondere Kontrollen der Geschäftsführung im allgemeinen oder in einzelnen Teilen unter Hinzuziehung sachverständiger Revisoren nach wie vor anordnen, z. B. auch dem Aufsichtsrat die Befugnis geben, die Bestände der Gesellschaft in bestimmten Zeitabschnitten durch Revisoren prüfen zu lassen, oder dem Aufsichtsrat die Verpflichtung hierzu aufzuerlegen. Auch der Generalversammlung kann die Anordnung derartiger Revisionen vorbehalten sein (vgl. die Beispiele bei Flechtheim-Wolff-Schmulewitz S. 118, 262f.).

Abgesehen von Satzungsbestimmungen, hat der *Aufsichtsrat* die Befugnis, jederzeit, falls erforderlich, zur Erfüllung der ihm obliegenden Überwachungspflicht Revisoren zu bestellen und Prüfungen vornehmen zu lassen. Er kann dazu sogar verpflichtet sein, wenn eine Prüfung im Interesse der Gesellschaft gelegen ist und er persönlich diese Prüfung nicht durchführen will oder kann. Das gilt selbst gegenüber der Pflichtprüfung, die durch die von der Generalversammlung gewählten Bilanzprüfer vorgenommen ist, z. B. wenn sie dem Aufsichtsrat nicht vertrauenswürdig erscheinen oder ihre Bilanzprüfung offenbare Mängel zeigt (Pinner, Aktiennovelle S. 27, 28; Lehmann-Hirsch § 262e Anm. 5).

Anm. 19. IX. Art. XIV Abs. 1 Ziff. 2 behält der Reichsregierung allgemeine Anweisungen für die Durchführung der Bilanzprüfung vor. Sie werden insbesondere Bestimmungen über den Umfang und Inhalt der Prüfung (Anm. 8 bis 14) bringen müssen.

§ 262b.

§ 262b.

(1) Die Bilanzprüfer werden von der Generalversammlung gewählt; die Wahl soll vor dem Ablauf jedes Geschäftsjahrs erfolgen. Der Vorstand hat den gewählten Bilanzprüfern den Prüfungsauftrag zu erteilen.

(2) Der Vorstand, der Aufsichtsrat oder eine Minderheit, deren Anteile den zehnten Teil des Grundkapitals erreichen, sind berechtigt, im Interesse der Gesellschaft gegen die Auswahl der Bilanzprüfer zum Protokoll der Generalversammlung Widerspruch zu erheben. Der Widerspruch der Minderheit ist nur zu berücksichtigen, wenn glaubhaft gemacht wird, daß die die Minderheit bildenden Aktionäre seit mindestens drei Monaten, von der General-

versammlung zurückgerechnet, Inhaber der Aktien sind; zur Glaubhaftmachung genügt eine Versicherung an Eides Statt vor einem Gericht oder einem Notar. § 262 b.

(3) Über den Widerspruch entscheidet nach Anhörung der Beteiligten das Gericht des Sitzes der Gesellschaft; die Entscheidung unterliegt nicht der Beschwerde. Wird dem Widerspruch stattgegeben, so hat das Gericht nach Anhörung der amtlichen Vertretung des Handelsstandes andere Bilanzprüfer zu bestellen; die Bestellung ist endgültig.

(4) Hat die Generalversammlung Bilanzprüfer nicht gewählt, so hat auf Antrag des Vorstandes, des Aufsichtsrats oder eines Aktionärs das im Abs. 3 bezeichnete Gericht nach Anhörung der amtlichen Vertretung des Handelsstandes die Bilanzprüfer zu bestellen; die Bestellung ist endgültig. Das gleiche gilt für den Fall, daß ein gewählter Bilanzprüfer die Annahme des Prüfungsauftrags ablehnt, wegfällt oder an dem rechtzeitigen Abschluß der Prüfung verhindert ist und nicht die Generalversammlung einen anderen Prüfer wählt.

(5) Die Wahl zum Bilanzprüfer kann auch vor dem Abschluß der Prüfung durch die Generalversammlung widerrufen werden; ist der Bilanzprüfer durch das Gericht bestellt, so steht die Befugnis zum Widerruf auf Antrag des Vorstandes dem Gericht zu.

§ 262b enthält die Vorschriften über die Bestellung der Bilanzprüfer, das Widerspruchsverfahren und den Widerruf der Bestellung. Er ist im wesentlichen dem § 119 I. Entw. nachgebildet; neu ist Abs. 5, der den Widerruf der Bestellung regelt. Zu unterscheiden ist die Wahl der Prüfer durch die Generalversammlung und ihre Bestellung durch das Gericht. Einleitung.

I. Wahl der Bilanzprüfer durch die Generalversammlung (Abs. 1). Anm. 1.

1. a) Die Bilanzprüfer werden durch die Generalversammlung gewählt. Die Wahl ist in die Hände der Generalversammlung, nicht in die des Aufsichtsrats (wie in VAG. § 58) gelegt, damit die Unabhängigkeit der Prüfer möglichst gewahrt bleibt (Schmölder in JW. 1931, 2926). Mit Rücksicht auf die zwingende Natur der Vorschrift ist eine Delegation der Wahlbefugnis auf den Aufsichtsrat unzulässig (vgl. § 262a Anm. 16).

Die Bestimmung, daß die Wahl durch die Generalversammlung zu erfolgen hat, begründet für Vorstand und Aufsichtsrat die Verpflichtung, eine Versammlung zu diesem Zweck unter Ankündigung des Gegenstandes der Tagesordnung einzuberufen. Über den Zeitpunkt der Wahl besagt § 262b nur, daß sie vor dem Ablauf des Geschäftsjahres erfolgen soll. Es steht hiernach der Verwaltung frei, die Wahl in der ordentlichen Generalversammlung oder in einer außerordentlichen Generalversammlung des Bilanzjahres vornehmen zu lassen. Die Wahl ist auch gültig, wenn die Sollvorschrift nicht beachtet wird und die Wahl erst nach Ablauf des Geschäftsjahres vorgenommen wird. Das gilt jedoch nur so lange, bis etwa gemäß Abs. 3 Bilanzprüfer von dem Gericht bestellt sind (Anm. 11). Es kann nicht zwei Arten von Bilanzprüfern im gesetzlichen Sinne nebeneinander geben. Die Bestellung eines Bilanzprüfers durch das Gericht schließt die Wahl der Bilanzprüfer durch die Generalversammlung aus. Etwa von ihr gewählte und vom Vorstand beauftragte weitere Prüfer sind nicht „die Bilanzprüfer" im Sinne der V. Sie würden als solche nur in Funktion treten können, wenn das Gericht die Bestellung der von ihm bestellten Prüfer widerruft (Lehmann-Hirsch Anm. 1). Ist die Wahl der Bilanzprüfer versäumt worden und auch eine gerichtliche Bestellung gemäß Abs. 4 nicht erfolgt, so kann die ordentliche Generalversammlung die Nachholung der Bilanzprüfung beschließen und die Wahl der Bilanzprüfer vornehmen (a. A.: Lehmann-Hirsch Anm. 1,

§ 262 b. die in diesem Falle eine Prüfung der Bilanz nur noch nach Maßgabe der §§ 266 ff. zulassen wollen). Der Ankündigung dieses Gegenstandes in der Einladung bedarf es hier nicht, da die Bilanzgenehmigung auf der Tagesordnung steht (§ 266 Anm. 2; Staub-Pinner § 256 Anm. 5).

Anm. 2. b) Es können ein oder mehrere Bilanzprüfer gewählt werden. Die Wahl muß bestimmt sein. Die Wahl mehrerer darf nicht in dem Sinne erfolgen, daß dem Vorstand die engere Auswahl überlassen bleibt; wohl aber kann sie dahin gehen, daß mehrere Bilanzprüfer miteinander oder nacheinander für das Amt bestimmt werden. Die hilfsweise Bestimmung wird sich vielfach empfehlen, um eine Ersatzwahl durch eine Generalversammlung oder die gerichtliche Bestellung eines Ersatzprüfers (Abs. 4) zu vermeiden (Lehmann-Hirsch Anm. 1).

Anm. 3. c) Die Wahl soll auf solche Personen oder Gesellschaften beschränkt werden, die nach § 262 c Abs. 1 die Eignung zum Bilanzprüfer haben (vgl. § 262c Anm. 1). Über die Folgen der Nichtbeachtung dieser Vorschrift vgl. Anm. 8 und § 262 c Anm. 3. Über die Nichtwählbarkeit von Personen vgl. § 262c Anm. 4 ff.

Anm. 3a. d) Die Wahl erfolgt stets nur für die Prüfung eines einzelnen Jahresabschlusses. Das ist aus Wortlaut, Sinn und Zweck des § 262a Abs. 1 und § 262b Abs. 1 zu entnehmen.

Anm. 4. 2. **Der Prüfungsvertrag.** Die Wahl des Bilanzprüfers ist ein interner Akt, durch den sich die Gesellschaft das Organ des Bilanzprüfers schafft (v. Thur, Allg. Teil BGB. S. 521). Der Vorstand hat das zur Durchführung des Wahlbeschlusses Erforderliche zu veranlassen. Er erteilt demgemäß den von der Generalversammlung gewählten Bilanzprüfern den Prüfungsauftrag (Abs. 1 Satz 2). D. h. der Vorstand schließt namens der Gesellschaft mit den gewählten Personen den Prüfungsvertrag. Er ist **Werkvertrag**, da er auf Erstattung eines Prüfungsberichts gerichtet ist, nicht Dienstvertrag (ebenso Lehmann-Hirsch Anm. 2; a. A.: Koenige PrivVUntGes. § 58 Anm. 5b; vgl. Enneccerus-Lehmann II S. 536 Anm. 7), und zwar ein Werkvertrag, der eine Geschäftsbesorgung zum Gegenstand hat (BGB. § 675; Enneccerus-Lehmann II S. 535). Sein Inhalt liegt, soweit es sich um die den Prüfern obliegende Leistung handelt, durch die gesetzlichen Vorschriften (§§ 262a, 262e und f) fest. Es bedarf nur der Einigung über die dem Bilanzprüfer zu gewährende Vergütung. Wird hierüber eine Vereinbarung bei Abschluß des Prüfungsvertrages nicht getroffen, so gilt die Vergütung als stillschweigend vereinbart (§ 632 BGB.): wenn eine Taxe besteht, ist die taxmäßige, in Ermangelung einer Taxe die übliche Vergütung als vereinbart anzusehen. Kommt eine Einigung über die Vergütung nicht zustande, so ist ein Fall der Ablehnung des Prüfungsauftrages gegeben (Abs. 4 Satz 2). Es erfolgt die Bestellung eines Prüfers seitens des Gerichts (Anm. 15).

Anm. 5. Im einzelnen ergibt die Anwendung der Vorschriften des BGB. über den Werkvertrag (§§ 631 ff.) in Verb. mit § 675 folgendes, wobei zu beachten ist, daß die besonderen Vorschriften der V. vorgehen:

a) Die Bilanzprüfer sind nicht verpflichtet, den Prüfungsauftrag anzunehmen. Soweit sie aber zu den öffentlich bestellten Wirtschaftsprüfern (§ 262c Einleitung) gehören oder sich öffentlich zu Bilanzprüfungen erboten haben, sind sie verpflichtet, die Ablehnung des Auftrags unverzüglich anzuzeigen (§ 663 Satz 1). Die Versäumung der Anzeige macht schadensersatzpflichtig.

Die Bilanzprüfer haben den Auftrag selbst unter eigener Verantwortung auszuführen. Eine Übertragung des Auftrags ist ausgeschlossen (§ 664 Abs. 1 Satz 1; V. § 262b). Die Zuziehung von Gehilfen ist dagegen gestattet (§ 664 Abs. 1 Satz 3; vgl. auch V. § 262g).

b) Weisungen des Auftraggebers sind, soweit die gesetzliche Bilanzprüfung in Betracht kommt, nicht zu beachten. Die von den Bilanzprüfern zu erfüllende Aufgabe ist gesetzlich festgelegt (§§ 262a, 262 e und f). Weisungen des Auftraggebers sind nur insoweit zu befolgen, als ein über den gesetzlichen Umfang der Bilanzprüfung hinausgehender Auftrag erteilt ist (§ 262a Anm. 18).

c) Der Bilanzprüfer hat ein mangelfreies Werk herzustellen, d. h. einen Prüfungsbericht zu erstatten, der alles berücksichtigt, was nach dem Gesetz und den kaufmännischen Grundsätzen ordnungsmäßiger Revisionen zu beachten ist. Für ein bestimmtes Ergebnis des Berichts haftet der Bilanzprüfer selbstverständlich nicht. — Lieferung eines mangelhaften Werkes oder Verzug in der Herstellung des Werkes geben der Gesellschaft die Rechtsbehelfe der §§ 633 f., 636 BGB. Hinsichtlich der Ausübung dieser Rechtsbehelfe gilt das unter h über die Kündignug Gesagte entsprechend (vgl. auch Abs. 4 Satz 2). **§ 262 b.**

d) Die Gesellschaft hat den Prüfungsbericht „abzunehmen" (§ 640 BGB.). Einwendungen hat der Aufsichtsrat zu erheben, dem nach § 262e Abs. 2 der Bericht vorzulegen ist.

e) Die Gesellschaft hat bei der Prüfung mitzuwirken (§ 262d). Kommt der Vorstand hierbei in Verzug, so kann der Bilanzprüfer Ersatz etwaiger Mehraufwendungen (BGB. § 304) und eine angemessene Entschädigung fordern (BGB. § 642); er kann nach Fristsetzung auch den Prüfungsvertrag kündigen (§ 643) und Zahlung einer der geleisteten Arbeit entsprechenden Vergütung verlangen (§ 645). Er kann aber auch, ohne die verweigerten Auskünfte oder Unterlagen abzuwarten, seinen Prüfungsbericht abschließen und darin den Bestätigungsvermerk des § 262f ablehnen. Der Anspruch auf die vereinbarte Vergütung wird ihm dadurch nicht genommen.

f) Der Bilanzprüfer ist verpflichtet, dem Vorstand und Aufsichtsrat Auskunft über den Stand der Arbeiten und ihr Ergebnis zu geben, soweit dies die Interessen der Gesellschaft erfordern (z. B. zwecks Festsetzung des Termins der ordentlichen Generalversammlung) und soweit dies mit dem Zweck der Bilanzprüfung vereinbar ist (BGB. § 666; vgl. § 262a Anm. 10).

g) Der Bilanzprüfer ist berechtigt, Vorschuß zu verlangen, wenn zur Ausführung des Auftrages Aufwendungen erforderlich sind (z. B. für Reisen; nicht dagegen für die Aufwendung der eigenen Arbeitskraft und derjenigen der Gehilfen; BGB. § 669), und Ersatz der gemachten Aufwendungen zu fordern.

h) Der Prüfungsvertrag kann seitens der Gesellschaft jederzeit gekündigt werden (BGB. § 649); dem Bilanzprüfer steht ein Kündigungsrecht nur im Falle des § 643 BGB. (oben zu e) zu; § 675 in Verb. mit § 671 BGB. kommt nicht in Betracht. Durch § 261a Abs. 5 ist das Kündigungsrecht der Gesellschaft beschränkt. Es kann nicht ohne weiteres von dem Vorstand namens der Gesellschaft ausgeübt werden. Voraussetzung hierfür ist der Widerruf der Wahl des Bilanzprüfers durch die Generalversammlung. Eine ohne diesen Widerruf vorgenommene Kündigung des Vorstandes ist unwirksam. Der Vorstand kann nicht das zu seiner Kontrolle bestellte Organ beseitigen.

Der Bilanzprüfer behält den Anspruch auf Vergütung nach Maßgabe des § 649 BGB. Abweichendes gilt bei einer Kündigung wegen nicht rechtzeitiger Erledigung des Prüfungsauftrages (BGB. § 636) usw.

II. **Das Widerspruchsrecht gegen die Wahl der Bilanzprüfer (Abs. 2).** Anm. 6.

1. Die Widerspruchsberechtigten. Zunächst sind der Vorstand und der Aufsichtsrat zum Widerspruch berechtigt. Das Recht steht jedem der beiden Organe, nicht dagegen einem einzelnen seiner Mitglieder zu (vgl. Staub-Pinner § 271 Anm. 14). Widerspruchsberechtigt ist ferner eine Minderheit, deren Anteile den zehnten Teil des Grundkapitals erreichen; auf die Höhe ihres Stimmrechts kommt es dabei nicht an, sondern allein auf ihre Kapitalbeteiligung.

   Über die Verpflichtung zum Widerspruch vgl. z. B. § 262c Anm. 8.

2. Form des Widerspruchs. Der Widerspruch ist zu Protokoll der Generalversammlung zu erheben. Gemeint ist die Generalversammlung, die die Wahl der Prüfer vorgenommen hat. Ist in ihr die Erhebung des Widerspruchs versäumt, so entfällt die Möglichkeit des Widerspruchsverfahrens. Nur die Einberufung einer neuen Generalversammlung könnte in Frage kommen. § 271, der das Anfechtungsrecht Aktionären auch dann gibt, Anm. 7.

§ 262 b. wenn sie unberechtigterweise zur Generalversammlung nicht zugelassen waren oder sofern die Berufung der Versammlung nicht gehörig erfolgt ist, ist nicht entsprechend anzuwenden.

Anm. 8. 3. Voraussetzungen des Widerspruchs. Er muß im Interesse der Gesellschaft gelegen sein. Das Interesse der Gesellschaft erfordert die Wahl eines in jeder Beziehung hochqualifizierten Bilanzprüfers. Er muß sachverständig, unabhängig und zuverlässig sein. Erfüllt der gewählte Prüfer diese Voraussetzungen nicht, so liegt die Bestellung eines anderen im Interesse der Gesellschaft. So widerstreitet eine Verletzung des § 262c Abs. 2 stets dem Interesse der Gesellschaft und wird daher stets zur Begründung des Widerspruchs ausreichen*.

Das Widerspruchsrecht der Minderheit ist ferner von einem mindestens dreimonatigen Aktienbesitz abhängig (vgl. § 230a und Anm. hierzu). Die Dauer des Aktienbesitzes ist glaubhaft zu machen; hierfür genügt eine Versicherung an Eides Statt, die vor einem Gericht oder einem Notar abzugeben ist.

Anm. 9. 4. Das Widerspruchsrecht schließt die Anfechtung des Wahlbeschlusses gemäß § 271 aus. Die Sondervorschrift des § 262b Abs. 3 geht der allgemeinen Vorschrift des § 271 vor. Die Durchführung eines Anfechtungsprozesses würde die rechtzeitige Pflichtprüfung vereiteln. Lehmann-Hirsch (§ 262c Anm. 1) stimmen dem grundsätzlich zu, nehmen aber (§ 262c Anm. 4) an, daß bei einer Verletzung des § 262c Abs. 2 Satz 1 das Anfechtungsrecht des § 271 neben dem Widerspruchsrecht des § 262b gegeben sei. Dem ist mit Rücksicht auf den besonderen Zweck des Widerspruchsverfahrens nicht beizupflichten (vgl. auch Anm. 13). Es ist auch nicht anzunehmen, daß zwei Verfahren nebeneinander gegeben sein sollen, zumal das Widerspruchsrecht nur einer Minderheit von $^1/_{10}$ des Grundkapitals zusteht, während das Anfechtungsrecht jeder einzelne Aktionär hätte (vgl. des Näheren § 262c Anm. 6).

Anm. 10. 5. Widerspruchsverfahren (Abs. 3).

a) Zuständig für die Entscheidung über den Widerspruch ist das Amtsgericht, in dessen Bezirk der Sitz der Gesellschaft liegt, also das für die Gesellschaft zuständige Registergericht. Mangels einer Vorschrift darüber, wer die Entscheidung des Gerichts zu beantragen hat, ist anzunehmen, daß der, welcher den Widerspruch zu Protokoll der Generalversammlung erhoben hat, antragsberechtigt ist. Dem Antrag wird eine Ausfertigung oder beglaubigte Abschrift des Protokolls beizufügen sein. Es wird aber, auch wenn der Aufsichtsrat oder eine Minderheit der Aktionäre den Widerspruch erhoben hat, der Vorstand den Antrag stellen können. Andernfalls wäre eine ungebührliche Verzögerung der Pflichtprüfung möglich, da vor Entscheidung über den Widerspruch der Vorstand den Prüfungsvertrag mit den von der Generalversammlung gewählten Bilanzprüfern nicht abschließen darf.

Aktionäre, die in der Generalversammlung Widerspruch nicht erhoben, haben, auch wenn sie in ihr nicht vertreten waren, weder das Widerspruchsrecht noch, falls vom Vorstand, Aufsichtsrat oder anderen Aktionären Widerspruch erhoben wurde, das Recht, die gerichtliche Entscheidung zu beantragen (vgl. Anm. 7).

Anm. 11. c) Das Verfahren richtet sich nach den Vorschriften des FGG., soweit nicht § 262b Sondervorschriften enthält**. Vor der Entscheidung hat das Gericht die Beteiligten zu hören. Zu diesen gehört nicht der gewählte Prüfer (a. A.: Lehmann-Hirsch Anm. 4). Er kann, solange der Prüfungsauftrag nicht erteilt ist, nicht Beteiligter sein. Das Gericht entscheidet nach freiem Ermessen unter ausschließlicher Berücksichtigung des Interesses der Gesellschaft (Anm. 8). Die Entscheidung geht entweder dahin, daß der Widerspruch zurückgewiesen oder daß ihm stattgegeben wird. Im letzteren Fall hat das Gericht in der Entscheidung andere Bilanzprüfer zu bestellen. Hierüber ist vorher die zuständige amtliche Vertretung

* Vgl. aber 1. DV. zur Aktienrechtsnovelle vom 15. Dez. 1931 Art. 5 und Anm. hierzu (Anhang).

** Vgl. 1. DV. zur Aktienrechtsnovelle vom 15. Dez. 1931 Art. 6 (Anhang).

des Handelsstandes zu hören. Bei der Entscheidung ist hinsichtlich der Auswahl des Prüfers § 262c zu beachten. Die Entscheidung kann auch dahin ergehen, daß statt eines gewählten Bilanzprüfers zwei andere Prüfer bestellt werden oder daß neben dem gewählten Bilanzprüfer ein weiterer Prüfer bestellt wird oder daß an Stelle zweier gewählter Prüfer nur einer tritt. An Satzungsbestimmungen, die eine bestimmte Zahl oder gar eine bestimmte Prüfungsgesellschaft als Bilanzprüfer vorsehen, ist das Gericht nicht gebunden. § 262 b.

d) Die Kosten des Verfahrens kann das Gericht nach seinem Ermessen dem unterliegenden Teil auferlegen: der Gesellschaft, wenn dem Widerspruch stattgegeben wird, andernfalls dem, der den Widerspruch erhoben hat (§ 200 FGG. und Art. 9 PrFGG.). Das gilt auch dann, wenn der Vorstand oder der Aufsichtsrat den Widerspruch erhob. Er kann die aufgewendeten Kosten von der Gesellschaft nicht erstattet verlangen; dem würde die Entscheidung des Gerichts entgegenstehen, daß der Widerspruch nicht durch das Interesse der Gesellschaft geboten war. Anm. 12.

e) Eine Beschwerde gegen die Entscheidung ist ausgeschlossen. Die Bestellung des neuen Bilanzprüfers ist endgültig. Die B. bezweckt eine schleunige Durchführung des Verfahrens, um die Pflichtprüfung sicherzustellen. Über den Widerruf der Bestellung vgl. Anm. 24. Anm. 13.

f) Wirkung der Entscheidung. Durch die Entscheidung, die dem Widerspruch stattgibt, wird der Beschluß der Generalversammlung über die Wahl der Bilanzprüfer außer Kraft gesetzt. Der Vorstand kann und darf die gewählten Prüfer nicht zu Bilanzprüfern im Sinne des Gesetzes bestellen. Durch die Entscheidung sind gleichzeitig neue Prüfer bestellt. Hierüber vgl. Anm. 15 ff. Die Entscheidung ist wirksam mit der Zustellung an den Bilanzprüfer (§ 16 FGG.). Anm. 14.

II. Die Bestellung der Bilanzprüfer durch das Gericht. Anm. 15.

Zu unterscheiden sind die beiden Fälle des Abs. 3 und des Abs. 4: die Bestellung von Ersatzprüfern an Stelle der von der Generalversammlung gewählten und die Bestellung von Bilanzprüfern mangels einer Wahl der Generalversammlung. Über den ersten Fall vgl. Anm. 11. Für den letzteren Fall gilt folgendes:

1. Voraussetzungen der gerichtlichen Bestellung in den Fällen des Abs. 4. Anm. 16.

a) Die Generalversammlung hat entweder Bilanzprüfer überhaupt nicht gewählt (Satz 1). Dem ist der Fall gleichzustellen, daß die Wahl auf eine nicht wählbare Person gefallen ist, z. B. auf ein Vorstandsmitglied (§ 262c Abs. 2 Satz 2 und Anm. 7 hierzu; ebenso Lehmann-Hirsch § 262c Anm. 5).

b) Oder die Generalversammlung hat die Wahl eines Ersatzprüfers unterlassen, nachdem ein gewählter Bilanzprüfer die Annahme des Prüfungsauftrages abgelehnt hat, weggefallen ist oder an dem rechtzeitigen Abschluß der Prüfung verhindert ist. Eine Ablehnung des Prüfungsauftrags liegt auch vor, wenn eine Einigung zwischen Vorstand und Prüfer über die Höhe der Vergütung nicht zustande kommt. Fortfall des Bilanzprüfers ist gegeben, wenn er stirbt oder sein Amt niederlegt oder seine Wahl oder Bestellung widerrufen ist. Die Liquidation der Prüfungsgesellschaft fällt nicht hierunter (sie kann auch im Liquidationsstadium die laufenden Geschäfte fortführen), wohl aber ihr Konkurs. Ferner sind entsprechend auch die Fälle zu behandeln, in denen der Vorstand den Prüfungsauftrag überhaupt nicht erteilt oder die Prüfungsgesellschaft ihren als Wirtschaftsprüfer zugelassenen Inhaber verliert (vgl. weitere Fälle bei Lehmann-Hirsch Anm. 6). Anm. 17.

Tritt ein solcher Fall ein, so sind Vorstand und Aufsichtsrat verpflichtet, eine außerordentliche Generalversammlung zur Wahl eines Ersatzmannes einzuberufen. Das gilt auch dann, wenn von mehreren bestellten Bilanzprüfern nur in der Person des einen ein Hinderungsgrund eintritt, die Bestellung aber zur gemeinsamen Erledigung des Prüfungsauftrags erfolgt war.

Nimmt die Generalversammlung die Wahl des Ersatzmannes nicht vor oder haben Vorstand und Aufsichtsrat die Einberufung der Generalversammlung verabsäumt, so ist die Voraussetzung für die gerichtliche Bestellung des Ersatzmannes gegeben.

§ 262 b. Anm. 18. c) Abs. 4 Satz 2 spricht nur von dem Fortfall oder der Behinderung eines gewählten Bilanzprüfers. Fällt ein vom Gericht gemäß Abs. 3 oder Abs. 4 Satz 1 bestellter Prüfer fort, so braucht nicht erst die Wahl eines Ersatzmannes durch die Generalversammlung abgewartet zu werden (vgl. Anm. 19). Die Generalversammlung hat dadurch, daß sie es zur gerichtlichen Bestellung des Bilanzprüfers kommen ließ, ihr Vorrecht verwirkt. Das Gericht ist zuständig, den Ersatzmann zu bestellen (a. A.: Lehmann-Hirsch Anm. 6). Wählt aber in diesem Fall eine Generalversammlung den Ersatzmann, bevor die gerichtliche Bestellung beantragt ist, so ist die Wahl gültig, unbeschadet des Widerspruchsrechts gemäß Abs. 2.

Anm. 19. 2. Die gerichtliche Bestellung erfolgt nur **auf Antrag**.

Antragsberechtigt ist der Vorstand, der Aufsichtsrat und jeder Aktionär. Nur den Organen als solchen, nicht den einzelnen Mitgliedern des Vorstandes oder Aufsichtsrats steht das Antragsrecht zu.

Der Antrag kann erst gestellt werden, wenn feststeht, daß die Wahl des Bilanzprüfers und seines Ersatzmannes nicht oder nicht rechtzeitig erfolgt. Es muß also stets der Ablauf des Bilanzjahres abgewartet werden (§ 262b Abs. 1 und hierzu Anm. 1)*. Handelt es sich um die Bestellung eines Ersatzmannes, so werden Vorstand und Aufsichtsrat den Antrag erst stellen können, wenn sie eine Generalversammlung zur Wahl des Ersatzmannes einberufen haben, die Wahl in ihr aber nicht vorgenommen worden ist. Die Fassung des Abs. 4 Satz 2 zeigt deutlich, daß das Wahlrecht der Generalversammlung der gerichtlichen Bestellung vorgeht. Der Aktionär kann die Bestellung des Ersatzmannes erst beantragen, wenn die Einberufung der Generalversammlung von Vorstand oder Aufsichtsrat ungebührlich verzögert wird.

Lehmann-Hirsch (Anm. 6) nehmen an, daß das Recht auf gerichtliche Bestellung des Bilanzprüfers spätestens mit der Einberufung der Generalversammlung erlischt, die über den Jahresabschluß zu beschließen hat. Dem kann nicht beigepflichtet werden. Die Generalversammlung kann vertagt, der in ihr gefaßte Bilanzgenehmigungsbeschluß angefochten werden (vgl. § 262a Anm. 17). Deshalb erscheint es nach dem Zweck der V., die entgegenstehende Bestimmungen nicht aufweist, erforderlich, das Antragsrecht jedem Aktionär bis zur Abhaltung der Generalversammlung, die den Jahresabschluß festzusetzen hat, zu gewähren. Es bleibt auch über diesen Zeitpunkt hinaus bestehen, wenn der Bilanzgenehmigungsbeschluß angefochten wird.

Anm. 20. 3. Das Verfahren.

Es gilt hinsichtlich der Zuständigkeit des Gerichts, der Auswahl des Prüfers, des Ausschlusses jeden Rechtsmittels und der Kosten des Verfahrens das in Anm. 10 bis 13 Gesagte. Eine Abweichung ergibt sich in folgendem Punkte:

Vor der Entscheidung ist nur die amtliche Vertretung des Handelsstandes zu hören. Empfehlen wird sich meist, insbesondere wenn es sich um den Antrag eines Aktionärs handelt, auch die Anhörung der Gesellschaft.

Anm. 21. 4. Das Antragsrecht des Abs. 4 schließt eine Anfechtung des Generalversammlungsbeschlusses, der die Wahl eines Bilanzprüfers ablehnt, aus.

Die Sonderbestimmung des § 262b Abs. 4 geht dem § 271 vor (vgl. Anm. 9).

Anm. 22. 5. **Die Stellung des gerichtlich bestellten Bilanzprüfers.**

Durch den öffentlichrechtlichen Akt der Bestellung wird das schuldrechtliche Rechtsverhältnis zwischen Gesellschaft und Bilanzprüfer noch nicht begründet. Es bedarf der ausdrücklichen oder stillschweigenden Annahme durch den Bilanzprüfer. Eine Pflicht hierzu besteht nicht. War die Bereitwilligkeit zur Annahme bereits vorher erklärt, kommt durch die Zustellung der Bestellung an den Bilanzprüfer das Rechtsverhältnis zustande. Die gerichtliche Bestellung ersetzt hiernach die Wahl des Prüfers durch die Generalversammlung und die Erteilung des Prüfungsauftrages durch den Vorstand.

---

* Vgl. aber 1. DV. zur Aktienrechtsnovelle vom 15. Dez. 1931 Art. 3 Abs. 2 (Anhang).

Was die Art des schuldrechtlichen Rechtsverhältnisses betrifft, so wird man § 262 b. mit Rücksicht auf die Organstellung des Prüfers innerhalb der Gesellschaft ein zivilrechtliches Vertragsverhältnis anzunehmen haben. Zwischen der Gesellschaft und dem Prüfer kommt ein Prüfungsvertrag der in den Anm. 4 u. 5 behandelten Art zustande. Er weist aber insofern Besonderheiten auf, als dies durch die öffentlichrechtliche Bestellung des Prüfers und die Sonderbestimmungen für seine Abberufung bedingt ist. Mit Rücksicht hierauf kann man von einem amtsähnlichen Charakter seiner Stellung sprechen (so Staub-Pinner § 266 Anm. 6 für die dort behandelten Prüfer; vgl. hier § 266 Anm. 8).

Es scheiden hiernach alle zivilrechtlichen Momente für die Begründung des Rechtsverhältnisses aus (wie Irrtumsanfechtung usw.), ferner alle zivilrechtlichen Rechtsbehelfe für die Auflösung des Vertragsverhältnisses (Fristsetzung, Rücktritt vom Vertrage, Kündigung). Der Widerruf der Bestellung ist dem Gericht vorbehalten (Abs. 5, vgl. Anm. 25). Nur der Vorstand hat das Recht, den Widerruf zu beantragen. Dagegen gelten im übrigen die für den Prüfungsvertrag in den Anm. 4 u. 5 behandelten Grundsätze. Kommt der Prüfer seinen Verpflichtungen nicht nach, so kann die Gesellschaft selbständig den Anspruch auf Erstattung des Berichtes und die aus dem Verzuge oder sonstiger Vertragsverletzung sich ergebenden Schadensersatzansprüche geltend machen. Der Prüfer hat seinerseits den zivilrechtlichen Anspruch auf Vergütung. Ihre Festsetzung durch das Gericht ist nicht vorgesehen. Die Prüfer haben gemäß § 632 BGB. Anspruch auf die taxmäßige oder die übliche Vergütung. Einer Vereinbarung der Vergütung mit der Gesellschaft steht nichts im Wege. Kommt sie nicht zustande, berührt dies die Gültigkeit der Bestellung nicht. Der Prüfer wird aber, ohne daß ihn Verzugsfolgen treffen, berechtigt sein, sein Amt niederzulegen, wenn die Gesellschaft seinen Anspruch auf die taxmäßige oder übliche Vergütung nicht anerkennt.

Für die Geltendmachung der Ansprüche, die sich aus der Verletzung der gesetzlichen Treupflicht des Prüfers ergeben (§ 262f), besteht kein Unterschied hinsichtlich des gewählten und des gerichtlich bestellten Bilanzprüfers.

III. Widerruf der Wahl oder der Bestellung (Abs. 5). Anm. 23.

1. Solange nicht der Prüfungsauftrag ausgeführt ist, d. h. der Prüfungsbericht dem Aufsichtsrat vorgelegt ist, kann jederzeit die Wahl des Bilanzprüfers durch die Generalversammlung widerrufen werden. Der Beschluß ist dem Prüfer durch den Vorstand mitzuteilen. Der Widerruf wird durch Zugang dieser Mitteilung an den Prüfer wirksam (vgl. Staub-Pinner § 231 Anm. 16) und stellt gleichzeitig die Kündigung des Prüfungsvertrages dar (Anm. 5 zu h).

2. Der Widerruf der gerichtlichen Bestellung eines Prüfers erfolgt durch das Gericht. Er- Anm. 24. forderlich ist ein Antrag des Vorstandes. Eine Anwendung des § 18 FGG., der die selbständige Befugnis des Gerichts zur Abänderung seiner Entscheidung vorsieht, kommt nicht in Betracht. § 262 b Abs. 5 ist die lex specialis gegenüber § 18 FGG. Der Vorstand ist aber verpflichtet, den Antrag zu stellen, wenn z. B. dem Gericht bei der Bestellung des Prüfers ein Verstoß gegen § 262 c unterlaufen ist oder wenn sich der Prüfer als ungeeignet herausstellt. Eine Versäumung der Pflicht begründet unter Umständen die Ersatzpflicht gemäß § 241. — Der Widerruf kann jederzeit erfolgen; nur die zeitliche Grenze „vor dem Abschluß der Prüfung" gilt auch hier. Der Widerruf ist mit der Zustellung der gerichtlichen Verfügung an den Prüfer wirksam.

3. Der Widerruf kann ohne Begründung erfolgen (Lehmann-Hirsch Anm. 8), auch, Anm. 25. wenn das Gericht ihn ausspricht (Schlegelberger FGG. § 16 Anm. 3). Der Grund kann z. B. in Unfähigkeit oder vertragswidrigem Verhalten des Bilanzprüfers oder in einer Verletzung der Vorschriften des § 262c liegen. Von der Berechtigung des Widerrufs hängt es ab, ob durch ihn die Ansprüche des Prüfers aus dem Prüfungsvertrag berührt werden oder nicht. Der Widerruf des Gerichts enthält die fristlose Kündigung des Prüfungsvertrages. Der Widerruf der Generalversammlung ist die Anweisung an den Vorstand, den

§ 262 b. Prüfungsvertrag fristlos zu kündigen. Materiell gilt in beiden Fällen das in Anm. 5 zu h Gesagte.

Anm. 26. 4. Beschwerde ist gegen den gerichtlichen Widerruf nach den Vorschriften des FGG. zulässig. Abs. 5 bestimmt im Gegensatz zu Abs. 3 u. 4 nicht, daß der Widerruf endgültig sei. Das Beschwerderecht hat der Prüfer, aber auch der Vorstand, sofern die Gesellschaft beschwert ist. Das trifft insbesondere zu, wenn eine finanzielle Mehrbelastung der Gesellschaft durch den Widerruf und die dadurch notwendig werdende Bestellung eines anderen Prüfers entsteht.

§ 262 c.

§ 262c.

(1) Als Bilanzprüfer sollen nur gewählt oder bestellt werden

1. Personen, die in der Buchführung ausreichend vorgebildet und erfahren sind;
2. Prüfungsgesellschaften, von deren Inhabern, Vorstandsmitgliedern oder Geschäftsführern mindestens einer die in Nr. 1 bezeichneten Eigenschaften besitzt*.

(2) Prüfer, auf deren Geschäftsführung die zu prüfende Gesellschaft maßgebenden Einfluß hat, dürfen als Bilanzprüfer weder gewählt noch bestellt werden. Vorstands- und Aufsichtsratsmitglieder und Angestellte der Gesellschaft können nicht als Bilanzprüfer gewählt oder bestellt werden.

Einleitung. Die Auswahl der geeigneten Persönlichkeiten für die Durchführung der Pflichtprüfungen ist von ausschlaggebender Bedeutung dafür, daß die Pflichtprüfung den von ihr erhofften Erfolg bringt und sich bewährt. Nur sachkundige und **unabhängige,** jedem Einfluß unzugängliche Persönlichkeiten können der Aufgabe, die den Bilanzprüfern durch die V. gestellt ist, gerecht werden. Es ist daher entscheidend, daß an die Eignung der auszuwählenden Personen nach Sachkenntnis, Berufserfahrung, Charakter und gesicherter Lebensstellung die höchsten Anforderungen gestellt werden.

Der I. Entw. hatte in § 120 Bestimmungen über die Auswahl der Bilanzprüfer und über die Nichtwählbarkeit, die personae inhabiles, getroffen. § 262c der V. ist mit einzelnen Abweichungen dieser Vorschrift nachgebildet. Inzwischen ist eine Vereinbarung zwischen Reich und Ländern, die sog. „Ländervereinbarung"*, zustande gekommen, welche die Grundsätze für die öffentliche Bestellung der **„öffentlich bestellten Wirtschaftsprüfer"** aufgestellt hat. Sie sieht die Errichtung einer „Hauptstelle für die öffentlich bestellten Wirtschaftsprüfer" bei dem Deutschen Industrie- und Handelstag vor. In ihr sind die Vertreter der maßgebenden Verbände (auch ein Vertreter der Anwaltschaft) und der Zulassungsstellen der Länder sowie ein Reichskommissar vertreten. Ihre Aufgabe ist es, die einheitlichen Grundsätze für das Reich zur Durchführung der Ländervereinbarung aufzustellen. Die Ländervereinbarung enthält ferner Bestimmungen über die Zulassungs- und Prüfungsstellen, die Art der Bestellung der Prüfer (Beeidigung), die Überwachung der Berufsausübung der Prüfer, den Widerruf der Bestellung bei Unzuverlässigkeit und sonstiger mangelnder Eignung sowie Überleitungsvorschriften.

Die Hauptstelle ist gebildet worden und hat am 27. Juli 1931 ihre Satzung beschlossen, die Bestimmungen über die Errichtung und das Verfahren der Zulassungs- und Prüfungsstellen erlassen, die Zulassungsbedingungen festgelegt und eine Prüfungsordnung gegeben. Hierdurch sind die Voraussetzungen für die Schaffung eines qualifizierten Berufsstandes der Wirtschaftsprüfer geschaffen.

Art. XIV ermächtigt die Reichsregierung, die zur Durchführung erforderlichen Rechtsverordnungen und allgemeinen Verwaltungsvorschriften zu erlassen. Sie kann insbesondere

---

* Vgl. 1. DV. zur Aktienrechtsnovelle vom 15. Dez. 1931 Art. 5 und Anlage dazu (Anhang).

die Befähigung zur Ausübung der Tätigkeit als Bilanzprüfer von besonderen Voraussetzungen abhängig machen. Es ist anzunehmen, daß die zugelassenen „öffentlichen Wirtschaftsprüfer" als die zur Bilanzprüfung geeigneten Personen bestimmt werden*. § 262 c.

I. Die Eignung zum Bilanzprüfer. Anm. 1.

§ 262c unterscheidet Einzelpersonen und Gesellschaften.

1. Einzelpersonen. Als Bilanzprüfer sollen nur solche Personen gewählt oder bestellt werden, die in der Buchführung ausreichend vorgebildet und erfahren sind. Die „öffentlichen Wirtschaftsprüfer" werden diese Voraussetzung stets erfüllen. Durch ihre Wahl oder Bestellung wird daher dem Erfordernis des § 262c stets genügt sein. Solange aber durch besondere Verordnung oder Verwaltungsvorschrift Wahl und Bestellung der Bilanzprüfer nicht auf die öffentlichen Wirtschaftsprüfer beschränkt ist, werden auch andere Personen in Betracht kommen, sofern sie nur die gleichen Fachkenntnisse im Buchführungswesen besitzen, wie sie von den öffentlichen Wirtschaftsprüfern verlangt werden. Dabei ist unter ausreichender Fachkenntnis im Buchführungswesen nicht nur die Kenntnis der Regeln der Buchhaltung, sondern die Sachkunde auf dem gesamten Gebiet des Buchführungs- und Bilanzwesens zu verstehen. Vielfach wird für die Bilanzprüfung besondere Branchekenntnis erforderlich sein (vgl. § 262a Anm. 12). Es kann sich daher empfehlen, neben dem eigentlichen Buch- und Bilanzsachverständigen einen branchekundigen Bilanzprüfer zu bestellen. Die V. gibt, solange Ausführungsbestimmungen dies nicht verbieten, hierzu die Möglichkeit**.

2. Prüfungsgesellschaften. Nach § 120 I. Entw. war die Eignung der Prüfungsgesellschaften davon abhängig, daß ihre Inhaber oder gesetzlichen Vertreter die Eigenschaften besitzen, die für Einzelpersonen als Bilanzprüfer vorgeschrieben sind. § 262c begnügt sich damit, daß mindestens ein Inhaber, Vorstandsmitglied oder Geschäftsführer diese Voraussetzung erfüllt. Der Liquidator ist den Vorstandsmitgliedern und Geschäftsführern gleichzustellen. Anm. 2.

3. § 262c Abs. 1 ist eine Sollvorschrift. Die Wahl oder Bestellung eines Prüfers, der ihren Voraussetzungen nicht entspricht, ist nicht nichtig. Gegen die Wahl eines solchen Prüfers ist ausschließlich das Widerspruchsrecht des § 262b Abs. 2 gegeben. Anfechtung des Generalversammlungsbeschlusses ist versagt (§ 262b Anm. 9). Gegen die gerichtliche Bestellung eines solchen Prüfers gibt es keinen Rechtsbehelf. Das Gericht kann aber auf Antrag die Bestellung widerrufen (§ 262b Abs. 5). Anm. 3.

II. Nichtwählbarkeit. Anm. 4.

1. Prüfer, auf deren Geschäftsführung die zu prüfende Gesellschaft maßgebenden Einfluß hat, dürfen als Bilanzprüfer weder gewählt noch bestellt werden (Abs. 2 Satz 1).

a) § 120 I. Entw. betraf mit der entsprechenden Vorschrift nur Gesellschaften. Die Bestimmung der V. paßt in ihrer Fassung schlecht auf Einzelpersonen, ist aber offensichtlich auch für sie gedacht. Da Vorstands- und Aufsichtsratsmitglieder sowie Angestellte der Gesellschaft in Satz 2 besonders behandelt sind, werden unter die Bestimmung nur solche Einzelpersonen fallen, die, ohne angestellt zu sein, mit der Gesellschaft durch ein auf längere Dauer berechnetes Vertragsverhältnis verbunden sind (ebenso Lehmann-Hirsch Anm. 2): z. B. ein Anwalt, der im Syndikatsverhältnis zur Gesellschaft steht, oder ein selbständiger Buchsachverständiger, der fortlaufend die Buchführung der Gesellschaft zu überwachen hat. Verwandtschaftliche Beziehungen gehören nicht hierher (Lehmann-Hirsch Anm. 3). Sie begründen nicht einen maßgebenden Einfluß auf die Geschäftsführung. Lehmann-Hirsch (a. a. O.) ziehen mit Recht die Grenze zwischen rechtlichem Einfluß und rein tatsächlichem Einfluß. Nur der erstere ist nach § 262c erheblich.

---

* Dies ist in Art. 5 der 1. DV. vom 15. Dez. 1931 geschehen (Anhang).

** Art. 5 der 1. DV. vom 15. Dez. 1931 (Anhang) bringt die Beschränkung auf die öffentlich bestellten Wirtschaftsprüfer.

§ 262c. Anm. 5. b) Prüfungsgesellschaften. § 120 I. Entw. (vgl. VAG. § 59 Abs. 2) schloß die Wählbarkeit aus, wenn auf die Prüfungsgesellschaft Mitglieder des Vorstandes oder Aufsichtsrats der zu prüfenden Gesellschaft maßgebenden Einfluß haben. § 262c Abs. 2 der V. läßt diesen Einfluß einzelner Mitglieder dieser Organe nicht genügen, er fordert vielmehr einen maßgebenden Einfluß der zu prüfenden Gesellschaft selbst auf die Prüfungsgesellschaft. Die Vorschrift der V. ist also weniger streng. Um so mehr muß eine ausdehnende Auslegung der Vorschrift des Abs. 2 Satz 1 den Anforderungen, die an die Unabhängigkeit der Prüfer zu stellen sind, gerecht werden. Ob der Einfluß auf vertraglicher Bindung der beiden Gesellschaften oder kapitalmäßiger oder stimmenmäßiger Beteiligung der AG. an der Prüfungsgesellschaft beruht, ob er sich in der Verwaltung der Prüfungsgesellschaft, in deren Vorstand oder Aufsichtsrat oder nur in deren Generalversammlung auswirkt, ist gleichgültig (Lehmann-Hirsch Anm. 2). Die Fassung ist absichtlich allgemein gefaßt, um der Rechtspraxis die angemessene Entwicklung zu ermöglichen (Schmölder in JW. 1931, 2926). Entsprechend den in Anm. 4 entwickelten Grundsätzen ist eine Prüfungsgesellschaft nicht wählbar, wenn sie zu der zu prüfenden Gesellschaft in einem dauernden Vertragsverhältnis steht, z. B. für die AG., abgesehen von der Pflichtprüfung, regelmäßig sonstige Kontrollen durchführt oder treuhänderisch tätig ist. Eine Prüfungsgesellschaft, die neben der Pflichtprüfung in der AG. oder für sie weitere Aufgaben zu erledigen hat oder durch geschäftliche Rücksichten gebunden ist, erfüllt nicht mehr die Voraussetzung der Unparteilichkeit und Unabhängigkeit.

Anm. 6. c) Die rechtliche Bedeutung der Nichtwählbarkeit. Die V. sagt, daß die bezeichneten Prüfer weder gewählt noch bestellt werden dürfen. Es entsteht damit die Frage, ob eine Verletzung dieser Bestimmung andere Rechtsfolgen hat als die Verletzung der Sollvorschrift des Abs. 1. Schmölder (JW. 1931, 2927) und Lehmann-Hirsch (Anm. 4) geben neben dem Widerspruchsrecht das Anfechtungsrecht aus § 271, wenn es sich um die Wahl des Bilanzprüfers handelt. Für die gerichtliche Bestellung des Bilanzprüfers geben Lehmann-Hirsch zu, daß ein Rechtsbehelf nicht gegeben ist (abgesehen von dem Widerruf auf Antrag). Schon das läßt erkennen, daß eine verschiedene Behandlung der Vorschriften des Abs. 1 und des Abs. 2 Satz 1 nicht angängig ist. Gegen eine diese Vorschriften verletzende Wahl ist das Widerspruchsrecht als besonderer, dem Bedürfnis der Bestellung und ihrer Dringlichkeit angepaßter Rechtsbehelf gegeben. § 262b geht als Sondervorschrift dem § 271 vor (§ 262b Anm. 9).

Schmölder (JW. 1931, 2926) vertritt die Meinung, daß die Wahl einer nach § 262c Abs. 2 Satz 1 nicht wahlfähigen Person nichtig und eine von dieser Person durchgeführte Bilanzprüfung als Pflichtprüfung im Sinne des Gesetzes nicht anzusehen sei. Das erscheint zu weitgehend, steht auch im Widerspruch mit der von Schmölder (a. a. O. S. 2927) angenommenen Anfechtbarkeit des Wahlbeschlusses. Gerade im Hinblick auf den absichtlich allgemein und wenig scharf gefaßten Wortlaut der Bestimmung ist es höchst bedenklich, die Nichtigkeit der Wahl und der Bestellung derartiger Prüfer anzunehmen. Das würde eine große Rechtsunsicherheit heraufbeschwören. Das Widerspruchsverfahren führt demgegenüber schnell die erforderliche Klarheit der Rechtslage herbei. Es wird Sache der in diesem Verfahren entscheidenden Gerichte sein, an die Auslegung des § 262c Abs. 2 Satz 1 einen strengen Maßstab anzulegen.

Anm. 7. 2. Passiv nicht wahlfähig sind ferner Vorstands- und Aufsichtsratsmitglieder sowie Angestellte der Gesellschaft (Abs. 2 Satz 2).

Sie können nicht als Bilanzprüfer gewählt oder bestellt werden. Werden die Bilanzprüfer nachträglich, während sie für die Gesellschaft den Prüfungsauftrag erledigen, in deren Vorstand oder Aufsichtsrat gewählt oder bei der Gesellschaft angestellt, so liegt ein Fall des § 262b Abs. 4 Satz 2 vor.

Die rechtliche Bedeutung der Vorschrift ist verschieden von der Bedeutung der übrigen Vorschriften des § 262c. Wenn es heißt, daß die genannten Personen als Bilanzprüfer nicht gewählt oder bestellt werden können, so muß ihre Wahl oder Bestellung als nichtig angesehen werden (ebenso Lehmann-Hirsch Anm. 5). Einer Anfechtung des Wahlbeschlusses bedarf es nicht, auch nicht des Widerspruchs gemäß § 262b Abs. 2. Es liegt ein Fall des § 262b Abs. 4 Satz 1 vor: die Generalversammlung hat einen Bilanzprüfer nicht gewählt. Eine von ihm durchgeführte Prüfung ist nicht die Pflichtprüfung im Sinne des Gesetzes (vgl. z. B. § 268). Die Gründe, mit denen diese Ansicht für § 262c Abs. 2 Satz 1 abgelehnt wurde (vgl. Anm. 6), treffen hier nicht zu. Wer Vorstands- oder Aufsichtsratsmitglied oder Angestellter der Gesellschaft ist, darüber kann regelmäßig kein Zweifel obwalten; die Unzulässigkeit und Nichtigkeit der Wahl oder Belastung einer solchen Person wird meist klar zutage liegen. § 262c.

III. **Pflichten des Vorstandes und Aufsichtsrats aus § 262c.** Anm. 8.

Beide Organe sind verantwortlich dafür, daß die Vorschriften des § 262c beachtet werden. Sie haben von dem Widerspruchsrecht und Antragsrecht des § 262b Abs. 3 u. 4 Gebrauch zu machen, wenn gegen § 262c verstoßen wird. Das folgt aus der ihnen obliegenden allgemeinen Sorgfaltspflicht (§§ 241, 249). Haben sie aber die Generalversammlung vor der Wahl eines nach § 262c nicht wählbaren Prüfers auf die der Wahl entgegenstehenden Umstände aufmerksam gemacht und wird die Wahl trotzdem vorgenommen, so haben sie zwar das Recht, aber nicht mehr die Pflicht, gegen die Wahl die gesetzlichen Rechtsbehelfe anzuwenden.

§ 262d.

§ 262d.

(1) Der Vorstand hat den Bilanzprüfern die Einsicht der Bücher und Schriften der Gesellschaft sowie die Untersuchung des Bestandes der Gesellschaftskasse und der Bestände an Wertpapieren und Waren zu gestatten.

(2) Die Bilanzprüfer können vom Vorstand alle Aufklärungen und Nachweise verlangen, welche die sorgfältige Erfüllung der ihnen obliegenden Prüfungspflicht erfordert.

§ 262d regelt das **Auskunftsrecht der Bilanzprüfer** und die diesem Recht entsprechende **Auskunftspflicht des Vorstandes.** Die Vorschrift ist dem § 121 I. Entw. nachgebildet. Sie entspricht dem § 246, der die Auskunftspflicht des Vorstandes gegenüber dem Aufsichtsrat regelt (vgl. § 246 Anm. 4ff.). Einleitung.

1. Der Vorstand hat den Bilanzprüfern die Einsicht der Bücher und Schriften der Gesellschaft und die Untersuchung ihrer Bestände zu gestatten (Abs. 1). Die gleiche Pflicht besteht nach § 246 gegenüber dem Aufsichtsrat. Auf die Anm. 4ff. zu § 246 wird verwiesen. Ohne das uneingeschränkte Recht der Bilanzprüfer auf Buch- und Schrifteneinsicht und auf Untersuchung der Bestände wäre eine ordnungsmäßige Bilanzprüfung nicht durchführbar. Anm. 1.

2. Der Vorstand hat ferner den Bilanzprüfern alle Aufklärungen und Nachweise zu geben (Abs. 2). Diese Verpflichtung ist, wie bei dem Aufsichtsrecht des Aufsichtsrats (§ 246 Abs. 1 Satz 2), die notwendige Ergänzung zur Vorlegungspflicht des Abs. 1. Sie findet ihre Grenze in der Aufgabe des Bilanzprüfers. Er kann Aufklärungen nur insoweit verlangen, als es zur sorgfältigen Erfüllung der ihm obliegenden Prüfungspflicht erforderlich ist. Über den Inhalt der Pflichtprüfung vgl. § 261a Anm. 9 bis 15. Die dort umschriebene Aufgabe der Pflichtprüfung ergibt den Umfang der Aufklärungspflicht des Vorstandes. Eine Berufung auf ein überwiegendes Interesse der Gesellschaft an Geheimhaltung (§ 260a Abs. 4) ist gegenüber dem Bilanzprüfer ausgeschlossen. Vor ihm gibt es keine Geheimnisse. Dem entspricht seine gesetzlich begründete Schweigepflicht (§ 262g) und die Strafbarkeit ihrer Verletzung (§ 318a). Dem trägt auch die Vor- Anm. 2.

§ 262d. schrift des § 262e Abs. 2 Rechnung, derzufolge der Prüfungsbericht des Bilanzprüfers nicht der Generalversammlung, sondern dem Aufsichtsrat vorzulegen ist.

Anm. 3. 3. Der Vorstand kann zur Auskunftserteilung auch Angestellte der Gesellschaft den Bilanzprüfern zur Verfügung stellen. Die Bilanzprüfer brauchen sich hiermit nicht zu begnügen und werden es vielfach nicht dürfen. Die Auskunftserteilung durch Angestellte ist ein Hilfsmittel, das praktisch, insbesondere bei großen Unternehmungen, nicht wird entbehrt werden können. Die eigene Verpflichtung des Vorstands zur Aufklärung wird dadurch nicht berührt.

Anm. 4. 4. Die Geltendmachung der Rechte des Bilanzprüfers. Ein Klagerecht hat der Bilanzprüfer gegen den Vorstand nicht. Mangels besonderer gesetzlicher Vorschrift kann der Bilanzprüfer die Gesellschaft gegenüber dem Vorstand nicht vertreten. Der Bilanzprüfer ist nicht „besonderer Vertreter" der Gesellschaft im Sinne des § 268 Abs. 2. Nur der Aufsichtsrat kann im Wege der Klage oder der einstweiligen Verfügung auf Ersuchen des Bilanzprüfers seine eigenen Aufsichtsrechte durchsetzen (§ 247 Abs. 2) und auf diesem Wege dem Bilanzprüfer die notwendige Aufklärung verschaffen. Ein Generalversammlungsbeschluß, der den Aufsichtsrat zur Erhebung der Klage ermächtigt, ist nicht erforderlich.

Der Bilanzprüfer braucht nicht die Aufklärung erzwingen zu lassen. Er kann sich damit begnügen, gemäß § 262e Abs. 1 Satz 2 festzustellen, daß er die verlangten Aufklärungen und Nachweise nicht erhalten hat, und den Bestätigungsvermerk des § 262f zu verweigern. Es ist dann Sache der Generalversammlung, hieraus die Folgerungen zu ziehen.

Über die Wirkung des geschilderten Verhaltens des Vorstandes auf den Prüfungsvertrag, insbesondere im Falle einer Niederlegung der Prüfung, vgl. § 262b Anm. 5 zu e.

§ 262e.

§ 262e.

(1) Die Bilanzprüfer haben über das Ergebnis der Prüfung schriftlich zu berichten. In dem Bericht ist besonders festzustellen, ob die Buchführung, der Jahresabschluß und der Geschäftsbericht den Vorschriften der §§ 260, 260a und b, § 261, §§ 261a bis e, § 262 entsprechen und ob der Vorstand die verlangten Aufklärungen und Nachweise geliefert hat. Die Prüfer haben den Bericht zu unterzeichnen.

(2) Der Bericht ist dem Aufsichtsrate vorzulegen. Jedes Mitglied des Aufsichtsrats ist berechtigt, den Bericht einzusehen.

(3) Der Aufsichtsrat hat in seinen Bemerkungen zum Geschäftsbericht anzugeben, durch welche Stelle die Bilanzprüfung stattgefunden hat, und zu dem Berichte der Bilanzprüfer Stellung zu nehmen; er hat ferner in der Generalversammlung, die über den Jahresabschluß zu beschließen hat, Auskunft darüber zu erteilen, ob die Prüfung nach ihrem abschließenden Ergebnis zu wesentlichen Beanstandungen Anlaß gegeben hat oder nicht.

Einleitung. Die Vorschrift des § 262e über den **Prüfungsbericht** enthält gegenüber § 122 I. Entw. wesentliche Änderungen. Nach § 122 I. Entw. war der Prüfungsbericht dem Vorstand vorzulegen. Dieser hatte in der Generalversammlung über das Ergebnis des Berichts Auskunft zu erteilen. Diese Regelung stellte eine nicht glückliche Verteilung der Zuständigkeiten dar: Der Vorstand, der zunächst den Bericht erhielt, konnte auf eine Abänderung im Falle ungünstiger Berichterstattung hinwirken; vor allem aber hatte er, der durch die Prüfung Beaufsichtigte, selbst darüber zu entscheiden, was er der Generalversammlung mitteilen und worüber er sich verantworten wollte. Andererseits war dem Aufsichtsrat durch ausdrückliche gesetzliche Vorschrift die Stellungnahme zu dem Prüfungsbericht nicht auferlegt. Seine Rechte und Pflichten, die aus dem etwaigen ungünstigen Ergebnis eines Berichts erwuchsen, ergaben sich aus seinen allgemeinen Obliegenheiten (§ 249); der Aufsichtsrat hatte für Abhilfe der aus dem Bericht ersichtlichen Beanstandungen, insbesondere für eine Richtigstellung etwa gerügter Fehler der Bilanz und für Abstellung etwaiger Mißstände in der Geschäftsführung Sorge zu tragen. Er durfte vor allem auch eine etwaige unvollständige oder falsche Auskunft des Vorstandes über das Ergebnis des Prüfungsberichts in der Generalversammlung nicht zulassen, sondern hätte in diesem Fall selbst wahrheitsgemäß berichten müssen. **§ 262 e.**

Vergleicht man hiermit die Regelung der V., so ist eine zweckmäßigere Verteilung der Zuständigkeiten festzustellen. Diese Regelung aber als einen „Strukturwandel" des Aufsichtsrates zu bezeichnen (so Lehmann-Hirsch Vorbem. vor Art. VI S. 117), besteht kein Grund. Im Gegensatz zu dem I. Entw. bestimmt die V., daß der Prüfungsbericht dem Aufsichtsrat vorzulegen sei und dieser schriftlich zu dem Bericht Stellung zu nehmen sowie in der Generalversammlung darüber Auskunft zu geben habe, ob wesentliche Beanstandungen im Prüfungsbericht enthalten seien. Rechtlich ist damit dem Vorstand eine Einwirkung auf das Ergebnis des Prüfungsberichts genommen; praktisch wird die Zusammenarbeit des Bilanzprüfers und des Vorstandes (§ 262d) notwendig dazu führen, daß der Vorstand den Beanstandungen des Prüfers hinsichtlich der Abfassung des Geschäftsberichts und des Bilanzentwurfes von vornherein Rechnung trägt, um den Bestätigungsvermerk des Prüfers gemäß § 262f zu erhalten (vgl. § 262a Anm. 7 und Lehmann-Hirsch § 262a Anm. 1). Rechtlich war auch nach dem I. Entw. der Aufsichtsrat nicht einer selbständigen Prüfung des Prüfungsberichts enthoben, und ob er nicht schriftlich zu dem Prüfungsbericht Stellung zu nehmen und nicht selbst über dessen Ergebnis in der Generalversammlung zu berichten hat, sondern nur über die ordnungsmäßige Berichterstattung des Vorstandes zu wachen hat, macht praktisch einen Unterschied in der rechtlichen Verantwortlichkeit kaum aus.

I. Der Prüfungsbericht. **Anm. 1.**

1. Die den Bilanzprüfern obliegende Aufgabe liegt in der Erstattung des Prüfungsberichts. Er ist das Werk, das sie herzustellen haben (§ 262b Anm. 4). Zu berichten ist über das Ergebnis der Prüfung (Abs. 1 Satz 1). Der Bericht muß es wahrheitsgemäß und vollständig darstellen (vgl. § 318a Anm. 6, 8 u. 9). Wie die Prüfung selbst gewissenhaft und unparteiisch vorzunehmen ist, muß auch der Prüfungsbericht, das Schlußstück der Prüfung, diesen Erfordernissen entsprechen. Objektivität und vollste Offenlegung ohne Rücksicht und Schonung, aber in gerechter Würdigung der getroffenen Feststellungen müssen die Leitgedanken des Prüfungsberichts sein.

2. Form des Berichts. Der Bericht ist schriftlich zu erstatten (Abs. 1 Satz 1). Er ist von den Prüfern zu unterzeichnen (Abs. 1 Satz 3). § 122 I. Entw. schrieb ausdrücklich vor, daß die Unterzeichnung von sämtlichen Prüfern zu erfolgen habe. Das gleiche gilt nach der V. Besteht eine Meinungsverschiedenheit zwischen den Prüfern, so wird sie zum Ausdruck zu bringen sein, entweder im Bericht selbst oder in einem besonderen Vermerk, den der die abweichende Ansicht vertretende Prüfer seiner Unterschrift beifügt. **Anm. 2.**

3. Inhalt des Berichts. Der Inhalt des Berichts bestimmt sich nach dem Gegenstand und dem Inhalt der Prüfung (vgl. hierüber § 262a Anm. 4 bis 6 und 9 bis 15). § 262e Abs. 1 Satz 2 verlangt die besondere Feststellung, ob die Buchführung, der Jahresabschluß und der Geschäftsbericht den Vorschriften der §§ 260, 260a und b, §§ 261, 261 a bis e und § 262 entsprechen. Dabei ist auch zu beachten, ob die Satzungsbestimmungen über Buchführung, Jahresabschluß und Geschäftsbericht befolgt sind (§ 262a Anm. 15). Ist die Feststellung negativ, muß auch gesagt werden, inwiefern die Vorschriften außer acht gelassen sind. Ein Muster für die Aufstellung eines reinen Bilanzprüfungsberichts gibt Eich in „Revisions- und Treuhandwesen" S. 254 (Grundriß der Betriebswirtschaftslehre Bd. 10). Das Muster wäre durch die weiteren Erfordernisse, die die V. auch hinsichtlich der Nachprüfung des Geschäftsberichts aufstellt, zu ergänzen. **Anm. 3.**

Ferner ist besonders festzustellen, ob der Vorstand die gemäß § 262d verlangten Aufklärungen und Nachweise geliefert hat. Die negative Feststellung

§ 262e. ist wiederum durch die Angabe zu ergänzen, zu welchen Fragen die Aufklärungen verweigert oder Nachweise nicht beigebracht wurden oder werden konnten.

Anm. 4. 4. Verletzung der Verpflichtung zur Berichterstattung. Erstattet der Bilanzprüfer den Prüfungsbericht nicht, so kommt es für eine Schadensersatzpflicht des Prüfers auf den Grund der Ablehnung an (vgl. § 262b Anm. 5 u. 22). Erfolgt die Ablehnung ohne Grund, so verliert der Prüfer den Anspruch auf Vergütung und ist zur Erstattung etwaiger Mehraufwendungen, die durch Einberufung einer neuen Generalversammlung od. dgl. entstehen, verpflichtet. Die Organe der Gesellschaft oder die Aktionäre helfen sich durch § 262b Abs. 4. Während sich diese Schadensersatzpflicht nach dem Prüfungsvertrag und den auf ihn anzuwendenden Vorschriften des bürgerlichen Rechts richtet, bestimmt sich die Schadensersatzpflicht wegen Verletzung der Prüfungs- und Verschwiegenheitspflichten nach § 262g.

Anm. 5. II. **Vorlegung des Prüfungsberichts an den Aufsichtsrat.**

Der Bericht ist dem Aufsichtsrat als Gesamtorgan vorzulegen (Abs. 2 Satz 1). Die Übergabe erfolgt an dessen Vorsitzenden. Das einzelne Mitglied des Aufsichtsrats hat nicht das Recht, Abschrift des Berichts zu verlangen. Es hat nur das Recht auf Einsicht in den Bericht (Satz 2). Dieses Recht steht auch den Betriebsratsmitgliedern zu.

Das Recht auf Kenntnisnahme schließt nicht das Recht auf eigene Abschriftnahme oder Herausgabe des Berichts in sich (Lehmann-Hirsch Anm. 2). Der Aufsichtsrat kann aber anders beschließen, eine Vervielfältigung des Berichts und seine Verteilung unter einzelne oder alle Mitglieder des Aufsichtsrats anordnen (Lehmann-Hirsch a. a. O.).

Satzungsbestimmungen können das Recht der Einsichtnahme nicht beschneiden, auch nicht die Vorlegung des Berichts an den Vorstand, an Stelle des Aufsichtsrats, vorschreiben (vgl. § 262a Anm. 16). Dagegen können sie die Zuleitung des Berichts an jedes Aufsichtsratsmitglied vorsehen (Lehmann-Hirsch a. a. O.).

Anm. 6. III. **Die Prüfungs- und Berichterstattungspflicht des Aufsichtsrats.**

1. Hierüber vgl. § 246 Anm. 8a. Die Pflichtprüfung durch die besonderen Bilanzprüfer entbindet den Aufsichtsrat nicht von seiner Verpflichtung, den Geschäftsbericht und Jahresabschluß einer eigenen Prüfung unter selbständiger Verantwortung zu unterziehen. Er hat zu dem Bericht der Bilanzprüfer Stellung zu nehmen (Abs. 3). Sind ihm aus seiner Überwachungs- oder Verwaltungstätigkeit Tatsachen bekannt, die dem Bilanzprüfer entgangen sind oder verschwiegen wurden, oder würdigt der Aufsichtsrat Vorgänge abweichend von der Beurteilung des Bilanzprüfers, so hat der Aufsichtsrat dies zum Ausdruck zu bringen. Seine Stellungnahme erfolgt in seinen Bemerkungen zum Geschäftsbericht (§ 260 Abs. 2 und § 262e Abs. 3). In welcher Weise er Stellung nimmt, ob er die etwaige gegenteilige Meinung des Bilanzprüfers mitteilt und seine eigene Ansicht entwickelt oder nur allgemein gehaltene Erklärungen über die Verschiedenheit der Beurteilung abgibt, liegt im Einzelfall in dem pflichtmäßigen Ermessen des Aufsichtsrats. Er hat dabei einerseits den mit dem Geschäftsbericht verbundenen Zweck der Aufklärung der Generalversammlung (§ 260a), andererseits das etwaige Interesse der Gesellschaft an Geheimhaltung zu berücksichtigen (§ 260a Abs. 4).

Besonders anzugeben ist, wer die Pflichtprüfung vorgenommen hat. Das ist wichtig, wenn der Bilanzprüfer nicht von der Generalversammlung, sondern von dem Gericht bestellt ist und die Unterschrift des Bilanzprüfers unter dem Bestätigungsvermerk des § 262f seine Person nicht erkennen läßt oder der Bestätigungsvermerk verweigert ist. Die Angabe hat den vollen Namen und die Anschrift des Bilanzprüfers zu enthalten.

Anm. 7. 2. Neben dieser schriftlichen Stellungnahme steht die **Berichterstattung in der Generalversammlung.** Der Generalversammlung wird der Prüfungsbericht nicht vorgelegt. Sie erhält nur den Geschäftsbericht und den Entwurf des Jahresabschlusses mit den Bemerkungen des Aufsichtsrats und dem Bestätigungsvermerk des Bilanzprüfers (§ 262f) als Vorlagen zur Vorbereitung ihrer Beschlußfassungen. Einen Ersatz bietet die mündliche Berichterstattung über das Ergebnis der Pflichtprüfung (Abs. 3). Nicht aber der Bilanzprüfer selbst, auch nicht der Vorstand, sondern der Aufsichtsrat hat in der Generalversammlung hierüber zu berichten. Die Auskunft hat sich darauf zu erstrecken, ob die Pflichtprüfung nach ihrem abschließenden Ergebnis zu wesentlichen Beanstandungen Anlaß gegeben hat oder nicht. Meist werden Vorstand oder Aufsichtsrat vor der Generalversammlung dafür Sorge getragen haben, daß derartige Beanstandungen behoben sind und der Bilanzprüfer den Bestätigungsvermerk gemäß § 262f gibt. Dann ist über diese, nunmehr beseitigten Anstände regelmäßig nicht mehr Auskunft zu geben. Das „abschließende" Ergebnis der Prüfung kennt die vorher gerügten Mängel und Fehler nicht mehr. Ferner beschränkt sich die Auskunftserteilung auf „wesentliche" Beanstandungen. Was wesentlich ist, ergibt sich aus dem Zweck des Geschäftsberichts und der Bedeutung des Jahresabschlusses sowie aus dem Zweck des Prüfungsberichts (§ 262a Anm. 10). Insbesondere werden Einwendungen der Bilanzprüfer gegen die Bilanzansätze, wenn sie die öffentlichrechtlichen Vorschriften des § 261 verletzen, oder gegen wesentliche Änderungen in der gesetzlich vorgeschriebenen Gliederung der Bilanz mitzuteilen sein. § 262e.

Die Auskunftserteilung beruht auf gesetzlicher Pflicht. Einer Aufforderung seitens der Aktionäre bedarf es nicht (Lehmann-Hirsch Anm. 4). Meist wird die Auskunft negativ sein können, weil über wesentliche Beanstandungen nicht mehr wird berichtet werden können, nachdem der Bilanzprüfer den Bestätigungsvermerk des § 262f gegeben hat.

3. Die Pflicht zur Stellungnahme und zur Berichterstattung (Anm. 6 u. 7) liegt dem Aufsichtsrat als Organ in seiner Gesamtheit ob. Maßgebend ist der Aufsichtsratsbeschluß, der hierüber gefaßt wird. Wird aber in unrichtiger Weise zu dem Prüfungsbericht Stellung genommen und der Generalversammlung ein falscher Bericht erstattet, haften hierfür alle Mitglieder des Aufsichtsrats (JW. 1900, 664 Nr. 19). Anm. 8.

IV. Über **Anfechtbarkeit und Nichtigkeit des Bilanzgenehmigungsbeschlusses bei mangelhafter Pflichterfüllung des Prüfers** (Anm. 1 u. 4) vgl. § 262a Anm. 17. Kommt eine Auskunftsverweigerung des Aufsichtsrats oder gar falsche Auskunftserteilung hinzu (Anm. 6 ff.; vgl. z. B. RGZ. 131, 192), kann Nichtigkeit des Beschlusses wegen Verstoßes gegen die guten Sitten vorliegen. Anm. 9.

V. Für die **Entlastung der Verwaltung** durch die Generalversammlung auf Grund des Prüfungsberichts der Bilanzprüfer gilt das zu § 260 Anm. 11, 14, 17 u. 20c Gesagte. Hiernach sind folgende Fälle zu unterscheiden: Anm. 10.

a) Die Bilanzprüfer haben den Bestätigungsvermerk gemäß § 262f gegeben, aber bei der Prüfung wesentliche Fehler versehentlich übersehen. Dann ist die Entlastung gültig erteilt (vgl. § 262a Anm. 1). Unter Umständen kommt eine Schadensersatzpflicht der Prüfer gemäß § 262g in Betracht. Haben die Bilanzprüfer die Fehler absichtlich verschwiegen und liegt Kollusion mit dem Vorstand oder Aufsichtsrat vor, so ist eine ordnungsmäßige Rechenschaftsablegung nicht gegeben. Der Entlastungsbeschluß ist anfechtbar, unter Umständen nichtig.

b) Die Bilanzprüfer haben den Bestätigungsvermerk gegeben; die Entlastung ist daraufhin erteilt; den Bilanzprüfern waren aber die zur Prüfung erforderlichen Unterlagen nicht vollständig zur Verfügung gestellt oder die verlangten Auskünfte nicht richtig erteilt worden. Hier liegt, insoweit die Verwaltung gegen § 262d verstoßen hat, eine Entlastung nicht vor. Die Mitglieder der Verwaltung können sich gegenüber den Regreßansprüchen der Gesellschaft auf die Entlastung nicht berufen. Die in § 268 vorgesehene Minderheit kann die Geltendmachung dieser Ansprüche durchsetzen.

c) Die Bilanzprüfer haben den Bestätigungsvermerk nicht gegeben; der Aufsichtsrat teilt der Generalversammlung die wesentlichen Beanstandungen aus dem Prüfungsbericht

§ 262e. mit; trotzdem wird die Entlastung erteilt. Dieser Beschluß ist ebenso wie der etwa ergangene Bilanzgenehmigungsbeschluß anfechtbar (§ 262a Anm. 17). Ohne Vorlegung einer ordnungsmäßigen Bilanz besteht kein Anspruch auf Entlastung (§ 260 Anm. 18). In dem Beschluß kann, wenn die Mehrheit dabei eigensüchtige Vorteile zum Schaden der Gesellschaft erstrebt, auch ein gegen die guten Sitten verstoßendes Handeln liegen. Der Beschluß ist dann nichtig.

d) Die Bilanzprüfer haben den Bestätigungsvermerk nicht gegeben; der Aufsichtsrat verschweigt der Generalversammlung die Beanstandungen der Prüfer und gibt über die Gründe der Ablehnung des Vermerks unrichtige Auskunft; darauf erfolgt die Entlastung. Auch dieser Beschluß ist anfechtbar, weil — wie zu a — eine ordnungsmäßige Rechenschaftsablegung nicht vorliegt, unter Umständen nichtig, wenn die wahrheitswidrige Berichterstattung im Zusammenwirken mit der Mehrheit erfolgt und ein Verstoß gegen die guten Sitten anzunehmen ist (vgl. z. B. RGZ. 131, 192).

§ 262f.

§ 262f.

(1) Sind nach dem abschließenden Ergebnis der Prüfung wesentliche Einwendungen nicht zu erheben, so haben die Bilanzprüfer dies durch einen Vermerk zu bestätigen; der Bestätigungsvermerk muß ergeben,

ob nach pflichtgemäßer Prüfung auf Grund der Bücher und Schriften der Gesellschaft sowie der vom Vorstand erteilten Aufklärungen und Nachweise die Buchführung, der Jahresabschluß und der Geschäftsbericht den gesetzlichen Vorschriften entsprechen.

(2) Der Wortlaut des Bestätigungsvermerks ist in alle Veröffentlichungen und Vervielfältigungen des Jahresabschlusses aufzunehmen.

Einleitung. § 123 I. Entw. schrieb den Wortlaut des **Bestätigungsvermerks,** der bei ordnungsmäßigem Befund der Pflichtprüfung für Geschäftsbericht und Jahresabschluß zu geben war, in folgender Fassung vor: „Der Jahresabschluß der Gesellschaft, die zugrunde liegende Buchführung und der Geschäftsbericht des Vorstandes entsprechen den gesetzlichen Vorschriften." Zu erteilen war der Vermerk, wenn Einwendungen gegen den Jahresabschluß nach dem abschließenden Ergebnis der Prüfung nicht zu erheben waren. Die V. engt diese Regelung teils ein, teils erweitert sie sie (vgl. auch VAG. § 62).

Anm. 1. I. Voraussetzung des Bestätigungsvermerks. Während § 123 I. Entw. vorschrieb, daß der Bestätigungsvermerk zu geben ist, wenn Einwendungen gegen den Jahresabschluß nicht zu erheben sind, begnügt sich § 262f damit, daß wesentliche Einwendungen nicht gegeben sind. Andererseits stellte § 123 I. Entw. nur auf Einwendungen gegen den Jahresabschluß ab; § 262f dagegen hat alle (wesentlichen) Einwendungen im Auge, die sich aus der Prüfung in ihrem gesetzlich vorgesehenen Umfang ergeben haben (vgl. § 262a Abs. 1 u. 2 und Anm. 9ff. hierzu). Der Begriff der „wesentlichen Einwendungen" ist mit dem der „wesentlichen Beanstandungen" des § 262e identisch (vgl. § 262e Anm. 7). Auch hier, wie in § 262e, kommen nur noch die Einwendungen in Betracht, die gemäß dem abschließenden Ergebnis der Prüfung von der Verwaltung nicht behoben sind (vgl. § 262e Anm. 7).

Anm. 2. II. **Der Bestätigungsvermerk.** Sind die Voraussetzungen der Anm. 1 gegeben, so haben die Bilanzprüfer das günstige Ergebnis ihrer Prüfung durch einen Vermerk zu bestätigen. Die Gesellschaft hat einen klagbaren Anspruch auf Erteilung eines Bestätigungsvermerks. Die Vollstreckung erfolgt gemäß § 888 ZPO. Abs. 1. Ein Fall des § 894 ZPO. (Verurteilung zur Abgabe einer Willenserklärung) erscheint mit Rücksicht auf den vorgeschriebenen Inhalt des Vermerks nicht gegeben.

Der Inhalt des Vermerks geht dahin, daß nach pflichtgemäßer Prüfung auf Grund der Bücher und Schriften der Gesellschaft sowie der vom Vorstand erteilten Aufklärungen und Nachweise die Buchführung, der Jahresabschluß und der Geschäftsbericht den gesetzlichen Vorschriften entsprechen. **§ 262f.**

a) „Nach pflichtgemäßer Prüfung." Der Bilanzprüfer hat die Ordnungsmäßigkeit seiner eigenen Prüfung zu bezeugen. Ein falsches Zeugnis macht strafbar (§ 318a Anm. 4 ff.) und schadensersatzpflichtig (§ 262g). Die „pflichtgemäße Prüfung" ist die in § 262g vorgeschriebene „gewissenhafte und unparteiische" Prüfung.

b) „Auf Grund der Bücher und Schriften der Gesellschaft." Der Bilanzprüfer muß bezeugen, daß er diese Unterlagen geprüft hat (§ 262a Anm. 5 u. 6). Eine Verweigerung ihrer Vorlegung, die Unterlassung der Prüfung maßgeblicher Teile der Unterlagen oder ordnungsmäßiger Durchsicht schließen die Abgabe des Bestätigungsvermerks aus.

c) „Auf Grund der vom Vorstand erteilten Aufklärungen und Nachweise." Der Bilanzprüfer kann dies nur bezeugen, wenn er den Vorstand oder die von ihm für die Auskunftserstattung zur Verfügung gestellten Angestellten um Aufklärungen ersucht hat und die Auskunft unter Vorlegung der erforderlichen Belege erteilt ist. Unzulässig ist demnach die Abgabe des Bestätigungsvermerks, wenn die Aufklärungen in befriedigender Weise nicht gegeben worden sind.

d) „Buchführung, Jahresabschluß und Geschäftsbericht" muß der Bestätigungsvermerk umfassen, weil sich auf sie die Prüfung erstreckt (§ 262a Anm. 4 bis 6).

e) Sie müssen „den gesetzlichen Vorschriften entsprechen". Daß die Befolgung nicht nur der gesetzlichen Vorschriften, sondern auch der Satzungsbestimmungen geprüft werden muß, darüber vgl. § 262a Anm. 15. Dementsprechend bezeugt auch der Bestätigungsvermerk in der gesetzlich vorgeschlagenen Fassung, daß Buchführung, Jahresabschluß und Geschäftsbericht den hierfür maßgeblichen Vorschriften der Satzung genügt. Der Vermerk muß also verweigert werden, wenn diese Voraussetzung nicht gegeben ist (a. A.: Lehmann-Hirsch Anm. 2).

III. **Bekanntmachung des Bestätigungsvermerks.** Der Wortlaut des Bestätigungsvermerks ist in alle Veröffentlichungen und Vervielfältigungen des Jahresabschlusses aufzunehmen (Abs. 2). Unter den Veröffentlichungen kommt in erster Reihe die in § 265 vorgeschriebene Bekanntmachung des genehmigten Jahresabschlusses in den Gesellschaftsblättern in Betracht. Aber auch jede andere Kundbarmachung des Jahresabschlusses in der Öffentlichkeit muß den Bestätigungsvermerk umfassen. Vervielfältigungen, die nur in dem inneren Betrieb der Gesellschaft Verwendung finden, fallen nicht unter § 262f. Dagegen müssen alle Vervielfältigungen, die für Dritte, auch die Aktionäre, bestimmt sind, den Bestätigungsvermerk tragen. **Anm. 3.**

Der volle Wortlaut des Vermerks mit der Unterschrift des Prüfers ist zu veröffentlichen. Ein abgekürzter Vermerk wie etwa „Bestätigt von . . ." genügt nicht.

IV. Der Zweck der Bestimmung geht einmal dahin, die Bilanzprüfung unentbehrlich zu machen. Nur Gesellschaften, deren Jahresabschlüsse den Bestätigungsvermerk des Bilanzprüfers tragen, werden Anspruch auf Vertrauen genießen. Deshalb werden auch Gesellschaften, die gemäß § 262a Anm. 16 von einer Pflichtprüfung im gesetzlichen Sinne absehen oder für die eine Pflichtprüfung nicht vorgeschrieben ist, gut tun, eine Bilanzrevision vornehmen und die Richtigkeit des Jahresabschlusses bestätigen zu lassen. Zum anderen bedeutet die Bestimmung einen mittelbaren Zwang für die Verwaltung der Gesellschaft. Sie muß ihre Geschäftsführung, Finanz- und Bilanzgebarung von vornherein so einrichten, daß sie der Nachprüfung durch den unabhängigen und unparteiischen Bilanzprüfer standhält, und sie muß Beanstandungen des Bilanzprüfers Rechnung tragen, um der Generalversammlung den Jahresabschluß mit dem Bestätigungsvermerk vorlegen und diesen Vermerk mit veröffentlichen zu können. **Anm. 4.**

§ 262g.

§ 262g.

(1) Die Bilanzprüfer und, wenn sie sich bei der Prüfung anderer Personen bedienen, auch diese sind zur gewissenhaften und unparteiischen Prüfung und zur Verschwiegenheit verpflichtet. Sie dürfen Geschäfts- und Betriebsgeheimnisse, die sie bei der Wahrnehmung ihrer Obliegenheiten erfahren haben, nicht unbefugt verwerten. Wer seine Obliegenheiten verletzt, haftet der Gesellschaft für den daraus entstehenden Schaden. Mehrere Personen haften als Gesamtschuldner.

(2) Bei Fahrlässigkeit beschränkt sich die Haftpflicht für eine Prüfung auf hunderttausend Reichsmark, auch wenn an der Prüfung mehrere Personen beteiligt waren oder mehrere zum Ersatze verpflichtende Handlungen begangen worden sind; bei Vorsatz gilt dasselbe, wenn mehrere Personen haften, zugunsten der Personen, die selbst nicht vorsätzlich gehandelt haben.

(3) Die Verpflichtung zur Verschwiegenheit nach Abs. 1 Satz 1 besteht, wenn eine Prüfungsgesellschaft Bilanzprüfer ist, auch gegenüber dem Aufsichtsrat und den Mitgliedern des Aufsichtsrats der Prüfungsgesellschaft. Der Vorsitzende des Aufsichtsrats der Prüfungsgesellschaft und sein Stellverteter dürfen jedoch die von der Prüfungsgesellschaft erstatteten Berichte einsehen, die hierbei erlangten Kenntnisse aber nur verwerten, soweit es die Erfüllung der Überwachungspflicht des Aufsichtsrats erfordert.

(4) Die Haftung nach diesen Vorschriften kann durch Vertrag weder ausgeschlossen noch beschränkt werden.

(5) Die Ansprüche aus diesen Vorschriften verjähren in fünf Jahren.

Einleitung. § 262g begründet als besondere Pflichten der Bilanzprüfer und ihrer Gehilfen die Sorgfalts- und Treupflicht. Die Regelung entspricht dem § 124 I. Entw. und § 63 VAG. Die Sorgfaltspflicht ergibt sich bereits aus dem Prüfungsvertrag. Die V. legt diese Pflicht ausdrücklich gesetzlich fest und begründet außerdem im Hinblick auf den Eingriff, den die Pflichtprüfung in die inneren Verhältnisse der Gesellschaften bedeutet, zu deren Schutz die besondere Treupflicht der Prüfer. Sie umfaßt die Verschwiegenheitspflicht und das Verbot der unbefugten Verwertung von Geschäfts- und Betriebsgeheimnissen. Die schuldhafte Verletzung macht schadensersatzpflichtig, die vorsätzliche Zuwiderhandlung strafbar.

Anm. 1. I. **Die Sorgfaltspflicht.**

Der Prüfer hat die Pflicht zur gewissenhaften und unparteiischen Prüfung. Zu der Prüfung gehört auch die Erstattung des Prüfungsberichts. Gerade diese muß gewissenhaft und unparteiisch erfolgen. Die einzelnen Erfordernisse einer gewissenhaften und unparteiischen Prüfung sind in den §§ 262e Anm. 1 und 262a Anm. 8 bis 14 dargelegt.

Anm. 2. II. **Die Treupflicht.**

1. Die Verschwiegenheitspflicht.

a) Sie erstreckt sich auf alle wesentlichen Angelegenheiten der Gesellschaften, nicht nur auf die Geschäfts- und Betriebsgeheimnisse im eigentlichen Sinne (§ 318a Anm. 18). Sie besteht gegenüber jedermann, ausgenommen den Empfänger des Prüfungsberichts, d. i. der Aufsichtsrat, und ausgenommen die dem Prüfer zur Auskunft verpflichteten Personen, d. i. der Vorstand und die von diesem beauftragten Angestellten (§ 262d Anm. 3). Sonstigen Angestellten, den Aktionären oder gar dritten unbeteiligten Personen darf der Prüfer keinerlei Mitteilung über wesentliche Tatsachen, die ihm durch die Prüfung bekanntgeworden sind, machen (vgl. auch § 318a Anm. 13). Auf Angelegenheiten, die allgemein bekannt sind, erstreckt sich die Verschwiegenheitspflicht nicht, z. B. auf die aus dem Handelsregister ersichtlichen Tatsachen. Dagegen darf der Prüfer zu Vorgängen in der Gesellschaft, über die z. B. in der Presse berichtet wird, nicht Stellung nehmen, selbst wenn die Darstellung richtig ist; er darf Dritten gegenüber auf Grund seiner Prüfung die Richtigkeit der Darstellung nicht unbefugt bestätigen. **§ 262 g.**

Eine Verletzung der Verschwiegenheitspflicht liegt nicht vor, wenn dem Prüfer die Mitteilung gestattet worden ist. „Herr der Geheimnisse" der Gesellschaft ist die Gesellschaft selbst. Die Ermächtigung zur Mitteilung kann daher deren Vorstand erteilen. Auch der Aufsichtsrat muß hierzu als befugt gelten, da ihm die Berichterstattung über das Ergebnis der Prüfung in der Generalversammlung obliegt (§ 262e).

Die Verschwiegenheitspflicht entfällt ferner, wenn die Offenbarung erforderlich ist, ein eigenes Recht des Prüfers durchzusetzen. In einem Prozeß um sein Honorar ist es dem Prüfer nicht verwehrt, den Umfang seiner Prüfungstätigkeit durch Vorlegung des Prüfungsberichts oder durch Darlegung besonderer Schwierigkeiten, die sich seiner Prüfung in der Gesellschaft entgegenstellten (z. B. falsche Buchführung, Bilanzverschleierung od. dgl.) nachzuweisen. Über die Zeugnisverweigerungspflicht vgl. § 318a Anm. 15.

b) Hinsichtlich der Prüfungsgesellschaften ist eine Sonderregelung vorgesehen. In Übereinstimmung mit den in Anm. 2 entwickelten allgemeinen Grundsätzen wird die Verschwiegenheitspflicht auch der Prüfungsgesellschaften dahin bestimmt, daß die Verschwiegenheit der mit der Prüfung betrauten Personen gegenüber jedermann, auch gegenüber dem Aufsichtsrat der Prüfungsgesellschaft und seinen einzelnen Mitgliedern zu wahren ist (Abs. 1 Satz 1). Nur für den Vorsitzenden des Aufsichtsrats der Prüfungsgesellschaft und seinen Stellvertreter ist eine Ausnahme gemacht: sie dürfen die von der Prüfungsgesellschaft erstatteten Berichte einsehen und die hierbei erlangten Kenntnisse insoweit verwerten, als es die Erfüllung der Überwachungspflicht des Aufsichtsrats erfordert (Abs. 3 Satz 2). Die Bestimmung bezweckt, eine wirksame Überwachung der Berufsausübung des Vorstandes der Prüfungsgesellschaft zu ermöglichen. Das Kontrollrecht beschränkt sich hiernach auf die Einsicht in die Prüfungsberichte. Die Vorlegung von Unterlagen, die dem Vorstand von der zu prüfenden Gesellschaft für den Bericht zur Verfügung gestellt sind, darf der Vorsitzende des Aufsichtsrats der Prüfungsgesellschaft nicht verlangen. Hierzu würde er vielmehr der Ermächtigung durch die zu prüfende Gesellschaft bedürfen. **Anm. 3.**

Die Verwertung seiner aus dem Prüfungsbericht gewonnenen Kenntnisse ist gleichfalls eingeschränkt. Grundsätzlich ist der Vorsitzende und seine Stellvertreter zur Verschwiegenheit verpflichtet. Das in Anm. 2 Gesagte gilt auch für sie. Die vorsätzliche Verletzung ihrer Verschwiegenheitspflicht ist in gleicher Weise unter Strafe gestellt (§ 318a Nr. 3). Der Grundsatz aber, daß die Wahrnehmung eigener Rechte von der Verschwiegenheitspflicht entbindet, wird auf den Vorsitzenden des Aufsichtsrats der Prüfungsgesellschaft und seinen Stellvertreter dahin angewendet, daß die Erfüllung ihrer Überwachungspflicht der Verschwiegenheitspflicht vorgeht. Hiernach darf der Vorsitzende des Aufsichtsrats, wenn er z. B. einen falschen Bericht des Prüfers ermittelt, ohne Einwilligung der Gesellschaft, bei der die Prüfung stattgefunden hat, Strafanzeige gemäß § 318a Nr. 1 erstatten und auch in einem gegen den Prüfer geführten Schadensersatzprozeß seine Kenntnis des Prüfungsberichts verwerten. Insoweit wird er auch berechtigt sein, im Aufsichtsrat Bericht zu erstatten, da nur der Aufsichtsrat als solcher die Schadensersatzklage gegen den Vorstand der Prüfungsgesellschaft beschließen und durchführen kann.

2. Pflicht zur Wahrung von Geschäfts- und Betriebsgeheimnissen. **Anm. 4.**

Über den Begriff der Geschäfts- und Betriebsgeheimnisse vgl. § 318a Anm. 16. Voraussetzung der Pflichtverletzung ist, daß die Prüfer die Geheimnisse „bei der Wahrnehmung ihrer Obliegenheiten" erfahren haben. Was der Prüfer nicht aus Anlaß der Prüfung erfährt, sondern aus anderer Quelle weiß, darf er verwerten (§ 318a Anm. 17).

§ 262 g. Unbefugte Verwertung liegt nicht nur in der Mitteilung an Dritte, sondern umfaßt auch die Verwendung zu eigenem Zweck (Lehmann-Hirsch Anm. 4). Im übrigen vgl. zu der Frage, wann eine unbefugte Verwertung vorliegt, § 318a Anm. 18.

Anm. 5. III. **Die zur Sorgfalt und Treue verpflichteten Personen.**

Neben dem Bilanzprüfer selbst trifft auch die Personen, deren er sich bei der Prüfung bedient, die Sorgfalts- und Treupflicht. Unter den Gehilfen sind nur solche Personen zu verstehen, die mit der Prüfung neben oder an Stelle des Prüfers selbst befaßt werden, z. B. der Angestellte einer Prüfungsgesellschaft, der den Bestand eines Warenlagers kontrollieren soll. Nicht dagegen gehören hierher die Schreibkräfte, die den Prüfungsbericht zu schreiben haben. Über die Verschwiegenheitspflicht des Vorsitzenden des Aufsichtsrats einer Prüfungsgesellschaft und seines Stellvertreters vgl. Anm. 3.

Anm. 6. IV. **Die Verletzung der Sorgfalts- und Treupflicht.**

1. **Schuldhafte Verletzung** der Obliegenheiten der Prüfer und ihrer Gehilfen begründen die Schadensersatzpflicht (Abs. 1 Satz 3). Unter den „Obliegenheiten" sind hier nur die mit der Prüfung selbst verbundenen Pflichten, die in § 262g gesetzlich besonders festgelegt sind, verstanden, nicht dagegen die aus dem Prüfungsvertrag und sonstigen gesetzlichen Vorschriften sich darüber hinaus ergebenden weiteren Pflichten der Prüfer, z. B. die Verpflichtung, die Prüfung vorzunehmen, den Bericht pünktlich fertigzustellen und den Bestätigungsvermerk des § 262f zu erteilen. Für die Rechtsfolgen der Verletzung solcher Verpflichtungen sind der Prüfungsvertrag und die Vorschriften des BGB. maßgebend. Unmittelbare Schadensersatzansprüche gegen die Gehilfen der Prüfer bestehen insoweit nicht. Es haften lediglich die Prüfer selbst gemäß § 278 BGB.

Anm. 7. 2. **Mehrere Personen** haften als **Gesamtschuldner** (Abs. 1 Satz 4). Auch der Gehilfe, der sich einer Pflichtverletzung im Sinne des § 262g schuldig macht, haftet neben dem Prüfer, letzterer gemäß § 262g aber nur, wenn ihn selbst ein Verschulden trifft. Die Frage, ob den Prüfer darüber hinaus — ohne eigenes Verschulden — eine Haftung für den Gehilfen gemäß § 278 BGB. trifft, ist verschieden zu beantworten, je nachdem in der Pflichtverletzung des Gehilfen eine Verletzung von Verbindlichkeiten, die zur Erfüllung des Prüfungsvertrages gehören, liegt oder nicht. Eine Verletzung solcher Verbindlichkeiten ist nur hinsichtlich der Sorgfaltspflicht, nicht hinsichtlich der Treupflicht anzunehmen. Die Verschwiegenheitspflicht und die Verpflichtung, eine Verwertung von Geschäfts- und Betriebsgeheimnissen zu unterlassen, sind sog. primäre Unterlassungspflichten (Staudinger BGB. § 278 Anm. II 1 b β S. 300). Nur wenn die Unterlassung der Gehilfen als versprochen anzunehmen ist, greift § 278 BGB. Platz. Das trifft für § 262g, der die unmittelbare Haftung der Gehilfen kraft Gesetzes vorsieht, nicht zu. Man wird daher bei Verletzung der Treupflicht durch die Gehilfen eine Haftung des Prüfers nur dann annehmen können, wenn ihn ein Verschulden bei der Auswahl der Gehilfen trifft. Ein solches Verschulden würde eine Verletzung der Sorgfaltspflicht des Prüfers darstellen (a. A.: Lehmann-Hirsch Anm. 7 c, die diese notwendige Unterscheidung nicht machen). Die Haftung des Prüfers aus § 278 für den Gehilfen kann im Prüfungsvertrag ausgeschlossen werden.

Anm. 8. 3. **Die Haftung für Fahrlässigkeit** ist auf 10000 RM beschränkt (Abs. 2). Alle an der Prüfung Beteiligten haften insgesamt nur auf diesen Betrag, soweit sie lediglich Fahrlässigkeit trifft. Die vorsätzlich Handelnden haften daneben unbeschränkt.

Die Beschränkung gilt für je eine Prüfung.

Anm. 9. 4. **Über den Ausgleich zwischen den Haftenden** vgl. Staub-Pinner § 241 Anm. 30 (a. A.: BrodmannAR. § 241 Anm. 2 c; Lehmann-Hirsch Anm. 7 zu d).

Anm. 10. V. **Die Haftung gemäß § 262g kann durch Vertrag weder ausgeschlossen noch beschränkt werden (Abs. 4).**

Eine hiergegen verstoßende Vertragsbestimmung ist nichtig (§ 134 BGB.). Es muß sich um die besondere in § 262g begründete Haftung handeln. Für weitere Pflichten und

Obliegenheiten des Prüfers (vgl. Anm. 6) besteht Vertragsfreiheit. Das gilt auch hinsichtlich der Haftung des Prüfers für seine Gehilfen gemäß § 278 BGB. (Lehmann-Hirsch Anm. 10). Vertragsfreiheit besteht auch für eine vertragliche Verschärfung der Bestimmungen des § 262 g. Insbesondere kann die Haftpflichtgrenze von 100000 RM für fahrlässiges Verhalten (Abs. 2) erhöht werden (a. A.: Lehmann-Hirsch Anm. 8). § 262 g.

VI. **Verjährungsvorschriften.** Anm. 11.

Die Ansprüche der Gesellschaft wegen Verletzung der Bestimmungen des § 262 g verjähren in fünf Jahren. Kenntnis der Gesellschaft von der Pflichtverletzung oder dem Schaden ist für den Beginn der Verjährung nicht Voraussetzung (Staub-Pinner § 241 Anm. 19; Lehmann-Hirsch Anm. 11).

VII. **Strafbarkeit.** Anm. 12.

Hierüber vgl. die Tatbestände des § 318a, die sich zum Teil mit der vorsätzlichen Pflichtverletzung des § 262 g decken.

Einführung zu §§ 266 bis 270.

Einführung zu §§ 266 bis 270.

I. Die §§ 266 bis 270 sind nicht unerheblich geändert. Die Änderungen decken sich im wesentlichen mit den im I. Entw. §§ 129 bis 134 vorgesehenen; neu hinzugekommen ist insbesondere die wichtige Bestimmung des § 267 Abs. 2. Die Änderungen der §§ 266, 267 bezwecken, „die hier vorgesehenen Kontrollbefugnisse zu einem wirksamen und praktisch brauchbaren Werkzeug für den Schutz der Minderheit auszubauen; insbesondere soll die Minderheit bei der Bildung und Besetzung der Kommission vor einer Entrechtung durch die Mehrheit bewahrt bleiben" (Erl. 108). Mit den Änderungen der §§ 268 bis 270 ist bezweckt, „die Schwierigkeiten, die sich einer Regreßnahme gegen die Mitglieder des Vorstandes und Aufsichtsrats unter dem gegenwärtigen Rechtszustand entgegenstellen, auszuräumen oder zu mildern" (Erl. 101).

Alles in allem enthalten die §§ 266 bis 270 in ihrer Neufassung eine sehr erhebliche Stärkung der Rechte der Minderheit. Demgegenüber steht als Vorkehr gegen Mißbrauch allein die Neuregelung in den §§ 267 Abs. 4 und 269 Abs. 5, wonach die Schadenshaftung jetzt auch schon bei grober Fahrlässigkeit gegeben ist. Die Praxis wird ergeben, ob das Gesetz in der Stärkung der Rechte der Minderheit, die an und für sich nach den Erfahrungen der letzten Zeit erfolgen mußte, nicht zu weit gegangen ist, ob insbesondere nicht das gewerbsmäßige Opponententum, das neben der legitimen Minderheit steht, von den dieser zugedachten Rechten einen von der V. nicht beabsichtigten Gebrauch machen wird, besonders wenn auch die den §§ 266 Abs. 6 und 269 Abs. 3 entsprechende Bestimmung des II. Entw. § 140 Abs. 3 Gesetz werden sollte (vgl. Heinz Pinner in JW. 1931, 2934).

II. Gemäß Art. XIII sind die Bestimmungen der §§ 266 bis 270 am 1. Okt. 1931 in Kraft getreten. Im Hinblick darauf, daß der die Bilanzprüfungen behandelnde Art. VI erst zu einem von der Reichsregierung noch zu bestimmenden Zeitpunkt in Kraft tritt, tritt auch die Änderung des § 266 Abs. 1 Satz 1 (vgl. § 266 Anm. 3) erst zu jenem Zeitpunkt in Kraft. Bis dahin hat es also bei der alten Fassung des § 266 Abs. 1 Satz 1 sein Bewenden. Wird entsprechend Art. XIII Abs. 3 der Zeitpunkt des Inkrafttretens nicht einheitlich angeordnet, so tritt auch die Änderung des § 266 Abs. 1 nicht einheitlich ein. In § 266 Abs. 7 ist auf die §§ 262 c und g verwiesen. Diese befinden sich in Art. VI, der noch nicht in Kraft getreten ist. Art. XIII bestimmt aber, daß, soweit diese Verweisung — infolge eines jetzt durch RGBl. 1931 663 berichtigten Druckfehlers ist in Art. XIII statt § 262c § 262d gesagt — erfolgt ist, die genannten Paragraphen als am 1. Oktober in Kraft getreten gelten.*

---

* Vgl. hinsichtlich des Inkrafttretens des § 266 Abs. 1 Satz 1 in der neuen Fassung 1. DV. vom 15. Dez. 1931 (Anhang).

§ 266.

Artikel VII.

Die §§ 266 bis 270 des Handelsgesetzbuchs sind in folgender Fassung anzuwenden:

§ 266.

(1) Die Generalversammlung kann mit einfacher Stimmenmehrheit die Bestellung von Prüfern zur Prüfung von Vorgängen bei der Gründung oder der Geschäftsführung beschließen. Bei der Beschlußfassung können Aktionäre, die zugleich Mitglieder des Vorstandes oder Aufsichtsrats sind, weder für sich noch für einen anderen mitstimmen, wenn die Prüfung sich auf Vorgänge erstrecken soll, die mit der dem Vorstand oder dem Aufsichtsrat zu erteilenden Entlastung oder der Einleitung eines Rechtsstreits zwischen Mitgliedern des Vorstandes oder des Aufsichtsrats und der Gesellschaft im Zusammenhange stehen.

(2) Ist in der Generalversammlung ein Antrag auf Bestellung von Prüfern zur Prüfung eines Vorganges bei der Gründung oder eines nicht länger als zwei Jahre zurückliegenden Vorganges bei der Geschäftsführung abgelehnt worden, so können auf Antrag einer Minderheit, deren Anteile zusammen den zehnten Teil des Grundkapitals erreichen, Prüfer durch das Gericht des Sitzes der Gesellschaft bestellt werden.

(3) Eine gleiche Minderheit hat das Recht, falls die Generalversammlung Prüfer bestellt hat, bei dem Gericht des Sitzes der Gesellschaft zu beantragen, daß andere Personen zu Prüfern bestellt werden.

(4) Ein Antrag nach Abs. 3 ist innerhalb einer Frist von zwei Wochen seit dem Tage der Generalversammlung zu stellen.

(5) Dem Antrag nach Abs. 2 ist nur stattzugeben, wenn Verdachtsgründe beigebracht werden, daß bei dem Vorgang Unredlichkeiten oder grobe Verletzungen des Gesetzes oder des Gesellschaftsvertrags stattgefunden haben. Die Antragsteller haben die Aktien bis zur Entscheidung über den Antrag zu hinterlegen und glaubhaft zu machen, daß sie seit mindestens drei Monaten, von der Generalversammlung zurückgerechnet, Inhaber der Aktien sind; zur Glaubhaftmachung genügt eine eidesstattliche Versicherung vor einem Gericht oder einem Notar.

(6) Vor der Bestellung sind der Vorstand und der Aufsichtsrat zu hören. Die Bestellung kann im Falle des Abs. 2 auf Verlangen von einer nach freiem Ermessen zu bestimmenden Sicherheitsleistung abhängig gemacht werden, wenn glaubhaft gemacht wird, daß der Gesellschaft auf Grund des § 267 Abs. 4 Satz 2 oder von Vorschriften des bürgerlichen Rechts gegen die Kläger oder einzelne von ihnen ein Ersatzanspruch zusteht oder erwachsen kann.

(7) Die Vorschriften des § 262c über die Auswahl der Bilanzprüfer und des § 262g über die Verantwortlichkeit der Bilanzprüfer finden auf Prüfer, die nach § 266 zur Prüfung von Vorgängen bei der Gründung oder der Geschäftsführung bestellt sind, entsprechende Anwendung, die Vorschriften des § 262c jedoch nur, soweit es sich um Prüfer handelt, die das Gericht bestellt hat.

Der vorliegende Paragraph gibt Vorschriften über die Bestellung von Prüfern (bisher Revisoren genannt) zur Prüfung der Vorgänge bei der Gründung oder Geschäftsführung. § 266. Einleitung.

I. **Das Recht der Generalversammlung.** Anm. 1.

A. **Die Generalversammlung kann mit einfacher Stimmenmehrheit die Bestellung von Prüfern zur Prüfung der Vorgänge bei der Gründung oder der Geschäftsführung beschließen (Abs. 1).**

a) Jede Generalversammlung kann mit einfacher Stimmenmehrheit Prüfer bestellen. Eine Satzungsbestimmung, durch die die Abstimmung erschwert werden würde, wäre ungültig (D. 160). Die Bestellung muß als Gegenstand der Tagesordnung angekündigt sein, es sei denn, daß es sich um eine Prüfung des Vorgangs handelt, der gerade den Gegenstand der angekündigten Beratung bildet (vgl. BrodmannAR. Anm. 1; GoldschmitAG. Anm. 2). So konnten z. B. bisher und können noch bis zum Inkrafttreten der Neufassung des § 266 Abs. 1 in der neuen Fassung (vgl. Einführung zu §§ 266 bis 270 II) in der ordentlichen Generalversammlung Prüfer zur Prüfung der Bilanz ohne besondere Ankündigung bestellt werden (vgl. OLG. Köln in RheinA. 95, 19; Wenck, Einberufung von Generalversammlungen 224), und so kann jetzt, wenn z. B. die Genehmigung eines vom Vorstand abgeschlossenen Geschäfts auf der Tagesordnung steht, ohne besondere Ankündigung Prüfung dieses Geschäfts beantragt werden. Anm. 2.

b) Zur Prüfung von Vorgängen bei der Gründung oder der Geschäftsführung können Prüfer bestellt werden. Wie lange die Vorgänge zurückliegen, darauf kommt es bei dem Recht der Generalversammlung (anders bei dem der Minderheit [Anm. 11]) nicht an. Auch ein durch eine Ersatzklage nicht mehr verfolgbarer Anspruch kann eine wichtige Unterlage für einen anderen Punkt bilden. Das Recht zur Bestellung von Prüfern zur Prüfung der Bilanz ist im Hinblick auf die Schaffung der besonderen Bilanzprüfer (vgl. Schmölder in JW. 1930, 2630) in Fortfall gekommen (wegen des Zeitpunkts des Fortfalls dieses Rechts vgl. Einführung zu §§ 266 bis 270 II). Trotzdem ist es auch in Zukunft noch möglich, die Prüfung einzelner Posten der Bilanz zu beantragen, soweit deren Ansatz sich als das Ergebnis eines „Vorgangs" bei der Gründung oder Geschäftsführung darstellt. Wenn z. B. aus der Bilanz die Erhöhung des Grundstückstandes durch Erwerb eines neuen Grundstücks oder aus der Streichung einer Forderung deren Erlaß hervorgeht, so sind das Feststellungen von Vorgängen bei der Geschäftsführung, zu deren Prüfung Prüfer bestellt werden können. Anm. 3.

c) Die Ausführung des Beschlusses ist Sache des Vorstandes unter Überwachung des Aufsichtsrats. Der Vorstand hat, nachdem die Generalversammlung die Bestellung der Prüfer beschlossen hat, den Prüfungsauftrag zu erteilen bzw. den Prüfungsvertrag abzuschließen. Es steht auch nichts entgegen — und dürfte das Übliche sein — daß dies, zumal sich der Beschluß gegen die Organe der Gesellschaft richtet, durch die Generalversammlung unmittelbar oder in deren Auftrag durch den Aufsichtsrat erfolgt. Insoweit müssen Aufsichtsrat und Generalversammlung für berechtigt erachtet werden, die Gesellschaft zu vertreten (vgl. Marcuse in LZ. 1913, 116). Wenn Prüfer aus den Kreisen der in der Generalversammlung erschienenen Aktionäre bestellt werden (sog. Prüfungskommissionen) und sofort erklären, daß sie die Wahl annehmen, so liegt hierin der Akt der Bestellung und der Abschluß des Prüfungsvertrages (vgl. BrodmannAR. Anm. 5). Durch den Abschluß des Prüfungsvertrages treten die Prüfer in ein Vertragsverhältnis zur Gesellschaft (vgl. Näheres hierüber § 267 Anm. 8). Wegen der Verantwortlichkeit der Prüfer vgl. Anm. 31. Anm. 4.

B. **Das Stimmrecht von Aktionären, die Mitglieder der Verwaltung sind, ist im Falle der Erstreckung der Prüfung auf Vorgänge, die mit der Entlastung oder Einleitung eines Rechtsstreites zwischen Verwaltung und Gesellschaft in Zusammenhang stehen, ausgeschlossen (Abs. 1 Satz 2).** Anm. 5.

a) Im Zusammenhang mit der Entlastung oder Einleitung eines Rechtsstreits müssen die Vorgänge stehen, auf die sich die Prüfung erstrecken soll. Der I. Entw. § 129 schloß das Anm. 6.

§ 266. Stimmrecht nur aus, wenn die Prüfung sich auf die Entlastung oder Einleitung eines Prozesses beziehen sollte. Die neue Fassung hat die Vorschrift des Entw. erweitert und damit verbessert (vgl. Pinner in JW. 1930, 3679 und Aktiennovelle 33; Heinz Pinner a. a. O. 2933). Es steht nunmehr fest, daß die Mitglieder der Verwaltung als Aktionäre vom Stimmrecht nicht nur ausgeschlossen sind, wenn die Prüfung, was nicht häufig vorkommen wird, sich direkt auf die Entlastung oder Prozeßeinleitung erstrecken soll, sondern schon dann, wenn sie sich auf damit in Zusammenhang stehende Fragen erstreckt, also insbesondere dann, wenn die Prüfung erst die Unterlagen zur Entscheidung der Frage, ob Entlastung zu verweigern oder ein Rechtsstreit einzuleiten ist, schaffen soll (vgl. Lehmann-Hirsch Anm. 6). Von der bisher herrschenden Ansicht war die Zulässigkeit des Mitstimmens angenommen worden.

Anm. 7. b) Vom Stimmrecht sind die Aktionäre, die Mitglieder der Verwaltung sind, ausgeschlossen. Das Stimmrecht ist nur ein Teil des Teilnahmerechts. Das übrige Teilnahmerecht — also das Recht zu erscheinen, zu reden, Anträge zu stellen, den Beschlüssen zu widersprechen und dadurch die Grundlage der Anfechtung zu schaffen — wird durch das Stimmrechtsverbot nicht berührt (vgl. RG. in JW. 97, 112; Staub-Pinner § 252 Anm. 32; GoldschmitAG. § 252 Anm. 2; Klausing in ZBH. 1926, 271; Lehmann-Hirsch Anm. 5).

Anm. 8. c) Mitglieder des Vorstandes und Aufsichtsrats sind vom Stimmrecht ausgeschlossen. Die Entlastung der Organe der AG. braucht keine einheitliche zu sein, sie kann vielmehr einzelnen Beteiligten erteilt, anderen versagt werden (vgl. § 260 Anm. 10 sowie ROHG. 20, 222; RG. 65, 244; 75, 310; OLG. Köln bei Holdh. 12, 214; BrodmannAR. § 252 Anm. 5 g; GoldschmitAG. § 260 Anm. 9; Lehmann-Hirsch Anm. 5, die zu Unrecht RG. 75, 310 als ihrer und der hier vertretenen Ansicht entgegengesetzt annehmen; a. A.: früher RG. 55, 75). Wenn allerdings keine gesonderten Verfehlungen einzelner Mitglieder eines der Organe vorliegen, wird man als Regel anzunehmen haben, daß über die Entlastung jedes Organs in seiner Gesamtheit, nicht über die Entlastung der einzelnen Mitglieder des Organs gesondert abzustimmen ist (vgl. OLG. Stuttgart in JW. 1925, 1893 und Pinner Anm. hierzu). Handelt es sich also bei den zu prüfenden Vorgängen um solche, die mit der Entlastung der gesamten Organe in Zusammenhang stehen, so sind alle Vorstands- und Aufsichtsratsmitglieder vom Stimmrecht ausgeschlossen. Handelt es sich um die Entlastung eines der beiden Organe in seiner Gesamtheit, so kann bei der Frage, ob Prüfer zur Prüfung von Fragen, die damit in Zusammenhang stehen, bestellt werden sollen, wenn es sich um den Vorstand handelt, der Aufsichtsrat und umgekehrt, mitstimmen, es sei denn, daß es sich um Verfehlungen handelt, für die beide Organe gemeinschaftlich haften würden. Steht ausnahmsweise nur die Entlastung eines oder mehrerer Mitglieder eines der Organe in Frage, weil nur Verfehlungen dieses einen oder dieser mehreren in Frage kommen, so sind nur die betreffenden Mitglieder vom Stimmrecht ausgeschlossen (vgl. § 260 Anm. 10). Ist das Mitglied der Verwaltung, dessen Entlastung bei der vorzunehmenden Prüfung in Frage steht, Vorstandsmitglied einer anderen Gesellschaft, so kann diese Gesellschaft mitstimmen (vgl. RG. 65, 241). Ebenso ist eine o. HG. stimmberechtigt, wenn einer ihrer Gesellschafter Vorstands- oder Aufsichtsratsmitglied ist (vgl. RG. 64, 14; 112, 382; OLG. Hamburg in HansHZ. 1922 Nr. 22; Staub-Pinner § 252 Anm. 24; BrodmannAR. § 252 Anm. 5 g; GoldschmitAG. § 252 Anm. 24; Lehmann-Hirsch Anm. 5).

Sollen Prüfer zur Prüfung von Vorgängen, die mit der Einleitung eines Rechtsstreits zwischen Verwaltungsmitgliedern und der Gesellschaft in Zusammenhang stehen, bestellt werden, so sind nur die Mitglieder der Verwaltung vom Stimmrecht ausgeschlossen, gegen die sich der Rechtsstreit richten würde.

Anm. 9. d) Auch für andere darf das Stimmrecht nicht ausgeübt werden. Wenn also ein Verwaltungsmitglied, das nach obigen Ausführungen mit seinen eigenen Aktien nicht mitstimmen darf, noch Aktien eines anderen in der Generalversammlung vertritt, so darf es auch mit diesen Aktien kein Stimmrecht ausüben (vgl. BrodmannAR. § 252 Anm. 5 d). Anders liegt es, wenn ein Aktionär an der Abstimmung beteiligt ist, der außer seinen eigenen Aktien noch Aktien, die einem Mitglied der Verwaltung gehören, das bei der Beschlußfassung vom

Stimmrecht ausgeschlossen wäre, vertritt. Dann ist zwar der Aktionär gehindert, mit diesen Aktien zu stimmen; seine eigenen Aktien werden aber vom Stimmrechtsausschluß nicht betroffen (vgl. Staub-Pinner § 252 Anm. 24a; BrodmannAR. § 252 Anm. 5 d). **§ 266.**

II. **Das Recht der Minderheit.** **Anm. 10.**

A. **Eine Minderheit von 10 % des Grundkapitals kann beim Gericht des Sitzes der Gesellschaft die Bestellung von Prüfern beantragen, wenn die Generalversammlung einen Antrag auf Bestellung von Prüfern zur Prüfung eines Vorganges bei der Gründung oder eines nicht länger als zwei Jahre zurückliegenden Vorganges bei der Geschäftsführung abgelehnt hat (Abs. 2).** Diese Vorschrift ist gegenüber dem bisherigen Rechtszustand materiell unverändert geblieben.

a) Die Prüfung muß einen Vorgang bei der Gründung oder einen nicht länger als zwei Jahre zurückliegenden Vorgang bei der Geschäftsführung zum Gegenstand haben. Für die Prüfung der Bilanz war das Minderheitsrecht auch nach bisherigem Recht nicht gegeben (vgl. KG. in OLG. 3, 84). Wegen der Möglichkeit, einzelne Posten der Bilanz im Hinblick auf in ihnen zum Ausdruck kommende Vorgänge bei der Gründung oder Geschäftsführung prüfen zu lassen, vgl. Anm. 3. Unter einem „Vorgang" ist nur ein bestimmter Vorgang gemeint; es kann nicht etwa beantragt werden, „den gesamten Gründungsvorgang" oder „die Geschäftsführung des letzten Jahres" zu prüfen (vgl. KG. in OLG. 3, 84; 9, 263; GoldschmitAG. Anm. 6). Der Vorgang bei der Gründung kann beliebig lange zurückliegen. **Anm. 11.**

b) Vorherige Ablehnung des Antrages durch die Generalversammlung ist notwendig. Der Antrag muß nicht gerade von denen gestellt sein, die den gerichtlichen Antrag stellen (vgl. RG. in JW. 1903, 244; GoldschmitAG. Anm. 7). Die letzteren brauchen in der Generalversammlung gar nicht anwesend gewesen zu sein. **Anm. 12.**

Abgelehnt muß der Antrag sein; doch kommt der Ablehnung die Vereitelung der Verhandlung durch den Leiter gleich.

Der abgelehnte Antrag muß auf Bestellung von Prüfern zur Prüfung eines Vorganges bei der Gründung oder eines nicht länger als zwei Jahre zurückliegenden Vorganges bei der Geschäftsführung gerichtet gewesen sein, nicht allgemein auf Ernennung einer Prüfungskommission (vgl. KG. in OLG. 9, 263; BrodmannAR. Anm. 2 d; GoldschmitAG. Anm. 7). Das Gericht kann nicht lediglich deshalb, weil die fünfjährige Verjährungsfrist des § 206 bereits abgelaufen sei, den Antrag ablehnen; es kann dies wohl ein Erwägungsgrund für die Zweckmäßigkeit des Antrages sein, aber es ist dies kein unbedingter Ablehnungsgrund, zumal aus der Gründung noch andere Ansprüche außer den in § 202 vorgesehenen und nach § 206 verjährenden entstehen und weil die Verjährung ja unterbrochen sein kann. Überdies können dem Antrag noch andere Veranlassungen zugrunde liegen, z. B. Prüfung der Zuverlässigkeit der Gesellschaftsorgane.

Der Geschäftsführungsvorgang darf längstens zwei Jahre zurückliegen, d. h. zwei Jahre vor der Generalversammlung. Daß die Minderheit, deren Antrag in der Generalversammlung abgelehnt ist, den Antrag an das Gericht nicht innerhalb der zwei Jahre stellt, ist gleichgültig. Stellt sie ihn allerdings ohne jeden ersichtlichen Grund erst erhebliche Zeit nach der Generalversammlung, so wird der Richter dies bei seinem Ermessen (Anm. 24) zu berücksichtigen haben. Denn es kann nicht angehen, daß die Gesellschaft unbillig lange im Zweifel bleibt, ob die Minderheit von dem ihr zustehenden Recht, das Gericht um die Bestellung von Prüfern zu ersuchen, Gebrauch macht oder nicht.

c) Mindest- und Höchstvorschriften sind die in Anm. 11 u. 12 behandelten und in den weiteren Anmerkungen zu behandelnden Voraussetzungen des Antrags. Nach beiden Richtungen sind sie zwingend (vgl. BrodmannAR. Anm. 1). Weder darf der Gesellschaftsvertrag höhere, noch darf er geringere Erfordernisse aufstellen; höhere nicht, damit das vom Gesetzgeber gewollte Untersuchungsrecht nicht unter Umständen hinfällig gemacht wird, geringere nicht, um dem Einzelaktionär ein so außerordentliches, dem Mißbrauch **Anm. 13.**

§ 266. ausgesetzes Recht nicht leichter zu gewähren als unter den Voraussetzungen, die der Gesetzgeber nach reiflichen Erwägungen für notwendig hielt (in letzterer Hinsicht a. A.: Behrend § 127a Anm. 8; GoldschmitAG. Anm. 3).

Anm. 14. B. **Eine gleiche Minderheit von 10 % kann bei Bestellung von Prüfern durch die Generalversammlung beim Gericht des Sitzes der Gesellschaft binnen zwei Wochen vom Tage der Generalversammlung an die Bestellung anderer Prüfer beantragen (Abs. 3 u. 4).** Diese Vorschrift ist gegenüber dem bisherigen Recht neu. Sie beruht auf Vorschlägen der Kommissionen des DJT. und des DAV. und war bereits im I. Entw. § 139 enthalten (vgl. Erl. 108; Schmölder in JW. 1930, 2629 f.; Heinz Pinner a. a. O. 2933).

Anm. 15. a) Die Bestellung anderer Prüfer als der von der Generalversammlung bestellten kann beantragt werden. Das Recht der Minderheit wurde bisher dadurch vielfach hinfällig gemacht, daß die Mehrheit sich dem Verlangen der Minderheit anschloß und dann Prüfer bestellte, die ihr paßten. Da nach dem bisherigen Recht ein Antrag an das Gericht unzulässig war, wenn in der Generalversammlung ein Antrag auf Bestellung von Prüfern angenommen war, so konnte die Minderheit gegen diese Bestellung nichts machen. Auch jetzt kann die Mehrheit, wie bisher, den Antrag der Minderheit aufnehmen und die Prüfer bestellen; dann hat diese aber das bezeichnete Recht des Antrags an das Gericht.

Anm. 16. b) Eine gleiche Minderheit hat dieses Recht. Dies bedeutet nicht etwa, daß die Minderheit sich aus denselben Personen zusammensetzen muß, deren Antrag von der Generalversammlung abgelehnt worden ist. Jede beliebige 10 %ige Minderheit hat dieses Recht (vgl. Antw. DAV. I, 173; Heinz Pinner a. a. O. 2933). Es braucht auch nicht einmal ein Minderheitsantrag von der Generalversammlung abgelehnt zu sein. Der Antrag kann auch gestellt werden, wenn ohne Minderheitsverlangen die Generalversammlung Prüfer bestellt hat (vgl. Antw. DAV. I, 174).

Anm. 17. c) Innerhalb von zwei Wochen seit der Generalversammlung ist der Antrag bei Vermeidung der Abweisung zu stellen. Die Frist soll sowohl dem Zweck dienen, über mehrere gestellte Minderheitsanträge gleichzeitig zu entscheiden, als auch die Ungewißheit zu beseitigen, ob es bei der durch die Generalversammlung erfolgten Bestellung verbleibt (vgl. Antw. DAV. I, 174; Heinz Pinner a. a. O. 2933; Lehmann-Hirsch Anm. 10).

Anm. 18. d) Weitere Voraussetzungen für diesen Antrag sieht das Gesetz nicht vor. Es brauchen weder Verdachtsgründe beigebracht noch Aktien hinterlegt, noch Sicherheit geleistet zu werden. Das Gericht hat entweder die Wahl der Generalversammlung zu bestätigen, wobei es auch eine teilweise Bestätigung, z. B. eines von zwei bestellten Prüfern, vornehmen kann, oder andere Prüfer zu bestellen. An Vorschläge der Minderheit ist das Gericht nicht gebunden, vielmehr frei, Prüfer, die es selbst für geeignet hält, zu bestellen. Bei seiner Auswahl ist es allerdings in bezug auf die zu bestellenden Personen nach § 266 Abs. 7 an § 262c gebunden. Daß die Generalversammlung von ihrem Recht, andere als nach § 262c geeignete Personen zu bestellen, Gebrauch gemacht hat, ist allein kein Grund für das Gericht, diese Bestellung aufzuheben (vgl. Lehmann-Hirsch Anm. 11). Es hat nach freiem Ermessen zu entscheiden, ob die von der Generalversammlung bestellten Prüfer für ihre Aufgaben geeignet erscheinen und Gewähr für eine neutrale, unbefangene Prüfung bieten. Über das Verhältnis dieser Prüfer zur Gesellschaft vgl. § 267 Anm. 8.

Mit der Bestellung anderer Prüfer erlischt die Bestellung der von der Generalversammlung bestellten Prüfer. Ist ein Prüfungsvertrag mit diesen noch nicht abgeschlossen, so darf der Abschluß nicht mehr erfolgen. Ist der Abschluß bereits erfolgt, so ist der Prüfungsvertrag gemäß § 469 BGB. zu kündigen bzw. der Auftrag gemäß § 671 BGB. zu widerrufen.

Anm. 19. C. **Voraussetzungen für das Minderheitsrecht nach Abs. 2.**

a) **Es müssen Verdachtsgründe beigebracht werden, daß bei dem Vorgang Unredlichkeiten oder grobe Verletzungen des Gesetzes oder des Gesellschaftsvertrages stattgefunden haben (Abs. 5 Satz 1).**

Diese Vorschrift ist gegenüber dem bisherigen Recht neu und erleichtert das Recht der Minderheit. Bisher wurde Glaubhaftmachung nach den Vorschriften der ZPO. § 294 verlangt, jetzt genügt die Beibringung von Verdachtsgründen. Die Glaubhaftmachung stieß vielfach auf erhebliche Schwierigkeiten, deshalb ist von diesem Erfordernis Abstand genommen worden. Das Gericht hat nach freiem Ermessen unter Beachtung des § 12 FGG. zu entscheiden, ob hinreichende Verdachtsgründe beigebracht sind. Die Beibringung von Verdachtsgründen ist mehr als die bloße Aufstellung von Verdächtigungen; die von den Antragstellern behaupteten Tatsachen müssen geeignet sein, den Verdacht zu begründen (vgl. Lehmann-Hirsch Anm. 12). § 266.

b) **Die Antragsteller müssen ihre Aktien bis zur Entscheidung über den Antrag hinterlegen und dreimonatliche Inhaberschaft glaubhaft machen, wobei zur Glaubhaftmachung eine eidesstattliche Versicherung vor einem Gericht oder Notar ausreicht (Abs. 5 Satz 2).** Anm. 20.

Auch diese Vorschrift enthält Neuerungen, die das Recht der Minderheit erleichtern.

1. Hinterlegung der Aktien bis zur Entscheidung wird verlangt. Obschon das Gesetz von Antragstellern in der Mehrzahl spricht, genügt doch ein einzelner Aktionär, der die Voraussetzungen erfüllt (vgl. BrodmannAR. Anm. 2a; GoldschmitAG. Anm. 2). Es können auch Aktionäre verschiedener Gattung sein. Der Nennbetrag der Aktien entscheidet, ohne daß es auf die Höhe der geleisteten Einzahlungen ankommt. Man verfährt richtig derart, daß man entweder erst hinterlegt und den Antrag mit dem Nachweis der Hinterlegung einreicht oder erst den Antrag einreicht und um Anordnung der Hinterlegung ersucht. Im letzteren Fall wird auf Grund der hiernach ergehenden Hinterlegungsanordnung hinterlegt, alsdann die Hinterlegung dem Gericht nachgewiesen. Die Hinterlegung der Aktien hat nur den Zweck, die Antragsteller als Aktionäre festzuhalten. Die Hinterlegung kann auch bei der Gesellschaft selbst erfolgen (vgl. KG. in JW. 1930, 3777). Die Hinterlegungsstelle muß die Aktien wieder herausgeben, sobald die rechtskräftige Entscheidung vorliegt, mag diese zustimmend oder ablehnend lauten. Zur Sicherung dient die Hinterlegung nicht. Dafür ist in Abs. 6 anderweit gesorgt. Findet inzwischen eine Generalversammlung statt, für die Hinterlegung der Aktien gefordert wird, so muß man die Aktionäre, die die Aktien hinterlegt haben, für legitimiert zur Teilnahme an der Generalversammlung erachten, da die Hinterlegung für die Gesellschaft erfolgt ist. Anm. 21.

2. Dreimonatliche Inhaberschaft ist glaubhaft zu machen. Bisher wurde sechsmonatiger Besitz verlangt. Wegen des Begriffs der Inhaberschaft, der Gleichstellung des Eigentums mit dem Anspruch auf Übertragung des Eigentums gegen eine Bank und der Anrechnung der Eigentumszeit eines Rechtsvorgängers vgl. § 230a und Anmerkungen hierzu. Anm. 22.

Daß man die Aktien als Pfandgläubiger oder Leiher oder Nießbraucher besessen hat, genügt nicht, wie es andererseits nichts schadet, daß man während der fraglichen Zeit die Aktien verpfändet, verliehen oder einem anderen zum Nießbrauch überlassen hat (vgl. GoldschmitAG. Anm. 5). Bei Namensaktien ist nicht erforderlich, daß man drei Monate lang eingetragener Aktionär war. Denn solches Erfordernis geht aus den Worten des Gesetzes nicht hervor. Nach diesen muß der Antragsteller zur Zeit des Antrages eingetragen sein; das ergibt sich daraus, daß er Aktionär sein muß, d. h. der Gesellschaft gegenüber (vgl. GoldschmitAG. Anm. 7; a. A.: BrodmannAR. Anm. 3d).

Die Berechnung der Frist erfolgt gemäß § 188 BGB. in der Weise, daß von dem Tage des Antrages bis zum Ablauf des Tages des dritten Monats zurückgerechnet wird, der durch seine Zahl dem Tag der Antragstellung entspricht. Besteht die AG. noch nicht drei Monate, so genügt die Inhaberschaft seit der Entstehung (vgl. KB. 96; GoldschmitAG. Anm. 7). Dasselbe gilt für aus einer Kapitalerhöhung stammende Aktien, wenn ihr Erwerb noch nicht drei Monate zurückliegt, für den Zeichner dieser Aktien (die bisherige Ansicht, daß zwischen diesen Fällen ein Unterschied besteht, wird nicht mehr aufrechterhalten; ebenso BrodmannAR. Anm. 2a; GoldschmitAG. Anm. 7).

§ 266. Anm. 23. 3. Eidesstattliche Versicherung vor einem Gericht oder Notar reicht zur Glaubhaftmachung aus. Während bisher für die Mittel der Glaubhaftmachung § 294 ZPO. maßgebend war, wonach alle sofort erhebbaren Beweise angeboten werden konnten und das Gericht den Antragsteller zur Versicherung an Eides Statt zulassen konnte, ist jetzt bestimmt, daß eine eidesstattliche Versicherung vor Gericht oder einem Notar angenommen werden muß und ausreicht.

Anm. 24. 4. Das Gericht kann beim Vorliegen dieser Voraussetzungen Prüfer bestellen. Es fragt sich, wie dieses „kann" zu deuten ist. Die Motive zum AktG. von 1884 (I 248) meinen, daß, wenn das Gericht die gesetzlichen Voraussetzungen für gegeben erachtet, es die Anordnung treffen muß. Behrend § 127a bestreitet dies, jedoch mit Unrecht. Stellt das Gesetz bestimmte Voraussetzungen für die Anordnung des Richters auf, so ist anzunehmen, daß das richterliche Ermessen sich nur noch auf die Würdigung dieser Voraussetzungen im Einzelfall erstreckt (vgl. RG. in JW. 1929, 629 mit Anm. Saenger; Staub-Pinner § 254 Anm. 17). Sonst wäre nicht ersichtlich, welchen Zweck die Aufstellung der bestimmten Erfordernisse hätte, und nicht richterliches Ermessen, sondern richterliche Willkür würde entscheiden (vgl. Lehmann-Ring Nr. 10; BrodmannAR. Anm. 3 c; GoldschmitAG. Anm. 9).

Anm. 25. c) **Vorstand und Aufsichtsrat sind vor der Bestellung zu hören. Die Bestellung kann auf Verlangen von einer nach freiem Ermessen zu bestimmenden Sicherheitsleistung abhängig gemacht werden, wenn das Vorhandensein oder die Möglichkeit von Ersatzansprüchen auf Grund des § 267 Abs. 4 Satz 2 oder von Vorschriften des bürgerlichen Rechts gegen die Antragsteller oder einzelne von ihnen glaubhaft gemacht wird (Abs. 6).**

Die Vorschrift ist, soweit sie die Sicherheitsleistung betrifft, ebenfalls neu und bringt Erschwerungen für das Sicherheitsverlangen im Interesse der Rechte der Minderheit.

Anm. 26. 1. **Das Verfahren.** Es handelt sich um ein Verfahren nach dem Gesetz, betr. die freiwillige Gerichtsbarkeit. Zuständig ist das Amtsgericht, und zwar das Registergericht der Gesellschaft (§ 145 FGG.). Die Anträge und Erklärungen können zu Protokoll des Urkundsbeamten der Geschäftsstelle (§ 11 FGG.) oder auch schriftlich ohne jede Förmlichkeit gestellt werden. Das Gericht kann von Amts wegen alle erforderlichen Ermittlungen anstellen und Beweise erheben (§ 12 FGG.). Jedenfalls hat es nach der vorliegenden Bestimmung des Abs. 6 den Vorstand und den Aufsichtsrat vor der Bestellung zu hören. Wenn es den Antrag zurückweisen will, braucht es die Organe nicht zu hören. § 146 FGG., der ganz allgemein anordnet, daß vor jeder Entscheidung über den Antrag der Antragsgegner, wenn tunlich, zu hören ist, weicht den besonderen Vorschriften des vorliegenden Paragraphen (so auch GoldschmitAG. Anm. 10). Dagegen ist die vorliegende besondere Vorschrift gleichfalls dahin auszulegen, daß die Gesellschaftsorgane, wenn tunlich, zu hören sind (vgl. BrodmannAR. Anm. 3 b; a. A.: GoldschmitAG. Anm. 10). Fehlen sie oder sind sie nicht zu erreichen, so darf das Antragsrecht dadurch nicht beschränkt werden. Es ist ferner zu erwähnen, daß als Antragsgegner lediglich die Gesellschaft zu betrachten ist, nicht etwa die Personen, gegen die die Vorwürfe sich richten, so daß diese Personen auch dann nicht zu hören sind, wenn § 146 FGG. hier Platz griffe. Die Entscheidung erfolgt durch gerichtliche Verfügung. Diese ist auch den Prüfern zuzustellen. Darin liegt erst ihre Bestellung. Über die Rechtsstellung der bestellten Prüfer zur Gesellschaft vgl. § 267 Anm. 8. Gegen die Verfügung des Amtsgerichts ist sofortige Beschwerde an das Landgericht zulässig, gegen dessen Entscheidung weitere Beschwerde an das Oberlandesgericht, in Preußen an das Kammergericht, welches bei widersprechenden Entscheidungen der Oberlandesgerichte die Entscheidung dem Reichsgericht zu überlassen hat (§§ 146, 19, 28, 199 FGG. in Verb. mit Art. 7 PrFGG.; vgl. Staub-Bondi § 14 Anm. 9 ff.; Staub-Pinner § 254 Anm. 26). Die Beschwerde steht im Falle der Zurückweisung dem Antragsteller, sonst dem zu, der durch die Entscheidung beschwert ist (§ 20 FGG.), also der Gesellschaft, nicht etwa den Personen, gegen die die Vorwürfe sich richten, diesen schon deshalb nicht, weil durch die Prüfung ihrer Tätigkeit ihre Rechte nicht beeinträchtigt werden. Bestellt werden kann auch ein Prüfer. Der Gebrauch der Mehrzahl im Gesetz zwingt nicht zur Annahme des Gegenteils (vgl. BrodmannAR. Anm. 2 d und 3 b; GoldschmitAG. Anm. 4 u. 10). Mit der Bestellung hört die Tätigkeit des Gerichts auf. Was weiter geschieht, ordnet § 267. Es wird nicht vom Gericht untersucht, ob die behauptete Unredlichkeit wirklich stattgefunden hat. § 266.

2. **Sicherheitsleistung.** Auf Verlangen kann die Bestellung von einer Sicherheitsleistung abhängig gemacht werden. Das Verlangen wird von der Gesellschaft gestellt, die, wie ausgeführt, die einzige Antragsgegnerin ist. Das Gericht kann aus freiem Ermessen ohne Verlangen der Gesellschaft die Sicherheitsleistung nicht anordnen. Anm. 27.

3. Sicherheitsleistung kann auf Verlangen festgesetzt werden, wenn glaubhaft gemacht wird, daß der Gesellschaft auf Grund des § 267 Abs. 4 Satz 2 oder von Vorschriften des bürgerlichen Rechts gegen die Antragsteller oder einzelne von ihnen ein Ersatzanspruch zusteht oder erwachsen kann. Wenn im Text der V. von Klägern statt von Antragstellern gesprochen wird, so ist das mißverständlich; es handelt sich um einen Antrag und keine Klage (vgl. Heinz Pinner a. a. O. 2934; Lehmann-Hirsch Anm. 14). Während bisher das bloße Verlangen genügte und es dann im freien Ermessen des Gerichts stand, darüber zu befinden, ob und wie die Sicherheit zu leisten sei, wird jetzt bestimmt, daß weitere Voraussetzung die Glaubhaftmachung eines entstandenen oder möglichen Schadensersatzanspruchs gegen die Antragsteller ist. Die V. folgt hier den Grundsätzen, wie sie RG. 123, 194 = JW. 1929, 637 aufgestellt hat (vgl. Schmölder in JW. 1930, 2629); die gegen das Urteil geltend gemachten Bedenken (vgl. Heinz Pinner in JW. 1929, 637) sind unberücksichtigt geblieben. Wegen der Bedeutung des „kann" vgl. Anm. 24. Die Sicherheit kann auch in Aktien der Gesellschaft bestehen (vgl. KB. zum AktG. von 1884, 92; RG. 37, 113). Die Hinterlegung der Sicherheit erfolgt nach den allgemeinen Hinterlegungsvorschriften. Über die Rückgabe der Sicherheit muß, wenn keine Einigung erzielt wird, im Prozeßwege entschieden werden (vgl. GoldschmitAG. Anm. 12). Klargestellt durch die neue Fassung des § 266 ist, daß die Sicherheit sowohl für den Schaden haftet, der auf Grund des § 267 Abs. 4 Satz 2, als auch für den, der auf Grund von Vorschriften des bürgerlichen Rechts, z. B. der §§ 823, 824 BGB., entstanden ist oder entstehen kann (vgl. Heinz Pinner in JW. 1931, 2934; Lehmann-Hirsch Anm. 14). Wird die Entstehung oder die Möglichkeit eines derartigen Schadens glaubhaft gemacht — die Glaubhaftmachung hat hier nach den Bestimmungen des § 294 ZPO. zu erfolgen, da es an einer der Regelung des Abs. 5 letzter Halbsatz entsprechenden Vorschrift fehlt —, so kann die Anordnung einer Sicherheitsleistung erfolgen. Die Sicherheit haftet nicht ohne weiteres für allen entstehenden Schaden, vielmehr muß eine Schadensersatzpflicht der Antragsteller aus einem der angegebenen Rechtsgründe gegeben sein. Die Kosten eines Prozeßbevollmächtigten gehören nach allgemeinen Grundsätzen zu dem entstehenden Schaden. Anm. 28.

III. Auswahl und Verantwortlichkeit der Prüfer. Anm. 29.

Für die Auswahl der Prüfer gilt die Vorschrift des § 262c über die Auswahl der Bilanzprüfer, soweit es sich um vom Gericht bestellte Prüfer handelt; für die Verantwortlichkeit der Prüfer des § 266 gilt § 262g (Abs. 7).

Diese Bestimmung ist ebenfalls neu und entspricht der gleichen Bestimmung im I. Entw. § 130.

a) Erfolgt die Bestellung der Prüfer durch das Gericht, so ist dieses an die Bestimmungen des § 262c gebunden. Näheres hierüber vgl. § 262c und Anmerkungen hierzu. Die Generalversammlung ist in der Auswahl der Prüfer frei. Anm. 30.

b) Die Verantwortlichkeit der Prüfer einschließlich ihrer Verschwiegenheitspflicht richtet sich bei allen Prüfern, gleichgültig, ob sie von der Generalversammlung oder vom Gericht bestellt sind, nach § 262g. Näheres hierüber vgl. § 262g und Anmerkungen hierzu. Wegen der strafrechtlichen Verantwortlichkeit vgl. Art. IX Anm. 12. Anm. 31.

§ 267.

§ 267.

(1) Der Vorstand hat in den Fällen des § 266 den Prüfern die Einsicht der Bücher und Schriften der Gesellschaft und die Untersuchung des Bestandes der Gesellschaftskasse sowie der Bestände an Wertpapieren und Waren zu gestatten.

(2) Die Prüfer können von dem Vorstand alle Aufklärungen und Nachweise verlangen, welche die sorgfältige Erfüllung der ihnen obliegenden Prüfungspflicht erfordert.

(3) Der Bericht über das Ergebnis der Prüfung ist von den Prüfern unverzüglich dem Vorstand und zum Handelsregister der Hauptniederlassung einzureichen und von dem Vorstand bei der Berufung der nächsten Generalversammlung als Gegenstand der Beschlußfassung anzukündigen.

(4) Im Falle des § 266 Abs. 2 beschließt die Generalversammlung, ob die entstandenen Kosten von der Gesellschaft zu tragen sind. Wird der Antrag auf Ernennung von Prüfern durch das Gericht zurückgewiesen oder erweist er sich nach dem Ergebnis der Prüfung als unbegründet, so sind die Aktionäre, denen Vorsatz oder grobe Fahrlässigkeit zur Last fällt, für einen der Gesellschaft durch den Antrag entstehenden Schaden als Gesamtschuldner haftbar.

Einleitung. Der vorliegende Paragraph behandelt die Prüfung selbst. In den Abs. 2, 3 u. 4 ist er gegenüber dem bisherigen Recht geändert.

Anm. 1. I. **Die Pflichten der Gesellschaftsorgane bei der Prüfung.**

1. a) Einsicht der Bücher und Schriften sowie Untersuchung des Bestandes der Gesellschaftskasse und der Bestände an Wertpapieren und Waren ist den Prüfern zu gestatten (Abs. 1). Der Vorstand und selbstverständlich auch die Liquidatoren, obwohl diese nicht besonders erwähnt sind (§ 298 Abs. 2), haben die Pflicht, den Prüfern alles vorzuweisen. Was insbesondere die Bücher und Schriften betrifft, so ist diese Vorweisungspflicht auf das beschränkt, was auf den zu prüfenden Vorgang Bezug hat (im Ergebnis übereinstimmend BrodmannAR. Anm. 1 c; a. A.: GoldschmitAG. Anm. 3).

Anm. 2. b) Die Prüfer haben ein Recht auf alle Aufklärungen und Nachweise, die zur sorgfältigen Erfüllung ihrer Pflichten erforderlich sind (Abs. 2). Diese Generalbestimmung ist neu und war auch im I. Entw. § 311 noch nicht vorhanden (vgl. Homburger, Neugestaltung des Aktienrechts 25, 76). Die bisherige Beschränkung auf die nach Abs. 1 zustehenden Rechte hatte oft zu Unzuträglichkeiten geführt. Jetzt steht fest, daß alles, was die Prüfer zur Erfüllung ihrer Aufgaben benötigen, ihnen zu gewähren ist.

Anm. 3. c) Den Prüfern gegenüber bestehen diese Verpflichtungen, nicht etwa den Antragstellern gegenüber, die nicht einmal das Recht der Anwesenheit bei der Prüfung haben. Der Vorstand bzw. die Liquidatoren können zur Erfüllung dieser Verpflichtungen durch Ordnungsstrafen nach § 319 angehalten werden. Ein Klagerecht haben die Prüfer nicht (vgl. § 262d Anm. 4).

Anm. 4. 2. Bei der Berufung der nächsten Generalversammlung ist der Prüfungsbericht vom Vorstand als Gegenstand der Beschlußfassung anzukündigen (Abs. 3). Da die Ankündigung zur Beschlußfassung erfolgt, können Anträge, die sich auf den durch die Prüfer geprüften Vorgang beziehen, in der betreffenden Generalversammlung ohne vorherige besondere Ankündigung zur Abstimmung gebracht werden (vgl. GoldschmitAG. Anm. 6); dies jedoch mit der Maßgabe, daß sie sich nur auf Anträge beziehen, die sich aus der Prüfung selbst ergeben, z. B. Genehmigung eines durch die Prüfer beanstandeten Geschäfts. Beschlüsse, die sich nur indirekt aus der Prüfung ergeben, z. B. Erhebung von Ersatzansprüchen, bedürfen besonderer Ankündigung (vgl. § 268 Anm. 3; GoldschmitAG. Anm. 6; a. A.: BrodmannAR. Anm. 3 und § 268 Anm. 2 b). Eine besondere Generalversammlung braucht der Vorstand nicht einzuberufen. Aber er kann es, und wenn es im Interesse der Gesellschaft notwendig erscheint, muß er es (§ 253 Abs. 2; GoldschmitAG. Anm. 7). Auch zur Erfüllung dieser Verpflichtungen können Ordnungsstrafen nach § 319 festgesetzt werden. § 267.

II. **Die Tätigkeit der Prüfer.** Anm. 5.

Inhalt und Umfang ihrer Tätigkeit ist ihrem sachverständigen Ermessen überlassen. Positiv bestimmt ist, daß das Ergebnis der Prüfung unverzüglich dem Vorstand und zum Handelsregister der Hauptniederlassung einzureichen ist (Abs. 3). Ob die Gesellschaft eine Mitteilung des Ergebnisses der Prüfung zu erhalten habe, war bisher nicht unzweifelhaft (dafür: BrodmannAR. Anm. 2; dagegen: GoldschmitAG. Anm. 4). Deshalb ist jetzt die Mitteilung des Ergebnisses an den Vorstand vorgeschrieben. Der Bericht ist gemeinschaftlich zu erstatten; können mehrere Prüfer sich nicht einigen, so sind Sonderberichte einzureichen. Dem Handelsregister einer Zweigniederlassung braucht wie bisher das Ergebnis nicht mitgeteilt zu werden. Nachdem die bisherige Vorschrift „zum Handelsregister einer Zweigniederlassung findet die Einreichung des Berichts nicht statt" fortgefallen ist, könnte die Pflicht zur Einreichung aus § 13 gefolgert werden. Durch die ausdrückliche Vorschrift „zum Handelsregister der Hauptniederlassung" ist aber ein anderes bestimmt, so daß es bei der bisherigen Rechtslage verbleibt.

III. **Die Kosten der Prüfung.** Anm. 6.

Die Generalversammlung beschließt, ob die Kosten einer auf Antrag der Minderheit nach § 266 Abs. 2 erfolgten Prüfung von der Gesellschaft zu tragen sind (Abs. 4 Satz 1). Die Kosten der Prüfung trägt im Falle der Bestellung durch die Generalversammlung selbstverständlich die Gesellschaft; sie trägt sie auch im Falle des § 266 Abs. 3 (vgl. Anm. 8 b 2). Im Falle gerichtlicher Bestellung nach § 266 Abs. 2 trägt sie zunächst der Antragsteller (vgl. Anm. 8 b 1). Die vom Vorstand nach Abs. 3 einzuberufende Generalversammlung kann aber beschließen, daß die Kosten der Gesellschaft zur Last fallen. In diesem Falle, aber auch nur dann, trägt sie die Gesellschaft. Auf Grund dieses Beschlusses kann der Antragsteller die Kosten von der Gesellschaft ersetzt verlangen. Der Beschluß ist Prozeßvoraussetzung. Lehnt aber die Versammlung die Kostentragung durch die Gesellschaft ab, so muß sich der Antragsteller damit bescheiden und kann nicht etwa den Beschluß anfechten und die Kosten gleichwohl gegen die Gesellschaft einklagen mit der Begründung, daß sein Antrag wohl gerechtfertigt war und der Gesellschaft Vorteil gebracht hat (vgl. Staub-Pinner § 254 Anm. 25; KG. bei Holdh. 12, 52; RG. in JW. 1903, 244; GoldschmitAG. Anm. 9).

IV. **Folgen unbegründeter Antragstellung.** Anm. 7.

Bei Zurückweisung eines Antrags auf gerichtliche Prüferernennung oder bei negativem Prüfungsergebnis entsteht Schadensersatzpflicht der Aktionäre, denen Vorsatz oder grobe Fahrlässigkeit zur Last fällt (Abs. 4).

Durch den Antrag und seine Folgen kann der Gesellschaft Schaden erwachsen. Bisher hafteten für diesen Schaden Aktionäre, denen eine bösliche Handlungsweise, d. h. Vorsatz oder frevelhafter Mutwillen (vgl. Staub-Pinner § 202 Anm. 13), zur Last fiel. Jetzt ist die Haftung schon gegeben, wenn Vorsatz oder grobe Fahrlässigkeit vorliegt. Diese Änderung beruht einmal darauf, daß die Voraussetzung der böslichen Handlungsweise die Vorschrift zu einer praktisch bedeutungslosen machte, und andererseits gegenüber den großen neugeschaffenen Erleichterungen die bösliche Handlungsweise als Voraussetzung der Schadensersatzpflicht nicht mehr tragbar erschien (vgl. Antw. DAV. I, 175; Heinz Pinner in JW. 1931, 2934; a. A.: Homburger, Neugestaltung des Aktienrechts 76, der dem Schutzbedürfnis der Gesellschaft nicht genügend Rechnung trägt; vgl. auch Netter in DNotZ. 1930, 263).

§ 267. Der der Gesellschaft entstandene Schaden ist gemeint. Freilich kann in der unbegründeten Antragstellung, besonders in den in dem Antrage gemachten Vorwürfen, eine gegen andere Personen gerichtete unerlaubte Handlung, z. B. eine Verleumdung, liegen. Dann haften die Antragsteller auch diesen Personen nach §§ 823, 824 BGB. Aber sie haften nicht etwa ohne weiteres allen Aktionären oder den Gläubigern für die nachteiligen Folgen, die durch den Antrag der Gesellschaft und dadurch mittelbar auch ihnen entstanden sind. Denn ein Fall des § 823 Abs. 2 BGB., die Verletzung eines Schutzgesetzes, liegt nicht vor. Die Gründe für diese Annahme sind die gleichen wie die bei Staub-Pinner § 241 Anm. 25 ff. entwickelten; es besteht kein Schutzverhältnis zwischen den Antragstellern und den Aktionären bzw. den Gläubigern (vgl. GoldschmitAG. Anm. 11).

Anm. 8. **Zusatz 1: Die Rechtsstellung der Prüfer.**

a) Werden die Prüfer von der Generalversammlung bestellt, so ist das Vertragsverhältnis zur Gesellschaft entweder Auftrag oder Werkvertrag, der eine Geschäftsbesorgung zum Gegenstande hat. Auftrag liegt vor, wenn die Prüfer unentgeltlich tätig werden. Dies ist im Zweifel anzunehmen, wenn Aktionäre zu Prüfern bestellt werden. Es ist dann davon auszugehen, daß sie durch ihre Tätigkeit ihre Rechte als Aktionäre wahren wollen. Deshalb haben sie in solchen Fällen — abgesehen von den immer zu erstattenden Auslagen — nicht ohne besondere Abrede Vergütung zu beanspruchen, auch wenn es z. B. Kaufleute oder Rechtsanwälte sind (vgl. Bolze 18 Nr. 168; BrodmannAR. § 266 Anm. 5). In allen anderen Fällen ist das Rechtsverhältnis ein Werkvertrag, der eine Geschäftsbesorgung zum Gegenstande hat. Die bisher vertretene Ansicht, daß Dienstvertrag anzunehmen sei, wird nicht mehr aufrechterhalten; denn der Vertrag geht nicht auf Leistung von Diensten, sondern auf die Erstattung eines Berichts (vgl. § 262b Anm. 4 und die dort Angeführten). Das Rechtsverhältnis ist dasselbe, wie das der von der Generalversammlung gewählten Bilanzprüfer. Es gelten daher auch hier die in § 262b Anm. 5 aus der Beurteilung des Vertragsverhältnisses als eines Werkvertrages, der eine Geschäftsbesorgung zum Gegenstande hat, gezogenen Folgerungen mit folgenden Maßgaben:

1. Der Inhalt und Umfang ihrer Tätigkeit wird durch den Beschluß der Generalversammlung bestimmt.
2. Einwendungen gegen den Bericht sind vom Vorstand zu erheben, dem der Bericht einzureichen ist.
3. Werden Aufklärungen oder Nachweise verweigert, so können die Prüfer den Vertrag nach Fristsetzung kündigen (§ 643 BGB.). Sie können aber auch, ohne die verweigerten Auskünfte oder Unterlagen abzuwarten, den Prüfungsbericht abschließen und in ihm auf die Verweigerung hinweisen.

Die Vergütung haben die Prüfer mit dem Organ, das den Vertrag mit ihnen abschließt, zu vereinbaren. Mangels einer Vereinbarung gilt die Vergütung als stillschweigend vereinbart (§ 632 BGB.). Besteht eine Taxe, so gilt die taxmäßige, in Ermangelung einer Taxe die übliche Vergütung als vereinbart. Kommt eine Einigung über die Vergütung nicht zustande und scheitert hieran der Abschluß des Prüfungsvertrages, so muß die Generalversammlung neue Prüfer bestellen.

b) Werden die Prüfer vom Gericht bestellt, so liegt in dem öffentlichrechtlichen Akt der Bestellung noch nicht die Begründung eines schuldrechtlichen Verhältnisses. Hierzu bedarf es vielmehr der ausdrücklichen oder stillschweigenden Annahme durch die Prüfer. War die Bereitwilligkeit zur Annahme bereits vorher erklärt, so kommt durch die Zustellung des Beschlusses über die Bestellung an die Prüfer das Rechtsverhältnis zustande. In diesem Falle ersetzt die gerichtliche Bestellung die Wahl des Prüfers durch die Generalversammlung und den Abschluß des Prüfungsvertrages mit dem hierfür zuständigen Organ.

1. Liegt der Fall des § 266 Abs. 2 vor, so kommt der Vertragsabschluß mit den Antragstellern zustande (vgl. GoldschmitAG. Anm. 8; Horrwitz 304). Es ist nicht etwa die Gesellschaft der Vertragskontrahent (Behrend § 127a). Der Inhalt des Vertrages ent-

spricht dem von der Minderheit gestellten Antrag, soweit ihm durch den Beschluß stattgegeben ist. Sache der Antragsteller ist es daher auch, die Vergütung mit den Prüfern zu vereinbaren und sie zu zahlen (D. 150; RG. in JW. 1903, 244; OLG. Hamburg in OLG. 16, 92; GoldschmitAG. Anm. 8). Gegebenenfalls findet § 632 BGB. Anwendung. Ob die Kosten von der Gesellschaft übernommen werden, entscheidet die Generalversammlung (vgl. Anm. 6). Die Antragsteller haben das Recht, den Prüfern Informationen zu erteilen. Das Vertragsverhältnis ähnelt zwar dem der von der Generalversammlung gewählten Prüfer, ist insbesondere auch als Werkvertrag, der eine Geschäftsbesorgung zum Gegenstande hat, aufzufassen; es hat aber seine Besonderheiten, die auf der Bestellung durch das Gericht beruhen. Hierdurch wird die Tätigkeit der Prüfer eine offizielle; ihre Stellung erhält einen amtsähnlichen Charakter (ähnlich BrodmannAR. Anm. 1; a. A.: Lehmann-Ring § 266 Nr. 13; Horrwitz 305). Die Folge hiervon ist, daß ihre Abberufung durch die Generalversammlung nicht möglich ist, daß alle zivilrechtlichen Momente für die Begründung des Rechtsverhältnisses und alle zivilrechtlichen Rechtsbehelfe für die Auflösung fortfallen (vgl. § 262b Anm. 22 über die gleiche Stellung der vom Gericht ernannten Bilanzprüfer). Im Gegensatz zu der bisher vertretenen Ansicht muß angenommen werden, daß der Registerrichter die Prüfer zur Einreichung des Berichts durch Ordnungsstrafen anhalten kann (vgl. BrodmannAR. Anm. 2 unter Hinweis auf § 14; a. A.: Goldschmit Anm. 5). Neben dem Ordnungsstrafverfahren erscheint es zulässig, daß die Minderheit, auf deren Verlangen die Prüfer bestellt sind, durch Klage Abfassung und Einreichung des Berichts erzwingen. Auf Antrag kann auch das Gericht zur Ernennung anderer Prüfer schreiten, wenn die zunächst bestellten die Berichterstattung ungebührlich verzögern. Es kann ihnen auch zur Vermeidung dieser Folge eine Frist gesetzt werden (vgl. Behrend § 127a Anm. 18). § 267.

2. Liegt der Fall des § 266 Abs. 3 vor, so kommt das Vertragsverhältnis mit der Gesellschaft zustande. Es trägt daher auch diese die Kosten der Prüfer. Dies ergibt sich auch daraus, daß § 267 Abs. 4 Satz 1 nur für die Fälle des § 266 Abs. 2, nicht aber für die des Abs. 3 gilt. Das ist auch gerechtfertigt, da ja die Generalversammlung, also die Gesellschaft, die Prüfung beschlossen hat, und es für die Frage der Kostentragung gleichgültig ist, wer die Prüfer bestellt. Die Kosten können allerdings im Falle des § 266 Abs. 3 höher sein, wenn mit den von der Generalversammlung bestellten Prüfern bereits ein Prüfungsvertrag abgeschlossen war, bei dessen Kündigung nach § 649 BGB. diesen Prüfern Kostenansprüche zustehen. Im Hinblick auf die Frist des Abs. 4 wird dies selten der Fall sein; tritt er ein, so muß die Gesellschaft diese höheren Kosten tragen. Die Vereinbarung über die Kosten hat der Vorstand oder gegebenenfalls der Aufsichtsrat oder die Generalversammlung (vgl. § 266 Anm. 4) zu treffen. Im übrigen gilt für diese Prüfer das zu b 1 Gesagte mit der Maßgabe, daß eine etwaige Klage auf Abfassung und Einreichung des Berichts von der Gesellschaft zu erheben wäre. Der Minderheit, die die Bestellung der Prüfer beantragt hat, ist es auch hier unbenommen, Information zu erteilen.

Zusatz 2: Über die Frage, ob das Kennen oder Kennenmüssen der Prüfer die Generalversammlung bei erfolgter Entlastung gegen sich gelten lassen muß, vgl. § 260 Anm. 14. Anm. 9.

§ 268.

§ 268.

(1) Die Ansprüche der Gesellschaft aus der Gründung gegen die nach den §§ 202 bis 204, 208 verpflichteten Personen oder aus der Geschäftsführung gegen die Mitglieder des Vorstandes und des Aufsichtsrats müssen geltend gemacht werden, wenn es in der Generalversammlung mit einfacher Stimmenmehrheit beschlossen oder von einer Minderheit, deren Anteile zusammen den zehnten Teil des Grundkapitals erreichen, verlangt wird.

§ 268. Sind in einem Prüfungsbericht (§ 193 Abs. 2, § 207 Abs. 2, §§ 262e, 267 Abs. 2 des Handelsgesetzbuchs) Tatsachen festgestellt worden, aus denen sich Ersatzansprüche gegen die nach §§ 202, 204, 208 verpflichteten Personen oder gegen Mitglieder des Vorstandes oder Aufsichtsrats ergeben, so müssen diese Ansprüche geltend gemacht werden, wenn es in der Generalversammlung mit einfacher Stimmenmehrheit beschlossen oder von einer Minderheit, deren Anteile den zwanzigsten Teil des Grundkapitals erreichen, verlangt wird.

(2) Zur Führung des Rechtsstreits kann die Generalversammlung besondere Vertreter wählen. Ist die Geltendmachung des Anspruchs von der Minderheit verlangt, so können die von dieser bezeichneten Personen durch das Gericht des Sitzes der Gesellschaft als deren Vertreter zur Führung des Rechtsstreits bestellt werden. Im übrigen bewendet es bei den Vorschriften des § 247; diese kommen auch dann zur Anwendung, wenn die Geltendmachung des Anspruchs von der Minderheit verlangt ist.

Einleitung. **Der vorliegende Paragraph schreibt vor, in welchen Fällen Ersatzklagen gegen die aus der Gründung verantwortlichen Personen und die Gesellschaftsorgane erhoben werden müssen.** Abs. 1 Satz 1 und Abs. 2 sind gegenüber der alten Fassung des Gesetzes unverändert; Abs. 1 Satz 2 ist neu. Er war ähnlich bereits im I. Entw. § 132 enthalten und bedeutet eine Erleichterung für die Erhebung von Regreßklagen (vgl. Erl. 101).

Anm. 1. I. **Geltendmachung von Ansprüchen auf Grund eines Minderheitsbeschlusses oder eines Verlangens einer Minderheit von 10 %.**

Auf Grund eines mit einfacher Mehrheit zu fassenden Generalversammlungsbeschlusses oder eines Verlangens einer Minderheit, deren Anteile zusammen den zehnten Teil des Grundkapitals erreichen, müssen die Ansprüche der Gesellschaft gegen die aus der Gründung verpflichteten Personen und gegen die Gesellschaftsorgane geltend gemacht werden (Abs. 1 Satz 1).

Anm. 2. a) Ansprüche aus der Gründung oder Geschäftsführung müssen geltend gemacht werden. Es sind dies Ansprüche aus §§ 202 bis 204, 208 (gegen Gründer, Gründergenossen, Emittenten, Gesellschaftsorgane aus der Gründung oder Nachgründung) oder aus der Geschäftsführung (gegen die Gesellschaftsorgane). Über die Voraussetzungen dieser Ansprüche vgl. Staub-Pinner §§ 202 bis 204, 208, 241, 249 und Anmerkungen. Ansprüche anderer Art, z. B. aus besonderen Vertragsabreden, sind hier nicht gemeint (vgl. Staub-Pinner § 202 Anm. 25; GoldschmitAG. Anm. 1; RG. in JW. 1901, 142). Dagegen brauchen es nicht gerade Schadensersatzklagen zu sein. Die Bestimmung findet auch z. B. auf Feststellungs- und Unterlassungsklagen Anwendung (vgl. GoldschmitAG. Anm. 1; Hirsch in ZHR. 95, 80; Lehmann-Hirsch Anm. 5; a. A.: Wenck, Die Einberufung von Generalversammlungen 177). Wenn etwa ein Teil der Aktionäre der Ansicht ist, daß ein bestimmter Betrieb satzungswidrig oder der Gesellschaft nachteilig ist, so ist ein darauf gestützter Schadensersatzanspruch gegen Aufsichtsrats- oder Vorstandsmitglieder ein Anspruch aus der Geschäftsführung, für den § 268 maßgebend ist. Auch hier ist überall nur von Ansprüchen der Gesellschaft die Rede. Ob Ansprüche einzelner Aktionäre daneben bestehen, vgl. Staub-Pinner § 241 Anm. 32 ff. Jedenfalls kann sich jeder Aktionär der Klage der Gesellschaft als Nebenintervenient anschließen (vgl. KB. zum AktG. von 1884, 33; Lehmann-Ring Nr. 8; GoldschmitAG. Anm. 2).

Anm. 3. b) Wenn die Generalversammlung es mit einfacher Mehrheit beschließt oder eine Minderheit von 10 % es verlangt, müssen die Ansprüche geltend gemacht werden. Eine höhere Mehrheit darf durch die Satzung für den Beschluß der Generalversammlung nicht gefordert werden (vgl. GoldschmitAG. Anm. 3; Behrend § 113 Anm. 6).

Zu dem „Verlangen" genügt nicht, daß sich die betreffenden Aktienbesitzer an einer Abstimmung in diesem Sinne beteiligen; es muß der Ausspruch eines selbständigen Verlangens sein (vgl. BrodmannAR. Anm. 2a; GoldschmitAG. Anm. 3). Es genügt auch nicht ein Antrag, Ersatzansprüche zu erheben; nötig ist vielmehr, daß ein Minderheitsverlangen als solches gestellt wird (vgl. KGJ. 20 A 170). Daß die Mehrheit vorher den Antrag abgelehnt hat, wird der gewöhnliche Fall sein; notwendige Voraussetzung, wie es der angeführte Kammergerichtsbeschluß anzunehmen scheint, ist dies aber mangels einer dahingehenden Gesetzesvorschrift nicht (vgl. Goldschmit Anm. 3; Horrwitz 65). Einer Beschlußfassung über das Verlangen bedarf es nicht; das Verlangen steht einem Beschluß gleich. Jener Beschluß wie dieses Verlangen müssen in einer rechtmäßig einberufenen Generalversammlung mit gehörig bekanntgemachter Tagesordnung ausgesprochen sein. Einer Ankündigung des „Verlangens" bedarf es nicht; es genügt, wenn in der Tagesordnung „Erhebung von Ersatzansprüchen gegen Vorstand und Aufsichtsrat" angekündigt ist; dagegen kann nicht etwa ohne besondere Ankündigung das Verlangen bei dem Punkt „Entlastung" als Abänderungsantrag gestellt werden (vgl. BrodmannAR. Anm. 2b; GoldschmitAG. Anm. 3; Hueck, Anfechtbarkeit und Nichtigkeit 47 Anm. 34). Ob die Erhebung von Ansprüchen dann die Generalversammlung beschließt oder eine Minderheit das Verlangen stellt, ist Frage der Ausführung des zur Beratung stehenden Punktes der Tagesordnung (a. A.: Lehmann-Ring Nr. 3). **§ 268.**

Bei der Berechnung des Grundkapitals wird auf den Nennbetrag Rücksicht genommen, nicht auf den eingezahlten Betrag, auch nicht auf das Stimmrecht (vgl. Staub-Pinner § 264 Anm. 1). Da das Verlangen der Minderheit dem Beschluß der Generalversammlung gleichsteht, so kann auch ein derartiges Minderheitsverlangen gemäß § 271 angefochten werden (vgl. OLG. Karlsruhe in ZHR. 43, 325; GoldschmitAG. Anm. 3; Lehmann-Ring Nr. 3; Horrwitz 66). Die Benennung der einzelnen die Minderheit bildenden Aktionäre ihrem Namen nach im Protokoll ist zwar zweckmäßig, insbesondere im Hinblick auf Abs. 3 zum Nachweis der Identität der Minderheit, aber nicht unbedingt nötig (vgl. OLG. Dresden in SächsOLG. 23, 454; GoldschmidtAG. Anm. 3).

c) Die Ansprüche müssen geltend gemacht werden. Sie können auch sonst geltend gemacht werden. Die Gegner können nicht etwa einwenden, daß weder die Generalversammlung die Klageerhebung beschlossen, noch die Minderheit sie verlangt habe. Der vorliegende Paragraph will nur zum Ausdruck bringen, daß der Anspruch in diesen Fällen erhoben werden muß, dies also Pflicht der Gesellschaftsorgane ist. Dies sollte gegen früher durch den veränderten Wortlaut des Paragraphen („müssen geltend gemacht werden" statt „sind zu erheben") klargestellt werden (D. 161) und gilt, da die Fassung jetzt unverändert geblieben ist, auch jetzt. Ja, die Gesellschaftsorgane haben sogar die Verpflichtung, mit Ersatzklagen vorzugehen, wenn es das Interesse der Gesellschaft gebietet, und machen sich durch pflichtwidrige Unterlassung der Ersatzklage selbst verantwortlich (vgl. D. 150; KG. in RJA. 1, 196; GoldschmitAG. Anm. 4). Den Gläubigern gegenüber bleibt diese Verantwortlichkeit sogar dann bestehen, wenn die Generalversammlung beschlossen hat, die Ersatzklage nicht zu erheben (§ 241 Abs. 4 Satz 2). Die Vorstandsmitglieder können auch nicht selbständig ohne Mitwirkung der Generalversammlung auf Ersatzrecht verzichten oder sich vergleichen, weil ihre gesetzliche Vertretungsmacht durch die §§ 268, 270 auch mit Wirkung nach außen eingeschränkt ist (vgl. Flechtheim in JW. 1920, 701; vgl. auch Staub-Pinner § 235 Anm. 10). Auch der Konkursverwalter kann selbständig die Ansprüche geltend machen (vgl. Bolze 23 Nr. 581; GoldschmitAG. Nr. 6); doch ist dieser nicht verpflichtet, sie zu erheben, wenn die Generalversammlung oder eine Minderheit dies verlangt. Das Verwaltungs- und Verfügungsrecht ist im Konkurse auf ihn übergegangen; der Gemeinschuldner, also hier die Generalversammlung, hat ihm Vorschriften nicht zu machen (vgl. RG. 76, 244). **Anm. 4.**

Hat die Generalversammlung mit Mehrheit den Beschluß auf Erhebung von Ersatzansprüchen gefaßt oder hat die Minderheit es verlangt, so ist der Vorstand oder, falls dieser belangt werden soll, der Aufsichtsrat (§ 247) verpflichtet, diesem Beschluß ohne eigene

§ 268. Prüfung nachzukommen. Die bei Staub-Pinner § 235 Anm. 8 dargelegten Grundsätze treffen hier, wegen der absoluten Fassung des § 268 („muß") nicht zu (vgl. GoldschmitAG. Anm. 3 und AR. 341).

Anm. 5. II. **Geltendmachung von Ersatzansprüchen auf Grund eines Mehrheitsbeschlusses oder eines Verlangens einer Minderheit von 5 %.**

Auf Grund eines mit einfacher Mehrheit gefaßten Generalversammlungsbeschlusses oder einer Minderheit, deren Anteile zusammen den zwanzigsten Teil des Grundkapitals erreichen, müssen Ersatzansprüche, die sich aus in einem Prüfungsbericht festgestellten Tatsachen ergeben, gegen die aus der Gründung verpflichteten Personen oder die Gesellschaftsorgane geltend gemacht werden (Abs. 1 Satz 2). Diese Vorschrift ist neu.

Anm. 6. a) Wenn in einem Prüfungsbericht Tatsachen festgestellt sind, aus denen sich Ersatzansprüche ergeben, gilt die Vorschrift, daß 5 % des Grundkapitals zur Stellung des Verlangens ausreichen. Es muß also ein Prüfungsbericht nach §§ 193 Abs. 2, 207 Abs. 2, 262e, 267 Abs. 3 — V. sprach infolge eines jetzt durch RGBl. 1931 I 663 berichtigten Druckfehlers von § 267 Abs. 2 — vorliegen und die zum Ersatz verpflichtenden Tatsachen enthalten. Liegt kein Prüfungsbericht vor oder enthält ein vorgelegter Prüfungsbericht nicht die erwähnten Tatsachen, so verbleibt es bei dem bisherigen Rechtszustand, wie er in Abs. 1 Satz 1 jetzt noch gilt. Unter Tatsachen ist nicht nur der objektive Tatbestand zu verstehen, vielmehr gehört dazu auch die subjektive Verschuldungsfrage, in dem Maße, wie die einzelnen Haftungsvorschriften sie zur Voraussetzung haben. Nur das Vorliegen eines Prüfungsberichts, der in diesem Umfang Tatsachen enthält, bildet die Unterlage für das Recht der 5 %igen Minderheit (vgl. Lehmann-Hirsch Anm. 3). Die Prüfer werden also nicht nur den objektiven Tatbestand, sondern auch die subjektive Verschuldensfrage in ihrem Bericht zu erörtern haben. Die rechtliche Würdigung braucht dagegen der Prüfungsbericht nicht zu enthalten. Es dürfte bei der Beurteilung der Frage, ob der Prüfungsbericht Tatsachen feststellt, aus denen sich eine Ersatzpflicht ergibt, praktisch zu erheblichen Schwierigkeiten kommen. Bei der Entscheidung der Frage im Einzelfall wird man zu berücksichtigen haben, daß einerseits durch überspannte Anforderungen das neue Recht nicht illusorisch gemacht werden darf, daß aber andererseits das außerordentliche Recht, das das Gesetz hier einer Minderheit von nur 5 % verleiht, nur bei tatsächlichem Vorliegen der vom Gesetz verlangten Voraussetzungen zu gewähren ist.

Anm. 7. b) Ersatzansprüche sind es, um die es sich hier handelt. Im Gegensatz zu dem Fall des Abs. 1 Satz 1 (Anm. 2) kommen hier also nur Schadensersatzklagen und keine anderen in Frage (vgl. Lehmann-Hirsch Anm. 5).

Anm. 8. c) Im übrigen gilt für dieses Recht das in Anm. 2 bis 4 Angeführte.

Anm. 9. III. **Prozeßvertreter.**

A. **Die Generalversammlung kann zur Prozeßführung besondere Vertreter wählen** (Abs. 2 Satz 1).

Klägerin ist die Gesellschaft, auch wenn die Minderheit die Klage verlangt hat (vgl. RG. bei Gruchot 48, 627; BayObLG. in JW. 1931, 2998 und Anm. Hachenburg ebenda; vgl. auch Ob. Gerichtshof Wien in JW. 1929, 699; OLG. Dresden in OLG. 11, 385). Als ihre Prozeßvertreter sind die Mitglieder des Vorstandes bzw. des Aufsichtsrats, soweit sie nicht selbst die Verklagten sind, in erster Linie ihre berufenen Vertreter. Insbesondere steht, wenn die Mitglieder des jetzigen Vorstandes zu verklagen sind, das Vertretungsrecht nach § 247 dem Aufsichtsrat zu. Es kann aber die Generalversammlung (jedoch nur durch ihre Mehrheit; die Minderheit hat die Anm. 10 dargelegten Rechte) besondere Vertreter bestellen, die dann jeden anderen Vertreter ausschließen (vgl. RG. 83, 248) und im Rahmen ihrer Befugnisse gesetzliche Vertreter sind. Ihre Vertretungsmacht erlischt nicht dadurch, daß die Gesellschaft in Liquidation tritt (vgl. RG. 74, 301). Die Bestellung kann unmittelbar durch die Generalversammlung erfolgen. Soweit ist der Generalversammlung das Recht beigemessen, die Gesellschaft nach außen zu vertreten (vgl. Staub-Pinner § 250

Anm. 5). Die Klage stellen der oder die Sondervertreter in ihrer Eigenschaft als Vertreter der Gesellschaft in deren Namen an. **§ 268.**

B. **Beruht die Geltendmachung des Anspruchs auf einem Minderheitsverlangen, so können die von ihr bezeichneten Personen durch das Gericht des Sitzes der Gesellschaft als Sondervertreter bestellt werden** (Abs. 2 Satz 2). Anm. 10.

a) Es ist anzunehmen, daß die Minderheit den Antrag zu stellen hat; doch können auch die ernannten Vertreter den Antrag stellen (vgl. OLG. Dresden in SächsOLG. 23, 454). Zuständig ist das Amtsgericht; die Gesellschaft ist tunlichst zu hören; sofortige und weitere Beschwerde sind zulässig (FGG. §§ 145, 146). Die Minderheit benennt hierbei entweder dieselben Personen, die sie schon in der Generalversammlung benannt hat, oder bezeichnet sie jetzt (vgl. KGJ. 21 A 85; GoldschmitAG. Anm. 7). Das Gericht kann auch auf Ersuchen der Minderheit besondere Vertreter bestellen, wenn, nachdem die Minderheit das Verlangen gestellt hat, die Mehrheit den Rechtsstreit beschließt (vgl. BayObLG. in JW. 1931, 2998). Daß aber auch, wie BrodmannAR. Anm. 4 a annimmt, das Gericht Vertreter bestellen kann, wenn die Mehrheit vor dem Verlangen der Minderheit den Rechtsstreit beschlossen hat, ist nicht richtig; denn es widerspricht dem Wortlaut des Gesetzes. Das Gericht kann nur die ihm von der Minderheit bezeichneten Personen ernennen oder den Antrag zurückweisen, nicht aber andere Vertreter ernennen (vgl. BrodmannAR. Anm. 4 c; a. A.: Behrend § 123 Anm. 11). Die antragstellende Minderheit muß dieselbe sein, die das Verlangen in der Generalversammlung gestellt hat; es brauchen nicht notwendig alle zu sein; es genügt ein Teil, der 10 bzw. 5 % des Grundkapitals erreicht (vgl. KG. in OLG. 2, 228; in RJA. 1, 198; OLG. Dresden in OLG. 6, 508; BrodmannAR. Anm. 4 c; GoldschmitAG. Anm. 7). Das Amtsgericht kann den Nachweis der Identiät der Personen, die den Antrag stellen, mit denen, die das Verlangen in der Generalversammlung gestellt haben, fordern, nicht aber eine in Einzelheiten gehende Begründung der zu erhebenden Ansprüche und ebensowenig den Nachweis dreimonatigen Aktienbesitzes (vgl. KGJ. 21 A 85; BrodmannAR. Anm. 4 c; GoldschmitAG. Anm. 7). Auch die Frage, ob die Klage begründet oder aussichtsvoll ist, hat das Gericht nicht zu prüfen (vgl. KG. ebenda). Das Gericht handelt bei seiner Entscheidung nach freiem Ermessen. Dies ist um so freier, als das Gesetz bestimmte Erfordernisse nicht aufstellt. Es ist als erforderlich zu bezeichnen, daß den ordnungsmäßig bestellten Organen nicht zu trauen ist (vgl. KGJ. 21 A 80; BrodmannAR. Anm. 4 c; GoldschmitAR. Anm. 7). Ist das der Fall, so muß dem Antrag stattgegeben werden (vgl. Heinz Pinner in JW. 1929, 637; vgl. ferner über den Begriff „kann" Staub-Pinner § 254 Anm. 17). Der vom Gericht ernannte Sondervertreter ist nach außen gesetzlicher Vertreter der Gesellschaft; eine Nachprüfung des Prozeßgerichts, ob die Voraussetzungen der Ernennung vorliegen, ist unstatthaft (vgl. OLG. Hamburg in ZHR. 43, 326). Im Innenverhältnis ist der auf Antrag der Minderheit Ernannte Vertreter der Minderheit, insoweit, als diese den Betrag der zu verfolgenden Ansprüche, Gang und Umfang des Verfahrens zu bestimmen hat (vgl. RG. 73, 81; GoldschmitAG. Anm. 12). Eine Änderung der Personen der von der Generalversammlung benannten Vertreter, wie es § 266 Abs. 3 bei Prüfern vorsieht, kann die Minderheit hier nicht verlangen.

b) Die vom Gericht ernannten Prozeßvertreter schließen jeden anderen Vertreter ebenso aus, wie dies oben (Anm. 9) von den von der Generalversammlung bestellten Prozeßvertretern gesagt ist. Die Bestellung durch das Gericht hat die gleiche Kraft wie die Bestellung durch die Generalversammlung, aber auch keine höhere, so daß auch hier, wie dies Abs. 2 Satz 3 ausdrücklich hervorhebt, daneben noch gegebenenfalls der Aufsichtsrat das Prozeßführungsrecht hat (vgl. Anm. 12). Anm. 11.

Anm. 12.

IV. **Die Vorschriften des § 247.**

Im übrigen bewendet es bei den Vorschriften des § 247, und zwar auch dann, wenn die Geltendmachung des Anspruchs von der Minderheit verlangt ist (Abs. 2 Satz 3).

§ 268. Die Bestimmung gilt sowohl für den Fall, daß die Generalversammlung Vertreter bestellt hat als auch, wenn sie auf Antrag der Minderheit bestellt sind. Danach vertritt der Aufsichtsrat, wenn keine Sondervertreter bestellt sind, im Prozeß gegen den Vorstand. Ferner kann der Aufsichtsrat auch gegen den Beschluß der Generalversammlung, also wenn andere Vertreter bestellt sind, den Prozeß gegen die Mitglieder des Vorstandes anstellen, soweit es sich um seine eigene Verantwortlichkeit handelt, da es ja bei den Vorschriften des § 247 bewendet (vgl. GoldschmitAG. Anm. 14). Haben in solchem Fall die von der Generalversammlung bestellten Vertreter außerdem den Prozeß angestellt, so sind beide Prozesse zu verbinden, und die Vertreter beider Arten vertreten die Gesellschaft im Prozeß, doch so, daß die Rechtshandlungen des einen Vertreters dem anderen nicht schaden können (a. A.: BrodmannAR. Anm. 5, der annimmt, daß der Aufsichtsrat nur klagen kann, wenn die Gesellschaft nicht klagt). Es sind eigentümliche prozessuale Streifälle, die auf solche Weise entstehen können und die nach der Natur der Sache gelöst werden müssen (vgl. Foerster-Kann ZPO. § 51 Anm. 4 III).

Anm. 13. V. **Recht der Sondervertreter auf Büchereinsicht.**

Ob die bestellten Prozeßvertreter das Recht auf Einsicht der Bücher und Papiere der Gesellschaft haben, war zweifelhaft. Die Praxis verneinte es (vgl. OLG. Dresden bei Holdh. 12, 259; LG. Dortmund in LZ. 1910, 575; vgl. hierzu Wulff in LZ. 1911, 195). Das RG. (83, 248) hat sich aber mit Recht auf den Standpunkt gestellt, daß die Gesellschaft den Sondervertretern die nötigen Unterlagen zur Verfügung zu stellen hat und daß diese erforderlichenfalls das Recht haben, gegen die durch den Vorstand vertretene Gesellschaft (nach BrodmannAR. § 269 Anm. 8 gegen den Vorstand persönlich; vgl. auch Ob. Gerichtshof Wien in JW. 1929, 699 und Fischer Anm. hierzu) auf Herausgabe der Geschäftsbücher usw. zwecks Einsicht zu klagen (vgl. GoldschmitAG. Anm. 14).

Anm. 14. VI. **Einzelfragen.**

a) Auch vom Gericht bestellte Vertreter können, wenn sie Rechtsanwälte sind, von der Gesellschaft Vorschuß erfordern (vgl. OLG. Darmstadt in HessRspr. 29, 281).

Anm. 15. b) Über die Frage, ob, wenn der Prozeß nicht durch den Vorstand geführt wird, dessen Mitglieder als Zeugen vernommen werden können, vgl. Staub-Pinner § 231 Anm. 4.

Anm. 16. c) Wird das Minderheitsverlangen erst gestellt, nachdem rechtsgültig Entlastung erteilt ist, so ist materiell regelmäßig die Klage aussichtslos (vgl. § 260 Anm. 11); die Verpflichtung zur Anstellung der Klage bleibt jedoch wegen der zwingenden Vorschrift des § 268 bestehen (vgl. Koelges in LZ. 1914, 1293).

§ 269.

§ 269.

(1) Die Geltendmachung eines Anspruchs auf Verlangen der Minderheit muß innerhalb eines Zeitraums von drei Monaten seit dem Tage der Generalversammlung erfolgen. Der Klage ist das Protokoll der Generalversammlung, soweit es die Geltendmachung des Anspruchs betrifft, in öffentlich beglaubigter Abschrift beizufügen.

(2) Die Minderheit hat eine den zehnten Teil und im Falle des § 268 Abs. 1 Satz 2 eine den zwanzigsten Teil des Grundkapitals der Gesellschaft erreichende Anzahl von Aktien für die Dauer des Rechtsstreits zu hinterlegen; es ist glaubhaft zu machen, daß die die Minderheit bildenden Aktionäre seit mindestens drei Monaten, von der Generalversammlung zurückgerechnet, Inhaber der Aktien sind; zur Glaubhaftmachung genügt eine eidesstattliche Versicherung vor einem Gericht oder einem Notar. Das Prozeßgericht kann die vorzeitige Rücknahme der hinterlegten Aktien gestatten.

(3) Macht der Beklagte glaubhaft, daß ihm auf Grund des Abs. 5 oder § 269.
von Vorschriften des bürgerlichen Rechtes gegen die die Minderheit bildenden Aktionäre oder einzelne von ihnen einen Ersatzanspruch zusteht oder erwachsen kann, so kann das Gericht anordnen, daß ihm von der Minderheit Sicherheit zu leisten ist. Art und Höhe der Sicherheitsleistung bestimmt das Gericht nach freiem Ermessen. Die Vorschriften der Zivilprozeßordnung über die Festsetzung einer Frist zur Sicherheitsleistung und über die Folgen der Versäumung der Frist finden Anwendung.

(4) Die Minderheit ist der Gesellschaft gegenüber verpflichtet, die der Gesellschaft zur Last fallenden Kosten des Rechtsstreits zu tragen.

(5) Für den Schaden, der dem Beklagten durch eine unbegründete Klage entsteht, haften ihm die Aktionäre, denen Vorsatz oder grobe Fahrlässigkeit zur Last fällt, als Gesamtschuldner.

Der vorliegende Paragraph regelt die prozessuale Behandlung der Ersatzklage auf Einleitung.
Verlangen der Minderheit und die Folgen ungerechtfertigter Regreßerhebung. Er ist durch die Neufassung erheblich geändert. Im wesentlichen waren diese Änderungen schon im I. Entw. § 133 enthalten (vgl. auch Erl. 101; Schmölder in JW. 1930, 2627 und 1931, 2929; Heinz Pinner in JW. 1931, 2934).

I. **Prozessuale Behandlung der Klage.** Anm. 1.

A. **Innerhalb eines Zeitraums von drei Monaten seit der Generalversammlung muß die auf Verlangen der Minderheit anzustrengende Klage erhoben sein** (Abs. 1 Satz 1).

a) Innerhalb eines Zeitraumes von drei Monaten. Bisher hieß es „binnen drei Anm. 2.
Monaten". Ein Grund für diese Änderung ist nicht ersichtlich. Materielle Bedeutung hat sie nicht.

b) Die Klage muß innerhalb dieses Zeitraumes erhoben sein. Hierdurch wird einmal für Anm. 3.
die zur Prozeßführung verpflichteten Organe eine Verpflichtung begründet, deren Verletzung sie der Gesellschaft (nicht der Minderheit) gegenüber verantwortlich macht. Andererseits ist die Innehaltung der Frist ein Erfordernis der Klageanstellung, deren Nichtvorhandensein von Amts wegen zu berücksichtigen ist (vgl. Behrend § 113 Anm. 12; GoldschmitAG. Anm. 2) und zur Abweisung der Klage führt, doch so, daß der Ersatzanspruch der Gesellschaft hierdurch nicht verlorengeht. Vielmehr kann in einer neuen Versammlung die Prozeßführung von neuem von der Mehrheit beschlossen werden (Motive zum AktG. von 1884 II 162). Ferner kann ja der Vorstand auch ohne Beschluß der Generalversammlung und ohne Minderheitsverlangen namens der Gesellschaft die Klage erheben (§ 268 Anm. 4). Hinsichtlich des neuen Minderheitsverlangens bemerkt jedoch Behrend (§ 113 Anm. 12) mit Recht, daß es nicht statthaft ist, wenn das Verlangen seinem Inhalt nach identisch mit dem ist, das früher gestellt wurde. Der Vorstand braucht diesem Verlangen keine Folge zu geben, das Gericht hat die Ernennung von Vertretern abzulehnen, und der Gegner kann der gleichwohl (d. h. auf Minderheitsverlangen) erhobenen Klage einen dahingehenden Einwand entgegensetzen (vgl. BrodmannAR. Anm. 1; GoldschmitAG. Anm. 2).

B. **Das Protokoll der Generalversammlung ist, soweit es die Geltendmachung des An-** Anm. 4.
spruchs betrifft, in öffentlich beglaubigter Abschrift beizufügen (Abs. 1 Satz 2).

Hierdurch wird die Legitimation dargetan. Das Erfordernis muß von Amts wegen beachtet werden, doch nicht schon bei der Terminsbestimmung. Eine Nachbringung heilt den Mangel (vgl. Behrend § 113 Anm. 13; BrodmannAR. Anm. 2; GoldschmitAG. Anm. 2).

§ 269. C. Anm. 5. **Die Minderheit hat 10 % bzw. 5 % der Aktien für die Dauer des Rechtsstreits zu hinterlegen; das Prozeßgericht kann vorzeitige Rücknahme gestatten. Dreimonatliche Inhaberschaft ist glaubhaft zu machen, wobei zur Glaubhaftmachung eine eidesstattliche Versicherung vor Gericht oder einem Notar für ausreichend erachtet ist** (Abs. 2).

Anm. 6. a) Die Hinterlegung hat im allgemeinen in Höhe von 10 % des Grundkapitals zu erfolgen; neu bestimmt ist im Hinblick auf die neue Vorschrift des § 268 Abs. 1 Satz 2, daß in diesem Fall nur 5 % hinterlegt zu werden brauchen. Wegen der Art und Weise der Hinterlegung vgl. § 266 Anm. 21. Die Minderheit braucht nicht ihren gesamten Aktienbesitz zu hinterlegen; es genügt eine Zahl von Aktien, deren Betrag den zehnten bzw. zwanzigsten Teil des Aktienkapitals ausmacht. Nicht mitzuzählen sind die Aktien, für die in der Generalversammlung ein anderer im eigenen Namen aufgetreten ist, selbst wenn sie nachweislich einem Anhänger der Minderheit gehört haben (vgl. OLG. Dresden in OLG. 6, 508; GoldschmitAG. Anm. 3). Die Hinterlegung muß erfolgen; eines Antrages von irgendeiner Seite bedarf es nicht. Die Hinterlegung ist vom Prozeßgericht von Amts wegen zu prüfen; sie kann bis zum Erlaß des Urteils nachgeholt werden; die Minderheit muß den Nachweis der erfolgten Hinterlegung den Prozeßvertretern aushändigen (vgl. KG. in OLG. 3, 228; GoldschmitAG. Anm. 3; BrodmannAR. Anm. 3; Behrend § 113 Anm. 13).

Anm. 7. b) Vorzeitige Rücknahme der hinterlegten Aktien kann gestattet werden. Mit dieser neuen Vorschrift ist eine außerordentlich erhebliche Änderung des Verfahrens eingetreten. Bisher mußten entsprechend Abs. 2 die Aktien für die Dauer des Rechtsstreits hinterlegt werden und bleiben. Solange der Prozeß schwebte und der Aktionär, der die Aktien hinterlegt hatte, sich am Prozeß beteiligte, war eine Rücknahme der Aktien ausgeschlossen. Brodmann (AR. Anm. 3) hat sogar den Standpunkt vertreten, daß während der Dauer des Prozesses jeder Aktionär, der hinterlegt hatte, verhindert sein solle, von seinem Verlangen und dem infolgedessen eingeleiteten Prozeß Abstand zu nehmen. Er folgert dies aus der Verpflichtung zur Hinterlegung. Diesseitigen Erachtens zu Unrecht. Soll der Einzelaktionär oder ein Teil der Aktionäre, wenn sie sich im Laufe des Rechtsstreits überzeugen, daß der Anspruch unbegründet ist, ihr Verlangen nicht zurücknehmen können, sondern den Prozeß mit weiter fortführen und die Folgen (§ 269 Abs. 4 u. 5) weiter auf sich nehmen müssen? Hätte der Gesetzgeber dies gewollt, so hätte es ausdrücklich gesagt werden müssen. Die Frage dürfte jetzt nach der Neufassung nicht mehr Gegenstand des Streites sein können. Denn wenn es dem Gericht gestattet ist, die vorzeitige Rücknahme anzuordnen, so ist damit gezeigt, daß eine so weite Bindung, wie sie Brodmann a. a. O. annimmt, nicht beabsichtigt ist, und es dem Aktionär nicht verwehrt sein kann, sein Verlangen und seine Aktien zurückzunehmen. Beträgt der Rest der hinterlegten Aktien dann nicht mehr 10 % bzw. 5 %, so muß die Klage abgewiesen werden, es sei denn, daß der Aktionär die Rücknahme der Aktien auf Anordnung des Gerichts, die er an und für sich in diesem Falle nicht braucht, vornimmt; erfolgt die Rücknahme auf Anordnung des Gerichts, so ist es unbeachtlich, ob der Rest der hinterlegten Aktien unter 10 % bzw. 5 % sinkt. Über die Voraussetzungen, unter denen das Prozeßgericht die Rücknahme anordnen kann, ist im § 269 nichts gesagt; Erl. 101 sagen lediglich, sie stände im pflichtgemäßen Ermessen des Gerichts. Bei seinem Ermessen wird das Gericht zu berücksichtigen haben, daß der Zweck der Hinterlegung der ist, zu erreichen, daß die Aktionäre, die die Aktien hinterlegt haben, solange sie ihr Verlangen nach Geltendmachung des Anspruchs aufrechterhalten, nicht aufhören, Aktionäre zu sein. Dadurch, daß die V. jetzt die Rücknahme vor Erledigung des Rechtsstreits für möglich erklärt, hat sie zu erkennen gegeben, daß sie im Interesse der Minderheit den Hinterlegungszweck einschränken will. Da andererseits die Hinterlegungspflicht als solche geblieben ist, so daß ein gewisser Zweck auch zukünftig mit ihr erreicht werden soll, wird das Gericht zu entscheiden haben, wann dieser beschränkte Zweck als erreicht anzusehen ist. Diesen Zeitpunkt schon dann als gekommen anzusehen, wenn die Rechtsverfolgung für das Prozeßgericht nicht mutwillig oder aussichtslos erscheint, wie dies von Lehmann-Hirsch Anm. 6 angenommen wird, erscheint nicht richtig. Dieser Moment könnte schon bei Einreichung einer schlüssigen Klage vorliegen;

daß es nicht die Absicht des Gesetzgebers war, eine so starke Erleichterung für die Minderheit zu schaffen, daß dadurch die ganze Hinterlegungspflicht wirkungslos werden könnte, ergibt sich aus der grundsätzlichen Aufrechterhaltung der Hinterlegungspflicht. Richtig dürfte sein, daß mangels eines anderen Maßstabes das Gericht bei seinem Ermessen von dem Stand des Prozesses auszugehen haben wird. Es wird die Rücknahme dann anordnen dürfen, wenn es zu der Überzeugung gekommen ist, daß der geltend gemachte Anspruch berechtigt ist. Dies wird regelmäßig erst in einem späteren Stadium des Prozesses und zu einem Zeitpunkt, in dem die Rücknahme nicht mehr geeignet ist, den Zweck der Hinterlegung vollständig zu gefährden, der Fall sein. **§ 269.**

c) Dreimonatliche Inhaberschaft der Aktien ist glaubhaft zu machen. Vgl. hierüber § 266 Anm. 22. Die dreimonatige Frist ist für alle Klagen auf Verlangen der Minderheit gemäß § 269 an Stelle der bisherigen sechsmonatigen Frist getreten. Anm. 8.

d) Glaubhaft zu machen ist die Inhaberschaft, und zwar genügt eine eidesstattliche Versicherung vor einem Gericht oder einem Notar. Vgl. hierüber § 266 Anm. 23. Anm. 9.

D. **Das Gericht kann, wenn der Beklagte glaubhaft macht, daß ihm auf Grund des Abs. 5 oder von Vorschriften des bürgerlichen Rechts gegen die die Minderheit bildenden Aktionäre oder einzelne von ihnen ein Ersatzanspruch zusteht oder erwachsen kann, anordnen, daß ihm von der Minderheit Sicherheit zu leisten ist. Art und Höhe der Sicherheit unterliegt der Bestimmung des Gerichts nach freiem Ermessen. Die Vorschriften der ZPO. über die Festsetzung einer Frist zur Sicherheitsleistung und über die Folgen der Fristversäumung finden Anwendung** (Abs. 3). Anm. 10.

Die Neuregelung des Anspruchs auf Sicherheitsleistung, die auch hier wesentliche Erleichterungen im Interesse der Minderheit bringt, entspricht der Neuregelung des § 266 Abs. 6. Vgl. daher hierzu § 266 Anm. 25 bis 28. Zu bemerken ist, daß hier im Gegensatz zu § 266 Abs. 6 und zur alten Fassung des § 269 Abs. 3 nicht davon die Rede ist, daß die Sicherheitsleistung von einem Verlangen der Beklagten abhängig ist. Materiell bedeutet dies keine Änderung; denn wenn jetzt Glaubhaftmachung als Voraussetzung bestimmt ist, so setzt das ebenso wie bisher einen Antrag voraus, dem die Glaubhaftmachung beizufügen ist. Wegen der beiden unverändert gebliebenen Schlußsätze des Abs. 3 vgl. Staub-Pinner § 272 Anm. 10 und wegen der Frage, wofür die Sicherheit haftet und wie, wenn das Gericht nicht vorzeitige Rücknahme angeordnet hat, die Sicherheit zurückzuerhalten ist, ebenda Anm. 11 u. 12.

E. **Die der Gesellschaft zur Last fallenden Kosten des Rechtsstreits muß die Minderheit der Gesellschaft gegenüber tragen** (Abs. 4). Anm. 11.

Dem Staat und dem Gegner gegenüber ist die Gesellschaft als Prozeßführerin Kostenschuldner (vgl. RG. bei Gruchot 48, 627; in JW. 1904, 214). Sie kann aber Erstattung der ihr zur Last fallenden Kosten von der Minderheit verlangen, und zwar nicht nur in betreff der ihr auferlegten Kosten, sondern auch der, die sie infolge Zahlungsunfähigkeit des Gegners treffen. Dies ergab schon die bisherige Fassung der Vorschrift — „Kosten des Rechtsstreits" — (vgl. RG. 73, 78; BrodmannAR. Anm. 6; GoldschmitAG. Anm. 4); dies ergibt um so mehr der jetzige Wortlaut: „die der Gesellschaft zur Last fallenden Kosten". Auch zur Stellung von Kostenvorschüssen, die die Gesellschaft zu zahlen hat, ist die Minderheit verpflichtet; jedoch bleiben die Zahlungen, die die Minderheit hiernach zur Gesellschaftskasse zu zahlen hat, ihr nur insofern dauernd zur Last, als die Gesellschaft nicht später Ersatz vom Prozeßgegner erlangt (vgl. RG. 73, 78; Lehmann-Hirsch Anm. 7). Für die Kosten haften die Mitglieder nach Aktienbeträgen, da dies der Billigkeit entspricht und ein entgegengesetzter Wille des Gesetzes nicht ersichtlich ist (vgl. BrodmannAR. Anm. 6; GoldschmitAG. Anm. 4).

II. **Folgen ungerechtfertigter Regreßerhebungen.** Anm. 12.

Für den durch eine unbegründete Klage dem Beklagten entstehenden Schaden

§ 269. **haften die Aktionäre, denen Vorsatz oder grobe Fahrlässigkeit zur Last fällt, als Gesamtschuldner** (Abs. 5).

Die vorstehende Bestimmung ist gegenüber der bisherigen ebenso geändert wie die Bestimmung des § 267 Abs. 4 Satz 2 gegenüber der früheren des § 267 Abs. 3 Satz 2. Vgl. daher hierzu § 267 Anm. 7.

§ 270.

§ 270.

Auf einen Anspruch, dessen Geltendmachung die Minderheit auf Grund der Vorschriften des § 268 Abs. 1 verlangt hat, kann die Gesellschaft nur verzichten, wenn von den die Minderheit bildenden Aktionären so viele zustimmen, daß die Aktien der übrigen nicht mehr den zehnten Teil und im Falle des § 268 Abs. 1 Satz 2 den zwanzigsten Teil des Grundkapitals darstellen; dasselbe gilt für einen Vergleich.

Einleitung. **Der vorliegende Paragraph regelt die Frage des Verzichts oder Vergleichs mit den ersatzpflichtigen Personen.** Er ist im Hinblick auf die neue Bestimmung des § 268 Abs. 1 Satz 2 ergänzt und neu redigiert. Materiell ist er unverändert geblieben.

Anm. 1. Die Bestimmung will verhindern, daß das Verlangen der Minderheit auf Erhebung der Ersatzansprüche durch einen Mehrheitsbeschluß vereitelt wird, durch den auf die Ansprüche verzichtet wird. Ein solcher Mehrheitsbeschluß soll daher, sobald einmal die Minderheit das Verlangen auf Erhebung der Ansprüche gemäß § 268 Abs. 1 gestellt hat, unzulässig sein, wenn auch von dieser Minderheit so viel Aktionäre dem Mehrheitsbeschluß zugestimmt haben, daß der Rest nicht mehr den zehnten bzw. zwanzigsten Teil des Grundkapitals darstellt. Die Zustimmung der Minderheit bedarf keiner Form und braucht nicht etwa in der Generalversammlung erklärt zu werden (vgl. GoldschmitAG. Anm. 1; a. A.: BrodmannAR. Anm. 1).

Anm. 2. Selbstverständlich bedarf es der Zustimmung nicht mehr, wenn die Frist des § 269 Abs. 1 ohne Klagezustellung verstrichen ist. Denn dadurch hat das Verlangen seine Wirkung verloren (vgl. D. 162; GoldschmitAG. Anm. 1; a. A.: BrodmannAR. § 268 Anm. 2 a).

Anm. 3. Hinsichtlich der Ansprüche aus der Gründung sind Vergleiche und Verzichte außerdem durch § 205 erschwert.

Anm. 4. Hat, ohne daß die Minderheit das Verlangen gestellt hat, der Vertreter der Gesellschaft aus eigenem Antriebe geklagt, so bedarf ein Vergleich oder Verzicht ihrer Zustimmung nicht (vgl. BrodmannAR. Anm. 1; GoldschmitAG. Anm. 3).

Anm. 5. Ob, wenn die Mehrheit die Erhebung von Ansprüchen beschlossen hat (§ 268: „in der Generalversammlung mit einfacher Stimmenmehrheit"), ein Vergleich oder Verzicht, der jedenfalls der Zustimmung der Generalversammlung mit einfacher Mehrheit bedarf, auch von der Minderheit von 10 bzw. 5 % genehmigt werden muß, dürfte zweifelhaft sein. Der Wortlaut des § 270 paßt für diesen Fall nicht, doch entspricht eine sinngemäße Ausdehnung dem Willen des Gesetzes; denn in der Mehrheit ist die Minderheit, die sich vielleicht nur durch den von der Mehrheit gefaßten Beschluß von ihrem Verlangen hat zurückhalten lassen, enthalten (vgl. BrodmannAR. Anm. 1; Flechtheim in JW. 1925, 569; a. A.: GoldschmitAG. Anm. 3). Dies gilt insbesondere für den Fall, daß zwar zunächst die Minderheit das Verlangen gestellt, dann aber die Mehrheit es aufgenommen und die Klageerhebung beschlossen hat. Hat die Minderheit das Verlangen gestellt und die Mehrheit lediglich die Bestellung der besonderen Vertreter vorgenommen, ohne daß die Minderheit die Bestellung anderer Vertreter verlangt und erreicht hat (vgl. § 268 Anm. 10), so bedarf es nur der Zustimmung von so viel Minderheitsaktionären, daß der Rest nicht mehr 10 bzw. 5 % des Grundkapitals darstellt, und keines Beschlusses der Generalversammlung.

Für alle Fälle von Vergleichen und Verzichten ist § 253 Abs. 2 und für einen besonderen Fall § 205 bei der Frage, ob die Genehmigung der Generalversammlung einzuholen ist, zu beachten. **§ 270.** Anm. 6.

Klagerücknahme ist zwar weder Verzicht noch Vergleich. Man wird aber wegen ihrer Folgen — im Falle des Nichteinverständnisses der Gegenseite nach stattgehabter Verhandlung materielle Klageabweisung; Folgen der Versäumung der Dreimonatsfrist des § 269 für das Minderheitsverlangen (vgl. § 269 Anm. 3) — die vorliegenden Bestimmungen auf den Fall der Klagerücknahme für anwendbar erklären müssen (a. A.: Brodmann Anm. 1). Anm. 7.

Artikel VIII. **Art. VIII.**

(1) Bestimmungen des Gesellschaftsvertrags über die Zusammensetzung und Bestellung des Aufsichtsrats und über die Vergütung der Mitglieder des Aufsichtsrats treten mit Beendigung der ersten Generalversammlung außer Kraft, die über den Abschluß des bei Inkrafttreten dieses Teiles laufenden Geschäftsjahrs abgehalten wird. In dieser Generalversammlung können neue Bestimmungen über die Zusammensetzung und Bestellung des Aufsichtsrats und über die Vergütung der Mitglieder des Aufsichtsrats mit einfacher Stimmenmehrheit beschlossen werden.

(2) Das Amt der gewählten Mitglieder des Aufsichtsrats erlischt mit Beendigung der im Abs. 1 bezeichneten Generalversammlung.

(3) Die Gesamtzahl der Mitglieder des Aufsichtsrats darf nach der Neuwahl nicht mehr als dreißig betragen.

(4) Zum Mitglied des Aufsichtsrats kann nicht gewählt werden, wer bereits in zwanzig Aktiengesellschaften oder Kommanditgesellschaften auf Aktien Mitglied des Aufsichtsrats ist.

Lit.: Schmölder in JW. 1931, 2928; Homburger in JW. 1931, 2937; Pinner, Aktiennovelle und Bankenaufsicht und in BankA 31, 64.

Art. VIII enthält vollständig neue Vorschriften. Sie waren im I. Entw. noch nicht vorgesehen und sind nur aus den Ereignissen im Sommer 1931, denen sie unmittelbar ihr Entstehen verdanken, zu verstehen. Sie stellen den schärfsten Eingriff in das bisherige Aktienrecht dar, ohne allerdings das Wesen des Aufsichtsrats als solches zu verändern. Über die Auswirkung dieser Bestimmung sowie der übrigen neuen Bestimmungen, soweit sie den Aufsichtsrat betreffen, vgl. Einleitung zu § 246 und Pinner, Aktiennovelle 33 ff. Einleitung.

I. **Außerkrafttreten der Satzungsbestimmungen über Zusammensetzung und Bestellung des Aufsichtsrats sowie die Aufsichtsratsvergütung** (Abs. 1 Satz 1). Anm. 1.

Alle Satzungsbestimmungen über Zusammensetzung und Bestellung des Aufsichtsrats sowie über die Vergütung der Aufsichtsratsmitglieder treten mit Beendigung des ersten, über den Abschluß des am 1. Okt. 1931 laufenden Geschäftsjahres außer Kraft.

a) Satzungsbestimmungen über die Zusammensetzung und Bestellung sowie über die Vergütung treten außer Kraft. Über diese Punkte verhalten sich die §§ 243, 245. Sie sind nicht durchweg zwingenden Rechts und deshalb der Abänderung durch den Gesellschaftsvertrag und insbesondere der Ergänzung durch diesen zugänglich. Alle diese Vorschriften, insbesondere solche über bestimmte Eigenschaften der Aufsichtsratsmitglieder (vgl. Staub-Pinner § 243 Anm. 4), Recht zur Niederlegung der Ämter (vgl. Staub-Pinner § 243 Anm. 11) und ähnliche (vgl. die Zusammenstellung bei Lehmann-Hirsch Anm. 2), treten außer Kraft. Zu ihnen gehören auch die Vorschriften über die Amtsdauer, da sie Anm. 2.

Art. VIII. als zur Bestellung gehörig anzusehen sind (a. A.: Homburger a. a. O. 2937). Nicht betroffen werden die übrigen auf den Aufsichtsrat bezüglichen Satzungsbestimmungen, so die seinen Aufgabenkreis regelnden (§ 246 Abs. 1 bis 3) und die, welche die Ausübung des Amtes regeln (vgl. Lehmann-Hirsch Anm. 3).

Anm. 3. b) Mit Beendigung der ersten Generalversammlung, die über den Abschluß des bei Inkrafttreten dieses Teils laufenden Geschäftsjahres abgehalten wird, treten sie außer Kraft. Art. VIII ist nach Art. XIII am 1. Okt. 1931 in Kraft getreten. War also am 1. Okt. das Geschäftsjahr einer Gesellschaft bereits, z. B. am 30. Sept., abgelaufen, so gilt die neue Bestimmung erst für die Generalversammlung, die über das nächste, mit dem 1. Okt. 1931 beginnende Geschäftsjahr beschließt, auch wenn die Generalversammlung über das abgelaufene Geschäftsjahr 1930/31 noch nicht stattgefunden hat (vgl. Schmölder in JW. 1931, 2928; Lehmann-Hirsch Anm. 4). Wird die Generalversammlung zwar abgehalten, kommt es aber nicht zu einer Genehmigung der Bilanz, so tritt das Erlöschen erst mit der nächsten, die Bilanz genehmigenden Generalversammlung ein (vgl. Staub-Pinner § 243 Anm. 5; BrodmannAR. § 243 Anm. 5; GoldschmitAG. § 243 Anm. 19 für die gleichlautende Bestimmung des § 243 Abs. 2; Lehmann-Hirsch Anm. 4).

Anm. 4. c) Sie treten außer Kraft. Dies erfolgt ohne weiteres. Eines Beschlusses über die Aufhebung bedarf es nicht; ebensowenig daher einer Ankündigung bei der Einberufung der Generalversammlung. Erfolgt aber eine Aufhebung durch Beschluß, die nicht als unzulässig anzusehen ist, so treten Satzungsbestimmungen, die versehentlich nicht mit aufgehoben sind, doch außer Kraft, wenn sie zu denen gehören, deren Außerkrafttreten angeordnet ist. Das Außerkrafttreten ist vom Vorstand zur Eintragung ins Handelsregister anzumelden; die Eintragung hat aber keine konstitutive, sondern nur deklaratorische Bedeutung, da der Zeitpunkt des Außerkrafttretens vom Gesetz zwingend bestimmt ist.

Anm. 5. II. **In dieser Generalversammlung können neue Bestimmungen über die Zusammensetzung und Bestellung des Aufsichtsrats sowie über die Vergütung der Aufsichtsratsmitglieder mit einfacher Stimmenmehrheit beschlossen werden** (Abs. 1 Satz 2).

Anm. 6. a) Mit einfacher Stimmenmehrheit können die Beschlüsse gefaßt werden. Diese Vorschrift ist zwingenden Rechts; sie soll nach Möglichkeit die Beschlußfassung erleichtern, um einen Zwischen- oder Schwebezustand zu verhindern (vgl. Schmölder a. a. O. 2928). Sind Stimmrechtsaktien vorhanden, so kommt deren Stimmrecht voll zur Geltung, obschon es sich neben der Wahl zum Aufsichtsrat (Abs. 2) auch um Satzungsänderungen handelt, für die der II. Entw. § 144 (ebenso der I. Entw. § 143) den Ausschluß der Macht der Stimmrechtsaktien vorsieht. Dies ist im Hinblick auf den Zusammenhang der Satzungsänderung mit der Wahl des Aufsichtsrats so geregelt worden (vgl. Schmölder a. a. O. 2928).

Anm. 7. b) In dieser, d. h. der in Satz 1 erwähnten Generalversammlung kann die Beschlußfassung mit einfacher Stimmenmehrheit erfolgen. Kommt es in der ersten Generalversammlung, die über den Abschluß des am 1. Okt. laufenden Geschäftsjahres abgehalten wird, zu keiner Beschlußfassung über den Abschluß, so gilt nicht diese Generalversammlung, sondern die nächste, die über den Abschluß beschließt, als die nach Art. VIII Abs. 1 maßgebliche Generalversammlung (Anm. 3). Dann gilt auch für sie die Vorschrift der einfachen Stimmenmehrheit für die Satzungsänderungen. Beschließt aber die erste Generalversammlung über den Abschluß und erfolgen in ihr die Satzungsänderungen nicht, so verbleibt es für Beschlußfassungen in einer späteren Generalversammlung bei der Vorschrift des § 275. Dies gilt auch, wenn zwar die erste Generalversammlung die Satzungsänderungen vorgenommen hat, diese jedoch auf Anfechtung hin für nichtig erklärt worden sind, so daß eine nochmalige Beschlußfassung notwendig wird (vgl. Schmölder a. a. O. 2928; Lehmann-Hirsch Anm. 5).

Anm. 8. c) Es können neue Bestimmungen getroffen werden. Notwendig ist dies nicht. Unterbleibt es, so hat es infolge des Außerkrafttretens der bisherigen Satzungsbestimmungen bei der gesetzlichen Regelung sein Bewenden. Es gilt also für die Zusammensetzung und Bestellung des Aufsichtsrats § 243. Für die Vergütung gilt, daß im Zweifel eine Vergütung nicht zu zahlen ist, da mangels anderweitiger Satzungsbestimmungen von der Unentgeltlichkeit der Amtsführung auszugehen ist (vgl. Staub-Pinner § 245 Anm. 2; Homburger a. a. O. 2937). Sollen neue Bestimmungen getroffen werden, so bedarf es ordnungsmäßiger Ankündigung der Tagesordnung bei Vermeidung der Anfechtbarkeit trotzdem gefaßter Beschlüsse (vgl. Lehmann-Hirsch Anm. 5). Es besteht kein Hindernis, die alten Bestimmungen wiederherzustellen mit der Maßgabe, daß die Vorschrift des Abs. 3 beachtet werden muß. **Art. VIII.**

III. **Erlöschen der Aufsichtsratsmandate.** Anm. 9.

Mit Beendigung der in Abs. 1 erwähnten Generalversammlung erlischt das Amt der gewählten Mitglieder des Aufsichtsrats (Abs. 2).

a) Mit Beendigung der in Abs. 1 erwähnten Generalversammlung tritt das Erlöschen ein. Wegen des hiernach maßgeblichen Zeitpunkts vgl. Anm. 3. Anm. 10.

b) Das Amt der gewählten Mitglieder erlischt. Das Amt der vom Betriebsrat in den Aufsichtsrat entsandten Mitglieder bleibt also unverändert bestehen (vgl. Schmölder a. a. O. 2928; Lehmann-Hirsch Anm. 7). Anm. 11.

c) Das Amt erlischt. Bestehen bleibt der Anspruch der Aufsichtsratsmitglieder auf die ihnen bis zum Erlöschen des Amtes zustehende Vergütung; bestehen bleiben auch sonstige auf besonderer vertraglicher Grundlage beruhende Ansprüche. Anm. 12.

IV. **Neuwahl des Aufsichtsrats.** Anm. 13.

Nach der Neuwahl darf die Gesamtzahl der Aufsichtsratsmitglieder 30 nicht übersteigen (Abs. 3).

a) Nach der Neuwahl gilt diese Beschränkung. Durch das in Abs. 2 angeordnete Erlöschen der Mandate der gewählten Mitglieder des Aufsichtsrats ist die Gesellschaft gezwungen, Neuwahlen vorzunehmen. Die Neuwahlen müssen ebenfalls ordnungsmäßig zur Tagesordnung angekündigt werden. Die bisherigen Satzungsbestimmungen über die Bestellung und Zusammensetzung des Aufsichtsrats sowie über seine Vergütung sollen zwar nach Abs. 1 erst mit dem Schluß der Generalversammlung außer Kraft treten. Wollte man dies wörtlich auslegen, so würden für die Neuwahl noch die alten Bestimmungen maßgebend sein, was die Erreichung des mit Art. VIII erstrebten Zwecks verhindern würde. Man wird deshalb die Vorschrift so auszulegen haben, daß schon für die Vornahme der Neuwahl die alten Bestimmungen als nicht mehr in Kraft befindlich anzusehen sind. Es liegt hier nicht anders als in dem Fall, daß z. B. nach der Satzung die Höchstzahl der Aufsichtsratsmitglieder auf fünf festgesetzt war und nunmehr eine Generalversammlung die Erhöhung der Zahl auf zehn beschließt. Dann tritt die alte Satzung gemäß § 277 Abs. 3 erst mit Eintragung der neuen Satzung im Handelsregister außer Kraft; trotzdem ist es als zulässig erachtet worden, daß bereits die Generalversammlung, die die Satzungsänderung beschließt, die Neuwahlen vornimmt (vgl. Staub-Pinner §§ 277 Anm. 4, 243 Anm. 1; Lehmann-Hirsch Anm. 8). Hat die Generalversammlung vor der Neuwahl neue Bestimmungen gemäß Abs. 2 beschlossen, so gelten diese für die Wahl; ist dies nicht der Fall, so gelten die gesetzlichen Vorschriften, also § 243, wonach nur drei Mitglieder gewählt werden können (vgl. Homburger a. a. O. 2937). Anm. 14.

b) Die Gesamtzahl der Aufsichtsratsmitglieder darf dreißig nicht übersteigen. Zu dieser Zahl gehören auch die vom Betriebsrat in den Aufsichtsrat entsandten Mitglieder, da hier im Gegensatz zu Abs. 2 nicht von „gewählten" Mitgliedern die Rede ist. Stellvertretende Aufsichtsratsmitglieder, deren Zulässigkeit heute anerkannt ist (vgl. Staub-Pinner § 243 Anm. 15; GoldschmitAR. 75 Anm. 64) werden in diese Zahl nicht eingerechnet. Dies galt schon nach bisherigem Recht in den Fällen, in denen die Satzung eine Höchstzahl für Aufsichtsratsmitglieder festsetzte bzw. es auf die gesetzliche Höchstzahl von drei Mitgliedern ankam (vgl. GoldschmitAR. 77 Anm. 65 g und bei Ring-Schachian 221). Dieselben Grundsätze, die dort zur Nichteinrechnung der stellvertretenden Mitglieder führten, gelten auch Anm. 15.

Art. VIII. hier (a. A.: Lehmann-Hirsch Anm. 8). Werden mehr Aufsichtsratsmitglieder als hiernach zulässig gewählt, so ist die Folge, daß die, welche gewählt wurden, als die Höchstzahl bereits erreicht war, nicht als gewählt gelten; erfolgt die Wahl gleichzeitig, so ist sie nichtig.

Anm. 16. c) Neuwahl muß erfolgen, da ja die bisherigen Mandate erlöschen und die Gesellschaft einen Aufsichtsrat haben muß. § 315 Ziff. 1 trifft Vorsorge für die Befolgung dieser Vorschrift.

Anm. 17. V. **Beschränkung der passiven Wahlfähigkeit.**

Zum Aufsichtsratsmitglied kann nicht gewählt werden, wer bereits in zwanzig Aktiengesellschaften oder Kommanditgesellschaften auf Aktien Aufsichtsratsmitglied ist (Abs. 4).

Anm. 18. a) Wer in zwanzig Aktiengesellschaften oder Kommanditgesellschaften auf Aktien Aufsichtsratsmitglied ist, ist nicht wählbar.

Eine Bestimmung von nicht abzusehender Tragweite. Noch die Kommission des DJT. hatte (S. 23) ausgeführt: „Es werden vielfach Angriffe gegen die Institution des Aufsichtsrats aus dem Grunde erhoben, daß es Persönlichkeiten gibt, welche eine große Fülle von Aufsichtsratsmandaten in sich vereinigen. Es wird häufig die Ansicht vertreten, daß diese Persönlichkeiten nicht in der Lage seien, die ihnen als Mitglied des Aufsichtsrats obliegenden Pflichten zu erfüllen. Dies ist nicht richtig. Im Gegenteil lehrt die Erfahrung der letzten Jahre, daß gerade diese Persönlichkeiten in der Lage sind, die Gesellschaften aus einer besonderen Fülle der Erfahrung heraus mit besonderem Erfolg zu beraten, aber weiter auch, daß es gerade diese Persönlichkeiten sind, die ihre Pflichten mit besonderer Gewissenhaftigkeit erfüllen und an den Aufsichtsratssitzungen auch wirklich teilnehmen." Die neue Regelung, die erstmalig zu schaffen dem deutschen Aktienrecht vorbehalten war, geht von dem gegenteiligen Standpunkt aus. Nicht nur gibt sie durch die Bestimmung des Abs. 2, durch die mit einem Federstrich sämtliche Aufsichtsratsmitglieder deutscher Gesellschaften ihrer Ämter enthoben werden, zu erkennen, daß sie zumindest einen erheblichen Teil der moralischen Verantwortung an den Geschehnissen des Aktienwesens diesen Männern aufbürden will (vgl. hierzu Pinner in BankA. 31, 64), sondern sie gibt darüber hinaus auch durch die Bestimmung des Abs. 4 der Ansicht Ausdruck, daß das, was die Mitglieder der Kommission des DJT. als Erfahrungstatsache bezeichnet hatten, eine solche nicht sei. Das Gesetz will durch diese und andere Vorschriften den Aufsichtsrat stärken und seine Bedeutung heben. Es wird abzuwarten sein, ob nicht die hier zu behandelnde Vorschrift das Gegenteil erreicht. Man braucht nur an die Großbanken mit einer nicht übermäßigen Anzahl von Vorstandsmitgliedern oder persönlich haftenden Gesellschaftern zu denken, die jetzt nicht mehr in der Lage sind, die Fülle der Aufsichtsratsposten, die sie zwangsläufig zu übernehmen haben, mit ihren ersten Männern, da ja nur jeder 20 Mandate annehmen darf, zu besetzen, um zu sehen, daß notwendigerweise Personen zur Besetzung der Aufsichtsratsposten herangezogen werden müssen, die weder über die Erfahrung noch über die Beziehungen, noch über die Vollmachten verfügen werden, wie sie den bisherigen Trägern des Mandats zustanden; im Interesse der Gesellschaften, deren Aufsichtsratsmitglieder sie statt jener werden, dürfte dies ebensowenig liegen wie in dem der Institution des Aufsichtsrats als solchem.

Anm. 19. b) Wenn das Gesetz von zwanzig Aktiengesellschaften oder Kommanditgesellschaften auf Aktien spricht, so dürften damit nur deutsche Gesellschaften gemeint sein (vgl. Lehmann-Hirsch Anm. 10; Schmölder a. a. O. 2928 f.). Der Begründung Schmölders kann man sich allerdings nicht anschließen. Begriffsmäßig wäre es durchaus möglich, unter „Aktiengesellschaften" die entsprechende Rechtsform ausländischer Gesellschaften zu verstehen. Der Begriff der ausländischen Aktiengesellschaft wird sowohl vom Gesetz (§ 201 Abs. 5) als auch in der Rechtsprechung und im Schrifttum (vgl. Staub-Pinner §§ 178 Anm. 13 und 201 Anm. 19 ff.) anerkannt. Es wäre also objektiv durchaus feststellbar, welche Gesellschaften ausländischen Rechts zu denen gehören, deren Aufsichtsratsposten in die Zahl von zwanzig eingerechnet werden muß. Dem Sinn der Vorschrift entsprechend erscheint aber hier im

Gegensatz zu § 226 (vgl. dort Anm. 26) eine Beschränkung auf deutsche Gesellschaften geboten. Aufsichtsratsposten in Gesellschaften mit beschränkter Haftung zählen nicht mit (vgl. Pinner, Aktiennovelle und Bankenaufsicht 36). **Art. VIII.**

c) Er kann nicht gewählt werden. Also eine zwingende Vorschrift, deren Verletzung Nichtigkeit ohne Notwendigkeit der Anfechtung nach sich zieht. Es handelt sich um eine neue gesetzliche Beschränkung der Wählbarkeit, wie sie das Gesetz auch im Falle des § 248 Abs. 3 kennt (vgl. auch § 262c Abs. 2 Satz 2). Auch deren Verletzung hat die Folge der Nichtigkeit (vgl. Staub-Pinner § 248 Anm. 6). Die Wahl zum Aufsichtsrat kommt nicht durch den Wahlakt selbst zustande, sondern durch die Annahme der erfolgten Wahl. Auf den Zeitpunkt der Annahme kommt es daher an. Hat zu dieser Zeit die betreffende Persönlichkeit bereits zwanzig Aufsichtsratsposten, so ist die Wahl ungültig, hat sie sie zu diesem Zeitpunkt nicht, so geht die Wahl in Ordnung. Schwierigkeiten entstehen, wenn jemand glaubt, noch nicht zwanzig Aufsichtsratsstellen zu haben und dies falsch ist; so z. B. wenn jemand zwanzig Aufsichtsratsposten hatte und einen davon seiner Ansicht nach zu Recht niederlegt, während von der Gesellschaft die Berechtigung zur Niederlegung bestritten wird (vgl. Staub-Pinner § 243 Anm. 10). Nimmt er nun im Vertrauen auf die Berechtigung seines Ausscheidens aus der zwanzigsten Aufsichtsratsstelle ein neues Amt als Aufsichtsratsmitglied an und wird im Prozeß durch ein Gericht vielleicht nach Jahren festgestellt, daß er zu Unrecht ausgeschieden, also noch Aufsichtsratsmitglied ist, dann steht fest, daß seine Wahl als neues Aufsichtsratsmitglied nichtig ist, da es auf den guten Glauben nicht ankommt. Dritten Gutgläubigen gegenüber wird er aber trotz der Nichtigkeit seiner Bestellung als Aufsichtsratsmitglied der Gesellschaft gelten, ebenso sind seine Handlungen gegenüber der Gesellschaft die eines ordnungsmäßigen Aufsichtsrats (vgl. Staub-Pinner §§ 243 Anm. 14 und 244 Anm. 2). Eine nichtige Wahl wird nicht dadurch gültig, daß das gewählte Mitglied nachträglich dadurch wahlfähig wird, daß andere Aufsichtsratsposten inzwischen fortfallen; es muß seine Neuwahl stattfinden (vgl. Schmölder a. a. O. 2929). Anm. 20.

d) Die Bestimmung des Abs. 4 ist mit dem 1. Oktober 1931 in Kraft getreten (Art. VIII Abs. 1). Sie gilt also schon für alle Generalversammlungen nach dem 1. Okt., auch wenn sie vor der im Abs. 1 bezeichneten Generalversammlung stattfinden. In keiner Generalversammlung nach dem 1. Okt. kann jemand zum Mitglied des Aufsichtsrats gewählt werden, der schon über zwanzig Aufsichtsratsstellen hat bzw. durch die Annahme dieser Wahl erhalten würde. Würde man dem Aufsichtsratsmitglied nicht das Recht geben, wenn es Wert gerade auf die Wahl in diesen Aufsichtsrat legt, andere Aufsichtsratsämter niederzulegen, so würde man dem Aufsichtsratsmitglied die Entscheidung der Frage, in welcher Gesellschaft es Aufsichtsratsmitglied sein will und in welcher nicht, entziehen und sie dem Zufall überlassen. Deshalb muß man die Wahl in einen Aufsichtsrat als einen wichtigen Grund zur Niederlegung eines anderen Aufsichtsratspostens ansehen, wenn ohne die Niederlegung die neue Wahl nichtig wäre (vgl. Lehmann-Hirsch Anm. 10). Anm. 21.

Zusatz: Einwirkung des Art. VIII auf obligatorische Bindungen. Obligatorische Bindungen, die sich über Fragen verhalten, die Art. VIII neu regelt, können in zweierlei Weise vorhanden sein.

a) Es können zwischen Aktionären gültige Abmachungen bestehen, die sich auf die Zusammensetzung und Bestellung des Aufsichtsrats sowie über die Vergütung der Mitglieder des Aufsichtsrats beziehen. Diese bleiben in Kraft, soweit sie nicht zwingenden Vorschriften zuwiderlaufen, z. B. wenn eine größere Zahl Aufsichtsratsmitglieder als dreißig vorgesehen ist. Die Abmachungen können dadurch bereits erschöpft sein, daß der beabsichtigte Zustand einmal hergestellt war, was im Einzelfall Tatfrage ist. Ist dies nicht der Fall, zielt vielmehr der Inhalt der Abmachungen auf die Schaffung und Aufrechterhaltung eines bestimmten Zustandes für eine gewisse Dauer, so haben die Vertragsparteien dafür zu sorgen, daß der Vertragszustand wiederhergestellt wird. Scheitert die Durchführung an zwingenden neuen Vorschriften, so wird der Vertrag insoweit hinfällig, und es ist ebenfalls Frage des Einzel- Anm. 22.

Art. VIII. falls, ob hierdurch der ganze Vertrag oder nur dieser Teil unwirksam wird (vgl. Lehmann-Hirsch Anm. 6).

b) Es können zwischen der Gesellschaft und bestimmten Persönlichkeiten Abmachungen über ihre Wahl zum Aufsichtsratsmitglied oder ihre Zugehörigkeit zum Aufsichtsrat bestehen. Soweit die Gesellschaft aus derartigen Verträgen verpflichtet ist, bleibt sie daran gebunden, wenn sie nicht durch die neue Höchstgrenze von dreißig Aufsichtsratsmitgliedern an der Erfüllung verhindert ist. Ist dies der Fall, so ist sie von ihrer Verpflichtung frei, und zwar auch dann, wenn sie an und für sich den Vertrag dadurch erfüllen könnte, daß sie andere Aufsichtsratsmitglieder nicht wiederwählt. Die Gesellschaft muß die freie Möglichkeit haben, sich einen Aufsichtsrat nach ihrer Wahl zu schaffen. Die Einführung der Höchstgrenze nimmt ihr diese Möglichkeit, soweit Verpflichtungen vorliegen, die, solange die Höchstgrenze noch nicht vorgesehen war, erfüllt werden konnten. Deshalb muß die Bindung der Gesellschaft in solchen Fällen fortfallen (vgl. Lehmann-Hirsch Anm. 9). Ist das Aufsichtsratsmitglied verpflichtet, das Amt anzunehmen, so wird es frei, wenn es andernfalls infolge der für Aufsichtsratsposten gesetzten Höchstgrenze von zwanzig Mandaten nicht in der Lage wäre, ein anderes Aufsichtsratsamt anzunehmen. Hingegen wird die getroffene Vereinbarung, gleichgültig, auf welcher Seite die Verpflichtung vorliegt, nicht hinfällig, wenn keine Hinderungsgründe aus Abs. 3 oder 4 vorliegen. Das Inkrafttreten der neuen Bestimmungen allein stellt keinen wichtigen Grund zur Auflösung bestehender Verträge oder Niederlegung des Aufsichtsratsamts dar. Lehmann-Hirsch (Anm. 10) sind gegenteiliger Ansicht, einmal weil jetzt die Aufsichtsratsmitglieder stärkere Rechte hätten und dann, weil sich für den Aufsichtsrat die Haftungsmöglichkeit erhöht und die Exkulpationsmöglichkeit verringert haben. Beide Gründe erscheinen nicht stichhaltig. Das Amt des Aufsichtsrats ist in seinem Wesen durch die neuen Vorschriften nicht geändert. Auch bisher hatte der Aufsichtsrat das Recht auf Information. Hilft ihm die neue Regelung dazu, die Erfüllung dieses Anspruchs eher durchzusetzen als bisher, so kann das für die Gesellschaft keinen Grund darstellen, entgegen getroffenen Abmachungen gewisse Aufsichtsratsmitglieder, denen sie die zur pflichtgemäßen Ausübung des Amtes notwendigen Informationen nicht erteilen will, nicht wiederzuwählen. Auch die Haftung des Aufsichtsrats hat immer bestanden. Daß zur Zeit eine größere Gefahr einer Inanspruchnahme besteht, liegt nicht so sehr an den neuen Vorschriften als an der wirtschaftlichen Depression, die in bisher nicht gekanntem Umfange Zusammenbrüche und in Verbindung damit die Nachprüfung der Schuldfrage zur Folge hatte. Es kann deshalb das Recht, von getroffenen Vereinbarungen ohne Vorliegen einer in der Neuregelung begründeten zwingenden Ursache nach Abs. 3 oder 4 abzugehen, nicht anerkannt werden. Liegen keine Bindungen vor, so ist selbstverständlich sowohl die Gesellschaft in der Wahl sowie das Aufsichtsratsmitglied in deren Annahme völlig frei.

Art. IX.

Artikel IX.

(1) In besonders schweren Fällen des § 312 (Handeln zum Nachteil der Gesellschaft) sowie des § 314 Abs. 1 Nr. 1 (unwahre Darstellung oder Verschleierung) kann auf Zuchthaus bis zu 5 Jahren erkannt werden.

Die Vorschrift bringt lediglich eine Strafverschärfung für die Tatbestände der §§ 312 und 314 Abs. 1 Nr. 1. Eine inhaltliche Änderung erfahren die Tatbestände aber mittelbar durch § 260a Abs. 4 Satz 2. Der Geschäftsbericht muß wahr, er braucht aber nicht mehr vollständig zu sein (§ 260a Anm. 6 ff.; vgl. Staub-Pinner § 314 Anm. 4). Ein überwiegendes Interesse der Gesellschaft oder der Allgemeinheit entbindet die Verwaltung von der Offenlegung selbst solcher Umstände, die für die Beurteilung der Verhältnisse und Vermögenslage der Gesellschaft erheblich sein können. Besteht aber die zivilrechtliche Verpflichtung zur Bekanntgabe nicht, entfällt auch die strafrechtliche Verantwortlichkeit. Es fehlt die Rechtswidrigkeit.

(2) Hinter § 318 des Handelsgesetzbuchs ist als § 318a folgende Vorschrift einzufügen:

§ 318a.

§ 318a.

Mit Gefängnis oder mit Geldstrafe wird bestraft:

1. wer als Prüfer oder als Gehilfe eines Prüfers über das Ergebnis der Prüfung falsch berichtet oder erhebliche Umstände im Berichte verschweigt;
2. wer entgegen den Vorschriften dieses Abschnitts seine Pflicht zur Verschwiegenheit verletzt oder Geschäfts- und Betriebsgeheimnisse, die er bei Wahrnehmung seiner Obliegenheiten erfahren hat, unbefugt verwertet;
3. wer als Aufsichtsratsvorsitzender einer Prüfungsgesellschaft oder als sein Stellvertreter entgegen der Vorschrift des § 262g Abs. 3 Satz 2 die durch Einsicht eines Berichts erlangten Kenntnisse verwertet, ohne daß es die Erfüllung der Überwachungspflicht des Aufsichtsrats fordert.

A. **Zu Ziff. 1:** Anm. 1.

Zwei Tatbestände sind zu unterscheiden:

1. das falsche Berichten über das Prüfungsergebnis;
2. das Verschweigen erheblicher Umstände im Bericht.

I. 1. In beiden Fällen können **Täter** sein nur „**Prüfer**" oder „**Gehilfen eines Prüfers**". „Prüfer" aber sind entweder gemäß § 262a Abs. 1 sachverständige Bilanzprüfer oder gemäß § 266 Abs. 1 die auf Veranlassung der Generalversammlung zur Prüfung von Vorgängen bei der Gründung oder der Geschäftsführung bestellten Prüfer oder gemäß § 266 Abs. 2, 3 die vom Gericht zu gleichem Zweck bestellten Prüfer. Bezüglich der „Gehilfen" ist auf § 262g Abs. 1 zu verweisen. Prüfer sind endlich die „Revisoren", die nach § 192 Abs. 2 zur Prüfung des Herganges der Gründung bestellt werden.

2. Durch die Beschränkung des Täterkreises auf „Prüfer" und „Gehilfen eines Prüfers" erhalten die Tatbestände der Ziff. 1 den Charakter von **Sonderdelikten.** Täter, auch mittelbare Täter oder Mittäter, können also **nur** „Prüfer" oder Gehilfen eines „Prüfers" sein. Dagegen können unter dem Gesichtspunkte der Anstiftung und Beihilfe (StGB. §§ 48, 49) und erst recht unter dem der Begünstigung (StGB. § 257) alle beliebigen Personen strafbar werden. Ebenso Frank (18. Aufl.) S. 108; Lobe, Leipz. Kommentar (4. Aufl.), Einl. S. 94; Olshausen (11. Aufl.) Bd. I S. 196; v. Liszt-Schmidt, Lehrbuch (25. Aufl.) S. 321; Paul Wolf, Betrachtungen über die mittelbare Täterschaft (Strafrechtl. Abhandlg. Heft 225), 1927, S. 208; Merger, Lehrbuch (1931) S. 451. Abweichend aber Allfeld, Lehrbuch S. 215 (Anm.); v. Hippel, Deutsches Strafrecht II S. 483; Hegler in der Reichsger.-Festg. Bd. V (1929) S. 313/4, insofern sie mittelbare Täterschaft auch für den „Extraneus" annehmen, falls er sich eines „Intraneus" als „Werkzeug" bedient; jedoch liegt hier eine Verkennung des Wesens der mittelbaren Täterschaft vor (vgl. des Näheren Eb. Schmidt in der Festg. für Frank, 1930, Bd. II S. 106 ff.). Anm. 2.

3. Zu „Prüfern" sollen nach § 262c und § 266 Abs. 7 nur Personen mit bestimmter Sachkunde und Tauglichkeit gewählt oder bestellt werden*. Ein Fehlgriff in dieser Beziehung würde aber diejenigen, die tatsächlich Prüfer geworden sind, von der strafrechtlichen Haftung nicht befreien, wenn sie einen der Tatbestände des § 318a erfüllen. Anm. 3.

II. **Das strafbare Verhalten.** Anm. 4.

1. Das falsche Berichten über das Ergebnis der Prüfung.

---

* Vgl. 1. DV. vom 15. Dez. 1931 Art. 5 (Anhang).

§ 318a. a) Der Bilanzprüfer hat gemäß § 262e Abs. 1 über das Ergebnis der Prüfung schriftlich zu berichten. Für den Inhalt der Prüfung und des Berichtes sind die §§ 262a Abs. 2, 262e Abs. 1 besonders zu beachten (vgl. § 262a Anm. 9ff. und § 262e Anm. 1ff.). Adressat des Prüfungsberichtes ist nach § 262e Abs. 2 der Aufsichtsrat.

Für die nach § 266 bestellten Prüfer ergibt sich der Inhalt des von ihnen zu erstattenden Berichts aus § 266 Abs. 1 u. 2; Adressat des Berichts ist hier nach § 267 Abs. 3 der Vorstand und die Handelsregisterbehörde der Hauptniederlassung.

Anm. 5. b) **Berichtet** ist, wenn der Prüfer den Bericht dem Adressaten eingereicht hat. In diesem Augenblick ist das Delikt des § 318a Ziff. 1 (erste Alternative) vollendet. Kenntnisnahme seitens des Adressaten ist nicht erforderlich, Kenntnismöglichkeit genügt. Solange diese Kenntnismöglichkeit nicht bewirkt ist, liegt höchstens ein Versuch vor, der aber nicht strafbar ist (StGB. § 43 Abs. 2). Vgl. dazu Kern, Die Äußerungsdelikte, 1917, S. 24. In dem ähnlichen Fall der „Mitteilung" eines Betriebsgeheimnisses (§ 17 UnlWG. 1909) begnügt sich die herrschende Lehre, insbesondere RGSt. 51, 184, ebenfalls mit dem „Zugehen" der Mitteilung an den Destinatär. Durchaus ähnlich ist auch der Fall des § 156 StGB.; auch hier begnügt sich im Falle der Abgabe einer schriftlichen eidesstattlichen Erklärung die herrschende Lehre, namentlich RGSt. 49, 49, mit dem „Zugehen", ohne daß Kenntnisnahme erfordert würde. RGSt. 47, 159 dürfte kaum entgegenstehen; ebenso auch die Auffassung von Olshausen § 156 Note 36; Frank § 156 III; Ebermayer in Leipz. Komm. § 156 Note 5; v. Liszt-Schmidt, Lehrb. (25. Aufl.) S. 836 Note 10. Mit der „Beleidigung" (StGB. §§ 185 ff.), bei der Kenntnisnahme von der Äußerung durch den Äußerungsadressaten zu verlangen ist, läßt sich die vorliegende Stelle nicht vergleichen.

Anm. 6. c) Der Tatbestand erfordert einen „falschen Bericht über das Ergebnis der Prüfung". Nicht strafbar ist danach zunächst die Nichterstattung des Berichtes; vielmehr muß ein (in bestimmtem Sinne falscher) Bericht erstattet worden sein. Die Strafbarkeit wird aber auch nicht dadurch begründet, daß der Inhalt des Berichtes objektiv von den tatsächlich bei der AG. bestehenden Verhältnissen oder den tatsächlich bei der Gründung oder Geschäftsführung erfolgten Vorkommnissen abweicht. Vielmehr ist Voraussetzung für die Strafbarkeit eine Diskrepanz zwischen dem Ergebnis der Prüfung und **dem Inhalt des Berichts.** Das „Ergebnis der Prüfung" ist aber nichts anderes als der Inbegriff der von dem Prüfer tatsächlich gemachten Feststellungen. Sein Wissen um die Verhältnisse bei der AG., die Gründungshergänge usw. ist also maßgebend. „Falsch" ist mithin der Bericht, wenn er diesem Wissen nicht entspricht. Mit den Meineidstatbeständen verglichen, tritt die vorliegende Stelle in Parallele nicht zum Zeugenmeineid, sondern zum Sachverständigenmeineid. Vgl. dazu Frank § 154 III 2. Berichtet also der Prüfer etwas anderes als das, was seinen Feststellungen im Ergebnis entspricht, so ist der Bericht falsch, selbst wenn er sich mit den wahren Verhältnissen decken sollte.

Anm. 7. d) Der Prüfer muß **vorsätzlich** falsch berichten; die Abweichung des Berichtes von seinen eigenen Feststellungen muß er gewußt und gewollt haben. Sich mit Fahrlässigkeit zu begnügen, ist angesichts des Vergehenscharakters nicht angängig.

Anm. 8. 2. Das Verschweigen erheblicher Umstände im Bericht.

a) **Verschweigen** ist gleichbedeutend mit Nichterwähnen. Es genügt bloßes Unterlassen einer Mitteilung entsprechenden Inhalts; nicht erforderlich ist irgendein auf Verdeckung, Verschleierung gerichtetes Tun. Wo das Gesetz etwas Derartiges verlangt, drückt es sich anders aus; vgl. StGB. § 170 („arglistiges" Verschweigen), § 263 („Unterdrücken" wahrer Tatsachen) und demgegenüber etwa § 12 Ziff. 2 des G. über den Verkehr mit Futtermitteln vom 22. Dez. 1926. Mit einem Nichterwähnen „im Bericht" ist der Tatbestand erfüllt. Mündliche oder außerhalb des Berichts schriftlich erfolgende Mitteilung wird den Täter also nicht entlasten, sofern nicht eine schriftliche Mitteilung als Ergänzung und somit als Bestandteil des Berichts anzusehen ist. Vollendet ist auch dieses Delikt, sobald der lückenhaſte Bericht dem Adreſſaten „zugegangen" iſt (vgl. darüber oben II 1 b). Eine hiernach erfolgende Ergänzung befreit nicht mehr von Strafe; vorher liegt ſtrafloſes Verhalten vor (StGB. § 43 Abſ. 2). **§ 318 a.**

b) „**Erhebliche Umſtände**" müſſen verſchwiegen werden. Das iſt ein normatives Tatbeſtandsmerkmal, bei deſſen Ausfüllung ein gewiſſes richterliches Ermeſſen im Einzelfall unvermeidlich iſt; Anhaltspunkte für die Beantwortung der Frage, welche Umſtände erheblich ſind, geben die §§ 262a Abſ. 2, 260, 260a, b, § 261, 261 a bis d, § 262 für den Bericht der Bilanzprüfer. Für die Prüfer im Sinne des §§ 266 fehlt es an entſprechenden Normen; hier müſſen ſich die Grenzen des Erheblichen und des Unerheblichen aus der im Einzelfalle geſtellten beſonderen Aufgabe ergeben. Anm. 9.

c) Auch hier iſt als Schuldform Vorſatz zu verlangen. Dieſer Vorſatz muß ſich auch auf die Erheblichkeit der nichterwähnten Umſtände beziehen. Ein Kennenmüſſen iſt nicht ausreichend. Dolus eventualis aber genügt. Ein Prüfer, der ſich über tatſächlich vorhandene erhebliche Umſtände nicht unterrichtet, obwohl er mit ihrem Gegebenſein rechnet, erfüllt mithin vorſätzlich den Tatbeſtand, wenn er innerlich die Nichterwähnung im Bericht für den Fall des Vorhandenſeins billigt. Anm. 10.

III. **Verhältnis der beiden Deliktsmöglichkeiten zueinander.** Anm. 11.

Die beiden Verhaltensweiſen unterſcheiden ſich in weſentlichen Beziehungen: beim „falſchen Bericht" macht die Diskrepanz mit dem wirklichen Wiſſen des Täters erſchöpfend den Tatbeſtand aus (oben II 1 c); beim „Verſchweigen erheblicher Umſtände" entſteht aber immer zugleich ein von der Wirklichkeit abweichender Bericht (oben II 2 a, b). Es handelt ſich daher in Ziff. 1 um den Fall eines „kumulativen Miſchgeſetzes"; d. h. Ziff. 1 enthält unter einer und derſelben Strafdrohung zwei voneinander verſchiedene ſelbſtändige Tatbeſtände. Vgl. Binding, Normen I 205; M. E. Mayer, Allgem. Teil des deutſchen Strafrechts (1915) S. 123/4; Merger, Lehrbuch S. 195. Die Folge davon iſt

1. die Unzuläſſigkeit alternativer Feſtſtellungen im Urteil; Kohlrauſch, Strafprozeßordnung, 22. Aufl., 1930, Anm. 3; Gerland, Der deutſche Strafprozeß (1927) S. 381/2; Roſenfeld, Deutſches Strafprozeßrecht II (1926) S. 9; Feiſenberger, Strafprozeß (1926) § 267 Note 2; ferner RGSt. 53, 231; 55, 44;
2. die Möglichkeit der Idealkonkurrenz zwiſchen beiden Tatbeſtandsformen, wenn etwa in einem ſchriftlichen Bericht „falſch berichtet" und außerdem ein erheblicher Umſtand verſchwiegen wird; ja auch das einzelne „Verſchweigen" kann (braucht aber nicht) zugleich ein falſches Berichten ſein, ſo daß auch in dieſem Fall Idealkonkurrenz zwiſchen beiden Tatbeſtandsformen anzunehmen ſein würde.

B. **Zu Ziff. 2:** Anm. 12.

Auch hier ſind zwei Tatbeſtände zu unterſcheiden:

1. die Verletzung der Verſchwiegenheitspflicht,
2. die unbefugte Verwertung von Geſchäfts- oder Betriebsgeheimniſſen.

I. Den Kreis der Täter bildeten nach § 258 I. Entw. nur die Prüfer. Nach der V. iſt er für beide Tatbeſtände verſchieden. Verletzung der Verſchwiegenheitspflicht und unbefugte Verwertung von Geſchäfts- oder Betriebsgeheimniſſen müſſen „entgegen den Vorſchriften dieſes Abſchnitts" erfolgen, d. h. entgegen den Vorſchriften über die AG., §§ 178 bis 319 HGB. Es fragt ſich daher, wem die aktienrechtlichen Vorſchriften eine Schweigepflicht auferlegen und wem ſie die Verwertung von Geſchäfts- oder Betriebsgeheimniſſen verbieten. Eine ausdrückliche Geſetzesbeſtimmung iſt nur in § 262g und in § 266 Abſ. 7 für die Prüfer gegeben. Für die übrigen Organe der AG., Vorſtand und Aufſichtsrat, fehlt es an gleichen Vorſchriften. Eine geſetzliche Schweigepflicht wird für ſie nicht angenommen (§ 246 Anm. 10a). Dagegen ſind ſie auf Grund der ihnen geſetzlich und ſatzungsmäßig obliegenden Pflichten gehalten, Geſchäfts- und Betriebsgeheimniſſe zu wahren.

§ 318a. Das gleiche gilt auch für die Mitglieder eines besonderen, durch die Satzung vorgesehenen Verwaltungsrats. Für Betriebsratsmitglieder gilt bereits § 100 BRG. Täter des ersten Tatbestandes (Verletzung der Schweigepflicht) können hiernach nur die Bilanzprüfer und die nach § 266 bestellten oder gewählten Prüfer sowie deren Gehilfen sein, Täter des zweiten Tatbestandes (unbefugte Verwertung von Geschäfts- oder Betriebsgeheimnissen) neben den Prüfern auch die Mitglieder der genannten Organe. Nicht getroffen sind Angestellte der Gesellschaft, da sich ihre Obliegenheiten nicht aus den Vorschriften der §§ 178 bis 319 ergeben.

Im einzelnen gilt das zu A I Gesagte entsprechend. Auch hier liegt die Sonderdeliktsnatur klar zutage mit allen zu A I 2 u. 3 beschriebenen Folgerungen.

Anm. 13. II. **Das strafbare Verhalten.**

1. Das Verletzen der Verschwiegenheitspflicht.

a) Die Grenzen der Verschwiegenheitspflicht werden in § 262g Abs. 1 nicht bestimmt. Es liegt nahe und dürfte selbstverständlich sein, im Hinblick auf § 262g Abs. 1 Satz 2 die Verschwiegenheitspflicht zunächst einmal auf die Geschäfts- und Betriebsgeheimnisse zu erstrecken, die damit auch gegen Verrat (nicht nur, wie es zunächst den Anschein hat, gegen unbefugte Verwertung — unten zu 2) geschützt werden. Aber die Schweigepflicht geht weiter. Sie bezieht sich auf alle für die Bilanzprüfung oder die nach § 266 zu veranstaltende Prüfung maßgebenden Gegebenheiten, ja, sie wird angesichts der aus §§ 262d, 267 Abs. 1, 2 sich ergebenden weitgehenden Berechtigungen der Prüfer auf alle die AG. betreffenden wesentlichen Angelegenheiten überhaupt erstreckt werden müssen. Letzten Endes entscheidet das Ermessen des Gerichts darüber, was dazu gehört. Gegebenheiten, an deren Verschweigung keinerlei Interesse der Gesellschaft bestehen kann, fallen nicht unter die Verschwiegenheitspflicht.

Anm. 14. b) Die Verschwiegenheitspflicht ist verletzt, wenn der Prüfer eine Mitteilung an eine Person gelangen läßt, der gegenüber er zu einer Mitteilung nicht befugt ist. In diesem Zusammenhang dürfte es von Bedeutung sein, daß § 262d dem Vorstande die Pflicht zur Unterstützung des Bilanzprüfers bei der Prüfungstätigkeit auferlegt und daß § 267 ein gleiches in bezug auf die nach § 266 zu bestellenden Prüfer tut. Diese Bestimmungen zeigen, daß nicht jeder beliebige Angestellte der Gesellschaft, falls er nicht einen entsprechenden Auftrag vom Vorstand erhält, für den Prüfer Auskunftsperson ist. Demgemäß aber dürfte der Schluß berechtigt sein, daß auch der Prüfer mit Mitteilungen über die seiner Verschwiegenheitspflicht unterfallenden Angelegenheiten sich nur an den Vorstand oder an die von diesem namhaft gemachten Personen wenden darf. Mitteilungen an andere, mag es sich um Angestellte der AG. oder um Außenstehende handeln, stellen eine Verletzung der Verschwiegenheitspflicht dar. Den Adressaten des Prüfungsberichts gegenüber (oben A II 1 a) dürfte keinerlei Verschwiegenheitspflicht bestehen.

In welcher Form, unter welchen Umständen die (unbefugte) Mitteilung erfolgt, ist belanglos.

Anm. 15. c) Die **Rechtswidrigkeit** kann hier möglicherweise dadurch ausgeschlossen sein, daß der Bruch der Verschwiegenheitspflicht erfolgt ist, um einer höheren Pflicht zur Offenbarung zu genügen. Was die Zeugnispflicht betrifft, so sorgt für den Zivilprozeß § 383 Ziff. 5 ZPO. dafür, daß eine Kollision der Pflichten kaum entstehen wird. Da die Zeugnispflicht entfällt, hat es bei der Schweigepflicht im allgemeinen sein Bewenden. Vgl. RGZ. 53, 317; dazu Stein-Jonas, ZPO. (14. Aufl.) § 383 III 2. Immerhin lassen sich Situationen denken, in denen durch das Schweigen ein solcher Schaden angerichtet wird, daß trotz des Zeugnisverweigerungsrechtes eine Befolgung der Schweigepflicht seinen Sinn verlieren würde. In diesen Situationen entfällt nach den allgemeinen Grundsätzen der Rechtswidrigkeitslehre die Pflicht zu schweigen. Vgl. RGSt. 61, 242; v. Liszt-Schmidt, Lehrbuch (25. Aufl.) §§ 32, 35; Eb. Schmidt in ZStW. 49, 350 ff.; Merger, Lehrbuch §§ 25, 26, 32. — Eine

dem § 383 Ziff. 5 ZPO. entsprechende Norm gibt es im Strafprozeßrecht nicht. Hier **§ 318 a.**
wird die Zeugnispflicht der Schweigepflicht stets vorzugehen haben. — In besonderen Fällen kann auch ein Recht auf Offenbarung bestehen (vgl. § 262g Anm. 3 u. 4).

d) Die Schuldform ist Vorsatz (a. A.: Lehmann-Hirsch Anm. 7).

2. Das unbefugte Verwerten der bei Wahrnehmung der Obliegenheiten in **Anm. 16.**
Erfahrung gebrachten Geschäfts- und Betriebsgeheimnisse.

a) Ein Unterschied zwischen Geschäftsgeheimnissen einerseits, Betriebsgeheimnissen andererseits ist nicht zu machen. Vgl. RGSt. 29, 426 (430); ferner RGSt. 31, 90; 48, 12. Über die nähere Begriffsbestimmung herrscht in mancher Hinsicht Streit; immerhin läßt sich in wesentlicher Übereinstimmung mit den schon erwähnten Entscheidungen des Reichsgerichts, zu denen noch RGSt. 33, 62 hinzukommt, die von Eb. Schmidt (Vhdl. des 36. DJT., 1930, Bd. I S. 140) aufgestellte Begriffsbestimmung verwenden. Danach ist ein „Geschäfts- und Betriebsgeheimnis" bezüglich der geheimen Tatsachen gegeben, auf deren Geheimhaltung sich der Wille der maßgebenden Geschäfts- oder Betriebsfaktoren richtet und deren Geheimhaltung überdies im Hinblick auf die Eigenart des Betriebs im wettbewerblichen Interesse liegt. Auf diesen Interessengesichtspunkt kommt es neben der Tatsache des Geheimseins maßgebend an. Gerade dies betont auch das Reichsgericht und die herrschende Lehre in der Literatur. Vgl. die Kommentare zum UnlWG. von Rosenthal (§ 17 Note 4 a), ferner Neuberg in MuW. 27/28, 593 u. a. m. Die den Interessengesichtspunkt negierende Lehre von Binding, Lehrbuch I 2 S. 127, 502, Käckell, Der Schweigebefehl I (1920) S. 121 ff. ist als überholt zu betrachten. — Offenkundigkeit der Tatsachen steht dem Geheimbegriff entgegen. Offenkundigkeit ist nicht schon mit der bloßen Möglichkeit einer Kenntnisnahme durch eine unbegrenzte Vielheit von Menschen gegeben (abw.: Callmann § 17 Note 4 v; Rosenthal § 17 Note 16; dagegen aber zutreffend Käckell S. 125, Eb. Schmidt a. a. O. S. 122), sondern erst dann, aber auch immer dann anzunehmen, „wenn vom Standpunkte praktischer Erfahrung aus" (Wertung des Richters!) „nicht mehr damit gerechnet werden kann, daß das Wissen um die Tatsachen noch auf einen geschlossenen Kreis gleichmäßig am Geheimbleiben Interessierter beschränkt sei" (Eb. Schmidt a. a. O.). Vgl. RGSt. 40, 406; ferner 31, 91; RGZ. 65, 335.

b) Der Täter muß die Geheimnisse „bei Wahrnehmung seiner Obliegenheiten er- **Anm. 17.**
fahren" haben; also nicht nur „vermöge" oder „infolge" jener Wahrnehmung, sondern, was weiter greift, „aus Anlaß" oder „bei Gelegenheit". Was für die Auslegung des § 300 StGB. gilt, hat daher hier erst recht Bedeutung: daß nämlich der Täter von anderen, mit den Angelegenheiten der Gesellschaft vertrauten Personen auf das Geheimnis nicht aufmerksam gemacht zu sein braucht, daß vielmehr der Geheimnisschutz sich auch auf solche Geheimnisse bezieht, die der Täter von sich aus vielleicht ganz zufällig in Erfahrung gebracht hat. Aber ein Zusammenhang mit der Wahrnehmung der Obliegenheiten muß bestehen, andernfalls die Vorschrift keine Anwendung findet.

c) Unbefugte Verwertung: Jede Benutzung, gleichgültig zu welchem Zweck, ist unter „Ver- **Anm. 18.**
wertung" zu verstehen. Enger RGSt. 39, 85; 40, 406 (408), wo „praktische Verwendung zu gewerblichen Zwecken" verlangt wird. Dagegen aber mit Recht Callmann UnlWG. § 17 Note 24. Vgl. übrigens auch RG. 51, 184. Die Erfüllung des Tatbestandes erfordert nicht, daß der Täter seinen Verwertungszweck erreicht; jede Handlung, die das Geheimnis als Mittel zu irgendeinem Zweck verwendet, mag sie zum Ziele führen oder nicht, dem Täter Nutzen oder Schaden bringen, dem Wesen des konkreten Geheimnisses entsprechen oder nicht, stellt sich als Verwerten dar. Schwierig ist die Abgrenzung der tatbestandsmäßigen Vollendung gegenüber dem auch hier straflos bleibenden Versuch. Über die in dieser Hinsicht obwaltende Tendenz der Rechtsprechung des Reichsgerichts vgl. Eb. Schmidt a. a. O. S. 169/70.

d) Die Schuldform ist **Vorsatz**. **Anm. 19.**

§ 318a. Anm. 20. III. Daß **Ziff. 2** ein **„kumulatives Mischgesetz"** im Sinne der oben zu A III gemachten Ausführungen darstellt, unterliegt keinem Zweifel.

Anm. 21. C. **Zu Ziff. 3:**

I. **Täter** dieses Sonderdeliktstatbestandes (vgl. dazu oben A I 2) kann nur sein der Aufsichtsratsvorsitzende einer Prüfungsgesellschaft oder sein Stellvertreter. Vgl. dazu §§ 262c Ziff. 2, 262g Abs. 3. Diesen Personen wird in § 262g Abs. 3 Satz 2 ausnahmsweise die Befugnis eingeräumt, die von der Prüfungsgesellschaft erstatteten Bilanzprüfungsberichte (einschließlich selbstverständlich der Bestätigungsvermerke des § 262f) einzusehen; jedoch hat sich die „Verwertung" der dabei erlangten Kenntnisse im Rahmen der Ausübung der Überwachungspflicht des Aufsichtsrats zu halten. Vgl. dazu die Bemerkungen zu § 262g, insbesondere Anm. 4.

Anm. 22. II. Die **strafbare Handlung** besteht in einer dem § 262g Abs. 3 Satz 2 widersprechenden Verwertung der aus dem Bericht geschöpften Kenntnisse. Über „Verwertung" vgl. oben B II 2c.

Anm. 23. III. Die Schuldform ist **Vorsatz.**

Anm. 24. **Zu A bis C:**

Strafen: „Gefängnis": StGB. § 16 Abs. 1. — „Geldstrafe": StGB. § 27 Ziff. 1, d. h. Mindestmaß: 3 RM, Höchstbetrag: 10000 RM. Anwendbar sind ferner: StGB. §§ 27a (Gewinnsucht), 27c ff. (Bemessung, Beitreibung, Ersatz). Für die Anwendung des § 27b ist kein Raum.

Art. X.

Artikel X.

(1) Die Vorschriften der Artikel I bis IX gelten für die Kommanditgesellschaft auf Aktien entsprechend.

(2) Die den Vorstand der Aktiengesellschaft betreffenden Vorschriften über die Aufstellung, Vorlegung und Veröffentlichung des Jahresabschlusses, über die Vorlegung, den Inhalt und die Prüfung des Geschäftsberichts, über die Geltendmachung von Ersatzansprüchen der Gesellschaft wegen der Geschäftsführung sowie die Strafvorschriften des Artikel IX dieses Teiles gelten für die persönlich haftenden Gesellschafter entsprechend.

Art. X regelt die Anwendbarkeit der Vorschriften der Art. I bis IX auf Kommanditgesellschaften auf Aktien. Sie werden für entsprechend anwendbar erklärt. In Abs. 2 ist gesagt, daß für die persönlich haftenden Gesellschafter die den Vorstand betreffenden Vorschriften über Aufstellung, Vorlegung und Veröffentlichung des Jahresabschlusses, über die Vorlegung, den Inhalt und die Prüfung des Geschäftsberichts, über die Geltendmachung von Ersatzansprüchen der Gesellschaft wegen der Geschäftsführung sowie die Strafvorschriften des Art. IX gelten sollen. Dies ist nicht dahin zu verstehen, daß damit gewisse, nicht erwähnte Vorschriften, in denen auch vom Vorstande die Rede ist, nicht anwendbar sein sollten. Nach Abs. 1 sind vielmehr alle Vorschriften für anwendbar erklärt. Abs. 2 will lediglich klarstellen, daß, wo in den in ihm angegebenen Vorschriften vom Vorstand die Rede ist, bei der Kommanditgesellschaft auf Aktien die persönlich haftenden Gesellschafter gemeint sind. Daß die eine oder andere Vorschrift im Abs. 2 nicht ausdrücklich erwähnt ist, ist gegenüber der grundsätzlichen Bedeutung des Abs. 1 belanglos (a. A.: Lehmann-Hirsch, die die Vorschriften des Art. III und des § 246 nicht für auf die persönlich haftenden Gesellschafter anwendbar erklären)*.

---

* Wegen dieser Streitfrage vgl. V. vom 8. Dez. 1931, Teil 4 Kapitel V Art. I § 2 (Anhang).

Artikel XI.

Art. XI.

(1) Die im § 226 Abs. 1 Nr. 2 bestimmte Frist von sechs Monaten beginnt frühestens mit dem Inkrafttreten dieses Teiles.

(2) Aktien, die die Gesellschaft bei Inkrafttreten dieses Teiles besitzt, können noch bis zum Ablauf von sechs Monaten nach dem Inkrafttreten dieses Teiles nach Maßgabe des § 227 Abs. 3 Nr. 3 eingezogen werden.

Art. XI gibt Übergangsvorschriften zu § 226 Abs. 1 Ziff. 2 und § 227 Abs. 2 — infolge eines durch RGBl. 1931 I S. 663 berichtigten Druckfehlers ist versehentlich Abs. 3 gesagt — **Ziff. 2.** Wegen der Vorschriften des Abs. 1 vgl. § 226 Anm. 37. Wegen der Vorschriften des Abs. 2 vgl. § 227 Anm. 11.

Artikel XII.

Art. XII.

Im § 63 Abs. 2 des Gesetzes über die Beaufsichtigung der privaten Versicherungsunternehmungen und Bausparkassen vom 6. Juni 1931 (Reichsgesetzbl. I S. 315) wird das Wort zweihundertfünfzigtausend durch das Wort hunderttausend ersetzt.

Art. XII bringt eine Änderung des Gesetzes über die Beaufsichtigung der privaten Versicherungsunternehmungen und Bausparkassen; mit ihr erfolgt eine Anpassung des § 62 Abs. 2 des genannten Gesetzes an den § 262g Abs. 2.

Artikel XIII.

Art. XIII.

(1) Die Vorschriften dieses Teiles treten am 1. Oktober 1931 in Kraft.

(2) Die Reichsregierung bestimmt den Zeitpunkt, mit dem die Vorschriften des Artikel V in Kraft treten. Sie erläßt die zur Überleitung erforderlichen Rechts- und allgemeinen Verwaltungsvorschriften.

(3) Die Reichsregierung bestimmt ferner den Zeitpunkt, mit dem die Vorschriften des Artikel VI und die sich aus Artikel VII dieses Teiles ergebende neue Fassung des § 266 Abs. 1 Satz 1 in Kraft treten. Der Zeitpunkt kann je nach dem Geschäftszweig und der wirtschaftlichen Bedeutung der Gesellschaften verschieden bestimmt werden. Soweit in dem § 266 Abs. 7 auf die §§ 262d und g verwiesen ist, gelten diese bereits als an dem im Abs. 1 bezeichneten Tage in Kraft getreten.

Art. XIII regelt das Inkrafttreten der Vorschriften. Die Vorschriften der Art. I bis IV, VII, mit Ausnahme der neuen Fassung des § 266 Abs. 1 Satz 1, VIII bis XII sind am 1. Okt. 1931 in Kraft getreten. Ebenso gelten als am 1. Okt. 1931 in Kraft getreten die §§ 262c — Art. XIII spricht infolge eines durch RGBl. 1931, 663 berichtigten Druckfehlers von § 262d — und 262g, soweit auf sie in § 266 Abs. 7 verwiesen ist. Die Ausnahmen von dem Inkrafttreten am 1. Okt. 1931 (Art. V, VI und VII, soweit es sich um § 266 Abs. 1 Satz 1 handelt) sind bei den betreffenden Artikeln behandelt*.

---

* Wegen des Inkrafttretens der Art. V und VI sowie des Art. VII, soweit er sich auf § 266 Abs. 1 Satz 1 bezieht, vgl. 1. DV. vom 15. Dez. 1931 (Anhang).

Art. XIV.

Artikel XIV.

(1) Die Reichsregierung wird ermächtigt, die zur Durchführung dieses Teiles erforderlichen Rechtsverordnungen und allgemeinen Verwaltungsvorschriften zu erlassen. Sie kann insbesondere

1. die Befähigung zur Ausübung der Tätigkeit als Gründungs- oder Bilanzprüfer von besonderen Voraussetzungen abhängig machen,
2. allgemeine Anweisungen für die Durchführung der Gründungs- oder Bilanzprüfung aufstellen.

(2) Sie wird ferner ermächtigt,

1. zu bestimmen, daß für das zur Zeit des Inkrafttretens dieser Verordnung laufende Geschäftsjahr die Bilanzprüfer vom Aufsichtsrat gewählt werden,
2. durch allgemeine Anordnung für Aktiengesellschaften und Kommanditgesellschaften auf Aktien geringeren Umfanges oder von besonderer Art Ausnahmen von den Vorschriften zuzulassen, die die Gliederung der Jahresbilanz und der Gewinn- und Verlustrechnung oder die Prüfung des Jahresabschlusses durch die Bilanzprüfer betreffen,
3. durch allgemeine Anordnung zu bestimmen, welche Gesellschaften als solche geringeren Umfanges oder von besonderer Art anzusehen sind,
4. bis zum Inkrafttreten der Vorschriften der §§ 262a bis g und der sich aus Artikel VII dieses Teiles ergebenden neuen Fassung des § 266 Abs. 1 Satz 1 einstweilige Vorschriften für die Prüfung des Jahresabschlusses der Gesellschaft unter Einbeziehung der zugrunde liegenden Buchführung und des Geschäftsberichts des Vorstandes zu erlassen.

Art. XIV bringt eine Reihe von Ermächtigungen für die Reichsregierung zum Erlaß von Rechtsverordnungen zur Durchführung der Vorschriften und von allgemeinen Verwaltungsvorschriften*.

---

* Die Reichsregierung hat von diesem Recht jetzt durch Erlaß der 1. DV. vom 15. Dez. 1931 Gebrauch gemacht (Anhang).

Anhang.

Erste Verordnung
zur Durchführung der aktienrechtlichen Vorschriften der Verordnung des Reichspräsidenten über Aktienrecht, Bankenaufsicht und über eine Steueramnestie.

Vom 15. Dezember 1931 (RGBl. I S. 760).

Auf Grund der Vorschriften des Artikel XIII Abs. 2, 3 und des Artikel XIV Abs. 1 Nr. 1, Abs. 2 Nr. 2, 3 des Ersten Teils der Verordnung des Reichspräsidenten über Aktienrecht, Bankenaufsicht und über eine Steueramnestie vom 19. September 1931 (Reichsgesetzbl. I S. 493) wird hiermit verordnet: **Erste Verordnung.**

Artikel 1. **Art. 1.**

(1) Die Vorschriften der Artikel V und VI des Ersten Teils der Verordnung des Reichspräsidenten über Aktienrecht, Bankenaufsicht und über eine Steueramnestie (Verordnung über Aktienrecht) sowie die sich aus Artikel VII der Verordnung ergebende neue Fassung des § 266 Abs. 1 Satz 1 des Handelsgesetzbuchs treten nach Maßgabe der folgenden Vorschriften gleichzeitig mit dieser Verordnung in Kraft.

(2) Die Vorschriften des Gesetzes über die Beaufsichtigung der privaten Versicherungsunternehmungen und Bausparkassen vom 6. Juni 1931 (Reichsgesetzbl. I S. 315) und die auf Grund dieses Gesetzes erlassenen Anordnungen der Aufsichtsbehörden bleiben unberührt.

Art. V der Aktienrechtsnovelle enthält die Neufassung des § 260 HGB., die neuen Bestimmungen über den Inhalt des Geschäftsberichts (§ 260a) und über die Aufstellung des Jahresabschlusses (§§ 260b, 261, 261a bis e). Art. VI der Aktienrechtsnovelle enthält die Bestimmungen über die Pflichtprüfung (§§ 262a bis g). Nach Art. VII der Aktienrechtsnovelle ist mit Rücksicht auf die Einführung der Pflichtprüfung die Fassung des § 266 HGB. Abs. 1 Satz 1 dahin geändert, daß die Bestellung von besonderen Prüfern zur Prüfung der Bilanz in Fortfall kommt. Nach Art. XIII der Aktienrechtsnovelle hat die Reichsregierung den Zeitpunkt des Inkrafttretens dieser Vorschriften zu bestimmen. Von der Ermächtigung ist dahin Gebrauch gemacht, daß die Vorschriften mit dem 15. Dez. 1931 in Kraft treten. Art. 2 und 3 dieser DV. enthalten aber weitere Bestimmungen darüber, auf welches Geschäftsjahr die genannten Vorschriften der Aktienrechtsnovelle erstmalig anzuwenden sind.

Art. 2.

Artikel 2.

(1) Die Vorschriften der §§ 260a, 260b des Handelsgesetzbuchs sind erstmalig für das Geschäftsjahr anzuwenden, das nach dem 31. Dezember 1930 begonnen hat; das gleiche gilt für die neue Fassung der §§ 260, 261 des Handelsgesetzbuchs.

(2) Die Vorschriften der §§ 261a bis c des Handelsgesetzbuchs sind erstmalig für das Geschäftsjahr anzuwenden, das nach dem 30. September 1931 begonnen hat. Das gleiche gilt, soweit in § 260b auf diese Vorschriften verwiesen ist.

Art. 2 der 1. DV. trifft Bestimmungen darüber, für welches Geschäftsjahr die einzelnen Vorschriften des Art. V der Aktienrechtsnovelle anzuwenden sind. Er sieht hierbei eine unterschiedliche Behandlung der Vorschriften des Art. V vor. Die Bestimmungen der §§ 260 u. 261 in ihrer neuen Fassung und der §§ 260a und 260b sind erstmalig für das Geschäftsjahr anzuwenden, das nach dem 31. Dez. 1930 begonnen hat. Die früheste erstmalige Anwendung dieser Vorschriften trifft also das mit dem Kalenderjahr 1931 zusammenfallende Geschäftsjahr. Für dieses Geschäftsjahr und alle später abgeschlossenen Geschäftsjahre ist der Geschäftsbericht inhaltlich gemäß § 260a zu erstatten und der Jahresabschluß gemäß den Vorschriften der §§ 260b und 261 aufzustellen. Dagegen finden die Vorschriften der §§ 261 a bis c über die Bilanzgliederung erst spätere Anwendung, nämlich erstmalig für ein Geschäftsjahr, das mit dem 1. Okt. 1931 beginnt. Der Grund hierfür ist darin zu suchen, daß die weiteren Formblätter, die neben dem Bilanzschema der §§ 261a bis c gemäß § 261d gegeben werden müssen, noch nicht veröffentlicht sind und nach Art. 3 der 1. DV. die Bestimmungen über die Pflichtprüfung frühestens auf ein Geschäftsjahr, das mit dem 1. Okt. 1931 beginnt, anzuwenden sind. Da die Vorschriften über die Bilanzgliederung vornehmlich Instruktionsvorschriften für die Bilanzprüfer sein sollen (vgl. § 261e Anm. 3), mußte die gleichmäßige und gleichzeitige Anwendung beider Vorschriftengruppen angeordnet werden. Freilich durchbricht Art. 3 der 1. DV. dieses Prinzip für AG. und KGaA., die ein Grundkapital von nur 3 Millionen Reichsmark oder weniger aufweisen (vgl. Anm. 1 zu Art. 3).

Art. 3.

Artikel 3.

(1) Die Vorschriften des Artikel VI der Verordnung über Aktienrecht und die sich aus Artikel VII der Verordnung ergebende neue Fassung des § 266 Abs. 1 Satz 1 des Handelsgesetzbuchs sind erstmalig für das Geschäftsjahr anzuwenden, das nach dem 30. September 1931 begonnen hat. Für Aktiengesellschaften und Kommanditgesellschaften auf Aktien, die in der Jahresbilanz für das im Satz 1 bezeichnete Geschäftsjahr ein Grundkapital von drei Millionen Reichsmark oder weniger aufweisen, tritt an die Stelle des 30. September 1931 ein späterer, von der Reichsregierung noch festzusetzender Zeitpunkt.

(2) Hat die Generalversammlung zwei Monate vor dem Ablauf des im Abs. 1 Satz 1 bezeichneten Geschäftsjahrs Bilanzprüfer noch nicht gewählt, so hat der Vorstand, unbeschadet des Antragsrechts des Aufsichtsrats oder eines Aktionärs, die gerichtliche Bestellung der Bilanzprüfer zu beantragen. Der Vorstand hat den gewählten Bilanzprüfern den Prüfungsauftrag unverzüglich zu erteilen. Soweit es die Vorbereitung der Bilanzprüfung erfordert und nicht

das überwiegende Interesse der Gesellschaft entgegensteht, stehen dem Bilanzprüfer die im § 262d des Handelsgesetzbuchs bezeichneten Rechte auch schon vor der Aufstellung der Jahresbilanz zu. Art. 3.

I. **Art. 3 Abs. 1** bestimmt, daß die Vorschriften der Aktienrechtsnovelle über die Pflichtprüfung und die mit Rücksicht auf die vorgeschriebene Pflichtprüfung vorgesehene Abänderung des § 266 Abs. 1 Satz 1 HGB. erstmalig für das Geschäftsjahr anzuwenden sind, das nach dem 30. September 1931 beginnt. Eine Ausnahme wird für Gesellschaften zugelassen, die nur ein Grundkapital von 3 Millionen Reichsmark oder weniger aufweisen. Die Reichsregierung wird ermächtigt für diese Gesellschaften einen späteren Zeitpunkt der Anwendung der genannten Vorschriften festzusetzen. Für die Höhe des Grundkapitals ist der Stichtag der aufzustellenden Jahresbilanz maßgeblich. Der früheste in Betracht kommende Stichtag ist der 30. Sept. 1932. Ist vorher eine Kapitalerhöhung beschlossen, ist aber ihre Durchführung am Bilanzstichtag noch nicht eingetragen, so ist das erhöhte Kapital noch nicht in Rücksicht zu ziehen (Staub-Pinner § 287 Anm. 4 unter 4). Anm. 1.

Für Gesellschaften mit einem Grundkapital von nur 3 Millionen Reichsmark oder weniger kommen dagegen, da Art. 2 der 1. DV. für sie keine Ausnahme schafft, die Vorschriften des Art. V der Aktienrechtsnovelle zur Anwendung. Sie haben insbesondere die Vorschriften der §§ 261a bis c über die Gliederung des Jahresabschlusses zu beachten, ohne daß eine Pflichtprüfung für sie vorgesehen ist.

II. Art. 3 Abs. 2 der 1. DV. bringt in Satz 1 u. 2 den § 262b ergänzende Durchführungsbestimmungen. In § 262b ist bestimmt, daß die Wahl der Bilanzprüfer vor dem Ablauf jeden Geschäftsjahres erfolgen soll. Demgemäß war in Anm. 1 zu § 262b dargelegt, daß das Antragsrecht des Vorstandes, des Aufsichtsrats oder eines Aktionärs auf gerichtliche Bestellung der Bilanzprüfer erst nach Ablauf des Geschäftsjahres ausgeübt werden könne. Anm. 2.

Art. 3 Abs. 2 der 1. DV. rückt den Zeitpunkt hierfür vor, um zu gewährleisten, daß die Aufstellung des Jahresabschlusses und die Durchführung der Pflichtprüfung innerhalb der in § 260 vorgesehenen Fristen erfolgen kann. Das Antragsrecht der genannten Personen kann ausgeübt werden, wenn die Generalversammlung zwei Monate vor Ablauf des im Abs. 1 Satz 1 bezeichneten Geschäftsjahres Bilanzprüfer noch nicht gewählt hat. Die Vorschrift wandelt außerdem das Antragsrecht des Vorstandes in eine Antragspflicht. Ferner wird bestimmt, daß der Vorstand den Prüfungsauftrag an die gewählten Bilanzprüfer unverzüglich zu erteilen hat (in § 262b Abs. 1 war dies nicht ausdrücklich vorgesehen).

1. Die Vorschrift des Art. 3 Abs. 2 Satz 1 trifft nach ihrem Wortlaut nur das erste Geschäftsjahr einer Gesellschaft, in dem die Pflichtprüfung stattzufinden hat. Es heißt ausdrücklich: Hat die Generalversammlung zwei Monate vor dem Ablauf des im Abs. 1 Satz 1 bezeichneten Geschäftsjahres Bilanzprüfer noch nicht gewählt. Hätte die 1. DV. eine für die Dauer geltende Bestimmung schaffen wollen, so hätte die Vorschrift lauten müssen: Hat die Generalversammlung zwei Monate vor Ablauf des Geschäftsjahres, für das die Prüfung des Jahresabschlusses zu erfolgen hat, Bilanzprüfer noch nicht gewählt. Die Beschränkung der Vorschrift auf die erste Pflichtprüfung der Gesellschaften hat ihren guten Sinn. Die ordentliche Generalversammlung für das Geschäftsjahr, das dem ersten der Pflichtprüfung unterworfenen Geschäftsjahr vorausgeht (es kann nach Art. 3 Abs. 1 bereits am 30. Sept. 1931 abgelaufen sein), könnte bereits stattgefunden haben. Zur Wahl des Bilanzprüfers müßte also eine außerordentliche Generalversammlung einberufen werden. Um dies zu vermeiden, wird einmal ausdrücklich die Antragspflicht des Vorstandes zur gerichtlichen Bestellung der Bilanzprüfer festgelegt. Diese Pflicht besteht zwar ohnehin (§ 262b Anm. 17). Gerade für die erste Bilanzprüfung aber empfahl sich, da die Ab- Anm. 3.

Art. 3. haltung einer außerordentlichen Generalversammlung zur Wahl der Prüfer aus Kostenersparnisgründen zu vermeiden ist, die besondere gesetzliche Hervorhebung der Pflicht. — Zum andern wird der Zeitpunkt für die Ausübung des Antragsrechts um zwei Monate vorverlegt. Gerade die erste Bilanzprüfung kann in ihren Vorarbeiten nicht früh genug beginnen. Der Bilanzprüfer muß sich in die Verhältnisse und Methoden der Gesellschaft einarbeiten. Vielfach wird auf Grund der ersten Bilanzprüfung eine Änderung der Buchführungs- und Bilanzierungsmethoden erfolgen. Damit ist für Bilanzprüfungen späterer Jahre Vorarbeit geleistet. Auch wenn der erste Bilanzprüfer nicht wiedergewählt wird (in den meisten Fällen wird dies geschehen), werden infolgedessen spätere Bilanzprüfungen in kürzerer Zeit zu bewältigen sein. Für sie genügt die Wahl der Prüfer vor Ablauf des Geschäftsjahres.

Gilt Abs. 2 Satz 1 nur für die erste Pflichtprüfung, so muß das gleiche für die übrigen Vorschriften des Abs. 2 angenommen werden. Das beweist schon die Zusammenfassung dieser Vorschriften mit dem Satz 1 in einem Absatz. Die unverzügliche Erteilung des Prüfungsauftrages ist auch sachlich nur für die erste Bilanzprüfung geboten. Für spätere Geschäftsjahre, in denen die Wahl des Prüfers regelmäßig in der vorangehenden ordentlichen Generalversammlung vorgenommen werden wird, kann es bei der Regelung des § 262b verbleiben, nach der der Zeitpunkt der Auftragserteilung an den Prüfer in das pflichtmäßige Ermessen des Vorstandes gestellt ist.

Anm. 4. 2. Die ausdrückliche Hervorhebung der Pflicht des Vorstandes, den Antrag auf gerichtliche Bestellung der Prüfer zu stellen, läßt die Frage aufwerfen, ob damit die Rechtsnatur der Vorschriften über die Pflichtprüfung eine Änderung erfahren hat. In § 262a Anm. 16 ist dargelegt, daß bei Übereinstimmung aller Aktionäre, des Vorstandes und des Aufsichtsrats die Pflichtprüfung unterbleiben kann. Das ist aus der Bestimmung des § 262b Abs. 4 zu folgern, die eine gerichtliche Bestellung der Prüfer nur auf Antrag, nicht von Amts wegen vorsieht. Danach war der öffentlichrechtliche Charakter der Vorschriften über die Pflichtprüfung zu verneinen. Hieran kann Art. 3 Abs. 2 der 1. DV. nichts ändern. Abgesehen davon, daß für eine so grundlegende Gesetzesänderung die der Reichsregierung in Art. XIII und XIV der Aktienrechtsnovelle erteilten Ermächtigungen nicht ausreichen würden, ergibt die Verpflichtung des Vorstandes zur Herbeiführung der gerichtlichen Bestellung der Prüfer noch nicht den öffentlichrechtlichen Zwang zur Pflichtprüfung. Hätte dieser Zwang eingeführt werden sollen, hätte die gerichtliche Bestellung der Prüfer von Amts wegen vorgeschrieben werden müssen. Gegen diesen öffentlichrechtlichen Zwang spricht auch die Einmaligkeit der Anwendung der Vorschrift (Anm. 3) und vor allem der Umstand, daß die Pflicht des Vorstandes, mangels Wahl des Prüfers durch die Generalversammlung seine gerichtliche Bestellung zu beantragen, auch ohne die ausdrückliche Bestimmung des Abs. 2 Satz 1 bereits auf Grund des § 262b besteht (Anm. 3). Hiernach verbleibt es auch für die erste Bilanzprüfung bei der Regel, daß der Vorstand von der Verpflichtung zur gerichtlichen Bestellung der Prüfer entbunden ist, wenn alle Aktionäre, Vorstand und Aufsichtsrat mit der Unterlassung der Pflichtprüfung einverstanden sind.

Anm. 5. Nach **Art. 3 Abs. 2 Satz 3** stehen dem Bilanzprüfer die Rechte aus § 262d auf Auskunftserteilung und auf Vorlegung der Unterlagen bereits vor der Aufstellung des Jahresabschlusses durch die Verwaltung der Gesellschaft zu. Auch diese Vorschrift dient der Sicherstellung einer rechtzeitigen und ordnungsmäßigen Bilanzprüfung. Eine Einschränkung wird nur dahin gemacht, daß die Einholung von Auskünften und die Vorlage von Unterlagen vor der Aufstellung der Jahresbilanz zur Vorbereitung der Bilanzprüfung erforderlich sein müssen und daß ein überwiegendes Interesse der Gesellschaft nicht entgegenstehen darf. Ein derartiges Interesse wird vorliegen, wenn durch die Auskunftserteilung und die Vorlegung der Unterlagen die Abfassung des Geschäftsberichts und die Aufstellung des Jahresabschlusses durch die Verwaltung der Gesellschaft selbst ungebührlich verzögert und die Bilanzarbeiten gestört werden.

Auch diese Vorschrift findet an sich nach dem in Anm. 3 Dargelegten nur auf die erste Bilanzprüfung Anwendung. Der Grundsatz der Vorschrift ist aber ohne weiteres aus § 262d und allgemeinen Erwägungen abzuleiten. § 262d enthält nicht die zeitliche Beschränkung, daß mit der Prüfung erst nach Aufstellung des Jahresabschlusses zu beginnen sei. Andererseits ergibt sich aus der Natur der Sache, daß das Auskunfts- und Vorlegungsrecht des Prüfers seine Grenze in den Erfordernissen der Bilanzprüfung hat und die Ausübung der Rechte vor Aufstellung des Jahresabschlusses auch einem überwiegenden Interesse der Gesellschaft nachstehen muß. Art. 3.

Artikel 4.

Art. 4.

(1) Die Vorschriften des Artikel VI der Verordnung über Aktienrecht und die aus Artikel VII der Verordnung sich ergebende neue Fassung des § 266 Abs. 1 Satz 1 des Handelsgesetzbuchs finden keine Anwendung auf

1. die Privatnotenbanken und die Deutsche Golddiskontbank,
2. Wohnungsunternehmungen, die nach Kapitel III des Siebenten Teils der Verordnung des Reichspräsidenten vom 1. Dezember 1930 (Reichsgesetzbl. I S. 517) als gemeinnützig anerkannt sind.

(2) Auf die im Abs. 1 bezeichneten Gesellschaften findet die Vorschrift des § 266 Abs. 1 Satz 1 des Handelsgesetzbuchs in ihrer bisherigen Fassung Anwendung.

Artikel 5.

Art. 5.

Die Befähigung zur Ausübung der Tätigkeit als Bilanzprüfer haben nur

1. Personen, die auf Grund der in der Anlage beigefügten Ländervereinbarung als Wirtschaftsprüfer öffentlich bestellt sind,
2. Prüfungsgesellschaften, die in eine von der Hauptstelle für die öffentlich bestellten Wirtschaftsprüfer zu führende Liste der die Wirtschaftsprüfertätigkeit ausübenden Gesellschaften getragen sind.

Mit Art. 5 macht die 1. DV. von der Ermächtigung des Art. XIV Abs. 1 der Aktienrechtsnovelle Gebrauch. Zur Ausübung der Tätigkeit als Bilanzprüfer sind nur die öffentlich bestellten Wirtschaftsprüfer befähigt (vgl. § 262c Einleitung und Anm. 1 hierzu). Die Ländervereinbarung, welche die öffentliche Bestellung von Wirtschaftsprüfern vorsieht, ist unten abgedruckt. Durch Art. 5 der 1. DV. wird die Sollvorschrift des § 262c Abs. 1 auf die öffentlich bestellten Wirtschaftsprüfer und die in die Liste der Prüfungsgesellschaften bei der „Hauptstelle für die öffentlich bestellten Wirtschaftsprüfer" aufgenommenen Gesellschaften beschränkt. Damit entfällt die Möglichkeit, auch andere in der Buchführung ausreichend vorgebildete und erfahrene Personen als Bilanzprüfer zu bestellen, insbesondere in der Buchführung erfahrene Personen mit besonderer Branchekenntnis, wenn sie nicht gleichzeitig öffentlich bestellte Wirtschaftsprüfer sind. Insofern erfahren durch die 1. DV. die in § 262c Anm. 1 gegebenen Erläuterungen eine Einschränkung.

Anlage

Anlage.

Zwischen der Reichsregierung und den Regierungen der Länder besteht Übereinstimmung, daß nachfolgende Grundsätze für die öffentliche Bestellung der „öffentlich bestellten Wirtschaftsprüfer" maßgebend sind:

Anlage. I. Hauptstelle für die öffentlich bestellten Wirtschaftsprüfer.

1. Beim Deutschen Industrie- und Handelstag wird eine „Hauptstelle für die öffentlich bestellten Wirtschaftsprüfer" (Hauptstelle) gebildet, deren Geschäftsführung der Deutsche Industrie- und Handelstag übernimmt.

2. Die Hauptstelle setzt sich aus Vertretern der Spitzenverbände der beteiligten Wirtschaftskreise, der Berufsverbände des Revisions- und Treuhandwesens und der Zulassungs- und Prüfungsstellen zusammen. Die Reichsregierung kann sich durch Beauftragte in der Hauptstelle vertreten assen. Das gleiche gilt für die Landesregierungen. Die Zahl der Beauftragten der Landesregierungen soll insgesamt nicht mehr als 6 betragen.

3. Aufgabe der Hauptstelle ist es,

a) Grundsätze für die zur Durchführung dieser Vereinbarung erforderlichen einheitlichen Bestimmungen vorzuschlagen;

b) auf die einheitliche Durchführung und Handhabung dieser Bestimmungen hinzuwirken.

4. Die Hauptstelle gibt sich ihre Geschäftsordnung selbst.

II. Prüfung und Bestellung der öffentlich bestellten Wirtschaftsprüfer.

Die Landesregierungen oder die von ihnen damit beauftragten Stellen werden nur solche Personen zu öffentlich bestellten Wirtschaftsprüfern bestellen, die eine dieser Vereinbarung entsprechende Prüfung mit Erfolg abgelegt haben.

A. Prüfung.

1. Die Landesregierungen errichten im Benehmen mit der Hauptstelle und den beteiligten Industrie- und Handelskammern Zulassungs- und Prüfungsstellen. Die Zulassungs- und Prüfungsstellen setzen sich aus Vertretern der Industrie- und Handelskammern, des Berufs des Revisions- und Treuhandwesens sowie aus einem Beauftragten der Landesregierung oder je einem Beauftragten der beteiligten Landesregierungen zusammen. Die Zahl der Zulassungs- und Prüfungsstellen soll nach Möglichkeit beschränkt werden.

2. Bei jeder Zulassungs- und Prüfungsstelle werden nach Maßgabe der Vorschläge der Hauptstelle ein Zulassungsausschuß und ein Prüfungsausschuß oder mehrere Prüfungsausschüsse gebildet.

3. Meldungen für die Prüfung zum öffentlich bestellten Wirtschaftsprüfer sind durch die für den Wohnsitz des Anwärters zuständige Industrie- und Handelskammer an die zuständige Zulassungs- und Prüfungsstelle zu richten. Über die Zulassung zur Prüfung entscheidet der Zulassungsausschuß.

4. Die Zulassungs- und Prüfungsstelle teilt die zur Prüfung zugelassenen Anwärter der für die Bestellung zuständigen Stelle sowie der Hauptstelle rechtzeitig, mindestens zwei Wochen vor dem Prüfungstermin, mit.

5. Die Zulassungs- und Prüfungsstelle bestimmt den Termin für die Prüfung und, wenn mehrere Prüfungsausschüsse vorhanden sind, den zustän-

digen Prüfungsausschuß. Die Hauptstelle hat das Recht, einen Vertreter ohne Stimmrecht zur Teilnahme an den Prüfungen zu entsenden. **Anlage.**

6. Die Prüfungsausschüsse setzen sich zusammen aus:

Vertretern der zuständigen Industrie- und Handelskammern,

Vertretern des Berufs der Wirtschaftsprüfer, die von dem Institute für das Revisions- und Treuhandwesen im Benehmen mit den zuständigen Industrie- und Handelskammern zu benennen sind,

sowie mindestens einem Dozenten der Betriebswirtschaftslehre und

einem Beauftragten der Landesregierung oder je einem Beauftragten der beteiligten Landesregierungen.

Wenigstens ein Mitglied des Prüfungsausschusses soll die Befähigung zum Richteramt oder höheren Verwaltungsdienst haben.

7. Das Prüfungsergebnis ist, wenn die Prüfung bestanden worden ist, an die für die Bestellung zuständige Stelle weiterzuleiten.

8. Die Geschäftsführung für die Zulassungs- und Prüfungsstellen liegt bei den Industrie- und Handelskammern, an deren Sitz sie errichtet sind.

B. Bestellung.

1. Auf Grund der bestandenen Prüfung wird der Anwärter von der Landesregierung oder der von dieser damit beauftragten Stelle durch Vereidigung zum öffentlich bestellten Wirtschaftsprüfer bestellt, es sei denn, daß der Nachweis einer ordnungsmäßig und erfolgreich abgelegten Prüfung im Sinne der Grundsätze unter A nicht geführt werden kann, oder daß die für die Zulassung zur Prüfung geltenden Grundsätze offensichtlich verletzt worden sind. Die Bestellung soll in der Regel nicht später als 3 Monate nach bestandener Prüfung erfolgen. Die Eidesformel lautet:

„Ich schwöre, daß ich die Aufgaben und Pflichten eines öffentlich bestellten Wirtschaftsprüfers gewissenhaft und unparteiisch erfüllen, Verschwiegenheit bewahren und die von mir verlangten Gutachten gewissenhaft und unparteiisch erstatten werde."

2. Die Bestellung erfolgt in allen Fällen unter Vorbehalt des Widerrufs, für dessen Ausübung die Grundsätze unter IV maßgebend sein sollen.

3. Erscheint der Anwärter an dem zur Eidesleistung bestimmten Termin nicht, dann wird ein neuer Termin zur Eidesleistung nur auf seinen besonderen Antrag bestimmt. Sind seit der Prüfung mehr als 2 Jahre verstrichen, dann soll die Bestellung nur erfolgen, wenn der Umstand, der eine frühere Bestellung verhindert hat, von dem Anwärter nicht zu vertreten ist.

4. Die auf Grund der vorstehenden Bestimmungen öffentlich bestellten Wirtschaftsprüfer werden der Hauptstelle und dem Institute für das Revisions- und Treuhandwesen mitgeteilt. Die Hauptstelle trägt die öffentlich bestellten Wirtschaftsprüfer in eine Liste ein.

III. Überwachung.

Die für den Wohnsitz des öffentlich bestellten Wirtschaftsprüfers zuständige Industrie- und Handelskammer hat seine Tätigkeit zu überwachen. Im Falle der Verlegung der beruflichen Niederlassung hat der Wirtschaftsprüfer

Anlage. eine Anzeige an die für den neuen Niederlassungsort zuständige Industrie- und Handelskammer zu erstatten.

IV. Widerruf der Bestellung.

1. Die Bestellung kann von der für sie zuständigen Stelle widerrufen werden, wenn eine der notwendigen Voraussetzungen der Bestellung weggefallen ist oder wenn die Unrichtigkeit der Nachweise über die abgelegte Prüfung dargetan wird.

2. Die Bestellung kann von der Landesregierung oder der von ihr beauftragten Stelle ferner widerrufen werden, wenn die zuständige Zulassungs- und Prüfungsstelle feststellt, daß dem öffentlich bestellten Wirtschaftsprüfer die für die Ausübung dieses Berufs erforderliche Zuverlässigkeit im Sinne der Grundsätze der Hauptstelle fehlt. Die Zulassungs- und Prüfungsstelle trifft ihre Feststellung auf Grund mündlicher Verhandlung, bei der dem öffentlich bestellten Wirtschaftsprüfer Gehör zu gewähren ist. Von dem Termin ist der für die Bestellung zuständigen Stelle sowie der Hauptstelle unter Angabe des Sachverhalts rechtzeitig vorher Mitteilung zu machen. Beide Stellen können Vertreter zur Teilnahme an der Verhandlung entsenden.

3. In den Fällen der Ziffer 2 teilt die Zulassungs- und Prüfungsstelle das Verhandlungsergebnis der für den Widerruf zuständigen Stelle mit. Diese kann von der Ausübung des Widerrufs absehen; sie hat in diesem Falle entweder den Sachverhalt zur nochmaligen Verhandlung an die Zulassungs- und Prüfungsstelle zurückzuverweisen oder eine andere Zulassungs- und Prüfungsstelle um die nochmalige Verhandlung zu ersuchen. Wird auf Grund der wiederholten Verhandlung die auf Grund der ersten Verhandlung getroffene Feststellung bestätigt, dann wird die Bestellung von der zuständigen Stelle widerrufen.

V. Übergangsregelung.

Während einer Übergangszeit, die nicht länger als bis zum 31. Dezember 1935 dauern soll, können Personen auch ohne Ablegung einer Prüfung im Sinne der Grundsätze unter II A zu öffentlich bestellten Wirtschaftsprüfern bestellt werden, wenn sie durch ihre bisherige Tätigkeit und ihre Leistungen den Nachweis erbringen, daß sie die für die Ausübung des Berufs eines öffentlich bestellten Wirtschaftsprüfers erforderliche sachliche und persönliche Eignung besitzen. Die Bestellung erfolgt in solchen Fällen nur, wenn die Person nach Maßgabe der Grundsätze der Hauptstelle von der zuständigen Zulassungs- und Prüfungsstelle zur Bestellung vorgeschlagen wird. Die Bestellung soll nur abgelehnt werden, wenn die im Satz 2 enthaltene Voraussetzung nicht vorliegt.

Diese Regelung gilt auch für die gesetzlichen Vertreter von Treuhand- und Revisionsgesellschaften.

VI. Geltungsbereich.

Die nach Maßgabe der Grundsätze unter I bis V öffentlich bestellten Wirtschaftsprüfer sind berechtigt, ihre Tätigkeit innerhalb des ganzen Reichsgebiets auszuüben.

Vierte Verordnung
des Reichspräsidenten zur Sicherung von Wirtschaft und Finanzen und zum Schutze des inneren Friedens.

Vom 8. Dezember 1931 (RGBl. I S. 699).

Vierter Teil.
Sonstige wirtschaftliche Maßnahmen.

Kapitel V.
Handels-, gewerbe- und börsenrechtliche Vorschriften.

Artikel 1.
Vorschriften über Bilanzen und andere handelsrechtliche Maßnahmen.

Vierte Verordnung.

§ 1.

§ 1.

(1) Die Reichsregierung kann mit Rücksicht auf die Wirtschaftskrise Bestimmungen treffen über die Darstellung des Vermögensstandes in den Bilanzen von Kaufleuten, die zur Führung von Handelsbüchern verpflichtet sind, und über die Pflichten, die sich im Zusammenhange mit der Aufstellung einer Bilanz ergeben.

(2) Das gleiche gilt für Versicherungsvereine auf Gegenseitigkeit.

Von dieser Ermächtigung hat die Reichsregierung mit Erlaß der V. über einmalige Bilanzierungserleichterungen vom 15. Dez. 1931 Gebrauch gemacht (vgl. den Abdruck auf S. 228 ff. und die Anm. dazu).

§ 2.

§ 2.

Im Artikel X Abs. 2 des Ersten Teiles der Verordnung des Reichspräsidenten über Aktienrecht, Bankenaufsicht und über eine Steueramnestie vom 19. September 1931 (Reichsgesetzbl. I S. 493) werden hinter dem Worte „Vorschriften" die Worte eingefügt: „über die Obliegenheiten gegenüber dem Aufsichtsrat, über die Zulässigkeit einer Kreditgewährung".

Durch § 2 wird die in der Anm. zu Art. X der Aktienrechtsnovelle behandelte Streitfrage erledigt. Wenn § 2 bestimmt, daß in Art. X Abs. 2 hinter dem Worte „Vorschriften" die Worte „über die Obliegenheiten gegenüber dem Aufsichtsrat, über die Zulässigkeit einer Kreditgewährung" eingefügt werden, so ist damit im Sinne der in der Anm. zu Art. X vertretenen Ansicht festgestellt, daß alle für den Vorstand in Frage kommenden Bestimmungen der V. auch auf die persönlich haftenden Gesellschafter einer KGaA. Anwendung finden.

Verordnung
über einmalige Bilanzierungserleichterungen.

Vom 15. Dezember 1931 (RGBl. I S. 759).

Verordnung. Auf Grund des Artikel I § 1 im Kapitel V des Vierten Teiles der Vierten Verordnung des Reichspräsidenten zur Sicherung von Wirtschaft und Finanzen und zum Schutze des inneren Friedens vom 8. Dezember 1931 (Reichsgesetzbl. I S. 699/715) wird hiermit verordnet:

Art. 1.

Artikel 1.

Aktiengesellschaften, Kommanditgesellschaften auf Aktien und Gesellschaften mit beschränkter Haftung.

§ 1.

§ 1.

(1) In Jahresbilanzen, die für einen Stichtag in der Zeit vom 1. Juli bis 31. Dezember 1931 aufgestellt werden, tritt bei Wertpapieren, die nicht dauernd zum Geschäftsbetriebe der Gesellschaft bestimmt sind, an die Stelle des höchstens anzusetzenden Börsen- oder Marktpreises am Bilanzstichtage das Mittel zwischen dem durchschnittlichen Börsen- oder Marktpreis vom Juni 1931 und dem durchschnittlichen Börsen- oder Marktpreis vom September 1931. Ist ein Börsen- oder Marktpreis vom September 1931 nicht festgestellt, so tritt an die Stelle des höchstens anzusetzenden Börsen- oder Marktpreises am Bilanzstichtage der durchschnittliche Börsen- oder Marktpreis vom Juni 1931 mit der Maßgabe, daß für Aktien ein Betrag in Höhe von zwanzig vom Hundert, für Schuldverschreibungen ein Betrag in Höhe von zehn vom Hundert des Nennbetrags in Abzug zu bringen ist.

(2) Die Vorschriften des Abs. 1 gelten nur insoweit, als nicht besondere Verhältnisse des Ausstellers, die nach dem 30. Juni 1931 eingetreten oder bekanntgeworden sind, nach den Grundsätzen ordnungsmäßiger Bilanzierung eine niedrigere Bewertung erforderlich machen.

(3) Bei Aktiengesellschaften und Kommanditgesellschaften auf Aktien stehen eigene Aktien den Wertpapieren gleich, die nicht dauernd zum Geschäftsbetriebe der Gesellschaften bestimmt sind.

Anm. 1. Die Vorschrift betrifft nur Jahresbilanzen, deren Stichtag im zweiten Halbjahr des Jahres 1931 liegt. Sie gibt Bilanzierungserleichterungen nur für Wertpapiere, die zum Umlaufsvermögen gehören (vgl. § 261 Anm. 17) und einen Börsen- oder Marktpreis haben. Die Vorschrift ist durch die Schließung der Börse und die katastrophale Kursentwertung der Wertpapiere erforderlich geworden. Sie will in erster Reihe mangels notierter Kurse eine einheitliche Bewertung ermöglichen und einen sicheren Maßstab hierfür geben. Sodann will sie aber auch den Ansatz eines höheren Wertes, als den Wertpapieren am Bilanzstichtag in den meisten Fällen während der fraglichen Zeit wirklich zukommen wird, gestatten. Dies hat mit Rücksicht auf § 240 HGB. besondere Bedeutung. Bei der Feststellung des Verlustes während des zweiten Halbjahres 1931 dürfen die in § 1 zugelassenen Werte eingesetzt werden. Damit werden die Voraussetzung zur Einberufung der Generalversammlung wegen des Verlustes der Hälfte des Grundkapitals und die Voraussetzung der Konkursanmeldung wegen Überschuldung erschwert. Da § 240 HGB. die Ergebnisse einer Zwischenbilanz denen der Jahresbilanz gleichstellt, muß man annehmen, daß § 1 auch für die Aufstellung von Zwischenbilanzen gilt. Das schreibt nachträglich § 1 der 2. V. über einmalige Bilanzierungserleichterungen vom 23. Dez. 1931 ausdrücklich vor (vgl. S. 233). § 1.

Ob § 1 auch auf Bilanzen, die zu einem späteren Stichtag als dem 31. Dezember 1931 aufzustellen sind, ausgedehnt werden wird, steht noch dahin. Das wird von dem Zeitpunkt der Wiedereröffnung der Börse und der sich alsdann ergebenden Börsenlage abhängen.

Anm. 2. Die Bestimmung stellt eine einmalige Durchbrechung der Höchstbewertungsvorschrift des § 261 Ziff. 2 dar. Darf nach § 261 Ziff. 2 höchstens der Börsenkurswert am Bilanzstichtag eingesetzt werden, so kann an Stelle dieses Wertes der höhere nach den Vorschriften des § 1 Abs. 1 zu berechnende fiktive Wert in Ansatz gebracht werden. Die Bestimmung ist selbst Höchstbewertungsvorschrift (§ 260b Anm. 6). Eine niedrigere Bewertung ist zulässig.

Anm. 3. Die nach Abs. 1 zugelassenen fiktiven Werte dürfen nicht in Ansatz gebracht werden, wenn sie offenbar unrichtig sind. Abs. 2 drückt das dahin aus: wenn besondere Verhältnisse des Ausstellers der Wertpapiere, die nach dem 30. Juni 1931 eingetreten oder bekanntgeworden sind, eine niedrigere Bewertung erforderlich machen. Ist z. B. das die Wertpapiere emittierende Unternehmen in Zahlungsschwierigkeiten oder gar in Konkurs geraten, so läßt sich eine Bilanzierung gemäß der Vorschrift des Abs. 1 nicht mehr rechtfertigen. Die Grundsätze ordnungsmäßiger Bilanzierung sollen auch gegenüber der erleichternden Vorschrift des Abs. 1 maßgebend bleiben.

Sind besondere Verhältnisse des Ausstellers, die den Wert der Wertpapiere beeinflussen, bereits vor dem 1. Juli 1931 eingetreten oder bekanntgeworden, so hat sich ihre Einwirkung auf den Börsen- oder Marktpreis in den nach Abs. 1 maßgeblichen Kursnotizen vom Juni 1931 ausgewirkt. Derartige Umstände brauchen daher nach Abs. 2 nicht berücksichtigt zu werden.

Anm. 4. Die besondere Hervorhebung einer Gleichstellung eigener Aktien mit zum Umlaufsvermögen gehörigen Wertpapieren (Abs. 3) entspricht § 261 Ziff. 2 (§ 261 Anm. 17). Auch eigene Aktien können nach Abs. 3 zu den etwa höheren fiktiven Werten des Abs. 1 eingesetzt werden. Andererseits gilt für eigene Aktien auch der Abs. 2.

§ 2. § 2.

(1) In Jahresbilanzen, die für einen Stichtag in der Zeit vom 1. Juli 1931 bis 30. Juni 1932 aufgestellt werden, kann, wenn die für Gegenstände des Umlaufsvermögens in der letzten Bilanz eingesetzten Werte oder, falls die Gegenstände im Laufe des Geschäftsjahrs angeschafft oder hergestellt sind, die Anschaffungs- oder Herstellungskosten den Börsen- oder Marktpreis am Bilanzstichtag übersteigen, ein Entwertungskonto bis zur Höhe von drei Vierteln des Unterschieds unter die Aktiven aufgenommen werden. An die Stelle des Börsen- oder Marktpreises am Bilanzstichtage tritt, falls ein Börsen- oder Marktpreis nicht festgestellt ist, der Wert, der den Gegenständen am Bilanzstichtage beizulegen ist, und bei Wertpapieren, die nach § 1 bilanziert werden, der danach eingesetzte Wert.

§ 2. (2) Das Entwertungskonto darf nicht höher sein als dreißig vom Hundert des Grundkapitals (Stammkapitals) und der in der Bilanz ausgewiesenen, zur Deckung eines Verlustes verfügbaren Reserven. Die Gesellschaft ist verpflichtet, das Entwertungskonto spätestens innerhalb der nächsten fünf Geschäftsjahre durch angemessene jährliche Abschreibungen zu tilgen. Bei Aktiengesellschaften und Kommanditgesellschaften auf Aktien können zur Tilgung der vorhandene gesetzliche Reservefonds sowie die gemäß § 262 des Handelsgesetzbuchs in den Reservefonds einzustellenden Beträge verwendet werden, soweit nicht eine Tilgung aus sonstigen in der Bilanz ausgewiesenen, zur Deckung eines Verlustes verfügbaren Reserven oder aus dem Reingewinn erfolgen kann. Eine Gewinnverteilung ist unzulässig, solange das Entwertungskonto nicht getilgt ist.

(3) Bei der Ermittlung des Verlustes gemäß § 240 Abs. 1 des Handelsgesetzbuchs und gemäß § 49 Abs. 3 des Gesetzes, betreffend die Gesellschaften mit beschränkter Haftung, gilt das Entwertungskonto nicht als Verlustposten.

(4) Die zur Tilgung des Entwertungskontos verwendeten Beträge können bei der Ermittlung des steuerpflichtigen Einkommens nach § 15 Abs. 1 Nr. 4 des Einkommensteuergesetzes in Verbindung mit § 13 des Körperschaftsteuergesetzes abgezogen werden.

Anm. 1. Die Vorschrift des § 2 geht zeitlich über § 1 hinaus. Sie gilt für alle Jahresbilanzen, deren Stichtag in der Zeit vom 1. Juli 1931 bis 30. Juni 1932 liegt. Auch sie ist ein Korrektiv gegen die katastrophale Entwertung der gegenwärtigen Krisenzeit. Sie will in der Erwartung, daß es sich nur um eine vorübergehende Krisenerscheinung handelt, lebensfähige Unternehmungen zu erhalten suchen, indem sie die Einsetzung eines Entwertungskontos unter die Aktiven zuläßt und dadurch den Ausweis eines Verlustes, der sich bei Anwendung der Bilanzierungsvorschriften des § 261 ergeben würde, vermeidet oder beschränkt. Die Vorschrift bezieht sich auch auf alle Zwischenbilanzen, die für einen Stichtag in der Zeit vom 1. Juli 1931 bis 30. Juni 1932 aufgestellt werden. Das ergibt sich aus Sinn und Bedeutung der Vorschrift, insbesondere aus Abs. 3 (vgl. auch § 1 Anm. 1). Nachträglich sieht dies § 1 der 2. V. über einmalige Bilanzierungserleichterungen vom 23. Dez. 1932 ausdrücklich vor (vgl. S. 233).

Die Vorschrift gilt nur für das Umlaufsvermögen (§ 261 Anm. 17). Eine gleiche Bestimmung für das Anlagevermögen erübrigt sich, weil § 261 Ziff. 1 ohnehin dessen Bewertung über den wirklichen Wert hinaus — unter der Voraussetzung angemessener Abschreibungen — zuläßt (§ 261 Anm. 3). Die Entwertung des Anlagevermögens durch die gegenwärtige Krise braucht daher bilanzmäßigen Ausdruck nur insoweit zu finden, als dies nach den gesetzlichen Vorschriften erforderlich ist (zu vgl. § 261 Anm. 2 u. 3).

Anm. 2. Das Umlaufsvermögen ist nach dem in § 261 Ziff. 2 festgelegten Niederstwertprinzip in die Bilanz einzusetzen: höchstens zu den Anschaffungs- oder Herstellungskosten oder, falls der Börsen- oder Marktpreis bzw. der wirkliche Wert niedriger als diese Kosten sind, zu dem Börsen- oder Marktpreis bzw. dem wirklichen Wert. Bei dieser Bestimmung behält es auch nach § 2 sein Bewenden. Es ist aber gestattet, einen besonderen Aktivposten unter der Bezeichnung „**Entwertungskonto**" auszuweisen, der einen Wertausgleich gegen die niedrige, aus § 261 Ziff. 2 sich ergebende Bewertung schaffen soll.

Anm. 3. **Die Höhe des Entwertungskontos** ist in doppelter Hinsicht begrenzt: 1. durch Abs. 1 auf 75 % der Differenz zwischen dem in der letzten Bilanz eingesetzten Wert und dem Börsen-

oder Marktpreis des Bilanzstichtages. An Stelle des in der letzten Bilanz eingesetzten Wertes treten die Anschaffungs- oder Herstellungskosten, wenn die Gegenstände erst im Laufe des Bilanzjahres angeschafft oder hergestellt sind. An Stelle des Börsen- oder Marktpreises des Bilanzstichtages tritt — mangels eines solchen Preises — der wirkliche Wert, für Wertpapiere der nach § 1 zu berechnende fiktive Wert. § 2.

2. durch Abs. 2 auf 30 % des Grundkapitals und der in der Bilanz ausgewiesenen, zur Deckung eines Verlustes verfügbaren Reserven. Zu diesen gehört in erster Reihe der gesetzliche Reservefonds, ferner aber auch alle anderen offenen Reserven, die zur Deckung von Verlusten bestimmt sind. Damit scheiden aus alle zu anderen Zwecken gebildeten Reserven, z. B. Beamtenpensionsfonds, nicht aber Dividendenausgleichsfonds; sie dienen zum Ausgleich von Verlusten, damit möglichst Dividende ausgeschüttet werden kann; wenn für den Fall der Bildung eines Entwertungskontos auch jede Gewinnverteilung verboten ist (Anm. 5), so hindert dies doch nicht die Verwendung des Dividendenausgleichsfonds zur Tilgung des Entwertungskontos (Anm. 5) und seine Einbeziehung zur Berechnung der Höchstgrenze dieses Kontos. Stille Reserven dürfen für die Berechnung dieser Höchstgrenze des Entwertungskontos nicht herangezogen werden.

Abs. 2 schreibt zwingend **angemessene jährliche Abschreibungen auf das Entwertungskonto und dessen Tilgung innerhalb der nächsten fünf Geschäftsjahre** vor. Hiernach ist der Mindestbetrag der Abschreibung für das erste Geschäftsjahr nach Bildung des Entwertungskontos $^1/_5$ des Gesamtbetrages dieses Kontos. Wird im ersten Jahr mehr abgeschrieben, können die späteren Abschreibungen $^1/_5$ des ursprünglichen Gesamtbetrages unterschreiten. Es gilt das in § 261 Anm. 12 Gesagte. Anm. 4.

Der Zweck der Vorschrift geht dahin, das Entwertungskonto innerhalb einer Zeit, in der die lebensfähigen Gesellschaften die gegenwärtige Krise überwunden haben müssen, aus den Bilanzen zu beseitigen und den normalen Zustand der gesetzlich vorgesehenen Bilanzierung wiederherzustellen.

Die **Tilgung des Entwertungskontos** kann nach Abs. 2 aus dem Reingewinn und den Reserven nur in bestimmter Reihenfolge vorgenommen werden. In erster Reihe sind der Reingewinn und die zu Verlustdeckungen vorgesehenen offenen Reserven (vgl. Anm. 3) hierzu zu verwenden. Erst wenn diese Mittel erschöpft sind, darf der gesetzliche Reservefonds angegriffen werden. Die gesetzlich vorgeschriebenen Reserven sollen der Gesellschaft so lange als möglich verbleiben. Dem gleichen Zweck dient das Verbot jeder Gewinnverteilung während des Bestehens des Entwertungskontos. Anm. 5.

Die Vorschriften sind zwingender Natur und im öffentlichrechtlichen Interesse gegeben. Beschlüsse oder Satzungsbestimmungen, denen die Vorschriften entgegenstehen, sind nichtig. Das gilt insbesondere von einem Beschluß auf Gewinnverteilung. Die ausgeschüttete Dividende ist zurückzuerstatten. Der Vorstand ist ersatzpflichtig. Er darf einen nichtigen Beschluß nicht ausführen. Anm. 6.

Eine wesentliche Bedeutung des § 2 liegt in seinem Abs. 3. Bei der Ermittlung des Verlustes gemäß § 240 Abs. 1 gilt das **Entwertungskonto nicht als Verlustposten.** § 240 Abs. 1 legt dem Vorstand die Pflicht auf, die Generalversammlung einzuberufen, wenn der in der Jahresbilanz oder einer Zwischenbilanz ausgewiesene Verlust die Hälfte des Grundkapitals erreicht. Da das Entwertungskonto bis zu 30 % des Grundkapitals und der Reserven bemessen werden darf, ist durch Abs. 3 die Vorschrift des § 240 Abs. 1 wesentlich eingeschränkt. Anm. 7.

Die Bestimmung des Abs. 3 darf nicht ausdehnend ausgelegt werden. Auf § 240 Abs. 2 ist sie nicht anzuwenden. Das bedeutet, daß **bei der Feststellung der Überschuldung der Gesellschaft das Entwertungskonto als Aktivposten nicht mitzählen darf.** Diese aus der Vorschrift notwendig abzuleitende Folgerung ist aber nachträglich durch § 2 der 2. V. über einmalige Bilanzierungserleichterungen **abgeändert** (vgl. S. 233).

Art. 2.

Artikel 2.
Versicherungsunternehmungen.

(1) § 56 des Gesetzes über die Beaufsichtigung der privaten Versicherungsunternehmungen und Bausparkassen vom 6. Juni 1931 (Reichsgesetzbl. I S. 315) ist für die Jahresbilanzen der Versicherungsaktiengesellschaften, die für einen Stichtag in der Zeit vom 1. Juli 1931 bis 30. Juni 1932 aufgestellt werden, nicht anzuwenden; dasselbe gilt für Versicherungsvereine auf Gegenseitigkeit vom § 36 des Gesetzes, soweit darin auf § 261 Nr. 3 bis 6 des Handelsgesetzbuchs bisheriger Fassung verwiesen ist.

(2) Für die im Abs. 1 bezeichneten Jahresbilanzen finden die Vorschriften des § 261 des Handelsgesetzbuchs in der Fassung des Artikel V des Ersten Teiles der Verordnung des Reichspräsidenten über Aktienrecht, Bankenaufsicht und über eine Steueramnestie vom 19. September 1931 (Reichsgesetzbl. I S. 493) sowie die §§ 1 und 2 dieser Verordnung entsprechende Anwendung. Die Aufsichtsbehörde kann Näheres bestimmen, soweit es durch die Besonderheit des Versicherungswesens geboten erscheint.

Art. 3.

Artikel 3.
Andere Unternehmungen.

Für Unternehmungen, welche die aktienrechtlichen Vorschriften über die Wertansätze in der Jahresbilanz satzungsmäßig oder auf Grund kaufmännischer Übung anwenden, gelten die Vorschriften des Artikel 1 sinngemäß.

Zweite Verordnung
über einmalige Bilanzierungserleichterungen.

Vom 23. Dezember 1931 (RGBl. I S. 793).

Auf Grund des Artikel 1 § 1 im Kapitel V des Vierten Teiles der Vierten Verordnung des Reichspräsidenten zur Sicherung von Wirtschaft und Finanzen und zum Schutze des inneren Friedens vom 8. Dezember 1931 (Reichsgesetzbl. I S. 699/715) wird hiermit verordnet: Zweite Verordnung.

§ 1.

§ 1.

Die Vorschriften der Ersten Verordnung über einmalige Bilanzierungserleichterungen vom 15. Dezember 1931 (Reichsgesetzbl. I S. 759) gelten auch für Zwischenbilanzen.

Die Vorschrift stellt klar, was sinngemäß bereits aus der 1. V. über einmalige Bilanzierungserleichterungen vom 15. Dez. 1931 abzuleiten war. Daß die Vorschriften dieser V. auch auf Zwischenbilanzen anzuwenden sind, die für einen Stichtag der in ihr vorgesehenen Zeiträume aufgestellt werden, ist in Anm. 1 zu § 1 und Anm. 1 zu § 2 dargelegt.

§ 2.

§ 2.

Soweit im Zusammenhang mit der Aufstellung einer Jahresbilanz oder einer Zwischenbilanz die Verpflichtung besteht, für den Fall einer Überschuldung die Eröffnung des Konkursverfahrens oder des gerichtlichen Vergleichsverfahrens zu beantragen, gilt das Entwertungskonto als Teil des Vermögens.

Diese Vorschrift stellt eine grundsätzliche Änderung der 1. V. über einmalige Bilanzierungserleichterungen vom 15. Dez. 1931 dar. Aus ihr mußte, da nur § 240 Abs. 1 HGB. hervorgehoben war, gefolgert werden, daß bei der Feststellung einer Überschuldung gemäß § 240 Abs. 2 das Entwertungskonto nicht als Aktivum mitgezählt werden durfte (§ 2 Anm. 7). § 2 der 2. V. ändert diesen Rechtszustand. Auch in den Fällen des § 240 Abs. 2 gilt das Entwertungskonto als Teil des Aktivvermögens der Gesellschaft. **Unternehmen, deren Überschuldung allein in der Nichtberücksichtigung des Entwertungskontos begründet wäre, sollen nicht als konkursreif angesehen werden.**

Alphabetisches Sachregister.

Von Rechtsanwalt Dr. H. Hoormann, Berlin.

(Die Ziffern bedeuten die Seitenzahlen.)

A

B

F

G

K

N

O

P

Q

R

S

T

U

W

Z

Kolibri 360 GmbH
Ferdinand-Jühlke-Straße 7
99095 Erfurt, Deutschland
produktsicherheit@kolibri360.de